从生活到生活化课程

一位幼儿园园长的教育叙事

（上册）

胡 华 / 著

中国轻工业出版社

图书在版编目（CIP）数据

从生活到生活化课程：一位幼儿园园长的教育叙事／胡华著. —北京：中国轻工业出版社，2021.6（2025.12重印）

ISBN 978-7-5184-3363-6

Ⅰ. ①从… Ⅱ. ①胡… Ⅲ. ①学前教育-教学研究 Ⅳ. ①G612

中国版本图书馆CIP数据核字（2020）第265320号

保留所有权利。未经中国轻工业出版社书面授权，任何人不得以任何方式（包括但不限于电子、机械、手工或其他尚未被发明或应用的技术手段）复印、拍照、扫描、录音、朗读、存储、发表本书中任何部分或本书全部内容。中国轻工业出版社未授权任何机构提供源自本书内容的电子文件阅览、收听或下载服务。如有此类非法行为，查实必究。

责任编辑：张天怡　　责任终审：腾炎福
策划编辑：高　君　　责任校对：吴维斌　　责任监印：刘志颖

出版发行：中国轻工业出版社（北京鲁谷东街5号，邮编：100040）
印　　刷：三河市鑫金马印装有限公司
经　　销：各地新华书店
版　　次：2025年12月第1版第8次印刷
开　　本：710×1000　1/16　印张：44.25
字　　数：500千字
印　　数：27001—29000
书　　号：ISBN 978-7-5184-3363-6　定价：128.00元

读者热线：010-65181109
发行电话：010-85119832　010-85119912
网　　址：http://www.chlip.com.cn　http://www.wqedu.com
电子信箱：1012305542@qq.com
版权所有　侵权必究
如发现图书残缺请拨打读者热线联系调换

252020Y1C108ZBW

实践总有历史

1986年,我从北京师范大学教育系学前教育专业毕业后,被分配至北京幼儿师范学校教书,教授《幼儿教育学》。2000年,我被调入中国儿童中心科研处,在那里短暂地工作了三年后,又被调入中华女子学院。当时,进入中华女子学院,我是有"私心"的,因为终于可以按照自己的设想创办一所心目中理想的幼儿园了。

十几年过去了,这所位于北京市朝阳区小营路上的中华女子学院附属实验幼儿园(今天被更多的人称为"花草园"),经过积淀与蜕变,渐渐拥有了自己鲜明的特色。2019年,我们撰写的《幼儿园生活化课程——回归传统、自然与本真》系列丛书出版,不到一年就加印了多次,成为行业畅销书。

这两年,我一直在梳理这些年的思考,试图用文字记录并将其呈现出来,以便喜欢花草园和"生活化课程"的同行们能够更加完整地了解我们是如何理解教育的,如何认识教师发展的,又是如何从倾听儿童走向关注儿童与文化的适切性的。这些思考是宝贵的,因为时间的沉积就是思想的积淀,文化的沉淀。

本书记录的是我在办园的十几年间的一些个人思考。这些文字起初在内部论坛上传播,之后又通过微信公众平台扩展到了手机端。所以,上册的大部分文字都是第一次出现。十几年来,在儿童与成人、儿童立场和国家(文化)立场的两端之间,我们一直都在寻找一种平衡。这个象征着教育理想的平衡点并不是固定不变的。伴随教师专业成长、园本课程的成熟,这种既尊重儿童又尊重文化的动态平衡在这里被微妙地保持着。相比最后形成的具有花草园标签的独特园本课程成果——生活化课程,这一追求教育理想、实现幼儿园课程改革的真实过程也许更能打动人心。

本书以叙事的视角展开。因为个人的生活总是处于一定的时间维度之中,是一种在时间内展开的生命活动。在任何一个时代,个人的生活都不是孤立的、零星的主观记忆，而是在一定的社会、文化和历史情境中，我们对生活和教育情境中所发生的事件和经历的一种回应。读者可以通过这些文字观察到"我"的教育生活中的一些重要信息。对于过去生活中所发生的事件的"深描"，也成为"我"支配日后思考与行动的一种信念。

这些追溯中的文字也展现了生活化课程在形成过程中所经历的三个重要阶段：第一，搁置前见，回到儿童视角，观察儿童如何思考这个世界。这本书里，我反复表达着对儿童的尊重。因为在生活化课程里，孩子的感受与经验是很重要的，只有我们将生命视为发展中的整体，才会了解人生每一阶段的特殊意义。因此，真正地读懂儿童应该是带有生命姿态的理解与共情的。第二，开始意识到儿童和文化是同源的。通过这十多年的探索，我们发现，读懂了儿童，也就读懂了文化。因为，儿童本身就是人类文化的缩影。第三，布鲁纳说，"文化形塑了心灵，也为心灵提供了一套工具箱，以此来建构我们的世界"。我们一直试图建构一个儿童的理想国，希望儿童在文化中自由地穿梭，以便形成更宽广的生命格局。

我是一个比较爱思考的人，也一直行走在寻找"我是谁"的路上。本书着眼于时间过程中的"我"对具体生活事件和教育的感悟，展现了"我"在专业及心灵方面的成长之路。这些内容，既是我写下的文字，也是花草园发展的历史性文字，更是花草园"生活化课程"形成过程中的一段宝贵记忆。十几年间，我写下了150多万字的思考。本书分为上下两册，收录了其中的近50万字……当时的一些思考在今天看来，也许并不那么完整，因为任何思想的形成都不可能一蹴而就。花草园的课程改革也是如此，它更像是一场"静悄悄的革命"。

2004年，幼儿园开始正式招生。那一时期，互联网的出现让每个人的自由表达成为可能。我开始在网络上分享一些个人对工作以及生活的思考。2005年，幼儿园在互联网上开设网站，开辟论坛供家长、教师之间进行交流，那一阶段，我对教育的看法与思考零零散散，表达也很浅显。2010年，我们将论坛转化成每个人拥有独立空间的SNS[①]模式，幼儿园变成了一个可

[①] 英文为"Social Networking Service"，即社交网络服务。

以交流的小世界。那一阶段，因为可以互动，我开始表达对课程探索过程的一些深度思考。2014年，我们开始使用微信公众号。这一方式，让我们的教育思考与探索得到了更广泛的传播。时至今日，中华女子学院附属实验幼儿园和胡华名师工作室的微信公众号在业内均享有广泛的影响力。

一定意义上说，本书也是我的另一本书《给童年留白：让孩子活在自然里的幼儿园》的叙事篇，记录的是"给童年留白"这一认识背后由繁入简、由茂盛到清雅的思想蜕变过程。这里有思想的温度与颗粒度，你会读到"给童年留白"意境背后更为完整的思想脉络。

需要说明的是，前面几年记录的文字甚少，有两个原因：一是那时处于"求生存"阶段的我们很难有时间进行深入思考，这是当时的真实状态，但就是这些感性的思考成为我们日后教育思考的活水源头；二是书写的本意在于"内观"，但向内求索并不容易，需要很大的勇气，需要给自己时间来学会表达心灵的语言。一旦心灵有了成长和呼吸的空间，表达就会越来越流畅。这也是越写到后面，文字越多的原因之一吧……

"叙事"是一种言说方式，也是一种生存方式，我们每个人都有一部个人的历史，亦即有关自己生活的诸种叙事。正是这些故事使我们能够理解自己是什么，以及正在被引向何方。这些文字也是我开始将教育视为"意义之河"的一个确认过程。在书写过程中，我也逐渐认识到，教育的诗意与教育的深刻原本就是并存的。教育的诗意展示的是教育中的人诗意栖居的过程，意味着教育活动可以是自然的创造过程，展示的是教育者充沛的、向善的生命力量；而教育的深刻，展示的是教育过程中求真与追寻智慧的勇气与坚韧。

"自我"尽管常常会有所变化，但从一开始就与内心紧密相连，是内心等待着的一次次的自我发现。其实，写作过程就是将现在的"我"与过去的"我"联系在一起，形成一个关于自我的新认识的过程。

非常鼓励教育探索者们写自己的文字，因为写作过程就是一个自我思考的过程。"讲述自己的故事"并不在于炫耀或给别人留下经验教训，而在于讲述的当下就发生着"自我的反思"与"自我的唤醒"。

本书将带领读者回到"教育本身"，回到教育发生的现场，以更加直观的方式和真实的态度"看""听""感受"。教育不再是空洞的理论、抽象的概念，而是实践着的、正在发生的、鲜活的、生动的过程。我就是通过"讲述自己的故事"建构自己的教育信念的。

感谢郭国燕博士,在整理本书的过程中,对于每一部分的内容,她都和我一起讨论,用第三者的研究视角重新审视这些我曾经写下的文字。在每一年的文字叙述之前,她都会提出自己的问题,引发我的思考,这才有了每一章内容之前的导读。她的加入不仅使本书有了某种研究的气质,也使我的经验完成了一种重构。

胡华

2021 年初于花草园

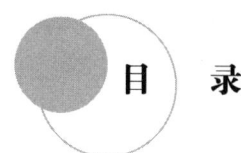

目 录

2006—2008年 心是万物的镜子
好书推荐 / 4
我看香港教育 / 4
玩,而不仅仅为了玩 / 5
从春寒突袭看教师的责任感 / 6
我们想为孩子们创造一个怎样的节日 / 6
文化的力量 / 7
美国人的生活成本 / 8
Enjoy / 9
培养孩子的"钝感力" / 10
教师的"自然情感"与"教育情感" / 11
教师的个性与专业化成长 / 12
12月的工作计划 / 12

2009年 相信"相信的力量"
我也曾如你般天真 / 17
给我注入心灵力量的重要"他人" / 18
职业和事业 / 18
孩子们的春游 / 19
华德福教育 / 20
关于上小学的一些事情 / 21
学会做一个有弹性的人 / 22
"六一"儿童节——孩子们自己的节日 / 23

专家型教师——我们追求的教师成长方向 / 24

接纳比表扬更有价值 / 25

英国归来话教育 / 27

差异来自文化吗 / 29

我们愿意和什么样的家长合作 / 30

利他与利己 / 31

幼儿园的家长学校 / 33

为国家、为社会、为他人,我们还能做多少 / 34

从世界上最完美的读书地方得到的一些办学启示 / 36

每一步最优与整体最优,你会选择哪个 / 37

和孩子们一起看《绿野仙踪》/ 38

让我们试着"平和"下来 / 40

沈金花——皮村同心实验学校年轻的校长 / 41

2010 年　实践是思想的翅膀

电子时代的儿童该怎样游戏 / 45

我们该怎样表扬孩子 / 46

自然主义教育的新主张 / 47

做"生存者"还是"生活者",其实是我们自己的选择 / 49

老师们一定有办法 / 51

孩子们最应该做的事情 / 52

另一种"自卑"/ 53

幼儿园里还能怎么玩 / 54

和孩子一起成长——学做成功父母 / 55

教师的自身需要与专业化发展 / 60

教育中的"自我化"与"去自我化"/ 64

马太效应与幼儿园的发展 / 65

今年,你闲暇了吗 / 66

2011 年　每个人都有一个"关于自我的故事"

形成一个关于自我的故事 / 71

预约"惊喜" / 72

孩子们的"畅游日" / 73

家庭日——过程比结果更重要 / 74

当阅读成为习惯——"阅读周"里的老师们 / 75

当阅读成为享受——"阅读周"里的孩子们 / 77

当阅读成为一种关系——"阅读周"里的家长们 / 79

我们想给儿童什么样的生活 / 81

"智"与"慧" / 82

一花一世界 / 83

新学期的生成课程 / 84

直升机父母 / 85

成为一名拥有"P+A"特质的教师 / 87

什么样的孩子更难适应幼儿园的生活 / 88

从正确到完善 / 89

不一样的追求，不一样的人生 / 90

2012 年　从生成课程到"有效课程"

父母的"解释风格" / 94

孩子，什么事是你不能做的 / 95

我为什么担心教师流失 / 96

孩子们需要更多的户外活动时间 / 97

今年"六一"儿童节怎么过 / 98

花田野趣里的别样"六一"儿童节 / 99

守护童年——"六一"活动后记 / 101

幼儿园是什么颜色的 / 102

幼儿教育的"国际化" / 103

幼儿园——开端教育的选择之难 / 104

质素如洗 / 106

幼儿园环境——孩子们生活与学习的地方 / 107

幼儿园里的"有效课程" / 108

流动的思想，喜悦的生活 / 109

知易行难 / 111

节日中的"文化"味道 / 112

2013 年　在这里，幸福比其他事情更重要

第三种态度 / 118

新学期，一起成为内心"自由"的人 / 118

妨碍我们拥有真正自由的是大脑 / 120

孩子们的新学期 / 121

在这里，幸福比其他事情更重要 / 122

对儿童的几个看法 / 124

儿童——成人的老师 / 125

"好家长"，坏结果 / 127

"春游"后记 / 128

妈妈——温暖而柔软地触及孩子灵魂的力量 / 130

家庭中的"黄金时间" / 133

我们在一起——"六一"儿童节 / 134

开放日的价值取向 / 136

毕业典礼上的发言 / 138

幼儿园的新课程——回归与还原儿童本真的生活 / 141

朴素是我内心的最高追求 / 143

源自道家文化的自然主义教育观 / 152

儿童是怎样学习的 / 155

11 月的新课程 / 162

新课程中的"持续性分享思维" / 163

新课程——具有温暖质感的课程 / 164

新课程，让"孩子更像孩子，让爸爸更像爸爸，让妈妈更像妈妈" / 165
新课程中的"工具价值"与"终极价值" / 166
有追求的教师才能成为新课程的真正实施者 / 168
新课程——每天都可体验到的"心灵美境" / 169
新课程中的"元认知"能力 / 170

2014 年　土地是万物生长之地，也是文化的大地

6 月，神秘的探索 / 176
节气中的课程线索 / 176
在毕业典礼上的讲话 / 177
左手管理，右手信仰 / 178
童年的任务不是向外延展，而是向内积累 / 179
幼儿园的《儿童宣言》/ 180
我们的 2014 / 184

2015 年　思想是我们的武器

在这里，每个人都可以拥有一片天地 / 190
新学期，我和老师们面对面 / 191
我们互为因果，没有谁比谁更高明 / 194
新课程的"三块基石" / 197
乡村生活 / 200
具身认知理论与新课程探索 / 202

2016 年　这一年开始，我们称自己为"花草园"

天下大事必作于细，天下难事必作于易 / 211
从"巴学园"到"花花草草幼儿园" / 212
我们是同行者——与周菁博士的对话 / 216
技术在下，善良在上 / 227
观察儿童——教育的开始 / 228

五小时的户外游戏，会给儿童带来什么 / 232
教研的本质，是帮助教师建立哲学式思考 / 236
10月，从文化中寻求课程线索 / 241
重要的是，你得对儿童有兴趣 / 246
生活化课程的"N+1"个关键词 / 248
教研时，我们在谈论什么 / 262

2017年　给童年留白

如何培养自信的中国儿童 / 272
童年的唤醒与移情——教师观察记录里的童年印记 / 277
不喧哗，自有声 / 282
游戏是孩子的语言——可是，你能听懂吗 / 285
向外发现自然，向内发现深情 / 292
教育，能赋予孩子多少灵性 / 293
生活化课程背后的哲学思考 / 295
至微至显，善作善成 / 300
对幼儿园各种关系的一些认识 / 304
从"世界排名第一"的芬兰教育中，我们可以学习什么 / 307
如果有一天是"犯错日" / 308
基于儿童视角与立场的幼儿园环境创设 / 310
幼儿园里的《教师宣言》/ 318
无边落木萧萧下，不尽长江滚滚来 / 322
明天会更好 / 326
重建爱的庇护所——我们需要什么样的幼儿园 / 330
从生活到"生活化课程"的距离到底有多远 / 334

2006—2008 年　心是万物的镜子

　　幼儿园于 2004 年开始招生运行，在度过最初两年的生存期后，我们似乎可以喘口气，按照自己的节奏工作了。2006 年，网络论坛是网络上盛行的一种交流媒介。当时，我们注册了一个网站，有趣的是，人家给我们的中文网站名竟然是"北京市幼儿园"，因为那时候想注册网站的幼儿园实在太少了。但之后，这个网站成为很多人关注的论坛，每天都有人阅读我们的帖子并参与讨论，最多的时候有几千人在线讨论。就是在这个时候，我产生了表达自己的教育见解的想法。

　　2006 年春天，我和大学里工作的同事应香港教育学院的邀请去香港考察教育。我们先后走访了香港大学、香港浸会大学以及多家幼儿园。那是我第一次以园长的视角去看另外一种社会形态下的幼儿园教育。这次考察带给我的影响很大。那时候，我们幼儿园还处在生存和探寻发展的交错阶段，我感觉内心有些焦灼与慌乱，而用文字表达是一种让自己安静下来的方式。

　　如果说教育是一个系统，那么我当时的思考还停留在某个点上。考察回来后，我们模仿香港幼儿园的做法对环境进行了一些调整，虽然这些改变只是外部的，但依然带来了一些新的思考。我印象特别深的是，香港的幼儿园特别喜欢给活动材料"贴标签"，我也建议给我们幼儿园的玩具盒子贴上标签，比如，"未使用""正在使用""已完成"等。我们总在谈尊重儿童，儿童有自己的学习节奏，而儿童"正在使用"的标签里就包含着教师对儿童的尊重。尊重儿童，其实就体现在这些细小的事情中。

　　《玩，而不仅仅为了玩》一文依稀有了我们现在课程的影子。在办这所幼儿园之前，我读过刘晓东博士的《儿童精神哲学》一书，可以说，这篇文章是我们对儿童哲学理论的一次实践回应。

本章手绘插图作者：何孝正，4.5 岁。

2007年夏天，我去美国俄勒冈大学的东亚文化交流中心做访问学者。当时正值暑假，所以访问行程很松散。在经历了文化冲突之后，我对民族文化开始有了深刻的认同，这种感觉是非常强烈的。

现在想想，向何处去，对当时的我来说其实是一个非常大的"两难问题"，是遵从习俗还是走向实践和解放的教育？如果要走一条新路，那么应该从哪里出发？我隐隐约约地觉得，我们应该从教育的外延变化走向文化内里的追求，比如，在儿童的游戏、节气、节日中看到文化。这些思考都成为我们日后编织课程的重要线索。

在探索的开始阶段，我对教师的思考要多于对儿童的思考，是因为自己的教师"身份"，让我下意识地选择了从自己熟悉的领域入手。在这一部分的文章里，我特别谈到了教师的个性化和专业成长。十几年过去了，这个主题仍然是业界的热点话题。对教师专业性的思考源于《教师的"自然情感"与"教育情感"》这篇文章。当教师走在一条"自我完善"的路上时，专业成长只是一个"副产品"，会自然而然地发生。那时候，我提出，幼儿教师应该是"儿童学习的支持者、儿童发展的促进者、教育实践的研究者、教育生活的同构者、教育价值的思考者"，特别是"教育生活的同构者"这一提法和我们今天的生活化课程已有异曲同工之处。

2008年是一个很有故事的年份。在这一时代背景中，幼儿园的发展进入了一个新的时期，我们也开始取得一些荣誉，之前的努力似乎有了回报。

在《12月的工作计划》这篇文章中，我谈到了"让儿童成为自己"。这似乎一直是我下意识追求的办学目标。当时，我感觉自己特别像一位教育诗人——"冬天即将过去了，我们会和孩子们一起迎接春天的到来"。这就是我当时的心境，我觉得幼儿园的冬天已经过去了，我们将迎接春天的到来。在这些文字中，我含蓄地表达着内心的欣喜以及自己并不确定的一些思考。

2008年的大事件中，"毕业典礼"是一个很重要的篇章，那是我们开园以来第一次举办盛大的毕业典礼。当摄影师拍摄孩子时，孩子们表达了对幼儿园的喜爱，我现在回看录像时仍会泪流满面……我甚至觉得，我们的毕业典礼比成功举办奥运会带给我的震撼都要强烈。毕业典礼这件事太美好了，以至于这么多年过去了，那些令我感动的画面依然历历在目。

2006—2008 年，还有一个重要的线索，就是我们幼儿园的发展得到了家长的大力支持。老师们太年轻了，他们还无法理解我的教育梦想，我时常感觉自己很孤独，但是再孤独也需要同行者，而家长就是当时最好的同行者。那时候的我们没有名气，但是选择我们的家长都是很有远见卓识的，他们坚持认为我们的幼儿园给孩子们的童年是不同凡响的。他们特别认同我，所以每当遇到困难的时候，他们总是说："你们做的是最好的教育。"

我喜欢有挑战性的生活，也很确定成长需要两个要素：一是，挑战；二是，同行者。我需要有人理解，一起分享喜悦，他们能穿过浮光与掠影，看到思想深处的璀璨。我渴望得到肯定，在成为自己的路上，经历着每个阶段的突破。当然，这两种力量的重要程度是不断变化的，起初可能是外在力量占了上风，而现在，自我挑战才是更重要的力量。

出自内心才能感动内心，虽然路途艰难，但是这里面有生命的动力……这些思考中已依稀有了我们未来课程的影子。

好书推荐

2006 年 10 月 28 日

假日里，我终于有闲暇看看那些平时想看而没有时间看的书了。这个长假，我看了一本专业性较强的书，虽然读起来有些费脑子，但受益匪浅，现在把它推荐给那些喜欢阅读儿童教育书籍的家长吧。

顺便评论一下市面上的那些"畅销"的教育书籍。这类书籍目前很多，但多是教家长教育的"术"，仅从技术层面简单而庸俗地让所有人都相信，教育是能够速成且容易奏效的。这类书籍往往缺乏对儿童整体的认识，也缺乏对儿童差异性的描述。更糟糕的是，它们很容易诱导家长产生功利的教育心态。

阿尔弗雷德·阿德勒，奥地利心理学家，个体心理学的创始人。在《儿童的人格教育》一书里，他从独特的视角出发，运用心理学语言阐述了他对儿童发展的认识。他认为，儿童的教育应该是完整的人格教育。个人的生活风格决定了我们对生活的态度，形成了我们的行为模式，这种模式影响个人一生的生活。而一个人在四五岁的时候，其生活风格就大体定型了。因此，儿童早期教育特别是家庭教育至关重要，成人必须关注并引导儿童的成长。在书中，我们也看到了那些在"坊间"流传，看似正确实际存在严重问题的养育风格，这些都很值得人思考。

我看香港教育

2006 年 11 月 28 日

我上周去了香港，了解了香港大学里学前教育课程设置的情况。香港的整洁、有序、活力恐怕是留给众人最深刻的印象。但对其大学的走访，使我对其教育现状有了更清晰的认识。

香港大学是香港教育的最高学府，也是全球排名前 50 的大学。在那里，我们看到了现代化的校舍。同时，也有几点令我印象深刻：①教师工资极高（甚至高于美国）；②从每座教学楼的命名得以窥见"富人"捐助教育的热情；③全英语教学使其更具国际水准；④全球招募教师，网罗国际人才；⑤依旧重视传统，校园里赫然矗立着孙中山先生的铜像。

除此之外，我们还参观了可以称得上香港最好的幼儿园的香港教育学院幼儿教育中心和香港浸会大学的幼儿园。香港的幼儿教育起步较晚，但很受政府重视。我们到达那里时，媒体正在讨论有关幼儿教育的"学券制"问题。

香港的幼儿园大都比较狭小，因此，它们利用空间的能力很强。因为没有活动场地，所以它们的户外活动很有限，有的园所甚至两天才安排一次不超过半小时的户外活动。由于资金投入大，它们的硬件条件都很好。香港儿童的秩序感强、守纪律是我们在内地难以看到的，但他们似乎也失去了一些活力……

"他山之石，可以攻玉。"很高兴能有这么好的机会让我思考，我们可以在哪些方面改进、提高。

玩，而不仅仅为了玩

2006 年 12 月 28 日

今天似乎是入冬以来最寒冷的一天。

吃过早饭，孩子们就出发了。经过不长的车程，我们到达了北京工人体育场的翻斗乐[①]。

翻斗乐似乎是十年前建造的，现在看来，环境已大不如当初，但其管理规范与活动设计还是值得称道的。

海洋球池是孩子们特别喜欢的地方，在那里游弋、挣扎、淹没一定让孩子们感觉回到了温暖的母体，因此，那里是孩子们最兴奋、最留恋的地方；钻爬洞穴的通道长且神秘，紧张、满足与刺激、轻松等复杂感受交织在一起，

---

① 儿童室内游戏场。

让人难忘……

仔细想来，这些活动都与生命的出生状态有关。因此，那些非自然分娩的孩子可能更需要这样的活动。当然，对大部分儿童来说，现在的环境很难给他们带来如此复杂的感受，这也许就是我们安排这次活动的初衷吧！

孩子们的喜悦也感染了我，我在孩子们的带领下经历了这段"奇异"旅程。

从春寒突袭看教师的责任感

2007 年 3 月 19 日

今天是停了暖气后最冷的一天了。我来到园里，看到许多孩子由于准备不足穿得过少，老师们根据自己班级孩子的情况调整了活动地点。中午各个班级打开了空调，预防孩子们感冒。我打开论坛，看到一些班级的教师又将此情况及时通知了家长。

我们需要一群什么样的教师？高度的责任感无疑是所有品质中很重要的那一个，而责任感常常表现为认识、态度与行为。

在这样一个偶发事件里，我们看到的是教师高度的责任感，我很欣慰。

我曾经看到过这样一段话："你做得足够好，这叫品貌；你做得足够好且让人们觉得你足够好，这叫品牌；你做得足够好且让人们觉得你足够好，最后把钱投到你身上还是觉得足够好，这叫品德。"也许，责任感背后就是高尚的品德吧！

我们想为孩子们创造一个怎样的节日

2007 年 5 月 29 日

很多年了，"六一"儿童节的庆祝方式几乎都是文艺演出。这也没什么不好，但细细想来，文艺演出似乎只是让一部分孩子得到了满足。

从开办幼儿园的那天起，我就立志让每个孩子在他们的节日里都能够得到属于他们自己的那一份快乐！几年来，我们从未搞过表演式的文艺演出，也没有邀请重要领导来观看我们的演出。因此，每次节日，我们都能从容不迫地为孩子们设计属于他们自己的活动形式。

今年，我们要送给孩子们哪些欢乐呢？

在儿童的快乐里，恣意地表现自己、大胆创造、能够表达内心的体验，可能是快乐的最高形式了。所以，让孩子们大胆、富有创意地装扮自己，装扮自己的幼儿园，在自己的幼儿园里体验游戏的快乐是我们今年要为孩子们准备的基本活动形式。

对成人来说，儿童在很多方面都是我们学习的榜样。在这个节日里，让我们和孩子们一起在他们的节日里大胆地体验，快乐地嬉戏。孩子们美好的童年回忆里始终有教师和父母的影子，在我看来，这是成人在节日里送给孩子们最珍贵的礼物了！

文化的力量

2007 年 6 月 15 日

6月9日起，我开始了为期两个月的美国俄勒冈大学访问学者的工作。俄勒冈大学所在的尤金市环境优美，人很少。美国的大学通常都有很长的历史，我所在的这所大学也不例外。它成立于1876年，距今已经有一百多年的历史。徜徉在校园中，我惊异的不仅仅是环境设施，更多的是它的软性设施与服务。例如，图书馆设计的人性化与方便程度完全超出了我的想象，借阅与还书的方便程度让阅读成为享受。这也让我想到了那句古老的名言：罗马不是一天建成的！

在校园里行走和听课，你会发现一个有趣的现象：基本上，中国人和中国人在一起，印度人和印度人在一起，日本人和日本人在一起。总之，大家自觉按照国籍分成了"群落"。

在来之前，我一直在想，作为一所国际化学校，我们看到的应该是一个混合（mix）的景象，但事实并非如此。一个留学生告诉我，他来美国几年了，仍然能够遇到这样的现象，比如，美国学生因为一句话而发笑，他听懂了，却不知道他们为什么笑。我想，人的精神需求中有相当一部分应该是自我的归属感，而能够让自己找到归属感的就是文化了。

文化这东西，我们平时不大能看得出来，但我们时时能够强烈地感受到它，它像一股暗流流淌在我们每个人的心中。当我们生长、生活在一个地方的时候，我们将不自觉地被那个地方的文化浸染，身上自然产生了某种特有的气质。当我们遇到和自己有共同气质的人时，我们必然会产生强烈的认同感。我认为，文化无所谓好与坏、对与错，因为每一次的形成都有历史的必然性。

当置身于美国俄勒冈州的最大河流威拉米特河边的时候，我只有赞叹，却没有内心的激越情怀。凭此感觉，我断定，从文化的归属上判断，我是个地道的中国人！

美国人的生活成本

2007 年 6 月 25 日

昨天是周末，我们几个人开车去了离驻地城市近 200 公里远的伍德伯恩购物。那里有一个大的商业中心，分散着在国内我们所熟知的美国名牌店。仔细转下来，我们发现东西非常便宜，又值美国独立日即将来临，东西都在打折，一般服装的价格都在十几到几十美元[①]之间，较国内同类产品便宜不少。美国是个高收入国家，一般大学毕业就参加工作的人的年薪大都在 3 万美元左右，有些行业会更好一些。可以想见，几十元钱在其收入中所占的份额有多低。所以，美国人没什么名牌意识。

美国超市中产品的丰富程度自不待言，其新鲜与优良程度也是我们特别喜欢的。但是，更值得称道的是其食品的安全性。如此丰富的产品，价格怎

---

① 美元与人民币的汇率时常变动，故不在此换算。

样呢？大部分肉类产品即使折合成人民币计算，也比国内便宜些。即使我们认为比较贵的蔬菜水果用美国人的收入来衡量，也是极其低廉的。所以，美国人的物质生活成本很低廉，恩格尔系数也非常之低。

便宜的东西在带给人享受的同时，也带来了一些负面影响。美国人的节约意识应该向中国人学习，无论是在能源消耗还是在其他方面。在这里，大白天开着屋灯、路灯、车灯是非常正常的，自来水可以不花钱地随便使用，过度包装更是随处可见，汽油的便宜也使得大排量汽车成为汽车消费的主流，过度的食品消费还使得美国成为肥胖人群最多的国家。

在美国，买房子可能是最大的开支了。即使这样，也不是所有人都拥有自己的私人住宅。他们更喜欢旅游，享受生活。这点和国内的差异很大，我想这一定有文化的原因。中国人不是讲安居才能乐业嘛！

此外，美国人的享受恐怕是建立在全球能源消耗的基础上的。如此便宜的服装、日用品与食品，产地大都是非发达国家。这不得不令我们深思！

Enjoy

2007 年 7 月 2 日

上个星期，很多人给了我安慰与支持。其实，正如家旋妈妈在帖子里提到的，家旋的爸爸曾经和她说过："你没有经历过一个人在国外的孤单，就体会不到其中的滋味。在国外，一个人的孤单跟在国内一个人的孤单是不一样的。"的确如此啊。不过，这种经历本身也是财富，我在承受着这种孤独的同时也享受（enjoy）思考的乐趣。

人生不是只有喜悦，当你明白这一点的时候，你肯定长大了；当你学会承受痛苦的时候，你肯定渐渐成熟了；当你在痛苦中学会思考的时候，你基本上是一个处在自我觉醒状态之中的人了。以我的年龄和经历，我想我应该可以到达第三种境界并开始"enjoy"这种感觉了。

在美国，我感觉和国内最大的不同是，有较多的选择机会，强调个人感受，尊重个人选择（不出圈）。美国人从小就学习做各式各样的选择，选择中最重要的判断因素是个人是否"enjoy"。我在这里见到的美国人最爱对我说的一个词就是"enjoy"：享受天气，享受校园生活，享受这里新鲜的空气。没有人安排你应该、必须做什么，重要的是你自己想做什么。开始时，我特别不习惯，但渐渐发现，这对个体实在是个挺大的挑战。因为在这个过程中，你必须认真分析情况，确立自己的目标，选择合适的实施方案。在不知不觉中，你感受到的东西可能远比知识更有价值吧！

培养孩子的"钝感力"

2007 年 10 月 30 日

上周，我们完成了这个学期的家长学校。这次的家长学校之后，看到家长们陆续地发表个人感受和体会，我倍受鼓舞。

作为一个完整的课程体系，我们既需要理论又需要实践。对家长来说，将科学而正确的早期教育理论拆分成若干个独立的、便于理解的单元，再运用若干个典型案例说明问题恐怕是他们特别需要的。今后，我会不定期地发表一些教育观点，供家长们学习、讨论与补充。

今天，我主要讲一下时下特别流行的"钝感力"对教育的启发。相对敏感力而言，"钝感力"是指迟钝的力量，主要指一种为人处世的态度与能力，很像郑板桥说的"难得糊涂"。

过去，我们一直以为，敏感、敏锐、敏捷等特性是难得的品行。但现在，我们认为，在未来的生存中，我们必须保持顽强的意志与隐含的智慧，而这种生存能力在个体身上会表现为宽容、从容与淡定。当然，钝感有时会给他人造成窝囊、迟钝、木讷等负面印象，但"钝感力"是我们赢得美好生活的手段和智慧。对儿童来说，这种能力需要家长的培养与引导，更需要家长的榜样与示范。凡事不斤斤计较，不过度看重那些自己认为不好的事情，用积极开朗的态度面对生活，用从容大气的感觉对待他人，是我们应该经常修炼的。

教师的"自然情感"与"教育情感"

2007 年 11 月 7 日

这几天，幼儿园论坛里关于"孩子尿裤子，老师没有发现并及时更换"的事件持续发酵，我的心情也和论坛一样很不平静。我又一次深切地感受到了年轻幼儿教师工作的不易，真怕又失去一位好老师。

在幼儿园发展的这几年里，我们经历了许多事情。我发现了一个规律：每一次"事件"之后，或马上，或不久，我们就会失去一位教师。是啊，他们太年轻，那些正在发生的和已经发生的事情在他们心里留下了不良的情绪印记，让他们一直心有余悸。这也是在后来的招生中，我们一直坚持面试的原因，主要是面试家长，看家长是否和我们具有同样的教育理念与价值观。在新学期的家长会上，我们也会和家长沟通，告知他们如何和教师正确地交流，怎样解决已经发生的问题。这学期，我们又推行了家长必须参加家长学校学习的新制度，但收效怎样，还取决于家长自身。

我想，教师和家长在儿童发展中扮演着不同的角色。家长在儿童成长的方方面面都担当着不可替代的角色，这些是父母必须承担的职责。教师对儿童发展的影响则更多地局限在教育、教学范围内。父母对子女的态度与行为是自然而然发生的，但作为专业工作者，教师的态度与行为则应力求"目的性"与"适度性"，即按照社会职责要求确定自己的行为。

一般而言，父母偏爱自己的子女，把子女的需求与利益放在第一位。而作为教师，对儿童的态度应该力求一视同仁，兼顾个别儿童和全体儿童的需求与利益，将自己的爱心分给每一个儿童。这些特性表现在情感上也是不同的。父母应对自己的孩子保持适度的理性，不要总是用自然感情取代理智分析与思考；教师虽不同于父母，但也应该在爱、关切的基础上表现出适度的状态，我们称之为"教育情感"。无论是教师还是父母，这样的技能都应该通过学习来习得。

尽管我说了这么多，但需要教师必须认真思考的可能只有一个问题：作为一名专业的教育工作者，教师应该站在儿童发展的角度理性分析与判断，而不是用自然情感取代教育情感。

教师的个性与专业化成长

2008 年 1 月 18 日

为期一周的期末教师教学考核基本结束了，昨天我们召开了教学专题总结会。总结会围绕着"运用儿童发展中的一些基本问题解决儿童发展的一些根本问题"这一主题进行。作为管理者，我的目的很明确，就是希望我们的教师能够在专业化发展的道路上走得更远一些。

教师的专业化发展是业内一直在研究的问题，专业化研究的范畴也从能力、行为、素质、知识等方面逐步扩展到态度、情感、人格等方面。在这几年的工作中，我发现，我们很难用一个标准来要求所有教师，也很难用一种方式帮助教师实现成长。每位教师在发展道路上都遵循着一条"自我成长"之路。昨天的开放总结话题又一次让我看到了每位教师在自我成长道路上不同的思考和努力。

今天的教师已经从知识的传递者转变为儿童学习的支持者，从教授者转变为儿童发展的促进者，从教育活动的践行者转变为教育实践的研究者，从教学任务的完成者转变为教育生活的同构者，从技术的关注者转变为价值的思考者。这样的变化无疑对教师提出了更高的要求。但让我倍感骄傲的是，我们的老师已经在正确的道路上积极地迈进着。尽管他们的探索充满着个人风格，但获得的提高都是让人欣慰与感动的！

12 月的工作计划

2008 年 12 月 4 日

今天的北风预示着寒冷的冬天终于来临了。

12 月，幼儿园仍为孩子和家长准备了丰富多彩的活动。下周，我们将组织全体儿童外出游玩，感受大运动之后释放的快乐。这个持续了几年的活动让孩子们异常喜爱。月末，我们还将为孩子们组织新年庆典活动，让我们一起期待吧。

在每次的家长委员会上，我都向家长强调我们管理中的一个核心思想：家长们看得到的，我们要做好；家长们看不到的，我们要做得更好！秉承这个思想，这个月有两件家长看不到但能够感觉到的我们要努力做好的事情：一是丰富伙食，目前副食品价格的小幅回落让我们有更多的可能性丰富儿童的伙食。寒冷的冬天，我们会为儿童提供更丰富、更有营养的食品，满足儿童健康成长的需要；二是加强教师的专业化指导，进一步提升教师的工作水平，以便更专业地服务儿童与家长。虽然这个工作每个月都在循序渐进地推进，但对于这个月的工作，我们提出了具体目标，以期所有教师都在专业性上有一个较大幅度的提升。

说到教师在专业上的能力与水平，有三点是我一直特别重视的：一是教师在教育过程中能否关注到儿童原有的发展水平与知识经验；二是教师能否有方法地帮助儿童认识自我，完成自我建构；三是教师能否促进儿童富有个性的"差异化"发展。实现这些目标不是一件容易的事情，但我们始终在努力帮助教师实现，这也是我这个月听评所有教师教育教学活动的重点所在。

帮助儿童实现"差异化"发展，最终"成为他自己"是我们追寻的教育目标。但是，家长们能否意识到其重要性并积极配合幼儿园的工作也是我们特别关心的，所以，明天我们的家长学校将就这一问题展开学习与讨论。

当这一切工作都顺利完成的时候，冬天即将过去，我们会和孩子们一起迎接春天的到来。

2009年 相信"相信的力量"

直到今天,我的头脑中依然萦绕着这句话——"评判一个世界比建立一个新世界容易得多"。这或许是因为评判的时候,我们站在局外,可以从任何地方提出意见或建议,而建立一个新世界要复杂很多。

如果说个体思想的发展要经历四个阶段,即模糊整体、感性局部、理性局部以及理性和感性的综合阶段,那么从2009年开始,我就对教育有了一些理性的思考。

那一年,我好像一下子找到了表达的状态,每天都在思考和写作,这里只收录了与教育有关的一些文章。我特别清楚地记着这样一件事,有一天,一位家长找到我说:"在幼儿园,你们不能对我的孩子说'不'!"当时,我觉得这个想法很不可思议,因为这个世界上总会有人对我们说"不"。但冷静下来之后,我想,这个世界上最不理智的情感不是爱情,而是父母对孩子的爱。我试图将教师对孩子的态度表达为一种"善意的干预"。父母对孩子的关切是基于血缘的情感促生的,而教师对幼儿的关切,除了相互交往而形成的感情支撑外,更具主导作用的是教师所承载的社会责任。

我在2009年所撰写的文章中,几次谈到了"心灵"的力量。当我们能够观照内心的时候,我们就会开始对一些习以为常的事物进行新的思考。我执着于将儿童的生活变成他们一生难忘的回忆,也期待着自己能成为给教师注入力量的"重要他人"。

当心灵的力量参与生活的时候,大脑中的洞见是完全不同的。在《职业和事业》这篇文章里,我引用了周国平的文章回应了当时自己内心的一些所思所想。2009年,我也有了更多的精力去关照儿童。印象特别深的是和孩子们一起春游,出发的时候天空下着雨,当我们到达植物园的时候天却突然放

本章手绘插图作者:李晨菲,4.5岁。

晴了，我们徜徉在大自然里，孩子们自由自在地嬉戏，我强烈地感觉到了自然的开阔，人被自然包裹起来的那种感觉很美妙。

2009年，我重新拾起一本朋友曾经推荐的介绍华德福教育的书《学校是一段旅程：华德福教师1—8年级教学手记》。看完后，我在键盘上敲下这几句有很强内应感的话："怀着崇敬接纳孩子，带着爱教育他们，护送他们迈上自由之旅！我站在大地上，向石头学习；我遥望大海，向鱼儿学习；我凝视天空，向鸟儿学习；我生活在大自然中，向太阳学习，它们都是我的兄弟姐妹。"当时读完这一段，我的眼圈湿润了。今天也总有人说，我们幼儿园有华德福教育的影子，我想，这个判断是对的。

2009年，我们完成了很多的改变和创造，直到今天，很多创造还被同行借鉴与模仿。

创造者在初始阶段总是孤独的。那几年，即使身处"内忧外患"之中，我依然坚信"人"是最宝贵的，对老师们持续地信任，相信"相信的力量"。当时，我渴望拥有一个强大的学习与成长共同体，因此我们把"家长学校"作为一个契机。在这之前，每学期两次的家长学校都是我来授课的，家长们反响很好，他们对我们教育理念的认同度也很高。我想把它作为实现教师专业突破的契机。为什么选择家长学校？因为教师需要把自己的专业影响力扩大到一个更宽广的平台，他们要学会一步步地向外走，才能不断地看到自己的价值。今天，我们可以称他们为"庶民教育家"，因为他们每一个人都有自己对教育的体认和创造。很多时候，我觉得老师们的思考是超越我的，因为他们直面实践，有更深的实践智慧。

2009年，我45岁，写下了《为国家、为社会、为他人，我们还能做多少》这篇文章。我开始思考，我们从事教育的人能为这个民族做些什么？非常有趣的一件事是，我们幼儿园突然就"有名"了，在短短的五年里成为周边最受欢迎的幼儿园。那年我们在招生的时候，竟然有几百人报名参加面试。一方面，外界对我们的评价越来越高；另一方面，我们还没有找到让自己更满意的东西……

我也曾如你般天真

2009 年 1 月 4 日

到底哪些东西可以被称为"教育"？说教？学习与掌握知识？反复进行技能训练？我认为，这些都是教育的组成部分，但不能体现出教育的核心价值。

在我看来，教育最核心的价值就是帮助孩子们积极地成为"自己"，包含对社会的积极适应、对自我的明确认知、对自我的正确控制与表现，这无疑对实施教育的人提出了很高的要求。因为在儿童的成长中，家长和教育者是影响儿童成为自己的那个"重要他人"。

在家庭教育中，我一直特别强调家长心态与个人成熟度对儿童的影响。无疑，积极的心态与成熟的个人素养对孩子的成长是有利的。问题是，有谁能够生而知之呢？对家长来说，后天积极努力的学习与自我改造是成为好家长最重要的保证。

我们曾经以为爱情是最不理智的情感，但有了孩子后，我们开始知道，最不理智的情感其实是父母对孩子的爱。这种来自生命深处的本能经常让我们做出一些错误的选择与判断。就拿我来讲，我怕自己的女儿吃苦，怕她将来的人生路坎坷，怕她将来没有钱花，怕她遭遇爱情的不测，怕她生病。总之，什么都怕。有时候，想象着她长大后经历痛苦时的样子，我就寝食难安，恨不能替她承受一切痛苦。

可感情归感情，理智地想，她的长大必定是以痛苦为代价的，自己不也是这样吗？和妈妈讨论这些问题的时候，她说："我也不想让你这样，但问题是这种事情永远无法被代替，所有的痛苦到来的时候只能你自己去承担。妈妈能做的只是默默地陪着你。"

对啊，经历苦难时，我们困苦不堪、痛不欲生，但苦难过后，当心灵滋生出力量的时候，我们又是喜悦万分，难以言表。既然如此，我们那种不舍得让孩子吃一点苦的想法是何等幼稚可笑。看来，孩子成长的过程，也是家长不断学习与成长的过程啊。

给我注入心灵力量的重要"他人"

2009 年 1 月 13 日

"教育的本质是人影响人的过程,教育的终极目标是有一天可以不教。"这个来自幼儿园家长雯妈的签名让我这个专业工作者也不得不钦佩她对教育的准确理解。

雯妈是一位高校教师,也是研究人工智能的专家。她曾经将她们最新的研究成果和我们幼儿园的小朋友一起分享,那一次的惊喜令很多孩子至今难忘。

雯妈总是能够"找到"我语言背后的一些东西,也许原本这些东西连我本人都不甚清晰。这样的交流给我的心灵注入了新的力量。比如,这一次,在我发表了一个非常个人化的"获奖感言"后,她写道:这祝贺不足以代表我们此时的心情,因为园长用"心灵"写出的东西定会非常打动人;您不光和我们分享了快乐和荣誉,而且展现给我们一种"内心的力量"。现在做父母挺不容易,都想给孩子重要的、好的东西,我认为,您让我感受到的那种"心灵的力量"是我想送给孩子的。

是啊,给孩子心灵的力量也许是教育在追寻本质过程中最需要努力的东西。一个人的心灵有力量,生命的内在质量就会大大提高。但我们怎么能赋予孩子心灵的力量呢?放在技术层面上,这也许是个不小的难题,值得我们不断思考与探讨。

职业和事业

2009 年 3 月 18 日

很久没有写东西了,事情与感受都很多、很杂。

前几日,大学四年都睡在我下铺的"姐妹"来京参加会议。作为政府官员的她总是感到焦虑与不安,她说,她的工作主要就是引起领导对她所负责工作的重视进而加大投入，但通常是，你的十个想法和动议有一个能引起领导的重视就不错了，工作中要想获得满足感真是太难了。她很羡慕我，说我的想法总是能够得到实现。

昨日，我读到一篇周国平的文章《职业和事业》，很受启发，节选部分内容与大家分享。

你做一项工作，只是为了谋生，对它并不喜欢，这项工作就只是你的职业。你做一项工作，只是因为喜欢，并不在乎它能否带来利益，这项工作就是你的事业。

最理想的情形是，事业和职业一致，做喜欢的事并能以此谋生。其次好的是，二者分离，业余做喜欢的事。最糟糕的是，根本没有自己真正喜欢做的事。

如此看来，我还真是幸福的人，虽然忙碌，但做的总是自己喜欢的事情。每星期给学生上四节课，总是在幼儿园里看到孩子们喜悦的笑脸，听评老师们的活动并感受到他们的成长与进步，和示范园园长一起探讨办园思想并依据自己的经验给他们适度的指导，为打工子弟捐赠物品等，这一切都让我感觉到生命的成长与喜悦……

孩子们的春游

2009 年 4 月 24 日

昨天下了一天的雨，晚上临睡前雨都没有停。早晨起床时，我发现天是黄色的，阴霾似乎还未消散。但我很相信我们一直以来的好运气，于是决定所有的活动都按原计划进行。

在这次的春游中，中大班去爬山，婴小班去植物园，其教育目的与蕴含的深意，我在家委会上讲过。为准备好这次活动，幼儿园行政层和班级多次开会研究具体的活动方案与活动计划，力求使活动达到我们预期的目的。我们领导班子也做了分工，我负责小年龄组的安全，赵老师负责大年龄组的安全。

早晨一来园，我就看到了孩子们的笑脸，同每次活动一样，他们渴望这样的春游。空中的雾霭还未散去，孩子们兴高采烈地登上了汽车。上车后我才发现，开车的张师傅竟然是我们幼儿园的老朋友。上次我们去翻斗乐，他的认真服务给我留下了深刻的印象。他也坦言，我们对待孩子的态度和对孩子的精心照料给他留下了难忘的印象。汽车平稳行驶，张师傅说，前几天他拉的一所幼儿园给他留下的则是很坏的印象：当一个孩子步履稍慢时，班级老师竟然拧着孩子的嘴让他加快速度……

进了植物园后，薄雾晨曦，景色十分迷人。我们和孩子们一起欣赏了各类花卉，他们的天真可爱引得路人驻足观看。待休整后，我们将孩子们带到了丁香园的草坪上。这时，太阳开始露出笑脸。阳光下，老师们带着孩子完成了"彩虹伞""寻宝"等游戏，孩子们开心极了！

大自然是美丽的，在草地上愉快地自由嬉戏让孩子们倍感放松，流连忘返。我在被他们的情绪感染的同时，不禁想，这不正是我们想为孩子们创造的美好生活的一部分吗？

华德福教育

2009 年 4 月 28 日

好像是前年，我结识了一位新朋友。

新朋友家里有一层楼都摆满了图书，他很爱读书且言辞惯常犀利尖刻。我们在一起时，他总是戏谑地"诟病"我们，称我们是"假知识分子"。他认为，"假知识分子"的特点之一就是将上网视为学习的主要手段。的确，电子时代的到来让许多人不再选择书本阅读，许多知识分子的家里也没有了过去表明身份的大书架。

想想也是，我很多年都没有进入书店有目的地选择图书了。在新朋友的倡导下，我办了一张书店的卡，并尝试将购买图书列为生活内容之一。第一次去这家书店时，我发现教育类书目中有几本书很新鲜。书不厚，装帧朴素，最主要的是，作为教育工作者，我第一次通过这几本书知道了"华德福教育"这个概念。

不久后，一位美国朋友来参观我们的幼儿园，询问我们是否听说过华德福教育。我很好奇，难道"华德福教育"已经成为一种国际教育思潮？仔细阅读这些书后，我发现，华德福教育强调朴素、自然、和谐，这样的教育理念与大众对教育的需求似乎有些距离。这注定了华德福教育的欣赏者只是小众群体。最近，我陆续在很多地方看到关于华德福教育的介绍，看来，好的东西总是有人欣赏的。

"怀着崇敬接纳孩子，带着爱教育他们，护送他们迈上自由之旅。"这样的教育思想强调老师、家长、孩子一起成长，是我一直特别推崇的。在华德福学校，没有成人购买的成品玩具，没有电视等现代化设备，孩子们用最朴素的自然材料进行学习；没有课本，教育内容根据孩子们的喜好而定；孩子们和老师一起煮菜做饭。"华德福教育"尊重人类意识的发展过程，万物都有时，孩子们就不需要其他东西了……

"我站在大地上，向石头学习；我遥望大海，向鱼儿学习；我凝视天空，向鸟儿学习；我生活在大自然中，向太阳学习，它们都是我的兄弟姐妹。"华德福学校的这首诗歌揭示了其教育的真谛，令人动容！

关于上小学的一些事情

2009 年 5 月 11 日

上周五，我们带大班的孩子和家长一起去了某小学参观。

去的路上，有家长和我谈论上什么学校好的问题，这让我想起了女儿上小学时的一些事情。女儿是 9 月份的生日，那么到底是早一年上学，还是晚一年上学呢？这一直是家里争论的焦点问题。我坚持让女儿晚一年上学，原因是现在的小学学习是非常有压力的，大一点比小一点好；关于上哪所学校的问题也是家里争论的焦点。我们的户口在北京的西城，当时我们也住在西城，户口划片的学校是一所重点小学。但考察后，我发现学区内孩子素质参差不齐，老师的教学思路也有些老派。那就从居住地附近选吧。周围的重点小学竞争很激烈，孩子去上学还要过一条马路。于是，和我们同方向的一所普通小学引起了我的注意。在这所学校的划片区域内，家长素质较高，学校竞争压力不太大，每个班只有二十多名孩子。于是，我们将孩子送进了这所普通小学。

当时，我的选择遭到了很多人的善意批评。但之后，选择让孩子上重点小学的同事反映，班级孩子数量太多，老师只能用最简单、原始的方式"训练"孩子，帮助他们学习。看来，上重点小学也不是多好的事情。相比而言，女儿就好了很多，几年学习下来，她的成绩一直不错，后面更是连续三年被评为"三好学生"，这为她日后的择校奠定了很好的基础。当然，对她个性的积极影响更是不可低估。

其实，我的孩子和大部分孩子一样都是普通的孩子，让他们始终自信地学习与生活是我们的责任。在教育领域，我至今没有看到任何证据表明提前上学的儿童优于正常上学的儿童，也没有看到那些强努着上了好学校的孩子表现出了更高的社会成就的研究。

因此，在这个问题上，家长们一定要理性思考，从容面对！

学会做一个有弹性的人

2009 年 5 月 20 日

生活中，我们的大部分苦恼其实都源于自己的认识。

那些不合我们心意的人和事总是让我们不满甚至愤怒，但仔细想想，别人做这些事情的时候站在自己的角度也会认为是对的、合理的！那么，怎样才能减少情绪上的愤怒与不满，了解他人、理解他人、站在他人的角度思考问题呢？这些都是我们必须学习的。

儿童阶段的重要学习内容，在我看来，认知的学习应该让位于积极的社会适应性学习，主要原因有两个：一是认知水平的高低较多依赖于天赋，提升的空间比较有限；二是教育的主要目的是使人一生都快乐生活，而不是实现世俗意义上的成功。

我们把儿童阶段的这种必要学习，即学会做一个有弹性的人，作为幼儿园教育的主要内容之一，而不仅仅是将认知视为教育的主要内容。显而易见，这对教师的要求会更高一些。但是，教师在这样的目标的引导下，其教育能力通常提高得很快。接下来，我们应该帮助儿童掌握必要的交往心理与交往技巧。在这方面，家长的榜样作用无疑是最重要的。但是在机构中，帮助儿童建立思考模式下的"交往心理"对他们的发展是有利的。所谓思考模式下的"交往心理"是指遇到问题时，不要马上本能地表现自己的情绪，而是要稍微"沉吟"一下再做出判断，做出趋利避害的积极行为。这样的学习比认知学习更艰难，更难以显现结果，但会使儿童终身受益！

我曾看到这样一段话，大受启发："自然界存活下来的物种，不是那些最强壮的种群，也不是那些智力最高的种群，而是那些对变化做出最积极反应的物种。"这是谁说的呢？伟大的生物进化论的创始人达尔文。

"六一"儿童节——孩子们自己的节日

2009 年 5 月 26 日

"六一"儿童节将至，在这段时间里，孩子们被社会空前重视。在媒体的新闻报道中，孩子们不是在"卖力"地表演取悦着成人，就是作为一个弱小群体被"慰问"着。

孩子们自己喜欢什么样的节日？我想，快乐、开心是最基本的要求。但是，哪些活动能让孩子们开心、快乐呢？如果我们花很长时间安排那些只有一小部分人参加的节目排练，大部分孩子一定是非常不开心的。所以，几年来，我们从来没有因为要排练节目而干扰过儿童正常的教育与生活。我们更愿意还原儿童生活的本来面目，让他们每天都在快乐中学习，在快乐中成长。在我看来，节日只是一个符号、一个仪式，目的是提醒成人要给予孩子们更多的快乐。

"六一"儿童节，我们能做什么？带给他们更多的惊喜与发展的可能性无疑是我们的责任。经过讨论，我们决定安排如下活动：

活动一："欢乐再现"

*活动方式：*孩子们用歌舞欢唱的方式拉开"六一"儿童节活动的序幕。

*活动目的：*展现孩子们积极愉快、丰富多彩的幼儿园生活。

活动二："和爸爸妈妈一起玩传统游戏"

*活动方式：*孩子们邀请家长一起玩那些熟悉的传统游戏。

*活动目的：*增进亲子感情，共同体会童年的欢乐。

活动三："小型交易（跳蚤）市场中的以物易物"

*活动方式：*家长和孩子共同挑选家里闲置的、干净的、整洁的、未破损的图书、音像制品、玩具、小饰品以及孩子们的作品，于活动当天设置摊位与其他小朋友互相交换。

*活动目的：*体会"以物易物"的乐趣；发展孩子们的社会实践能力，培养其自己解决问题的能力。当然，节约资源的意识也要从小培养。

活动四："和爸爸妈妈一起比创意"

*活动方式：*利用各类材料，家长和孩子一起发挥想象力，进行手工创作。

*活动目的：*培养孩子的想象力与动手能力，帮助家长了解儿童。

活动五："丰盛的幼儿园美食会"

*活动方式：*家长和幼儿一起品尝幼儿园的经典美食。

*活动目的：*共享大家庭带给每个人的欢乐。

活动结果怎样？让我们共同期待吧！

专家型教师——我们追求的教师成长方向

2009年6月22日

今年，在做计划的时候，我们确定了教师成长的方向。

幼儿园经过几年的发展，教师的专业化水平大有长进。目前，幼儿园的教师队伍相对稳定，教师的专业水平也逐年提高。但怎样能够让他们成为专家型的教师呢？我们采取了两个对策：一是请课程专家听评指导教师的教育教学活动；二是给教师更多的工作空间与个性化的工作思路。为此，我们安排了教师依据班级情况自行设计、完成的小型家长学校。

这个活动不仅需要教师有把握信息的能力、筹划决策的能力，还要有正确的教育观念做指导。我想，这有助于锻炼与提高他们的专业能力。

这个星期，小型家长学校陆续开讲了。

婴一班的开讲题目：幼儿学习的兴趣培养、儿童之间的冲突类型及解决方案

婴二班的开讲题目：儿童的行为习惯与家庭教养的关系

婴三班的开讲题目：隔代教育怎么做

小一班的开讲题目：儿童常见的交往问题解析与策略

小二班的开讲题目：孩子和孩子有了冲突，家长怎么办

中一班的开讲题目：父亲参与教育的意义

中二班的开讲题目：家庭中怎么培养儿童的自信心

中三班的开讲题目：怎么让儿童的注意力更持久

大班的开讲题目：什么样的毕业典礼令孩子们更难忘

题目是否恰当，效果是否显著，一定程度上依赖于家长的支持与配合。

当然，对教师来说，之后的反思能够帮助他们在迈向专家型教师的成长道路上更进一步。

接纳比表扬更有价值

2009 年 8 月 12 日

不知从什么时候开始，"表扬"似乎成了家庭教育中最值得推崇的方法。在这种"思潮"的影响下，家长们做好了从孩子一出生就开始表扬的准备。于是乎，孩子会自己走路了，便获得家人的赞许；会自己吃饭了，又获得了称赞；甚至学会拉屎、撒尿了，同样也能赢得家人的表扬。可是，这些明明

就是孩子不需要表扬也能学会的本能啊!

没错,表扬是教育的技术,但只是其中之一。表扬的目的是什么,却很少有人深究。表扬是为了让孩子更自信,有更多的安全感,还是让孩子一直在积极的情绪中生活?在我看来,表扬的主要意义在于帮助孩子建立起我们期望他们建立的自我概念,即形成"我是谁"的心理表征。心理学家认为,自我是人格中相当有力的、独立的部分,其作用是建立人的自我认同感和满足人控制外部环境的需要。生活中,几乎每位家长都希望孩子建立积极的自我概念,强化对自己的积极认识,提升个人控制环境的能力。这样的想法本无可厚非,但问题是,是不是单靠表扬就能够帮助孩子们建立我们需要的那些积极品质呢?

问题绝非那么简单。在生活中,当孩子渐渐开始和周围的环境相互作用并建立自我认识的时候,有时他会发现,自己的认识与家人期待帮助他建立的自我概念之间有可能存在一定的距离。那时,来自孩子内心的矛盾与失落感就会困扰着他们:我是谁?我到底是什么样的人?我是同伴眼中的"我"还是父母眼中的"我"?

最好的结果应该是,家人的评价与孩子得到的来自环境中他人的评价保持一致。如果他人的评价更客观一些,那么家长是否应该经常关注、了解他人的评价并随时调整自己的教育策略呢?

和表扬表现出的略微焦躁的教育心态相比,"接纳"似乎是个更有意义的词汇和教育状态。因为接纳意味着无论孩子怎样,我们都能够正视他。我们接受孩子的优点,也接受他的缺点,将孩子视为一个整体存在而接纳他。我们不光用欣赏、表扬来强化他的优点,也能用坦然的态度对待他的不足。因为接纳意味着我们爱孩子,接受他,他身上的一些不好的行为只是令我们暂时失望而已。这样,孩子才不会因为批评而产生失落感,相反,他将开始思考一些暂时让他不愉快、但日后有可能终生难忘的父母或者教师的教育行为背后的价值与意义。

自我认同危机会使人感到混乱和失望,难以确定自己的价值和生活的方向,但这种危机不仅仅产生于不被认同。现在,在很多孩子身上,更多的危机则是由认同的不一致所导致的!

英国归来话教育

2009 年 10 月 9 日

上个月，我受学院领导指派到英国学习，了解英国有关学前教育的基本情况。

20 多天的时间里，我们走遍了英伦三岛，与不同机构的人员进行会谈、交流，概况性地了解了英国学前教育的基本情况。

英国是世界上教育体制最先进的国家之一。在英国经济日渐衰退的今天，其教育产业仍然显现出了相当强的生命力，这应该得益于其先进的理念与管理系统。

在英国，学前教育管理体制与我们有很大的不同。政府的职能是负责制定原则和标准，至于完善、细化、推广、实施、管理等具体事宜都有赖于一些由政府提供经费的非政府机构来完成。这样的管理机制一定程度上保证了教育的客观性、科学性、丰富性、多样性与公正性。

在英国，教师培训由英国学校培训与发展总署（Training and Development Agency for Schools，TDA）完成，学校高层管理的培训则由英国学校领导教育学院（National College for School Leadership，NCSL）负责；英国儿童工作发展委员会（Children's Workforce Development Council，CWDC）负责 2—6 岁儿童的事务；早期教育机构的各类诉求也由英国学前教育学习联合会（Director of Quality Improvement Pre-school Learning Alliance）来承担；课程与评估则由英国资格认证与课程发展总署（Qualifications and Curriculum Development Agency，QCDA）来负责；甚至先进技术的推广、运用也有专门的机构——英国教育传播与技术总署（British Education Communication and Technology Agency，BECTA）来承担。可以看出，英国政府在学前教育的运行和管理上有长期合作且具备相当水平的非政府机构来支持。

在英国，教育的核心价值观和我们的完全相同。他们强调：父母是儿童的家庭教师，儿童从玩中学，儿童教育需要整个社会的关注与各界的支持。和我们的认识一样，他们认为，学前教育完全国家化和完全市场化都是不现实的。目前，英国3—4岁的儿童每周享受12.5小时的免费看护，到2010年，这个时间将增加至15小时。具体方式是，将每小时8.5~9英镑①的费用打入地方政府的财政，再由地方政府拨付到每一家机构，以此来加强政府对教育的投入。

父母如何参与学前教育，这也是他们一直思考与着力解决的问题。他们认为，英国的情况和中国有很大的不同。除了众所周知的那些差异外，在文化上的差异是要特别重视的。在中国，贫困家庭对教育的需求仍很强烈，让贫困家庭的父母参与教育是目前家长工作的主要目标。如果能够给父母一些行为上的指导，帮助他们和学校建立一种战略性的伙伴合作关系，就会使家庭教育的水平大大提高。

如何培养学生的创造性思维是英国教育界目前最关注的问题，但其背后的核心问题是政府应该如何界定学前教育的高质量。

通过交谈，我们了解到，在英国，学前教育领域的从业人员都要有相应的资格。而完成这些人员注册、培训、管理的不是政府，而是相应的机构，特别是对英国资格认证与课程发展总署的拜访让我们感触颇深。在课程架构上，它强调课程设置既要考虑常规，又要考虑未来的发展与变化。

资格认证与课程发展总署作为英国权威的课程设置机构，它的目标是：
- 做出适合英国儿童学习的好课程
- 打造国际领先的课程目标

在学习过程中，我们了解到，课程的目标应该使孩子们成为成功的学习者、自信的个体、有责任感的公民。在未来，孩子们应该至少具备两种基本技能：写作及运用电子技术的能力；学习和思考的能力。课程也应该从六个领域入手：数学；对艺术的理解；个人体能的发展；对科学、技术的理解；学习英语；对历史、地域、社会文化的了解与理解。

课程的评估是整个课程体系中特别重要的部分，它通常决定了课程的导向，是教育工作者特别关注的。在进行了大量研究的基础上，英国的教育研

---

① 英镑与人民币汇率时常变化，这里不做换算。

究者确定了评估可从8个方面进行，即母语的交际能力、外语的学习能力、数学能力、自然科学能力、信息处理能力与学会学习的能力、社会交往能力、创新能力、文化意识及相关的表达能力。

这个框架是目前世界上领先的评估框架，它对我们尝试运用国际化的标准对儿童的学习进行评价，以培养国际化人才具有特殊的意义。

但令人遗憾的是，同世界上其他许多国家一样，英国教师的劳动与其工作的重要性和他们的收入之间也存在着明显的不平衡。这同样是令那些英国同行们倍感困惑的问题之一。

我想，在未来的几年里，立足现实，打造具有国际视野的、健康的、和谐发展的中国儿童也许是我们的教育目标与内涵不断丰富的方向所在，但在幼儿园，这一切的实现有赖于我们全体教师和家长的共同努力！

差异来自文化吗

2009年10月10日

在英国，有一些和我们不太一样的地方。

比如吃饭，我们喜欢在饭桌上交流问题，谈论时事，推杯换盏地交流感情。饭桌基本上是中国人的另一个重要的社交场所。但在英国，吃饭保持安静似乎是最基本的礼仪规范。再如做饭，我们大部分人家很少设计一周要吃什么东西，通常是（至少我是这样）看当天的心情和买到的东西决定吃什么。但在英国的超市里，随处可见当地人拿着单子在购物，买到一样就划掉一样，直至全部划完。他们通常会对下一周的每一天每一顿要吃什么都有安排。再比如做客，中国人特别好客，总喜欢邀请亲朋好友到家里小聚。但在岛国生活的英国人视家庭为自己最后的堡垒，轻易不请别人到家里做客（这点似乎和美国人也不一样）。另外，我们总喜欢将最好的东西放在大家都看得到的地方，但低调的英国人会用内敛的方式表达他们对生活的理解，比如，他们的后花园通常比前面的大门拾掇得更漂亮。英国人也喜欢排队，哪怕只有两个人，秩序感随处体现在他们的生活中。

以上差异仅仅是我从外部观察到的，至于内部的差异，在这么短的时间里我恐怕难以有更深入的了解。但在访问中，大部分英国人表现出来的时间观念、诚实、礼貌、管理的系统及对传统的尊重等国家与个人特性都给我留下了较深的印象。

客观地说，在英国，我们除了感受到曾经有过的先进外，很多方面也呈现出一些衰败的迹象。随着中国经济的飞速发展，我们在有些方面正与世界同步，话语权也在不断增加。一些人甚至强调，我们和发达国家的某些差异不是水平的差异，更多的是因为文化习俗的不同。

在英国访问的日子里，我们也真切地感受到，作为一个地广人稀、资源丰富且有着相当长发展历史的国家，其很多符合社会发展的习惯与秩序的建立绝不是一朝一夕的事情。在这个方面，我们要学习的东西还有很多。我想，我们更应深刻地认识到，中国的经济发展较快，但保持已有的、适合我们发展的传统习俗并能够逐渐将这种影响积极地推广至全球，同时建立一个有历史传承且有秩序感、责任感的适合社会发展的价值体系，则可能需要更长的时间，我们也要为此付出更多的努力！

我们愿意和什么样的家长合作

2009 年 10 月 20 日

无论在英国还是在中国，幼儿教育专业工作者都清晰地意识到，良好的儿童教育的结果不仅和教育机构的水平有关，还更多地有赖于家长的理解、支持与配合。作为一所专业机构，我们相信自己有关教育的基本判断是正确的，也相信自己所持有的教育态度与父母相比更加理性。我们不仅代表着某一所教育机构，还应该代表社会行使教育的权利。当然，这一切需要我们不断地调整教育者和机构的行为倾向，使之趋于完美和更有价值。

在过去的几年里，我们坚持选择那些和我们具有同样教育价值观的父母。作为一个年轻的群体，他们的行为同我们一样，是需要通过学习不断矫正的。其中，有不少家长的积极行为给我们树立了可供学习的榜样。这些家长身上通常具有豁达、积极向上、善于思考、行为优雅、更易理解他人、不过多关注与儿童成长无关紧要的那些细节、理性应对问题等鲜明特质。

但令人遗憾的是，有些家长的行为是我们不太欣赏的。那么，家长们的哪些行为是我们不能接受的呢？

首先，从个人的基本行为谈起，有个别家长对人、事缺乏基本的礼仪，他们无视基本社会规则，在园里乱扔东西、随地吐痰，让人难以接受。即使这些人受过良好的教育，其行为背后的烙印始终存在。

其次，从个人价值观来看，有一些人自身的价值观就有问题，他们对事情做判断时考虑的更多的是个人利益，很少顾及公众利益，缺乏必要的诚信和社会责任感。比如，孩子在家得了传染病需要隔离，他们却隐瞒病情强行将孩子送到幼儿园；也有一些人认为自己有钱或者有权、有身份就可以蔑视他人，特别是轻视教师的尊严；还有一些人其生活的目的就是"保有面子"，如果他们感到孩子没有让他们满意，自己的面子受损，就会将这种情绪转移到孩子或他人身上。此外，还有一些家长缺乏判断事物的能力，他们往往出于直觉而非理性做出判断。如果孩子在幼儿园有一点不愉快，他们就由此推断一定是别人的错误导致的，或者如果幼儿园的某一个方面没有满足他们的个人需要，他们就对幼儿园甚至我个人来个全盘否定。

现在的中国是个经济飞速发展的国家，但这并不意味着我们的道德建设和经济发展一样搭上了快车。记得上大学时，教育哲学课的教授讲过："经济发展的速度可以很快，但人类道德的发展要经历相当长的岁月才能固化为民族的特性。"

利他与利己

2009 年 10 月 21 日

每个人心中都有私欲，但私欲的大小从某种程度上决定了个人品质。

像雷锋那样毫不利己、专门利人的品质让人敬仰，但能够做到也确是一件不太容易的事情。我们大部分人能够做到的，是在兼顾自己利益的时候尽量不损害他人。那些以损害他人利益为代价获取的成功总是让人心生鄙夷。其实，最糟糕的是损人而不利己的那一类人。当然，在他们看来，或许自己的行为也是利己的，因为损人的过程可能会宣泄心中的一些仇恨与愤懑。这类人的童年成长经历大多有问题。他们如果存在于你的生活、工作中将是一件非常可怕的事情！幸运的是，我曾经遇到过这么个"主儿"。说幸运，是因为迄今为止只遇到过一个。另外，和这样的人打交道对提升自己的适应能力大有裨益啊。从此以后，我评判他人的标准与抗压阈值都大大地扩展与提高了。

中国是一个有着几千年文化的文明古国，文化的源远流长使得我们的文化内涵极其丰富，我们也更愿意借助道德的力量去教化、影响他人。但是，道德是一个高山仰止的东西，转化为个人品德则是个复杂、艰难的过程，这也是很多人曾经轻视传统文化的原因。西方国家的发展历史短，所以它们更喜欢运用法律来约束、规范个人的私欲。与道德的力量相比，法律似乎更直接、简便，适用的人群也似乎更广一些。当然，最好的方式是两个手段能够同时发挥作用。

很多时候，教育机构的力量是有限的。儿童成长中的那些道德行为规范更多地来自家庭，日常生活的方方面面无不考量着我们打着深刻家庭烙印的基本行为准则。在酒店或餐馆里，如果食物免费，你会在餐台上取多少食物？拿多少餐巾纸？如果没人看你，你会把刚刚擦完鼻涕的纸和刚刚拆下的包装纸扔在哪里？在外住宿，你会怎样对待那些毛巾与寝具？如果自来水不花钱，你会将水龙头打开一直冲洗衣服吗？如果用电不花钱，你会一直开着灯吗？这些问题似乎和道德无关，也没有损害他人的利益，只是生活中利己的一些小事与个人习惯，但折射出了个人更高的道德修养。

记得去年，我和老师们一起准备给小班的孩子们上一堂社会领域课程——"公交车上"。老师先了解孩子们的想法，他们说，公交车上不能吃东西，尤其是羊肉串、糖葫芦，太危险；不能睡觉，以免睡过了头；要先下后上，遵守秩序；要购买车票；要问候司机叔叔与售票员阿姨；要拉紧大人的手，不能走丢了；要给老人和抱小孩的乘客让座，等等。我提出了一个问题："如果目的地是终点站，那么坐在或站在什么位置好呢？"无疑，公交车上里面的位置应该是最佳的。这样,短途的乘客上下车就变得容易与迅捷了,节约大家的时间就等于节省自己的时间啊!课后,我对老师们说,我们有责任向孩子们传递最有价值的社会观念。重要的是,要将正确的思维方式植根于孩子们幼小的心灵里。

"利己"与"利他"看似很难在行为中统一起来。但仔细想想,我们控制了自己的私欲,更多地考虑他人的时候,最终回报的将是更多的"利己"结果,即使这中间的过程可能会很长。总之,"利他"行为就其根本而言还是"利己"。

预见自己的"利他"行为有多大的影响力,其实也是考量我们的智力与道德水准的重要标志之一!

幼儿园的家长学校

2009 年 10 月 26 日

几年来,我们一直致力于建立一套行之有效的家长学习方案。"家长学校"是我们试行了好几年的一种重要的家长学习形式。如何使家长的学习更高效、更有时效性,我们花了几年的时间进行探索。

去年,我们提出了家长学校小型化、专业化、更有针对性、解决实际问题等目标,希望教师的专业化成长中更多地涵盖家长指导水平。我们要求班长发现班级教育中的一些普遍问题,并有效地组织家长,帮助他们解决教育中的个别问题。一个学期过去了,我们在实践的基础上讨论出了一个我园"家长学校"学习的大纲。

中华女子学院附属实验幼儿园不同年龄班
家长学校的学习大纲(试行稿)

婴班

1. 幼儿园基本情况介绍及家园合作关系的框架介绍。
2. 缓解儿童入园焦虑的家庭对策。

3. 儿童的健康教育（科学饮食、营养搭配、四季养生、儿童着装、运动能力、睡眠时间、卫生习惯与心理健康）。

4. 隔代教育的利弊与家庭中合作关系的建立。

小班

1. 儿童不良情绪的自我控制和疏导。

2. 同伴交往的意义与主要表现形式。

3. 同伴交往水平提高的技术与策略。

4. 对儿童冲突的认识及应对策略。

中班

1. 儿童安全意识及自我保护能力的培养。

2. 每个孩子都是"天才"！寻找到孩子的优势智能——家庭中的"多元智能教育"。

3. "多元智能教育"的家庭策略。

4. 保持一颗"平常心"——教孩子学会合作与合理竞争。

大班

1. 帮助孩子正确地评价自己。

2. 幼小衔接的心理准备。

3. 幼小衔接教育中家长的作用。

4. 如何选择适合孩子学习的学校。

为国家、为社会、为他人，我们还能做多少

2009 年 11 月 5 日

这几天，天气寒冷，但我有些上火。

事出有因：一是我们的暖气费标准又调高了，与当初的预算审批相比，费用已经增加了近 3 万元，这对我们这样一所需要自收自支的园所来说，是一笔不小的计划外开支。二是这几天中午，我们分批召开了例行的全园月总结会。管理层从幼儿园常规工作入手评析了我们一个月工作的得与失。我一

如既往地强调了园所的文化建设，同时对保育教师思想的开放性、年轻教师成长的差异性都进行了一些讨论与说明。同时，我特别强调，要从家长的人格角度出发界定家长的行为水平，避免从外部的、功利的标准，如金钱与社会地位等衡量家长的个人价值。

昨天下午，刚从幼儿园毕业的球球和他的爸爸来看我们了。他的爸爸赞叹道："你们绝对不是一个常态机构。"他形容我们就像汪洋大海中的一座小小的孤岛，也很担心我们的"红旗能打多久"。这些交织起来的事情让我既看到了自己艰苦努力后的成效，又意识到了自己的渺小与时常会袭来的那种无力感。一位朋友评价我说，一个爱思考的人总是会显得比较脆弱与过于理想化。

我今年已经45岁了。在20多年的工作经历中，我正式调换过三个单位，虽然每次都是被别人当人才"挖"走，但这只是外部因素，应该说，我个人的判断极大地影响了我的职业选择。以世俗的眼光看，我的工作是越做越累，越做越琐碎，不是吗？从一所师范学校的专职教师到一家轻松的国有体制机构下的专职研究员再到一所幼儿园的园长。可我自己清晰地感觉到，那种来自内心的满足感也越来越强烈。

为国家，我们能做什么？为了社会进步，我们还能够做多少？每个人的想法都不一样，但我想，我是了解自己的，因为所有的选择都不是来自唯一，而是在多种选择的可能性中运用自己的价值判断做出的选择，因而会体现出执着而坚定等特质。

昨天，我又收到了"同心希望家园"马小朵女士发来的感谢信。我们为他们捐助东西已不止一次了。"同心希望家园"是一群为打工者群体服务的热心者发起的非政府组织。去年的这个时候，我们和家长代表一起为他们捐助了大量来自孩子和家长的各类用品、服装、图书。做这些，我们不是想出风头，只是想给孩子们幼小的心灵埋下一颗善良的种子，让他们从小学会关心他人、体谅他人、用自己的能力尽力去帮助他人。

从世界上最完美的读书地方得到的一些办学启示

2009 年 11 月 9 日

从英国回来不久,我看到《三联生活周刊》在 10 月的最后一周将"剑桥大学——一个完美的读书地方"作为这一期封面故事的主题。在去过了这个用 800 年造就的世界上最完美的读书地方后,我不由得对他人如何评价剑桥产生了浓厚的兴趣。

待我花了些时间仔细阅读后,我发现这篇文章中的很多思想对我们办好一所幼儿园也是大有裨益的。如下内容对我很有启发且促使我不断思考,节选下来与君共享。

在剑桥,人们认为,一所好学校除了有好教授之外,还需要一个好的花园。在这座"城市"里,石头、彩色玻璃、溪流、草地、树木和花朵被安排得如此错落有致,以便于更好地学习。花园、树、河水、草地、图书馆、博物馆、教堂,看到这些还不够,他们还需要一些智慧的头脑,不是为了辩论,而是为了配得上这方水土、这方历史,配得上自己明明白白的青春。面对这样一座"城市",他们怎么能无动于衷呢?

当你在剑桥的一个安静的角落里坐下,看着这个精英辈出的地方,你会想起马修·阿诺德的一句名言——让每个人变成一个更好的自己。读书求知,这个自我提升的过程也许不依赖于外部环境,而在于一种智慧生活的愿望能否长久地存在于你的内心之中。

剑桥大学主管日常事务的校长艾莉森·理查德认为:"一所杰出的大学,其宏大而明确的抱负是在知识的所有主要领域达至卓越。"这几年,英国政府一直要求大学广开通道,让贫穷家庭的子女也能进入剑桥、牛津这样的精英大学读书。这位女校长的回应是:"剑桥大学的入学资格完全建立在学生的智力基础上,我们为最优秀的学生提供最好的教育,无论他们的社会背景如何。大学关心社会正义,也促进社会正义,但它不是解决问题的工具,它有自己的目的。"

剑桥的学生必须为自己的学习承担责任。教师从不给他们灌输什么。他们要思考，而且思考得很深，这样才能不断接近学习的本质。一个受过良好教育的剑桥毕业生应该懂得如何思考，独立的、严谨的、深入的，而不是别人告诉他怎么思考；他们还应该有广博的知识。他应该学会迅速筛选，有强大的分析能力，能敏锐地捕捉各方观点，直达问题的核心；他们还应该社交广泛，拥有灵活的、跨学科的视角……

每一步最优与整体最优，你会选择哪个

2009 年 11 月 30 日

周末，我看了些杂书，读到一位著名财富管理专家对于投资和财富管理的差异的论述：投资是一门专业技术，而财富管理是一个总体最优的策略。从长远角度看，财富管理的目的是为了更好地生活，它需要我们在打理资产时更多地考虑财富目标、个人目前所处的年龄阶段甚至身体的情况。因此，财富管理更需要一种观念。

同样，生活中，有些人为了保持从容的生活状态，会放弃一些好的投资。当人们一旦拥有这样全面的思考后，就会更加关注财富目标与方向的正确性，减少短期波动带来的不良反应。财富是中性的，我们如果都能够用正确的方式拥有并使用它，就会为享受美好生活打下坚实的基础。那么，在财富面前，追求整体最优恐怕比追求每一步最优更有价值吧。

在家庭生活中，财富管理与子女教育也许是直接影响家庭生活质量的两个至关重要的因素。我们该用什么样的态度对待孩子的教育，是选择每一步最优还是选择整体最优？上述观点无疑给我们提供了更为广阔的思考空间。

选择每一步最优和选择整体最优，在对待孩子教育上的差别到底在哪里？

我发现，那些总是愿意选择每一步最优的父母，他们的童年生活也许不那么"完满"（心理意义上的），但他们始终没有放弃过追求，一旦有机会，他们就会在下一代人身上寻求自己一直渴望而始终没有得到的东西。他们对完美有着超乎寻常的期待，这种期待会使父母自觉或不自觉地将自己的意愿

转化成要求强加给孩子,父母身上表现出的那种焦灼感、压力感始终影响着孩子的发展。可对孩子来说,他们很矛盾,他们不确定父母究竟是爱"我"还是更爱"他们自己"。这种"空洞感"始终影响着他们的生活,令他们迷茫,无从选择。

那么,什么人有能力在财富管理和教育孩子方面选择放弃每一步最优而选择整体最优呢?我想,那些有阅历、比较成熟(主要是心理上的)、对财富与教育都有自己独特的认识且很少人云亦云、对自己与孩子的成长都有较为清晰的方向、面对生活总能保持从容淡定,也总是能够调整自己的父母可能离理想的目标会更近些吧。

顺便提一下,最近媒体一直在强烈批评有些人利用手机浏览"黄色"网站的事情。我认为,除了从源头上予以控制外,还有一个重要的因素,就是父母从孩子出生开始就要给予孩子更多、更饱满、更结实与温暖的"爱"。这种爱不是表象,也不是主观臆想与人为控制,更不是强迫以及焦虑地要求孩子每一步都做到最优。父母如果能够做到这一点,就不仅为孩子提供了美好的童年生活,还为他们长大后选择健康而有追求的生活打下了坚实的心理基础!

和孩子们一起看《绿野仙踪》

2009 年 12 月 3 日

幼儿园艺术活动月的进程已经过半,为了让孩子们更真切地体会艺术活动的魅力,昨天我们又特意为他们组织了童话剧《绿野仙踪》的观赏活动。

这个改编自美国作家的童话故事,由著名的儿童文学作家陈伯吹翻译进入中国后就一直被许多人喜爱。故事讲的是,善良的小女孩多丽娅和父母一起生活在农场,但孤独的她没有朋友,只有小狗托托与她朝夕相伴。有一天,突如其来的龙卷风将房子、多丽娅和托托一起刮到遥远而陌生的国度。那里,邪恶的魔女巴希姆用魔法统治着整个国家。多丽娅想要找到回家的路就得去翡翠城找到奥茨王。在路上,她遇见了会说话却没有大脑的稻草人、会跳舞却没有心的铁皮人和虽是百兽之王却没有胆量的小狮子帕克。稻草人想找奥茨王要一个头脑、铁皮人想要一颗心、胆小的狮子想要胆量，于是他们结伴而行寻找他们想要的东西。在翡翠城，奥茨王告诉大家，只有打败重新复活的巴希姆才能帮助大家实现心愿。在与魔女的战斗中，多丽娅不肯放弃朋友，最后小狮子帕克将魔球砸向巴希姆。魔法终于被解除了，稻草人获得了大脑，铁皮人获得了一颗懂得爱的心，而小狮子帕克的勇气和胆量也回归了。多丽娅终于和好朋友们一起回到了家乡……

孩子们特别喜欢童话，因为童话表现的都是人类生存永恒的主题，如善与恶、穷与富、强与弱、罪与罚等。童话所提出的问题也是世世代代所有人终有一天必须面对的人生问题，如恐惧、死亡、不义、绝望、成长、寻找伴侣、追求行为的社会意义等。童话具有丰富的意义和情感色彩，远比课本和有关现实的教材更全面、更丰富、更有感染力，也更为深刻。在我看来，童话更能将儿童的担忧、内疚和愿望以象征的形式表现出来，从而帮助儿童宣泄内心的不安、恐惧、仇恨等情感；童话中最有价值的不只是那些积极情感的描写，更有如邪恶等消极情感的再现。心理学家认为，童话故事不仅可以让儿童在无意识层面深刻习得人类智慧、社会习俗和种种美德，更可以让儿童宣泄负面的情绪情感。虽然儿童自己也许并不知晓这些象征的意义，但这些象征对培养孩子对未来的信心和希望，帮助他们克服困难，提升意志水平有着重要的作用。即使这些记忆在儿童长大后会被遗忘，但其中包含的智慧已深深植根于儿童的无意识中，存在于他们的心灵深处。

在《绿野仙踪》这个故事中，孤独的多丽娅、没有头脑的稻草人、没有心的铁皮人、胆小的狮子，这些人物都不那么完美，但他们最终都获得了自己想要的东西。这个故事让孩子们知道，不完美不是什么糟糕的事情，也没有那么可怕。孩子们喜欢这个故事，只是喜欢的方式各有不同。有的表现为欢笑与激动，有的则用担心、恐惧从另一个角度表达自己的"喜爱"。和孩子们一起坐在剧院里欣赏演出，我发现，那些来自他们内心深处的喜悦、激动、欢快、满足，甚至恐惧与愤怒，都显得那么有趣且有意义。

如果我们发现孩子们特别喜欢反复听某个童话故事，那一定是来自他们内心深处某种需要的召唤！

让我们试着"平和"下来

2009 年 12 月 8 日

好友发来短信问,如果将 26 个英文字母按照从 1 到 26 来定分,A=1 分,B=2 分,C=3 分,那么爱情、家庭、工作、金钱这些生活中很重要的东西分别值多少分?她告诉我,Love(爱情)=52 分,Family(家庭)=66 分,Work(工作)=67 分,Money(金钱)=72 分……这些我们认为很重要的东西都不是 100 分,只有 Mentality(心态)=100 分!

周一中午,我和年轻的老师们一起讨论价值观中的"平和",这也是这些年来我一直追求的个人成长方向之一。虽然和年轻的他们谈论这些还有些早,但也算有意义吧。我们先是一起讨论了什么事会让我们变得不平和。我们认为,不平和的心态可能来自两个方面的影响,一是愤怒、不平的情绪,二是焦虑、担忧的心理。在生活中,当我们发现很多人和事与我们的认识、预期不同的时候,那种不解、不平甚至愤怒瞬间会让我们失去平和;那种对他人行为走向的难以确定与把控有时也会让我们一直沉浸在焦虑不安的情绪中,从而失去平和的感觉。

我们生活在世俗中,时不时会有不平和的感觉是很正常的。这几年,我学着让自己和老师们用最短的时间调整好自己的心态,让心态尽快回到平和的轨道上。当然,这样的技术需要我们对人和事有更多样的认识,对事物有多角度的判断,同时也要学会用最快的速度确定新的行动方向,努力寻找更多解决问题的路径……不过,这个过程不是一蹴而就的,好心态的修炼不仅依赖个人强烈的自我追寻意识,也依赖个人的阅历。

但是,当平和逐步变成我们的情绪常态时,我们会更多地理解别人,而不再总是抱怨;会更多地看到别人的优点,而不再总是批评;会更多地接纳自己,而不再总是自责;会感觉自己的生活更有意义,而不总是"一地鸡毛";会感觉自己变得更有力量,而不总是那么落寞。

今天和明天,幼儿园都在进行新一轮的入园面试。为考量家长的心态,我们特别增设了一个新问题——"如果您的孩子没有被录取,您的态度是……"。

我希望，在我们的幼儿园里，不光园长要有好心态，老师们要有好心态，家长们也要有好心态。因为，这些都直接影响着孩子们的发展！

沈金花——皮村同心实验学校年轻的校长

2009 年 12 月 22 日

北京市朝阳区金盏乡皮村同心实验学校位于朝阳区东五环外。第一次去的时候，我被吓了一跳——北京城还有这么落后、脏乱的地方。在那里，上"旱厕"有让人窒息的感觉。

从英国回来的第一个周末，我被安排去皮村同心实验学校给打工子弟的家长们上一堂课，讲讲怎么教育好孩子，怎样成为好的父母。为了保证讲课的效果，我认真地备了课，力求用生动的实例讲解那些大道理。但那些家长的热情、上进、好学让我一时间有些错位的恍惚感。

在那里，我认识了沈金花——这位年纪不到 30 岁的校长。看着她黑红的脸庞，我以为她只是打工子弟中那些有点文化与理想的人。可谁知，交谈中我才发现，金花竟然是我们中华女子学院社工系 2005 级的毕业生。她来皮村办学，只是为了实现自己的理想。

那里生活的艰苦，我不想做过多的描述。你只需想想，一所只依赖学生们一个学期缴纳 400~800 元钱，还经常收不上来的学校，能有多大的发展空间？！但那天，在那里，我看着金花和每位家长熟络地打着招呼，亲热地叫着每个孩子的名字，愉快地安排着那里的一切的时候，我先是觉得她和我一样，都算是有点追求的人吧！

当我在那所甚至比不上 20 世纪 70 年代我上学时的条件的小学里完成讲座后，金花把我们送到了学校的大门口，她用沙哑的声音向我们描绘着学校的前景，对于困难她没有抱怨，只是向我们诉说着她的解决方案。在我看来，那些事情真可谓琐碎、麻烦。

从皮村出来，行驶在宽阔的五环路上的时候，我在想，物质上的清贫也许我能忍受，但这种在城市中被边缘化了的生活是我断然难以接受的。在这点上，金花远比我的境界高尚。我得承认，在此之前，我一直有"阶层"的概念，对弱势群体的关心更多的是出于同情而非热爱。但沈金花深爱着那些孩子，她努力为他们寻找各种机会。

为金花，我能做什么？为了那些孩子，我们能做什么？昨天，金花来拉我们为他们募捐的东西，满心喜悦，没有自卑，没有惊羡，只是想尽可能地装下这些东西，以至于连她的座位上都堆满了物品。

这次活动，孩子们和家长们一共捐出了两千六百多件物品。我算了算，每个家庭大约捐了十件以上的物品。但我想，这还不够，我们还有能力给他们更多的关心，主要是给予更多的爱。我向金花许诺，明年春天的时候，我们想组织老师们和一些家长一起去他们那里，看看我们还能做些什么。也许我们还可以做得更好、更多……

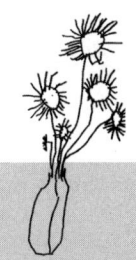

2010 年　实践是思想的翅膀

　　从这一年开始，我将个人成长的目标锁定在"内省"上。那时，我进入了一个心理上较为成熟的时期，有更多的体验来观照内心；幼儿园的发展也进入了相对平稳的阶段，但我仍不满足，内心一直有更高的追求。

　　这一年，我第一次提出了幼儿园要追随"自然主义教育"的主张。很多年来，我都很讨厌那种儿童总是追随成人的教育模式，因为这样的教育会使儿童过早地功利和成熟。我发现，当我们追随儿童的时候，儿童却一直在追随着自然。我们试着给儿童"松绑"，让他们在自然里用自然的方式学习与探索，而他们在对生活的探索中向我们展示出了更多的创造力与生命力。那年春天，我们的课程里第一次出现了"生命力"这一关键意向。我心目中的自然主义教育不单是指让儿童在自然中学习，还包括用更自然、更从容和更符合儿童规律的方式帮助儿童学习，这也是我第一次提到儿童学习中的"四季线索"。当教育特别"自然"的时候，一种教育的气场就会形成。这个气场里一定有一种特殊的力量，这是教育中宝贵的"活性物质"。当时，这一思考深受《道德经》的启发。

　　再读当年的文章，我有了属于自己的教育立场。我认为，儿童的发展是自然、教师和父母共同影响的结果，那么教师的内在、父母的反思以及儿童与自然相互呼应的游戏生活状态应该形成一个完整的教育环。在大学读书的时候，孙喜亭教授给我们上课时总喜欢用"周延"这一概念，我特别喜欢这个表述。在这一年，我对教育的思考更多地走向了理性，不像前几年那样只是表达教育的感性和诗意。

　　2010 年，我们把毕业典礼开到了长城脚下。在这次毕业典礼上，我又一次泣不成声，内心充满着要把世界上最美好的东西给孩子们的冲动。那时候，

本章手绘插图作者：李昊宸，4.5 岁。

我总感到自己身上洋溢着一种创造的力量。

这一年，我们提交了一份研究报告。起初，我们只是想了解教师的真实需求是什么？我们用"教师工作困难度"量表反向做了研究，之后运用 SPSS[①] 软件分析数据结果，发现了几个很有价值的观点。教师们普遍认为，工作中的最大困难来自家长工作、问题儿童以及管理者的批评。但研究中发现，这些因素又和教师自身能否实现自我激励呈高度的正相关。教师工作中的困难，与其说是困难，不如说是挑战。当时，这项研究给了我很大的震撼，如果我们不能改变教师的修为和人格，这些工作中的困难就会一直困扰着教师，也会一直困扰着管理者。就在那个时候，我开始思考，如何让管理从制度走向文化。

实践让我们的思想有了翅膀。这一年，我们用思考与实践为"生活化课程"打下了"桩子"。之后，扎起"生活化课程"思想的篱笆又用了大约六年的时间……

2010 年，是我生命中的一个高潮，每周和教师们一起教研，和孩子们一起玩耍，内心充满了喜悦和希望。

---

① 专业数据统计软件，英文全称是 "Statistical Product and Service Solutions"。

电子时代的儿童该怎样游戏

2010 年 2 月 25 日

今天的孩子们还会"游戏"吗？他们如果没有经历过真正意义上的"儿童游戏"，那么还能健康成长吗？

不知从什么时候开始，大人们开始用金钱衡量给孩子们的爱的多少。在给孩子们的诸多花钱计划中，电子产品以其高价格、高性能赢得了许多家长的青睐。假期中，我逛了几个大型商场，发现商场中人群最集中的地方也是那些为孩子们提供了电子游乐设施的区域。在那里，大人们带着孩子穿梭于一个又一个喧闹的电子游戏中。孩子们看起来很快乐，大人们看起来也很快乐，因为他们用这种方式释放了自己对孩子无限的爱。

有人指出，电子产品通常是和我们的右脑交流，而左脑是负责理智的部分。如此看来，在电子时代，孩子们左脑的理智部分被部分"休眠"了。将来，对习惯了电子游戏的儿童来说，真正意义上的学习与阅读也许是痛苦的、无法忍受的！

什么才是儿童真正需要的游戏？游戏的根基与基本成分是先验的，它们只有在后天"典型情境"的刺激下才会被激活。因此，游戏是儿童最根本的需要，如同吃饭、睡觉一样在儿童成长中不可或缺。因为只有游戏，儿童的本能才能得以释放，需要才能得以满足。在游戏中，儿童通过想象把真实的东西转化为想要的东西，从而获得极大的自我满足；在游戏中，他们展开梦想、解决冲突、改变现实、创造生活，以满足自己把握、控制、确定外部现实的那些高级需要。这样的游戏对儿童来说，包含着太多复杂的学习过程。游戏若想带给儿童高峰体验，就必须让儿童经历幻想、创造、合作、等待、失落、满足等复杂的心理历程。

电子游戏带给孩子们的最大问题是，它们很少有机会和心智"对话"，更多的是和身体的感官呼应。当孩子们了解世界的方式更多的是通过屏幕，而不再依赖个人的感受或体验的时候，他们将变得越来越肤浅。此外，商家为了迎合孩子们短暂的注意力，他们设计的电子玩具与电子游戏必须抛弃深度才能获得广泛的认可。

这个假期，您为孩子安排了哪些游戏？是提供了仅仅满足感官体验、注重外在愉悦的那些游戏，还是为他们提供了和他人交往、探索真实世界的那些充满了挑战与心智愉悦的游戏？

新的学期已经来临。无论结果怎样，我们都将一如既往地为孩子们提供富有真正的学习意义的游戏活动，请大家共同期待！

我们该怎样表扬孩子

2010 年 3 月 9 日

一项研究表明：表扬孩子聪明、有天赋是一件很糟糕的事情。

1990 年，美国哥伦比亚大学的一些学者对表扬心理学进行了一项大规模的研究。他们邀请了 400 多名 10—12 岁的孩子来到实验室，这些孩子来自不同的宗教、文化、社会经济背景。实验者首先给孩子们看了一排各不相同的形状，然后让他们依据逻辑推理判断出下面的形状应该是什么。当孩子们完成这些问题后，实验者拿走了答卷，给他们分别计分，但不把真实的成绩反馈给每个孩子，而是有策略地对预先设定的不同组的孩子们给出不同的反馈。

实验者对第一组孩子说，你们一定是非常聪明才能解出这么多的问题；对第二组孩子则保持沉默，不予评价。在实验的第二阶段，研究者告诉孩子们可以选择两个任务中的一个来完成。其中，一个任务非常难，他们不太可能取得成功，但很有挑战性，他们即使失败了也能从中学到不少东西；另一个任务容易得多，但从中学习的东西可能比较少。之后，被表扬聪明的那一组孩子大约有 65% 倾向于选择容易的任务，而未被表扬聪明的一组孩子选择容易任务的只有 45%。在实验的第三阶段，实验者让孩子们解答更多的谜题，但是这一次的任务比第一次还难。结果，大部分孩子都表现得不太好。但是，当被问及有多喜欢这些谜题以及回家后还会不会继续解答这些谜题的时候，两组孩子表现出了较大的差异。没被表扬的那一组比得到表扬的那一组孩子觉得谜题更有趣，回家继续解答的愿望也更强烈。实验进入了最后的阶段，实验者让孩子们进行最后一次测试。选择的谜题与实验刚开始时让孩子们做的谜题难度相当。虽然两组孩子在做第一套谜题时得分不相上下，但最后这套谜题的得分显示出了较大的差异，被表扬聪明的那一组孩子的得分远远低于另一组孩子。

之后的研究分析表明，夸奖孩子很聪明会让他们感觉良好，但也会导致他们因害怕失败而避免挑战；同时，夸奖孩子很聪明无异于暗示他们无须努力就可以表现得很好。因此，孩子会缺少努力付出的动力，进而更有可能失败。此外，如果结果不能让他们满意，他们就会产生更多的无助感，进而影响其行为。这来自研究者发现的又一事实，即当要求每个孩子告诉同学自己在测试中（包括那套难题）表现如何的时候，被表扬过的那组孩子有40%撒了谎，而没被表扬过的那组孩子只有10%撒了谎。

尽管这项实验是在年龄大的孩子身上进行的，但在更小的孩子身上也发现了类似的情形。因此，与其表扬孩子聪明、有天分，从而使孩子堕入感觉良好的陷阱，不如表扬孩子的努力、专心、有自我管理的技巧更有意义与价值！

自然主义教育的新主张

2010 年 4 月 7 日

这几天，天气不断升温，北京终于有了春天的景象。昨天，孩子们开始在幼儿园的园子里忙活着播种、浇水，开始了新的期待……

"重视自然对儿童的积极影响"以及"运用自然、本真的方式影响儿童学习"的自然主义教育一直是我们重要的教育主张之一！

"倾听自然发出的声音，学会尊敬与热爱自然"是一项现代人逐渐消失但却非常有价值的个人品质。为实现我们的教育主张，在幼儿园里，我们尽力保留纯天然的环境，如裸露的土地、不同的树木、青翠的竹子、可供种植的园地等。

自然给幼儿园的孩子和我们提供了无数畅想的空间，孩子们和自然的互动也构成了一幅幅美妙的画卷。春天，孩子们三五成群地趴在户外的土地上研究蚂蚁，围着树干拓印树皮的纹理，在园子里从事种植活动；夏天，孩子们站在屋檐下用小手接着雨水并倾听着不同的雨声，雨后打着伞在院子里踏雨而歌，或者在阳光下光着小脚丫在木廊上散步；秋天，孩子们躺在厚厚的落叶上冥想，用脱落的树叶玩自己喜欢的游戏，或者在园子里收获丰收的果实；冬天，每当大雪纷飞时，孩子们和老师就会一起打雪仗、堆雪人、做冰灯……

当然，自然教育不仅仅指运用"自然"对儿童进行教育，还体现了用"自然、本真"的方式影响儿童学习的思想。

孩子眼中的世界和成人是不同的。他们具有很多积极的、有价值的（当然很多成人并不这样认为）本能与天性，比如，喜欢收集与藏匿东西。那些毫不起眼的小石子、小棍子、小纸盒、小瓶盖、碎纸屑等物品在他们眼里都是闪闪发光的宝贝。前几年，我们为各班设置了一个可供每个儿童收集、藏匿物品的"百宝箱"。孩子们将"收集"来的各种材料放置在自己的小盒子里，体验着童年独有的情趣与满足，同时也为他们逐渐养成善于观察、乐于思考、专注做事的积极态度提供了条件。

在集体教学活动中，我们鼓励儿童运用本真、自然的方式表达自己，帮助他们建构属于自己的、独特的认知体系。在去年小班进行的一堂"关于超市与菜市场比较"的教学活动中，我们看到，每个孩子都有着自己独特的视角和表述方式。在学习过程中，老师将孩子们的想法真实地记录下来，帮助他们通过参与、分享、讨论等在原有经验的基础上不断丰富、完善自己的认知结构。同时，孩子们充满童趣的回答与独特的观察视角也让老师们感叹、欣赏不已！

这几年来，我们已经意识到，当家长作为业已存在的教育资源参与幼儿园教育活动的时候，教育的有效性将大大提升。我们鼓励家长不断参与幼儿园的教育教学，其目的不仅在于扩充教育资源，更重要的是，这样真实而自然的场景一方面会让儿童感觉到真实生活的有趣，对未来的生活充满期盼，树立积极的人生态度；另一方面也会让他们强烈地意识到父母对他们的关切与爱。目前，大二班开展的"职场爸妈"活动无疑是实现这一目标的一个绝好典范！

实现教育目标的途径有很多，但"自然主义教育"是这几年来我们在探索儿童发展方面的一项卓有成效的工作。

做"生存者"还是"生活者"，其实是我们自己的选择

2010 年 5 月 13 日

又是一起发生在幼儿园里的儿童伤害案！昨天，管片派出所专门召开了紧急会议，传达落实公安部、教育部的工作部署与安排。但今天，我们仍按原计划带领全园幼儿外出游玩。二百多个孩子在我们的带领下，在自然明媚的阳光中采摘草莓、喂养小动物、奔跑嬉戏，一切都是那么自然、和谐。这对于缓解目前紧张的社会气氛给孩子心理带来的消极影响，无疑有重要意义！

人类社会要形成一个新的道德标准通常需要经过漫长的岁月，但当经济发展的速度无法和道德积淀的速度达成一种和谐共生状态的时候，人们就会怀疑已有的价值和经验；教育在这个过程中原本扮演的是制动、平衡的角色，但今天过于功利化的教育主张显然已无法满足这样的社会需求。

今天，很难有人对自己的生活完全满意。在浮躁的社会状态下，很多人感到自己仅是个生存者。生存者，通常是指那种活在不安全、不满足、恐慌及焦虑危机状态中的人。应该说，生存者是更容易出现行为问题的社会群体。那么，是什么让今天物质已经基本得到满足的大部分人处于生存者的状态？为什么有的人很有钱仍觉得自己是个生存者？

其实，生活质量的差异很大程度上取决于我们对待生活的态度。无论贫穷还是富有，对生活的认识及选择的生活状态始终停留在生存状态上的人，我们可以称其为"生存者"；那些对生活的认识和选择更积极、朴素的人，我们可称其为"生活者"。今天的问题是，我们的生活越来越富足了，但处于生活者状态的人似乎越来越少了。真怀念小时候，每天的傍晚时分，忙碌了一天的妈妈们织毛衣、钩花边、做手工花，耐心地用少量的材料烹制出至今

我们都怀念的食物味道的情景……

当下，金钱也许是最能衡量一个人生活态度的"东西"。我们总能看到这样的人，他们总感觉钱不够花，活着的目标就是挣更多的钱。他们相信，买得起全世界最贵的东西才是证明自身存在价值的方法。他们最爱和别人比谁挣钱多、谁花钱多。在他们看来，人生的每一样东西都是有标价的，甚至友谊、爱情也是。他们相信，只要花钱，没什么东西买不起。这类人无论他们多有钱都只是个生存者！

那些生活者则是钱尽其用的人。他们未必多么有钱，却会花合适的钱让自己的生活变得更有趣、更舒服。他们是钱和物的主人而非奴隶。当然，他们也会凭良心赚取需要的钱，却不会牺牲全部的时间去赚那些不需要的钱。赚钱的目的只是为了"生活"得更好！

处于生存状态的人吃东西往往很急促，有些人甚至觉得只有吃到那些别人不易吃到的珍稀食物才能确信自己活着的意义。但是，生活者偏爱那些家庭手工制作的慢食，更喜欢品尝大自然天然赐给我们的四季时令新鲜食物。在穿衣方面，当基本的御寒需要得以满足后，生存者就会马上转到对名牌及稀有服装的追求方面。在他们看来，穿衣是为了展示自己的生存状态，而非让自己的身体感觉舒服、愉快。穿衣的目的是给别人看，而不是为自己穿！生活者则与之相反。

成为生存者还是生活者，受身世、环境、机遇及本性的影响。但一旦基本需要得到满足后，选择成为生存者还是生活者就是价值取向的问题！

目前，我们能做的，就是在最大限度保护儿童安全与健康的基础上尽一切可能帮助孩子成为未来的"生活者"。让他们活得健康、明朗，不沉溺于琐碎，始终能够选择让自己愉快的生活方式与工作。将来，他们无论是"独善其身"还是"兼济天下"，内心都能感到满足、安逸，成为积极影响社会而非危害社会的人。

这是我们的追求，更是我们的责任！

老师们一定有办法

2010 年 6 月 2 日

昨天是"六一"儿童节，一个属于孩子们的欢乐节日！一个多月前，我们就开始筹划"六一"活动，希望继续为孩子们送上一道难忘的"节日大餐"。

去年的"六一"儿童节，我们的"亲子同乐会"举办得很成功。爸爸妈妈在孩子们的带领下唱歌、跳舞、游戏、享用美食、以物易物，玩得不亦乐乎！今年，我们本想把这种形式再发扬光大。可惜，因为某些原因，这个想法不能实现了。

那么，怎样才能让儿童过一个难忘的、富有创意的"六一"儿童节呢？我们召集老师召开了紧急会议，希望今年的"六一"活动能够为我们为儿童享受美好童年而创设的"六月活动月"拉开序幕。老师们集思广益，很快确定了"六一"当天与整个活动月的活动内容。当我看到计划的时候，那些既符合儿童发展需要又体现出儿童趣味的活动内容，让我赞叹不已。

今年"六一"儿童节庆祝活动很精彩，但是和上午的演出、联欢相比，我更喜欢下午的活动。孩子们在老师的带领下一起玩水、玩泥巴，与自然材料亲密接触；摔泥作画，展示个人才华。最有特色的莫过于那个和枕头全方位接触的游戏及孩子们在小黑屋尽情玩耍的活动。因为这些游戏没有附加教育要求（显性的），所以孩子们玩得特别恣意、愉快！

在和孩子们一起玩的时候，我不断地感慨："老师们太有才了！"因为这些游戏既体现了儿童和自然的和谐关系，又宣泄了儿童的压力，展示了我们在教育儿童的过程中始终将由外到内"浸染"与由内到外"宣泄"相结合，以帮助他们建立平衡感的教育理念。

我特别喜欢《爷爷一定有办法》这本图画书，里面的爷爷无论遇到什么情况都显得从容淡定，将一些不可能的事情变为可能。这其中除了能力，更多的是对生活的热爱以及由此衍生出的创造激情。我们的老师不也是这样吗？他们总是能在各种情景中寻找出无限的教育契机，而后将其最大限度地转化为现实！

孩子们最应该做的事情

2010 年 8 月 25 日

与大家分享一份我们推崇的来自英国学者的建议——"儿童应该做的 31 件事"。

1. 在草地上打滚
2. 玩泥巴
3. 和面团
4. 找小蝌蚪
5. 用花瓣制作颜料或香水
6. 撕纸、玩纸
7. 在沙堆上建城堡
8. 爬树
9. 在土地上挖地洞
10. 用手脚画画
11. 玩过家家游戏
12. 化装、扮演
13. 在海边沙滩上玩埋人游戏
14. 自己烤面包或在野外烧烤食物
15. 堆雪人
16. 玩泥塑
17. 从外面捡自己喜欢的东西
18. 在野外露营
19. 和爸爸、妈妈一起做饭
20. 养小动物
21. 采摘
22. 玩棍子
23. 能区分几种不同的鸟类

24. 认识、触摸一些虫子

25. 骑车过泥坑

26. 放风筝

27. 用草和树叶盖小房子

28. 收集不同的树叶

29. 种菜

30. 和小伙伴们一起玩捉迷藏及进攻、防守的游戏

31. 藏匿东西

另一种"自卑"

2010 年 9 月 7 日

大部分人认为,懦弱、胆怯等自卑心理特征主要是由童年时物质生活匮乏与精神上的不被父母或他人认同所致。

但现在,在北京这样的大城市中,大部分家庭的物质生活甚至可以用丰富来形容,受过良好教育的父母也给予了孩子更多的关注与爱,可是不知为什么,在幼儿园里,我发现"自卑"的孩子似乎有增无减。

在幼儿园的生活中,这样的孩子会表现出如下特征:很少愿意尝试新的事物,对新刺激缺乏冲动应答,喜欢按部就班地生活;当老师提出问题时,总是不愿积极作答(即使他们知道答案);对成人的态度特别敏感,仅仅因为老师没有赞扬他们就表现出强烈的受挫感,更别提老师的批评了;不愿意接受别人超过自己,如果老师表扬别人,他们就很不愉快,甚至不能自控地难过、哭泣;总是揣摩他人的情绪,爱追着别人反复问:"你生气了吗?咱俩一起玩好吗?"

这些表现除去先天的因素外,和家长的教养方式大有关联。时下,很多妈妈太有"文化"了,她们总爱和孩子讲各种他们能听得懂或听不懂的道理,直至孩子厌烦、焦躁,最后顺从妥协(我把这类家长称为"女唐僧");也有些父母总是觉得自己很聪明,永远正确且追求完美,每件事情都要给孩子分

析利弊，帮助其寻求所谓未来生活的最佳方式；有些父母对孩子的任何行为都大加赞扬，以至于孩子认为没有表扬就是批评、否定；有的父母向孩子传达的信息很混乱，评价孩子更多的是从个人的情绪与感受出发，有时明褒暗贬，有时明贬暗褒，让孩子感觉自己从未被真正地接纳过；还有的父母出于主观期望或者由于自己缺失某方面的个人经验，尽力地把孩子塑造成自己假想的一个人，让孩子感觉自己无论怎样做都不能让父母满意。

儿童是聪慧而敏感的，他们对事物的理解能力超出我们的想象。对于成人传达出的多样、复杂的信息，他们可能会照单全收。之后，将很多东西压抑到潜意识层面，最终形成不同的人格，继而影响其一生！

这种"自卑"不同于因为物质匮乏而导致的自卑情结，也不同于父母疏于关照而造成的孩子自我评价不高。这种自卑恰是在物质丰富、父母高度关注的情况下不慎导致的。父母是爱孩子的，但是如果方法不当，结果只能适得其反！

幼儿园里还能怎么玩

2010年10月9日

北京的秋天很短暂。十月份，我们将送走秋天，迎接冬天。这个月，幼儿园很想为孩子们创造更多的户外游戏机会，以此惜别北京难得的好天气。

上个月，我和老师、孩子们用了不少的时间一起讨论"园子里还能玩什么，怎么玩"这个话题。月底的时候，我们将讨论的意见做了归类总结，基本确定了一些在不同区域可进行的不同游戏活动，大致描述如下。

多鼓励孩子们利用自然条件自发进行游戏

捉迷藏、寻宝、找蚂蚁、玩土、搜集树叶等应该成为孩子们最喜爱的各个区域的游戏活动。

允许孩子们在户外玩释放能量的游戏

在后院的木质平台上大胆跳跃，坐在后院的轮滑休息椅上敲击木椅发出声音，以及用那些覆盖大树的大块木屑进行敲打等活动，也应该成为孩子们喜爱且被允许的活动。

提供大量的辅助材料，为孩子们的游戏插上想象的翅膀

树棍、小瓶子、锤子、花瓣、树叶、木杵、捣汁器、透明的盒子、放大镜、饲养昆虫的食物、制作标本的各种工具（大头针、胶条、木板等）、植物的种子、小花盆、架子（扩大种植或摆放的空间）、沙包、麻袋、绳子、报纸、纸盒、毛线等，都可以成为孩子们玩各种有趣的探索性游戏的辅助材料。

透明的盒子、放大镜、制作标本的各种工具，孩子们怎么玩它们呢？这是我们为即将在户外创设的"昆虫博物馆"而准备的；废旧布绳等是为小年龄孩子在户外表演《拔萝卜》等故事而准备的；报纸与纸盒则可以帮助孩子在木质平台上玩搭房子的游戏。

为孩子们提供更自然、更内在、更有意义的成长方式一直是我们追求的办学目标。

和孩子一起成长——学做成功父母

2010 年 10 月 26 日

上周，幼儿园各班陆续举办了各种形式的家长学校。这既是我园整体教育思想中重要的一部分，也是教师个性化成长的一次绝佳机会。

作为一名幼儿教育专业工作者，我在很多地方都给家长做过讲座。在这里，我想把我其中的一次讲课内容用要点的形式呈现给大家，供大家思考与讨论。

1. 父母应当成为孩子终身的朋友。儿童成长的过程也是父母不断学习、不断思考与提高的过程，只有这样，父母才有可能成为孩子终身的朋友。
2. 童年时，家庭生活的每一个细节都构成了影响儿童的经验，储存在儿童的大脑中，对其发展产生终身影响。这个时期，儿童获得的经验被称为"早期经验或早期教育"。早期经验的获得，是成人的行为给孩子留下的经验印记。这个经验非常重要且不可逆。

3. 在家庭中，做永远比说更有意义！一位教育家曾经说过："家长怎么穿衣服，怎么照镜子，怎么表达你的欢笑，怎么评价他人，这一切对儿童而言都非常重要！"在孩子的成长过程中，他的双眼就像摄像机一样，将家庭生活的方方面面录制下来，制成一盘人格磁带。未来生活中，当儿童遇到问题时，这盘人格磁带就会自动反复播放，影响他的判断与选择。

4. 人的发展通常是指身、心两方面的发展。一个人生命的早期是各个方面发展最重要、最关键、最迅速的时期。许多哺乳动物生下来就能站立、觅食。世界上没有一种动物像人类一样，需要相当长时间的照料才能够独立生活，也没有一种动物像人类一样在一个阶段发展迅速。

5. 儿童脑部的发育非常迅速，这为其发展提供了充足的客观条件。一个新生儿出生时其脑重量大约是350克，到了3岁的时候达1000克，7岁的时候达到1280克，一个成人的脑重一般是1400多克。从这些变化中，我们可以看出：7岁前就完成的脑部发育为人的心理发展提供了一定的物质条件。

6. "印刻现象"表明：儿童期是一个人心理发育最重要的一个时期。科学家的实验证明：在动物身上有一个阶段非常重要，这个阶段一旦获得了经验性的东西，经验就印在了个体的大脑皮层中，而且这种经验一旦确定就很难修改。我们把这个现象称为"印刻现象"。心理学家在对个体进行心理咨询的时候，通常要追溯到咨询者的童年。个体心理出现的问题，都和早期经验有着特别大的关系。

7. 心理发展存在着关键期，这些时期又大都集中在童年期。安全依恋的形成在2岁前，这个阶段若没有让孩子建立安全依恋关系，对孩子终身都会有影响；良好行为习惯的养成一般在2岁左右；语言能力的形成，通常在1~2岁；音乐能力形成的关键年龄则在三四岁。

8. 家庭教育的目的就是培养成功的孩子，但成功不单指获得金钱与社会地位。内心快乐与满足、身体健康同时能够积极服务于社会，对个体来说就是最大的成功。一个人如果内心痛苦不堪，即使获得了所谓的成功，又有什么意义？人的发展最终要在个人发展和社会发展之间寻求一个平衡点，既让自己满足、愉悦，又最大限度地报答、服务社会，这才是最好的发展。

9. 未来社会的发展会越来越呈现出多元化的态势，每个孩子在未来都将面临艰难的冲突和选择。怎样才能使他们内心保持快乐和宁静，也是教育要解决的问题。家长在这个问题上需要做出价值判断，只有做出了正确选择，才能把握家庭教育的方向。因为，良好而有效的早期教育能够帮助孩子建立一种对待未来生活与个人的积极模式，以不变应万变！

10. 家庭是孩子的第一所学校，父母是孩子的第一任教师！家庭作为社会的基本组成细胞，对儿童各个方面的发展起着关键的影响。国际教育成就评价协会（International Association for the Evaluation of Educational Achievement，IEA）在中国的研究也证明了这一点。对孩子来讲，家庭的影响最大。一个孩子爱不爱讲话、爱不爱和别人交往、对世界有无探究的热望、怎么对待他人、能力如何等，几乎都受到家庭的决定性影响。在幼儿园里，孩子爱不爱学习、学得怎样，很大程度上也受到了父母的影响。

11. 家长在孩子出生前就必须认真思考：我能不能做一个好家长，我怎样才能成为好父母？生理上具备了生育的可能，并不意味着心理上也具备了做父母的条件。有的女性脾气暴躁，要做母亲，就必须修正自己的行为，尝试控制自己的情绪，学习掌握一些控制情绪的方法。例如，想发脾气的时候可以深呼吸，也可以慢数"1、2、3"来控制自己的情绪，避免对孩子无端的伤害。一旦做了母亲，我们就应该表达出一种理性的母亲情感，而不能也不应该对自己的情绪不加控制。

12. 孩子身上出现的所有问题反映出的都是家庭教育的问题。美国著名心理学家荣格说过："孩子的心理、行为与父母之间存在着必然的因果关系。"每个孩子的行为表现，不管是好的还是不好的，都和家长有着必然的因果关联。

13. 家庭模式、家庭生活风格、夫妻关系、亲子关系等都是家庭教育中特别要关注的要素。家庭关系混乱的家庭，孩子就特别容易出现问题。

因此，家庭生活是紧张还是宽松的、是和谐的还是不和谐的，对待子女的态度是关心的还是放弃的，都很重要。也有一类家庭，夫妻关系虽好，但对孩子不闻不问，孩子生病了，家长也不精心照料，这样的孩子长大后"存在感"会很差，心理也会受到影响。

14. 由家长行为构成的三个方面对儿童影响最大。家庭中施以教育的人是家长，如果我们把家庭中家长对孩子的影响做个归类，有三个方面会对儿童产生影响。最外层的是行为层面，就是家长的行为方式，比如，怎么说话、怎么笑、怎么照镜子等；行为层面的背后是家长的态度体系。用积极的或消极的态度对待生活，其结果完全不同；家长对儿童影响最大的核心层面是价值观。

15. 家庭教育的核心影响力来自父母的价值观。父母的价值观是影响儿童发展的核心层面。价值观影响家长的生活态度，生活态度又导致家长的行为对儿童产生影响。比如，如果价值观是做人不要太苛求他人，要学会宽松一点、豁达一点，那么态度体系就会表现为积极对待他人，行为上就会产生宽以待人的表现。早期教育不要仅停留在行为层面，因为任何行为都建立在核心价值观的基础上。

16. 早期教育一定要强调个体差异。孩子的发展遵循了大致同样的规律，但却不一定遵循同样的速率（发展速度）。有人说，好孩子是夸出来的，但不是所有的孩子、所有事都要夸。有的孩子得夸，有的孩子不能夸；有的事情要夸，有的事情没有必要夸，夸多了反而有问题。因为，孩子一旦被夸习惯了，就可能出现"悦人人格"，每次做事的时候都会等待夸奖与表扬。

17. 幼儿园是儿童完成社会化进程的第一步，所以家长有责任帮助孩子积极地适应社会环境，知晓社会和家庭的不同，了解社会规则，学习遵循社会规则。

18. 父母对待生活的态度越积极，孩子越有可能获得更大的发展。有研究表明，有成就的人不都来自物质条件优越的家庭，但共性是：他们大都来自父母教育态度积极向上的家庭。

19. 家庭教育没有什么通用的技术与方法。家长要做的是：逐步摸索与寻找适合自己孩子发展的教育之路。在家庭教育中，奖励与惩罚都是必要的手段。适度的惩罚是必要的，不适度的奖励是没必要的。

20. 家庭教育中，身教重于言教。在家中，家长的每一个行为折射的都是自己的价值观和生活态度。人生就是一种状态，态度决定生活质量。我们生活得越积极，就越会把这种积极的信息传递给家人，孩子也会跟着家长一起积极健康地成长。

21. 家长要帮助孩子寻找自身的优势，找到最适合自己生存发展的"生态位"。教孩子"学会学习、学会做事、学会与人相处、学会生存"，是家庭教育的四个支柱与目标。

22. 就儿童而言，拥有持久学习的兴趣远比获得知识更有意义。学会学习，对儿童来说，就是培养学习兴趣的过程。学会学习也是让孩子爱上学习。有的家长一提学习就想到掌握知识。在儿童阶段，知识只是载体，学知识的目的是促进学习兴趣的发展，养成良好的学习习惯。学习的意义并不在于知识本身，而在于知识背后的价值。对孩子来说，对学习有兴趣最重要。儿童一旦在学习中感到痛苦，就会建立不愉快的情绪体验，从而影响其一生对待学习的态度。

23. 在学习中，最重要的是让孩子始终保有喜悦的情绪与成功的体验。如果我们每次都能让孩子学习得愉快，孩子就会觉得学习是一件很有趣的事。所以，我从不主张学习难度越深越好，而主张适度，让孩子在学习中有成功的喜悦和满足。孩子只有一直保持着学习兴趣，建立一个积极的动机系统，才会有内在的动力去不断地探求知识。如果动机系统被破坏了，儿童就会终身难以学习。

24. 儿童成长的过程也是不断尝试错误的过程。我们应该让孩子从小学会独立做事。过于溺爱与期待值过高，都会导致家庭教育中难以让孩子从小独立思考，从而拥有独立判断的能力。儿童是在不断修正自己的错误中长大的，可现实生活中，很多人不愿意让孩子犯错误。其实，有冲突、错误，才有发展和进步。

25. 为儿童创设真实的交往环境，帮助他们学会与他人相处。在儿童与他人的交往中，家长们很怕自己的孩子吃亏。但是，真实的、成人不控制的交往环境，能帮助儿童渐渐学会自主选择交往的伙伴与交往方式。家长们要创设环境，让孩子真实地与他人交往，反复练习交往技巧，在交往中一点点地积累交往技能。孩子们若没有真实的交往经历，就永远无法学会真实的交往技巧。

26. 帮助儿童建立更宽泛的、有弹性的交往模式。别怕孩子吃亏，吃亏中的孩子才能长大；也别老想着让孩子当"头儿"，孩子要逐步寻找到最适合自己的交往方式。当孩子有弹性的时候，他在这个社会中的生存也就变得相对容易了。

27. 我们在学会学习、学会做事、学会与他人相处之后，自然就能够在未来的社会中积极地生存。

28. 民主型的家庭模式更有利于儿童的成长。在家庭教育中，父母的教育态度要轻松，教育环境要宽松，坚持规则与原则，这种家庭模式最有利于孩子的成长。

29. 家长要具有一定的反思与批判能力。现在社会上各种各样的书籍、讲座很多，家长若不善于思考、不善于批判，就有可能成为"跟风派"，无法形成自己的教育主张。

30. 在一个人的生命中，父母和家庭教育的作用是任何人、任何机构都无法取代的。家庭教育的过程，也是父母不断学习，让自己的价值观和态度体系不断地得以完善的过程，只有这样，父母才能成为成功的父母！

教师的自身需要与专业化发展

2010 年 11 月 23 日

近年来，幼儿教师专业化日益受到人们的关注。围绕幼儿教师专业化问题的研究十分广泛，但以马斯洛的需要层次理论为视角，探寻幼儿教师个体发展中自身需求与专业化发展之间的关系以及他们在不同需求层次上的工作需要的研究则难得一见。

因此，三年前，我们幼儿园以此申报了中国学前教育研究会"十一五"课题的研究。我们以北京市朝阳区两所具有代表性的幼教机构的120位教师为样本对上述问题进行了较为深入的分析，并选择了幼儿教师专业化成长的职业内部因素——工作困难度为突破口进行。今年，我们的研究报告获得了研究会的奖励，现将研究得出的主要论点摘录如下。

教师的工作需要

研究发现，教师们在工作中表现出的需要有：社交需要，主要表现为处理与家长、领导及同事关系的需要；尊重需要，表现为对管理者的重视与支持、家长的积极配合以及与同事密切合作的需要；自我实现需要，表现为能够自我激励以实现更大的发展等。这说明，幼儿教师在生理需要和安全需要得到满足后，自然地将需要转向了更高层次。在不同层次上，工作的需要也呈现出了鲜明的指向性。如何满足教师的需求，帮助他们完成自我实现，减少职业倦怠，这一结论很值得管理者借鉴。

做好"家长工作"是教师专业化成长中最迫切的需要，也是最大的困难与挑战

研究发现，教师普遍认为，"接待一位'问题'家长"是他们感到最难完成的事情。在研究的过程中，我们也了解到，新教师在与家长交流的过程中存在"不知道该怎样和家长进行有效沟通""和个别家长沟通时会被家长主导，而不能很好地说明教师的意图"等情况。新教师在与一般家长沟通时尚且存在沟通不力的情况，那么遇到"问题"家长时，新教师就会显得更加束手无策。由此可见，"家长工作"是制约幼儿教师发展的一个瓶颈。

教师人格的完整程度对工作具有影响

马斯洛的需要层次理论揭示了，人的全面发展是潜力的充分实现、心理健康成长、人格趋于完美的过程。马斯洛认为，自我实现的人是心理健康的人，心理健康的人是人格完美的人，是"整合的人、充分发展的人、充分成熟的人，而不再是人性碎片的人"。对教师来说，成熟的人格对协调教育关系有非常重要的作用。

教师与领导的关系、教师与家长的关系，是教育关系的重要组成部分。教师对这些关系的处理是否得当，会直接或间接地影响教育活动本身，这时，教师的人格作用得以凸显。教师行为的选择受到两个因素的影响：一是外因，即社会舆论对自己行为的评价；二是内因，即内心信念对自己行为的判断。外因影响内因，但内因对外因起决定作用。教师的人格一旦成熟，当"面对管理者及家长的批评"时，他们就会自觉地依靠教师人格的要求来支配自己的行动。当自己的行动符合要求时，他们就会获得精神上的满足。反之，他们将感到内疚、痛苦和自责。

教师只有经过长期的教育教学活动的锻炼，在选择、控制、表达过程中才能逐渐形成一种处变不惊的心理素质和稳妥处理问题的方式。在不同的教育情境中都显示出的这种一致的品质和处理问题的方式，是教师人格特征稳定的具体体现。教师的年轻化，导致如何帮助年轻教师形成稳定的人格成为管理者对新教师培训的一项重要内容。

因此，教师的专业化成长绝不仅指专业技能的不断完善，还应是心灵不断丰富、情操不断提升、人格不断完善的过程！

对教师培养途径的认识

通过研究，我们似乎已经探寻到了一条培养新教师的有效途径。我们认为，提升个人的素养及能力、改善人际关系水平、解决好个别儿童的教育问题，是教师专业化成长的三个核心要素。

个人素养及能力

在马斯洛看来，对成就或自我价值的个人感觉是"尊重需要"的有机组成部分。教师的个人素养及能力高，他们就会相信自己有前途、有发展，其尊重的需要便得到了满足。就教师而言，个人素养及能力包括：教师基本的文化素养、观察能力、自我情绪体察能力、书写能力。

教师良好的文化素养说明他们所受的教育更完整，对教育学、心理学的理论学习得也更深入，这就为他们专业素养的提高奠定了良好的基础。拥有良好的教育背景有助于教师在工作后将教育理论与实践进行紧密的结合，在理论指导实践的过程中及时发现教育教学中存在的问题，在解决问题的过程中，教师的能力也得到了相应的提高。但是，我们也应清醒地认识到：教师的个人素质不仅依赖于入职前的学历教育，更依赖于入职后园所管理者为帮助其人格不断完善所做的各种有效努力。

人际关系水平

马斯洛的需要层次理论认为，尊重是人类的一种高层次需要，每个人都希望赢得他人的尊重。人与人之间只有相互尊重和理解，才能消除彼此的戒备心理，营造一个良好的交际氛围。良好的人际关系和团队接纳，为承认和重视他人的人格、习惯、价值，维护其应该享有的权利提供了有利的平台。研究发现，营造园所积极人际关系氛围的核心人物是园长。

管理者自身的特性及创设的朝气蓬勃、积极向上、团结友好的群体心理环境会对教师的心理行为产生积极的影响，使他们相互理解、相互支持，满足他们的归属感和尊重需要，从而激励他们主动工作，自觉接受幼儿园工作规范的约束，产生不断提高工作质量的精神动力。管理者如能从内心满足教师自尊的需要，创设使每个人都能够获得发展的环境，就可以使教师获得事业的成就感，并能帮助他们从内心认可自己的价值。打造"风格化"的教师队伍一直是我们幼儿园教师管理的主要思路。在管理中，管理者在了解了教师差异的前提下力图找到每个人自身的生长点，为他们创设发展的空间。这样的管理思路使教师团队保持了高稳定性的特征，每位教师的专业化水平都得以快速提升。

家长对教师的工作给予支持与理解，一方面有助于幼儿的发展，为幼儿积极的人际交往树立榜样；另一方面，也有助于教师社会地位的提升。教师社会地位的提升有助于满足教师的社交需要和尊重需要，从而为教师的自我实现提供良好的基础。

对待"个别儿童"的能力

对于刚刚迈入幼儿园的新教师，从教第一年是他们专业成长的关键期。新教师在进入幼儿园后如能受到及时的、优质的入职教育，就能顺利地度过这一时期，形成正确的教育理念和教学方式，对幼儿园工作充满信心，实现自身专业化的健康成长。

我们幼儿园在肯定传统的新教师入职教育效果的同时，提出了新教师入职后要选定"个别儿童"，进行长达半年以上的追踪观察与研究。在新入职教师的培训方案中，观察能力的提升被认为是促进教师专业化发展的重要手段。新教师通过对个别儿童的观察，加深对儿童需要的了解与理解。所有儿童都有自己的特点，要满足儿童的个体需要，教师就必须认识到儿童之间的差异并承认儿童有权利得到尊重。新教师在观察的过程中保持开放的思想，排除先见，集中观察焦点，并用一种系统的、逻辑的方式记录信息，这有助于他们获得有关幼儿发展与教育的实践知识，优化自身的知识结构，促进自身的教学反思，从而推动自己的专业化发展。

关于教师的需求层次与专业化水平之间关系的思考

通过研究，我们认为，专业化不仅仅是教育教学技术的成熟，更是一套完整的、将教师作为完整的人来看待的人才培养系统。在研究中，我们清晰地感觉到，教师个人的精神境界越高尚，就越能在较高的需求层面上思考工作，其工作的状态就越积极，创新能力就越强。

幼儿教育工作的确琐碎而细致，如果无法挖掘出其高尚感与意义感，就很容易致人倦怠甚至放弃。但是，怎样帮助教师在这样一个平凡的工作岗位上获得较强的自我满足感呢？这恰恰是今后学前教育领域在教师专业化成长研究方面必须系统、深入研究与思考的方向所在。

教育中的"自我化"与"去自我化"

2010 年 12 月 8 日

上周，应日本九州女子大学的邀请，我和中华女子学院教育学院的王练院长赴日本进行了为期一周的访问。访问的主要目的是考察九州女子大学和我校留学生的交流学习情况，同时为该校的学生做一次讲座，顺便参观他们的附属幼儿园。

日本的环境留给我最深的印象是整洁与有序，没有垃圾、丢弃物。无论是在东京还是福冈,都是如此。

坦率地讲,日本人的礼貌,在让人感到舒服的同时,也稍感烦琐;在日本幼儿园里,孩子们除了活泼之外,其纪律感也给我留下了深刻的印象。不管国人对日本的认识与评价如何,但日本社会的有序、清洁、舒适感是我们能够直接体会到的。

在日本,我们能够清晰地感受到,国民在国家机器下都积极地遵从着"规矩"与"方圆"。小到厕所该怎么上、卫生用品怎么丢弃、垃圾怎么扔、饭怎么吃、与人怎么打招呼、电话怎么打,大到怎样对待工作、对待他人。在这些规则的内化与养成中,教育发挥着应有的作用。在日本,我问幼教同行:"这些培养到底该由家庭来完成,还是由学校与社会来完成?"他们的回答是:"都起着相应的作用,但主要靠家庭!"日本的教育特别强调:在与他人的交往中,"我"是否给别人带来了麻烦,而不是优先考虑我能获得什么。他们对个体社会性的培养倾向于不断地"去自我化"。

最近,我看到美国得州大学心理系一位教授的研究结论:一个家庭房间的整洁有序与其家人的责任感关联度极高。其实,一个高度发达的社会一定是有序的、快乐的、让所有人都感觉舒服的,而这一切首先需要负责任的个体来共同完成。

回来之后,我总在想,中国社会发展的脚步很快,越来越多的人开始认识到自我在社会中的作用。家庭教育也越来越强调个性与能力的"自我化"表达。但是,教育到底是什么?是帮助孩子们成为真正有责任感的人,学会对自己、对他人、对社会负起责任,还是帮助他们不断获得越来越多的知识和技能,越来越凸显自己的优势?

马太效应与幼儿园的发展

2010 年 12 月 13 日

20 世纪 60 年代,美国著名社会学家罗伯特·莫顿提出了"马太效应"的概念。

马太效应是指个体、群体或地区一旦在某一方面（如金钱、名誉、地位等）获得成功和进步，就会产生一种积累优势，进而获得更多机会与条件来取得更大的成功和进步。

上周，有两件事牵着我的心。一件事是，在市区领导的关怀下，在我们的积极努力下，中华女子学院附属实验幼儿园获得了2011年度市里划拨的一百多万元的设施购置专项资金。这对我们这样一所一直以来都靠自收自支维持正常运转的幼儿园来说，一直都是一件难以企及的事。这个"天上掉下来的大馅饼"砸得我整整一周都晕晕乎乎的。冷静下来想，这一方面表明政府对学前教育的重视；另一方面也让我们感到，通过一点一滴的努力，我们终于赢得了社会和政府的认可！根据马太效应，这样的好事一旦开了头还会越来越多的。

另一件事则有些沉重。明年三月份，我们拟补录一些孩子进入亲子班学习。这个工作从今年九月份就开始做计划，上周终于尘埃落定。但出人意料的是，这次招生报名的情况非常特殊，小区业主子女与职工子女将补录额全部占满了，这不仅令报名的众多家长失望，也令我倍感遗憾。和当初幼儿园新建时期小区业主和职工子女因我们是新园，宁可舍近求远去其他园相比，今年业主和职工子女即使不住在这里，也要想方设法地进入我们幼儿园。

如同众多学者对"马太效应"的评价一样，我也认为"马太效应"是一个既有消极作用又有积极作用的社会现象。现在看起来，中华女子学院附属实验幼儿园已进入了积极的马太效应循环圈中。但我更关心，政府如何能够为更多的家庭提供普惠、优质的教育资源，而不仅仅是让优者更优呢？

今年，你闲暇了吗

2010年12月21日

在我们这个时代，"文化"已经变成一种决定性的力量！

同其他事物一样，一所幼儿园的好坏、办园水平的高低表面上看是由课程等要素组成的，但实际上是背后的文化价值在起作用。至少，我是这样认为的。

在幼儿园的文化构成中,教师是主要的文化载体与存在,他们承载着教育的使命,影响着儿童的发展。其实,在影响儿童发展的过程中,他们自身也在不知不觉中成长着,变得越来越有文化的质感。

如何让教师保持文化的鲜活性与丰富性,是作为园长的我经常要考虑的问题。对已具有一定生活经验但文化基础各不相同的教师个体来说,怎样主动汲取文化的养分从而成为我们期待的教师,这是个严肃而重要的话题。

几年来,我们与其说是在办园的规范性上做文章,不如说是在教师的文化成长上下功夫。制度与规范更多的是通过外力来约束个体,而文化能够让个体主动寻求更大的进步与发展。

让一个人变得更有文化感,其路途是漫长而艰巨的。在今天这个什么都强调加速的时代,我们渐渐失去了很多东西……读书、欣赏艺术作品、游历大自然尽管都是很有效的方式,但很多人难得静下心来去做了。

德国哲学家约瑟夫·皮珀提出的观点让我赞叹。他认为,闲暇是文化的基础!闲暇不仅是一种寻常的人生哲学,更是一种生活的观念。闲暇时的倾听、观看、沉思、默想等状态,都会让人从对世界的了解中获得巨大的快乐。他认为,没有闲暇,就不可能有思想活动,文化也就无从产生!

我们该怎样获得更多的闲暇?闲暇不是休息与休闲,而是有意识地选择能够让内心沉静下来的活动,给自己积攒更多的生命能量。如果说休息与休闲令我们的身体愉快,闲暇愉悦的则是我们的内心。

亚里士多德有一句名言:"求知出于闲暇与惊奇。"今年,我给老师们提出的工作口号是:"慢下来,享受工作。"一年即将过去,大家做到了吗?

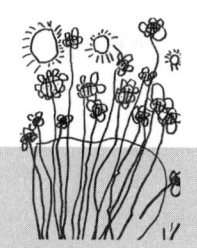

2011年 每个人都有一个"关于自我的故事"

在生活化课程的发展中,值得铭记的日子可以说是从2011年开始的。这一年,我们在正对幼儿园大厅的那面墙上写下了"成为我自己,我们在一起,按自己的节奏呼吸与思考"三句话,并以此作为儿童发展的线索,重新看待课程背后隐含的价值与文化,也开始在"畅游日"活动的基础上进行"生成课程"的探索。

开学之初,我写了一篇文章《形成一个关于自我的故事》。"一个人的成长之路无疑是漫长的。除了人格,他们还应建立自己的价值观。重要的是,他们需要在和环境的交互作用中不断确立自己的身份,然后将自己的过去、现在和未来,以及生活中的各个元素联结起来,最终形成一个关于自我的故事……"故事是人生的表达方式,我希望幼儿园里的每个人都能讲好自己的故事。教师有教师的故事,儿童有儿童的故事,家长有家长的故事。同时,每个人也有自己讲故事的方式。我自己想讲的故事,是希望和他们一起构建出一个教育的"理想国",而讲故事的方式是不断地表达与"推动"。就是在那个时候,我意识到,儿童不仅有自己的故事,也有自己叙述故事的方式。在某些方面,父母对孩子的影响终究是有限的,教育者需要拿出勇气让儿童讲述自己的故事,在"教育者的责任"和儿童"成为自己"之间寻求一种平衡。

3月,万物复苏,"畅游日"活动迎来了一个高潮。我表达了对"畅游日"活动较为清晰而完整的认识。我们选择周五为"畅游日",因为它是一周的结束,也是下一周的开始。当时,我们还专门展开讨论:如何给这个孩子们特别喜欢的活动命名?是叫"游戏日"好还是"畅游日"好?最后,我们决定

本章手绘插图作者:李睿琦,4.5岁。

用"畅游日",因为孩子们在这一天满头大汗的脑袋和红扑扑的脸颊能让我们真切地感觉到他们的畅快。"畅游日"也成为我们日后创建一套全新课程的开端,在下半年的第一次全体教师会上,我们决定将"生成课程"作为儿童成长与教师发展的课程体系。这种以生成论思想观照课程的想法,体现了我们力图实现课程向生活世界回归的决心。

在《预约"惊喜"》一文里,我提到了对儿童学习的一些看法。因为那时候,我开始对儿童学习的特点、儿童学习的价值以及儿童学习和成人学习方式的不同有了自己的思考。我触摸到了真实的儿童,也对他们产生了"体验式"的理解。正是这篇文章,帮助我从对教育的感性认识开始转向理性的认识与思考:儿童的学习不是知识的堆砌,学习若不能打动人"心",儿童的思想、意识、情感就不能活跃,也就不可能有深度学习的发生。个体的活动若不触及心灵(内心、灵魂),至多只是抽象个体的心理活动,而不是一个活生生的有思想、有灵魂的人的活动。

这一年,我们把三月份定为"耕读月"。我们在寻找一些有意义的方式,挖掘与寻找人类"文化河流中璀璨的珍珠",以实现共同学习的目标。在读书过程中,无论是儿童还是教师、家长,其生命都呈现出了一种极佳的状态。他们开始谈到心灵和对话的力量。教研也成为每位教师打开心灵、获得力量的重要方式。当老师们打开心灵的时候,他们成长得很快。

2011年,我一直在"写"自己喜欢的故事,也想给老师们写自己故事的力量。老师们每天流连于论坛,发言、对话、讨论。我希望老师们不仅可以超越当下,更希望他们能够成为"文化的代言人"。

2011年,能让我记住的是孩子们欢快游戏的场景以及和老师们一起教研的画面。因为我想为这个世界创造更多美好的事情,所以持续不断地激励着自己和老师们,也不断地邀约家长和我们一起创造教育的美好。生命高潮的来临,常常也会伴随生命低谷的出现。冬至那天,我病倒了,也终于得以窥见自己的"命运":"看到一束光,于是便一路追随这光芒,哪怕被炽热灼伤……"。

形成一个关于自我的故事

2011 年 2 月 18 日

一个假期又要过去了。这周开始,老师们陆续返回。下周,幼儿园全体教师到岗,开始新学期的工作。

我们为孩子们特别设定了一个心理缓冲期。下周,孩子们可选择来园适应新学期的生活,为下下周正式进入新学期的学习与生活做好积极的准备。

每个学期伊始,都会有一些孩子出现"退行性"的表现,比如,在幼儿园门口哭闹,不肯来园等。这让他们的父母重新陷入焦虑,寻找原因。其实,对成人来说,一个假期的休整也会打破原有的模式,需要用"心力"去重新适应、调整。孩子表现得只是更直接罢了。

但令人称奇的是,有一些孩子则对新学期的到来表现出了积极的态度。他们不是被动地适应,而是充满了渴望与期盼。在我看来,这样的孩子除了天性之外,一定与父母的教养方式有关!

有责任感的父母通常会在假期开始前就和孩子一起讨论假期的安排与计划,然后逐步实施。假期结束时,他们会花一些时间和孩子一起整理假期生活的那些故事,然后将这些故事用美好的情感、可见的形式串连起来,形成一段美好记忆的素材。接着,他们会用很有仪式感的方式,帮助孩子憧憬下一阶段美好生活的来临。

我们必须承认,在这样的环境中长大的孩子,其生活更有目标,行动更有方向,对未来生活的把握能力也会更强!

一个人的成长之路无疑是漫长的。除了人格,他们还应建立自己的价值观。重要的是,他们需要在和环境的交互作用中不断确立自己的身份,然后将自己的过去、现在和未来,以及生活中的各个元素联结起来,最终形成一个关于自我的故事……

预约"惊喜"

2011 年 2 月 28 日

今天是本学期正式开学的第一天。早晨，幼儿园照例举行了一个小型的开学典礼，欢迎孩子们的归来。

这个学期，我们将为儿童营造怎样的学习与生活氛围？在即将发给家长们的"园历"中，本学期的主要活动内容一目了然地呈现于纸上。

怎样使这些精心安排的活动对儿童的发展更有意义？这不光是我们应该考虑的问题，也是家长们应该思考的。

在上个学期末的教师专题总结中，小二班的小霞老师提出了一个很有价值的观点："我们应该在每次活动前一周都对即将举行的活动的内容、形式与儿童展开交流，期望孩子们在'向往—体验—描述—符号化表达'的方式中，充分体验每一次活动带来的情感上的喜悦与认识能力的发展。"

儿童的学习和成人相比有很多的不同：一是重视体验，不强调结果；二是强调自我建构，不强求一律；三是重视兴趣与主动性，反对强迫；四是重在能力提高，不追求知识掌握。

如果说成人的学习是知识的掌握与获得，学习的目的更多的是帮助一个人在某个领域由未知到已知，那么儿童的学习则要复杂得多。积极情感与兴趣、智力与能力、习惯与主动性都是凌驾于知识之上应追求的核心目标。

儿童学习的内容是宽广的。我们在为他们选择能够最大限度地促进他们在健康、语言、社会、科学、艺术等不同领域发展的活动内容的时候，不仅需要有科学性与前瞻性的认识，更需要来自家庭的支持与合作。

当孩子们从活动中获得积极的体验与发展，并将其积极地表现出来的时候，教师也从中获得了新的、更大的满足与提高。

今天是开学的第一天，各位家长，你们准备好了和我们一起为孩子预约一个又一个"惊喜"吗？

孩子们的"畅游日"

2011 年 3 月 7 日

上个学期,我们就开始思考,怎么能让孩子们在幼儿园里玩得"更开心"?对孩子们来说,更开心的状态就是更自由、更放松、更能遵从自己的意愿。

这个目标看似容易实现,实则不易。首先,老师们得给孩子们营造轻松愉悦的精神氛围,让孩子们感觉在幼儿园和在家中一样放松,只有这样,他们才会敢想、敢说、敢做、敢玩;其次,幼儿园得有勇气将那些看似更有价值的课程舍弃一部分,并充分认识到,这样的游戏对儿童的发展更有意义;再次,幼儿园要放下那些和儿童安全相关的担忧;最后,还需要有大块的时间让孩子们游戏。

为实现这个目标,在本学期,我们选择在每周五这天不给孩子们安排那些成人看来很有价值的学习内容,给孩子们更自由的游玩空间。对孩子们来说,这不仅是一种释放与矫正,更是一种有意义的学习方式。我们希望,在这一天,孩子们想玩什么就玩什么,想怎么玩就怎么玩!所以,我们把孩子们可以畅快地自由玩耍的这个日子起名为"畅游日"。

在第一个"畅游日"后,孩子们很开心,他们说:

我喜欢畅游日,可以带自己的玩具来跟小朋友分享。

我很喜欢畅游日,因为可以认识很多新朋友。

我喜欢今天和小朋友一起分享玩具。

我喜欢想玩什么就玩什么的感觉。

我太喜欢了,真希望每天都是畅游日!

家庭日——过程比结果更重要

2011 年 4 月 7 日

幼儿园的三月,在月末举办的"家庭日"中结束。

这几年,我们一直在努力帮助儿童实现一个成长目标——"成为我自己"。这个看似简单的目标包含了很多的含义,也暗含了一些困难。为此,我们创立了"爸爸日""妈妈日"。这个学期,我们又将其整合成了"家庭日",希望家庭能够在幼儿园的积极影响下为孩子的成长提供更多的动力。

"成为我自己",其实就是在迈向一条自我实现之路。美国心理学家马斯洛在研究需要层次理论时发现,那些"自我实现者"具有许多共同的特点:

- 宽容而又疾恶如仇
- 悦纳自己的一切体验
- 以问题为中心,而不是以情绪为中心
- 独立的性格,不迷信权威
- 没有审美疲劳
- 能容忍模糊状态,具有高度的创造力

通常来说,具有自我实现者特质的父母在教育孩子的时候心态更放松,更容易调整自己的问题。在"家庭日"活动中,我们渴望看到:父母不是在扮演决定者的角色,而是给孩子更多独立探索的自由与机会。

"家庭日"中,父母可以和孩子一起讨论将制作哪些物品带到幼儿园分享,但最终由孩子自主制作,不去期待一定会是什么结果,以免在过程中进行不必要的干预;由孩子自己决定以什么样的方式使我们更像一家人,而不是父母的个人主张;一起做操、玩游戏时,不关注孩子是不是表现得完美,是不是得到了老师及他人的关注,而是站在一旁接纳孩子的当下。

当父母爱的眼神、无条件的接纳最终幻化为爱的力量时,孩子将默默地完成一次迈向自我的飞跃。其实,人的言行举止只有少部分是由意识控制的,大部分都是由潜意识主宰的。当父母特别渴望在操纵孩子中获得满足,同时也渴望看到他人的积极评价时,这不仅意味着自身力量的不足,还会给孩子的成长带来很大的困扰。

父母的重要职责之一,是用爱给孩子提供一个安全的环境。至于孩子如何探索,那是他自己的事情。如果孩子总是能够获得充分的爱,同时又能获得充分的精神上的自由,那么他们就有可能成为一个自我实现者。

"家庭日"绝不只是一种形式,我们甚至不想获得一个很显性的结果。它的意义在于,在孩子的成长过程中,父母能够借助这样一个形式给予儿童更多的关注,进行积极的思考,在帮助孩子成长的同时也完成一次自我的超越。在这一点上,过程比结果更重要!

当阅读成为习惯——"阅读周"里的老师们

2011 年 4 月 13 日

从这个学期开始,幼儿园每月都要开展一周的阅读活动。这样的活动不只是为儿童设计的,也是教师反观自我阅读状态、迈向成熟的重要方式,是一种有益的自我回溯。因为,我们只有向下回溯,才能真正向上发展!

下面是我们园的一位年轻教师发表在论坛里的帖子,愿和大家一起分享。

心灵的阶梯

李文(28 岁,小班教师)

阅读周,唤起了每个人与书的过往故事,以及成长经历。

小时候,我的家里条件不允许,因此没有什么书可以读,小本的《故事会》就是最大的奢侈了。

到了初中,随着生活条件的提高,我用来购买书籍的费用也多了。那个时候,我很喜欢汪国真,自己还准备一个本子抄录汪国真的诗句,比如,"不是苦恼太多,而是我们的胸怀不够开阔。""忧愁时,就写一首诗;快乐时,就唱一支歌。""无论天上掉下来的是什么,生命总是美丽的。""我不去想未来是平坦还是泥泞,只要热爱生命,一切都在意料之中。"……

那个时候的我不太爱学习，但是很喜欢读这些诗句，现在想来为何沉迷于汪国真，是因为他的诗积极向上，给处在青春萌动时期的我提供了一种解决人生问题的办法，简单实用。读着他的诗，我对未来、对外面的生活充满了美好的幻想与期待。

抱着手抄的汪国真诗句，怀揣着对美好未来的憧憬，我进入了省重点中学，开始了较为紧张的高中学习生活。从小受爸爸爱讲历史、说地理、看《新闻联播》的影响，我也乐于阅读革命志士传奇般的故事，那些烈胆忠心、临危不惧、宁死不屈、为人民而战斗的英雄形象深深地印在我的脑海里。从小形成的一种强烈使命感，让现在的我很是自豪和感激。读余秋雨的《文化苦旅》《千年一叹》时，书中丰厚的文化感悟以及对古代文明路基的探寻、思考，让我感叹余秋雨先生渊博的文学和史学功底，同时也有一种永不可企及的叹息。也就是在那时候，我的内心萌生了一个强烈的愿望：嫁给一个作家！目前来看，这个愿望永远也不会实现了。《中华上下五千年》《牛虻》《围城》也是我在这个时候读的书，《牛虻》是我接触的第一本国外著作。

我来到北京，走进中华女子学院，从而拥有了大把的时间来读书。丰富的图书资源以及充沛的时间让我可以畅游在书的海洋里，弥补小时候因图书匮乏留下的"不满足"，读《中华上下五千年》《曾国藩》《李鸿章》……不知道具体什么时候什么原因，我迷恋上了王小波，喜欢他直率的语言，充满了喜剧精神和幽默风格，而且在轻松、嬉笑中针砭时事、直入本质。借来的《黄金时代》《白银时代》是被我连续看完的。每天还没等回到住处，我就已经惦记着要看的那一页，那种等待让自己的生活很充实。

工作以后，我自己买了一些书来读，印象深刻的是龙应台的《亲爱的安德烈》《目送》，舒羽的《舒羽诗集》，以及胡老师每次推荐的书。

初中的语文课本上有一篇课文的题目就是"书籍是人类进步的阶梯"，我至今还有印象。回想自己的成长经历，自己每读一本书，心灵就会升华一次、上一个台阶，这也就是书籍的阶梯作用吧。成长过程中，思想赋予内心的丰富远比物质的逐渐丰厚带给自己的触动多得多！

当阅读成为享受——"阅读周"里的孩子们

2011 年 4 月 18 日

没有孩子是不喜欢听故事的！孩子的天性与阅读有着某种天然联系。儿童阅读的故事与童话通常讲的是人类永恒的主题，如善与恶、强与弱、罪与罚、美与丑等。故事中提出的那些问题实际上是我们终有一天必须面对的人生问题，如快乐与恐惧、幸福与担忧、活着与死亡、忠诚与不义、希望与绝望、成长、寻找伴侣、追寻生活的意义等，这一切远比现实生活更全面、丰富，也更深刻。

儿童阅读的另一个价值则通常被人们忽略。故事犹如梦一样，可以帮助儿童宣泄不安、恐惧、仇恨等负面情感，同时在无意识中习得人类的智慧、习俗和美德。可以说，儿童文学作品通常具有丰富的象征意义，儿童虽然不能有意识地理解，但在无意识中习得的内容将植根于心灵深处。

当阅读成为孩子们的一种享受时，他们一定是在不断地主动汲取着人类文化的养分，平衡现实与理想的差距，为自己的心灵成长做着最充足的准备！

让我们一起分享阅读周里教师为孩子们组织的各种有趣的读书活动吧。

大一班的阅读周

借着阅读周的契机，教师在和孩子们讨论后形成了以下阅读方案。

首先，在班级图书区设置一个孩子们自己的图书区域，每个阅读周让孩子们带来不同类型的书与大家分享。比如，本周孩子们带的都是拼音书，下次可能就换成动植物类书籍了，具体的内容就期待大一班孩子们的想法了！

其次，在阅读周，孩子们不限地点（教室以内）不限伙伴地阅读，可以自己看书，也可以和喜欢的好朋友交流，还可以在征得老师的同意后去别的班级给小朋友讲故事哦！

大二班的阅读周

有效地利用家长资源，为家庭式阅读提供更丰富的资源和机会。班级鼓励家长带领幼儿探索书籍当中潜在的情感，并将这种感受记录在便笺上夹在书中，随着书的漂流传到下一个家庭。阅读的积累变成情感的积累，让孩子们在体会个人情感的同时也倾听、分享他人的感受。

中一班的阅读周

让阅读成为我们生活中理所应当的事！我们的阅读活动这样开展。

1. 每天由两名小朋友介绍自己最珍贵、最喜欢的书（家长和孩子共同准备3分钟左右的介绍）。
2. 小朋友当天可以把自己的书借给班里的一位小朋友。
3. 每周末评选本周阅读"最佳"。

借阅与分享规则由家长、老师和小朋友共同制定。

中二班的阅读周

第一个活动是"我喜爱的图书"，孩子们带来自己喜欢的图书和同伴分享，并画出自己喜爱的图书；第二个活动是"走进书店"，了解书店的基本格局、书的摆放以及进入书店需要遵守的社会规则。

中三班的阅读周

借着"阅读周"的东风，悦书行动正式启动！

1. "小书迷"推荐：每天由一名孩子作为"小书迷"，把自己的好书、喜欢的书推荐给大家。在"悦书"时间里，由老师和孩子们一起阅读书里的内容。
2. "爸爸妈妈来读书"：在每月的"阅读周"里，孩子们将邀请自己的爸爸或是妈妈来幼儿园给小朋友们分享好书，感受读书的喜悦。
3. "讲故事大赛"：这是这学期"悦书"行动的"闭幕仪式"，届时孩子们将通过故事大赛的形式，感受读书带来的自信与喜悦！

小一班的阅读周

1. 保留并继续婴班"每天一个好故事"的传统活动，教师利用餐前的安静活动时间为幼儿讲述各种各样的故事、绘本、科普读物等。
2. 结合主题活动开展班级"阅读周"的活动：阅读每月主题活动中推荐的与主题相关的绘本，阅读的重点由了解、理解故事内容逐渐过渡到帮助孩子理解故事中所蕴含的情感内容。
3. 结合班级"大小书虫拉拉手"的活动，邀请家长进班讲述孩子喜欢的故事书。

小二班的阅读周

1. 与"播种日"活动相结合,分享关于"种子成长"主题的科普图画书。
2. 小朋友可以分享自己最喜欢的一本书。

小三班的阅读周

1. 每天进餐后有10分钟左右的自由阅读时间。在这个时间段里,孩子们可以自由选择图书阅读,也可以和小伙伴一起针对书中的内容展开讨论。
2. 分享"我"的图书:周五的时候,请小朋友将自己喜欢的图书带到幼儿园来和小伙伴分享。
3. 精读一本图书:师生共读,利用午餐前的安静活动时间一起分享一本大家喜欢的图画书,并鼓励孩子们说说自己阅读后的感受。

当阅读成为一种关系——"阅读周"里的家长们

2011 年 4 月 19 日

这段时间,我特别爱说"真爱"这个词。"真爱"对应的是"假爱",可哪个父母会说自己不是真爱孩子而是假爱呢?

前段时间,朋友找我咨询,说他的儿子特别不听话,我让他举例来说明。朋友说,他平日工作忙,于是周末带孩子去游乐场玩,结果孩子和别的孩子发生了冲突,起因是别的孩子要抢他的玩具。朋友替孩子做出了选择,要求孩子将玩具让给这个素不相识的小朋友,孩子不肯,于是他就抢起拳头揍了孩子。孩子委屈得哇哇大哭,他便开始责备孩子不听话。于是,一次家庭活动就这样不欢而散。听完,我问了一个问题:"你儿子的玩具为什么非要让给别人呢?"他说:"这是基本的礼貌呀。"问题也许就在这里。我说:"这个礼貌是你想要的,还是儿子想要的?孩子好不容易能和父母一起玩了,可父母为了一个陌生人而枉顾他的感受与利益。事情发生的时候,你们有没有想过孩子的感受呢?"他坦承:"没有。"我说:"也许,你爱的不是孩子而是你自己!因为发生事情的时候,你的心里是没有孩子的!"

孩子一出生就生活在关系中。关系是生命发展的核心要素，它可以是幸福的主要源泉，也可以是痛苦的来源。可以这样说，儿童阶段的所有问题都是在关系中产生的。"没有父母不爱自己的孩子"，这是大家常说的一句话。但是，如果父母经常将这句话挂在嘴边，那么他们肯定是在为自己的不当行为开脱。同时，我们可以断定，他们对待孩子的方式一定有些问题。

我们一直提倡，家长要学会从自身的感悟中寻找教育智慧。当家长将这种教育智慧投射到与孩子的关系中，进而影响孩子时，这是家庭教育最理想的状态，更是最宝贵的资源。

建立关系的过程，需要借助许多形式。在阅读周里，我们试图帮助家长通过阅读这种形式与孩子建立积极的关系，拥有更多的教育智慧。

下面是一些家长的做法，值得推荐。

<u>嘟嘟妈妈</u>：让孩子爱上读书。阅读让人终身受益，怎样才能让孩子爱上读书？我想，每个爸爸妈妈都有自己的"招儿"。我先抛砖引玉，说说我是怎样培养嘟嘟读书的。首先，我在家里为嘟嘟布置了一个舒适的读书角。我买了一个书柜，将它横放，这样的高度可以让嘟嘟随手拿到任何一本书。我还为嘟嘟买了一个懒人沙发，嘟嘟可以坐在上面看书，也可以躺在上面看书，非常放松。其次，在书的选择方面，我一开始买的是绘本，以图为主，以字为辅。精美的图画很容易吸引嘟嘟。随着嘟嘟学会了拼音，我现在给嘟嘟买的大都是注音读物。另外，我还很关注嘟嘟在幼儿园的主题活动。比如，上学期在开展"拜访大树"的主题活动期间，我就给嘟嘟买了一本《一粒种子的旅行》。这样，就把课外阅读作为幼儿园主题活动的一个拓展，激发了嘟嘟的读书兴趣。当然，我一直认为"开卷有益"，读什么都有好处，所以我经常给嘟嘟买不同类型的书。对于一个系列的书，我通常先买一本，然后告诉嘟嘟这是一套书，问问他还喜欢哪本，听听他的意见。有时，嘟嘟会选择这套书的另外几本，我就按照他的想法买书。最后，逛书店和儿童图书馆。我有时带着嘟嘟一起去买书，让他自己选。

<u>舒桐妈妈</u>：我可能做得比较浅显、直接一些。我早早就把中国大地图挂在家中的墙上，决定要去哪儿，就提前把它标出来，提前渗透。我只要有空就与孩子一起研究地球仪，各自畅想去哪个国家走走看看。得知谁家有好看

的书，不管是大人的还是小孩的，我都主动要求拿我家的书去交换着看，这样不仅省钱，而且阅读效率很高，因为想着要及时归还嘛。

小笛妈妈：小笛最近每晚必看的是《×××丛书》，这套书有30本，故事讲的是孩子成长中碰到的快乐和烦恼，所以小笛很喜欢，每晚都会自己选一本来讲。同时，每个故事都提供了一种解决孩子烦恼的对策，使得育儿中的一些问题可以轻松地得到解答，所以我也喜欢这套书。

我家的阅读方法如下。

1. 家长先讲一遍，然后将孩子喜欢的部分讲一遍。我一般不逐字读，与情节进展有关的酌情介绍，矛盾冲突的高潮部分再绘声绘色地配音。
2. 话剧表演。个别故事，我会应小笛要求，我演妈妈，她演妹妹，把主要情节演几遍！

总之，好书是孩子童年最珍贵的朋友，养成阅读的习惯是孩子一生的财富。

小玉妈妈：读书是一件长久的事，从小养成读书的好习惯，孩子的一生都受益。小玉读过的书超过300本了。我对这个年龄段儿童读书的感受如下。

1. 精选经典绘本，小故事中蕴含着大道理。
2. 鉴于孩子现在还不识字，家长要大声地、绘声绘色地给他读，让他的耳朵听、眼睛看，在不知不觉中提升审美能力。
3. 读完书再和孩子讨论一下书的内容和书中要传达的情感和寓意。

我们想给儿童什么样的生活

2011 年 5 月 13 日

本周，我们的畅游日活动被提前到了周四。

陕西省西安市的9名骨干教师要来我们幼儿园进行"走进名师"的"贴身"学习活动。今年，我们的什么活动最出彩？我想，是畅游日活动吧！

前几天，我和老师们一直在讨论这次活动的主题选择什么、材料准备什么、隐形目标是什么、关键词是什么。不知为何，在讨论的时候，有一句话一直萦绕在我的心里——"我们想给儿童什么样的生活"。用专业术语来说，这叫"儿童观"。但我觉得，仅仅用正确的儿童观来形容我们的认识似乎有些单薄，我更喜欢用"共同的教育理想"来形容我和老师们的职业追求。我们都想尽己所能为儿童创造可以诗意地栖居在大地上的生活。做到这一点很难，但我们一直在追求。

在这次畅游日活动中，大班组的主题是"寻找彩虹小学"，关键词是独立、合作、挑战、喜悦、期待；中班组的主题是"我的纸箱世界"，关键词是探究、创造、合作、学习策略；小班组的主题是"泥巴王国"，关键词是体验、释放、创造；婴班组的主题是"爱满屋"，关键词是温暖（安全）、扮演、想象、快乐。

昨天，孩子们表现出的状态不仅让我们大呼精彩、过瘾，还令参观者动容、感慨。中午的教研会上，老师们对儿童在此次畅游日活动中的观察、改变及对活动本身的反思也令同行赞叹。为了能给儿童创造更多的发展机会，我们总是反复讨论，不断提升活动的水平。如果我们心中没有教育理想，我们还肯付出这么多吗？也正是因为这个理想，我和老师们总能找到更好的方式帮助孩子们更积极地表达自我。渐渐地，我们不仅能看到儿童想要的生活，还能将每次的活动都转化成孩子们想要的生活！

"智"与"慧"

2011 年 5 月 30 日

"智"与"慧"通常被人连在一起使用，但在现实生活中，它们表现出的是两个不同的层次。

有"智"的人学习能力强，获取知识的速度快一些；拥有"慧"的人则具有对事物状态之外的一种预见、把握、变通的能力。古人云：形而上者谓之道，形而下者谓之器。也就是说，形而下的东西是我们能够看到的，也是很容易把控的；而形而上的道因为很多人看不到，就以为不存在。

现在，大部分学习的目的是促进"智"的提升，而"慧"的感悟与拥有常常被人忽略。可以说，"智"通常被运用于对那些形而下的、可见的知识与经验的认识，而"慧"是对形而上的、不可见的道的理解。"慧"其实是"智"的上位状态。在韩愈的《师说》中，他这样描述："师者，所以传道授业解惑也。"因此，无论什么年龄阶段，对教育机构中的教师来说，"传道"始终应该被摆在第一位！

"智"是大脑的直接产物，"慧"则和心灵相通。即使这样，获得"慧"也比拥有"智"好像更容易些。因为"道"可以从生活中体悟，只要我们有慧根，经常反观自己的内心，终有一天可变成有"慧"之人。人人都可以闻道，只要用心，那些"道"就在我们身边。人一旦掌握了"道"，生活中很多的复杂问题就变得简单起来。老子说的"大道至简"也许就是这个道理吧！

那么，我们的教育到底是仅仅把孩子培养成有"智"之人，还是培养成"智慧"之人？这实在是我们当下需要认真思考的一个问题。

拥有"智"却没有"慧"的人是可怕的。他们通常认为自己已经掌握了世界的真理而拒绝改变，从而陷入狂妄与执迷之中，用"智"顽固地、不自觉地抵御着他们的"道"！

一花一世界

2011 年 6 月 20 日

"我们幼儿园和一些传统机构有什么不同？"最近，在我参观了一些幼儿园后，这句话就开始顽强地萦绕在我的脑海里。之后，我蓦然发现，在我们的幼儿园里，每个生命的轨迹都被重视，每个生命的状态都被展示，每个生命（不仅是孩子，还有我和老师们）都异彩纷呈地绽放着！

在幼儿园，我们到底把孩子看成"整体中的一个个体"还是"一个个体组成的整体"？这不仅是我们需要思考的问题，还是教育哲学中的价值取向问题。更确切地说，我们到底是完全按照社会标准来塑造个体，还是让每个生命都绽放光彩、积极地适应社会？

当作为管理者的我倾向于帮助儿童充分展示积极个性、主动适应社会的时候，我希望看到：每个孩子在幼儿园里都是被重视、有独特价值的。我们所能做的就是为他们创造出一个展示自己精神世界、学习方式、情感方式的舞台。

当每个孩子都代表一朵花被成人当成了解世界的有效途径时，我们对儿童的爱与欣赏也会油然而生。在我们的眼里，每个孩子都是一朵独特的花，每个人都代表了一个我们未知的世界，值得我们去探索。

"一花一世界"表达的正是当下我对儿童教育的一些思考！

新学期的生成课程

2011 年 8 月 26 日

周一，幼儿园全体教师开始上班。

第一天，我们花了一整天讨论新学期的工作思路，最终确定了将"生成课程"作为本学期儿童成长与教师发展的课程体系。

"生成课程"（emergent curriculum）又被称为"呼应课程"，作为一种课程理念，它以生成论思想观照课程，力图实现课程向生活世界的根本回归，反映了人们当下对儿童教育的最新认识。

为了帮助大家了解这一课程，我搜索了一些资料与大家分享。

生成课程是以真正的对话情境为依托，在教师、学生、教材、环境等多种因素的持续相互作用过程中动态生长的建构性课程。它抛弃了"本质先定，一切既成"的思维逻辑，代之以"一切将成"，在过程中展开课程本质。这类课程是师生展现与创造生命意义的动态生成的生活过程，而非单纯的认识活动。

生成课程既不是教育者预先设计好的、在教育过程中不可改变的僵死的计划，也不是儿童无目的的、随意的、自发的活动。它是在师生互动过程中，通过教育者对儿童的需要和感兴趣的事物的价值判断，不断调整活动，以促进儿童更加有效地学习的课程，是师生共同学习，共同建构对世界、对自己的认识的一个动态的过程。

这一思想表达了对儿童的全新认识与尊重，也和我们当下的教育认识高度契合。但是，怎样实现这一课程思想和对课程的真实表达，成为我们讨论的另一个问题。

首先，生成课程要求父母成为最关注儿童成长的人，和教师一起发现儿童、了解儿童，选择更有价值的教育线索供教师生成活动；其次，我们需要为儿童提供更多样的表现形式与互动空间。为此，幼儿园本学期决定在另一个地方为每个儿童建立一个个人的网络空间。在那里，我们沟通信息，使儿童生活中的有价值线索都能够成为课程的有效来源。

新学期，我的责任很明确：为幼儿园的每个儿童提供更有生命力的学习与成长方式。

直升机父母

2011 年 9 月 2 日

开学第一天的创意美术课上，我发现，每个班都有一两个孩子不会画画。不会画的表现是，有的孩子拿着笔无从下手，不知道该画些什么；有的孩子则是画了一两笔之后马上否定，要求重画，之后，反复多次，却什么都没画出来。

这些行为背后的原因是什么？除了孩子自身的性格之外，一定和父母高度相关。英文中有个词组叫"helicopter parents"（直升机父母），意指那些不停观察孩子的所有活动并发出评判声音的父母。他们总是在孩子的头顶盘旋，随时准备降落在孩子身边，发出要求与评判的声音，比如，"你应该这样做""你若能这样就更好""你真棒""你可以更好""这样是不是更好"，等等。这些声音无论是积极的还是消极的，都会让孩子逐步丧失自我，导致他们的成长动力不再来自自我，而是父母的认同。

在生活中，来自这样家庭的孩子比其他孩子更容易焦虑，更以自我为中心，更难以接受其他事物，且缺乏冒险精神。在美术活动中，那些不能画画的孩子大都来自这样的家庭。

"直升机父母"通常是那些具有一定知识的父母。他们受过良好的教育，对子女的未来生活有很高的要求。日常生活中，他们关注孩子、保护孩子，将较多的精力放在孩子身上，孩子的生活一定程度上就是他们的生活。

"直升机父母"除了在家里给孩子发出各种各样的指令，随时评判孩子的表现并按照自己的意愿安排孩子的生活外，也关注孩子在幼儿园里发生的一切，不相信孩子可以凭借自己的能力解决问题。

观察发现，"直升机父母"通常有如下特质。

- 在家里，随时关注孩子的一切。从孩子走路、吃饭到看书、睡觉，他们都会提出要求并伴随着语言评价，比如，"你吃得真好"，将"吃"这种本能的事情变成孩子取悦父母的手段，从而使孩子逐渐丧失本体感受。
- 在幼儿园，每天和教师交流孩子的表现，希望孩子在园里的一举一动都有人关注并给予评价，否则就会不安。
- 当孩子之间出现纠纷时，无论大小，一律介入和干预。比如，找到孩子描述的那个"欺负"他的小朋友谈话，告诉他这样不对，导致孩子感觉自己无能，社会交往能力不断降低。
- 孩子上什么样的课程由父母而非孩子决定，比如，"我的孩子应该喜欢学习英语、钢琴、游泳"，这让孩子丧失了自主决策的权利。
- 孩子犯了错误，当老师告知时，他们会比孩子感到更加不安，会想："孩子怎么会这样呢？一定是老师的看法有问题。"不但没有帮助孩子认识问题，还让孩子感觉矛盾、无所适从。
- 当孩子参加活动时，他们会为孩子做好万全的准备，比如，"今天要带什么东西，千万别落下，还是自己亲力亲为更放心，免得老师对孩子有看法"。这会导致孩子少去尝试，以免出错。

"成为我自己"，是我们提出的儿童成长目标。在这样的目标下，孩子需要学习怎样建立自己的空间，并保护自己的空间不让父母随意闯入。这是一个父母和孩子都需要学习的过程。

在儿童的成长过程中，好的父母应该除了道德与行为规范外，对其他的事情都少限定和评判。正如卢梭所言：最好的教育就是无所作为的教育！

成为一名拥有"P+A"特质的教师

2011 年 9 月 9 日

明天是教师节。

今天，幼儿园成了花的海洋，家长们用这样的方式表达着对幼儿园和教师们的祝福与感谢。

教师是一个光荣的职业，幼儿教师更是一个能够给予他人未来生活以积极影响的职业。

在人出生后的最初三年里，关于人的需要如何被满足、他人如何对自己做出反应、如何看待自己等问题，儿童就拥有了初步的经验。这些早期经验一旦形成，儿童一生的思想、感觉与态度都会受其影响。幼儿教师和孩子们的生活正是构成这些经验的重要组成部分。

精神分析的 PAC 理论将个体的人格结构分为三种"自我状态"，即父母（Parent，P）自我状态、成人（Adult，A）自我状态和儿童（Child，C）自我状态。父母自我状态，通常代表温柔、怜悯、安慰、保护、激励、规则等；成人自我状态，代表现实的判断、信息收集、得失衡量；儿童自我状态，则代表天真、自由、服从、冲动等。

教师们也不例外，因成长环境和生活经验不同，每个人在不同的场合、与不同的人相处时都会表现出不同的自我状态。教师如果在工作中总是表现出 P 人格，就很容易疲倦且很快进入职业倦怠状态；如果总是表现出 C 人格，家长就会很担心，不知如孩子般幼稚的教师能否胜任工作。

在我看来，能够成为优秀教师的人身上应该具有父母特质，即 P 人格。这个特质除了来自个人，也来自专业带给他的那份自信与高度。同时，他们也应兼有鲜明的成人自我特质，理性思考、不情绪化，有能力拒绝他人不断侵入自己的心理边界。这样的教师才能成为真正意义上的幼儿教师。

幼儿教师是教师队伍中最容易流失的一个群体，除了工作本身的辛苦之外，没有健康的人格模式也是问题所在。

在这个教师节，我希望，送给教师的礼物不仅有鲜花，更有理解、支持与帮助。让我们的教师尽快成为拥有"P+A"人格特质的教师，只有这样，他们才能坚守岗位，不断调整与完善自己，成为积极影响儿童生活的重要他人。这也是我为自己和教师们奉上的一份教师节礼物！

什么样的孩子更难适应幼儿园的生活

2011 年 9 月 14 日

每年新生入园时，我都要给孩子们的爸爸妈妈开一次会。其中一个内容是必讲的，那就是怎样面对孩子们在幼儿园里发生的冲突以及冲突后对孩子及教师的态度。我发现，虽然家长们明白了道理，但遇到问题时，很多家长还是凭借本能行事。

前几天中午，我们正在开会，一位中班家长站在门口，神色愤怒地要找老师，该班教师赶紧出去询问。原来上午游戏时，两个女孩因为争抢玩具发生了冲突，一个孩子把另一个孩子的脖子挠了一下，但并没有挠破。

该班老师告诉我，当家长领着孩子愤怒地诉说时，他的孩子拘谨地站在一旁，小声地辩解说："她已经道歉了，我也原谅她了。"

第二天，我到班上问这个孩子："你当时有什么样的感觉呀？"她说很生气，我问生谁的气啊，她说生爸爸的气。多可爱的孩子啊！

我曾经看到过一个相似的案例。一位母亲送孩子来上幼儿园，当她忙着签到时，孩子跑到一边玩，跟另一个孩子抢玩具。她的孩子先拿到了卡车，但另一个孩子把它抢走了。两个人争吵了一会儿，那个孩子拿了一辆旧卡车扔给她的孩子。她的孩子看到取胜无望，也就接受了这种安排。孩子没事，但妈妈不干了，跑过去讲道理，说"这不公平"，要求那个孩子把卡车还回来。孩子本来没事了，他们是很有适应性的，但妈妈破坏了这一切。孩子本来可以学着自己解决问题、应对困难，但妈妈火冒三丈，尽管孩子已经在一旁开心地玩起来了。

这些年来，很多父母在做着阻碍孩子发展的事情。这种阻碍不仅出现在家庭生活里，也成为评判教师工作责任心的一把"尺子"。但是，我想说，这样的孩子在进入幼儿园后会面临艰难的重新适应。他们开始意识到，自己不是世界的中心，很多时候，别人的感受也同样重要！

当然，让孩子自己处理问题需要满足几个条件：

- 行为是偶发的，比如，我提到的那个挠人的小朋友，以前从来没有过这种行为
- "受伤害"的小朋友自己不介意这件事
- 冲突一定伴随着原因（没有原因的攻击一定有问题，成人必须介入）

只有满足这几个条件，让孩子自己处理问题和冲突才有可能，否则这个提法将变成经常欺负小朋友的孩子的家长的一种托词。

从正确到完善

2011 年 9 月 19 日

上周五，幼儿园迎来了本学期的第一次儿童"畅游日"活动。活动前，老师们进行了认真的思考与热烈的讨论，最终确定了不同年龄班的主题。效果如何，本周三的讨论总结会将揭晓。

上午，一位同行打来电话，称自己在在职教师的学历教育中遇到了一个问题。"游戏是儿童的基本活动"，这是一句内涵丰富的话，但儿童的游戏到底是什么？在大多数幼儿园里，儿童的游戏都由教师选定主题、制定规则，儿童仅仅是参与。在这样的"游戏"中，教师像导演，儿童像演员实现着教师的意志与思想（哪怕这些意志与思想是错误的）。她很困惑，便询问："在幼儿园里，儿童的游戏究竟是怎样开展的？"

真正的儿童游戏是儿童自发地挖掘自身潜能的活动。游戏可以说是儿童的另一个梦，差别在于，游戏会有部分意识参与，也和环境发生着联系，而梦是在纯粹的潜意识中进行的。

作为万物之灵的人类，在进化的过程中，个体身上蕴含的基因比世间万物都要丰富。挖掘出这些资源，使其在现实的文化中得以表现，是个体精神成长的重要途径。儿童成长过程的重要任务之一是，自发通过游戏来完善其潜在的精神世界。所以，真正的儿童游戏，应该是儿童在没有压力的情况下，不考虑功利与目的，自发且喜悦地完成的活动。

那么，在上周五的畅游活动中，哪个活动更像儿童真正的游戏呢？

不一样的追求，不一样的人生

2011 年 11 月 17 日

今天中午，我组织老师们进行业务学习，一起探讨了一个问题：你是一个拥有生活目标的人还是拥有人生目标的人？

有生活目标的人热爱生活本身，喜欢享受，努力为自己设定一个又一个目标并竭力去实现它们。这些目标通常指向物质，特别是当拥有了一些常人没有的东西时，他们会产生莫大的满足感。但令人遗憾的是，这种满足感通常不会太长久。更糟糕的是，当所有的生活目标得以全部实现的时候，很多人会陷入巨大的空虚与无聊中。

人生目标则不同，它通常是指我们超越了物质之外的那些追求。美国苹果公司创始人史蒂夫·乔布斯的人生目标很明确："活着就是为了改变世界！"每个人的能力有限，不见得都能改变世界，但"让世界变得更美好"是人人都能做到的。

拥有不同追求的教师在教育行为上也会有很大的差别。有些人工作只是为了谋生，而对那些拥有人生目标的教师来说，工作不仅能够帮助其实现个人成长，还能积极地影响他人。不同的追求，不同的工作状态，也就有了不同的人生轨迹。

你有能力和他们一起成为拥有人生目标的人吗？

2012年 从生成课程到"有效课程"

2012年的前几个月,我是在抑郁中度过的。有人说,抑郁是另一种积攒能量的方式,你沉入深井、无法动弹,只能依靠自己的力量解脱,之后,内在的洞察力就会提升。

生病的时候,我每天都在家附近的公园散步。我发现,一个人处理好自己与自然、自己与他人以及自己与自己的关系是提升生命质量的关键。在《父母的"解释风格"》这篇文章里,我提出了成人应该帮助孩子形成对问题的认识,这也成为日后生活化课程建构中"三个联结"思考的逻辑出发点。

当时,我们幼儿园的教育已经有了一些较为美好的样子,但总有人质疑,你们是不是过多地取悦了儿童?在《孩子,什么事是你不能做的》一文中,我表达了爱与自由之间关系的平衡,这也成为日后我们制定《儿童宣言》的开端。

我从小就是一个感情丰富的人,如果幼儿园有人离开,我情感上就会难以接受,而且倍感可惜,因为"长期主义者"才能成为我心中美好课程的建构者。幸运的是,大部分教师一旦来了就没有离开,这是我的幸运,也是幼儿园的幸运。正如我在《我为什么担心教师流失》这篇文章中所言:"我们往往需要花费几年的培训时间才能帮助教师具备基本的'教育形态'……之后,他们才能在教育实践中'附着'各自的教育智慧和人性光彩,积极地、主动地、富有情感地影响儿童。"

2012年,我们开始调整孩子们的户外活动时间,也希望给教师提供更多的创新空间。我大胆提议:"所有的活动,只要能在户外开展的就绝不在室内进行。"当时,我们打算在户外给孩子们修建儿童厕所,想让孩子们彻底走进大自然。这个愿望当年就实现了。事实证明,在大自然里,孩子们的生命状

本章手绘插图作者:李瑶,6岁。

态得以真正地打开。在这之前，我们给每个班的教师配备了相机，记录孩子们的状态。我们发现，孩子们在户外时特别有生机和活力，也只有户外才能真正地解放他们的天性。

幼儿园的发展进程中要有办学者个人对生命的感悟与体验。这一年，我悟出了这样一个道理："一个人获得生命的力量要靠自己，这是一种来自心灵深处的力量，它指引你看清自己的需要，帮助你寻找生命最本真的意义。"2012年的"六一"儿童节就是这样一种尝试，我们想为孩子们的节日赋予更多生命的力量。

有人说："一个好的管理者会和大家讨论，会和一部分人商量，最后完成决策。"我深以为然。2012年，我们有了一笔教育专项资金，可以重新装修一下幼儿园。之前，我们采用的是幼儿园常见的粉绿色调。这一次，我建议设计师做些"减法"，于是写下了《幼儿园是什么颜色的》这篇文章。十月，我把这篇文章的内容做了延伸，写下了《幼儿园环境——孩子们生活与学习的地方》。当时，因为环境色彩的变化，老师们要重新进行环境布置。我们决定，索性来一次革命性的改变，不再做那些繁复的环境创设。于是，我们彻底摈弃了老师们必须要做墙面布置的传统方式，把环境变成和孩子们一起分享学习过程与心情、秘密与梦想的地方。我希望，每一次的主题活动以及一些有意义的活动与生活都被老师们在"学习墙"上用各种形式展现出来，供孩子们不断地回忆、沉淀、思索，最终完成自我建构。

2012年，我们将交流的空间从一个网站搬到了另一个网站。这种交流方式让每个人的每一次表达都有了互动感与交流感。当每个人都在自己的空间里热烈地表达的时候，你对他们会有更多的尊敬。那时，大家都感觉自己是这个教育共同体中的一员。在这之前，我是羞于承认自己也有脆弱的时候的，但生病后，我开始看到更多他人的力量，也学会了从他人身上汲取力量。

我当时写的每一篇文章，后面都有大量的家长留言。因为有人倾听，所以我特别有表达的热情。在《幼儿园里的"有效课程"》一文里，我表达了这样的思考："对孩子们来说，生活即教育，教育即生活。这是因为，在幼儿园里，孩子们的所有生活都是教育的内容，而幼儿教育的目标也终将通过生活来达成。孩子们的生活是幼儿园课程的核心……我们希望，孩子们在教师的引导下，在学习过程中，更多地运用自己的知识经验而不是他人的知识经验，来建构属于自己的、独特的认知态度与方式……我们发现，一旦孩子们凭借自己的认识，展开想象的翅膀，积极地表达心愿、完成学习过程，他们的脸上就一定会绽放光彩。无论他们表达出的东西如何，教师欣赏与接纳的态度都会让他们拥有更积极的心理体验。要知道，成长中，他们只有依靠自己的心理活动，才能真正拥有属于自己的智慧，成为'他自己'！实施这样的课程的另一个难度在于，它需要成人静下心来，暂时放下预设的过程与结论，努力倾听并理解幼儿的想法。这是教师和幼儿积极互动的过程，也是教师保持教学的警觉性，不断对幼儿的需要和感兴趣的事物进行判断与抉择的过程。同时，在这样的课程中，教师必须将幼儿视为完整的人。每当听到孩子们表达自己对世界的认识时，我们都会赞叹他们精神世界的丰富与饱满。有趣的是，教师们也总是从这样的过程中获得满足感，因为这是一个用生命见证生命成长的过程。当我们站在儿童的角度思考课程、设计课程、完成课程时，一切似乎都慢了下来，但孩子们有了更多自由思考、自由表达的机会。他们尝试着寻找自己的节奏来学习和生活。对儿童来说，这种顺应了自己节奏的成长方式才能算得上真正的成长！"

应该说，"慢""空""静"是这一年的关键字。我开始学着松弛地面对生活、倾听他人，也有了把教育变成一种"慢"艺术的心态，等待美好的发生。这一年，我感觉幼儿园是"平"的。教育中一旦有了人与人之间平等的对话，教师的稳定性也就有了很大的提升。

2012年，我的心灵很柔和。我想，只需在花草园播下"种子"，就可以等待着它长出希望。

父母的"解释风格"

2012 年 4 月 18 日

父母是对孩子影响最大的"他人",这已是一个不争的事实!

但是,父母是怎样影响孩子发展的?除了遗传的力量之外,后天的影响又是通过什么方式实施的?我坚持认为,教育的本质是培养儿童具有完善的人格而不是其他。我不大喜欢那些把教育庸俗地理解为让儿童掌握知识或者儿童的行为被塑造的观点。但是现在,这样的观点仍然很流行。

完善的人格的形成,比知识的掌握和行为的塑造要难。难在不好操作,没有太显性的标准。但未来社会的复杂性让我们必须将儿童人格的完善放在教育的首要位置上,因为个人的未来生活质量(特别是精神生活)更多地依赖于人格而不是知识。

当一件事发生的时候,每个人都有自己的理解。你怎么选择、说什么和做什么,背后都是人格在发挥作用。

我们小的时候,父母会对一些事情做出他们习惯性的解释,这些解释诠释着他们对人和事的理解,影响着我们对事物的判断。我们有了孩子后,通常也会用自己的理解去解释事物与事件,形成自己的解释风格。

我在生病期间,每天上下午都会去公园散步。公园里聚集着很多小孩,我注意到,当他们踩草坪的时候,父母的解释风格各有差异:"别去,里面有土,太脏了""你去草地上跑步吧""当心小草扎到你""这有什么可玩的,真讨厌,快回家"。这么多天,我只听到一位家长说:"不要踩小草,小草现在在长大,你踩了就长不出来了……"

父母可以通过解释帮孩子形成对三个问题的认识:我和自然的关系,我和他人的关系,我和自己的关系。其中,我和自己的关系最难解决,和人格的关系也最为密切,这直接影响着孩子对自我价值的判断,影响着他们成为悲观或者乐观的人。

将孩子遇到的挫折归因于暂时的、具体的,甚至是外部的因素,将孩子遇到积极的事情归因于内部的、稳定的、普遍的因素,这样的解释风格可以帮助孩子成为乐观的人。而悲观主义者会将挫折与失败归因于内部的、稳定的、普遍的因素，将积极事件归因于外部的、暂时的、具体的因素。具有悲观主义解释风格的父母通常更焦虑、更自责，更容易对孩子产生负面影响。

成为哪种"解释风格"的父母，不仅是父母个人的事，还是关系到孩子未来生活质量的一件大事！

孩子，什么事是你不能做的

2012 年 5 月 7 日

今天，幼儿园里一位怀孕的老师感觉不舒服，没能来上班。导致她不舒服的原因是，上周五班里的一个孩子在发脾气时用拳头捶打了她已怀孕近 6 个月的肚子。

周末，我和爸爸妈妈一起外出，看到一个快 3 岁的孩子在公共场合大声哭闹，孩子的妈妈只是威胁说："我打 110 报警电话了啊！"当孩子试图捞起池子里的观赏鱼时，孩子的爸爸妈妈则劝告说："水太凉了，你会生病的。"

在今天这样一个强调民主、自由与人权的时代里，大部分人都认为自由一定比限制要好。很多父母也会花时间经常跟孩子讨论："我们应该做什么，怎么做才能更好（这确实是孩子们的权利）。"

我们人类是群居动物，社会规范通常能够使我们生活得更好。社会规范的上限是道德，底线是法律。很多时候，个体需要牺牲当下的一些感受与便利来维护规则。对孩子来说，这也是一种学习能力，一种积极地适应社会的能力。在学习的过程中，他们首先要区分社会中的他人与自己和家人的不同，懂得必要的控制与忍耐；然后，是主动学习与适应；继而，理解规则对自己与他人都是有意义的，从而主动维护规则。

所以，孩子上幼儿园的过程也是一个区分自己和他人，了解他人，从而更好地了解自己的过程。如果幼儿园的生活不能帮助孩子建立这种积极的边界感，教育无疑是失败的。前几天，我和一位家长聊天，他谈到，当初之所以选择我们幼儿园恰恰是因为我们不承诺给孩子绝对的自由。他说，他们的邻居夫妻事业有成、彬彬有礼，为孩子选择了一家以自由著称的、收费昂贵的私立园。在那里，孩子的需要是"王道"。孩子们可以不吃饭，也可以不睡觉、不学习，只做自己喜欢的事情就好。结果是，那家看似文静的小女孩成了破坏性极强的"霸王花"，引得楼上楼下邻居经常投诉。

中国人从来没有如此自由奔放过。今天，每个人都可以成为一个特大号的"我"。"我"的感受才是最真实、最重要、最有价值的。"我"只要有权力和财富，甚至可以将自己的感受凌驾于他人的痛苦之上。

成人的认识直接影响我们的下一代。在幼儿园，我们发现，一些孩子见到老师不仅不问好，还经常直呼老师的名字，不满意时甚至打老师，没什么惧怕与权威意识；不仅把玩过的玩具四处乱扔，甚至还会在幼儿园户外随地大小便，没什么羞耻感与他人意识；即使损害了他人利益和公共利益，他们也不会产生内疚感与不安感，而这些恰恰是儿童社会化过程中重要的个人品质。

孩子的问题最终要靠大人来解决。我想给家长们一个建议：除了经常与孩子讨论"你能做什么""你应该怎样做"之外，还要经常和孩子一起讨论"什么是你不能做的""为什么你不能这样做""如果做了，会给他人和环境带来怎样的痛苦与影响"。

家长们不妨向幼儿园的老师学习：幼儿园的每一次集体活动前，老师都要和孩子们讨论他们必须要遵守的规则。这里面不仅包含着对活动的期待与要求，还包含着许多刚性的、不可逾越的原则与限制！

我为什么担心教师流失

2012 年 5 月 9 日

这个学期，又有几位教师因为各种原因离开了幼儿园。

每一个人的离开，特别是工作了几年的老师的离职，都会让我有些不舍。除了感情因素外，更多的是一种遗憾。

一些幼教同行经常对我说："现在幼儿园教师流动非常迅速，特别是那些私立园，管理者也不怎么担忧人员的变动了。再说，人员的小幅流动也属正常现象。"

我却不这么想。在一些幼儿园，课程导向更多追求的是儿童在工具性素质上的提高，这样的课程对教师的要求相对较低。如果有统一的课件，教师甚至不用太动脑筋就可以完成一天的教育教学工作。几年来，在不断探索的过程中，我们将课程指向了儿童的全面发展。课程不仅要促进儿童认知方面的发展，还要更多地帮助儿童完成情绪情感、人格乃至灵魂的自我完善。

在这种课程导向下，我们往往需要花费几年的培训时间才能帮助教师具备基本的"教育形态"。在这期间，幼儿园需要不间断地对教师施加影响，引导他们在精神层面、观念层面、技能层面上的不断完善与提高。之后，他们才能在教育实践中"附着"各自的教育智慧和人性光彩，积极地、主动地、富有情感地影响儿童。而这一切对我来说，始终是一个充满等待与惊喜的过程。

正因如此，他们的离开总会让我黯然神伤……

孩子们需要更多的户外活动时间

2012 年 5 月 16 日

我们幼儿园原本只是六个班的建制。全楼三层共 12 个房间，每个班有两个房间，其中东边的房间是活动室，西边的房间为睡眠室。

为扩大招生名额，我们将一个班的两个房间拆分为两个班级。这样，全园可招生的班级扩大到了 11~12 个。但是，问题也随之出现，东边的班级其教室光线好，明亮又宽敞；西边的班级其教室无论是光线还是冬日的温度都差了不少。为此，我们每年都要调整孩子们的教室，升班时，教室的位置也会随之变化，在凹进去的、光线稍差的西边的教室里的小朋友要换到凸出来的、光线充足的东边的教室。这虽然给老师们的工作带来了不少麻烦，但孩子们的健康在我们力所能及的范围内得到了一定的保障，让我们安心、踏实。

但是，这样的权宜之计不能解决根本问题。怎样才能让孩子们生活得更愉快、更健康呢？今年，我们将户外活动时间做了最大限度的延伸。对于那些在西边教室生活的幼儿，我们要求他们每天的大部分活动都要在户外进行（这项要求也被纳入班级管理中），包括可在户外完成的教学活动、活动区游戏活动、加餐活动、观察散步活动等。为了让孩子们的活动更便捷，我们还计划在户外修建两个儿童厕所。

孩子们在户外的感觉如何？请大家在班级相册中欣赏他们在户外时专注与喜悦的样子吧。

今年"六一"儿童节怎么过

2012 年 5 月 28 日

这周五就是"六一"儿童节了。每年的这个时候，我们都在考虑：该给孩子们一个怎样的节日，让他们若干年后还能回忆起童年的美好。

去年的"六一"儿童节，孩子们至今难忘。他们还记得去木偶剧院观赏童话剧《精卫填海》，在花园里和老师共进午餐，欣赏小四班家长和孩子们一起表演的音乐剧《彼得与狼》，为有需要的儿童捐献一份爱心。孩子们最幸福的时刻无疑是爸爸妈妈一起来接他们回家。

其实，每年的"六一"儿童节活动都是我们对教育的一次重新认识，也是我们教育思想的一次集中体现。

今年，我生病时一直在思考一个问题：一个人生命的力量究竟来自何处？是来自他人与社会的评价，还是来自自己心灵涌动出的那份激情？病愈后，我发现，一个人生命的力量只能自己赋予自己。这是一种来自心灵深处的力量，它指引你看清自己的需要和弱点，也帮助你最终寻找到生命中最本真的意义。我们一旦拥有了这种力量，就能够听从心灵的召唤，积极地面对生活，成为真正的"自己"。我认为，这种力量的源泉一定与个人童年时是否经常和大自然在一起有关。

对儿童来说，如果他们的生活被积极地植入了这种生命的力量，他们就一定会拥有自我成长的无限动力。那么，儿童是怎样获得这种能力的？在孩子的眼中，大自然是这个世界呈现给他们的最美妙的东西。儿童是这个世界上最积极的探索者与发现者，他们来自自然，他们的成长也注定只有在大自然中才能真正实现。大自然中鲜明的色彩、美妙的声音以及变幻的季节与景象，都为儿童的幻想、游戏、创造提供了无限的可能性。在大自然中，儿童学习与探索的历程才是真正有价值的。可以说，大自然是孩子们的思想、语言、审美，特别是心灵成长的最大源泉！

这些天，我在户外看到孩子们在花丛中看书、游戏，在休闲椅上仰望蓝天白云，在小池边聚精会神地观察花鸟虫鱼，甚至他们什么也不做，只是闭着眼睛嗅着自然流动的空气。每当这时候，我的心里就一阵阵激动。我知道，我们离正确的东西又近了一步。

今年"六一"儿童节怎么过？一个能够让孩子们和大自然亲密接触的节日活动，一定是我们当下的选择！

花田野趣里的别样"六一"儿童节

2012 年 5 月 30 日

每年的"六一"儿童节，我们都给孩子们创造出不一样的体验。今年的"六一"，我们将前往北京奥林匹克森林公园的花田野趣景点，带孩子们体验大自然之美，学习用心灵感受丰富美好的大自然。届时，孩子们将用自己的形式开启"快乐、自信、主动、探索、创造"的"儿童活动月"。

当天，我们将和孩子们一起完成以下几个活动：

- 打开感官，一起倾听大自然、嗅闻大自然、触摸大自然
- 在蓝天白云下、花田野趣中奔跑嬉戏，感受与自然同在的乐趣
- 在大自然中冥想，用心体会自然带给我们的美好
- 收集大自然给予的馈赠，将大自然的美好作为回忆与礼物送给亲爱的爸爸妈妈
- 向天空与大地致敬，感谢大自然赐予我们美好的生活

活动方案

7:20	入园、吃早餐（不在幼儿园吃早餐的幼儿务必 7:30 到园）
7:50	集体乘车赴奥林匹克森林公园，前往"花田野趣"景点
8:30—9:30	欢庆演出——在大自然里庆祝的感觉真的不同
9:30—12:00	用自己的方式感受自然
12:00—13:00	一起品尝带着阳光、青草气息的节日午餐
13:00—13:50	小憩，静静体会美好的一天
14:00	集合乘车返回幼儿园
14:30	午睡
16:30	晚餐
17:00	爸爸妈妈接孩子回家，接受孩子们心灵之旅带给他们的珍贵礼物

大班活动主题

1. "风儿伴我行"：乘坐观光车游览，在合适的地方停留嬉戏。
2. "草地上游戏真快乐"：一起踢球、跳绳、跳皮筋。
3. "坐看云起"：冥想，倾听风的声音，观赏云的变化。

中班活动主题

1. "收集大自然给予的馈赠"：用心聆听、用心感受、用心发现，聆听风的声音、追逐风的脚步、捕捉风的踪影、感受花草的气息。
2. "在大自然中做自己想做的事情"：冥想，或躺下什么也不做，抑或是和好朋友聊天，捧一本喜欢的书静静地阅读。
3. "将大自然赐予的礼物送给爸爸妈妈"：用自己喜欢的方式把心中的大自然与爸爸妈妈一起分享。

婴小班活动主题

1. "我最爱的大自然"：让孩子用心体会亲近大自然的美好，表达自己在自然环境中最想做的事。
2. "送给爸爸妈妈的大自然礼物"：让孩子用眼睛发现大自然中的美好事物，怀着感恩的心为爸爸妈妈寻找大自然的礼物。
3. "向天空和大地问候"：感受天空之宽广，呼喊出自己的感谢。

守护童年——"六一"活动后记

2012 年 6 月 4 日

今年的"六一"儿童节活动,从活动目标的确定、活动内容的选择到活动场地的前期考察,甚至活动当天的就餐情况,我们都花费了不少精力,经过了细致的考量。

我个人最喜欢的是"在自然中冥想"与"问候、感谢大自然"这两个活动环节,它们所体现的"至虚静、守静笃"及"天地君亲师"的思想正是我们传统文化的精髓所在。

活动中的儿童

我惊诧于孩子们在自然中的学习能力如此流畅,又如此自然。在大自然里,孩子们挖掘"化石"、观察、探索(科学家的探索活动);制作首饰、吟唱、摄影(艺术家的探索活动);举杯庆祝,相互祝福(人类独有的交往活动);奔跑嬉戏、攀爬、跳跃(本能的释放活动)。总之,孩子们在自然中表现出的学习能力让我心生敬佩。

我感动于孩子们在自然中所表现出的积极而美好的情绪与情感。那一天,没有干预,没有评价和教导,也没有过多的限制,孩子们自己选择了规则并积极地遵守着。由此,我们知道,探索儿童生命本真快乐的极限仍是我们的使命。

活动中的教师

教师们很累但很快乐。当教师和孩子们一起打开感官体验自然的时候,童年的美好经历也一并涌出。正如仲媛老师所言:"这种种的欢愉,化作对自然妈妈的爱……向大自然致谢!"

教师们又一次经历了和孩子一起成长的过程。幼儿教师这个职业的繁复性是有目共睹的,但它也让教师有机会对自己不完善的地方进行一次修复。

活动中的我

我满怀敬意地感谢着自然给我们的恩赐——那天的天气很给力。我心中始终感念有这样一份总是能够带给我生命激情与能量的工作。我感谢孩子们总是能够用他们的灵性为我提供无限的思考与遐想。我感谢老师们,他们总是能够将我的理想转化成现实。我感谢家长们,无论我们做出什么样的选择,他们总是用期待与鼓励的目光支持着我们!

幼儿园是什么颜色的

2012 年 7 月 5 日

庄子曰:"虚室生白。"这句话是说空空的房子才能照进太阳;内心清净、澄澈明朗就能悟出"道"来,生出智慧。几年前,初闻此言,我顿感醍醐灌顶,这句话对当时思绪纷乱的我影响很大。但是,学会摒弃心中的杂念,保持清澈明朗的心境,是一个长期修炼的过程。不过,间或体验到的那种清澈让我的内心能量增加,对事物的判断也变得简单起来。

幼儿园刚开办时,我们不知该选择什么颜色来表达教育追求,只好想当然地选择了大家都以为儿童喜欢的彩色来装点环境。但随着时间的推移,我发现,儿童的精神世界及其表现形式的丰富性无须借助任何颜色就能绚丽多彩,光彩照人。白色也许是衬托儿童世界的最好颜色。

这一认识也契合了当下我对教育的价值追求。在我看来,儿童是不应该被颜色"限制"的,他们应该尽情地表达自己的颜色;儿童不应该被成人想当然地认为应该怎么样,而是应该在成人的帮助下表达出自己原有的样子;儿童不应该被成人控制,而是应该被尊重;儿童不只要学习成人世界中那些繁复的东西,更要借助原有的天性与成人世界建立起特有的通道。

白色是最简单的颜色,也是最丰富的颜色。在我的心目中,幼儿园应该是白色与大自然真实颜色的结合体。唯有如此,才能彰显出儿童的绚烂多姿;

也唯有如此，才能让成人静下心来，倾听来自儿童的天籁之声，欣赏他们诗意地栖居在大地上的姿态！

幼儿教育的"国际化"

2012 年 7 月 12 日

如今，"国际化"是个时髦的词汇。

在幼儿教育领域，什么才是国际化？目前，国际化更像一个标签，被贴到了幼儿园身上。于是，大批的双语幼儿园、蒙氏幼儿园成了国际化教育的标志，也成为当下"先进教育"的代名词。这种所谓"与国际接轨"的园所，通常收费不菲。

在很多人眼中，国际化通常被认为是掌握先进的技术手段与国际通用的语言。但是，在我们这些专业工作者看来，国际化更是一种认识与观念上的嬗变。当前，国际主流教育思想几乎统一地指向了帮助儿童"学会学习、学会做事、学会交往、学会生存"，这其中丰富的含义耐人寻味。

在这些年的教育实践中，我们逐步认识到：一个人的童年不仅是学习知识、学习交往的过程，更多的是个人精神世界不断丰富与饱满的过程。在这个前提下，成人能做的也许就是为儿童的成长提供更多的可能性，同时尊重他们，不打破他们独有的发展节奏。我发现，越是技术化水平高的国家，越强调尊重儿童。但是，尊重不仅仅指蹲下来和孩子说话，更是尊重他们的成长节奏，让他们健康地成长。"每一个人都能够选择自己的节奏发展"，也许这才是先进教育对儿童认识的重要标志之一。

在发达国家，教育的形式是多种多样的。运用技术化的方式激发孩子的学习兴趣通常被用于帮助那些家庭收入不高、不重视教育的弱势群体家庭，以此帮助他们的孩子提高学习能力；而另一个倾向是，一些教育机构选择了返璞归真、回归自然的学习方式，让孩子们在自然中用自然的方式开心玩耍，以获得最大发展。选择这类教育的人群通常是那些对教育有自己独特的认识，占据社会主流阶层的家庭。

国外的一项最新研究成果表明：儿童只有在"人物两相忘"的状态中，即专注地自由游戏的状态中，才能迎来发展最快的那个时刻！

（注：本文主要观点来自 2012 年 6 月 21 日《北京晚报》对我的采访，原文为《幼儿园"国际化"是迎合还是引领》。）

幼儿园——开端教育的选择之难

2012 年 8 月 22 日

幼儿园阶段的教育虽不在义务教育的范畴，但伴随着对早期教育认识的不断提高，家长对选择幼儿园也越来越重视。衡量一所幼儿园质量高低的最直观评价标准就是评级评类。"级"指的是幼儿园的硬件设施，包括占地面积、环境状况等；"类"指的是幼儿园的软件水平，包括师资因素、教育理念等。但是，即使同样级类的幼儿园，其教育水平也存在一定的差异。目前，伴随着国家对学前教育发展支持力度的加大，各类幼儿园的数量都在增加。教育部颁发的《幼儿园教育指导纲要（试行）》是办学中必须遵守的依据，在实施过程中，各类幼儿园可结合现实状况与家长需求，提出自己的办园理念。实际上，这种难以量化的标准使家长的选择变得越发困难。面对看似更多的选择，家长做出正确的决定也许并不是那么容易。

幼儿园师资水平的高低应是家长考量幼儿园的首要因素

在我看来，教育目标的实现，主要依靠教师的诠释。教师水平不够，再好的教育理念和教学大纲，效果都要大减。因此，幼儿园师资水平的高低应是家长考量幼儿园的首要因素。在幼儿教育中，最根本的出发点是教师对孩子的看法，也就是"儿童观"。究竟是尊重、接纳儿童，还是训练儿童？这是差异很大的一条分水岭，也是影响幼儿园办园水平的关键因素。

家长对孩子的期望与对教育的认识，是选择幼儿园时必须要考虑的因素

想把孩子培养成什么样的人，就要把孩子送到理念相对接近的幼儿园去。

确定目标，可以降低选择幼儿园时的盲目，减少由于教育理念的分歧而导致的冲突。家长对孩子的期望，主要可分为两大倾向：一是以追求快乐为目的，希望在快乐中给孩子提供经验，促进健康发展；二是更看重知识的学习，希望用量化知识的标准来衡量幼儿园教育。因此，在选择之前，家长应该对幼儿园课程进行充分了解。

能不能为家长提供更开放的学习空间，也是衡量一所幼儿园优质与否的因素

在孩子成长的阶段，如果家长能够学到有价值的教育观念，孩子将终身受益。因为，在孩子个性、学习能力的形成中，家庭的贡献与影响要远远大于幼儿园。办学规范的幼儿园更愿意指导家长在孩子成长的同时学会观察和思考，和孩子完成共同成长的过程。

一所好的幼儿园必须要有好园长与尽职尽责的管理团队

科学的管理，才能保证工作到位、对幼儿负责。在科学的管理下，教师才能主动地、有目的地根据孩子身心发育的特点设计教育活动，引导孩子在游戏中学习，快乐成长。

师幼比例是衡量的要素之一

和小学教育不同，学龄前儿童特别是刚入园的孩子更渴望成人的关注与爱。但是，当面对一个40人以上的班级时，再好的教师也难给予每个孩子同等的关切与爱护。因此，对刚入园的孩子来说，20~25人的小班，配备3~4名教师才较为恰当。

幼儿园的文化值得家长关注

除幼儿园的环境与卫生、安全与设施外，幼儿园的文化是管理水平与师资队伍成果的外化，也是幼儿园最为重要的底蕴和特色，更值得家长们关注。当然，幼儿园的文化，并非指简单的"双语""艺术"等特色，而是来自更深层次的东西，它既可以是幼儿园多年来形成的整套课程、生活内容的体现，也可以是幼儿园的风格、质量、口碑，更重要的是通过教师及孩子的精神气质反映出的特质。

幼儿园的收费是家长们不得不考虑的问题

在我国，学前教育属于非义务教育，成本采用由国家、社会和家庭合理分担的机制。但在实际工作中，幼儿园的类型呈现出多样化的特点。目前，北京地区幼儿园的收费高低不等。收费低廉的幼儿园除了是为打工子弟服务的"黑园"（没有办学许可证）外，还有大部分的公办园所，因为其经费（包括人员费用）来源于政府，故收费低廉也能维持运转；但一些其他类型的幼儿园，所有的运营费用都要自筹，因此收费相对公办园要高。但收费昂贵的私立幼儿园只能为少数人服务。至于选择何种收费的幼儿园，家长需要综合考虑。

为自己的孩子选择一所心仪的幼儿园行开端教育，对家长来说，确实不是一件容易的事！

（注：本文主要观点来自2012年8月22日《北京晚报·人才周刊》对我的采访。）

质素如洗

2012年9月20日

位于北京国子监那条街上名为"如洗"的服装小店，自打我去过之后，小店的名字和样子就一直留在了我的大脑里。"不尚华饰，质素如洗"，用认真的态度做出舒适、温暖的衣裳，是这家小店的宗旨。走进店门，简洁、雅致甚至有些清冷的店面让人的心一下子安静下来。再往货架上看去，只有少量的衣服挂在那里，但每一件都平实耐看，也是我喜欢的风格。

随着年龄的增长，我越发感觉到，那些好的东西一定是经过时间的考验后依然闪烁着朴素光华的东西。不仅是衣服，人亦如此。一个人抛开身份、地位、金钱等外在的、物质的装扮之后，所展现出的本真的东西才是自己的。

在真实中，若依然能够看到善良、真诚、达观、勇敢等美好的人类品质，这个人就会真正令我们感动！

"质素如洗"，一个人真正的素质恰恰是那些经过生活的"水洗"之后依然留下来的东西。每个人是不是都应该经常问问自己：如果我不是现在的我，"沉舟侧畔千帆过"之后，真正的我又会是什么样子？我能否成为那个真正的自己？

这个秋天，"质素如洗"四个字以其简单清朗的感觉直入我心，让我思考了很久……

幼儿园环境——孩子们生活与学习的地方

2012 年 10 月 22 日

本周，幼儿园开展面向家长的开放日活动。

上午，我们讨论了开放日的思路。我强调，开放日不是一次表演秀，也不是一次表扬会或批评会，而是孩子们日常生活状态的一种展示。

最近，我总爱对老师们说这样一句话："对孩子们来说，生活即教育，教育即生活。这是因为，在幼儿园里，孩子们的所有生活都是教育的内容，而幼儿教育的目标也终将通过生活来达成。"

环境是孩子们生活与教育的重要场所。在班级内部，环境除了要满足孩子们的生理需要外，还要满足他们心理发展的需要。这次的开放日，我希望家长和我们一起关注孩子们生活与学习的地方。

幼儿园的环境和家庭环境有什么不同？最大的差别也许在于，它是一个集体生活的地方。既然如此，建立必要的规则应该是帮助孩子们适应幼儿园生活与环境的第一步。在幼儿园，规则由谁建立、由谁评判，这体现了教育观念的差异性。在我们幼儿园，班级规则通常由孩子们和老师一起建立，往往要经历这样几个步骤：先由每个人表达自己的见解，之后大家讨论都认可的规则，再之后由孩子们用自己能表达与理解的符号将其公布出来，最后大家共同执行、监督。这样确立的规则因为有每个人的积极参与，而且是由个体通过自我价值澄清而得出的结论，故稳定性与坚持性都特别高。令人称道的是，孩子们讨论出的规则通常和教师们的要求高度一致。

环境应该是儿童可以和他人分享自我经验与感受的地方。他们可以通过各种方式分享自己的经验、故事、秘密、心情与梦想。当看到孩子们分享自己对世界的理解时，你一定会赞叹他们精神世界的丰富与饱满。

环境也应该为孩子们的学习提供丰富的表达机会。在班级，主题活动以及其他有意义的活动与生活被教师们在"学习墙"上用各种形式展现出来，供孩子们不断地回忆、沉淀、思索，最终完成自我建构。

幼儿园的环境只想给孩子们一种暗示：作为教师，我们能做的就是理解你们想法的本质！

幼儿园里的"有效课程"

2012 年 10 月 26 日

这段时间，我一直强调："对孩子们来说，生活即教育，教育即生活。这是因为，在幼儿园里，孩子们的所有生活都是教育的内容，而幼儿教育的目标也终将通过生活来达成。"

孩子们的生活是幼儿园课程的核心，这是一个儿童在教师的引导下逐步获得有益经验的过程。这些经验的获得也是教师们按照社会需求和孩子们的身心发展水平，有计划、有目的地组织和安排的。在幼儿园里，所有的生活内容都可以叫"课程"。当然，有时候，课程也单指教学计划的实施过程。

我们认为，课程反映的不只是学科知识和技能，还包括儿童在学习过程中形成的态度、价值观以及相应的行为方式，这一部分更重要一些。就儿童的成长而言，知识与技能只是获得发展的手段。

并不是幼儿园里所有的课程都能让儿童获得发展。那些以训练为目的，以知识掌握为导向的课程只会让孩子对学习乃至生活产生厌倦，以至于终身不能学、不愿学。

这两年，我提出了"有效课程"这一概念。我们希望，孩子们在教师的引导下，在学习过程中，更多地运用自己的知识经验而不是他人的知识经验，来建构属于自己的、独特的认知态度与方式。在这个过程中，孩子获得了多少知识只是他自己的事情。对教师来说，这并不是一件容易的事情。因为，大部分成人都喜欢孩子按自己的意愿、想法、节奏做事。

我们发现，一旦孩子们凭借自己的认识，展开想象的翅膀，积极地表达心愿、完成学习过程，他们的脸上就一定会绽放光彩。无论他们表达出的东西如何，教师欣赏与接纳的态度都会让他们拥有更积极的心理体验。要知道，成长中，他们只有依靠自己的心理活动，才能真正拥有属于自己的智慧，成为"他自己"！

实施这样的课程的另一个难度在于，它需要成人静下心来，暂时放下预设的过程与结论，努力倾听并理解幼儿的想法。这是教师和幼儿积极互动的过程，也是教师保持教学的警觉性，不断对幼儿需要和感兴趣的事物进行判断与抉择的过程。同时，在这样的课程中，教师必须将幼儿视为完整的人。

每当听到孩子们表达自己对世界的认识时，我们都会赞叹他们精神世界的丰富与饱满。有趣的是，教师们也总是从这样的过程中获得满足感，因为这是一个用生命见证生命成长的过程。

当我们站在儿童的角度思考课程、设计课程、完成课程时，一切似乎都慢了下来，但孩子们有了更多自由思考、自由表达的机会。他们尝试着寻找自己的节奏来学习和生活。对儿童来说，这种顺应了自己节奏的成长方式才能算得上真正的成长！

流动的思想，喜悦的生活

2012 年 11 月 2 日

如果时间、身体等条件允许，每月的全园会都由我来主持召开。昨天的全园大会是对 10 月份的工作进行总结，对 11 月份的工作进行展望。我讲的大会主题是：流动的思想，喜悦的生活。

10 月份，幼儿园的工作非常顺畅，各项工作有条不紊地展开，秩序与创新、责任与挑战帮助每个人都收获了很多。

幼儿园的工作是一项每天都要和不同人（孩子、家长、同事、领导）打交道的工作。在很多人看来，这是一件极不好做的工作。但在我看来，这为和每个人面对面地交流提供了机会。因为，人类的交流通常是思想的碰撞，但思想并不停留在纸上，直接的交流才能让我们真切地感知到每个人思想的热度与深度，思想也由此实现成长与传播，让我们变得更加丰富。

真实的生活才能让人恢复思想的本来状态，但真实的生活在今天变得越来越不容易。真实的生活应该是喜悦的，遵从自己的内心。这和快乐生活很不相同，快乐取决于外在的东西，一旦那个令你快乐的情景或事物消失了，你的快乐也就会随之消失；而喜悦不同，它是由内而外的绽放，是从内心深处油然而生的。一旦你拥有了它，外界就很难夺走它。只有喜悦的生活才能让思想积极地流动起来，形成文化。

会上，我对员工们提出了如下建议：

- 利用交互空间多进行个性化的表达与交流，让每个人的思想彰显出自己的力量
- 每天利用中午的休息时间，一起练习"八段锦"和"易筋经"，先尝试感受来自身体内部和谐的喜悦
- 二楼阳光房的书架变成教师们分享自己藏书的地方，力求阅读共享，让思想通过阅读得以完善
- 学习用欣赏的眼光观察孩子，耐心地倾听他们鲜活的生命、思想流动的声音，意识到这既是我们的幸运更是我们的责任

11月，我们的工作目标很明确：让每个人在思想的流动中学会喜悦地生活，一起创造属于我们自己的精神价值与生活方式。希望在这里，一切文化都将沉淀为人格。

知易行难

2012 年 11 月 13 日

上月末，本学期面向家长的半日开放活动顺利完成。在这次的开放活动中，参加的幼儿家长有 175 人次，参与率为入园儿童人数的 92%。可见，家长们一如既往地重视开放日活动。

开放日是一个家庭全面了解孩子在幼儿园生活的窗口。此次开放，我们在如何帮助家长了解幼儿园管理、教育及自己孩子的特质等方面进行了认真思考与准备。我们要求：保教工作，要从班级环境创设中帮助家长了解幼儿园"生活即教育"的理念；教育教学工作，要选择一些最基本的要素与符号展示孩子们的学习生活；后勤与保健工作，要体现出幼儿园在每一个细微之处对孩子们的关爱。对于家长，我们希望通过问卷的形式，引导他们对幼儿园教育与孩子的表现进行细致入微的观察与了解。

在活动过程中，教师们发挥各自优势，运用智慧设计各项活动，很好地完成了既定目标。但在之后的总结中，由家长问卷反映出的问题带给了我们一些新的思考。

幼儿园教育对孩子成长的影响无所不能吗

在一些家长的问卷中，他们一方面表达了对幼儿园的赞赏，另一方面对幼儿园的工作提出了新的希望：建议多带孩子参与各类社会实践活动，加强对孩子特长的挖掘与培养，加强规则意识的培养，激发孩子更浓厚的阅读兴趣，培养儿童运用纯正英语口语的能力等。

我们知道，在儿童成长中，家庭与幼儿园分别扮演着不同的角色。幼儿园作为集体教育环境，能做的其实是很有限的。把握儿童成长的正确方向、指导家庭学会科学育儿、帮助儿童将零散的经验结构化、创造社会化的机会与条件，仅此而已。而儿童性格的形成、自信心的强弱、学习兴趣的广泛与否、眼界是否开阔等个性品质和其他学习能力，则更多地依赖于孩子在和父母相处的过程中，不断地通过强化、认可、模仿等方式形成。

所以，如果父母希望孩子成为你所希望的人，那么实现这个目标的最佳环境无疑是家庭，而最好的老师一定是家长自己。开放日，是帮助家长了解孩子的个性特征，并从幼儿园教育中学习到一些有益经验与做法的一种途径。

父母更容易接纳自己的孩子吗

这是一个有趣的现象，一般人都认为，父母更爱自己的孩子，因此更容易接纳孩子的个性。但在问卷中，我们发现，一部分家长对孩子有着很高的甚至是不切实际的期待。当父母发现自己的孩子在群体中不是最优秀的，或表现不符合自己的预期与心愿时，他们的焦灼与不安就通过各种方式表现出来了。在问卷中，使用负面词汇（如，不专心、行动拖沓、不爱举手、没朝气、坐不直、脆弱、不会游戏、令人失望等）评价孩子当天表现的大都是这些家长。

悦纳儿童的学习方式与个性，一直是我们对家长提出的希望，但这不是一句空话。当面对儿童的各种表现时，还能做到接纳与尊重，好像并不那么容易。问卷中，也有一些家长通过观察发现了孩子的一些特点，并表达了自己的一些感受。一位妈妈的留言给我们留下了深刻的印象："通过半日开放活动，我最大的感受是，自己的孩子不是最棒的，我能看到她与其他小朋友的不同，但我会不断调整自己对孩子的预期！"

知易行难！帮助家长更清楚地认识自己和孩子，放弃那些不安与焦灼，是这周的家长学校中我们和家长面对面时要解决的问题。

节日中的"文化"味道

2012 年 12 月 22 日

12 月，我们迎来了 2012 年的最后一个月。呵呵，地球仍在转动，世界也未毁灭[①]。很快，辞旧迎新的元旦将至，在它之前，圣诞节、冬至这两个风

---

① 当时，社会上盛传玛雅人的预言，即 2012 年 12 月 21 日是"世界末日"。

格迥异的节日也将出现在我们的生活中。

中国文化和西方文化差异很大，中国文化含蓄、内敛，同时讲究静中有动、动中有静。同样在 12 月，西方人的圣诞节是个欢快的节日，团聚、喜庆、祝福是这个节日的关键词；冬至则体现出中国农耕社会的烙印。在中国人看来，这是一年中由阴转阳的开始。冬至虽是阳气生发的开端，但却是以寒冷为标志的。中国文化蕴含的承转、淡定、含蓄都在这个节日中得以体现。

追溯节日产生的历史，我们会发现，节日是来自不同民族、不同文化的人们为了适应生产和生活需要而创造出的一种生活形态。人类祖先在早期生活中，为了丰富生活内容，利用环境、自然、习俗等创立了一些带有很强仪式感的活动方式，这些活动方式渐渐固化为每个民族的节日。千百年来，人们正是通过对精神与生活方式的探寻，逐步形成了属于自己民族的、独特的文化生态共同体。同时，这些东西也将随着积累，逐步形成民族文化的灵魂。

这个月，我们该怎样为孩子们设计节日活动，帮助他们从中体会不同文化的内涵呢？我们需要认真地考虑！

2013 年　在这里，幸福比其他事情更重要

很多人好奇，我们的课程是如何被创造出来的？我们为什么要把课程回归到儿童的本真生活里？要了解这两个问题，就必须回到 2013 年。对我们来说，这是非常重要的一年。生活化课程真正形成体系就是从这一年开始的。当时，我们称其为"新课程"，以区别于过去的课程模式。

开学之初，我写了一篇文章，即《新学期，一起成为内心"自由"的人》。从这之后，我们有了"开学第一课"的传统，主要是讲讲大家在新学期的努力方向。在《妨碍我们拥有真正自由的是大脑》这篇文章中，我说："不要过分相信我们的大脑！童年时，它被成人或自己用各种方式放入了很多东西（如信念、观点、认识、看法等），恰恰是这些东西妨碍了我们看到自己的内心。实际上，我们必须经历脆弱才能看见与接近真我，拥有真性情与真能量！"我渴望教师们打开心灵。因为，新课程不是一个仅仅依靠头脑来完成的课程，它需要心灵的力量。

我一直有这样的感觉，即工作其实是个人人格外化的一种表现方式。那段时间，我们聘请了一家专业机构对教师进行心理培训，希望教师们逐步了解自己、接纳自己，并尝试超越自己，完成人格的成长。在《第三种态度》一文里，我提出了自己的观点：面对困境的时候不是只有"打"或"逃"两种模式，还存在着第三种态度——自我超越。心理培训就是帮助教师们找到一条自我超越之路。打开心门的过程是异常艰难的，但一段时间后，教师们已经能明显地感受到自己的变化。在学期末的教师总结会上，几乎每个人都谈到了心灵成长，他们"感受内心、表达自我、回忆喜悦、分享成长"。

在《孩子们的新学期》一文里，已经有了今天生活化课程的主题线索，

本章手绘插图作者：卢灏尹，4.5 岁。

这是我和老师们讨论了很久才确定下来的。当时确定的是：3月是"亲子阅读月"，4月是"健康成长月"，5月是"家长活动月"，6月是"儿童活动月"，7月是"毕业的日子"。那时候，我觉得幼儿园真的是"平"的，人与人之间的心理距离很近。因为每个帖子发出后，后面都有大量的家长留言、讨论，令人鼓舞。

《在这里，幸福比其他事情更重要》是我个人非常喜欢的一篇文章。当时，有个杂志社约稿，我就认真地将我们当时认为比较成熟的一些思考与实践进行了梳理。我认为，快乐与幸福一定有着本质的不同。当我们的物质需要得到满足后，通常能够产生快乐。外界那个令人快乐的情景或事物一旦消失了，快乐似乎就会随之消失。"幸福则不同，它更像一种从内心深处油然而生的绽放，持续而长久。幸福的感觉一旦产生，就很难再被夺走……"如何帮助孩子们拥有幸福感是这篇文章要表达的另一个观点——"在我们幼儿园，对孩子们来说，拥有幸福感比其他事情更重要"。我具体地阐述了"三个联结"的内涵及其与获得幸福感之间的关系。这些思考依然来自实践，因为里面的每一句话都有真实的教育事件，与孩子们生活的场景遥相呼应。

2013年，我们"静悄悄的探索"逐渐引起了媒体与相关部门领导的关注。5月，我们受教育部与联合国儿童基金会委托，开始着手为家长们编写一本具有较强操作性的《〈3—6岁儿童学习与发展指南〉家长手册》。在这本手册中，我们从四个方面重新梳理、描述了《3—6岁儿童学习与发展指南》（以下简称《指南》）中的一些重要观点。这本汇集了我们前些年实践经验的手册，赢得了专家与社会的广泛赞誉。

上半年，是心潮澎湃的半年，也是探索突破的半年。7月，正值暑假，我和教师们去了北京怀柔区的大山深处，商议、计划全面推行新课程。在两天的会议里，我们确定了课程的结构和实施方式，也明确了课程探索的方向与目标。

上半年的积累经过一个假期的发酵，开始沉淀下来。在《幼儿园的新课程——回归与还原儿童本真的生活》这篇文章里，我描绘着有关儿童的学习、幼儿园的环境和我们新课程的蓝图，渴望新课程以儿童发展为核心，回归与还原儿童本真的生活，引导儿童按照自己的节奏呼吸与思考。

对新课程的体认里一直有我自己的生命体验。当第一次抑郁康复，我终于可以回幼儿园上班的时候，4 岁的美滋小朋友远远地跑了过来，拥抱着我，一遍一遍地摸着我的脸，问我："园长妈妈，你去哪里了？我已经有好几年没见你了！"当时，我泪流满面……对我来说，抑郁的意义在于，生命被迫打开，一束光照了进来。当精神匍匐在大地上，我们才能真正地看到儿童。儿童的生活原本就是美好的，也许我们能够做的就是回归与还原。我又想起了 2003 年读过的刘晓东老师的《儿童精神哲学》一书，今天我们要做的就是让儿童的精神之光在真实的生活中展现出来。

新课程实施了一段时间后，引起了家长们的热议，他们感觉新课程太有魅力了，温暖、质朴，随着孩子生命的点亮，他们的心灵也跃动起来。11 月，我们召开了一次园内的课程讨论会，家长可以自愿参加。很多家长都积极报名，以至于二楼的阳光房里坐满了人。会议结束后，大家都不愿离去，景瑞妈妈说："这个课程让孩子更像孩子，让爸爸更像爸爸，让妈妈更像妈妈。"

当心灵打开的时候，实践也有了方向。"一个人一旦进入了'心灵美境'，就不再是'心随境转'，而是能够更加从容自如地体验到'境随心转'的美好境界。也因为这个高远宽广境界的存在，我们中的一些人能够将生命推到一个丰富的层面。"

那时候，我每天都会追看教师们记录课程的帖子。借由新课程，教师们的教育智慧也开始显现。追寻美好原是每个人生命中最本真的原动力，他们每天都在创造，教育智慧也处于一种自觉和自发显现的积极状态。我把理性思考的架子搭到哪里，他们就会攀登到哪里。他们把探索的触角伸到哪里，我的思考也随机到达哪里。那种美好的状态至今都令人难忘。因此，我写下了这样一句话——"我们要和孩子们一起，慢慢成为具有终极价值追求的人"。

2013 年，因为新课程，很多教师的心安定了下来。现在，我们幼儿园的很多"老"教师都是从新课程的探索中成长起来的。

第三种态度

2013 年 1 月 16 日

期末将至,我和老师们一起交流工作感受。这几年,我一直有这样一种感觉,即工作其实是个人人格的另一种外化表现方式。这个学期,我们聘请了一家专业机构对教师进行心理培训,希望教师们逐步了解自己、接纳自己,并尝试超越自己,完成人格成长。明天是这次培训在本学期的最后一次课程。

对年轻的教师来说,人格成长中的一部分阻滞是通过工作反映出来的。然而,工作中那些由他人带给自己的苦恼与烦闷,其实大部分是由自己的问题所致。人总是容易受制于自己。作为教师,能够深入地体察自己并了解自己,同时在很多时候都有办法面对与处理自己和他人的问题,才是最重要的本领。这也是我致力追求的自我成长方向。

这种本领看似和工作不相关,但对工作的影响是极大的。一个始终能够和自己和平相处,没有过多焦灼与愤怒,也没有过多担忧与挣扎,心态平和,试着观察事物本质的人,在对待挫折与困难时就能做到安然处之,不急着分析事情带给自己的影响,只做好自己该做的事情,不对抗也不躲闪。

生活中,每个人遇到挫折和困难时,反应都不尽相同。有的人喜欢直面,如同"真的勇士";有的人喜欢回避,任由问题牵着自己走或绕开行走。第三种态度则是做好本分,积攒内心的力量,犹如武林高手一般,运用一身轻功轻松地翻墙而过,超越自己及事情本身!

新学期,一起成为内心"自由"的人

2013 年 2 月 26 日

上周四,幼儿园全体员工上班,开始了新学期的准备工作。

古希腊哲学家赫拉克利特曾说过:"人不能两次踏入同一条河流。"同样的事情在我们生命长河的每个瞬间,带给我们的感受都不尽相同。对我而言,随时倾听内心的声音，把握周围世界的变化，做出必要的判断是一件很重要的事情。

新学期，幼儿园一定会发生很多变化。现代社会，这些变化除了大自然带给我们的之外，其他要靠人来实现。但是，这些变化通常会通过什么方式、朝着什么目标、花费多少时间来实现，是作为管理者的我经常思考的问题。

我通常更关注员工的思想而非行为，因为只有思想清澈才能使自身产生成长的动力与追求，在工作中做到努力与自律。不过，思想的管理是非常困难的，因为思想常常是我们内心的真实写照。大多数人并不了解自己的内心，我们的行为通常被意识左右，而不是内心。古人推崇的"明心见性"，实在是一件需要花费很多努力才能实现的事情。

判断一个人内心思想的一个比较简单的方式是：当你与外在的人或事物互动时产生了负面的感受与情绪，这时你会认为，是那个人、那件事引发了你的愤怒与不安，还是能够意识到，生活中这些负面情绪的产生是一个可以帮助你挖掘内心、观照自己、改正问题的机会？我们会注意到，一个思想积极与内心通透的人，身上总是散发着正能量；而那些总是将问题归因于他人的人，身上则散发着持续不断的负能量。能量场的差异往往导致不同的工作方向与水平，负能量十足的人不仅自己经常做无谓的消耗，还会将负能量投射给他人。

在幼儿教育工作中，我发现：幼儿教师内心越澄澈、清朗，就越能倾听儿童的想法，越能与儿童的精神世界高度契合，同时将自己的正能量传递给孩子。内心缠绕、纠结，总是放大自己的声音的教师，则无法给予儿童真正的爱与关怀。

是什么阻碍我们成为内心自由、正能量满满的人？一定是那些我们无法摆脱的内心缠绕。我们往往很难消除附着在自己身上的那些期待、坚持、挣扎与恐惧，而拥有"正见"。

新学期，让我们共同努力，一起慢慢成为内心"自由"的人！

妨碍我们拥有真正自由的是大脑

2013 年 2 月 27 日

写完上一篇文章后,我的内心似乎并未完全轻松下来,总感觉有些语塞,手中的笔似乎也有些难以达意,今天只好再写一篇作为补充。

回忆起自己这些年的成长,有几件事情特别触动我。

女儿小时候,亲戚送给她一件小毛衣,毛茸茸的,特别好看。可是,她穿上后发现特别扎,就不愿意再穿了。一次出门的时候,我让女儿穿上这件小毛衣,还给她讲道理:"穿上漂亮的衣服多可爱啊!"女儿歪着头看着我说:"妈妈,你是只有我漂亮、可爱的时候才爱我吗?"我顿时汗颜。原来,我在乎的还是自己的感受。女儿在成长的过程中一直从我的身上寻找一个"答案":"如果没有这么多的外在条件,比如,学习好、懂事、漂亮,妈妈还会爱我吗?"青春期,当女儿出现的一些行为让我实在难以接受,但我又觉得她的生命终究是她自己的时候,我有时会选择妥协或沉默。不过,当我心平气和地试着用心接纳她的表现时,我发现,女儿的内心世界与行为表现都会有很大的调整,越来越趋向于我内心的希望。

刚刚工作的时候,我意气风发,表现出众。我的思维与口才让大家非常欣赏。一天,学校要迎接上级主管部门的专家听一位老教师的语文课。老教师上课的内容是评析鲁迅的《拿来主义》一文,学校安排我发言。老教师的课上得很精彩,但怎样才能显出我的与众不同呢?于是,我提出了几个尖锐的意见。虽说大家当时都很赞赏我,但之后,我在这个单位感到了一种孤独。当时,"我很棒"的执念如此强烈,以至于我无法准确地读出当时空气中的那种"不认同",更不能很好地听到他人的声音。现在的我已经了解,做任何事情都要心平气和,不要有太多的杂念。同时,做完事情之后就应该放下,让结果自然发生;执念于自己应该得到什么,反而会产生负面情绪。

怎样才能了解自己内心真实的感受?不靠大脑思考,也不靠大脑推理,更不要靠大脑臆想,而是在那些触动自己的事情发生时,全然地用心倾听与接纳当时的感觉。这是一条自己更加了解自己的必经之路。

不要过分相信我们的大脑！童年时，它被成人或自己用各种方式放入了很多东西（如信念、观点、认识、看法等），恰恰是这些东西妨碍了我们看到自己的内心。实际上，我们必须经历脆弱才能看见与接近真我，拥有真性情与真能量！

孩子们的新学期

2013 年 2 月 28 日

明天就开始新的学期了。今天中午，我们召开了全体员工大会，一起分享了新学期的工作思路与目标。这个学期，我们会给孩子们什么样的生活呢？

到今年为止，幼儿园已经开办九个年头了。这期间，我们进行了无数的探索。但是，直到今年，我才忽然意识到，这些年，我们一直致力于为孩子们做三件重要的事：一是帮助他们的内心与自然联结，让他们学会在自然中学习、思考，同时倾听自然的声音，欣赏与感谢自然给予我们的馈赠；二是不断加强他们与家庭的联结，让他们从家庭中获得价值感与满足感，由此奠定对周围人与事物的积极判断；三是指导他们与自己建立联结，保留童年时与真我联结的真实感受，学会认同自己的身体、外貌、情绪、思想，并产生满足感，建立基本的真我感觉。

我想，这三件事情不仅关系着孩子对未来生活的认识与追求，更决定着他们未来的幸福感。即使未来的一切都在变，但孩子们真我的感觉（就是我们说的那颗心）始终存在。这样，孩子们终将成为勇敢的人！

我想，大家现在能理解我对教师的要求了吧！因为，只有自我联结感特别好的教师，才能实现我们对孩子的培养目标。

这个学期，我们将通过一系列活动帮助孩子们与自我联结，倾听自己的声音，成为"我自己"！

3 月，亲子阅读月，孩子们将与爸爸妈妈一起读书，更重要的是寻找到自己最喜爱的那本书。

4月,健康成长月,孩子们将尝试着从接纳自己的身体开始,在头脑与身体之间打开一条通道,让自己身心健康、快乐、满足地成长,并最终意识到,是自己的独特性让自己获得自信。

5月,家长活动月,我们希望通过有效的学习,指导爸爸妈妈学会倾听孩子的声音,用心陪伴孩子,和孩子共同成长。

6月,儿童活动月,我们一如既往地为孩子们安排了系列活动,让他们用心感受天地之气,给生命一双非凡的翅膀。

7月,毕业的日子,也是告别的日子,我们希望孩子们整理好自己的生活,期待新的开始。

新的学期,一切的一切都将围绕着孩子们展开。这种想象让我对明天开始的新学期充满了期待!

在这里,幸福比其他事情更重要

2013 年 3 月 20 日

开学后,我一直处于忙碌之中,对这学期的整体工作虽有很多想法,但一直未有一个整体的描述。最近,一家杂志社约我写一篇关于儿童幸福感的文章,我刚好借此表达一下本学期自己对儿童发展的一些构想!

我坚定地认为,在我们幼儿园,对孩子们来说,拥有幸福感比其他事情更重要!这是我们经过深思熟虑之后做出的判断,也是幼儿园促进儿童未来发展的方向所在。

古希腊哲学家亚里士多德说过:"幸福是我们一切行为的终极目标,我们之所以做所有其他的事情,最后都是为了得到幸福。"

人们一般认为,幸福是个人的一种内心体验,也是一种持续时间较长的心理状态。生命得到满足,并由此产生了快乐。因此,现实中,很多人将快乐的感受等同于幸福。但很多时候,我们能真切地感受到,快乐与幸福并不是一回事。快乐的产生大都取决于外在的东西,比如,物质满足。物质欲望的满足可以产生快乐,但这种快乐通常很短暂。而且,物质欲望的满足和生命本身需要的满足并不是一件事情。那些超出生命需要的欲望与满足反而有可能是造成痛苦的根源。

幸福则不同，它更像一种从内心深处油然而生的绽放，持续而长久。幸福的感觉一旦产生，就很难再被夺走。那么，如何帮助孩子们拥有幸福感呢？在今天这个物质很容易给人带来快乐的时代，这个问题确实引人思考。

今年开始，我的思路也逐渐清晰，最终意识到我们需要为孩子们做三件非常重要的事情：儿童与自然联结、儿童与家庭联结以及儿童和自己联结。这三件事是决定他们未来幸福感的关键要素。

儿童与自然联结

人是"自然之子"。作为自然的孩子，儿童需要保留那份原有的纯真与美好。大自然作为人类生活的栖息地，给人类提供了无数的美好遐想，而孩子们和自然的互动更是构成了一幅幅美妙的画卷。在幼儿园里，我们一直鼓励老师带孩子们到户外去做任何他们能够做的事情：奔跑、晒太阳、看小鱼游来游去、读书、说悄悄话、捉迷藏，在夏季，甚至可以在户外的大树下进餐。我们发现，在自然中，无须借助任何教育手段，孩子们就能自主学习。一只小小的毛毛虫可以引发孩子们关于"蜕变"的讨论；一场小雨可以激发他们开展有关"好与坏"的辩论大赛；一片落叶可以引发他们对"生命轮回"的思考……老师们需要做的只是倾听、接纳、认同与共同体验。当孩子们用自己的方式与节奏自然地学习时，他们内在的生命是绽放与自由的，这无疑是一个人获得幸福感的重要条件。这学期，儿童的户外活动还会增加，和自然的联结将更加紧密。

儿童与家庭联结

"家"对孩子们来说是最安心、最温暖的地方，但这份安心与温暖并不来自父母为他们购买了多少玩具、报了多少学习班，这些外在的东西也许只是父母为了满足自己的需要而做出的选择，因此很难触动孩子们的心灵。我们认为，孩子对家庭幸福的感受比成人更敏感、更渴望，但只有心与心的联结与交流才能让孩子产生幸福感。为此，我们鼓励妈妈回到厨房，为孩子烹制食物，尝试用最简单的方式表达爱；鼓励家长们和孩子一起读书，用心交流彼此的感受。我们希望父母在孩子成长的过程中，耐心倾听、用心陪伴，用生命完成对另一个生命的陪伴过程。而这种用心陪伴的过程，既奠定了儿童对周围人与事物判断的依据，也是儿童获得幸福感的力量与源泉所在。这学期，我们将设计更多的活动，帮助儿童与家庭实现联结。

儿童与自己联结

世界上从没有两片相同的叶子，每个孩子都是独特的生命个体。儿童能够完全接纳自己，才是获得幸福感的核心。我们鼓励孩子用做记录、写日记的方式，表达自己的心情、发现与愿望；在愿意分享的时候分享，在不愿意分享时也可以按照自己的意愿选择珍藏；在活动中大胆释放自己的感受。我们允许他们哭、大笑、大叫，也接纳他们愤怒的感觉。因为，儿童只有真正学会认同自己、接纳自己并从中产生满足感，才能建立积极的真我感觉，听到自己内心的声音。

哲学家认为，人与动物不同，是有思想、有灵魂的精神性的存在。而人的精神属性才是人感到幸福的源泉所在。作为人类的我们，不仅在这个世界上生存，还带着心灵与情感在这个世界上生活。当孩子们的心灵通过我们的努力变得越来越丰富时，世界的精彩就会对他们呈现出来，让他们最终拥有幸福感。当然，实现这个目标需要很多人的共同努力！

对儿童的几个看法

2013 年 3 月 21 日

昨天是春分，春分不仅意味着上半年的昼夜平分，还预示着春暖花开景象的到来。我们很快就能看到杨柳青青、百花盛开的自然美景了。

在中国人的心里，春天是个生发的季节，万物复苏且生长迅速，孩子们也将迎来一年中生长最快的一个时期。春天的到来，似乎也将教师们的教育智慧激发了出来。最近，我在网上浏览他们的帖子，不仅能够明显地感觉到他们的进步与成长，还促使我对儿童教育的一些基本问题重新思考、梳理。

在专业工作者看来，对儿童的认识与看法是教育的基本出发点，因为观念决定行为，行为影响水平。我们该怎样看待儿童？这段时间，伴随着对《指南》的学习，我一直在思考几个问题，很想和大家一起讨论。

- 儿童是弱小的还是强大的？
- 儿童能够自己完成学习，还是一定要靠成人教授？
- 儿童渴望成为"自己"还是成为成人眼中的"我"？
- 成人能够从儿童身上学到什么？

希望这几个问题不仅能够引发讨论，更能引起大家的深度思考，为下个月的儿童健康成长月做准备。

儿童——成人的老师

2013 年 3 月 26 日

上个星期，我和家长们一起讨论了有关儿童的几个问题。对这几个问题的认识在专业领域被称为"儿童观"。随着时间的推移，我的儿童观一直发展变化着。我很想将自己这几年对儿童的看法、态度与大家一起分享。

儿童是弱小的还是强大的

在我看来，儿童的身躯虽弱小，但内心的承载力很强大。他们强大的内心通常会通过精神世界来展示，游戏、梦想都是他们展示的重要方式。我们发现，儿童展示出来的内心世界往往比成人更为宽广、宏大，这种展示并非是有意识的，而是写在每个生命的密码中，是历代祖先世界无意识的叠加。所以，儿童的精神世界会因为无意识而显得更为天然、纯真，我们称之为"天真无邪"，而这股无邪的力量只能让成人望洋兴叹。

儿童能够自己完成学习吗

在教育实践中，我们发现，儿童对待直觉体验式的经验类学习比成人更有激情，思路也更宽广、敏锐。很多时候，儿童的学习无须成人教授，他们只需要主宰这个世界的成人给他们恰当的机会，一切的精彩就会呈现。儿童天生就具有吸收文化的能力，他们体内的"内在教师"（蒙台梭利语）引导着他们积极主动地生活着。因此，儿童的教育并非教师教的过程，而是人的本能发展的自然过程。儿童长大后，当面对成人世界的符号系统时，他们才有可能需要成人的指导与帮助来进行学习（教授只是其中的一种形式）。

儿童渴望成为"自己"还是成为别人眼中的"我"

儿童的精神世界如此强大，他们怎么肯成为别人眼中的"我"呢？不过，这其中有一个问题，即儿童终究要在世俗的社会中生存，而这个世界是由成人掌握的，标准与判断都靠成人制定和决策。就父母而言，他们也许并不排斥让儿童在精神上成为自己，但现实生活中的社会化也是很有必要的。但是，要得到这种期待的行为不能靠训练，更不能把自己的秩序强加到孩子头上，而是要帮助孩子形成自己的心理秩序。真正促使孩子行为改变的不是父母的说教与评判，而是父母与孩子的情感关系。父母和孩子之间若有充足的爱和情感流动，孩子的好习惯就会自然习得与呈现，无须那么多的训练。同时，对父母来说，接受生命中的不完美或者有能力去转化它，才更有意义。

成人能够从儿童身上学到什么

意大利著名的幼儿教育家蒙台梭利在其著作中写道："儿童不是一个事事依赖我们的呆滞的生命，好像他是一个需要我们去填充的空容器。不是的，是儿童创造了成人；不经历童年，不经过儿童的创造，就不存在成人。"

最后，我想说，能和儿童一同生活、思考是一件多么幸运的事！

"好家长",坏结果

2013 年 4 月 25 日

这个月已接近尾声。

通过 4 月的一系列活动,我们想帮助孩子在父母的注视中认识自己、接纳自己、欣赏自己、调整自己,最终成为健康的自己。

这个月,每天的活动都精彩纷呈,让人难忘。我流连在论坛里,欣赏着孩子们充满哲学意味的各种思考、教师们充满智慧的各种设计、家长们充满真情的各种反馈。这种思想的流动滋养着我们每一个人。

同时,一有时间,我就和在大学读书的女儿一起讨论我在这些活动中的感受。今天上午,女儿给我发来了一封邮件,内容如下。

妈妈:

今天,我在复习这学期的"家庭与婚姻"这门课时,看到了其中一篇文章,发给你看看。

《好家长,坏结果》这篇文章讲了有些家长的行为看起来是正确的、好的,但实际上给儿童造成了消极的影响,更是给他们的童年带来了不良的结果。

其中,以下几点是"好家长"的特征。

1. 不擅于设置限制

有些家长不愿意给孩子设置限制,这反而会让孩子产生不安全感,造成孩子想跟家长相处更长的时间,进而直接导致家长认为孩子不听话、不懂事,产生愤怒情绪。大部分家长认为,是孩子的某些行为惹恼了自己,但实际上是由他们自己的不当行为所致。

2. 过度保护

家长的过度保护导致孩子不敢尝试、变得胆小。孩子也会害怕因为自己的失败而导致家长失望或者愤怒,这个后果让幼小的他们难以承受。

3. 念叨、说教、重复以及大喊大叫

他们念叨、说教、重复,然后暴怒大喊。家长的这种教育模式会传给孩子,并变成一个代代相传的恶性循环。

4. 过度表扬

有些表扬来自家长自我的潜意识,他们将孩子的好行为归因于自己的"基因"。例如,"你真聪明!这才是我的儿子!"这是家长给孩子的暗示,也是家长的自我满足。

5. 惩罚过分严厉

家长惩罚的过分严厉,导致孩子叛逆,想要逃离家庭的桎梏。

6. 教孩子如何感受世界

家长连"如何感受这个世界"都要教给孩子,渐渐地,孩子的独立人格就被家长侵蚀了。例如,孩子遇挫时,家长跟他说:"你不应该难过!""你别哭!"这剥夺了孩子作为一个人感受这个世界的权利。

7. 认为成绩比创造力更重要

家长把成绩看得比创造力还要重要,这个就不用解释了。

8. 忘记寻找快乐

家人忘记了一起寻找快乐这件事,文章中写道:"全家人一起大笑、全家人一起在车里唱歌。这是爱与联结的信号,也是健康的家庭关系的信号"。

我觉得,这篇文章提出的几个问题恰恰也是现阶段中国家长教育孩子存在的一些重大问题,所以特意从书里摘出来与大家分享。

"春游"后记

2013 年 5 月 2 日

今年的春游和往年的春游不同,是我们为孩子们在 4 月健康活动月策划的最后一个大型活动。这次春游给我的感受特别强烈,让我很想在几天后用笔记录下自己的一些思考与发现。

春游前,我们明确了两件事情。

去哪里

京西香山脚下有两个植物园：一个是为游人赏花准备的北京植物园，另一个则是中国科学院植物研究所于1955年为科学研究而创建的植物园。20多年前，我的学习植物学的老同学来北京开会，邀请我去中国科学研究院植物研究所建的植物园玩。那里的独特一下子吸引了我。之后，这个植物园一年四季的风光，我都欣赏过。这个植物园和北京植物园有很大的不同，它不是为游人兴建的，而是为植物修建的，每一处地方都有树木本来的样子。加之，这里的游人不多，所以始终流淌着自然的味道，树木茂盛、福泽深厚，适合孩子们采纳天地之精气。

怎么玩

如果春游仅仅是赏花赏草、吃饭、走路，那么我们实在不值得去这么远的地方。真实的大自然不仅可以为我们提供丰富的生活内容，还是一个最有包容力的地方。为此，春游前，我们开会为孩子们设计了几个重要的活动。

在自然中撒欢

在那里，孩子们不仅可以大喊、打滚、捉迷藏，还可以说平时不能说、不想说、不愿说的话和做平时不能做的事情。我们想为孩子们建立一个和自然联结的本能通道，为他们未来的健康成长寻找到一分力量和方式。

在自然中野餐

野餐是人们在大自然里最喜欢做的事情。我们除了安排食堂为孩子们准备野餐的食物外，还动员父母制作一些食物。当孩子们吃着家人为他们精心准备的食物时，那份归属感、幸福感便会油然而生。

在自然中诉说自己的秘密

对孩子来说，拥有秘密意味着人格的独立。当他们意识到在自己的精神世界里可以拥有自己的空间，不被大人占领和侵蚀时，他们就能够意识到真我的存在。现实生活中，很多家庭要么不接纳孩子拥有秘密，要么没有时间倾听孩子的秘密。而这次春游，我们想给孩子们一个拥有秘密、享受秘密、释放压力的机会。

春游中，我们看到什么

孩子们的恣意与畅快

1. 孩子们在草地上打滚、寻找喜欢的"宝藏"、冥想、大声喊叫。

他们的心灵深处感受与经历着一次次的惊喜、期待、焦虑、不安、紧张、放松、满足、释然……

2. 孩子们终于可以在大自然里说一些平时不能说的话了。他们释放着自己，尖叫，说着各种"粑粑"之类的话，满心欢喜、酣畅淋漓！

3. 回来的路上，孩子们纷纷说："我高兴得心都要爆炸了！""我还想再来抱抱那棵大雪松！""我把秘密收在我的秘密袋里了！"……接收天地之气的孩子们在自然的映衬下散发着动人的光芒。

孩子们的秘密与思考

1. 孩子们的一些秘密是不能告诉爸爸妈妈、老师和小朋友的，那么就在大自然中对着大树、地上的小洞、花、空气、远方、流水悄悄地说出自己的秘密吧，让大自然包容、接纳孩子们的一切。

2. 孩子们知道，当不开心、难过、伤心、没意思、郁闷、无聊、悲伤、生气等负面感受来临时，他们可以走入大自然消解自己的负面情绪；也终于理解了，当人类破坏大自然后，比这更强大的负面感受将再次袭上每个人的心头。

这段时间，我总爱对别人说："我似乎总是能够听到孩子们内心的声音，这是老天给我的天赋，我不想浪费它！"顺便说一下，每次幼儿园组织孩子外出活动时，我的心都是悬着的。但唯有这次，我的心很踏实，在大自然芳香气氛的氤氲中，我看到了一个个内心生出力量想主宰自己的"精灵们"！

妈妈——温暖而柔软地触及孩子灵魂的力量

2013 年 5 月 10 日

这个周末就是母亲节了。

这几天，幼儿园的孩子们一直在用各种方式表达着对母亲的感谢。作为母亲，要能读出孩子们内心深处的一些期望与纠结，努力完成自我觉察、自我接纳、自我调整，实现自我成长，成为孩子安全感与归属感的重要来源。

五月刊的《美好妈咪》杂志采访了四位从商学院走出来的成功女性及她们的育儿故事，之后希望我对成功女性的育儿提出一些有益的建议。以下内容摘自采访记录。

关于效仿

孩子就像个黑匣子，还真不一定放进去什么就一定能投射出什么来。有时，孩子会把大人投放进去的东西相反地反射出来，有时又会拐几道弯地折射出你意想不到的东西。教育中最难的是去掉"我执"，在和孩子交流时要忘掉一切，完全用心灵沟通。有的妈妈总是忘不了自己的责任、目的，总想有意地给孩子灌输点什么，结果孩子因为担心达不到妈妈的期望，常常处于焦灼状态。

至于孩子是否会效仿母亲这个问题，其实婴儿阶段，孩子不会特别在意母亲的社会形象，妈妈就顺其自然地当妈妈好了，不要老想着应该怎样……当然也不是信马由缰地来。比起教育，我更喜欢用"滋养"一词形容妈妈的付出，滋养对孩子能产生神奇的力量。

关于角色

世界在变，人心在变，不过妈妈这个角色千古不变，妈妈最重要的力量来自她们的感性。传统家庭中，父亲和母亲各司其职，父亲是理性的、有力量的，他们是家庭规则的制定者；母亲则是感性的、包容的，忍耐、接纳是她们的美德。如果两者角色互换，妈妈在家里变成了女强人，那么这样的家庭就可能出问题。我发现，从这样的家庭里出来的男孩，成年后往往会找一个和妈妈一样强势的妻子，或找一个特别柔弱的女性。所以，妈妈温柔，爸爸阳光，这样的家庭哺育出的孩子其人格最饱满！

关于理性

其实做妈妈很不容易，需要经常用理性的眼光审视自己，再寻找最感性的表达方式和孩子相处。"女强人"妈妈回到家的时候，最好把自己在外面的事全忘了，告诉自己："我只是一个母亲、妻子。"我女儿就曾开玩笑地说过，最喜欢看着我穿着松松垮垮的睡衣躺在床上的样子。孩子不需要一个光辉灿烂、完美无瑕的母亲，他们更喜欢像大地一样柔软、温存的妈妈。

关于潜意识

首先，这些妈妈们回到家后要用最快的速度卸下"武装"，换掉职业装，收起电话，最好把自己也收起来！孩子们对大人的潜意识异常敏感，特别善于洞察父母潜意识里的一切，并且在父母毫无察觉的情况下把父母的潜意识变成自己的。有一对夫妻总是在外人面前表露出对孩子高智商的得意，话里话外都在表达"我的孩子不同凡人"，结果这个孩子就总是莫名其妙地流鼻血，实际上这是他内心紧张、焦虑的反映。无时无刻不成为父母的骄傲，对孩子来说是多大的压力啊！

关于陪伴

我经常和我们幼儿园的家长说，不会做饭的妈妈不是好妈妈。妈妈做的饭能触及孩子的灵魂，妈妈的陪伴能给孩子安全感和归属感。我也想让我们幼儿园的老师尽量延长产假，因为生命需要陪伴，而工作是什么时候都来得及做的。我建议，妈妈们尽量在孩子2岁前用大量的时间陪伴孩子，因为孩子的归属感更多地来自母亲，别人代替不了。我发现，我们幼儿园里每次有家长活动，妈妈没来的孩子都显得特别失望。

当然，最糟糕的还不是没时间陪孩子，更糟的是心的疏离。现代人原本就开始有些关系疏离，如果母子之间也变得疏离起来，这将是现代文明最大的悲剧。

关于成长

我认同的成长不是外在层面的各种上升，如学历、职位、地位等，真正的成长是心灵的成长。如果说幸福感是我们追求的终极目标，那么幸福感并不来自大脑，而是源自内心的安宁、平静，来自被父母认同、接纳，来自自我的接纳。父母不接纳且自我不接纳的孩子，可能终生都处于追逐的状态。女性的认同感也来自自我的认同、他人的认同，以及婚姻的认同。所以，请妈妈们在忙着自我成长的同时，停下脚步，思考一下什么是真正的幸福，是不是自己成功且孩子也必须成功才是幸福？我女儿小的时候就很认真地对我说过，她很想要一个看电梯的妈妈。

关于父亲

没有爸爸陪伴成长的孩子其内心可能会很羞怯。父亲代表着限制、约束,也是力量的源泉,父亲的力量不可或缺。

家庭中的"黄金时间"

2013 年 5 月 20 日

这周开始,我们将和家长一起通过开放日了解孩子们在幼儿园的生活与表现。

有这样几个问题值得开放日上的父母们关注:孩子是用什么样的方式进行学习的?孩子的学习有什么地方值得大人关注与欣赏?什么样的家庭关系有利于孩子健康成长?作为影响孩子的重要他人,父母是否有能力提升自己的教育能力?

这周也是《指南》宣传月的开始。2012 年 10 月,教育部和联合国儿童基金会历时 6 年,汇集众多专家完成的《指南》正式颁布。《指南》将家庭和幼儿园对儿童的影响提到了同等重要的位置上。为帮助广大家长了解《指南》的内涵,3 月和 4 月,我们受教育部与联合国儿童基金会委托编制了《指南》的家长宣传手册。这周,手册已印刷完毕,很快将发至家长手中。

对孩子们来说,教育不仅是停留在父母观念上的东西。无论家长对教育子女的认识如何,我们都希望家长每天都能陪伴孩子,和他们有高质量的、有联结感的互动,这个时间可被称为"黄金时间"(quality time)。

家庭中的"黄金时间"可以从孩子回家后的问话开始。

- "今天,你过得怎么样啊?"这个问题不仅表达了父母对孩子的关切,而且强调了孩子对自我感受的关注,有助于他们形成自己的价值观、"成为自己"。

- "今天,你有什么收获吗?"父母可以借助这个问题和孩子讨论他们在学习和情感上的发展,帮助他们有意识地澄清经验,寻找积极的感受,增强自信心,获得满足感,寻找到"自己的节奏"。

- "你有什么是需要爸爸妈妈做的吗?"这句话不仅表达了父母对孩子的关心与爱,还体现了父母在孩子成长过程中需要承担的责任,让孩子安心、满足,体验和父母"在一起"的感觉。

蒙台梭利说:"成人为了变得伟大,就必须谦逊,必须向儿童学习。"我们期待从儿童身上学到更多的东西,和他们一起共同成长!

我们在一起——"六一"儿童节

2013 年 5 月 29 日

这个周六是儿童节。每年的"六一"儿童节,我们都想给孩子们不一样的惊喜,今年也不例外。

在我们幼儿园,我们和孩子们像一家人一样生活,已经长大的我们总是回忆起童年时那个每年令人难忘的节日……因此,今年活动的主题是:"我们在一起"。我们想让这里所有人都跟随着"童年"的脚步,重新珍藏一份"我们在一起"的美好记忆。

大班的"难忘的一夜"

在静谧的夜晚,和同伴、老师一起住在幼儿园的感觉一定很奇妙吧!我们一起散步、乘凉、数星星、听音乐、聊天……就这样,一起度过毕业前最亲密、最难忘的一夜。

时间:2013 年 5 月 30 日晚

地点:幼儿园

参与者:大班幼儿

"我的节日,我的心愿……"

孩子们的心里总是怀揣着生动而新奇的愿望……当然,"幼儿园总是有办法"倾听到每个人的心愿!"一个心愿就是一粒种子",请爸爸妈妈和孩子们一起实现孩子的节日愿望吧!

时间:2013 年 5 月 31 日 7:20—7:45

地点：幼儿园北侧操场

参与者：全园幼儿

内容：在爸爸妈妈的陪同下，小朋友将自己的心愿贴在心愿墙上，期待着"六一"儿童节当天爸爸妈妈能够陪伴自己实现心愿。

开启"我们在一起"六一欢庆活动暨"儿童月"仪式

庄严的升旗仪式，丰富的"六一"活动，让我们一起带着愉悦的心情和满心的期待，开启"我们在一起"六一欢庆活动暨"儿童月"仪式。

时间：2013年5月31日 8:10—9:00

地点：幼儿园户外操场

内容：六一活动启动仪式

参与者：全园幼儿

我要和老师、小朋友一起观看3D电影——《疯狂原始人》

童年，在节日中和同伴、老师一起观看电影，在黑漆漆的电影院中和好朋友一起叽叽喳喳地说着"悄悄话"，期待着电影的开演。这样的美好，我们将在今年的"六一"儿童节和孩子们一起体验。

时间：2013年5月31日 9:00—11:10

地点：××国际影城

参与者：全园幼儿和老师

"我的节日大餐"——幼儿园里花园自助餐

"野餐"是孩子们推崇的节日活动的首选。不"聚餐"怎么能叫过节呢，尤其是和小朋友、老师们一起在幼儿园野餐。让美妙的感觉来得更猛烈些吧！

时间：2013年5月31日 12:10—13:00

地点：幼儿园户外园林

参与者：全园幼儿与教师

"六一"欢庆演出——"我们的节目最精彩"

美美地睡上一觉，精神百倍地开始"六一"演出，用我们自己的节目和伙伴们一起庆祝节日。值得期待的是，幼儿园会通过××平台为家长们"实况转播"哦，敬请期待！

时间：2013 年 5 月 31 日 15:30—16:30

地点：幼儿园户外园林

内容：全园师生歌舞表演

参与者：全园幼儿与教师

传递快乐——"我想把一天的喜悦传递给亲爱的爸爸妈妈"

孩子们在此刻肯定特别想要和最亲最爱的人分享自己一天的精彩生活和美好回忆，因此，"亲爱的爸爸妈妈，请一起手挽手来幼儿园接我回家吧，我们要永远在一起"！

时间：2013 年 5 月 31 日 17:30—18:00

地点：各班教室

参与者：全园幼儿及家长

内容：请爸爸妈妈一起来幼儿园接孩子回家，一起感受、回忆快乐与幸福。

我们希望，所有人都提前期待，所有人都成为孩子，所有人都穿上最漂亮的衣服，所有人都一起感受、分享孩子们的快乐，所有人都能记住今年的"六一"儿童节！

实现这一切，只是因为"我们在一起"！

开放日的价值取向

2013 年 5 月 30 日

"开放日"是幼儿园的一项常规工作。很多人对"开放日"的理解存在偏差，将开放日变成了一场教师个人的"表演秀"。作为一名专业工作者，我相信，家长对儿童的"看法"更能影响儿童的日常行为。在我看来，在短短的半天开放时间里怎样影响家长，引发他们的思考，触及他们的灵魂，帮助他们完成调整与改变，才是开放日的主要目的。

今年的开放日，我们对价值的思考尤甚：首先，不同年龄阶段的孩子对家庭会有怎样不同的需求；其次，家庭中的哪些观念与认识是对儿童有益的。这两个维度的交叉构成了开放日的活动线索与家长学校的主要内容。

哈佛大学教育改革领导小组负责人托尼·瓦格纳所著的《教育大未来》一书，对未来人才的特质进行了描述。他认为，未来人才需要具备7个关键能力：批判性思考和解决问题的能力，合作与以身作则的能力，灵活性和适应力，主动进取与开创精神，口头表达与沟通能力，评估与分析信息的能力，好奇心与想象力。今年，大班开放日活动的主题是"自主活动中，孩子们综合能力的表现"。我们想告诉家长，我们的孩子大都已具备未来社会需要的能力，千万不要因为一所学校和一位教师的评价就否定了今后自己教育的方向。

儿童的学习究竟是一种什么样的行为？我想，研究者所做的一项实验能够给这个问题一个完美的回答。在印度的贫民区，英国纽卡斯尔大学的一位知名的印度裔教授在墙上挖了一个洞，并朝着墙外放了一台计算机。这里的孩子从来没有接触过计算机和互联网，但教授发现，孩子们不仅很快发现了这个新奇的东西，而且只用了不到一天的时间就从胆怯不敢碰到学会使用计算机。他在很多地方做过这个实验，都得出了相同的结论。由此，我们知道，好奇心和对未来领域的自主探索与相互讨论是孩子们的天性，更是他们学习的真正驱动力。换句话说，如果孩子们有兴趣，学习与教育就会自然发生。因此，今年中班开放日的主题是"展示儿童对未知世界的自主探索"。

对小班儿童来说，从婴儿时期对妈妈的依赖到开始渴望父亲的关注是他们当下内心最强烈的需求。一些研究发现，同样的一句话，爸爸说出来的影响力可能是妈妈的50倍。爸爸对孩子的态度影响着孩子对生命的看法，关系着孩子人格的形成。世界卫生组织也认为，每天和父亲共处两小时以上的孩子其智商、情商都会更高，也更加独立，更懂得和异性交往。因此，今年小班开放日的主题是"爸爸陪我一起长大"。

三个不同的年龄班，三个对儿童发展具有特殊意义与价值的内在关联主题，值得大家关注、思考！

毕业典礼上的发言

2013 年 7 月 5 日

尊敬的各位来宾、各位家长、亲爱的孩子们：

今天下午的这个活动也许是我们一起度过的最后一段美好时光了，让我们的心灵一起松弛下来，慢慢体会这份美好。在童话《小王子》一书中，主人公总在说："真正重要的东西，是眼睛看不到的，要用心去感受！"在和这群孩子相处的几年里，我对这句话的含义体会得越来越深刻。

四年前，也就是2009年6月底的一个炎热的上午，我们幼儿园在开办了5年后，终于迎来了第一次大规模的招生面试。当年，"金猪宝宝"的出生带来了新一轮的人口高峰，加之我们幼儿园经过几年的努力终于获得了公众的认可，成为很多父母为孩子挑选幼儿园的首选。两天里，共有180多名家长参与了面试。虽然我们前期已经做了很多工作，但是仍然需要家长们耐心地等待与我们面对面地交流。记得当时有一位家长当着我们的面撕碎了报名表，发表了一通不满后愤然离去。但是，那天，在座的你们中的很多人选择了坚持与等待。记得思远的爸爸在和我交谈完，冲着家人自信地做出了胜利的手势。一晃几年过去了，今天，我想问下在座的各位家长，当年你们的坚持与耐心值得吗？我要说，正是你们的坚持才让孩子拥有了如此灿烂绚丽的童年生活。很多时候，生活中那些重要与正确的选择只有在坚持之后才能得以印证！

也就是那个面试后的周末，我回家探望年近八旬的父母，同时向他们"汇报"我们为招生所做的种种努力及结果。让人没想到的是，我父亲流泪了，他哽咽着问我："那些没被录取的孩子怎么办呢？"这句话让当时颇有些得意的我顿时汗颜。虽然生活中充满了太多看似偶然的必然，但我忽然意识到，这是一份难得的缘分。对这来之不易的缘分，我能做的唯有珍惜。这些年来，我始终抱着谦恭的姿态面对孩子，想尽一切办法努力地为他们创造美好的生活，也渐渐体会到：一个人、一个机构的力量毕竟是有限的，增加能量的方式唯有"在一起"！

孩子们在幼儿园的这几年是幼儿园从生存走向发展的重要时期，也是我们探索办学思想、课程模式的关键时期。无论做什么、怎么做，我们都将培养心灵丰富、朴素本真的儿童作为教育的基本出发点，努力为他们创造"诗意地栖居在大地上的感觉"。由此，我也渐渐体会到，教育工作者唯有静下心来，认真倾听儿童的声音，努力关注他们的精神世界成长才是教育的根本所在！

幼儿园的很多有价值的创新活动都是这群孩子亲历的。例如，他们有可以尽情游戏的"畅游日"；在生日那天挑选自己喜欢的图书作为幼儿园特别送上的礼物。在毕业前，他们又拥有了小小儿童图书馆；今年的"六一"儿童节前夜，在满天繁星和老师的陪伴下，他们体验着共同生活的美好；幼儿园也有了可以尽情游戏的小花园与小池塘，同时完成了大门与围墙的改造。更是因为他们，我们启用了能更大限度地促进学习与发展的"生成课程"。

几年间，很多美好的记忆是我们共同创造的。例如，那年的儿童节，孩子们和家长一起表演的音乐剧《彼得与狼》让我们至今难以忘怀；李文老师孕育了自己的小宝宝，孩子们也因此学习了一套"胎宝宝"课程，现在，可爱的小串串已经快1岁了；这几年，孩子们有一直陪伴他们成长的杨奶奶和现在的这些活力四射、智慧于心的年轻老师，也有那些曾经陪伴但由于各种原因离去的教师；孩子们在幼儿园里终于迎来了第一位男教师，也由此开始每天朗诵《男孩宣言》《女孩宣言》；鸿玉老师在温柔地陪伴了孩子们三年后开始体验初为人母的感觉了；这期间，我个人也经历了一场疾病，直至去年夏季才慢慢康复……我的记忆中融入了太多你们的身影。今天，在这里，我们要一起为孩子们开启面向未来的大门，但过去的一切给我们每个人都留下了难忘的回忆，也让我们体会到了普希金的那句名言："一切都会过去，而那过去了的都会成为美好的回忆。"

几年里，孩子们用自己的方式向我们表达着对生活真挚的热爱与独特的判断，是他们给了我们感受平凡生活不平凡的勇气与体验。与其说是我们爱他们，不如说我们尊重他们，欣赏他们，追随他们。因此，今天，在这里，我要特别感谢他们！

幼儿园的年轻教师们在这几年里也经历着理想、信念、智慧等关键品质的塑造与形成，在一次次的活动中，在一个个日子里，他们一直用自己的青春向孩子们的童年致敬。我为他们骄傲，也想借此机会向他们表示感谢，感谢他们在孩子成长的一千多个日子里付出的汗水和泪水。

几年的时间也足以让我们和家长们建立起一段"亲密关系"。那份信任与默契，不仅让日常工作变得顺畅，也让我们在专业领域里取得了别人难以企及的成功与收获。睿智豁达的"航母"、总是替我们摆平各种问题的"邹领导"、善于筹划活动的布爸、多才多艺的帅帅姥爷、会制作美食的婉儿家人、计算机达人心然爹等众多家长，是你们让我们时刻感觉到支持与力量。同时，这份因为孩子建立起的联结，几年里也逐步汇聚成了一股力量，形成了幼儿园特有的文化，让我们所有人共同为之自豪！

对孩子们来说，长大既是一种内心的渴望，也是现实意义上的某些放弃。但我认为，放弃并不意味丢掉了渴望，丢弃了热情，丢弃了生命中那些原本就很强烈的情感。因为我始终坚信，一所学校的精神所在，是要对孩子们的历史和未来负责任，而不仅仅是对现在负责。未来，希望我们能共同见证孩子们的成长！

孩子们，当你们长大后，你们的头脑中也许难以保留这么多清晰的记忆。但我希望你们始终记得幼儿园，记得幼儿园里的小池塘，记得欢快无比的畅游日，记得来自内心世界的那些真实美好的感觉……

各位，今天，我想让我们共同对孩子们承诺：任何时候，都不要忘了让他们"成为自己"；任何时候，都记得"我们在一起"；任何时候，都允许他们"按照自己的节奏呼吸与思考"！

最后，我想说，分开并不意味着分离。亲爱的孩子们，无论你们在哪里，都能够感受到来自我们的那份用心的祝福！

再一次感谢大家四年的陪伴！再见，我亲爱的孩子们！

幼儿园的新课程——回归与还原儿童本真的生活

2013年9月9日

开学已经整整一周了，很多人都看到了幼儿园的外部变化，但外部变化的依据以及一所幼儿园内部核心的变化可能是很多人难以探究到的。

今年9月，对我来说特别有意义。十年前的9月，在中国儿童中心科研处工作的我，决定接受中华女子学院的人事调动，为当时的学前教育系筹办一所实验幼儿园，以满足教育教学实践的需要。

那时的这个园所已经建成几年，但一直无人承办。荒芜萧条、粗糙凌乱是当时它留给我的全部印象，但我执意要做一所让自己内心满意的幼儿园。前期的装修过半后的2004年2月15日，我从学院招募的八位新教师上岗，开始了幼儿园前期的各项准备工作。这八个人中今天还有莉莉、周冉、郭佳在这里。同年，田巍、郭鸿玉也从别的园所辗转加入我们的队伍。年轻的教师、不知名的园所，一切都要靠我们的努力。

十年过去了，中华女子学院附属实验幼儿园已经成为业界有影响力的教育机构，特别是我们在专业领域中所做的各种探索已成为影响这个幼儿园发展的核心力量。

众所周知，影响一所教育机构办学质量的核心是课程。此处的课程不是我们平时所指的"上课"，而是涵盖了教师、儿童发展、环境、教育的价值取向等诸多方面的大课程观。

这几年里，我们从未停止过对课程的思考与探索，从分科课程到多元智能课程、整合课程，再到生成课程，我们一直在探寻，什么样的课程不仅能够满足儿童学习的需要，还能促进他们智慧与心灵的成长？

三年前，我们开始尝试预成课程与生成课程相结合的模式，于是孩子们有了"畅游日"。在探索的这三年里，我们越来越清晰地认识到：只有回归与还原儿童本真的生活化课程才是他们需要的课程，才是有生命力的课程，才是能够促进教师专业化成长的课程。

对孩子们来说，生活原本就应该是流畅的、流动的。如果我们人为地将其生活割裂开来分成若干课程，儿童本真的学习方式就会被破坏。

就儿童而言，好奇、主动、坚持、注意、反思、解释、想象、创造是其学习生活最鲜明的特征，也是他们区别于成人学习方式的特点，但现行的、传统的教育方式很容易破坏他们对世界的整体认识与感受。

这些通过实践获得的认识，让我们坚定了做属于自己的"园本课程"的想法。这几年，我们积累了大量的素材。今年夏天，我和老师们一起研讨，终于将新课程的主题、内涵、和环境的关系、和人类生活的关系以及教师们可以操作的方式汇总成了一套较为详尽的方案。同时，我们决定，今年，也就是在幼儿园成立十周年之际，开始进行新课程体系的探索工作。

新课程，以"儿童的发展"为核心，是一个与自然、儿童自身发展需求、儿童身心发展规律紧密结合的课程探索。在这个课程中，儿童的经验、情感、态度、表达都会被记录、尊重、学习与分享。

新课程，回归与还原了儿童本真的生活，体现出"生活即教育，教育即生活"的理念。课程的表现形式也更加生活化。孩子们将通过更生活化、游戏化的方式学习，学习和生活的界限与痕迹也越来越模糊。

孩子们在幼儿园中的精神将变得更加自由。他们将有更多的时间看起来是在玩，实际上是在学习。孩子们不会因为所谓的"学习"而感到厌烦，因为所有的学习都是从对生活的感受而来，从他们的生活经验生成而来的。

新课程，将引导儿童"按照自己的节奏呼吸与思考"。当他们内在的秩序感建立的时候，他们自然会认同规则，也会给自己的内心带来极大的安全感与满足感。

值得注意的是，在幼儿园，教师对幼儿学习的正确理解以及与幼儿学习特点相匹配的支持与引导，在很大程度上决定了幼儿学习和发展的方向与质量。但是，如何帮助教师在这样的课程中获得满足感和成就感，也是新课程特别关注的。新课程强调，"师幼平等，共同成长"。和孩子一起学习、共同体验，是教师自我成长的最佳途径。当教师和孩子一起生活时，彼此的生活界限甚至很难区分。在这样的文化里，我们都学会了相互尊重，真正意义上的平等得以展现。

新课程主题的开放性与"空筐结构"，决定了任何人在其中都能够获得发展。父母是新课程的重要构成者，因为父母不仅是孩子的养育者，更是文化的承载体，还是课程资源中最宝贵的财富。在这样的课程实施过程中，每个人都开始关注内心，学会清晰地体察、认识自己，同时更好地认识他人。

为了更好地配合新课程的开展，这个学期，我们还将幼儿园的一日生活安排重新进行调整。教师和孩子们每天都将有一大块可以自由支配的时间，开展学习；新课程将更加注重人和自然的关系，户外的学习与探索将成为新课程的重要表现形式之一。

新课程，是我们十年探索的结晶。我想要表达的东西实在太多，只能留着以后慢慢表达了。在《渴望学习》一书中，我看到了这样一句话："虽然幼儿能够快速地学习大量的知识，而且学习热情很高，但是他们最终学了什么、学到了多少，主要依赖于与他们互动的成人。"

新的学期，新的课程，我们任重道远，大家共同努力！

朴素是我内心的最高追求

2013 年 9 月 10 日

今天是教师节，我想用这篇《幼儿100》杂志给我写的专访重温一下自己这十年走过来的路。

胡华从学者转变为园长时，需要变身为"首席推销员"和"咨询顾问"。有家长问她幼儿园的特色是什么，她只回答了两个字："专业。"

胡华看到我们的时候，迅速扫了一眼，打个招呼，然后消失了20分钟。这是早上9:30，她的巡园时间。这栋大楼有10个班，200多个小朋友，她一一过目。大厅里是白色的装饰灯和白色的主题墙，所以走进中华女子学院附属实验幼儿园，扑面而来的是白色。与别处那些五彩斑斓的幼儿园相比，这里很素雅。

胡华这样解释，选择白色，受道家思想"致虚极、守静笃"的影响——"虚室生白"。

正如她现在的衣着，大多是白色或者灰色。胡华对《幼儿100》杂志记者说,"我这个年纪,已经不想驾驭任何颜色了"。

艾默生说,一个机构是一个人影响力的延伸。胡华和她领导的中华女子学院附属实验幼儿园,正呼应此句。

自然主义的教育主张

十年前,家长对中华女子学院附属实验幼儿园的软件和硬件都充满了疑问。亚运村,被称为北京幼儿园最密集的区域之一,周围云集了几十所幼儿园,不管胡华愿不愿意,一开始,这家幼儿园就要被迫进行比较。

此前,胡华是不怕比较的。在专业领域,她是承接北京市教委课题、给北京大大小小园长做培训的老师,她在幼儿师范学校当老师多年,被称为园长与教师的教师。在学前教育领域,她一直是有一定影响力的学者。

但是,在"象牙塔"里大名远扬并不意味着在市场上被认可。一个有孩子的家庭很容易说出有名的婴幼儿食品、早教机构的品牌,因为那些市场化程度高,到处砸广告的品牌用各种营销手段为它们开拓了早期的市场。

胡华显然没有这样的条件为这所幼儿园开拓市场。她是典型的学者,学者只需要对自己的专业负责,所以当她转变为园长——教育服务产品提供者时,她需要面对的是消费者的质疑,这个,她以前从没经历过。

有家长问胡华,中华女子学院附属实验幼儿园的特点是什么?胡华很快回答:"专业。"家长似懂非懂,继续问,是蒙氏教育还是音乐美术?胡华还是只重复了两个字:"专业"。

当回忆起这件事时,她的眼睛不盯着你,也不刻意看着远方,只是平静地叙述。她的头发散在肩上,没烫,也没刻意修饰,一张素面朝天的脸,鼻梁上夹着一副眼镜,一身白色麻质衣服,最简单的剪裁,配着一块玉佩。除此,从上到下,你找不到一件装饰物。不仅衣着简单,她说话也绝不绕弯子,尽管声音柔和,但语气坚决,说话绝不拖泥带水。

家长还追问,孩子活动的场所,地面铺的并不是塑胶而是土地与砖地,这是为什么?胡华说:"这种地面能让儿童在行走中保持轻微的警觉性,这对他们的成长有好处。至于好处是什么,不用我多说,你们也能想得到。"

那为什么幼儿园里主要是白色的呢?

她引用了庄子的"虚室生白"来回答,空空的房子才能照进太阳,内心清净、澄澈才能悟出"道"来，生出智慧。她还把她的思考挂在幼儿园的墙壁上，毕竟，看惯了五彩斑斓的幼儿园环境的家长，总是有些疑惑。她认为："儿童的精神世界及其表现形式的丰富性无须借助任何颜色就能绚丽多彩，光彩照人。幼儿园应该是白色与大自然真实颜色的结合体。唯有如此，才能彰显儿童的绚烂多姿，也才能让成人静下心来，倾听儿童。"

这正是胡华对儿童教育的自我思考。如果一定要用专业术语归纳她的教育理念，那就是"自然主义"。我们一走进中华女子学院附属实验幼儿园的大厅里就看到了这样三句话，"成为我自己，我们在一起，按自己的节奏呼吸与思考"。

"自然""本真"是她希望用来影响儿童、教育儿童的两个关键词。她认为，幼儿园里培养孩子，并不是以出多少政界要人、成功人士为目标，她希望孩子们长大后能知道自己追求什么，过一种自己想要的生活，内心充盈。

她希望自己也这样活着，"自然"且"本真"。用她自己的话做另一层解读，就是"不纠结"。

40 岁"重启"人生

年轻的时候，胡华也逛过北京的三里屯、工体的酒吧。更年轻的时候，她还热衷参与社会大讨论，讨论人生应该怎样度过，青年人应该怎样实现自己的价值。

热血青春，这是胡华年轻时代的最好写照。

出生在一个知识分子家庭，父母是高校的干部，生活环境相对宽松。她淘气、爱玩，不专心于学业。她的哥哥"恨铁不成钢"地教训她："你这样不学习，实在是对智力的极大浪费！"没想到，凭借着高考前突击学习一个月，1982 年，她竟然考上了北京师范大学，这让看着她天天玩的邻居们感到不可思议。

在大部分同学都来自农村的年代，干部家庭出身的胡华进入大学时是带着一丝优越感的。她活跃、热情、大方。即使没有当过她的班主任，北京师范大学学前教育专业退休的祝士媛教授，现在还能回忆起这个学生来。"活跃，能干"，她对《幼儿 100》杂志记者如此评价胡华。

胡华回忆起大学生活时，脸上带着神往的表情，那是镀着金色的理想主义时代。同学们每周拿出一天学习音乐，唱小夜曲，从舒伯特到韦伯，几乎把所有的小夜曲都学了，还学唱各种中外民歌。秋天落叶一飘，胡华和同学们一起扫落叶，还踌躇满志地要把树的种子邮寄到西北，绿化祖国的大西部。

她还和同年级的同学们一起去了北京密云的山坡上植树，在山里住了一个礼拜，"平均每人挖坑 0.7 个"。"我们那个年代，不是说大话，是真的想为国家做点什么，都觉得有这个责任、使命和追求。"她说。

大学毕业后，她进入北京幼儿师范学校（现为首都师范大学学前教育学院）做教师，评了高级职称，获得了很多荣誉。因为口才好，外形不错，"单位里有要讲课的活儿，一般都是找我"。在决定当园长前，她在学前教育领域做园长培训五六年了，培训事业做得风生水起。但有一次，一位园长在参加完培训后找到她，"胡老师，你讲得特别好，但我觉得不实用"。这句话很触动胡华，让她思考：长久以来的培训方式能不能更好？

她总结，培训业惯用的方法之一是批判，"说这个不好，说那个不好，然后得出一个结论。只是有理论，但并没有方法"。她决定要改变这个现象，不仅要"破"，还得"立"得住。

她去过很多幼儿园，包括名园，但都没有找到一个让她自己觉得"内心特别满意、特别舒服"的幼儿园。当她有机会带着实习生深入其中的时候，她发现，那些幼儿园里让她不满意的东西越来越多，比如，教师和儿童的关系。

"我带学生实习的时候也老想一个问题，如果教师特别爱孩子，孩子就会挑战教师的权威，别的教师也会说，太幼稚了吧。于是，教师又开始板起了面孔。后来我就想，我们教育工作者在教育工作中，连爱孩子都做不到的话，那还谈什么技术。我有一次和学生讲，如果我们不能解决这个问题，教育孩子就变得特别简单了，就是'一骂二吓三叉腰'，这有什么可学的，一天就能给你们讲完了。"

既然对现有的幼儿园都不太满意，她的内心萌生出一个想法，能不能办一所让自己内心感到满意的幼儿园呢？

此时，她的人生也需要一次"重启"。2000 年，她被调到了中国儿童中心工作。期间，有很多事情都让她感到挫败，她想找一件事情重新证明自己。

命运给了她一个契机做这样一件事。当时，中华女子学院决定自己办一所幼儿园，请她出任首任园长，完成创建工作。2003年，胡华走到人生和事业的十字路口，选择了一条和以往不同的道路。

好马不吃回头草

胡华来到幼儿园的时候，看到的是一幢临近街道的楼。"杂草丛生、外表破旧"，这和她想象中好幼儿园的样子，相差太远。

失望过后，她开始筹备办园。她从学校招了8个应届毕业生，又在社会上招聘了一些保育员，她们都没有什么工作经验，这就是她的初创团队。那时候，人员的培训她管，大楼的装修她也管。每天眼睛一睁开，她就往本子上记录今天必须要做的事情：起草各种报告，看装修进程，走卫生、防疫、办学许可的程序……她清楚地记得，有一次列完单子，她数了一下，有17件要完成的事，就像17个不同的线头，要同时处理。

当面对不了解她过去学术背景的家长时，她只是一个普通的、不为人知的园长。学者里她欣赏胡适，那种温润、内敛的个性是她赞赏的。夹着资料走在走廊里，见到学生点头打个招呼，在课堂上口如莲花，在课下沉浸在学术或者自己的世界里。总之，学者是矜持的，不需要推销。

但是，2003年，当她决定要走马上任一个新幼儿园园长的时候，她要担任的是"首席推销员"和"咨询顾问"。

在招生时，有家长过来问："学费，可以打个折扣吗？"

也有家长说："我多给你们钱，你们负责把我孩子的衣服洗了吧？"

胡华从来没有听过这样的问题，这些在她看来"像买白菜一样讨价还价"的场景很陌生，只应该出现在菜场里。

还有的家长在听到不满意的回答时，愤怒地把报名表撕碎，头也不回地离开。

2003年筹备，2004年招生，幼儿园第一批只招来了14个孩子。其中，还有几个孩子中途转走了。

胡华有些沮丧。"最沮丧的是内心被别人否定，因为人家不了解你。"好在一个月后，这种现象发生了变化，有的孩子又回来了。要求转学回来的孩子家长找到胡华说，尽管让孩子转学去了非常有名的幼儿园，但一比较还是觉得这里好，孩子也更认可这里。胡华对此感到特别振奋，仔细询问了原因，但她还是建议家长别再转来转去，对孩子不好。

生源刚稳定下来，员工团队又出现了不稳定的问题。胡华让招来的一位教师先从保育员做起，结果做了一段时间，人家不干了。胡华问原因，对方用专业的词汇回答："我的自我效能感太差。"她认为，她不该做这些琐碎的事。

此外，还有家长拖欠学费的情况。有的家长一拖再拖，几个月也不交。胡华是有经济指标任务的，中华女子学院附属实验幼儿园属于体改园，没有上级拨款，完全自负盈亏。为了尽快收齐学费，胡华把拖欠学费的家长名字写在黑板上，放在走廊里。

小老师立刻来找胡华："胡园长，念书时老师说过，这么做不好，属于不尊重家长。"胡华眼皮一抬："你说得对。但你想啊，老师光告诉你怎么尊重对方了，有没有教你，如果对方不尊重你，怎么办？"

事实上，这块黑板挂出来没两天，拖欠的学费就收齐了。

诸如此类的种种问题，在建园初期，层出不穷。最难熬的一次，胡华感到快要崩溃了。一个小朋友在园子里玩耍时，不小心磕破了头，缝了几针，胡华和幼儿园老师对此感到很内疚。孩子家长天天追着讨要说法，白天去幼儿园，夜里、凌晨都给幼儿园老师和胡华打电话。

那位老师受不了，最终还是辞职了。胡华很羡慕她，"解脱了"。可是，她却不断失眠，想这个家长要的到底是什么。后来，胡华用了心理上的分析手段，分析家长的动机：既不要赔偿，又不给孩子转园，这样做到底为了什么？

胡华感叹，当你处于弱势的时候，谁都能来找你麻烦，踩你一脚。又累又焦虑的胡华身体透支，病了。

夜深人静的时候，胡华问自己，为什么要这样？1999年，她的职称已经评上了高级，收入不错，又受尊重，学校领导也很器重她。她离开的时候，校长对对方前来提档的人事干部说了一句话："你把我们的台柱子挖走了。"

可是，胡华就是不想再教书了，这么多年她上课都能倒背如流了。原来的那条路，尽管安逸，但对她来说，已经没有挑战了。

她才不到 40 岁，如果说从 20 岁到 40 岁这段人生过去了，那么后 20 年的她要追求点不一样的东西，那些她没有做过但跟理想很接近的东西。

器重胡华的老领导听说胡华的状况，给她打了个电话："我要退休了，你要不要回来？"言外之意，希望在退休之前，把胡华安排好。

胡华说："您让我想两天。"那是胡华最困难的时候，没有人可以分担，只能榨干自己，苦苦坚持。两天后，胡华对老校长表示了感谢，却说："好马不吃回头草。"

如何带兵

坚持到第二年，中华女子学院附属实验幼儿园的局面一下子打开了，招到了 100 多人，第三年生源全部招满。中华女子学院附属实验幼儿园的牌子很快树立起来。

每次见到给孩子报名的家长，胡华都会问同样的问题："你们是怎么知道我们幼儿园的？"大部分的家长都说，是别的家长推荐来的。办园的第三年，生源的主动权完全掌握在胡华手里，胡华采取面试挑选的方式，"挑一些价值观跟我们相近的，不是让你一定要多教孩子多少字的那种家长"。至此，胡华不再为生源问题困扰。

生源数量上升，对应的教师也多起来。师资又成了她担忧的问题。她坚持只招收本科生，"学历是从事幼教工作水平的一个分水岭，不同学历的教师对工作的态度和对儿童的理解会有一定的差异"。

"兵"虽然都是她招来的，但也不是都那么好带。

"80 后""90 后"的新员工，和胡华她们那辈人比起来，自我意识更强；相比胡华以前带的幼儿师范学校的学生，也不那么"听话"。他们对胡华的培训、理念会提出各种不同的看法。胡华不解释，也不否定，但要求先照着她的要求沉浸下去，做。

胡华不排斥解释，但是在初期什么事情都压在她肩头的时候，花大量精力一个个解释，她觉得"是一种耗散"。她打算用行动说话。

她设计了一些适合孩子发展的课程让新教师去实践，当教师尝试后得到家长和其他教师赞扬的时候，她的目的就达到了。新教师获得了"峰值体验"，"这个峰值体验也许有人一生都不会体会到，可是他们一旦体会到，就会愿意追随你"。

这是胡华带兵擅用的一招,用事实说明自己的观点,通过帮助老师们获得成功而获得成功。有过这样的峰值体验后,新教师对胡华的培训和理念就有了新的看法,胡华的权威性不再受到挑战。

对内是统帅,但对外,胡华也有上级领导。她的上级领导也在观察她,考察她。对待上级领导的态度,胡华的秘诀是,把要求当作关心,不抱怨,关系自然好相处。

对于过去的困难,胡华并不愿意多提,她强调现在是幼儿园最好的时候,都很顺。

中学为体,西学为用

什么样的幼儿园令胡华满意?她用了四个字——"内蕴饱满"。她补充,人和机构都是,只有有内蕴才能谈精神,精神世界健康,不追逐外界的东西,在杂乱的世界面前始终能够坚持自己的选择,知道自己要什么。

美国的幼儿园,胡华也参观交流过。她不认为美国幼儿园的那一套可以完全移植到中国来,"文化环境太不同"。

"美国人每个人都是大号的自我,追求及时的享乐,但中国文化不是这样的。中国也讲究享受,最终是享受,但是这个过程也许是漫长的,享受这个过程。"

含蓄,是中国人的个性特点。胡华的女儿现在在美国念书,受美国文化的影响,母女俩在一起的时候难免有分歧。

胡华和女儿逛商场,看见很多衣服都特别喜欢,女儿就让妈妈买。胡华自己不愿意买,也不愿意让女儿买,女儿不解。在胡华看来,人应该懂得节制,"你太宠着自己,反而难以获得幸福感。我买了很多衣服会有负疚感的,她的年龄还很难明白这些"。

胡华的节制、含蓄、圆润的观点,既受传统文化的影响,也是人生经验的总结,跟她的父亲有很大关系。

"我爸80多岁了,尽管身体健康,但早就做了人体器官捐献的登记。他把一切都看得很淡,很达观。我觉得随着年龄的增长,我越来越喜欢他。他说北京房价那么高,就不让我们多买房,说你买得越多,别人的可能性就越少。哥哥是个经济学家，有些质疑爸爸的观点。但是，我个人从内心里更认同父亲。在我看来，真正的教育也是一种我无法清晰表达的很圆润的东西。我觉得美国人不大能做得到，他们太张扬，追求那些唾手可得的幸福，他们内心没有那种东方人的圆润感，或者说只有一小部分人有。"

胡华还把这种个性的不同和长相联系起来，"你看西方男人的帅是英气逼人的，但是东方男人的帅是那种含蓄、内敛、儒雅和善的"。

"当然，美国的张扬是他们文化土壤里培养出来的东西。但是，他们也有另外收敛的土壤，比如，宗教，让他们把家庭看得特别重要，一下班全都回家，节假日跟家人一起。"胡华说，"我们中国人的文化里一部分被破坏掉了，比如家训、家法，但另一部分没有树立起来，所以不能单纯地学习某一面。中国人和美国人的个性是植根在不同文化土壤里培育出来的东西，无法简单地把一个嫁接到另一个的土地里"。

她认为，学习西方的教学方法和理念，要有取舍，"我们在幼儿教育上，学习了很多美国的东西，比如，学制、方法、手段，这都没有问题。但是内核的文化是不能复制的，不能一说美国的东西就是好的，中国的东西就是坏的。美国今天的成就绝不是因为他们的教育是最好的，而主要有赖于他们的一套制度，能吸纳全球优秀人才为他们服务"。

中学为体，西学为用，这也是她的"拿来主义"教育观。

朴素是我内心的最高追求

撇开教育事业上的追求，胡华在生活上追求的是一种朴素的生活方式，"对我而言，朴素是我内心的最高追求"。

能用半张纸办到的，她绝不用一张。上厕所手纸不能撕很多，洗手的水流要小。多年坚持垃圾分类。别人不要的东西，要扔，她就想着，能不能重新利用上。这些看似节俭的做法，背后跟她推崇的节制、含蓄、圆润的文化一脉相承，指向的是人与自然的和谐关系。

所以，不难理解中华女子学院附属实验幼儿园自然的特点。自然的土地、潺潺细流的水池、不起眼的淡雅的花，在像中国画一样的环境里，她希望给孩子传达的是自然、简单。但是，如果你要把中华女子学院附属实验幼儿园的特色复制到别的幼儿园，胡华又会摆手说"不"。这又回到了她的教育观：

"每个园的文化不一样,每个园长的风格也不一样,复制同样的东西,怎么可能?"

在她看来,教育是没办法用工业化的标准来复制的。要提高幼儿园的质量,她认为根本在于管理者。她曾经对教育部的主管领导说,幼儿园的发展要建立在园长人格健康的基础上,如果我们不培养一批园长,幼儿园的整体发展一定是碎片化的,没有后续力量。她还打趣到,如果人到了一定年纪,连衣服都很难选对,怎么可能对教育有正确的认识呢?

源自道家文化的自然主义教育观

2013 年 9 月 18 日

以下内容是《幼儿100》杂志对我的另一篇专访。

胡华说,工业化带来的人的异化,不是现在才出现的问题。她不想批评别人,只做她愿意做的。自然主义教育的背后,是打开孩子心灵的学习过程。

中华女子学院附属实验幼儿园的大门很像个居家的庭院,墙面是素净的大理石,黑色铁栅栏门上挂着一盆盆紫红色小雏菊,别无其他饰物。门外车水马龙,门内安静朴素。园内一隅是黄色金苞花、紫红三角梅,都是小小的花儿。靠着葡萄长廊的花丛边有个小水池,水池里有乌龟爬、小鱼儿游,这些都是胡华的设计。融入她的"自然主义"教育观的中华女子学院附属实验幼儿园,也是她用自然元素影响孩子们的课堂。

隐约感觉到现代教育的不"自然"

记者: 您提到自然主义的教育观,是从卢梭的自然主义得到启发吗?您的自然主义教育观来自哪里?

胡华: 我读书的时候学习过卢梭、苏霍姆林斯基等大教育家的思想,但实践中真正形成自然主义的教育观,更多的是来自中国的道家文化与思想,也是在实践与生活经历中逐步感悟得来的。自然主义教育观应有两个方面:一是利用自然的环境影响儿童,如道家文化中所讲的"天人同构""天人感应";二是要帮助儿童用最本真、自然的方式学习,让他们用最自然的状态面对生活。道家讲道法自然，人是自然的一部分，也应是自然的，世间万物都应该有它本来的样子，所以我们幼儿园特别强调自然的色彩。你看我们园里的小池塘，里面有小鱼和乌龟，乌龟每天都爬上来晒太阳。孩子们可以在这里看小鱼、看乌龟，雨天可以捉蜗牛，这是最自然的生态环境。

我特别喜欢道家所说的"逍遥于天地间"的那种感觉。你看这个小喷泉，当水从磨盘里流出来时，我们能听到咕噜咕噜的声音。有一次，我们的门卫师傅往小池塘里放了两朵特别大、特别鲜艳的假荷花，我让去掉了。我想要的是那种细小的、美好的，看起来很朴素、自然的东西，太虚假了就失去那个意境了。我认为，什么东西都应该是简约、朴素、有质感的。很多人都说，一进到我们幼儿园，感觉一切都安静了下来，这就是气，天地之气和人气的和谐统一。

记者：能讲一讲您是怎样实践您的自然主义教育理想的吗？

胡华：今年我们做了一套课程，课程的基本思想是要回归与还原儿童本真的生活。在我们幼儿园，秋天到了落叶一地时，我们会留一层厚厚的叶子，让孩子们在叶子上踏啊、跑啊、跳啊，他们特别开心；每年冬天下雪的第一天，我们通常不扫，滑梯上都堆满了雪，孩子们会从那个滑梯上"哗"的一下冲下来；下雨天，孩子们会穿上雨鞋、雨衣来幼儿园，在园子里玩水、踩水、蹚水。"六一"儿童节的时候，我们还特别为孩子们设计了户外的自助餐，孩子们在树下吃饭，流水潺潺，花香四溢，微风拂面。这些美好将永远植根于孩子们的心田，成为他们精神力量的源泉。自然是人类精神世界中最重要的源泉，我们就是要让他们无时无刻不感受到自然的美好与力量。

当然，我希望孩子们敬畏自然、热爱自然。一个美好的环境对孩子的心灵和气质的熏陶是不言而喻的。自然主义教育的背后，是建立心灵成长的学习过程。我希望，每个孩子都能建立这样的学习过程。在自然中放松了，打开自己的心灵，学习也就自然而然地发生了。打开心灵的学习过程取得的成效往往是事半功倍的，这样的孩子日后的学习能力会变得特别强。

记者：您提出自然教育，是因为您觉得现代教育不自然或不够自然吗？

胡华：我不想批评别人。我觉得现在的社会现状是工业化的产物。读书时我选过一门课，当时北京师范大学著名的教育哲学学者孙喜亭教授为我们剖析了大工业带来的人的异化。人的异化是什么？其中一项就是与大自然的隔离，让人失去了自我。现代教育的问题，不是现在才出现的，所以我觉得也没有什么可批评的。我也不是什么了不起的学者，但我隐隐约约感觉到了现代教育的一些问题。我只能听从自己的内心，做自己想做的事情。国际上很多有影响力的教育模式，像瑞吉欧教育、华德福教育等，也都强调让儿童回归天性。

人格饱满，最重要的心灵课程是了解自身的局限性

记者：那您招聘老师的要求是什么呢？

胡华：人格饱满是最主要的。

记者：具体如何让教师人格饱满呢？

胡华：我们幼儿园会组织工作了三年以上的教师去旅游，读万卷书还要行万里路。我们老师也经常开展读书分享活动，各种积极的交流都被鼓励，建立汲取正能量的多种通道。我们还找了专业的咨询师，在专门的课程中，疏导与消解教师自身的负能量。这两个力量慢慢作用时，人就没有那么多的纠结，变得自然了。教师在教育孩子时不需要扮演，也不会觉得很累，变得明朗。

记者：园里设有"心灵小屋"，是出于什么样的想法？

胡华：我曾做过一个研究，发现如果教师专业化的提升光靠技术本身会特别慢，真正能够促进他们成长的，是动机、成就感等精神层面的东西，而那些东西是人格中的重要构成。教师成长仅停留在技术层面上是没法有太大改变的。这几年，我逐渐把这一思想运用到了管理实践中。

另一个原因是，我一直觉得这份工作是心灵对心灵的，成人思考和判断时使用大脑，而儿童使用心灵，一个心灵不开放的成人永远听不懂儿童在说什么，只有肯听才能够知道儿童在说什么。但是，什么是"肯听"？心里没有那么多杂念缠绕的时候，你才能够听别人。因此，教师的心灵必须得开放，必须得美好。这两个方面的原因导致了我们"心灵小屋"的产生。

记者：在"心灵小屋"里，你们设置了沙盘，能起什么作用？

胡华：沙盘治疗是一项技术，是能触及自己潜意识的一种心理治疗手段，能帮助人们打开心灵。教育工作不像其他工作有一定的流程，不能单纯用技术来评定教师的好坏。没有一位教师单靠技术就能赢得孩子的喜爱，一定要靠心灵的力量。所以，幼教工作的复杂性和艰难性也在这里，教师心理的能量和开放度决定了他们工作的质量。这种方式能够帮助他们更好地认识自己，特别是自己的阻滞与局限性。

十年前，我管事，现在我管人

记者：作为管理人员，你现在的管理方法跟十年前有什么不同？

胡华：十年前我想管好的是事，现在我想管好的是人。十年前的我着眼点在事上，现在我主要致力于人的管理，我相信每个人的能量，欣赏中国的传统文化里王阳明的思想——"吾心即世界"。当一个人心灵的能量绽放的时候，每个人都会拥有一个小宇宙。

记者：什么样的员工让您喜欢，让您觉得有培养价值？

胡华：我没有什么分别心。前进时，有人步伐快，有人步伐慢，但我都能从他们身上看到生命的光彩。我常跟员工说，你可暂时忽略你的缺点，关注你的优点，不要求全面，因为你一旦求全，就会不原谅自己，就会损耗你的能量。我们园里的教师比较稳定，因为在这里，他们每个人的优势我都能看到。

记者：您觉得幼儿教育的质量近年来变得更好了吗？

胡华：不好评判。现在的体制导致了某些园长有"官本位"的思想。只有当你像一个教育家那样关注教育本质的时候，才能把幼儿园办好。

儿童是怎样学习的

2013 年 10 月 8 日

幼儿园的新课程实施已一个月了。这个月里，我想，无论是教师还是家长，对新课程都有了更深的体会。但是，新课程是建立在怎样的儿童学习观的基础上的？

小长假后的第一天，贴出上个月我在"现代教育大讲堂"上的部分讲座内容，希望能帮助大家理解上述问题。

今天，我要讲讲儿童的学习与发展。在竞争异常激烈的今天，很多人都渴望自己的孩子能够成功，而且把成功的希望寄托在了儿童的学习与发展上。但是，从一个专业工作者的角度来看，儿童的学习和发展到底是什么样的？家长应该注意什么？我们怎样才能够"不让孩子输在起跑线上"，更不会在终点被落下？如何让儿童能够更好地学习与发展，为他的一生奠定基础？

儿童的学习究竟是一种什么样的行为

我们先一起来思考一个问题：你们怎么看待儿童的学习和发展？现在是网络时代，大家在网络上能够看到各种信息，也能够拥有各种不同的认识，这是一件让人高兴的事情。但是，我们要正视一个现实，即流行的观点未必是正确的。比如，流行的0岁方案等，强调对儿童进行训练，提早学习成人应该掌握的知识，令很多家长趋之若鹜。但是，在一个专业工作者看来，这实在是误人子弟。

我们需要非常清晰地了解：儿童是用什么样的方式来学习的？他们的学习哪些地方和成人相同，哪些地方又和成人不一样？他们独特的学习风格是什么？我们对儿童学习的有关知识了解得越多，就越有可能有效地帮助他们学习，否则将会南辕北辙，事倍功半。

孩子们有兴趣，学习与教育就会自然发生

英国的一位印度裔教授在家乡进行了一个实验。他选择了教育条件差的贫民窟，在一面墙上挖了一个洞，在里面镶嵌了一台计算机，并在计算机的上方放置了一个摄像头。他想看看，这些孩子能不能使用计算机。结果发现，对这个新鲜东西感兴趣的都是儿童，每个孩子都会过来看一看、摸一摸，几乎所有的孩子在一天内都学会了使用计算机。很快，他在别的地方也得到了相同的结论。也就是说，没有人教孩子，孩子靠自己探索、自己研究、自发讨论，就掌握了计算机的基本使用方法。他发现，儿童的学习有自己的一些规律与特点。之后，他选择了印度南部说泰米尔语的地区进行科学素养的调查。之前，经过测试，这里的孩子们的科学素养普遍很低。这位教授在孩子们生活的区域里投放了一些《百科全书》，书里有一些图，但是文字是英文的。结果，等他一个月之后再去调查，他发现，孩子们的科学素养普遍提高了。于是，他提出了一个观点：如果孩子们有兴趣，学习和教育就会发生。

对孩子们来讲，学习有三个关键要素，第一是好奇心，第二是自主探索，第三是相互讨论，这些既是孩子们的天性，更是他们学习的真正驱动力。

好奇心、对未来领域的自主探索与相互讨论是孩子们的天性，更是他们学习的真正驱动力

这个研究案例带给我很多的思考。工作中，我发现，孩子们对任何事物都怀有强烈的好奇心，和成人相比，他们更喜欢自主探索。在学习的过程中，他们要借助相互讨论完成学习。只有这样，他们才能获得对他们来说很有价值的知识。很多家长认为，孩子的学习要从小教，他们不需要什么好奇心，只要能把那些重要的知识学会了就好。

相对于自主探索，成人认为教给孩子知识，更节省时间！这实在是成人的偏见和错误。成人掌握的知识大都是符号知识，比如，数学公式、语言文字等，但这些符号知识并不是这个年龄段的孩子应该掌握的。所以，儿童的学习，不需要也不应该进入我们成人的符号学习。

儿童的发展

很多人知道，发展就是从无到有、从少到多的过程。那么，儿童的发展是什么？在我看来，只有一个东西才是儿童发展的核心，那就是精神世界的丰富和饱满。越是儿童，他的精神世界就越丰富、越饱满。我在幼儿园工作的这十年，状态较十年前发生了很大的变化，为什么？跟成人打交道的时候，我都是用意识思考，有一套系统，而儿童直接跟你进行心灵层面的沟通，他们不掩饰、不装扮。当一个人经常跟一群天性纯洁的孩子在一起时，获得的是滋养。所以，儿童的发展，并不单纯地指认知的发展，应该是学会认识自己。

教育的本质是帮助儿童"认识自己"

"认识自己"包括认识自己的能力、性格、优点及弱点等，更包括把"精神"当作真实的、本质的存在。

现在，我们一讲成功就有几个标准，如社会地位高、挣钱多、见识广。其实，人生真的成功就是做了自己最想做的事情，而且做成了。但是，现在的很多人不知道自己想做什么，比如，他想有钱和有地位只是源于父母的渴望，并不是源于他的内心。我们的社会经济发展的速度太快，使得我们的灵魂跟不上了，就会带来很多焦躁。所以，在我看来，教育的本质是什么，就是认识自己，即知道自己是一个什么样的人，自己内心的需求是什么，自己的优缺点在哪里，能否接纳自己的性格，等等。把这些东西当作真实的本质的存在，这才是教育的最高境界。

儿童学习和成人学习的差别在哪里

很多人之所以愿意选择我们幼儿园，不是因为我们幼儿园让孩子吃饱了饭，也不是因为我们幼儿园从不打骂孩子或体罚孩子（虽然这些都很重要），而是因为我们注重儿童精神世界的成长。我们愿意让儿童保留他内心世界中原本就有的那些特别美好的东西。当然，在整个儿童的学习和发展过程中，精神的方式和认知的方式是共同渗透在教育教学中的。

儿童和成人不同，只要是他们感兴趣的，他们就一定会全神贯注、全力以赴。当他们的心灵与精神不参与学习的时候，就会出现问题。现在很多小学生厌学，这固然跟我们的教育体制有关，但是我觉得幼儿教育工作者和幼儿家长也应该反思，在孩子们小的时候，他们的学习是不是没有心灵的参与，而只是认知的参与，让他们对学习产生了分裂感。因为儿童的学习有一个鲜明的特点，就是他们的心灵和智力要同时参与学习过程。

我们来看一个案例。我们幼儿园要求老师对孩子们的学习活动做记录，张蕾老师的一个记录给了我思考和启发。中班下学期，有的孩子开始换牙了。如果你是老师，你打算怎么告诉孩子们换牙这件事？很多人可能会从牙齿生长的规律、牙齿为什么会脱落、乳牙和恒牙的关系、爱护牙齿等方面来开展教学。教师讲，孩子听，但是这样的知识与经验只是老师自己的。那么，张蕾老师是怎么引导孩子们开展自主学习的？我们来看一看这个很有生命力的课程。张蕾老师安排了一个记者会，四个"换牙大使"坐在前面，下面的同学提问。

润鑫：换牙疼不疼？

紫晗：掉牙了，吃饭的时候有点疼。

宝亦：掉牙的时候有点不舒服，主要是心里感觉有点不舒服（本来有牙，没了就不舒服）。

静怡：牙松动老不掉的时候有点疼，需要拔牙，拔牙比较疼，但是能忍得住。

仁夫：我能坚持住。

美睿：牙齿会不会掉到肚子里？

紫晗：一天，当我走到超市门口的时候，听到扑通扑通的声音，才发现我的牙齿掉到超市门口了。

仁夫：有一天晚上，我要睡觉的时候，松动的牙齿流了点血就掉下来了。

静怡：我的牙齿老晃但是不掉，爸爸带我到医院里去拔牙，然后我把牙齿带回家，妈妈把我的牙齿放在小袋子里，当作纪念。

泽炬：你们掉的是什么牙？

静怡：下门牙。

宝亦：上门牙。

紫晗：下门牙。

仁夫：下门牙。

美睿：掉牙有声音吗？

紫晗：刚才说了，我听到扑通扑通的声音。

静怡：我去医院拔的牙，所以不知道。

仁夫：没听到声音。

宝亦：我也没有听到声音。

时空：掉的牙是什么颜色的？

仁夫：有点红色，那是血。

紫晗：我没有流血，还是白色的牙齿。

几位"换牙大使"根据自己的亲身经历给了小朋友一些忠告：

宝亦：吃蛋挞时，只能吃蛋挞里面的东西，不能吃蛋挞外面的东西。

静怡：医生说拔牙的那天晚上不能刷牙，不能喝烫烫的水。

紫晗：不能吃太硬的东西，硬的东西要在嘴里含一会儿才能吃。医生说，换牙的时候不能舔牙，因为舔牙会让牙齿长歪了。

仁夫：换牙不用害怕，我们每个人都要换牙。

这个课程跟你心目中儿童被控制的学习，最根本的差别是什么？一个根本的差别就是，你讲给孩子们的课程，线条简单、生硬、灌输；孩子们自己的课程鲜活，带有个人情感、个人体验。所以，我当时让老师们思考一个问题："你们觉得孩子们自己的课程，哪些是你想教而没有教到的？"老师们发现没有，甚至他们没想到的地方，孩子们都想到了。孩子在用心灵学习，而成人是用大脑来判断的。

这几年，在办学过程中，我的教育思想越来越回归到了中国的传统思想。明代哲学家、教育家王阳明认为，心有多大，力量就有多大。孩子们也是，心灵的力量永远比大脑的力量更有强度、更有震撼力。所以，当我们看到孩子们的课程时，我很感动。只有孩子们才能上出这样的课程，成人大脑中复杂的东西太多了。

我们有一位大班的小朋友的妈妈说，早晨送孩子上幼儿园，孩子跟妈妈讲："我太爱我的幼儿园了，我实在不想离开。"我们幼儿园的小孩都挺爱上幼儿园的，为什么？因为每次学习都能让他们的心灵参与进去，而不是仅仅让他们的认知被动地接受训练。孩子心灵丰盈，就会去寻找，主动学习。他要读、要看、要学，他的心灵就像一块海绵，不断地吸收，每个孔都是张开的。儿童教育要做的就是这样一件事情。

面对一个问题，很多成人的反应是上网查资料，想怎样才能与众不同、独树一帜。儿童不会，他们没有那么强的分别心和好胜心，他们只用当下的心灵来思考、判断这个事物，表达自己的理解。

所以，在我看来，儿童的美好就在这里，他们永远活在当下，而且他们的思想有活力、有冲击力。

儿童学习的内容和方式

儿童的学习是经验、体验的学习过程。他们的学习通常带有直觉性、体验性，来自大自然。对儿童来说，生活就是教育，教育就是生活。

儿童的生活太美好了，只有让他们感受到学习是整体的，才不会破坏他们未来的感受，才能给他们打下坚实的底子，为他们适应社会奠定良好的基础。

如果让儿童提前学习知识，那么儿童会怎么样？他们会像空中的楼阁，没根。我们常常讲儿童阶段是打基础的阶段，打的是什么基础？是感情的基础，人格的基础，经验的基础。我发现，自己每一次的学习，如果有心灵的参与，就会特别开心，光有大脑就会疲倦。我现在所有的学习的支撑都来自童年，因为童年时候的那些判断和经验值，都成了支撑学习、符号推理的感性材料。没有直接经验，你对间接经验的理解就会有困难。所以，儿童的学习是整体的、经验式的，包含着情感和自我认识的学习过程。儿童这一部分的成长越深入，未来学习的可能性就越大。

儿童的学习是一个自我建构的过程，好奇、主动、注意力、思考、体验参与其中；儿童的学习也是一个逐渐符号化、水到渠成的过程，就跟种庄稼一样，拔苗助长不行，必须按照他们的节奏和方式进行，该是苗的时候是苗，该是西红柿的时候是西红柿。

父母应该怎么样

父母是影响儿童发展的重要他人。生活中，父母不仅用意识和孩子沟通、交流，潜意识也在和他不断地发生作用。因为孩子们的心灵系统是开放的，他们能读出父母潜意识里的焦灼等。新生入园，有一个小孩适应得很好。可是，他每天来了幼儿园后都要和妈妈坐在窗台上哭一会儿。妈妈一走，他就不哭了，开始高兴地玩。他好像就是陪妈妈哭。妈妈给老师写了一封邮件，说孩子上了幼儿园，她的世界空了。与其说孩子有分离焦虑，不如说妈妈的分离焦虑更严重。孩子是特别敏锐的，妈妈的心情什么样，他们都能体会得到，包括父母的关系。

那么，在孩子的学习和发展方面，父母应该怎么做呢？

第一，保护孩子的好奇心，倾听他、鼓励他。比如，爸爸开车带着孩子走，孩子说："爸爸，你看彩虹。"此时，如果爸爸回答"真棒，我也看到了，今天还是双彩虹呢，咱们要不要把车停下来，拍一张照片"，用行动鼓励孩子的敏锐，而不是说"行，我知道了，把手里的冰棍赶紧吃了，别把车座套弄脏了"，那么孩子怎么能不爱学习呢！

第二，在学习过程中引导孩子主动探索，并让他按照自己的方式学习。比如，孩子问："爸爸，我想把这个玩具拆了，行吗？"爸爸回答："可以，我来给你提供一个工具，你试试拆完之后，能不能装上。"即使孩子拆了之后一时装不上，父母也要耐心等待。所有的玩具都是让孩子们玩的，不然还叫玩具吗？

第三，与孩子一起讨论发现与思考，一起分享孩子的感受。真正的陪伴是心灵的陪伴，是你的眼、耳、鼻、舌、身、意与孩子的在一起。

"童年决定一生。"人未来的幸福感、成功感、学习能力都和童年息息相关。所有人都应该给孩子一个美好、幸福的童年，都应该让他们对学习有正确的认识，让他们一生都能够主动地、不断地吸取知识，同时让他们拥有充满幸福感的人生！

11月的新课程

2013年10月28日

上周，我和老师们一起就11月的课程进行了讨论。

新课程并没有太多的参考资料，只能依靠每月我对老师们的指导以及每周同年龄班教师的横向讨论。

11月，我们确定的主题是"艺术与儿童的生活"。之后，我们商议了三个年龄阶段儿童学习的内容。

小班的主题：美好而平凡的生活

我们希望，孩子们从日常生活中学会感受美、欣赏美、享受美与创造美，并最终了解，生活中的美无处不在，关键是要用自己的眼睛去发现与感受。

中班的主题：艺术——再现美好生活

孩子们要体会、学习艺术对我们生活的影响，我们将通过音乐、美术、文学作品、电影等不同艺术形式让幼儿徜徉与流连在人类艺术的长河中，获得丰沛的滋养。

大班的主题：我的祖国

展示中华民族在地理、历史、音乐、绘画、服饰、建筑等方面的特色，引导孩子们观察、体会与理解文化与美的关系，同时将民族自豪感植根于内心，形成更宽阔、开放的胸怀与视野。

这样的课程和前两个月一样，需要家长们的积极参与。家长们作为课程资源参与幼儿园课程，将自己的认识、理解、价值观、情感、期待与渴望一同展示给孩子们。当家长们清晰地认识并贡献出"自我"的力量时，课程所蕴含的更深层次的价值才能被挖掘与展示出来！

新课程中的"持续性分享思维"

2013 年 10 月 28 日

这段时间，幼儿园的新课程如火如荼地开展着，相信关注新课程的所有人都从中感受到了新课程的生命力。下周，我们当月的新课程总结交流会也将如期进行。这次，我们将邀请一部分家长参加我们的新课程研讨会。今天，我想将新课程实施中的一些理论思考与教师、家长分享。

在我们实施新课程的过程中，所有教师都已清晰地认识到，新课程的一大特点是要求成人倾听每个儿童的想法，接纳他们独特的思考，使儿童的思维始终处在一种持续性的分享过程中。持续性分享思维让每个儿童的生命力都能够借助课程得以彰显，生命的美好与张力每天都呈现出多姿多彩的景象。这一点，我们可以从论坛里教师们对课堂讨论的记录中感受到。

持续性分享思维是由英国学者艾拉姆·西拉吉－布拉奇福德及其同事提出的，是指在学习中，两个或更多的人一起讨论，解决问题、阐明概念、完成思考和扩展认识的学习全过程。虽然它表面上强调的是思维，但其实强调的是成人与儿童的相互作用。在英国，持续性分享思维被视为儿童创造性和批判性思维的一部分。

在课堂上，教师应当经常思考：问孩子什么问题？这些问题是否能增加新的讨论？这些问题是否能帮助孩子厘清自己的想法与观念？这些问题是否能够帮助孩子获得积极的情感体验？在孩子们表达的过程中，我们不仅要认真听孩子所表达的东西，更要理解他们思考问题的方式，了解他们是如何看待周围世界的，并给予积极的引导。

要经常鼓励儿童在头脑中进行多种事物的联结，同时给予他们时间思考，让他们可以经常感受到思考的氛围，这样他们才能进行高水平的学习活动，并将这种能力转化成终身的学习习惯与兴趣。

我们要求教师将儿童的持续性分享思维的过程记录下来，并进行合理的结构与整合，使儿童不仅能体会当下学习的快乐，也能从外部看到自己是怎样学习的。

这两个月，我和老师们一直在遵循着这样的学习规律，在儿童学习与发展的过程中不断思考与探索着……下周，我们所有的教师将和家长代表们一起就新课程的一些认识与思考进行一次讨论。

期待着一次成人的"持续性分享思维"活动。

新课程——具有温暖质感的课程

2013 年 10 月 28 日

新课程应体现出什么样的质感，是我昨天才想明白的一件事。

以我的专业知识判断，孩子们成长中最重要也最关键的东西是从父母身上寻找到温暖感。心理学家认为，"当父母冷淡时，孩子的生命之光也就黯淡了"。在我们幼儿园，我总能发现一些被"冷淡"的孩子。在人群中，我通常一眼就能辨认出这样的孩子。他们的脸上因为缺乏关心与滋养，总是暗淡无华。如果是男孩，他们喜欢攻击别人，因为他们渴望强大，让自己获得更多的关注；他们善妒，因为没有了父母的肯定，他们不知道自己好在哪里，也就不希望别人太好；他们没有太多的朋友，因为生养他们的父母都不能将真心与爱交付给他们，他们也就很难真心地对待别人；他们骨子里自卑，无论看起来是自负还是怯懦。

温暖感是新课程追求的质感。其实，人的一生都在追求温暖感。从理论上来说，儿童获得温暖感通常有四条路径：①自己的需要总能被满足；②意识与感觉到别人的强大，同时对其充满憧憬；③发现自己与他人有共鸣；④展示出自己的天赋获得关注与爱。儿童通常可以从母亲那里获得第一条路径，从父亲那里获得第二条路径，从同伴那里获得第三条路径。但是，如果前面的三条路径都失败了，儿童就会选择第四条路径作为补救，即通过自己的能力获得爱。新课程恰恰就是通过这几个方面来完成的。每次的课程，我们都强调父母的共同参与，因为父母起的作用各不相同；课程中，我们会分享所有人的答案，以期共鸣；每次课程，孩子们都有机会展示自己的与众不同。新的课程，虽然条条路径都铺设好了，但仍需要父母陪伴孩子一起行走！

即使在课程中，我们也不断强化着孩子与家庭的联结，但也有些父母总是能用各种方式回避这种直击心灵的学习方式，让我们特别是孩子大失所望，生命之光也就这样一次次地黯淡了下来。

在后天的教研讨论与学习活动中，我们将引导更多的家长思考，让更多生命希望的光芒被点燃！

新课程，让"孩子更像孩子，让爸爸更像爸爸，让妈妈更像妈妈"

2013 年 11 月 4 日

上周关于新课程的分享讨论会上，家长们的热情参与让我们感受到了更多让人温暖与感动的力量。

在会上，每位家长不仅表达了幼儿园新课程对儿童发展的积极影响，也阐述了个人对新课程的理解以及新课程对家庭生活方式的影响。

新课程力求让"孩子主动表达，拥有更开阔的思维"，这是许多家长的共识。同时，家长们也谈到，饱满的、有精神内涵的课程不仅影响着孩子的成长，还影响着幼儿园里的每一个人，特别是家长。家长们的自我成长，不断地让家庭受益。家长们也能够看到年轻教师们的成长与变化。在新课程中，每位教师的魅力都不断地被挖掘与展示出来。

"我们在一起"是一句内涵丰富的话，也是我们一直在追求的一种生活与工作的境界。这次的讨论是我们一起从"儿童发展"出发完成的一次对生活意义与人生价值的探寻过程，因此，会开完后，很多人的内心都难以平静。

今天中午，我和老师们又一起回味了参会家长的真知灼见。同时，我们对新课程下一步的工作也提出了一些思考。在这个月，我们要解决好几个关键的问题。新课程强调家长参与，但家长参与究竟是什么？是行为、是经验还是思考与其他？

新课程的核心是通过还原儿童本真的生活帮助他们从不同的层面认识自己，理解他人。大多数时候，我们看到的"自我"都像漂浮在水面上的冰山。我们只能看到一个人外在的行为与应对方式，但其背后的感受、观点、期待、渴望以及真实的感受通常被掩藏在水面之下。因此，当我们的课程只是触及了一个人外在的行为和应对方式时，还谈不上有意义。真正的课程应当唤起一个人丰富的感受以及他的观点、期待和生命深处的渴望，这样，课程才会显现出独有的魅力与内涵。

教师们需要重点思考，我们的课程应该让家长们参与什么？什么样的参与方式能够最大限度地调动家长们的积极性，让他们表达出真实的自我（这样的表达才能滋养孩子）？家长们贡献的力量如何成为课程中最宝贵的财富？这些财富与力量如何展示给孩子们，以真正促进他们的发展？

我希望，所有人都能在新课程中表达自己的信念、价值观以及对自己与孩子的期待，获得被接纳感与价值感，最终拥有内心的自由与恒久的生命力。我期待着新课程能够让"孩子更像孩子，让爸爸更像爸爸，让妈妈更像妈妈"！

新课程中的"工具价值"与"终极价值"

2013 年 11 月 12 日

这个学期，几乎所有人都明显感觉到了幼儿园论坛的活跃。精彩、好看的帖子越来越多，特别是家长们的参与，让新课程的内容变得更为丰富，也更有内涵。我们作为课程的实施者，也一直在研讨课程的结构与呈现形式。

按照工作计划，从这周开始，各个年龄班的开放日与家长学校活动也将陆续开展。这次，我们仍将重点放在了对新课程的理解上。

在新课程里，我一直强调以认知为载体、以情感为中介、以价值为导向、以灵性为追求的课程目标。应该看到，价值追求是我们课程中显现的目标。但追求怎样的价值，以及价值之间有着怎样的关联，一直是我和老师们在探讨的问题。前几日，我读了美国学者罗克奇的价值观理论，忽然有了一些领悟。

罗克奇将价值观分为"终极状态"与"行为方式"两大类，即终极性价值观（terminal values）和工具性价值观（instrumental values）。他认为，所谓工具性价值观是可见的"事物"，而终极性价值观是不可见的"感觉"。

在实施课程的过程中，我要求老师们在每次的教育教学活动中都要有显现的价值目标。当然，我们的思考是很有局限性的，而罗克奇的工具性价值理论无疑给我们提供了一个确定目标的科学路径。在罗克奇的理论中，勤奋努力、开放、有能力、愉快、整洁有序、勇敢、宽容、助人为乐、正直、想象力、独立性、思考与智慧、理性、爱的情感、有责任心、礼貌、负责任与自律，是我们人类认可且不断追求的十八种基本、普适的价值观。正是这些工具性的价值观，帮助我们很好地适应了社会，获得了成功。

但是，这背后是人类对美好生活的向往。渴望积极的生活；渴望振奋的生活；获得持续的成就感；对和平世界的期盼；对艺术与自然美的不懈追求；对公平的理解；愿意照顾自己所爱的人；渴望内心与外在的自由、自主；渴望内心满足，获得幸福感；没有内心冲突，富有创造性；拥有一份成熟的爱；对祖国抱有积极的情感；愿意享受休闲而快乐的生活；探究生命中永恒的意义；自尊被满足；个人被社会承认，获得他人的尊重、赞赏；拥有真挚的友谊；因对生活有成熟的理解而变得睿智，这十八种建立在工具性价值观之上的个人独有的感受，被称为"人类的终极价值目标"。可以这样说，对工具性价值观的追求可以帮助我们获得快乐，而对终极价值目标的追求才是成就幸福人生的钥匙。

回到新课程上来。新课程特别注重孩子们的感受，我常常要求老师和孩子们交谈的不只是事件，还有感受，同时这些感受还要被记录与呈现出来。当孩子们能够就自己的感受再谈感受时，就越发显得弥足珍贵。我想，这样的课程不仅帮助孩子们建立了对这个世界的积极认识，还帮助孩子们开启了寻找幸福的那扇大门。

希望在这次的家长学校活动中，教师们能够再一次认真思考新课程的价值追求，在和家长们共同交流的过程中，引导家长最终能够清晰地认识到：这样的课程才是未来孩子们对抗厌学情绪与世俗生活的宝贵财富。

有追求的教师才能成为新课程的真正实施者

2013 年 11 月 21 日

周一，我给老师们开会，一起讨论课程中对工具性价值观与终极价值观的理解及运用。

讨论是从罗克奇的价值观量表开始的。我让老师们从价值观量表中选出自己认为最重要的终极价值观，此时老师们的差异就显现出来了。有的老师很坚定地选择了自己想要选择的东西；有的老师则忽然发现自己从来没有思考过这个问题；还有的老师在回答时语塞了，因为他们发现自己想全部拥有。

我们为什么要做这样的练习？因为一个有着清晰终极价值选择的人会主动地让自己的工具价值也不断地成熟与完善（这就是心理学上所说的内部成长动力），最终拥有一种信念、一份追求，让自己在人生的路上获得满足与幸福。对教师们来说，新课程终究是需要情怀的。情怀并不来源于自己已有的那些品质，而是一种不断向上的追求，一种终其一生实现自我的力量。同时，也只有拥有了终极价值追求的教师，才能够带领孩子们一步步地探寻未来生活的意义。

在新课程里，和孩子们一起慢慢成为拥有终极价值观追求的人，也是我对每位教师的真诚期待！其实，对任何人来说，寻找到自己的终极价值观都不是一件容易的事情。如果工具价值观靠思考就能获得，那么终极价值观的拥有则需要心灵的参与。这始终是一个自己和自己对话的过程，难也就难在这里！

新课程——每天都可体验到的"心灵美境"

2013 年 11 月 27 日

最初对于新课程的思考，我们的出发点很明确，即帮助儿童通过与自然环境、家庭生活建立联结，在获取知识、完善能力、丰富情感的同时，完成对自我的认识、了解与接纳。

人们无论渴望的是成功还是幸福，都需要力量。可是，外部的东西提供给我们的力量终究是有限的。越来越多的人意识到，真正的力量来自内心深处对自我的寻找与探索。

在心理学家看来，当我们试着将目光投向心灵，学会向内探寻时，我们不仅能够获得不受外界纷乱打搅的内心稳定，逐步寻找与体验到那个属于自己的"心灵美境"，还能建立一个依随自己内心创造出的崭新的外部环境。"心灵美境"是我们自身原本存在的、绵绵不断的力量的源泉，它是内心全面且完整地接纳自己的过程，这里面有美好的事物，也有一些自己不愿意面对的事物。一个人一旦进入了"心灵美境"，就不再是"心随境转"，而是能够更加从容自如地体验到"境随心转"的美好境界。也因为这个高远宽广境界的存在，我们中的一些人能够将生命推到一个丰富的层面。

在传统课程中，我们总是强调，知识就是力量。因此，学习也更多地指向了认知与能力。在新课程里，生命早期的安全感、归属感、认同感、爱与尊重、存在感都被重视与展现，孩子们与生俱来的潜力也通过课程被不断地发掘与实现，他们将越来越了解自己的真实本性，知道自己想要的到底是什么，也渐渐感受到了自己心灵深处的召唤与使命。

现在，孩子们每天都在新课程里体验着对"心灵美境"的探索。我想，只要我们成人愿意，我们就可以和孩子们一起体验这个过程，寻找到自己的"心灵美境"，迎来另一种生活。

新课程中的"元认知"能力

2013 年 12 月 8 日

新课程在这个月进入一种更深层次的探索中。

通过前几个月的学习,我们一起慢慢地适应了新课程的节奏,尝试体会新课程的内涵。但就儿童而言,拥有较强的学习能力,而不仅仅将学习停留在感受上,是这个年龄阶段"儿童学习与发展"的重要任务。

这个月,我们将开展与美食相关的各类活动,但我们希望在这样的过程中帮助孩子们完成对学习本身的思考与探索,因此我们选择了从科学探索的视角来提升儿童的学习能力。

"元认知"(metacognition)是美国学者弗拉维尔于 20 世纪 70 年代提出的一个概念。弗拉维尔认为,元认知是指个体对思维活动的自我体验、自我观察、自我监控和自我调节,其本质就是对认知活动的自我意识、自我控制。元认知能力与策略一旦形成,就会极大地影响儿童对自己学习过程的监控能力,学习的效率也将会大大提高。

元认知包括三方面的内容。

- 元认知知识,指儿童掌握的有关学习者的知识、有关任务的知识以及有关学习策略和使用方法的知识。
- 元认知体验,指儿童伴随着认知活动而产生的认知体验或情感体验。
- 元认知监控,指儿童在认知活动进行过程中,对自己的认知活动进行积极监控,并相应地做出调节,以达到预定的目标。

现在,大量研究表明:元认知能力与学习能力、学业成绩有着密切的联系。回到新课程上来,新课程一方面要求孩子们在教师的指导与帮助下探索学习新知识,另一方面还要求孩子对学习的意义进行思考,更重要的是要对学习的过程进行回顾。这个思考与回顾除了在幼儿园进行,还可以延伸到家庭。

因此,在我们的教室内,孩子们在一个学期里的所有学习过程都被保留在墙壁上，供他们随时回顾与讨论。

新课程不仅想给孩子们一颗插着翅膀飞翔的心灵，也希望孩子们拥有一个勤于思考的大脑，更希望他们能够心灵与头脑共舞，成为未来学习与生活的高手！

2014 年 土地是万物生长之地，也是文化的大地

这一年，我又一次陷入抑郁之中。这次的恢复期似乎更长一些。这一年的冬天，我几乎每天都去奥林匹克森林公园散步，从冬天一直走到了春天。当奥林匹克森林公园一片郁郁葱葱的时候，我才开始上班。

春末夏初，孩子们开始了新一轮的探索，他们当时称幼儿园为"神秘园"。我和老师们开始讨论课程思路。那年的 6 月，我们把幼儿园想象成一片森林，让孩子们用自己的眼睛和耳朵，去思考和探索这个他们非常熟悉却也不那么熟悉的世界。那个月，孩子们形成了若干个项目学习小组：有研究大树的，有研究蚂蚁的，有研究池塘里的石头的，有研究花花草草的，有研究影子的，有研究野猫生活规律的……孩子们用自己的方式探索着园子里的一草一木，也用不同的视角带领我们见识了一个完全不同的"神秘园"。在《6 月，神秘的探索》一文中，我写道："当孩子们游走在幼儿园里的每一个角落……探索这里看似寻常却又不寻常的各类事物时，这里成为他们心中的'神秘园'。这个'神秘园'不仅成为他们日后学习与探索的动力，也成就了最美好的童年以及他们未来的生活与学习之路。"

6 月，我决定搬到北京昌平十三陵的献陵村，开始一段乡村生活。在乡村，一到夜晚，安静极了，大地包裹着身心，让人平静。那时候，白天的大部分时间我都是在户外度过的，日出而作、日落而息，种菜、种花，过着与以往完全不一样的生活。这种生活状态对我的身体和精神是有滋养作用的。当然，这种质朴简单的生活也影响着我的教育生活。"土地不仅是万物生长之地，也是文化的大地。"于是，我写下了《节气中的课程线索》，这一思考也是源于我在乡下生活时的感受。在这里的每一天，我似乎都能听到大地的声

本章手绘插图作者：唐悦铃，5.5 岁。

音。我觉得，自然是有自己的韵律和声音的，你要学会顺应它，倾听它。在后面的一系列文章中，我都会强调，生活化课程里的很多元素都是从我们与土地和自然的联结中生成的。

印象最深的是夜晚和老师们一起读书。每周日的晚上 8 点到 9 点，是我们的读书时间。当时我们在读《中国哲学简史》，这本书并不容易理解，但我们想从中获得编制课程的哲学立意。我们花了一年多的时间才读完这本书。我依稀记得，夜晚，一片清凉，我脚踩着土地，头顶着繁星，在微信群里和老师们热烈地讨论着哲学，与先哲对话，向先哲们致敬。

这一年，我没有参加毕业典礼，这也是这么多年我唯一一次没有参加的毕业典礼。除了身体的原因，还因为当时我是有些惧怕告别的。2014 届的家长是幼儿园发展史上最好的家长群体，因为他们，我们的课程变得特别丰富，也因为他们，我们想要付出更多的努力，这些家长很像我们的同行伙伴。虽然没去现场，但在村里，我一遍一遍地看着莉莉发给我的直播视频。就像《明天，你好》歌词里所写的那样，"越美好，越害怕得到；每一次哭，又笑着奔跑；一边失去，一边在寻找"。

9 月，在开学的第一课上，我讲了《左手管理，右手信仰》。这是我第一次在幼儿园用到"信仰"这个词，我希望这里的人"同频共振"，找到教育信仰的力量。我写道："与你同行的人，比你要抵达的地方更重要！"我说，我们应该更自然、更沉浸。当所有的力量都来自内心深处时，教育不再是说了什么，我们站在那里就会非常有力量。之后，教师们开始了新一轮的创造。这一年，每当我想急流勇退的时候，都是老师们给我力量。在村里住的时候，他们经常去看我，陪着我，并告诉我，他们可以做到他们所能做的最好。

在《童年的任务不是向外延展，而是向内积累》这篇文章中，我专门引用了《何种童年值得守护》一文中的观点对儿童的向内积累做了解释："在早期教育中，儿童自发的学习才是他们理解世界的最佳方式，成人指导性的教育反而会阻碍这种本能的学习方式。当老师不在时，孩子们会自动寻找更广泛的信息，考虑更多的可能性。对一个儿童来说，一个安全、稳定、丰富的环境，慈爱的成人，很多玩和探索的机会，就已经足够了"。

幼儿园的《儿童宣言》在制定前期因为我生病了而被搁置下来。10 月份的时候，我的精神状态渐渐好了起来。我就想，有没有什么东西不仅能够在孩子的心灵深处留下烙印，还能在现实世界里成为孩子们行动的座右铭？同时，因它鲜明的标志性，也能借此帮助孩子们将童年的这段美好永存心间？于是，我和老师们不断地讨论、修改，形成了现在的《儿童宣言》。这份《儿童宣言》的目的在于希望儿童长大后不仅能仰望星空，也能脚踩大地。

2014年，我住在乡村，注视着老师们，把更多的创造和自主权交给了他们，这也让我知道了相信的力量意味着什么。每一个人身上都有自己的力量，我的作用就是相信他们每个人的力量，让他们找到自己的力量，和自己的力量相遇。之前，这种力量似乎必须是我的"在场"，但这之后，即使我"不在场"，老师们也会非常有力量。

6月，神秘的探索

2014 年 5 月 23 日

6月，新课程会带给我们哪些惊喜？

绚烂的 6 月，我们将和孩子们一起投身大自然，用科学的视角探索自然中神奇的一切。每个人都可以尝试按照自己的方式完成学习，建构起自己独特的认知结构。之后，孩子们对待知识与自然的态度就会得到完善与提升。

人们普遍认为，在儿童阶段，完成知识的学习是最重要的事情。但真正的教育并不是往儿童的脑袋里塞进多少信息，而是能够帮助他们形成一系列重要的品质，如毅力、自我控制、好奇心、责任心、勇气以及自信心等。

6月，当孩子们游走在幼儿园里的每一个角落，用自己的眼睛、耳朵、大脑、心灵来探索这里看似寻常却又不寻常的各类事物时，这里成为他们心中的"神秘园"。这个"神秘园"不仅成为他们日后学习与探索的动力，也成就了最美好的童年以及他们未来的生活与学习之路。

节气中的课程线索

2014 年 6 月 5 日

新课程关注自然变化。中国人对自然的认识和节气有着很大的关系。明天是芒种节气，意味着仲夏开始，除了暑热来临，这也是昆虫们一年中难得的一段欢愉时光。很快，我们就能够听到蝉的叫声，看到螳螂等昆虫的影子了。

这之后的日子，如果我们愿意进入其中细致地观察体验就会发现，处处都有令人沉醉的意境与景象。新课程，希望老师们和孩子们一起关注变化，感受天地万物、四季变换的美好，千万不要因平日生活的随性与粗糙而渐渐成为感觉麻木的人。

最后的一个月，希望能够继续分享一些精彩的课程！

在毕业典礼上的讲话

2014 年 7 月 1 日

亲爱的孩子们：

你们很快就要离开幼儿园了，我有几句话特别想跟你们说。

你们在幼儿园的这四年，是幼儿园十年发展中最美好的一段时光。因为你们，幼儿园从默默无闻变成了一所著名的幼儿园。今年，我们和出版社一起完成了《中国著名幼儿园》丛书的编写，我们为咱们幼儿园的这本书起名叫"在这里，幸福比其他事情更重要"。

作为园长，我一直特别期待你们能在这里获得幸福的童年。因为我知道，童年决定着一个人一生的幸福。你们在幼儿园的这四年中，我们一直在努力探索，先是有了"畅游日"，然后有了"新课程"，环境也越来越丰富多彩。我们做这一切只有一个目的，就是让你们在这里度过一个幸福的童年，让你们用这份童年积攒的力量去完成未来的生活，面对未来的挑战。

我很想和你们说说，这四年里我们为你们做了什么？在我的心中，一个思路一直非常明确，那就是每一个人都要适应社会，然后尝试用自己的力量影响与改变世界。但是，要改变世界，先要认识到自己的能力，让自己变得厉害起来，变得丰富起来。人在改变世界的同时也在改变着他人，改变着自己。但这都不重要，最重要的是能够回过头去重新认识自己，接纳自己，接纳别人，然后再接纳这个不完美的世界。这是每个心灵丰富的人都要完成的心路历程。

在幼儿园，你们很幸运，我们用课程带着你们走了一遍这六个心路历程。我想，这是一笔宝贵的财富，能够让你们在未来的生活中，不断地迎接各种各样的挑战。孩子们，我真的很舍不得你们，总觉得为你们做再多都不够，还有很多我们想做而来不及做的事情。但是我想说，我们已经尽力了。希望你们在未来靠自己的力量去适应社会，改变世界，了解自己。

我想再跟爸爸妈妈们说几句话。说实话，你们是十年来我最满意的一群家长，也是我最想感谢的家长。因为你们，我们的课程变得特别丰富；因为你们，我们总能找到前进的动力；也因为你们，我们总是在努力。你们中的很多人已经成为我心灵深处特别重要的那个"他人"，感谢你们！未来，我也想和你们说，每一个孩子都有自己的人生路，不要把你们自己的想法与愿望投射到孩子身上，而应该更多地倾听他们、了解他们，让他们能够按照自己的方式去生存、去生活，对孩子们来说，这才是一条通往幸福的路。

四年的时光转瞬即逝，除了美好、感谢，还有些许遗憾。在未来，希望我们每一个孩子都能够按自己的方式和节奏呼吸与思考，成为"他自己"！最后，送上我喜欢的一首歌《明天，你好》，祝福孩子们的未来更美好！无论何时何地，孩子们，请记得，我们一直站在这里，目送着你们迈向自由之旅！

（注：因为太怕离别时的动情动心，我选择了用录像的形式和孩子们、家长们告别。）

左手管理，右手信仰

2014 年 9 月 1 日

开学第一天，照例我应该写点什么。

身体原因，我很久没写东西了，这次也只能是将我在全园大会上讲话的一些内容整理成文字，记录下来。

十年前的9月，幼儿园第一次开始正式招生。十年转瞬即逝，又一个9月来临。这十年间，我们完成了很多工作，我甚至无法将这十年的变化一一列举，只感到时间不知不觉地穿过了我们，流向了未来。

静静思考这十年来的成长与变化，我想，最大的收获莫过于我们很多人借助于工作，开始渐渐意识到，身心修为、思想、情感、内心世界的建立与成长是何等重要。

十年之后，我们应该做什么？新的变化与新的方向在哪里？

我想，经过十年的历练，我们应该更自然，更沉静。当所有的力量都来自内心深处时，教育不再是我们说了什么，我们站到那里就会非常有力量。

现代管理学之父彼得·德鲁克曾说，一个好的机构要"左手管理，右手信仰"。当我不再依靠简单的管理，而是和老师们一起思考我们做的事情的意义在哪里时，我们就是在探寻每一件事情背后的源泉和意义。

当老师们逐渐找到了工作的意义和源泉时，他们就会逐渐将其视为信仰，也就渐渐能看到自己的使命和自己将要寻找的目标。当每个人都能够赋予工作积极的意义时，机构的力量也就显现出来了。而未来，我要做的就是继续挖掘每一个人身上的潜能和蕴含的可能性。

美国心理学家米哈里·契克森米哈赖创造了"心流"（flow）一词，工作中，当你有心流的时候，你的快乐意识流就被启动了。这是一种将个人心力完全投注在某种活动上的感觉。当心流产生时，人会有高度的兴奋感、充实感、满足感、愉悦感。当教师在工作中能够体验到这种心流的时候，信仰也就自然而然地产生了。

我们应该向儿童学习，他们个个都是心流的高手。新的学期，从儿童身上学到心流的感觉，也不失为一个很好的工作目标。

新的学期，要做的事情很多，想表达的东西也很多，但我只想跟大家说："与你同行的人，比你要抵达的地方更重要！"

童年的任务不是向外延展，而是向内积累

2014 年 9 月 15 日

上周，老师们在论坛里发的好帖子实在太多了，让我有目不暇接之感。感叹之余，我不禁在想，是幼儿园的环境变化（自然环境与人文环境）为老师们带来了舒畅，以至于他们想一次次地直抒胸臆，还是精灵般的儿童在自然的滋润下焕发出了更大的光彩让老师们赞叹不已？不管是什么原因，作为园长的我都是满心欢喜的，也不由得想起美国教育家杜威说过的一句话——"学校的首要职责应该是为儿童提供一个简化的环境，以排除社会环境中丑陋现象对儿童的影响"。

在幼儿园，我一直强调儿童要成为他自己。但这条路并不好走，它甚至

和当下社会对儿童的预期大相径庭。但是，童年生活的任务并不是向外延展，而是向内积累。因为，一个人只有内在力量强大，才能很好地了解自己、把握自己，未来才有可能处理好自己和世界的关系，在人生的成长中拥有主动权。我们常说的"给孩子良好的早期教育"，就是指保护孩子的好奇心，发展孩子的创造力，让孩子有幸福感，成为他自己，这才是培养儿童未来竞争力的正常顺序和逻辑。

"在早期教育中，儿童自发的学习才是他们理解世界的最佳方式，成人指导性的教育反而会阻碍这种本能的学习方式。当老师不在时，孩子们会自动寻找更广泛的信息，考虑更多的可能性。对一个儿童来说，一个安全、稳定、丰富的环境，慈爱的成人，很多玩和探索的机会，就已经足够了。"这段话出自《何种童年值得守护》一文，它也许能很好地诠释什么叫"向内积累"。

新的学期刚刚开始，老师们继续努力啊！

幼儿园的《儿童宣言》

2014 年 10 月 28 日

去年冬季的某一天，我突发奇想：如果二十年后，在幼儿园生活学习过的孩子们又聚在了一起，他们会谈论些什么呢？是在幼儿园里学习过的知识？那些知识可能已随着时间的推移渐渐忘记。是曾经有过的美好回忆？那些回忆也会随着岁月的流逝渐渐模糊。是新课程里那些曾经打动人心的讨论？在现实的重压下，他们也许已经全然忘记那些讨论。

有没有什么东西不仅能够在孩子们的心灵深处留下烙印，在现实世界里也能成为孩子们行动的座右铭？同时，因它鲜明的标志性，帮助孩子们将童年的这段美好永存心间。

在探索新课程的时候，注重开放性、注重心灵层面的学习已经成为我们的基本要求与主张。但我总感觉，仅有这些是不够的，还应该有一些更落地的东西。这些东西应该能和新课程形成呼应，让孩子们不仅能够在思想的上空飞翔，还能够在平实的生活中获得认同与接纳。

就儿童而言，学习发展与成长的路径可以是先知后行，也可以是先行后知。在教育过程中，无论是在家庭还是在机构，这两条路都同等重要（在今天，后一条路被越来越多的家长放弃）。接下来，我们需要思考，哪些要求是孩子们在未来的社会中必须了解与掌握，并最终形成习惯受益终身的。儿童的成长离不开生活、游戏、学习，同时，与他人的交往、自身拥有的信念与理想等，对他们来说也都是一些重要的成长维度。

哪些要求是孩子们应该天天坚持的呢？几天的观察思考后，我先试着按照自己的理解起草了基本段落与内容，之后交由老师们讨论、补充。几易其稿后，我们最终在去年完成了初稿，并将其命名为《儿童宣言》。

这个学期初，我们制作了《儿童宣言》的朗读稿。当孩子们天籁般的声音和老师们庄严、亲切的声音一同出现在录音里时，所有人都感觉，我们又完成了一件大事！

一所教育机构不仅应关心儿童当下的成长，还应着眼于他们的未来。我在想，二十年后，孩子们也许还能记得《儿童宣言》，记得从中获得的教益。也许，这份《儿童宣言》已经镌刻在了他们的人生中，让他们不仅能够仰望星空，也能脚踩大地，温暖而自信地站立着。

儿童宣言

上了幼儿园，我知道，我长大了！

长大是一件美好的事情。

长大意味着有能力去做很多事情，

长大意味着开始知道有很多事情是不能做的，

但真正的长大，是学会了对自己和他人负责任！

我开始知道

在哪里，和谁一起，吃饭都是一件美好的事情。

我们要做到：

吃多少，取多少，

细嚼慢咽。

打喷嚏与咳嗽时要说"对不起"。

自己的垃圾自己处理。

要对所有人的付出表示感谢。

我应该知道

上厕所是件私事,

如厕时关好门,

不便溺于外,

厕后要冲水,

要时刻想着不给别人找麻烦。

要试着体会

朋友是一生的财富,与他们相处时:

倾听与尊重他们的想法。

有好的表现时不炫耀,

别人有好的表现时要替他高兴。

一起游戏时,即使输给了别人也没必要生气。

收到别人的礼物时,应该感谢,不应嫌弃。

与大人相处,应该做到

有礼貌、有分寸。

交流时,眼睛要看着他们的眼睛,

如果他们问问题,要马上回答。

收到礼物时,应该双手接过,表示感谢。

能为家人制造一些惊喜,爸爸妈妈一定会更开心。

在幼儿园里

见到每个老师都要问好,

发言时要起立,

有问题尽量自己解决。

有小便或者喝水时，请从别人后面悄悄绕过去，

走在前边的小朋友要为后边的人提供便利。

老师批评小朋友时不要围观，

老师和家长谈话时不要打断。

外出时

在公共场所应保持安静。

随身准备一个垃圾袋，做到垃圾不乱扔。

乘坐车辆时不打扰司机，

记着要感谢所有为我们服务的人。

走楼梯、搭乘电梯或乘坐公共交通工具时，要先下后上，

尽量站在右边，请赶时间的人走左边。

做任何事情

都应守时，

安心、条理最重要。

每天都应思考，

今天我过得怎么样？

今天的事情完成了没有？

哪些是让自己满意的事情？

改正错误要及时。

自己的理想

一定要坚持！

无论如何，都要诚实，

坚持信念更重要。

无论在哪里，都应谨记这些要求。

只有这样，我们才能成为最好的"我自己"！

我们的 2014

2014 年 12 月 30 日

回顾即将过去的 2014 年，有几件事情值得思考与记录。

这一年，幼儿园建园十年，各方面工作都迎来了稳定期

我的管理思路也由管事、管人过渡到赋权管理。十年来，我们的管理层、教师、员工队伍一直保持稳定的态势，大家一直"在路上"，客观上具备了这样管理的条件。这一年，我也迎来了女性的更年期，明显感到身体、精力都在走下坡路，管理方式也只能进行相应的调整。但令人欣慰的是，幼儿园的各项基本工作不仅保持了常态水平，在很多方面还有了突破性的进展。这不禁让我感慨，这十年中，幼儿园的很多人借助这份平凡的工作，意识到作为一个人，其身心修为、思想、情感与内心世界建立的重要性。当所有人的力量都源于自我的时候，每个人都可以按照自己内心的节奏完成工作，进行自我管理，这样，外部管理也会变得轻松起来。特别是，当工作渐渐演变成为个人的信仰时，机构的影响力也得以最大限度地彰显。

十年的积淀，让我们在很多方面都迎来了丰硕的成果

这一年，我们"回归与还原儿童本真的生活"的新课程进入更深层次的探索。我们借由新课程申报的中国学前教育研究会"十二五"课题《园本课程的有效性对促进教师专业化发展的影响》与中华女子学院重点课题《中华女子学院附属实验幼儿园新教师专业化成长与我校学前教育专业课程设置的相关研究》都在研究过程当中，教师们也因此拥有了更强的研究能力。为了更全面地呈现孩子们在幼儿园的生活、游戏和学习，宣传科学的育儿理念与教育思想，11 月，幼儿园又启动了微信推送服务。我们相信，当所有人和我们一起用心倾听、耐心陪伴孩子们的时候，每个人都会迎来全新的成长！

我们的办学方向在这一年里也越发清晰明朗

为了更大限度地体现自然主义的教育主张，暑假，我们对教室、院落与楼顶进行了修葺与改造。至此，幼儿园不仅拥有了一个美轮美奂的空中花园，院落内的自然环境也被植物有机地分割成十几个动静结合，可供探索、学习的区域。这些户外区域不仅为孩子们在户外的活动提供了更加多样化的选择，还将更大的学习可能性蕴含其中。

这一年，还有很多事情值得记录。这一年，我也一直在体会"从心所欲不逾矩"的感觉，因此就不刻意求得面面俱到了。相信每个人的内心都有一份属于自己的总结。新年即将到来，我在这里要祝福我最心爱的孩子们身心健康，他们的爸爸妈妈及家人幸福快乐，也祝福他们的园长妈妈——我自己和老师们一切顺利！明年见！

2015年　思想是我们的武器

如果说我以前的表达多为碎片化思考，那么2015年的思考则呈现出较为完整与连续的特性。最突出的表现是文字量增多了，每一篇文章都写得很长，但每次写完后依然有意犹未尽的感觉。

《在这里，每个人都可以拥有一片天地》是开年的第一篇文章。在这篇文章中，我表达了这样几个观点：第一，对人的信任和尊敬。无论是儿童、教师还是家长，我希望他们都可以在这里拥有一片天地；第二，我谈到了课程。那时候，课程探索的方向有了，但如何确保课程的质量是我经常思考的问题。我希望老师们用自己的智慧、生活经验继续完成在课程中的探索。

传统的课程和个人生活之间似乎总是存在着一种对立关系，而生活化课程表现出个人生活与课程的高度统一。课程的开放度则源于教师个人对生活的态度。

对"为什么每个人都能在生活化课程中得到成长"这一问题，我给出了自己的解释：第一，生活本身就是开放和多元的，生活化课程的空筐结构让任何人都能随时进入其中。生活化课程有一种很强的带入感，让人在文化的河流中徜徉；第二，生活即教育。这个观点不仅是针对儿童说的，对教师专业成长也有很特别的价值，因为它可以让教师个人的生活成为工作的源泉。

那时候总有人感慨，你们为什么能设计出那么多美好的活动！教育最本质的追求是对真善美的向往，当这里的每一个人都能够自由表达天性中的真善美时，美好的教育自然就会出现。

2015年，我的内心充盈着对老师们的感激。我问他们："我可以为你们做些什么？"在《新学期，我和老师们面对面》一文里，老师们真诚的提问让我的思考更加深入。李文老师问："在期末总结会上，您说新学期不再带

本章手绘插图作者：吴抒沁，4.5岁。

着我们奔跑,而是要站在背后注视着我们。您说的'注视'的含义是什么呢?""我想,在未来的十年里,每一个人都能够找到自己奔跑的方向。我要做的就是在背后注视着你们,为你们鼓掌。实际上,这是一种欣赏,一种感谢,一种信任,从一定程度上也反映了我们这十年一路走来建立的一种工作中难得一见的'亲密关系'吧!"令人欣慰的是,今天,这些提问的老师、门卫、保育老师、清洁员一个都没有离开,依然坚守着自己的那一片天地。

做教育的人应该追求什么?至少,我想追求的东西不是那些花里胡哨的、看得见的"好"。我和老师们想追求那种一下子很难看出来,需要靠时间才能慢慢体会到的、沉淀下来的美好。

2015年最重要的一篇文章是《新课程的"三块基石"》。生活化课程强调人的完整发展目标,重视生命质量,但如何表达这一价值追求常常令老师们难以捕捉。于是,我写下了这篇文章。"新课程探索之初,我们就意识到:教育如果不涉及人格完整性的培养,不涉及儿童情感的培养,就始终是有局限性的。一般而言,无论哪个阶段的教育,都需完成三件事情:第一,帮助学生了解他们眼中的世界是怎么来的;第二,让他们知晓他们所见的世界是什么样的;第三,在学习中,体会生活的乐趣与意义。这三个方面不仅涉及认知,还关注学习者的态度与情感。传统的教育总是强调知识对儿童的影响,儿童的情感与感受似乎很少被关注。因此,新课程一开始就从记录儿童的感受与情感入手,倾听他们对事物的看法与评判。感受是灵魂的语言,更是个体内在对自我的洞察。这些感受与情感的表达往往意味着一个人灵性的觉醒。儿童对事物、对自己、对他人,都有着很强的敏感力和洞察力。在新课程里,我们经常记录孩子们的感受,也看到,儿童一旦开始表达自我感受,学习的广度、深度就会扩展,对自己、对世界也有了更深的觉知。当一个人的觉知能力增强的时候,他就会显现出内在的生命能量,而恰恰是这个能量,使孩子的生活充满了直觉、想象与创造。他们进而主动探寻生活的意义和价值。"

美国教育心理学家布鲁姆将教学目标分为认知、情感、动作三个领域。在这篇文章里,我表达了这样一个认识:"儿童学习的过程,也是一个在教师引导下对知识形成过程的学习过程。从这个方向出发,上升到情感和人格的高度,学习一些相关'技能',从而在个人发展的层面促成情感、认知、技能的完美结合，这样儿童才会获得真正意义上的发展。至此，我们将'感受与情感''知识与认知''动作与技能'确定为新课程的'三块基石'。因为它们既是形成新课程结构的基本要素，也是新课程的方向与追求。"

应该说，这篇文章对生活化课程的贡献在于，依托这一描述，我们找到了建构新课程的形态，也找到了课程的价值追求方向。

具身认知理论将我们带到了新的探索中。"具身认知"和我们中国人讲的"道"是一脉相承的。当时，这一前沿理论给新课程探索提供了强大的理论指引。我们开始对环境、情境化的学习有了更清晰的认识，老师们也终于开始将设计生活化的场景作为课程的预成部分，用来指导儿童完成学习。

"你的思想才是你的武器。"2015年，我试着用传统文化的语境更简洁地表达自己的思考，也为老师们建立了思想的池塘。之后，这里的每个人都可以在"池塘"里游弋。

我喜欢哲学，喜欢深邃的思考；我热爱大地，也喜欢在实践中创造和探索。这一年，我一边在思想的上空恣意飞翔，一边在实践的田野脚踏实地，而支撑我的是饱满的情感与爱的力量。

在这里，每个人都可以拥有一片天地

2015 年 1 月 30 日

前天，我们进行了教师们的期末总结会。在听完老师们的发言后，我有几个感受。

第一个感受是，我真切地感觉到这里的每一个人都有自己的一片天地，大家在这一片天地里耕耘、探索。不光老师们有一片天地，家长和孩子们也有。新课程有一个很大的开放度，而且它是空筐结构，任何人都可以往里面装自己想要的东西。新课程来源于生活，生活本身就是开放的、多元的、空筐的，谁都可以往里面装自己想要的东西。所以，新教师在进入新课程教学的时候也一点都不陌生，就如同生活一样，而传统的课程可能需要教师花很多的精力来学习组织、管理。

第二个感受是，对孩子们来说，"生活即教育"，对老师们来讲，工作也成为生活的一部分。很多人厌倦工作，是因为工作和生活是对立的。但在我们幼儿园，工作就是生活的一部分。生活需要排练吗？不需要。需要扮演吗？不需要。需要提前预知吗？也做不到。所以，当这样的生活和工作紧密相连的时候，我们就会看到工作的无穷魅力。而且，因为它带有不可知性，带有意义感，指向未来，所以会令人觉得有趣、有价值。同时，恰恰是因为这样的工作带有真情实感，所以大家的所思所想，甚至困惑、局限，都可以自由表达。与其说前天是在总结工作，不如说我们是在谈论生活。当你可以很好地解决课程中的很多问题的时候，你的生活能力和生活质量就会大大地提升。

第三个感受是关于课程的。课程中，每个人都在完成"精进"。课程是来源于生活的，所以大家要经常思考，生活中的什么给你的冲击力最强？每个人对"精进"都有自己的理解。这一年，我感觉老师们在各自的探索道路上都不遗余力，用自己的经验、生活、智慧和研究能力来完成各自的"精进"。每一个人都在以自己的方式往前走，有的人思考的是课程中的情感与灵性，有的人思考的是课程中儿童的能力，有的人思考的是课程中儿童学习的品质。

所以，下个学期，我们要思考新课程未来的方向，探索怎样做才能更大限度地促进儿童发展？"精进"就是你按照自己的节奏走自己的路。这个课程的开放度就在这里，每个人都要按自己的方式走进去。

下学期，我建议大家都给自己找一个方向，抓一个点深入研究，假以时日研究能力就会精进。大家的方向一定是不同的，所以当我们这么多人的智慧集结在一起，再交流的时候，思想就会碰撞出火花。

第四个感受是新课程的魅力。家长对新课程的满意度是相当高的。有人甚至感慨，这么丰富美好的主题，你们是怎么想出来的！前阵子，有一个媒体人问我："人家家长都不怎么爱参加幼儿园的活动，为什么你们的新课程，家长就特别爱参加？"我说："其实每个人都有一颗纯真的心，我们的课程能够让每个人的初心参与进来。所以，他们每参与一次，就得到一次滋养。"从另一个层面上讲，人类社会追求的价值到底是什么？是"真善美"。我是这样理解它们之间的逻辑关系的：有了真才有善，有了善才有美。当一个人特别真的时候，即发自本心的时候，他其实是善的。每个人的天性中都有特别美好的善，当真、善全做足了的时候，美自然就出现了。

总结会上好几位老师都谈到了控制。控制和真诚，有时候是对立的。控制是因为你自己怕真诚，你越不想控制的时候，美好的东西就越能够出来。和孩子们在一起，放下你的控制，倾听、欣赏、观察就是我们的方向。课程是老师完成的，所以老师们的"真"特别重要。把心打开，大家就能找到真善美。

新学期，我和老师们面对面

2015 年 3 月 2 日

3 月的日历已经翻开，"神秘园"里处处充满着生机，幼儿园里的所有工作人员都已做好了新学期的准备。

园长是幼儿园的核心人物，每个学期初，我都会对幼儿园各方面工作进行深度思考，之后提出具体思路。这些工作思路影响着幼儿园一个学期方面面的发展与变化。每学期工作思路的内容，既有对人员的管理、指导与服务，又有对课程走向的展望与期待，更有对儿童能够获得最大限度发展的强烈心愿。

新学期的第一天，我和老师们进行了一次面对面的对话。

张蕾老师：幼儿园每学期的变化都让人期待，这个学期幼儿园的硬件条件还会有所改善吗？

我：每年幼儿园都会完成一些硬件的改造与完善，目标是要最大限度地符合儿童的发展需要，体现自然主义的教育主张。这个学期没有大的改造，但会有一些完善工作要做，比如，楼顶的设施可以更丰富、自然一些。此外，我也打算在户外场地开辟两个新的区域：一个是供孩子们攀爬的区域，另一个是增加户外玩具的收纳设施，希望孩子们在户外活动的时间更长，游戏更丰富。

王钰诗老师：幼儿园里有葡萄架和桑葚树，还种别的果树吗？

我：其实我也很想在幼儿园里种一些其他种类的果树，希望能够给孩子们更多美好遐想的空间。但目前来看，幼儿园已经没有地方能够栽种了。但我想，我们可以给孩子们的心中播撒种子，然后用心浇灌，等待着它们生根、开花、结果，这也是一个很美妙的过程。

王海霞老师：您每年都会为幼儿园工作提出关键词，今年的关键词是什么？

我：对咱们园的教师来讲，具体工作的要求我已经不想再提了，经过十年的努力，大家对工作的积极态度已经内化了。我想提的，是做人做事的一种境界——动静等观。它指的是几个境界。第一，动、静应该是平衡的，正所谓一张一弛，一阴一阳，等量齐观；第二，动静等观是指在动的过程中要静，静了之后还要等，等了之后观，这是指内观，向内看，看到自己的心，这是一个心路历程；第三，也可以反着读，观等静动。对新教师来说，可能要先观、先看，看完之后要等，要静下来、要沉思，然后再行动。当然，每个人都可以有不同的理解。对不同的人来说，这四个字有不同的入口。我想，这个学期，一如既往，每个人都可以有自己的思考和节奏。所以，"动静等观"既是这学期大家工作的关键词，也是每个人都可以追求的一种禅意与境界。

赵莉莉老师：新学期，幼儿园的具体管理还有哪些调整？

我：每年，在管理方面，我都会做出一些调整，目的是使工作更流畅。但我们的大方向一直不会变，坚持"以人为本"，要依靠每一个人内在的力量。

今年在人员管理上我提出了一个分组、分层、分类的做法。以教研举例，分组是指小、中、大班不同的年龄组，分层是指不同工作年限的教师，分类则是可以按照各自感兴趣的领域与研究方向组成团队。让每一个人都找到自己的兴趣点和生长点，在这个过程中感受到自身的价值、贡献以及存在，这也许是管理上的一些突破吧！

李文老师：在期末总结会上，您说新学期不再带着我们奔跑，而是要站在背后注视着我们。您说的"注视"的含义是什么呢？

我：现在，我们的大部分老师已经能够独立工作，主体教师的结构已经完成了蜕变。我想，在未来的十年里，每一个人都能够找到自己奔跑的方向。我要做的就是在背后注视着你们，为你们鼓掌。实际上，这是一种欣赏，一种感谢，一种信任，从一定程度上也反映了我们这十年一路走来建立的一种工作中难得一见的"亲密关系"吧！

王玉洁老师："新课程"的实施已经进入了第二年的下半学期，接下来会有调整吗？

我：新课程一直在完善。新学期，我们将在皮亚杰的建构理论指导下继续探索。在探索中，老师们发现，儿童对技能的学习更容易上手。因为技能的学习一旦融入身体，儿童就终生不会忘记和改变。今年的新课程，我们会考虑到儿童的学习特点，在生活的主题下以技能学习和知识掌握为抓手，让所有的感受都建立在此基础上。这样的感受实际上会变得更扎实、更落地，更符合儿童学习和发展的特点。

周冉老师：关于教职工的业余生活，您有什么好的想法？

我：我们可以多组织大家参加集体活动，增加凝聚力与向心力。春天，我会组织大家去郊外种树、种地，享受田园生活。这个学期，我还打算把二楼工作区里的阳光房改造成教师的休闲运动区，大家平时可以打打乒乓球、练练瑜伽，甚至可以布置自己的"心灵小屋"……目的就是让大家更愉快、更积极地投入工作与生活，让大家感觉到，在这里工作不仅仅有付出，还有很多心灵上的放松与收获。

张芬老师：作为新教师，上个学期，我觉得非常愉快，只是不知如何才能保持住对这份"诗和远方"（职业）长久的热情？

我：作为管理者，我不祈求一个人自始至终都能够保持热情，而是允许每个人在不同的时期会有适度的低落。我更看重的是个人的自我调整能力，即你能不能很好地调整，重新找到生活和生命的意义才是更重要的。因为只有找到了这份意义，你才可能把工作看成"诗和远方"。别太苛求自己，接纳自己的现在，当下都是最好的。我欣赏的人不是那种高亢、努力、不断进取的，我欣赏的是平和的人，当"诗和远方"都融在你的内心里时，你的行动平静、平和，这才是我更看重的，也是我个人一直追求的生活方向。学会把"诗和远方"放在心里，不要急躁，静下心来，慢慢走……

甄珍老师：新学期，您有自己的目标吗？

我：对我来讲，这份工作带给我的感受、启发、思考、意义感等东西实在是太多了！我虽然已经到了"知天命"的年龄，但也时常迷茫：下半生应该怎么走？有几个信念我是不会变的：一是对这份工作的热爱；二是对生命与生活意义的追寻；三是对自己的信仰的追求。我坚信，有信仰的人才会获得幸福。目前，我似乎离这个目标越来越近了……

我们互为因果，没有谁比谁更高明

2015 年 3 月 9 日

这周，新学期的各班家长会将如期举行。今年，新课程的探索已经进入了第二轮，我们也一起从儿童身上学到很多有价值的东西。家长工作在我们幼儿园被重视的程度，无论是教师还是家长都有很深切的体会。我想，这份重视背后既有专业的理性判断，也有我们十年工作经验的积累。幼儿教育和义务教育的很大不同点在于拥有双重任务。幼儿教育既要满足儿童受教育的需要，又要完成为家长服务的目的，这很容易让一些家长在关注服务性的时候忽略其教育性。

在幼儿教育领域，有一种看法很盛行，即机构是专业的，家长是非专业的，所以，家长们要学会服从机构的管理与指导。现行大部分幼儿园，其家长工作的思路也是这样的。但这样做的结果是，即使家长能参与幼儿园的教育，也多是被动的、流于形式的、浮于表面的。在我们幼儿园发展与探索的过程中，我从未停止过思考一个问题：有没有一种和谐共生的关系，让家长心悦诚服地参与孩子的教育，同时能自觉地将自身的生活、经验变成教育的有效资源和力量，共同促进儿童的发展？

三年前的暑假，我和老师们去北京怀柔开了两天的会。当时我们在想，能不能借助课程，实现真正意义上的家园合作？因为在这之前的两三年里，我们观察到：孩子们对老师"教"的一些东西并不满足，他们总是有自己的想法。于是，我们试着选择了一天，放下所有预设，倾听孩子们的想法，满足他们自由游戏的愿望，那一天被命名为"畅游日"。探索了一年后，我们发现，幼儿园每周五的出勤率是最高的，孩子们在等待着那一天的"畅游"，他们可以自由自在、快快乐乐地玩耍。教师则退到了他们身后，成为材料的提供者、陪伴者、记录者、赞赏者。那时，我在想，如果孩子们每一天的学习生活都是如此，他们是不是更开心，获得更大的发展呢？

至此，创建一套"新课程"的想法应运而生。但新课程到底是什么样的，我们也并不完全清楚，只是觉得，应该有这样几个关键概念。

生活即学习

对儿童来说，生活本身就应该是教育。当时我们讨论了很长时间，最后采用了中国传统文化与儿童体验交织的一个线索，将课程和季节、节气、儿童成长等元素交织在一起，每个月有一个大主题。比如，春天的时候，儿童要在院子里把所有的地方都探索一遍，他们可能要丈量大树，但各自使用的具体方法不同。他们要了解幼儿园有多少棵树，有多少种类的树，他们还要找到小池塘里有多少条鱼，了解为什么人们走近小池塘的时候，说话声音一大，鱼就会跑开。他们还要探索，小池塘里的乌龟每天吃些什么？幼儿园的哪个地方是小鸟的家？哪个地方是猫咪经常去的地方？总之，他们要用生活完成"学习",而不是用"学习"代替生活。这样,他们生活着、发现着,不断地完成着自我学习与建构。这样获得的知识、经验来自自我建构,教师所做的是创设环境、积极陪伴、认真记录、将经验梳理成体系。

让孩子们爱上学习

新课程应该让孩子们感觉学习是愉快的、满足的。传统的教学,大部分时候是教师在教,儿童在学,儿童自身学习的愿望与积极性并不被重视。其实,儿童学习的方式非常多样,他们对自然也更敏感。最重要的是,他们对世界有自己的独特看法,这些看法往往也是他们精神世界的构成。应该说,儿童思想的开阔性、对事物探究的积极态度、对世界的看法以及精神世界的丰满程度等,都是成人望尘莫及的。因此,新课程应该把儿童的科学发展作为出发点。在儿童的学习中,教师与家长不再是绝对权威。

所有人都是课程的贡献者

每个家庭都带着自己丰富的"文化密码"。那么,家长们能不能成为课程的贡献者呢?新课程将教育的目标指向儿童的全面发展,而非仅仅是认知。当所有人都将目标聚焦在儿童的全面发展上时,在教师的帮助下,家长也可以运用自身的文化优势参与到课程中,与孩子互动。家长们在参与的过程中,每个人都可能回归初心。对成人来讲,这是一次生命的滋养。当然,对家长来说,和孩子之间能够建立真正意义上的联结,对彼此的生命成长都是很有价值的。我们看到,当联结建立起来的时候,父母可以真实地感觉到孩子作为有灵性的生命存在,他们开始学着反思,调整自己的行为,也在自我完善的道路上迈出了重要的一步。

课程应是所有人共同成长的一个方式与一种联结

就教师们而言,新课程需要他们从原先那种较为狭窄的视角,转化为开放的、有生成感的、有成长性的宽泛眼界。家长们如果肯参与,就能够体会到被认同感、被满足感与成就感。当所有人的内在力量都被激发出来的时候,就一定会有一个大家看不见却能够感受到的强大气场。

做教育的人应该追求什么？至少，我想追求的东西不是那些花里胡哨的、看得见的"好"。我和老师们想追求一种一下子很难看出来，需要靠时间才能慢慢体会到的、沉淀下来的那些美好。

在这里，我们总是能够看到家长们的积极变化，家长们也总能发现我们的努力与进步。所以，我想说，我们互为因果，没有谁比谁更高明！

新课程的"三块基石"

2015 年 9 月 5 日

两年过去了，我们一边思考、一边实践，新课程的体系日臻完善，我们也见证了新课程对儿童发展的积极影响。在学习过程中，儿童的情绪更加积极、饱满，更愿意表达自己，对生活中的变化也越来越敏感，对事物探究的愿望也越来越强烈，内在的秩序感也越来越稳定。重要的是，这套"生活即教育""教育即生活"的课程不仅带给他们很多愉快的体验与思考，还让他们对幼儿园里的人、事、物产生极大的信赖感，变得更加本真、自然，在成为"我自己"的路上越走越远。

欣喜之余，我们意识到，这个探索过程也是一个非常美妙的专业学习与体验的过程。这期间，我和老师们对新课程的出发点、价值追求、呈现方式、对元认知能力的影响、给家庭带来的影响以及家长在新课程中的作用、教师指导儿童学习的方式等诸多方面都进行了研究与讨论，之后我陆续将这些认识撰写成文字。但新课程到底应呈现出什么样的结构？新课程追求的课程目标是什么？两年过去了，许多重要的东西也在不断的探索中渐渐清晰起来。

新课程探索之初，我们就意识到：教育如果不涉及人格完整性的培养，不涉及儿童情感的培养，就始终是有局限性的。一般而言，无论哪个阶段的教育，都需完成三件事情：第一，帮助学生了解他们眼中的世界是怎么来的；第二，让他们知晓他们所见的世界是什么样的；第三，在学习中，体会生活的乐趣与意义。这三个方面不仅涉及认知，还关注学习者的态度与情感。

传统的教育总是强调知识对儿童的影响，儿童的情感与感受似乎很少被关注。因此，新课程一开始就从记录儿童的感受与情感入手，倾听他们对事物的看法与评判。感受是灵魂的语言，更是个体内在对自我的洞察。这些感受与情感的表达往往意味着一个人灵性的觉醒。儿童对事物、对自己、对他人，都有着很强的敏感力和洞察力。在新课程里，我们经常记录孩子们的感受，也看到，儿童一旦开始表达自我感受，学习的广度、深度就会扩展，对自己、对世界也有了更深的觉知。当一个人的觉知能力增强的时候，他就会显现出内在的生命能量，而恰恰是这个能量，使孩子的生活充满了直觉、想象与创造。他们进而主动探寻生活的意义和价值。

儿童对感受的表达往往真挚而率真，这对成人有极强的感染力。他们越是能够回归本心本性，就越能感染成人。他们和教师的关系也会在这样的过程中发生质的改变，教师会从内心深处热爱儿童、尊重儿童、钦佩儿童。

在新课程里，我们要求教师不加评判地认真倾听儿童。因为一个总是被别人倾听、理解的孩子，其思考也会不断深入。当有心灵的力量参与时，他们不仅和外在有了更深的联结，还能更清晰地觉知到自己和世界的关系，相信自己是有价值的。

认知也是新课程的一个重要部分。儿童通过认知获得的知识在发展中起着重要的介质作用。没有知识，感受无从依托。人类在多年的进化过程中形成了一套较为完整的知识体系。但是，不管知识体系多么严谨，它也只是一种对客观事物的主观表达。越来越多的研究表明，儿童有自己的知识系统，他们可以按自己的方式，即使不借助符号学习，也能在头脑中获得相应的知识。

在新课程的探索中，我们发现，生活化的课程似乎能唤起儿童原有的、内在的经验系统。当然，我们现在还无法确定儿童内在的知识体系是怎样的，但可以确定的是，借助外在的力量，我们能够唤起他们内在的知识经验。我们能做的除了唤醒之外，就是帮助他们把零散的经验结构化，形成较为稳固的体系。

随着新课程的深入，我们和儿童的交流方式也发生了很大的改变。我和老师们感觉到，对于儿童，我们的了解与理解都是有限的。对儿童来说，知识的获得不是为了知识本身，而是为了使自己获得更大发展。现在，我理解的儿童发展的含义是，"儿童通过知识的学习，觉知到自我的存在与自我的成长，进而主动成长的过程"。对他们来说，知识只是一把开启发展之门的钥匙。

因此，在新课程里，我们并不强调教授的单一方式，而是注重儿童在生活化、游戏化的学习过程中用自己的方式完成自我建构。我们在观察他们的学习后发现，他们首先通过感官探索外部世界，然后在思维层面自行进行整合。这个过程中，如果孩子没有和真实的事物接触，没有真实的学习探索和体验，那么，所谓的感知和学习就会变得毫无意义。获得知识、满足发展的最佳方式就是在生活与游戏中学习。

坦率地说，在新课程探索初期，我们并未强调技能的作用。不过，很快，我们发现，如果儿童每天都沉溺于各种主观感受中，那么这似乎又有点背离我们的初衷。可以很确定的是，获得知识也不是课程的终极追求目标。那么，就儿童而言，新课程的落脚点到底应该在哪里？

美国教育心理学家布鲁姆将教学目标分为认知、情感、动作三个领域。于是，我们试图在行动层面寻求答案。我们看到，行动练习可以形成一些重要技能。技能，一般是指通过练习获得的动作方式和动作系统，它能和知识一起内化为个体的一种重要的心理特征——能力。但是，这个有关技能的定义显然不能满足新课程的需求。在传统文化看来，"道"并不是一个空泛的观念，而是在反复的操作实践中获得的一种无法言传的个人体验。我们发现，运用感官和动作学习不仅符合儿童学习的特点，同时伴随着情感形成的"技能"还会被永久保留下来，成为生命深处的记忆。但此"技能"非彼"技能"，并非靠训练获得，它更接近中国传统文化中关于"道"的描述。无论怎样，我们开始试着在新课程里将这种"技能"的获得作为课程的落脚点。

这种"技能"也是一种非常个人化的能力，必须靠个人的努力才能完成，这有利于儿童学习品质的形成。当儿童带着意义感进行操作时，他们就会将对知识的记忆、理解、创造依托在一个具体的事物上。这样的学习方式能够唤起儿童原有的专注、坚持、不怕困难、不断探索的学习品质。

我们认为，当儿童运用知识获得了对事物的理解与感受，完成了和自我的联结后，他们就会对学习技能产生极大的兴趣。这一切又形成了个体自我完善的人格基础。

可以说，儿童学习的过程，也是一个在教师引导下对知识形成过程的学习过程。从这个方向出发，上升到情感和人格的高度，学习一些相关"技能"，从而在个人发展的层面促成情感、认知、技能的完美结合，这样儿童才会获得真正意义上的发展。至此，我们将"感受与情感""知识与认知""动作与技能"确定为新课程的"三块基石"。因为它们既是形成新课程结构的基本要素，也是新课程的方向与追求。

乡村生活

2015 年 10 月 9 日

从去年开始，我的生活发生了较大的改变，我选择在大部分的时间里住在乡下——一座三面环山的农家小院，让我选择了"放下"。

我为什么选择在乡村生活

这十多年的工作，我非常拼命。工作是辛苦的，也是劳累的。两年前，我的身体突然变得糟糕起来，做什么事情都好像没有力气，每天的心情也很沮丧，甚至不愿见人，也不愿意和别人交谈。那时候，我唯一的心愿就是寻找一个能够让自己把心安放下来的地方。

机缘巧合，我来到了北京郊区十三陵附近的一个村庄。当第一次来到这里时，病中的我感觉一下子放松了。

我开始过起乡下人的生活，租住的小院三面环山，早晨空气清新，能够看到太阳从东边一点点地照进院子，一上午阳光洒满院落。到了傍晚，我站在台子上看夕阳落山，看火烧云。这里的夜晚，我在大部分时间都能看到满天繁星，夏天的时候还能见到萤火虫……我在想，这才是一个人正常的生活啊！

看日出，看日落，脚踩大地，头顶蓝天，我在心底默默地对自己说："久违了，生活！"

住下来后，我发现，这是一个非常淳朴的村庄，淳朴的民风、传统的生活方式都被保留了下来。夜晚一过八点，村子一片寂静。很快，我的失眠、焦虑都得到了缓解。

在这里，我每天都能吃到新鲜的蔬菜，我发现自己的胃口变好了。过去"好吃"就是有"味道"，而现在的"好吃"是指天然的味道。

渐渐地，我的生活开始变得规律起来。我每天早晨5点多醒来，打上两套太极拳，打扫卫生，有时间就会静坐，放松自己。等到阳光洒满全身的时候，我就在院子里开始工作。中午，在"炕上"休息一会儿之后，给地里的菜浇水。晚饭后，看太阳落山。就这样，我过起了半休假、半工作的生活。

乡村生活除了给我的身体、精神带来变化，也让我的心变得越来越平静，有机会观照自己的内心，开始对人生、对教育有了更深度的思考。

人到底应该怎样生活，真正的生活是什么

在喧嚣的城市生活不知为什么总是令人感到焦躁，人们疲于奔波却又不知道是为了什么。这里很沉静，一个小院子就满足了我所有的生活需求。

庄子曰："朴素而天下莫能与之争美。"如果一个人能保持淳朴本性，那他就是这世界上最幸福的人。在这里，我的感受就是如此。真实、淳朴、自然，心总是安静的。住在这里，白天看日出日落，夜晚看星光点点，感受着"天地之气"，天地给了人灵性的翅膀，让我也变得更加感性。

自然对儿童的影响

一个人终究要寻找到来自内心的快乐。这个快乐是他人、他物很难给予的，通常只能依靠自然的力量和内心建立联结。所以，我想，对于儿童，自然不仅是构成教育的元素，更是一个人获得幸福感的源泉。

至此，我又萌发了一些改造幼儿园的想法，让我们的幼儿园更接近自然，更加满足儿童的需要。最近，我们一直在讨论，能否给孩子们建造在树间穿梭的长廊与树屋？在地面上给孩子们提供一个可以挖泥巴的土坑？修建一条可以蹚水的小溪？总之，让孩子们的生活更加自然，获得更多来自自然的力量。

生活化课程的真正含义

在这里,我不仅仅休养身心,还需要和村民们共同生活。我能够感受到四季的变化以及土地带给人们的丰沛的馈赠,这让我由衷地想把这份喜悦带给孩子们。当看到带去幼儿园的柿子、桃子给孩子们带来那么多喜悦和快乐,甚至诱发了他们的学习新动力的时候,我突然明白:原来"生活化课程"不是单指儿童的生活,而是"共同生活在一起的我们每一个人的生活"。

乡村生活抵御了我的"焦虑感"

女儿从美国回来,带回一只猫。养猫让我对"爱和焦虑"有了更深的体会,我想,"焦虑"实际上是由不确定的爱所导致的。猫咪刚来的时候特别焦躁,每天早晨都会在我的门口扒门、挠门、大声地叫。而当它确定我很爱它的时候,它开始象征性、试探性地叫几声。即使我还没有醒来,它也不着急,就在外面静静地卧着等我。

据说,容易焦虑的人都是比较善良的、有责任心的,他们总担心自己做得不够好而引发焦虑情绪。我和很多幼教同行一样,都想把工作做得更好,所以不自觉地会焦虑。住在这里,我却感觉焦虑在一点点消失。当我的心变得安定的时候,我能听到自己内心的声音,对事物开始有了敏锐的感受力,甚至感觉自己的专业判断力都提升了。这也是乡村生活带给我的收获。

今天,虽然病已基本痊愈,但我仍然选择了在节假日、休息日住在这里,因为这里已经成为我的精神家园!

具身认知理论与新课程探索

2015 年 10 月 20 日

对课程的探索,我们大致经历了三个阶段。我们从开始倾听、记录儿童对学习内容的感受与情感入手,以此来了解、理解他们的内心世界。这一过程体现了教育者对儿童天性与灵性的尊重。我们大概用了两年时间来寻找儿童表达的规律并和他们形成共鸣，这一过程真正帮助儿童开启了自主学习的大门。很快，我们意识到，对儿童来说，那些离他们生活很远的知识即使披上生动活泼的外衣也很难让他们获得真正意义上的发展。探索中，我们发现，生活化课程不仅能够引发儿童强烈的学习与探索愿望，还能唤醒他们原有的内在经验。至此，我们确定了一个方向，用儿童的生活构建出一个认知平台，让儿童在生活化、游戏化的学习过程中，用自己的方式完成学习，建构认识体系。同时，我们将这个课程命名为"回归与还原儿童本真的生活"的新课程。

这个学期，我们开始探索，对儿童来说，新课程是否可以有显性的学习结果？课程的落脚点到底应该在哪里？具体而言，我们要思考：新课程如何帮助儿童把学习落到实处？

近年来，认知心理学正经历一场重要的变革，从最初的控制条件下的认知研究开始转向原生态的、自然条件下的认知研究。具身认知（embodied cognition）理论应运而生，成为心理学研究的一个新兴领域。具身认知理论认为，生理体验与心理状态之间有着强烈的联系，知识对身体状态和大脑的特殊通道系统有一定的依赖性。同时提出，不仅是大脑，身体也有很重要的认知功能。

具身认知的研究者主张，思维和认知在很大程度上是依赖和发端于身体的。身体的构造、神经的结构、感官和运动系统的活动方式决定了我们怎样认识世界，决定了我们的思维风格，塑造了我们看世界的方式。在研究具身认知的学者看来，认知是身体的认知，心智是身体的心智，离开了身体，认知和心智根本就不存在。

同时，认知是"具身"的，而身体又是嵌入环境的。所以，认知、身体和环境组成一个动态的统一体。学习是一种与身体密切相关，或者通过身体及其活动方式而适应环境的活动。它强调的是认知的情境性、动态性、生成性和接地性。

具身认知理论给学习带来了革命性的浪潮。就儿童学习而言，具身认知的思想更是有着重大意义。现在，大家虽然倡导学习方式的变革，但很多时候，只是改变了教授方式而已。在幼儿园里，学习就是指坐在椅子上认真听讲的观点并未被完全打破。此时，具身认知概念的出现对学前教育领域的改革有很大的现实意义。

应该说，具身认知的概念给我们新课程当下的探索也提供了很多有益的支持。我想从几个方面来阐述一下我的认识。

对学习环境的再认识

- 既然认知原本就是环境的，那么单纯的书本认知根本就是不存在的，认知必须依赖外部环境才能完成。
- 认知是适应性的。因为认知的主要目的是促进人类适应不确定的环境，所以认知的重大意义就是适应，它本身就应该发生在真实的环境中。
- 环境对认知活动有良好的组织结构。环境中的复杂要素能够让一个人的认知变得具有结构感和联系感，脱离了环境，那种联系感就很难建立起来。

可以看出，具身认知跟传统认知对环境的重视有一些不同。具身认知理论特别强调，知识是在环境中动态生成的，儿童适应不同的、变化的环境所获得的认知才是真正的认知。对儿童来讲，这种真实的环境就是生活化的环境。他们的学习活动必须基于现实中的真实，尽可能地贴近真实环境，与他们的已有经验相结合、相联系。

我们需要解决的问题是，如何为儿童创设出真实的生活化环境？真实的生活本身就有着千丝万缕的联系，所以只要能够发现其中的联系并有效地将这一过程与结构呈现出来，就可以帮助儿童的认知变得具有结构感和联系感。应该说，我们新课程的月主题的设定已经非常完整地体现出了这一思想的要义。我理解的"真实"的生活化环境有三层含义：一是儿童的生活与感受能够真实地呈现与表达出来；二是环境能够和自然变化、家庭生活紧密相连；三是要有意识地筛选出符合儿童学习特点的环境呈现内容与方式。

在具身认知理论看来，环境除了是学习的一个构成部分，还承担了一个特别重要的支架作用，在整体的学习中发挥融会贯通的作用。所以，真正的学习环境，应该是真实的社会和真实的自然。这也是我们一直想让幼儿园的环境变得更自然，教师和幼儿的关系及家庭关系变得更流畅的原因。因为，这些要素本身就构成了学习。

对儿童学习过程的几个关键认识

- 具身认知理论强调，学习过程中，儿童的身体要有自由度，头脑也要有灵活度。儿童的想象和直觉都要被认可。身体、思想和大脑，包括学习中的人际交流互动，都要有很大的自由度。在这样的学习中，孩子的自由表达虽然开始时可能会带来一些混乱，但秩序感一定会在学习过程中慢慢地建立起来。
- 具身认知理论认为，学习中重要的概念并非理性的和抽象的，当儿童试着用动作表达概念的意义时，就意味着他们已经对所表达的信息有了相应的认识和直觉。

至此，我们可以看到，对具身认知理论的倡导者来说，整个认知过程都应该是"具身"的。从发端来讲，认知这个概念本身就是"具身"的。学习过程也应是"具身"的，身体与大脑要有相当的自由度。当儿童能用动作表达自己对事物的认识时，就说明他对这个事物已经能够了解和掌握，所以，结果也是"具身"的。

具身认知理论强调的很多关键地方都和我们的新课程一脉相承。例如，它们都重视真实生活对儿童的意义，重视环境的作用，强调少有预设性，主张身体参与，强调结果的形成性过程等。

具身认知理论对当下新课程探索的几点启发

- 儿童要学会在做中思考，把思考和动作结合起来，实现真正的学习。
- 用肢体动作展现或表现学习，因为它比抽象化的象征手段更迅速、细致。
- 让孩子敢于尝试错误。整个学习过程中有很多不确定的因素，所以我们要鼓励孩子尝试一些错误，不要总是求精准或者一下就达到目标。
- 每个人都应该有丰富的动手学习的机会。

- 让儿童的学习可视化，包括合作和协作的成果。要帮助儿童选择有挑战性、激励性、探索性、能培养高阶思维能力，而且活动目标导向和任务取向明确的活动，这对儿童来说更有意义。

当然，对我来说，这一理论还有一个重要的意义，即我们终于在直觉探索的基础上找到了相应的理论支持，并最终将探索的落脚点放在了为儿童设计生活化的"学习情境"上。这一探索过程也将成为我们未来两年的课程探索目标。目标在前，大家继续努力！

2016年 这一年开始,我们称自己为"花草园"

当整理 2016 年的所思所想时,我自己也没想到竟然能写出这么多的文字。这里选取的只是和课程相关的部分内容。今日再读,当时思考时那种悸动的感觉依然还在。

可以说,我的个人思考在 2016 年有了一个质的变化。从这一年起,我们的交流平台从计算机转到了手机,受众陡然增多。置于这样的"语境"下,我不能再像以前那样写一些日记式的教育随笔,而是要让更多的人更完整地了解我们的思考与探索。

我在 2016 年的思考触及了很多深层次的教育问题,这是因为我的内心有了更多想要表达的愿望:一是随着我们课程探索的不断深入,能够表达的东西越来越多;二是我的身体渐渐恢复,有了书写文字的愿望。那时候,幼儿园的课程也开始从不断思考、探索、建构的初级阶段,走向有较为完整结构与形态的雏形阶段。

2016 年,我们不仅从内部勾勒了幼儿园的课程与整体发展目标,还从外部描述了一种类似于"蓝图"的教育理想模本。寻觅和探索了这么多年,蓦然回首,我发现真正能打动自己的还是小林校长的"巴学园"。它和很多成熟的教育模式不一样,它的教育形态很简单、质朴,甚至没有"课程",但恰是这些质朴让它经久不衰。我也经常自问,如果我不是在教育体制内,会办一所怎样的幼儿园?应该说,"巴学园"的样态才是我向往的教育美好世界。但这也许只能成为理想,毕竟我们生活在现实,最终还是要回到这种"窠臼"中。尽管"巴学园"很美好,但它终究是小众的,最后还因为各种原因消失了……这也让我思考,我们可不可以去"工业化",为儿童提供一种简简单单

本章手绘插图作者:吴思源,5 岁。

却又内蕴饱满的教育生活？

在这样一个高度发达的后工业化时代，我所能坚持的，是在工具理性的制约中，为儿童教育机构调和出它应有的一种气质。我们可以把幼儿园想象成一个美好的、诗意的存在，于是我们为幼儿园起了一个富有内涵的名字"花花草草幼儿园"（又叫"花草园"）。我认为，它表达了儿童教育应有的意蕴以及我们对儿童的一种深情期许。

今天，很多人喜欢花草园，我想主要有两个原因：第一，在严密的教育体系中，大家依然能够看到，我们可能也可以拥有的教育自主与自由。当然，这种自由是建立在一种教育的浪漫主义基调之上的，所以才是大家向往的。第二，很多人都有教育理想，可是理想与行动之间隔着千山万水，但是我们经过努力做到了。所以，大家羡慕的是我们实现"美好教育"的那份执着与追求。

我和周菁博士的对话当时是分三期才推送完的，在这里，我把它放在了一篇文章中。我们谈论着对儿童的认识，但在课程主题的生成问题上有一些分歧。当时，我将其归结为文化差异，现在回过头来看，因为有组织的教育在世界很多地方已成为常态化的模式，所以我们只能在这种常态化的模式中寻求突破。

我觉得，新西兰的"学习故事"对于当下中国幼儿园课程的改革依然非常有意义。"学习故事"和观察记录不同，"学习故事"没有很强的目的性，它的目的就是回归人性。应该说，"学习故事"和"安吉游戏"都打破了人们习以为常，却是倒退的一些教育观念。"学习故事"的最大特点是：它突破了传统的教育模式中目标在前、儿童在后的观念，把儿童放在前面，然后观察儿童，在此基础上进行识别和回应，最后建构课程。当时，我在思考，新西兰的这种课程模式是不是也适用于我们？我和周菁博士的讨论，有共识，有不同，最终殊途同归，都回到了儿童身上。

在《技术在下，善良在上》这篇文章中，我表达了一种通向人性自由解放的认识。那时候，我开始要求老师们写跟当下教育实践相关的观察记录和教育笔记。在这之前，老师们都是按照"验收"的标准写观察记录和教育笔记的。我认真地阅读老师们的教育笔记后发现，教师的人性决定了教师采用哪种心境和主观特性来描绘观察对象。在主观的特性中，什么东西才是最重要的？我想，应该是善良。善良是幼儿教师的核心品质，也是人性中能够和儿童发展最直接对接的个人品质。那时候，我也在反思：在工业化的影响下，技术性成为人们普遍的追求，那么我们该如何"反技术性"？

当然，教育也需要一些技术。观察儿童的技术有不同的表现和深度，这种观察技术背后的东西，我现在把它称为"教师的教育哲学观"。我很想描述一个儿童"成长在中间"的状态。回归儿童视角，儿童需要天、地和人，上边是天，下边是地，中间是人，这三种元素都给了儿童力量。这其中，儿童的主观能动性是什么？当然是游戏，儿童是通过游戏来和天、地、人互动的。有时候，我感觉自己的文字表达不出这种意境，但是我的头脑里面是有这种意向的。在时空概念中，儿童是一个精灵，他站在大地之上，仰望星空，和人互动。他需要人，但也不是很需要人，这种若即若离的状态只有通过游戏才能实现。所以，成人是儿童生活的"安全岛"，但不是儿童精神的"安全岛"，儿童的精神是不应该受到控制的，他要依靠游戏的力量来挣脱成人世界的控制。

2016年，因为课程探索，我们开始构建一种"学习共同体"。之后我发现，这样一种基于信念建立起来的"学习共同体"对教师的专业发展，甚至是对人的发展都是特别有价值的。教师只有作为"人"获得了发展，才能拥有教育智慧。如果我们把中间关键的"人"的要素去除，何谈智慧？智慧永远是主动获得的，而不是被动强加的。

每周，我们都有教研会，其中有两点很特别：第一，教研的主题都源自教师在实践场域中遇到的问题。我们在教育的场景中谈论问题，最后还原教育到真实的场景之中。第二，我们不太谈论具体问题，每次都会用论证事物的思维框架的哲学式追问来讨论问题。所以，和其他幼儿园的教师相比，花草园的教师其视角是很宽广的。

今天，有人这样评价我们："花草园的教师已经集体迈向了思想者的行列。"我想，这是对我们极高的评价。奴隶是建造不出金字塔的，它必须是由一群有智慧的人建成的。生活化课程也是这样，必须是由有教育智慧的教师建构的，而拥有教育智慧的前提是，他们必须是主动的人，而且是渴望自我发展的人。

当时，我们还做了一个30人的小型田野研究，之后，我写下《生活化课程的"N+1"个关键词》这篇文章。我用"N+1"这种表述方式，是因为N代表着无穷无尽，"+1"则预示着无穷的后面还有可能性。生活化课程是一个非常大的"哲学筐"，现在我把它称为"河流"，绵延不断，生生不息，奔涌向前。

现在，生活化课程的关键词依然非常多。从外延看，生活化课程体现了某些艺术特性，这是一种科学和艺术结合的境界，可以承载人类的美好想象。同时，生活化课程也有承载性、包容性、创生性、持续性。因为它丰富的生命力，所以我们永远无法穷尽对它的认识。

这十多年间，我曾去英国、日本、美国等发达国家考察他们的幼儿教育，内心反而有了更大的文化自信。同时，我也强烈地感受到，中国人的精神是无法在异文化中得到滋养的。于是，我们希望从传统文化中寻求课程线索。中华文化的特点是什么？重视农耕文化，特别是节气文化；崇尚一种精神，如匠人精神；推崇一种境界，如天地合一。应该说，中国人的智慧就是生活的智慧，因势、因时、因地而动。我们很确定，生活化课程的主题应是中华文化的回归。

从2016年开始，大家能从我们的探索中看到一个全新的花草园。当时，我们自己也感叹，我们竟然实现了课程探索之初的那些"愿景"，甚至比预期的还要多一些。

天下大事必作于细,天下难事必作于易

2016 年 2 月 26 日

工作有一种底色,靠的是一种"心境";工作是一种能量,靠的是"心念";工作是一个"悟道"的过程,靠的是"觉悟"与"精进"。每学期开学前,我们都会召开全园大会,讲解与分享新学期的工作想法,描述幼儿园发展的走向,确定细致有效的工作思路。

这个学期,我们的工作思路如下。

在课程中"精耕细作"

无论是课程目标、内容还是形式,课程都要体现出更细致、专业的探索。小组教学将成为教学的主要方式。教师要用研究的方式开展教学,让学习更接近儿童,确保每个儿童都能够获得发展。

让儿童的生活游弋于"天地之间"

新学期,我们将为儿童增设许多新的活动区域,比如,创建"一米菜园",开设种植课程;在户外,开辟专门的"挖土区",搭建"树屋"……让儿童成为精神世界更开阔的人,体会"天地人合一"的文化内涵。

教师们通过"格物致知",实现"知行合一"

每位教师都应当学会从细节入手进行专业探索,年轻的教师要找到自己的优势,寻找发展的契机。教师们依然要保持读书的习惯。本学期,我们将新增"一起读绘本"的活动,每周二的教研学习会议上都会有一位教师和大家分享自己阅读绘本的感受。在这样的学习和讨论中,我们将更加了解儿童、亲近儿童,建立专业信仰。

实现家长工作的"面对面"

这个学期,我们将通过手机端和家长一起分享儿童成长故事。在这样的

互动与分享中，提升家庭教育品质，促进家园合作。

从"巴学园"到"花花草草幼儿园"

2016 年 3 月 4 日

从幼儿园建园起，我就想给幼儿园起一个孩子们都喜欢的名字，希望这个名字不仅读起来朗朗上口，还包含着我们对儿童的期待，同时能体现出"自然主义"的教育主张。

"花花草草幼儿园"，怎么样？听起来充满了自然的气息！花草植根于大地，仰望着星空，汲取天地精华，简单而又快乐。

幼儿园应该是花草茂盛的地方，花草会让这片土地充满神秘感，契合幼儿园的气息。有一本书曾对我产生过重要影响，它就是日本作家黑柳彻子的《窗边的小豆豆》——被称为 20 世纪全球最有影响力的作品之一。30 多年前，当我第一次读到这本书时，巴学园和主人公小豆豆以及小林校长的形象就深深地印在了我的脑海里。

巴学园是一所特别的学校，大门是由矮矮的树做成的，树上长满了绿色的叶子。学校四周种满了各种树木，用来做围墙。已经不再使用的电车是这里的教室，孩子们在里面学习就像旅游一样。当校园里的花草树木随风摇曳时，电车就好像"跑"了起来。

书中的主人公小豆豆因淘气从原学校退学，来到了巴学园。巴学园独特的教育理念改变了小豆豆，一般人眼里"怪怪的"小豆豆逐渐变成一个大家都能接受的孩子。

小豆豆的自由奔放和可爱，让我仿佛看到了童年的自己。不同的是，小豆豆到了巴学园后，那些在过去被认为不切实际的想法都变成了现实。我想，一个孩子可以这样尽情恣意地表达自己，一定是一件幸福的事情！

如果说我之前的专业学习、思考都是理性的，那么这本书让我开始从感性层面认识幼儿教育。书中的小林校长实在了不起，什么都可以为孩子们做，一个真正的儿童教育工作者就应该是这个样子的！那时候，我就将巴学园确定为我心目中理想幼儿园的样子。十多年前，我有机会创办一所幼儿园，在创办的过程中，巴学园的影子时刻出现在我的眼前。

倾听的样子

小豆豆感到生平第一次遇到了自己真正喜欢的人！因为，从小豆豆出生后直到现在，还从来没有一个人这么长时间地听她说话呢！而且，这么长的时间里，校长先生一次也没有打哈欠，一次也没有露出不耐烦的样子。他也像小豆豆那样，向前探着身体，专注地听着。

那时，小豆豆还不会看时钟，但她感到过了非常长的时间。如果她会看时钟的话，一定会更加吃惊，而且会更加感激校长先生。因为，小豆豆和妈妈到学校的时候是八点钟，在校长办公室说完话，决定让小豆豆成为这个学校的学生之后，校长先生看了一下怀表说："啊，已经是午饭的时间啦。"这就是说，校长先生整整听小豆豆说了四个小时的话。

无论是之前还是这以后，再也没有一个大人这么认真地听小豆豆说话了。

花花草草幼儿园的老师也应该成为这样的人，像小林校长那样专注地听孩子们讲话，以至于忘掉时间。

海的味道，山的味道

小豆豆非常奇怪。可是，无论如何，这所学校都非常特别、非常有趣。没想到吃午饭的时间也可以这么愉快，这么令人兴奋。一想到从明天起，自己也可以坐到桌子前，让校长先生看"海的味道、山的味道"的盒饭，小豆豆的心里就充满了快乐，开心得真想叫起来。

花花草草幼儿园也可以借助想象，为孩子们的生活插上翅膀，让他们的心灵有飞翔的感觉。

自由的选择

教室是真正的电车，让小豆豆觉得"真特别"。接下来，又一次让小豆豆觉得"真特别"的,则是教室的座位。以前的学校里,谁坐哪个位子上,旁边是谁,前面是谁,都是固定不变的。可是,在这个学校里,却可以根据当天的心情和方便,每天自由选择自己喜欢的座位。

自由选择是一件多么美好的事情啊!在花花草草幼儿园里,还有哪些事情是可以自由选择的呢?座位、游戏、课程,还有什么?

理解他们

大人们要是看到了小豆豆在做的事,会说:"在干什么蠢事呢?"或者"太危险了,快停下。"也会有态度截然不同的大人说:"我来帮你吧。"但是,只说一句"弄完以后,要把这些全都放回去"的,除了校长先生,不会再有第二个人了。所以,当妈妈听小豆豆说了这件事,由衷地赞叹校长先生:"真是一位了不起的人。"

当孩子们做了一些大人觉得不合适的事情时,我们能理解他们吗?能像小林校长一样接纳他们吗?

穿最差的衣服来

校长先生总是对巴学园的学生家长们说:"请让孩子们穿上最差的衣服到学校来吧。"这是因为,校长先生认为,如果孩子们担心"弄脏了衣服,妈妈要骂的",或者"会弄破衣服的,所以不能和大家一起玩",他们就会减少很多乐趣。所以,就让他们穿上最差的衣服,这样无论弄得怎么脏,甚至弄破了都没关系。

即使孩子们没有穿最差的衣服到幼儿园来,我们也允许他们按照自己的方式恣意地玩耍,弄脏了、弄湿了都不会责怪他们,因为快乐永远比干净的衣服重要。

多多读书

在大家上课的电车教室的对面，也就是礼堂两边的花坛旁，又添了一辆电车！原来这是寒假期间预备好了做图书室用的电车，一切都已经准备停当。大家尊敬的校工阿良叔叔，一定费了好多力气才准备好的。电车里装上了好多书架，摆满了各种颜色、各种字体的书，而且摆上了桌子和椅子，可以直接在那里看书。

校长先生说："这是你们的图书室。这里摆着的书，谁都可以读，读哪一本都行。不要说什么'几年级的学生该读哪些'这样的话，只要喜欢，什么时间来图书室都可以。如果有想借的书，也可以带回家读，读完之后，再把书还回来。如果你家里有什么好书，希望大家都读一读的话，老师非常欢迎你拿来给同学们看。总之，请你们多多读书。"

花花草草幼儿园每两个班就有一间独立的图书馆，图书馆里有各种各样的书。老师们不会强调哪个年龄班的孩子适合读哪本书，总之请大家自由选择喜欢的书吧！

尽情涂画

巴学园的孩子，从来不会在别人家的围墙上或者大路上乱写乱画。因为，他们在学校里，已经尽情地涂写过了。

"乱涂乱画""哭闹不止"……这些在成人看来的"坏毛病"，却是孩子们心理成长的需要。在花花草草幼儿园，这些不仅是被允许的，还是可以和老师一起来谈论的。

花花草草是这个世界上最美丽的植物，它影响着我们的生活，改变着这个世界……就这样，我们取类比象，给幼儿园起了这么一个富有诗意的名字，让我们与儿童（人类最美好的生命）在一起，护佑着他们成长。

我们是同行者——与周菁①博士的对话

2016 年 4 月 15 日

和周菁老师的初次相遇是在今年初,但之前,我们彼此神交已久。那次的一见如故,让我们开始在微信里经常讨论对儿童教育的认识。

3月底的一天,我突发奇想,希望和她一起就"学习故事"与我们当下进行的"生活化课程"展开一次讨论,看看它们有什么相似的地方,又有哪些不同。这次讨论引发了我们思想上的碰撞。不知不觉中,讨论进行了两个多小时。在这个过程中,我们很享受思维碰撞中的火花四溅,也享受观念厘清后的平静与喜悦。

这个讨论涉及的问题也是当下很多幼教同行都在关注的问题,我将讨论的内容整理成以下六个部分。

第一部分 什么是适宜的幼儿园课程

周菁: 新西兰的"学习故事"是一套来自新西兰的儿童学习评价体系,由新西兰国家早期教育课程框架的专家与她的团队经过数年的研究发展而成。在新西兰各类幼教机构中,"学习故事"被广泛地用来帮助教师观察、理解并支持儿童的持续学习,同时记录每一个儿童成长的轨迹和旅程。近年来,"学习故事"这套评价体系也得到了国际幼教界的认可,英国、德国、加拿大等国家的很多幼教机构开始把"学习故事"作为儿童学习评价的手段。

胡华: 真正适合儿童学习和发展的课程,也应该是适宜教师的课程。对教师来讲,实施起来感觉不那么遥远的课程才能叫"适宜的课程"。我觉得这可能也是当下需要解决的问题。

现在,大家都在讨论儿童教育的变革,但变革最终还是要以课程的面貌与方式呈现出来。

---

① 新西兰惠灵顿维多利亚大学教育学博士,中国学前教育研究会、北京教育科学研究院早期教育研究所"儿童学习故事"研究小组项目负责人。

课程的关键是如何看待儿童

周菁：我觉得从课程入手是对的，因为课程是载体，孩子的学习离不开课程。但前提是，什么是课程？大家是怎么理解的？

新西兰的"学习故事"是一套由明确价值观引领的评价体系。这些价值观包括明确的儿童观，就是我们说的儿童的形象。我们怎么看待孩子，这是直接引领的关键。此外，它的评价不是补短式的，而是取长式的。

在新西兰，它的课程采用了一个广义的课程观。课程不仅包括幼儿园一日生活中幼儿都做了什么，还包括幼儿园里所有直接经验和间接经验的总和。

环境（教室设计和家具的摆放）和材料都是课程，它们可能蕴含着隐性的、间接的经验。幼儿园里面发生的所有事情，以及一草一木一物，都是课程。

"学习故事"里没有教学内容

周菁：新西兰国家课程框架里没有一点教学内容，它是一个编织课程。它用编织这个概念来比喻课程的发展和实践，同时给出了教育原则、课程观以及各种上位的理念的界定，然后把这些理念、原则与儿童的学习、发展的五大线索编织在一起。

五大发展线索下面又包括100多条预期的学习成果，而这些融合了知识、技能和态度的学习成果是很难测量的，也是一个没有办法量化的标准。因为学习本身是复杂的，同时又是多样的、多元的、情境性的。

如何编织课程

周菁：除了考虑发展线索外，教师在工作中还要遵循教育原则，把它们和发展线索编织在一起。"学习故事"有四大教育原则：第一个原则是激发力量和赋权。"学习故事"必须让儿童在回顾自己的学习时受到激发，赋权就是给儿童主导自己学习的权利。第二个原则是整体发展。第三个原则是家庭和社区。"学习故事"很重视家长，但是他们认为家长是搭档，不是被教育对象。第四个原则是互动互惠的关系。

"学习故事"弱化了皮亚杰理论中有关"年龄和阶段"的元素，也就是不按年龄、阶段设计课程。它所依据的三大理论认知体系包括：社会建构主义理论、生态理论和批判性理论（即鼓励质疑，不要"习以为常"）。

也就是说，教师无论组织什么形式和内容的活动，都需要思考如何在教育原则的引领下，结合儿童预期的学习成果和自己幼儿园的情况编织自己的课程。所以，幼儿园不需要提"园本课程"这个概念，因为每个幼儿园本来就是不一样的，都是在编织属于自己幼儿园的课程。孩子不一样、特点不一样，社区和家庭不一样，每一个幼儿园做出来的东西肯定也是不一样的。

课程评价

周菁：在这个基础上，"学习故事"认为，要改变传统的量表式的评价观。因为，第一，公平绝对不是指用一把尺衡量所有的人；第二，不是所有重要的东西都可以被量化，也不是所有可以被量化的东西都是重要的。要体现学习的复杂性，评价必须要关注孩子在与环境互动过程中的各种学习元素，而不仅仅是跟当下情境没有关系的、碎片化的知识和技能。

课程实施的路径

周菁："学习故事"提出，要不断通过注意—识别—回应—记录—回顾的过程来支持孩子不断拓展学习。

"学习故事"带给中国幼教界的冲击

周菁：新西兰的"学习故事"以及它对课程的理解，给中国的幼儿园教育带来了冲击。原来，我们更多关注的是狭义的课程观；同时，在理论和实践层面，皮亚杰的认知阶段理论的痕迹还是很重的。

"儿童的形象"是关键

周菁：我觉得，抓住"儿童的形象"（儿童观）这一点非常关键，能够引发教育的质变。"儿童的形象"之后是"教师的形象"。

从"儿童生活化课程"谈起

胡华："回归与还原儿童本真生活的课程"是我们幼儿园这些年来一直在探索的新课程体系。这套课程以儿童当下的感受与体验为视角，以中国传统文化为线索，以流动的生活化、游戏化的学习方式为支撑，强调儿童与自然的联结、与社会和家庭的联结、与自我的联结。课程中，所有人都有可能成为课程的贡献者和参与者。教师要在充分倾听与记录儿童生活的基础上，创设真实的生活化学习场景，并在学习过程中为儿童提供持续性分享的机会与可能，以期达到儿童认知与能力、情感与态度、灵性与精神和谐发展的"全人"发展目标。

任何课程都应有自己的价值取向

胡华：我天天在课程中"泡"着，特别能理解课程的结构、站位，包括编织感！我们的课程和"学习故事"有很多相似的地方，比如，我们的课程也是用编织的方法，也是从环境和儿童发展出发，也非常模糊年龄特点的概念。因为小孩的差别是非常大的，我不想让老师在和孩子们、家长们谈话的时候总说，这个年龄阶段的孩子应该达到什么。

"学习故事"，是很多非常有智慧的人运用他们的文化来建构的课程。它可能是我接触到的较为完备、有高度，也能满足儿童发展的课程。我也特别想把我们的生活化课程按照这样的方式编织起来、梳理起来，做一个模型与框架。

对幼儿教师来说，人文情怀是他们的一个弱项，因为职业教育更多的是将他们按技术化人才来培养的。所以，很多教师需要重新建立对儿童的理解和态度，确立"儿童的形象"。教师们也很需要一个抓手来完成对教育更深入的思考和探究。我想，如果有了生活化与游戏化的课程，教师记录"学习故事"可能会更加有效。

课程需要文化的线索

胡华：当我们对儿童的形象有了充分的理解，并且和儿童之间有了一个良性互动的时候，我们还需要一个文化的线索来引领课程。这个文化线索应该是中国文化的核心部分。比如，3月，冬去春来，是我们的文化线索中重视阅读的一个月，所以，我们将这个月命名为"耕读月"；4月，中国文化特别强调"生发"之气，所以，我们将这个月的主题命名为"健康成长月"，从身心两个维度展开学习与讨论。我们会根据孩子的不同特点设计不同的活动。这个过程，也是教师认识自我、创造性工作的重要部分。

第二部分　谁是课程发展的主导者

周菁：在你们的课程体系里面，主要编织者是谁，谁在主导？

新西兰教育更多地关注孩子的声音，这也是为什么教育的起点是从观察孩子、注意孩子开始，然后识别孩子的兴趣，思考如何回应他们。幼儿园里也会有教师发起的活动，比如，春天的种植活动，但是种植什么和怎么种植等，既有教师的贡献，也有孩子们共同的讨论。再比如，在不同的时节，每所幼儿园都有自己固定的节日庆祝活动，这是教师发起的，也是整个社会环境里面避免不了的。但是，更多的时候，是孩子主导自己的学习。所以，你可以看到，班里面有很多小主题活动的生成。

再比如，幼儿园的围墙上开了一个口，要做一扇木栅栏门，这是幼儿园的需要。但是，在做门的过程中，感兴趣的孩子就会参与，不感兴趣的孩子可以做自己喜欢做的事情，探究喜欢做的东西。

在新西兰的幼儿教育课程中，教师主导的痕迹虽有，但是很少；教师也会计划，但是教师的计划很多时候会跟孩子当下的兴趣相结合，同时跟现在的时令、文化相结合。阅读活动是不用主题的，而是每一天都发生的，是文化的一部分。每一个孩子刚来幼儿园的时候可能都会经历"我是谁，我在这个群体里面是什么样的"认识过程，这是自然而然的过程，可能不会有一个"轰轰烈烈"的大主题，所以更灵活。

我觉得，我们国家的幼儿教师更需要的是读懂孩子的能力，更需要跟孩子亲密地在一起。你们幼儿园的教师就给我这种感觉，能够跟孩子亲密地在一起。

彼此成全

周菁："学习故事"中呈现的也是一个彼此成全的过程。教师成全孩子的想法，孩子也可能随时在成全教师的想法，这既是共同建构，也是彼此了解。所以，不管是教师发起的活动还是孩子发起的活动，我们都要思考，如何通过不断地倾听、对话和呼应形成共同关注，同时让每一个孩子都能够在这个过程中找到自己的位置。

从社会文化建构理论讲，学习可能是一个从边缘到中心、从学徒到专家的过程。我们的孩子，有没有可能在自己感兴趣或想挑战的领域完成这样的学习和成长过程，然后在越来越多的领域里都愿意参与和尝试？

我跟北京市西城区三义里第一幼儿园的老师们一起做的尝试就是，先从孩子入手，读懂孩子，了解孩子在想什么，然后思考：需不需要给孩子支持？是当下给予他们支持，还是稍后给予他们支持？是用材料来引发，还是用语言来回应？所以，三义里第一幼儿园每个月没有大主题，他们以孩子发起的活动为主，教师与孩子共同建构，同时活动内容又有幼儿园里面固定的东西。

所以，老师们要从孩子入手，先读懂孩子想什么，然后再建构课程。

生活化课程的出发点也是儿童

胡华：你的解释让我更进一步地了解了"学习故事"。实际上，我们的课程的出发点也是儿童。前些年，我们一直在做"生成课程"。此外，每个周五还有"畅游日"活动。我感觉，老师们对儿童的形象是有了解的。

关于课程主题

胡华：但是，我们注意到，儿童自发学习的依旧是碎片化的信息。所以，我们还是想这样设计每个月的主题，但这些主题反映的是文化的线索，而文化的线索是基于我们对儿童的了解与判断，只是课程让它们更细致、清晰、结构化了。

皮亚杰的建构主义思想对我的影响很大，虽然我也不认同他的年龄阶段理论，但是建构的思想让我们必须有专门的时间与方式，帮助儿童把那些碎片化的信息整合起来，以获得进一步发展。这样一来，儿童的学习不仅有思考，有情感，也有元认知能力。

课程设计思路

胡华：我们是这样具体实施的，先依据儿童的生活提出一个线索。之后，教师会跟孩子们谈话，了解孩子们是怎么理解这些问题的，然后把这些信息重新整合、反馈，再确定学习的主题与方式。所以，我们的课程经常是确定一个大思路与主题，之后，每周再讨论、丰富，所以总会有变化，而这个变化从哪里来呢？从孩子们的学习与思考中滚动起来的。

我认为，学习要有一个形态，要通过这些形态帮助孩子们完成对于学习过程本身的关注，而这一部分一定要在教师的帮助下才能完成。

课程开展形式

胡华：目前，我们的生活化课程采用了几种学习方式：集体学习、小组学习、个别学习、畅游日活动。每一个儿童都会被课程的各种活动"精耕细作"一遍，每一个儿童都有可能参与到学习中，而学习的主题是他们所熟悉的生活。因此，他们大部分时间看似在游戏，实际上是在进行学习和探索，从而获得全方位的满足与自我创造的快乐。

教师的作用

胡华：教师要保持高敏感度，捕捉孩子们的思想，生成新的活动。今天，有一位家长说，孩子回家告诉他："我告诉你我今天的感受吧。高兴、高兴、高兴，特别高兴，没有别的，就是高兴。"因为在学习的过程中，他被关注到了。每一个儿童都要能够被关注到，不仅他们的生活能够被关注到，他们的学习品质、学习能力、情绪情感、学习方式也要能够被关注到。

孩子们非常喜欢我们的新课程，因为他们有更多的参与性，也能有很长的学习持续性。常常有人说，上了我们幼儿园的孩子，看起来气质特别好！因为有深度的学习，孩子们才会有气质上的改变。

师幼关系

胡华：我们的课程是在充分倾听、了解儿童经验的基础上，再重新认识与确定他们的学习过程。完全靠儿童自发的学习与建构，是不够的。儿童学习的内部动力是需要被激发的。我希望，教师们既是儿童的倾听者、理解者，同时又是文化的传承者与创造者，是能量的来源体，总是能够用自己的力量点燃孩子内心的动力。

教师与儿童互为师生

胡华：教师和儿童是互为师生的。在灵性、直觉、态度上，教师要向儿童学习。但是，在理性、思考的深入方面，儿童要向教师学习。当这种相互的学习在课程中变得无痕的时候，彼此就会非常欢喜，也会有特别热烈的交融。孩子们也愿意从老师身上学到东西。我们幼儿园的很多小朋友说，长大了要当一名幼儿园老师。

第三部分 教师在课程中的作用

周菁：我觉得，您说的这些由教师发起的活动都特别好。中国文化里面的线索渗透到教师对孩子的影响中，我特别赞同，而且您选择的这些都是孩子们喜欢的东西。可是，教师每天面对的是独一无二的孩子，那么如何将他们每天的需求纳入这个课程框架，进而发现和回应他们呢？这是我的疑问。

胡华：教师会把自己关于儿童学习的经验，不断地纳入新的学习活动中。这学期，我们在探索小组教学。有一天，有一位老师问了我一个问题："有的孩子哪一个小组都不加入，怎么办呢？也有的孩子对阅读特别感兴趣，天天都进入小组学习。"我们通过对孩子们的了解发现，孩子对阅读的喜欢至少基于几个要素，如故事本身、当天的心情、同伴影响、成人的陪伴等。每一个孩子都不一样，我们要做的就是接纳不同，允许每一个孩子按照自己的方式与节奏学习。

就拿丈量大树来讲，孩子们量的时候有各种方法，比如，环抱起来量，或者用其他独特的方式量。但是，他们还达不到准确描述它的程度，只是说有3个胳膊长或者有15根笔长。在这样探索的基础上，我们最终要给他们提供一个方式来确定大树到底有多粗，有没有更好、更简便的方法呢？最后，我们会引导他们使用尺子，这是人类的发明。我们还可以请孩子们对这些大树的粗细进行比较。如果他们的学习是自发的、自我探索的，那么就过程而言这是有意义的；但就学习结果而言，我们依旧会引导他们关注人类既有的学习方式与学习结果。

周菁：教师肯定是需要支持孩子的，但新西兰的教师可能在时间节点上不一样，他们做的是及时回应孩子的需求，而不是等到计划的时候再教测量或者提供材料，这可能是他们思维模式上的不同。比如，看到孩子自发的活动或者当下很感兴趣的事物，教师就可能讨论如何尽早及时地回应他们。他们可能会跟儿童一起讨论，先听他们的声音，然后再思考提供皮尺等材料，也就是及时地注意、识别和回应。

我最希望的状态是，教师有能力越来越及时地回应孩子当时、当下的学习需求，而且不是一个孩子，是不同孩子的学习需求，这其实也是很多教师觉得困难的地方。但是，我感觉这可能就是一个好教师需要的直觉。当你比较快地读懂孩子心里的想法、需求时，你就能在他活动的当下为他提供知识建构、情感、认同等方面的回应，帮助他不断地拓展和延伸学习的宽度和深度，这可能是一个有能力的教师需要做的事。我认为，教师应该有这样一种越来越快地及时回应孩子需求的能力。新西兰的课程评价手册里面也曾经提到，希望教师不断地通过注意、识别、回应来缩短回应的时间，及时在孩子有兴趣的时候、要开始学习的时候或者已经开始思考的时候支持他,而不是等到计划的时候才教他,给他提供材料。

胡华:我理解的回应可以是回应他的情感,认同他的认知方式。我们幼儿园的老师通常是这样回应的,因为不可能所有的孩子当下都对这棵大树感兴趣,所以感兴趣的孩子,可以先用自己的方式来探索。有的孩子想了很多的办法,比如,用笔测量,说有多少根笔那么长。尽管这样得到的数字很不准确,但是教师依然会鼓励、接纳他的办法。

我感觉,在幼儿园里,儿童的学习还有一个很重要的东西,就是要在一个集体的氛围中进行。在一个集体中,大家相互学习、相互支持,也会相互影响、相互带动,促使很多孩子去探索。

所以,我理解的回应不是马上就把正确的方法告诉他,而是我们可以给他更多的机会和更多的可能性。在这个过程中,又会生发很多学习的要素,儿童可能会找到了解大树的更多方式。比如,他会查资料,看很多东西,等到最后再学习的时候,可能就会有一种醍醐灌顶的感觉。我觉得人是需要这种感觉的。儿童探索的时间可能会持续得很长,教师可以先回应他的学习态度和学习方式,但是并不急于得出结论。内心有动力、有种子,满怀热情地去探寻,这样的学习过程也是非常美好的。

我反对,当儿童提出一个问题的时候,教师马上就给他答案。我们应该花很长的时间来探寻一个问题,让答案水到渠成地出现。我要求教师上善若水,像水一样流动,有能力去推进它。不知道这是不是两种文化的冲突呢?

我们的学习充满了期待感,所以我们的课程里面还有一个关键词——"预约惊喜",就是会告诉孩子们,有一些非常惊喜的时刻在等着我们,让他们对学习充满期盼。

第四部分 文化影响下的课程形态

胡华:在我们的课程里,教师都会使用这样的方式。教师会告诉孩子在某个时候可以用自己的方式去探索,当孩子自己的探索和教师的分享碰撞时,教师会发现,孩子的学习状态对自己具有很大的激发性,这对教师来说也是一个很大的挑战。就是说,当我们做一个主题的时候,其实所有人都在积极准备着。那时候的学习就会变成一个多角度、多维度、非常宽广，甚至无法预知结果的过程，因为每个人都在贡献着自己内在的智慧与力量。

周菁：对，我觉得这可能是东方和西方在观念上的一种差异。我越来越觉得，"学习故事"和"生活化课程"其实有很多共同的地方，只是可能因为我们对彼此的了解还不是很深入。例如，"学习故事"中的回应包括及时的回应和延迟的回应，长期的回应和短期的回应在这个过程中也有。回应包括很多东西，如策略、对话、方式以及整合经验。其实，让孩子用自己的方法去探索就是给他机会去整合经验的过程。回应也包括提供丰富的学习机会和信息，促使儿童的学习经验可以螺旋式上升。回应还包括丰富的过程，即在儿童需要的时候提供一定的支架的过程，以及为儿童庆祝自己的学习的过程。那么，如何回应儿童呢？回应哪一方面呢？在什么阶段回应呢？这些是教师需要把握和拿捏的，同时也基于对孩子的观察。

另外一个问题，是教师跟孩子之间的"预约惊喜"。在新西兰，更多的教师可能发现孩子本身就会制造惊喜，他们会发现自己的兴趣点，教师则是在孩子制造的惊喜的基础上支持孩子的学习，提供孩子想要的环境和需要的支持以及让他们主动探究的机会和可能。只要孩子的兴趣在，有一些主题和内容是可以无限延伸的；但是，有的时候它又是断点式的延伸，不是每一天都这样，而是顺其自然。

第五部分　课程生成的线索

胡华：我们讨论到这里时，我突然想到，我们的课程是双线索，是两条线索并行的方式。我依然觉得"学习故事"和"生活化课程"有很多相同的地方，但双线索可能是一个很大的不同。双线索就是我们过去所讲的"双主体论"。成人的知识经验结构在儿童的发展中，那么贡献在哪里呢？除了呼应、支持、帮助、理解儿童外，成人也有权利和义务把人类的文化用最恰当的方式呈现、教授给儿童。

周菁：我觉得您说得很对，其实一直都是双线索。为什么呢？因为在幼儿园的一日生活中，孩子再是主体，但是大部分时间也都是教师安排好的。

教师有权利也需要发起活动，只是在新西兰的课程里面，并没有把教师发起和主导的学习这一条线索很清晰地固定下来、整理出来，但是课程里一定会包括四季的感知、文化传承的东西。也就是说，教师主导的学习可能更多的是在孩子与自己的文化、社会生活、自然现象等外部世界间建立联结。在呈现方式上，学习故事更多地呈现了儿童主导这一条线索，教师主导这条线索可能没有很清晰地呈现，这是我们应该思考的。

您现在所描述的课程可能更多呈现的是教师这一条线索，儿童的线索没有那么明显、那么有血有肉，对儿童当下兴趣的回应这一条线索没有呈现出来。我想，你其实一直在做，但中间怎样才能协调好是关键。

咱们国家的幼儿园一个班级有几十个孩子，在同一时段，每一个孩子都在做自己感兴趣的事情，而且可能感兴趣的事情种类繁多。在这个过程中，班里的3位教师要发现儿童正在感兴趣的是什么？正在建构什么？如何支持他？儿童正在发展的理论是教师支持儿童学习的一条黄金线索，但是不一定这条线索都在一个主题上，有可能是不同的，因为每个孩子想法是不一样的，所以他们对教师的要求很高。教师要读懂班里的孩子，这就要求幼儿园有非常强的教研能力。

其实，兴趣是有层次的，孩子们可能有三个不同层次的兴趣：第一个层次，是对具体的东西或者具体的领域感兴趣，如阅读；第二个层次，是对一个主题或者概念感兴趣，如搅拌，包括在沙坑、水池里面搅拌。如果教师在孩子看似不同的兴趣之间发现了这个层次的兴趣线索，那么教师的回应就会很灵活，比如，提供探究搅拌、混合的不同机会，以及深入探究这种兴趣的机会；第三个更深层次的兴趣是对某个主流话语感兴趣，如关爱、力量、权利、友谊等。

第六部分　课程中儿童与文化的平衡

胡华：这里面有一个教育的核心问题，即教育的目的至少是适应文化。我觉得在中国，孩子们很愿意接受我们的这种学习方式，所以他们特别钦佩老师，觉得老师怎么会有那么多美好的创意。其实，教师的创意也是从儿童的生活中来的，只是把它扩大化了，把儿童特别美好的创意变成了活动，引导所有儿童在里面学习和思考。

我想，其实教育也是在追求一种平衡，一个个人和文化之间的平衡吧。

周菁：我们经常说要做"走心"的教育，我们的心要能为孩子的一言一行而跳动！

技术在下，善良在上

2016 年 5 月 6 日

《诗经·大明》中有一句话，"明明在下，赫赫在上"。它是说在努力之外，还应有一个更光明的东西指引我们，我理解的那个东西就是人心。

新教师的成长是很多园长关注的问题，但怎样帮助他们成长，是需要花费心力的。在幼儿园，我每周一都会认真阅读教师们的教育笔记和观察记录。我的要求是，不必拘泥于形式，从心出发，写出自己最真实的感受与思考。阅读中，我发现，教师们的书写过程也是一次内心的思考与整理的过程。每个人的思考都有自己的角度，每个人的文字也都有自己的风格。

"专业"不仅是一种规范，也是一种共情能力。孩子天生是捕捉情绪的高手，成人对孩子过多的厉声斥责不仅不能满足他们的精神发育需要，还会引发一系列不愉快的情绪反应。

学前阶段的孩子有引起别人关注和得到别人肯定的强烈需要。虽说，批评也是教育的一种手段，但在现实中，没有哪个孩子喜欢被人批评。有研究发现，在幼儿园里，当教师在一日活动中对幼儿的负向评价语言多于正向评价语言时，幼儿的身心健康就会受到很大的影响。因此，教师应审慎地使用批评。

当确实需要批评儿童的错误行为时，教师也应该做到：批评伴随着讲道理，告诉孩子犯错误的原因与后果，帮助他们梳理思绪，以便及时改正错误。在这样做时，教师的态度也非常关键。如果教师在批评孩子的时候能够做到心平气和、言语积极，让孩子感觉到善意与温暖，那么他们就会更容易改正自己的错误。

近年来，《幼儿园教师专业标准（试行）》（以下简称《专业标准》）的颁布，对幼儿教师提出了新的、更高的要求。《专业标准》包含了三个维度（专业理念与师德、专业知识和专业能力），十四个领域和六十二条基本要求。在学习过程中，我们发现，《专业标准》有几个突出的特点。"师德为先""富有爱心、责任心、耐心和细心"等关键词被放在了很重要的位置上，它还特别强调教师的反思等专业能力的发展。

但是，要想实现这一切仅仅靠理论学习是难以完成的。我们一直在探索，教师专业化成长的最有效途径是什么？"在实践中思考，在实践中感悟，在实践中学习，在实践中提高"，这是教师们的信念。因为，唯有实践，才能让这些品质内化于心。

观察儿童——教育的开始

2016 年 6 月 17 日

对教师来说，学会观察儿童是一项重要的专业技能，也是"真教育"开始的第一步。老师们每周都会书写对儿童的观察记录，而作为园长的我，仔细阅读他们的记录与思考也成为每周必须要完成的一项重要工作。

我们可以从教育思想与教育技术两个方面来理解观察。不过，无论从哪个方面来理解，观察儿童的目的都只有一个，就是加深成人对儿童的了解与理解。

当"观察"作为一种教育思想被理解时，它内含着尊重儿童、理解儿童的思想；尊重儿童的需要与个别差异的思想；充分观察了解儿童的发展水平、行为特点、兴趣倾向和学习风格，进而设计出符合儿童发展特点与学习需要的教育活动的思想。当"观察"作为教育技术被理解时，它是通过叙事描述、表格记录、图解等方式获取对儿童认识的一种策略。无论哪种教育思想，观察能力都是被特别强调的教师专业素质。

今天，我们将通过一组教师的观察记录，对"观察"这一关键能力进行深入的解析与讨论。

不爱睡午觉的小朋友

从入园开始,班里有个小朋友的午睡习惯就始终没有建立起来。我和他的爸爸妈妈沟通过好几次,但情况一直没有改善。而且,最近还发生了一些影响其他小朋友睡觉的行为。

今天中午,他依然没有午睡,和睡在旁边的小朋友悄悄地藏在被子里聊天,还笑出了声,惹得好几个入睡晚的小朋友也跟着笑了起来。我走过去,轻声和他说,睡觉的时候和别人聊天会打扰到别人,并一直陪在他身边,旁边的小朋友很快睡着了,可他还是一中午都没有睡觉。

分析与措施

1. 和家长沟通孩子当天的表现,调整孩子的作息时间,培养好的生活习惯。
2. 逐步让他认识到,这样的行为会影响同伴休息,耐心纠正他的行为。

睡,不睡

幼儿园每天都要午睡,每个小朋友的午睡习惯却不相同,有的在家从不午睡,有的在家里的睡觉时间是下午。面对这个问题,小一班的孩子、家长、老师会有怎样的表现和反应呢?他们又是怎样沟通的呢?

<u>早晨,孩子和家长</u>

家长:在幼儿园一定要睡午觉哦!你看其他小朋友都睡觉,就你不睡,多不好啊!

幼儿:我睡不着啊,我也不困。

家长:那你可以让老师陪陪你,就能睡着了。

幼儿:老师陪着我,我也睡不着。

<u>早晨,家长和老师</u>

家长:老师,我家孩子中午不睡觉,你就跟他说必须睡,不睡不行。

老师:孩子的作息时间需要一点一点调整,我们慢慢来。

家长:老师,没事!必须让他睡,不然的话,晚上刚回家就要睡觉啦。

<u>中午,老师和孩子</u>

幼儿:老师,我睡不着。

老师：睡不着没关系，可以躺在床上，休息休息。

分析与措施

1. 关于睡不睡午觉的问题，孩子们有自己的想法。在家长不断的强求下，孩子反而会出现逆反心理，例如，不想上幼儿园，或者一到中午就会出现哭闹的现象。也许家长们的过度焦虑和紧张影响了孩子的情绪，让他陷入难以入眠的恶性循环中。
2. 理解和接纳孩子。孩子午觉时间睡不着，也一定不舒服，有压力，甚至哭哭闹闹。成人只有理解和接纳孩子，才能减轻孩子的压力。
3. 建议家里适当调整作息时间，逐渐帮助孩子养成良好的生活习惯。

我又没睡着

下午2:30，起床音乐响起，孩子们在音乐声中醒来，陆续起床。

我像往常一样对孩子们说："下午好，孩子们！"小朋友也纷纷回应我："老师，下午好！"从声音里，我就能听出来孩子们的情绪很好。我告诉孩子们："等你们吃完水果，我们就去户外玩吧！"孩子们一听更加兴奋了，他们加快了起床的速度。

有一个小朋友悄悄地走到我身旁，用失望的口气对我说："唉，老师，我又没睡着。"

我说："没睡着，也没有关系啊！"他叹着气说："中午不睡觉，等我从幼儿园回到家，妈妈就不让我看动画片。"我问："这是妈妈给你提的要求吗？"他无奈地点点头说："妈妈说了，中午睡觉了，回家才能看动画片。不睡觉就不能看！"

我接着问他："你觉得妈妈提的这个要求，你能接受吗？"他沉默了。我又问："你中午一直睡不着，是因为担心回家不能看动画片吗？"他看着我说："我就是想着要睡着的，结果还是没有睡着。"他的语气里流露出对自己的责怨。

我看在眼里，疼在心里，安慰他说："睡觉和看动画片之间没有关系。妈妈想让你睡好觉，但我觉得妈妈的办法是不是不太好呢？"他听到这里，眼睛红了。我接着说："我来告诉妈妈这件事情，你可以和妈妈约定一个看动画片的时间，这样你就不用担心了，好吗？"

他看着我却没有回应，因为他不确定，老师和妈妈哪个更权威，他应该听谁的。

分析与措施

1. 孩子的妈妈为了让孩子有一个良好的作息习惯，制定了规则，提出了要求。这种不尊重孩子想法的强迫行为，对孩子来说是一个很大的心理压力。
2. 孩子因为总担心自己午觉时睡不着，以至于更没有办法入睡。
3. 家长这种交换条件的做法也许只能让孩子对这两件事情都很焦虑，我需要和孩子的妈妈谈谈。

这三个案例分别来自三位不同教师的真实记录，体现了观察的三种境界。

在第一个案例中，教师只是描述了眼中所见。在这里，我能够读出教师的困惑、无奈，甚至某些隐含的情绪，但她未对儿童行为背后的原因进行思考。作为一名专业教师，仅从表象去描述现象是很难真正发现问题和解决问题的。

在第二个案例中，同样是孩子不爱午睡的问题，教师除了关注现象，还关注了一些更深层次的问题。比如，孩子为什么不爱睡觉？家长是怎么想的？怎样要求的？背后的原因是什么？

第三个案例记录了一段教师和孩子之间的对话。我们发现，教师不仅没有评判孩子午睡的好坏，还通过对孩子表述的追问与孩子共情，字里行间流露出教师和孩子的积极关系。在这个记录里，教师不仅发现了孩子午睡困难的根源，还教给孩子一些方法，给予孩子情感上的支持。我读到的不仅是教师与儿童的对话、沟通，还有背后的善意和情怀。

三种记录，三种境界。我发现，第一种观察很像是一个局外人的观察，教师仅观察到了外部的行为，对于行为的改变，似乎并没有更多的想法与建议。第二种观察虽能关注到问题背后的复杂原因，也做了深入的思考，但仍停留在眼睛的观察和大脑的分析上。在第三种观察记录中，教师不仅耐心地倾听了儿童的表达，还对他进行了心理上的疏导，更重要的是，教师的心灵和儿童产生了共振，实际上她是在用心做着观察记录。

在观察儿童的时候，我们要始终抱有一颗同理心，和他们共情，从内心深处去感受他们的感受，深深懂得孩子们的快乐与悲伤，让孩子们感受到老师始终和他们在一起以及师幼之间的积极关系，这才是儿童教育工作者应有的状态。

这些年来，我们不断更新对"儿童学习者形象"的认识，观察者的角度也在发生变化。是"居高临下"的审视，还是"仰之弥高"的膜拜，抑或是"包容接纳"的同行，取决于每个观察者的认识。

好的观察者要怀揣着对儿童善意的接纳、理解和信任，否则你所做的一切都有可能适得其反。

我常常对老师们说，你如果热爱生活，就多和孩子在一起；如果你的心能够安静下来，那些美好就会不断地出现在你的眼前。

记住，只有当你的记录能够打动你自己的时候，它才是有价值的！

五小时的户外游戏，会给儿童带来什么

2016 年 6 月 24 日

6月，是幼儿园的"儿童活动月"。这个月，项目学习活动聚焦于花草园里，孩子们将开展一场"在丛林中学习"的新旅程。将花草园变成茂密的"丛林"，让孩子们可以整日穿梭于丛林之中，这有可能吗？心有多大，可能性就有多大！

本月，孩子们将开启每天5小时的户外多主题探索学习活动。花草园将变身为"丛林"，每个地方都将有教师和孩子们"安营扎寨"。

"丛林学习"计划一经提出，老师们就很兴奋，不过，同时也有些担忧。有的教师问："孩子们真的能够自己完成学习吗？不打断孩子们的学习，生活照料怎么进行？在户外，孩子们的学习兴趣会一直持续吗？孩子们在探索学习时，我们做些什么？"不管怎样，我们可以先尝试一下。就这样，"丛林学习"计划正式启动。

那么,"丛林学习"一周后,孩子们怎么看呢?

喜悦与满足

李昀:我想知道的关于大自然中的"为什么"有很多,有的答案妈妈知道,有的答案老师知道,有的答案在书里……反正我都能找到答案。

熙悦:我在大树下面和好朋友一起玩,感觉从来没有这么开心过。

子游:我特别开心,特别快乐。我做梦都在笑。

铭浚:在外面玩儿特别幸福,有树,有阳光,有水……还有我的好朋友们。

交往与合作

程泽:我觉得小朋友越来越喜欢我了,我害怕的时候,他们都跟我说"加油"。

泊安:和小朋友玩的时候特别开心,之前我和多多是好朋友,现在我还交到了其他的好朋友。

君怡:我和小伙伴一起合作摆了石头阵,我们还一起玩了石头大赛!特别棒的感觉!

思考与探索

自发、自在的玩耍,与大人组织的活动不同,是孩子们学习和理解周围世界的最基本模式。而且,他们热爱这个过程,从中获得了无穷的乐趣。

穆琪:我真的没想到,原来小鱼池里的喷泉是因为有电才能喷水。我找了于师傅打开开关,又关上开关验证了!下次,等小鱼池换水的时候,我就能看到鱼池下面的电线了!

如凝:一个上午,我都和大姮数池塘里有多少石头。我数了100块石头,我们用树叶记录。最后,我们组四个女孩子数出了鱼池里石头的数量。分享结果的时候,所有人都在听我们做报告,感觉真好!

夷陵:我觉得"神秘园"里有好多神奇的东西,就像蜗牛壳上的螺旋纹,感觉很有力量。

教师们的担忧还在吗?

田巍老师:之前,我还在担心孩子能不能自主学习,但是仅仅一周的时间我就感受到了儿童强大的学习愿望与力量。唯有和儿童共同学习，才是师幼最好的互动方式。

郭佳老师：一周的观察和探索，我最大的感受就是应该放下心中过多的疑虑与保护意识。孩子们比我们想的更懂得怎么玩，怎么保护自己。

晁妍老师：孩子们不仅可以敏锐地发现问题，结构能力也特别强。我现在要做的就是放空自己，用开放的心态面对孩子们的问题。

张焱老师：这个月的"丛林学习"，每天都有精彩的故事发生，我要把它们都记录下来。

行动之后，我的一些思考如下。

自然缺失症

"自然缺失症"不是一个医学名词，而是由美国作家理查德·洛夫提出来的一种现象，阐述现代城市儿童与大自然的完全割裂。他用这样一个词语来告诉公众，与自然断裂，不仅会让下一代失去对生命的体察，还会让人生病，因为人们失去了支撑内心的力量。

理查德·洛夫在他的著作《林间最后的小孩——拯救自然缺失症儿童》中写道："孩子就像需要睡眠和食物一样，需要自然的接触。"书中引用的很多研究表明，如果没有与自然的接触，没有在自然中学习、探索和体验的经历，孩子的感觉和知觉就会受到影响，他们容易变得孤独、焦躁、易怒，在道德、审美、情感、智力的成长中有所缺失。因为人体的免疫系统是在接触、抵抗、认知的不断斗争中建立起来的，不断的刺激会迫使它建立更强大的防御体系。人们对自然的需求，深深地铭刻在基因中。毕竟，人类与森林、山洞相伴了几百万年，而和楼宇、钢铁一起才不过千年而已。

自然对儿童的成长具有特殊的意义

3—5岁的孩子尤其专注于富有想象力的玩耍，他们处于想象力的巅峰，没有禁忌、压抑、恨意，毫无保留地向世界敞开自己。

"玩"就是孩子们在训练内在的自我，模仿周围的行为，尝试新的事物。

成人常常觉得孩子们的"玩"非常"孩子气"，幼稚可笑，但它其实是孩子们应对未来现实挑战的演习，他们自己做出决定，自己解决问题，他们是强大而有力的学习者。这种由玩耍所驱动的探索欲望在儿童四五岁时达到最高峰值，而这一切只有借助大自然才能实现。

自然滋养儿童的灵性

对儿童来说，自然是蕴含着无数新奇和惊喜的宝藏。在自然中，一片落叶，一条小溪，一只蜗牛，一场细雨……都能将孩子带入一个更加广阔的天地。所以，我们看到在户外的孩子们喜悦、专注，他们用自己的方式感受着自然带来的美好并在其中丰富着自己的精神世界，甚至疗愈着自己那些不为人知的创伤。

同时，自然也赋予了孩子们敏锐的感受能力，让他们观察到环境中他人无法察觉的细微之处；自然也需要孩子们充分地观察和全身心地感知，从而激发他们的创造力。

《寂静的春天》一书的作者蕾切尔·卡森说过："那些感受大地之美的人，能从中获得生命的力量，直至一生。"

儿童和自然的联结

儿童和大自然在一起的和谐度，远远超过成人。孩子们更愿意探索周围的环境，而成人倾向于利用周围的环境。"探索"意味着根据现实情况不断地提出假设，想象新的可能性。当我们在一旁静静观察的时候，我们会发现儿童与自然的联结是那么和谐、美好。

我相信，万物皆有灵性。自然是生动的、有力量的，孩子们也是鲜活而灵动的。当他们在一起的时候，很难说是儿童影响了环境，还是环境造就了儿童。至少在"神秘园"里，自然赋予了儿童更多的灵性，儿童也赋予了自然更多的灵性；而自然的灵性与儿童的灵性交相辉映的时刻，才是最美的学习瞬间。

教研的本质，是帮助教师建立哲学式思考

2016 年 7 月 8 日

教研要关注教师的真实情感，关注教育中的真问题，在求真中直击本质。

教研活动的价值取向

提升幼儿园的品质，促进教师专业发展，解决教师工作中遇到的问题，学习、了解前沿的专业理论知识……但最终目的，都要指向儿童发展！

思考与实践

第一时段：说你、说我

第二时段：问题在哪里

第三时段：课程决策

第一时段：说你、说我——表达、分享、倾听、陪伴、共情

李娜老师：这是一个"真勇士"的环节

教研会上"说你、说我"这个环节，是我特别喜欢的，每次都能给我带来满满的正能量。有一次，我分享了自己的一件事情。我录制了自己上课的录音，回放的时候，我感觉自己的声音特别大，特别不好。我在会上和大家分享了自己的感受，没想到大家都在认真地倾听，没有人讥笑，也没有人批评。胡老师说，敢于剖析自己的教师才能成为真正的教师。在这里，我接纳了真实的自我，也得到了专业和心灵的双重成长。

吴婷婷老师：这是一个"抱持"的环节

记得一次外公生病了，我很着急，在会上分享了自己的感受，还流下了眼泪。后来，我很后悔，觉得自己的状态不好，给大家带来了负能量。没想到的是，大家都用关切的目光注视着我。胡老师也说："我们都在陪着你。"

田巍老师：这是一个可以"宣泄内心压力"的环节

工作中，有苦有累，美好的东西我们要分享，但是我们受的一些委屈，也要把它们吐露出来。我们定期会"吐槽"一些生活中不太愉快的事情，这

既是一种宣泄，也是一种治愈。每次"吐槽"后的感受都酣畅愉悦，我也因此拥有了更多的能量。

韩小红老师：这是一个"接纳真我"的环节

我一直觉得自己是一个很自卑的人，在工作中也感觉不到自己有什么特色，每次发言都不知道该说什么。后来，我学着将自己内心的感受表达出来，讲我的担忧、恐惧、苦恼，甚至我的愤怒……在大家的陪伴下，我开始慢慢地打开自己的心门，接纳那个不完美但却真实的"小女孩"。我发现，当接受了真实的自我时，我变成了一个特别勇敢的人。

张焱老师：这是一个"破除执念"的环节

幼儿园要开展小组教学的时候，我和大家一样都很困惑：小组教学要怎么组织？教师的作用体现在什么地方？怎样回应小组中幼儿的问题……在表达的过程中，我突然意识到，自己太把自己当教师了，放不下那些要求和预设，这样就很难把重点放到倾听孩子身上。当这样的分享结束后，我突然感觉内心一阵轻松，也能够意识到，教师最重要的是不执念于技术，只有当内心充满了真实与接纳的态度时，才能够体会到和儿童交流时"在当下"的智慧与美好。

当每一个人都把真实的自我放在一个情境中的时候，内心就不再有缠绕、羁绊，也没有那么多妄想，所有人的能量会形成一个"气场"，而一切美好也将随之发生。

第二时段：问题在哪里——研讨真问题，解决当下的困惑

教育教学原本就是师幼互动、平等对话、思想流动的过程。当下的思考与问题，永远都是最关键的。

李文老师：我该如何回应？

李文老师：关于如何回应儿童，我在教育笔记中做了记录，也有一些自己的思考。但是在生活中，我发现，当儿童发生冲突的时候，我们的本能反应是回应或询问原因，提出的建议通常也是要求小朋友相互道歉。但是，效果似乎并不是很好，儿童也未必能接受，我们还可以怎么做呢？

胡华：教师对问题要有透彻的认识，也要有更宽广的视角。我在和孩子们照相的时候，有几个男孩子一直在争执，一会儿说你挡到我了，一会儿说你打到我了……我就在旁边说了一句话："一个男孩子要是总叽叽歪歪的，以后会没有朋友的。"我说完之后，两个男孩都愣住了，他们觉得我说得很有道理。在我看来，如果儿童总是从别人身上寻求一份满足和安慰来解决自己的问题，那么依旧不是一个成熟人格的表现形式。作为教师的我们，要给儿童更宽广的思考问题的角度，让他们拥有更健全的人格。

李文老师的思考：在面对孩子们的矛盾和冲突时，我们往往容易停留于事情本身，关注是谁碰了谁、谁挤了谁等细琐的问题，而没有关注问题背后对孩子心灵的影响这个更为深层次的意义。如果能够透过表面，向更深层次探究，那么对孩子就会有更深远的影响。

唐彬老师：这样做对吗？

唐彬老师：最近，幼儿园早餐给孩子们增加了新鲜的鸡蛋，我发现班里有个小朋友只喝稀粥却不吃鸡蛋。我问他，他说在家里已经吃过了，来幼儿园只喝粥；但是，在家里，他却说要到幼儿园吃早餐。我和家长了解后才知道真相，原来他不喜欢吃鸡蛋，所以两边撒谎了。作为新手教师，我坚持认为孩子的品德教育是最重要的，所以我想指出孩子的错误，然后帮助他改正。但这样做，会伤害孩子吗？

胡华：这个孩子的行为有那么严重吗？我们如何定义撒谎行为呢？他只是不爱吃鸡蛋而已，当他意识到自己在夹缝中没办法解决问题的时候，他就用这样的行为来回避问题。如果教育工作者轻易地评判一个儿童，给儿童贴上一个标签，那么教育工作者的专业性体现在哪里呢？无论怎么做，我们都需要对儿童有更深的理解和共情。

唐彬老师的思考：在教研会上，胡老师的指导让我认识到自己的一些问题。我在思考，为什么这么关注孩子的这个行为呢？或许和我的性格有关，或许也和我的认识有关。这让我体察到，自己的自我意识在和儿童相处的时候是非常强的。这个事件对我有很深的"触碰"。

刘仲老师：课程无法落地，抓手在哪里？

刘仲老师：6月的"儿童活动月"，我们分组讨论了儿童学习的计划和安排，也确定了每周要做的事情，比如，第一周了解"神秘园"，第二周把孩子们关注的问题找到,第三周通过"项目学习"来进行探索,第四周用艺术化的形式表现孩子们心目中的"神秘园"。虽然我们感觉形式很丰富了,但是课程似乎还是无法落地,抓手在哪里?

<u>胡华</u>:比如说,我们要丈量大树,"神秘园"有多少棵树?孩子们可以用他们的方式去数,也可以给树编树牌,给树起名字……孩子们就是这样一点一滴在实践中建立学习的概念的。"神秘园"还有很多地方值得探寻,有多少鸟窝?小鸟平时都在哪里活动?我们可能要花很长时间来观察它……在学习中,对生活和生命的挚爱,就是在这样细细的过程中一点一滴真实地建立起来的。它是一种"心流"的感觉,同时,孩子们也在运用他们的"工匠精神"与事物之间进行着深度联结。

<u>刘仲老师的思考</u>:每当我们在课程中无法确定方向的时候,胡老师总是能够对我们提出的问题进行剖析,让我们"站出来"思考问题。同时,胡老师还会给我们提供具体的指导。胡老师的这些细节描述让我的脑海里充满了画面感,我一下子就确定好要努力的方向了!

第三时段:课程决策——在反思的基础上,制定课程决策

教师在课程中必须要有一定的决策权。他们如果不能做决策,仅仅按照他人的意愿和要求来做,总是处于被动状态,那么就无法感受到工作中的创造与快乐。

在教研活动中,我们共同讨论活动线索,而具体的实施与教学是要教师们自己去完成的。以下内容是小班教研活动的讨论片段。

<u>马静老师</u>:孩子们对小池塘提出了很多疑问,比如,有多少块石头?水是怎么来的?小池塘有多大?为什么鱼和乌龟生活在一起不会打架……

<u>李文老师</u>:孩子们很关心,是谁给小池塘注水?多长时间换一次水,是一个星期还是一个月?谁来给它打扫?

<u>胡华</u>:可以借由孩子们的想象,把"神秘园"想象成一个茂密的丛林,他们可以在丛林中探索。为了使丛林探索更有趣,我们可以搭建营地,甚至修建临时的厕所,还可以在户外进餐,保留孩子们学习的完整性。老师们要充分地吸纳儿童表达出的信息碎片,然后做出有价值的分类和总结。

<u>田巍老师</u>:我觉得,您说的"不打断孩子"特别重要。孩子们的游戏被生

活环节一打断,就"翻页"了,影响了他们的学习。当他们不再被"成人的组织"打断的时候,他们就可以沉浸在自己的游戏状态中,感觉特别美好!

李文老师:孩子们的视角总是那么细致而独特!珠珠小朋友看着最后完成的"神秘园"手绘图,拉着老师说:"你看我们的幼儿园,我看到树屋旁边的一串串葡萄啦!"语气里流露出欣喜和骄傲!

韩小红老师:看到孩子们专注的眼神,以及他们完全沉浸在手绘"我爱神秘园"中的神情,我的心里涌起一阵感动:孩子们多么喜欢自己的幼儿园,又是多么了解自己的幼儿园啊!

张晓敏老师:6月,我们与"神秘园"的一草一木产生了深度联结,最后和孩子们一起动手完成了"神秘园"的平面图。孩子们画、剪、贴、点数树叶、点数石头,脸上洋溢着满足的表情,感染了我们在场的每位老师,我们感觉到自己、孩子和"神秘园"已经是一个整体。

教研后的反思

张晓敏老师:每一次的教研对我来说都是一次头脑风暴,我总是能够对任何一个习以为常的事情进行深入的思考,而思考之后的我更容易站在幼儿的角度去考虑这些事情对于幼儿发展的价值。思考也让作为新手教师的我对很多事情有了自己的想法,在这个过程中,我也逐渐有了自己的风格,更向熟手教师靠近了。

张蕾老师:我们总说要倾听和呼应儿童。同样,每一次的教研,我都在享受"被倾听""被呼应"的过程,很多新的想法得到肯定,遇到的困惑在一次次的讨论中得以厘清,这样的教研让我感到被尊重、理解和接纳。

张焱老师:教研会实质上在帮助我不断地内省,在如何倾听儿童和回应儿童方面给予了我很大的帮助,让我透过儿童去发现自身的教育行为是否适宜。每周的教研会上"走心"的交流,不仅解决了我的问题和困惑,而且让我坚定了方向。

李文老师:在表达、倾听的互动学习过程中,我对熟悉的场景和常见的现象进行重新思考,对背后的意义进行再次审视,发现觉察和改变已经悄然发生。其实,无论什么样的反思形式都是为了更好地延展我们的内在,因为教师是需要有专业信仰的人。

教研活动的本质，是为了提高教师的反思能力。但反思并不仅仅是让教师获得专业化的发展，而是帮助他们树立坚定的、哲学般的信仰。这种哲学式的思考，能够让他们站在更高的境界来看待工作。

在实践中，我们发现，一个具有哲学式思考的教师才能在教学过程中进行很好的反思，而反思是教师课程决策的基础。这样的发现，使得我们这些年来将教研工作逐渐引向对教师哲学思想的建构上。从这个意义上来讲，教师的哲学观是指导人的改变，而不是物的改变；是创造完整生命的教育，而不是创造仅仅作为人的工具的知识、思维和技术。

教师的反思，需要在特定的教育情境中完成。这一教育情境既有历史的脉络，充满着师生过去经验的意义，是师生过去经验史的丰富与延伸，又要靠教师当下的创造性处理，这一处理自觉或者不自觉地是教师个人的生活经验、生活感觉、价值观的投射。可见，教师拥有健康的哲学观是决定其反思能力与教育行为的关键因素。

人与人之间、人与事之间的互动交流，如果仅从观念或价值立场来判断，就会有所谓的赞成和反对的内应。但是，我们如果回到情感、体验、感受、信仰，试着从不同的精神层面去体会，就会发现这是一个丰富、美好的过程，仅用对错、好坏来评判不仅会让自己陷入困境，无法体验到生命中的流动，还会丧失体会生命美好的机缘。

10月，从文化中寻求课程线索

2016 年 10 月 9 日

人类必须从自己深厚的文化积淀中挑选出最优秀的部分，同时也是与个体早期接受能力相一致的部分构成一个文本（在不同的群体、民族中，甚至在不同的儿童与成人中具有可理喻性的一套开放的文化体系），这便是我们的课程。

——虞永平《学前课程价值论》

这些年，我们一直在进行幼儿园课程生活化的探索。这一课程体系重视儿童的学习，强调情感与体验，重视知识的结构化与元认知能力的培养，但课程内容与形式无论怎样变化，其核心始终围绕着中国文化；无论是课程的线索，还是课程追求的价值目标，无一不受中国文化的影响。

"十一"长假刚刚过去，很多人在这个假期选择回到故乡。故乡，对每个中国人而言都是一个极富情感的词汇。我们听听孩子们是怎么理解故乡的。

什么是故乡

安澜：故乡就是出生地。

好兮：故乡是一个地方，不是一个人。

如凝：过年吃团圆饭的时候，全家人都会回到的那个地方就是故乡。

润霖：这个地方有一些已经死去的家人。

你的故乡在哪里

仲匀：我姥姥姥爷家在江西，江西的空气比北京好。

牧泽：我的老家在徐州，你知道徐州的特产是什么吗？是臭烘烘的盐豆，我喜欢徐州，也喜欢北京。

子今：我妈妈的老家在枣庄，就是姥姥姥爷的家，爸爸妈妈带我坐火车去过枣庄，但是我没有发现枣树。

北京是你的故乡吗

铭浚：北京当然是我的故乡了，它的样子就像我的老家，我很喜欢北京。

依莲：北京不是我的故乡，我不是在这里长大的，这里没有我以前的家好玩。

夷陵：出生在北京的人，北京就是他的故乡了。

潆琪：我不知道，妈妈在哪里，我的故乡就在哪里。

十月的北京是最美的季节！夏天的燥热已完全褪去，伴随着秋雨，秋天悄然来临，秋天的韵味也开始展现在我们眼前。

北京的秋天，天高云淡，瓜果飘香，树下开始铺陈出一片金黄色的落叶。即使冬天来临，孩子们也知道，这只是下一个轮回的开始。冬天过后，依旧会有春天、夏天、秋天……

金秋十月，我们将和孩子们一起围绕"北京"与"故乡"的主题开展活动。

第一部分　遍访北京

历史古迹篇

尔东：我要给大家介绍故宫，故宫是皇帝以前住的地方，珍宝馆里面有很多古代的宝贝。它的房顶也很好看，两个角是翘起来的，上面还雕着龙和凤，故宫里面还有很多很多的故事。

希平：钟鼓楼之所以叫钟鼓楼，是因为里面有大钟和大鼓。站在钟鼓楼上面能够看得很远。我可以在钟楼上看到鼓楼，但是在鼓楼上看不到钟楼。

芷薇：我来到了卢沟桥，首先看到的是中国人民抗日战争纪念馆，里面有个武器展，摆放的是武器模型。这里的照片都是黑白的，我喜欢枪，但我不喜欢战争。

嘉慈：我来到了天安门，天安门广场超级大，上面还有毛主席的像，不是什么人都能把自己的照片挂在天安门上的。

涵絮：这里是圆明园，有湖水和荷花。妈妈说，这里被外国人抢过，所以被破坏了。圆明园的残桥就是被外国人烧毁后剩下的唯一一座桥。

文化场馆篇

曦文：我去了国家大剧院，就在天安门旁边，这里有很多演出，我在这里听了音乐会。

牧泽：这里是中央电视台，它的形状像个"裤衩"，所以我就叫它"大裤衩"。

博物馆篇

吴宸：这里是天文馆，在这里可以看到火箭，还可以学到很多关于宇宙、太空的知识。

嘉慈：我在中国科技馆，这里有恐龙化石，还能知道发动机怎样让车子跑得快，下面是我拍摄的恐龙化石照片。

游走胡同篇

一桢：我来到了南锣鼓巷，这里有许多小商店，有卖弹珠的、冰糖葫芦的，还有漂亮的手环，最有趣的是有三轮车可以坐。

子轩：这里是北京的胡同，胡同就像一条小路。我有些激动，看到什么都想买，糖葫芦、兔子形状的糖人、剪纸……还有内画瓶，听爸爸说这个需要练习很久才能画好。

自然公园篇

昊宸：我在颐和园坐了游船，看见了十七孔桥，还有美丽的荷花。

曦文：这里是奥林匹克森林公园，我还在妈妈肚子里的时候就来这里玩过。你们记得吗？我们春游、秋游的时候也在这里玩过。

第二部分　大班10月课程构想与线索

课程主题：生活在北京

北京是个有着浓厚文化古韵的城市，这里的文化不仅吸引着孩子们，也吸引着来自五湖四海的人们。在北京，总是有无数的名胜古迹与美景让人流连忘返；在北京，总有挖掘不尽的人文趣事；在北京，还有数不尽的特色美食。

我们希望，生活在这里的孩子能够把感受到的一切变成一种文化符号，铭刻在内心深处。

课程主题线索

5—6岁的孩子对北京这个城市已经有了感性认识。在前两周，他们利用"十一"假期和家人遍访北京的各个地方，用自己的方式描绘、记录、整理属于自己的"北京印象"。

回到幼儿园，他们将一起分享"北京的建筑"，通过探寻老胡同的历史，了解一个城市独有的建筑文化。他们也将进一步了解北京的风景名胜、现代化建筑以及北京特有的风俗、文化艺术等活动，体会城市与建筑的和谐关系，完成对所居城市的概括性认识，建立属于个人的独特记忆。我们希望他们通过对居住地的深度探索与体验，与这里的人、事、物建立深度的联结。

在北京这样的文化大都市，除了传统文化外，融合性文化也是这里的一大标志。孩子们虽然居住在北京，但每个人又都有自己的"故乡"。10月的后两周，我们将引导他们完成对"故乡"的探索，从中体会中华文化的丰富性与多样性。

1. 我的北京印象

孩子们将回忆自己在北京去过的地方，用具体的人、事、物来概括自己的"北京印象"。他们可以用涂画北京、味道北京、北京与我、北京的建筑、北京十大建筑等多种形式展开学习。另一方面，倾听老师和家长关于北京胡同与建筑的介绍，了解传统建筑带给人们的影响，体验、观察、了解并尝试制作传统建筑中的某个部分。

2. 丰富的北京"味道"

孩子们将体验北京的饮食、文化，运用感官感受"味道"。他们将自己挑选山楂，制作糖葫芦、炒红果等传统小吃。他们也将收集各种北京小吃，并进行分类学习。他们还将通过欣赏抖空竹、京剧表演等活动，感受北京的地域文化特点。孩子们将学习制作京剧脸谱、风筝等，在制作的过程中萌发对北京文化的热爱。涂画北京、拍摄北京的建筑、记录四合院的故事、行走中轴线、登上长城、彩绘脸谱等活动，都将以丰富的样貌再现北京。

3. 一起畅想未来的北京

孩子们将大胆表达自己对北京的畅想。他们将在老师的引导下，进行"我帮北京解难题""20年后的北京"等课程讨论。在学习过程中，了解自己与他人的差异，做到接纳、认同他人的观点，同时坚持对任何事物都有自己的观点与看法。

4. 姓名的来历

每个人的姓名都蕴含着文化的密码，与故乡、家族历史等有着密切的关系。孩子们将和父母一起完成对姓氏故事的学习，他们也将了解"百家姓"的相关知识。在了解自己名字背后的含义的同时，体会文化传承生生不息的内涵。

5. 我和故乡的故事

孩子们的家人将告诉他们，来自不同地域的爸爸妈妈是如何组成幸福家庭的，他们将了解一个家族的迁移史，绘制家庭树。孩子们的父母也将走进幼儿园，和孩子们一起分享家乡的故事。

我们试图从历史、文化的角度，挑选出优秀的、也是孩子们可以接受的那一部分组成一个课程图表。随着学习的深入，精彩将会一一展现。

第三部分　历史·文化·民族

钱穆先生说过:"任何一民族之形成与发展,必有与其他民族间少许相异不同之特殊性之存在。此种特殊性,可称之谓'民族个性',或径称'民族性'。若无此项民族性存在,即不能有民族的形成与发展。此项民族性,乃由于外面天地大自然之影响,以及人类自身之历史积累,与夫文化创进,多方配合,长期陶铸而完成。因此,'历史''文化''民族',乃属三位一体。无此民族,即无民族之历史与文化。无民族之历史与文化,亦即无民族之存在。"可见,一个民族的历史、现存的文化以及它的民族性,是我们把握课程的基本要点所在。

钱穆先生也说过:"中华民族,拥有长时期五千年一线相承、传递不绝之历史演进与文化体系,现存全世界其他民族,无一可与相比拟。"作为一个中国人,这样的文化会令我们和我们的后代产生骄傲与自豪感,而让孩子们感受到这份骄傲与自豪,是我们的责任,也是我们的使命。冯友兰先生说:"中国哲学一直有自己的表达方式与话语体系。按照中国哲学的传统,它的功用不在于增加积极的知识,而在于提高精神的境界——达到超乎现实的境界,获得高于道德价值的价值。"我深以为然。

在课程设计中,我们在现实层面学习的基础上,创设了很多可能性,让孩子们的精神世界得以提升,目的就是希望他们能够达到中国人所拥有的"超然道德境界"。

课程中,文化的线索无疑是最重要的,但如何呈现课程,也是我们要思考的。

重要的是,你得对儿童有兴趣

2016 年 10 月 14 日

了解儿童,了解他们的爱好和才能,了解他们的精神世界,了解他们的欢乐和忧愁,恐怕没有比这一点更重要的事了。

——苏联教育家赞可夫

很多人常常问我，你们幼儿园那么多鲜活的课程以及打动人心的微信推送，都是怎么"设计"出来的？今天，我想告诉大家一个秘密：这是因为我们对儿童身上发生的一切都有浓厚的兴趣。

很多儿童教育工作者对儿童教育事业充满热爱，也有很强的事业心，但我想问一个问题：你是对儿童有兴趣呢，还是对"教育"更有兴趣呢？

- 如果你外出参观一所幼儿园，你关注的是环境布置与教师组织的教育活动，还是对儿童在环境中与环境的互动、学习更感兴趣？
- 新学期，在进行环境创设的时候，你是关心环境创设怎么有别于其他教师，以显示出自己独特的创意，还是对环境中的主人（儿童）与环境的关系进行了认真的思考？
- 你总觉得理论学习没有什么意义，因为自己头脑中无法将理性学习与儿童形象建立联结，也无法获得有效的支撑，所以你更愿意学习现成的技术，因为这样的技能会使你的教育看起来更有"新意"。对吗？
- 你总是相信自己比儿童懂得更多，比儿童更会学习。因此，你觉得，"带领"儿童完成各种学习是你的责任。你喜欢又快又好地开展学习活动，因而无法放慢脚步，倾听儿童独特的思考与见解。对吗？
- 你感觉每天的工作都很忙，没有时间和儿童交谈。你认为，孩子只要能够听教师的话，就是他们最好的状态。对吗？

一个真正的儿童教育者，应该始终对儿童抱有浓厚的兴趣。科学的儿童教育，其内容和过程都是为了激发儿童的幸福感受，让他们感到满足和喜悦。儿童教育工作者感到幸福的关键在于：在儿童教育中，运用隐藏在儿童内心深处的那些力量，使教育达到一种境界。

当我们的心和儿童的心始终在一个频率上跳动的时候，我们不仅理解了他们，还间接地修复了很多自己看不见的创伤。

蒙台梭利说，"儿童是每一个人的温情和爱的感情汇聚的唯一焦点。一谈到儿童，人的内心就会变得温和和愉快。整个人类都享受着他所唤起的这一深厚情感。儿童是爱的源泉。我们触及儿童便触及了爱"。

我总在想，是什么东西让我们对这份工作拥有如此巨大的热情？除了儿童固有的美好天性，我们身上还聚集着一种能量——我们对儿童身上发生的一切都保持着强烈的好奇心。

每当踏入幼儿园大门时，我的脑海中都回旋着丰子恺先生的那句话："我的孩子们，我憧憬于你们的生活，每天不止一次！"

生活化课程的"N+1"个关键词

2016 年 11 月 25 日

一直以来，将"回归与还原儿童本真生活的课程"作为探索目标的我们，是怎么理解生活化与游戏化课程的呢？

生活化课程体系的几个要点

- 以儿童发展为核心，将以自然、儿童发展需求及传统文化为线索的月主题预成与活动生成相结合的课程模式。
- 以儿童的生活和游戏为课程呈现方式，强调具身认知。
- 本土文化、环境、儿童发展、教师与家长都是课程编织的重要线索。
- "感受与情感""知识与认知""动作与技能""直觉与灵性"是课程的四大基石。

"生活化课程"的样态调查报告

"生活化课程"呈现出的到底是什么？幼儿园的 30 位小朋友、30 位家长和 30 位老师给出了自己的答案。

关键词：想到的都能做到

提出人：衡晨（3.5 岁）

在这里，我想到的都能做到，简直太开心了！

关键词：日子与岁月

提出人：王玉洁老师（教龄 7 年）

在万物萧瑟的初冬，暂别了院落里大自然中的欢闹，小班孩子们制作了一个属于自己的"娃娃"。他们给"娃娃"起名字，给"娃娃"做被子、围巾、领结，孩子们围在我的身边，让我一下想起小时候围在爸妈身边缝被子、拆被子的情景。我们带着"娃娃"去花园看花、看雪，过节给"娃娃"撒花。时光悠悠，我们就这样把日子过成了岁月。

关键词：专注投入

提出人：唐彬老师（教龄3个月）

孩子们可以自己动手做一件事情是很幸福的。最近，孩子们在给自己的"小娃娃"做被子，他们还不太会缝，但是他们参与的热情太高涨了，不会缝的可以剪，不太会剪的可以整理布料……在活动中，他们是那样专注投入。动手操作是一种孩子们可以直接获取学习经验的方式，给"娃娃"做被子更是来源于我们的生活经验。

关键词：自由轻盈

提出人：申洁文老师（教龄3个月）

记得有一次，孩子们第一次接触纱巾。他们拿着纱巾欢快地扮演"啦啦队"，有的还戴着纱巾跑到一边去玩。看着孩子们这么喜欢纱巾，户外玩耍的时候，我便让他们玩起了纱巾的游戏，规则是：随意玩，保证安全。很快，纱巾变成了披风、渔网、尾巴、"纱巾雨"、头巾……回到班里，我们和孩子们一起探讨"纱巾的一百种玩法"。我们发现：一条纱巾有一条纱巾的玩法，两条纱巾有两条纱巾的玩法……从那以后，孩子们再不会因为拥有纱巾的多少而争抢了。这一发现对孩子们来说是充满惊喜的。看，我们的课程就是这样，及时生成而又轻盈无比。

关键词：生命轮回

提出人：张燕芸老师（教龄1个月）

天气变冷时，吃一个红彤彤又甜滋滋的柿子，美极了。我们把柿子削皮制成香甜的柿子酱。削下来的皮怎么办呢？扔掉吗？我们拿来做扎染吧！扎染早在1400多年前的《齐民要术》里就有记载，10年前被列入第一批国家级非物质文化遗产名录。植物染料取材于山川大地，漫山遍野的花果的根、茎、叶、皮都可以用温水浸渍来提取染液。我们可以借助草木本身的力量，顺应自然四季的变化，依节令、时令行事。扎染是全手工制作，最大的魅力在于它的随机性。它不循规蹈矩，永远给人不期而遇的惊喜。孩子们体验扎染的制作过程，从认识工具、植物、制作工艺到设计、扎花、浸染、拆线、漂洗、固色、晾晒。这样的活动使孩子们熟悉了传统工艺，也亲自动手体验了自然。归于自然，永续循环，正如生命的轮回，源于泥土，归于尘土。

关键词：纯净美好

提出人：瀚辰爸爸

在生活化课程里，幼儿园里的一草一木在园长和老师们的眼里都是那么富有情趣、充满故事感。只有拥有纯净的心灵，才能有这样的发现和想象力。

关键词：以情动人

提出人：子衿妈妈

在生活化课程里，爸爸妈妈随时在接受"检查"，因为孩子们对待"娃娃"的方式，孩子们稚嫩的语言背后，是爸爸妈妈在他们身上打下的深深烙印。我们还是更加认真地当好爸爸妈妈吧！

关键词：想变什么就能变什么

提出人：天鸣（3.5岁）

在幼儿园里，我想变成"南瓜"就能变成"南瓜"，想变成"小鬼"就能变成"小鬼"……

关键词：回望与修复

提出人：张蕾老师（教龄11年）

生活化课程不仅联结着儿童，也联结着成人，还联结着过去、现在和未来。和孩子们一起做"布娃娃"的时候，看着他们抱着自己的"娃娃"，我会心生羡慕。有两次和"娃娃"失之交臂的童年经历让我难过，没有"娃娃"陪伴的童年也成为我心里的一个遗憾。墨涵妈妈也回忆了自己的小时候，她的妈妈为她缝制却没有缝成功的"娃娃"。那些被激起的回忆，那些童年的遗憾，在这里得到了回望与修复。

关键词：快乐滋养

提出人：王彩霞老师（教龄11年）

上下楼梯时，我们要时刻关注孩子们的安全，所以很自然地就会面对着孩子们，身体倒退着上下楼梯。一次上楼梯的时候，大铭说："老师，我也想像你这样上楼梯，肯定好玩！"我虽然在一刹那为孩子们的安全担心，但还是忍不住答应了他们的请求。我说："那好吧，我们来和楼梯做个游戏吧！我们先一次上两个台阶，然后像小兔子一样双脚跳上来。我们也可以像小乌龟一样爬上来，还可以坐着上楼梯，坐着下楼梯……"隽珩说："我在家里从来不走楼梯，都是坐电梯，我觉得还是走楼梯好玩。"瑶瑶说："老师每天都倒退着上下楼梯，今天我也这样玩了，太有意思了。"天天打交道的楼梯，就这样成了孩子们的兴奋点。我没有提多余的要求，孩子们竟然都能够有序地排队游戏，而且每个人都有保护自己的方法。明贤在跳着上楼梯时会用手紧紧抓住楼梯的扶手，彬宸坐着下楼梯时会用手使劲地撑着自己的身体。

从此以后，雾霾天或者上下楼梯的过渡时间都成了我们的新游戏时间，快乐的感觉来自我们每天面对的一成不变的事物。孩子们总是在不经意间带给你教育的灵感！

关键词：跳跃想象

提出人：田悦老师（教龄3个月）

孩子们扮演爸爸妈妈，让"娃娃"扮演孩子，体会着爸爸妈妈的一天生活。"开家长会"的时候，老师说："笑笑的妈妈来了吗？"笑笑一愣，说："笑笑的妈妈上班去了。""那你是笑笑的……"笑笑恍然大悟，说："哦，我是笑笑的妈妈！"之后，笑笑给自己的"宝宝"制作漂亮的花。可是，彩泥在她的小手中被捏来捏去总也成不了形，如果是以前，笑笑会说"老师，你来帮我"，可是，这次，她不停地尝试着，还拍拍旁边的"娃娃"说："别着急，一会儿就好了。"她一遍遍地试着，终于捏好了一朵朵小花瓣，然后认真地将它们贴在小棉签上。之后，她举着小花，嘿嘿地笑着说："我要带回家送给妈妈！""可这不是给娃娃做的吗？"在整个过程中，孩子们一直在"孩子"和"妈妈"的角色中不断地跳跃着。

关键词：轻松本真

提出人：张郝晶老师（教龄2个月）

小二班的悠悠一个人坐在小椅子上看着其他小朋友玩玩具，我问："悠悠，你不去玩吗？"悠悠双臂抱在胸前，一本正经地对我说："你真是一个淘气的老师!"我很疑惑:"淘气的老师?"可是,我坐在这里什么都没干呀?悠悠小手指着小椅子对我说:"你看,这是小朋友坐的椅子,你不应该坐。"原来,每个小朋友都有属于自己的椅子,她觉得我是大人了,不应该再坐小朋友的椅子。于是,我又问:"除了这个,我还哪里淘气了?"她指了指我手里的玩具:"你看,你的手里还拿着小朋友的玩具。"我说:"这不行吗?""因为你是大人啊!""大人就不能玩玩具吗?""对呀!我妈妈就是大人,她在家里就从来不玩玩具。"孩子的想法就是这么自然、本真,和他们在一起,每天都能带给我们无穷的欢乐。

关键词:像家一样

提出人:莒骞(3.5岁)

我每天来幼儿园就像在家里一样,幼儿园和家里一样有好吃的和好玩的。

关键词:生活智慧

提出人:李娜老师(教龄2.5年)

生活化课程让每个人都有机会与生活进行更深入的对话,认识到生活中无限的可能性。去年的美食月,田巍老师带领着孩子们一起腌制咸鸡蛋,不仅使用了平时常见的"湿腌法",还尝试了难度相对较大的"干腌法"。在耐心等待了三周以后,我们终于迎来了开坛的日子,试吃过后发现,用两种方法腌制的咸鸡蛋都特别成功。对于我这个平时不怎么进厨房的人来说,那次活动为我打开了一扇新的大门。我认识到,平凡的生活中处处都是智慧,处处都是美好。

关键词:土地与自然

提出人:郭佳老师(教龄12年)

霜降过后的收获日,孩子们在"一米菜园"里如火如荼地忙着收菜。在这个过程中,孩子们的手上、鞋子上都沾满了土。这时,有的孩子皱着眉头说:"哇,好脏啊!"他的话引起其他孩子的注意,天鸣说:"土是放脏水和坏东西的地方,是脏的。"仲匀说:"土里很脏,因为有很多细菌。"瑶瑶说:"土能种出菜,菜可以吃,土就是干净的。"思齐说:"我们可以在土里做游戏,就是干净的。"峻熙说:"土是小蚂蚁的家,家都是干净的,所以土是干净的。"孩子们七嘴八舌地讨论了起来,都觉得自己说得很有道理。最终的答案是什么已经不重要，重要的是孩子们在亲近自然、亲近土地的过程中，感官得到了满足；在感受大自然拥有神奇力量的过程中，他们的心中获得了力量，从而心生感恩与崇敬。

关键词：教育即生活

提出人：莒骞妈妈

生活化课程让孩子们在学习中不断丰富自己的生活经验，在学习中成长。这种成长是孩子们容易接受的，是一种自然而然的过程。在此过程中，与人交流、与物互动的方式不断地内化到孩子们的行为中。我很欣慰地看到，孩子在这个过程中的成长。

关键词：授之以渔

提出人：京远妈妈

我认为，学习和教育不应局限于书本，而是需要更多地关注社会生活。尤其对幼儿园的小朋友来说，开展生活化课程，融入家庭、社区，不仅可以让他们把书里、绘本里看到、学到的东西与生活紧密联系，灵活地理解和掌握知识，而且把他们全身的细胞和智慧都调动了起来，激励他们努力思考和探索，由此对学习和生活产生浓厚的兴趣。所以，他们不仅能获得"鱼"，还能了解和掌握如何"渔"。这对他们终生的学习和成长都是极为丰富的宝藏！

关键词：爱和暖和

提出人：悦潼（4.5岁）

我用黄色的玫瑰花瓣做了一个香包，我想把它送给我的妈妈，在冬天的时候，她闻到香包的香味，就有一种暖和的感觉。

关键词：温暖回归

提出人：马静老师（教龄10年）

还记得霜降过后，幼儿园的"一米菜园"也丰收了。我们一起用白菜榨汁，和了蔬菜面，也让我足足过了一把大师傅擀面的瘾。在我擀面的时候，北歇和身边的亦菲说："你看，小静老师擀面的样子好有妈妈的感觉啊！"其他孩子听了之后也都回应："小静老师像妈妈！"在这个时候，我也想起了我的妈妈，她就是这样给我做手擀面吃的。就是这样的生活化课程，把孩子、我们、家人都联结在了一起。

关键词：感恩与自然

提出人：王钰诗老师（教龄2年）

艺术活动月里，孩子们通过各种方式将深秋的自然材料带入艺术创作。园长妈妈就要过生日了，前一晚，有小朋友说："要是我们也有柿子，送给园长妈妈就好了！"户外活动的时候，孩子们在角落里发现了已经枯萎的树枝，搜集了回来，然后用橘色的彩泥将柿子树再现出来，并写上对园长妈妈的祝福——"柿柿如意"。感恩的动机，加上生活中的自然物，给孩子们的艺术创作提供了更多的可能性。

关键词：关注兴趣

提出人：盈齐妈妈

我对生活化课程的理解是，教学中充分关注孩子的经验，引导他们在生活和活动中生动、活泼、主动地学习。孩子的兴趣是课程实施的核心。教师发现孩子的兴趣，结合生活实景开展活动，让孩子们更鲜活、更生动地发展。

关键词：学习可视化

提出人：悦潼妈妈

从点到面的学习思路，实景可视化的生活现场，让孩子更容易理解知识，激发了孩子的思考力，培养了孩子在生活中的观察力，让孩子学有所用。

关键词：细节之处

提出人：亦菲妈妈

从生活细节中寻找、发现教育，让教育回归生活、用于生活，幼儿园的老师们、小朋友们对生活的热诚感动着我们家长，为美好的未来发展夯实了基础。

关键词：游戏不重样

提出人：夷陵（5岁）

在这里，每天都可以玩不一样的游戏，我很高兴。家里人来接我的时候，我都不想走。

关键词：变换无穷的空间

提出人：君慈（4.5岁）

每年，我们都会搬到一个新的教室，每个班的玩具都不一样，我们可以玩好多东西。

关键词：开放与哲思

提出人：田巍老师（教龄12年）

在采摘节里，我们和孩子们一起收获红薯，研究红薯，制作美食。在结构课程时，子乔说："种地、做吃的都很辛苦，我不要再剩饭了，因为粒粒皆辛苦。"逸帆说："红薯真是太好吃了，我想开一个红薯店，发明红薯的各种好吃法，比如，红薯蛋糕、红薯冰激凌等。"夷陵说："我爷爷奶奶也是会种地的人，他们很能干，我也想成为那样的人，种好多粮食给大家吃。"孩子们总是能跳出事物本身进行思考，与个人经验、理想、家人、自我进行联结，他们天生就是思考者。

关键词：责任与陪伴

提出人：李美杰老师（教龄3个月）

在10月的课程里，我们和孩子们一起对垃圾进行了调查，比如，什么才算垃圾，怎样减少垃圾等。我们还和孩子们一起制作了环保袋。虽然这只是一个简单的调查活动，但是需要老师和孩子们共同参与，也需要家长的积极配合。当我让孩子们回家看一看自己小区里的垃圾桶里都有哪些垃圾时，家长们陪同孩子一起调查，即使外面的天已经变黑了，他们依然调查得非常起劲。通过这样的活动，家长不仅了解了自己孩子的学习，彼此之间还有了很好的互动。

关键词：儿童视角

提出人：浩文妈妈

我理解的幼儿园生活化课程是这样的，站在孩子的角度发掘生活中的兴趣点，让孩子通过自己探索和体验达到发现事物和认识世界的目的。比如，幼儿园设置的玩水、玩雪、玩冰等课程，都是孩子探索自然的很棒途径。

关键词：以小见大

提出人：嘉毅妈妈

在老师们的带领下，孩子们通过日常生活中随处可见的事物，以做游戏的方式发现自然界的奇妙，发掘事物中的科学知识，发展出更多的思考和审美。同时，激发了孩子们对生活的热爱，对环境与自身关系的重新认识，培养了孩子们的好奇心、学习能力与动手能力。

关键词：全人教育

提出人：天诒妈妈

我理解的生活化课程是，教会孩子首先具备生存、生活的能力并提高生活情操，成为一个独立、互助、友爱、全面发展的人。同时，学会人际沟通、理解情感词汇，为成为一个全面的人奠定知识、能力、情感的基础。

关键词：小主人

提出人：懿琛（4.5岁）

我觉得自己在幼儿园里就像一个小主人一样。

关键词：我天天都想来

提出人：依莲（4.5岁）

幼儿园每天都有美好的事情，比如感恩节，可以送给老师们礼物。

关键词：吻合共鸣

提出人：李文老师（教龄10年）

秋末冬初，在户外玩耍的孩子们发现了落叶，纷纷捡拾落叶，我们就一起找各种落叶，一起玩叶子雨，感受童年的快乐和美好。这样的生活化课程让我自己也慢了下来，就像在家中和孩子互动一样，没有计划和预设，跟着孩子的节奏，走到哪里，喜悦就到哪里。当我和孩子们的节奏在一个频道上时，就会出现十分融洽和谐的场面和氛围。

关键词：沉醉与崇敬

提出人：阎玉新老师（教龄3个月）

在10月份的课程中，孩子们对小区里的垃圾产生了浓厚的兴趣，于是我们的课程就应孩子们的需要进行了调整，让他们研究自己喜欢的事物。在对垃圾进行分类时，我惊喜于孩子们的回应，他们觉得世界上没有无用的垃圾，使我不得不崇敬孩子纯净清澈的心。此时，正值"一米菜园"收获，我们又用厨余垃圾给"一米菜园"施了肥，孩子们沉醉其中又充满希冀。我想，生活化课程对我这样的新教师来说，更能让我抓住孩子的学习兴趣，因为课程的设计都是基于孩子自身的需要。这也让我在这个过程中很放松、沉静，可以和孩子们一起真正沉醉于当下的学习状态中。

关键词：一直玩

提出人：若清（4.5岁）

在幼儿园，我喜欢的东西可以一直玩，玩好几天呢！

关键词：生成与预成

提出人：张晓敏老师（教龄2.5年）

10月份的课程刚开始进行的时候，老师们都有一些自己的想法，对课程的基本方向有预期，涉及家、小区、社区，希望从身边出发延伸至更宽广的方面。但是活动中，孩子们一直对研究自己家中的事物更感兴趣，垃圾就是其中的一项。发现了这种情况后，我们经过讨论，一致决定跟着孩子们的感觉走。在研究垃圾的过程中，孩子们兴趣盎然，甚至有的孩子说："世界上就没有什么是垃圾。"生成的活动更加鲜活、灵动，孩子们沉浸其中。虽然这些活动和我们之前预想的活动大不相同，但跟着孩子们走的生活化课程，带给了我们太多的惊喜，也激发了我们更多的专业思考。

关键词：思考延伸

提出人：吴婷婷老师（教龄1.5年）

在孩子们研究小区里的垃圾桶时，有个孩子问道："为什么小区里的垃圾需要分类，但是班里只有一个垃圾桶？我觉得班里的垃圾也是需要分类的。"随后，我们一起讨论，一起动手制作了班级的分类垃圾桶。我觉得，这就是生活化课程的魅力之处，从生活中发现问题，又回到生活中去解决问题。在这一来一去之间，孩子们的内心已与生活建立了更紧密的联结。

关键词：家乡与民间艺术

提出人：墨晗（5.5岁）

之前，我都不知道我的家乡有那么多好玩的民间艺术，我想等我再回去的时候都去看一看、玩一玩。

关键词：名字的故事

提出人：旭冉（5.5岁）

我们一起聊了很多关于名字的故事，我知道了我名字的故事，知道姓是怎么来的，我也知道了很多小朋友和老师的名字的故事。我喜欢我的名字，我也喜欢其他小朋友的名字，因为我们的名字都有故事。

关键词：生活小能手

提出人：卓新（6岁）

我觉得，自己变成了一个生活小能手。我学会了种菜、削皮、腌泡菜、做扎染，我还想学好多好多本领！

关键词：神奇

提出人：文皓（5.5岁）

我们一起削了柿子皮，柿子皮可以做扎染的染料，还可以做酵素！柿子的果肉可以做柿子酱，还可以做柿子饼。如果你送给别人柿子，是祝福别人"柿柿如意"的意思。我第一次发现，原来柿子那么神奇！

关键词：宛若呼吸

提出人：张芬老师（教龄2.5年）

在"民间艺术荟萃"活动里，我悄悄地跟着一个孩子，目睹了她活动的全过程。一开始，她一头扎进面塑区，双眼注释着自己手中的作品，一点点地完成它。完成后，她舒了一口气，轻轻地将自己的作品放到了展示用的盘子上。她将手洗干净，去了载歌载舞的区域，与老师和小朋友们一同酣畅淋漓地跳了一曲藏族舞。休息一下，她又来到了民间艺术展，时而远远地望着其他小朋友，时而仔细地端详展览区的民间艺术展品……一静一动，一近一远，一呼一吸，这样的节奏，就是生活化课程的节奏。就这样，我们用宛如呼吸般的速度一起度过了一天又一天美好、自在的生活。

关键词：联结与流动

提出人：郭鸿玉老师（教龄12年）

生活化课程总是和孩子们的生活紧密联系在一起。当我和孩子们商量制作泡菜的时候，孩子们得知要使用削皮刀，既兴奋又期待。晚上回到家，孩子们就开始练习削皮，一根黄瓜被削得溜光溜光的，胖胖的萝卜变成了瘦萝卜，班级的微信群里也一下子变得热闹起来。从一开始的小小担心到晒孩子削皮的视频，再到吃孩子们制作的食物吃得都"撑"了，爸爸妈妈幸福地"吐槽"着。孩子们看到自己的劳动成果被家人们"消灭"掉，获得了前所未有的满足感和成就感！后来，家长们也分享了自己小时候削皮的经历，亲子之间的情感再次共鸣！

关键词：本土与真实

提出人：楠狄爸爸

我对生活化课程的直观印象是德国的森林幼儿园，孩子们在森林中的活动综合训练了体能、社会化能力、自然认知、生活自理等多种能力。从陪伴者的角度看，越是这种如同自然流水一样的教育方法越需要心理学、博物学等多方面的积累和融会贯通。

关键词：播种与收获

提出人：子轩妈妈

春天，孩子们播下了植物的种子；夏天，孩子们浇水、翻土；秋天，孩子们用采到的红苋菜做染料，将红心萝卜削皮做成泡菜。在我的理解中，这就是最好的生活化课程，与生活自然联结，流露着对生活的理解和热爱。这其中不仅有生活常识的教授和生活技能的学习，更是在孩子们的心田播下了一颗渴望幸福的种子。

关键词：文化探索

提出人：成暄妈妈

我理解的生活化课程是建立在文化探索的基础上的，帮助孩子们了解他们所见的世界到底是什么样子的，利用孩子们对事物天生的敏感度，引导他们观察，启发他们表达自己的感受和情感，通过这些外在的认知与内心产生联结，形成自我学习的能力。我觉得，大班这学期开启的一系列文化探索课程都是很好的生活化课程，让孩子们亲自体验自己感兴趣的文化符号，带着情感和感受去认知，我相信这更能唤醒他们内心的力量，同时形成不断探索、不怕困难的学习品质。

关键词：温暖与过日子

提出人：宇谦（6岁）

我感觉幼儿园很温暖，就像过日子一样，每天都很快乐。我喜欢请家人来做好吃的那种活动，可以品尝到"酸甜苦辣"的味道。

关键词：都是我喜欢的

提出人：熙恬（5.5岁）

我发现，每次我特别想研究的东西，就会被老师拿来和所有小朋友一起学习!

关键词：骄傲与自豪

提出人：昊霆（6岁）

当我的爷爷奶奶来幼儿园做炸酱面的时候，我觉得他们做得特别好吃，幼儿园的小朋友也都特别喜欢，我感觉很骄傲、很自豪。

关键词：体验尝试

提出人：张焱老师（教龄12年）

10月的一个活动——"神奇的土地"简直太有趣了，因为不管是对孩子们，还是对老师们来说，这都是一次全新的尝试和体验。伴随着"一米菜园"里蔬菜的收获、择洗、制作，孩子们感受到了蔬菜从菜地到餐桌的奇妙过程。在老师的帮助下，孩子们还亲手制作了一份萝卜丝饼，要知道，这里面是非常有技术含量的。在家里，爸爸妈妈未必会让他们尝试，可是在幼儿园，我们允许孩子们大胆体验。打鸡蛋、和面糊、练习均匀地搅拌，这些生活常见技能既锻炼了孩子们的精细动作，也激发了他们创造生活的兴趣。吃着美味的萝卜丝饼，孩子们兴奋、雀跃、满足的表情跃然脸上。在生活化课程里，每个孩子都是"生活家"。

关键词：鲜活灵动

提出人：晁妍老师（教龄1.5年）

户外自由游戏的时候，孩子们对大自然里的冰块、叶子、石头、土壤，甚至空气都充满了探索的热情，他们会给冰块分类，给土壤清理杂质，帮保安于叔叔捡落叶，让于叔叔扫起来不用那么辛苦……这种与自然的联结就是最自然的游戏和学习。我们看到，自然物更能带给孩子们无尽的想象和探索空间，孩子们会赋予这些自然物以意义，与它们互动，和自己对话。同时，老师们观察到的都会成为生活化课程的源头。所以，生活化课程更多的是倾听儿童、观察儿童，从儿童身上发现课程的灵感。

关键词：生活感知

提出人：宇谦妈妈

生活化课程，让孩子们在体验中感知生活，回归生活实景，这点对现在的孩子们尤其珍贵。只有探索、实际操作了才能有真实感受，孩子们从被动听取到主动参与，学习更主动、更有效了，他们也会脑洞大开，发挥创造性，产生很多新的想法。

关键词：融合与凝练

提出人：诗凝妈妈

我认为，生活化课程源于生活又融于生活，是易于让儿童接受的情景化教育。它让孩子们更生动直观地学习、感知事物，更好地融入社会生活。印象比较深的是，中班的孩子们模拟妈妈生宝宝的场景，"妈妈们"紧紧搂抱着自己的"宝宝"，"爸爸们"也及时给"妈妈"和"宝宝"送上温暖的问候，每个角色都能尽情展现。同时，生活化课程也提醒我们，家长要重视言传身教的重要性，给孩子上好每一堂生活课！

关键词：共同体验

提出人：嘉慈妈妈

幼儿园生活化课程是一种实践、一种参与，也是一种家长与孩子共同的体验。这种课程来源于我们的生活，是随时随地在孩子的生活、学习过程中产生和发现的，它可以让家长与孩子一起探索、实践，进而深入研究。在与孩子一起完成课题研究的时候，我发现，孩子表现出很强的主动性，当孩子的好奇心得到家长重视时，孩子就会变得更加自信。比如说，在大班十一月的主题活动"我家乡的民间艺术"中，小慈对捏泥人产生了极大的兴趣，我给她打印了兔儿爷的图片，她全神贯注地观察，还模仿图片捏兔儿爷、画兔儿爷，之后我上网给她搜索了更多的资料，给她讲解兔儿爷的来历，孩子收获很大。类似这样的生活化课程，是孩子身边看得见、摸得着、可以感觉到的，让孩子有了非常具体的感性认识。所以，幼儿园生活化课程是有趣、充实、有意义的。

关键词：心中有人，眉目传情

提出人：胡华园长

对孩子们来说，生活化课程意味着游戏与快乐，当然更是最大的发展可能性；而对教师来说，生活化课程意味着无数的可能性。今天，我们仅展示了当下所见，而更多的美好永远是未知的。

作为这个课程的"总设计师"，我每天和孩子们、老师们在一起时，心里都感觉特别踏实。因为每个人都有一个自己的小世界，在自己的世界里，大家诗意地生活，脸上洋溢着微笑。

平日里，我们总是用眉目传情表达着对孩子们的喜爱、对生活的热爱。当然，这里面也有一份对个人生命实现的接纳与赞许。这也是一份能量，一份足以温暖自己与众人的能量。

这一切的实现都依赖生活化课程带给我们彼此的联结感。对了，这个课程还有一个秘密，就是它的一个基本出发点：我希望，这里的每个人心里都装着一个大写的"人"！

教研时，我们在谈论什么

2016年12月16日

作为园长，不仅要扮演管理者的角色，还应承担起成为老师们的"导师"的重要职责。这几年，我一直保持着和老师们"面对面"对话的习惯。

我每周一在浏览所有老师的"教育笔记"时，会对他们进行文字上的指导；每周三中午和老师们一起开展教研学习；每周日晚组织幼儿园的微信读书会，同时每天都与老师们进行"面对面"的交谈。

以下内容摘自近一段时间我和老师们在教研时的对话。

学会做一个有弹性的人

当你能接受你的不好时，才能真正接受你的好；当你能接受你的软弱时，也就能接受你的坚强；当你能接受你的无能时，也就开始能接受你的"能"，这就叫"弹性"。当一个人的弹性空间越来越大时，他的心就开始变得广阔起来，不会受一些外在事情的影响。因为任何事情，再大也大不过你的心了。"心比天大"就是这个意思，我们的工作就是在修这颗"心"。

王文雅老师（教龄4个月）：虽然我来幼儿园工作刚4个月，但我能发觉自己内心深处的改变。以前，我总把自己武装成很"强"的样子，不能接受自己的不好。当不顺心的时候，我总是一个人纠结，心很累。现在，我明白了，改变的第一步就是要接纳自己的不足。接纳自己的好，更要接纳自己的不好，才能修成广阔的内心。做个有弹性的人，内心才会更有力量，我真的感觉到了。

马静老师（教龄11年）：还记得我们在分小组进行心理学习的时候，大家互赠礼物。胡老师说，送给小静一根皮筋吧。我想，无论是工作还是学习，我以前都是一个缺少弹性的人。有弹性就意味着愿接纳、有胸怀，意味着能"舍"。有所思，就要有所为。虽然还在探索阶段，但我终于有了一丝身心舒展的感觉。

张晓敏老师（教龄2.5年）：作为新人，幼儿园里的很多事情是我没有经历过的，有时候一些突发事件会让我很有挫败感，会自责，甚至陷入负面情绪里不能自拔。听到这个观点时，我的心里顿时敞亮了。自己做得不好，没关系，先学会接纳自己的没经验、能力有限。只有学会和自己真实相处了，才能真正地悦纳儿童。做一个有弹性的人，实际上就是在变中坚持自己不变的那颗初心。

新教师成长的三条路径

作为新教师，成长之路要一步一步走，这其中至少包括三条路径：

第一条路径是"找"到儿童，看到他们，听到他们，和他们在一起游戏。

第二条路径是在和儿童相处的过程中，看到关系中的自己。在这个关系中做内观，将自己与儿童及教育行为进行联结。

第三条路径是逐步将这些认识内化成直觉或教育智慧。这是一个复杂的过程，它是一份属于你个人的东西。它是你在观察儿童的基础上，对自我的认知与调整。这之后，教师才有了可以被称为专业能力的品质。

当你接纳了自己，借由这份工作和各种情绪完成了真实的联结，就会长出翅膀，带领孩子们一起飞翔。

李美杰老师（教龄4个月）：作为一个刚入园不到半年的新教师，我还在第一条路径中探寻。刚刚参加工作时，我是不会和孩子联结的，时常沉浸于自己的情绪和状态里，孩子们在玩，而我只是在一旁看着。当三条路径清晰地摆在我的面前时，我很清楚地知道，和孩子在一起时自己需要做什么，需要完成哪些内观与练习。我需要等待自己的成长。

王钰诗老师（教龄2年）：这个观点让我找到了方向。我发现，自己在最初和孩子们交流的时候，只是言语上的交流，并非是心与心的碰撞。所以，我时常会有"罩"不住孩子、没能量的感觉。学习了这个观点后，我开始尝试和孩子们交流，和自己联结，它就像一束光，照进了我的内心。

找到自己的喜悦点

要学会放空自己、放松自己，进而找到自己的喜悦点。一旦找到，你就会拥有真实的喜悦，也就等于找到了通向自我的路。

郭佳老师（教龄12年）：这个观点深深触动了我。我曾体察到，那一瞬间当内心发生变化时，快乐便不再仅仅停留于表面，而是由心而生。在与孩子相处过程中，我感受到了孩子们对我的喜爱，体会到了从未有过的喜悦与沉醉。

田悦老师（教龄4个月）：记得我刚来幼儿园的时候，面对孩子不知所措，整个人时刻处于紧张状态中。尤其是孩子出现问题时，更不知如何解决，头疼不已。后来，经过胡老师的指导，我逐渐放松下来，慢慢地寻找那些喜悦点。我发现，每个孩子都是善良的天使。豆豆是我关注最多的一个孩子，开始时，我听不太懂他在说什么，也不理解他的行为，这让我很急躁。后来，我放下心中的执念，越来越多地发现了豆豆的善良、可爱。他会帮助老师整理书架，总是主动问好，虽然穿衣穿鞋很慢，但一直坚持。有一次，他在娃娃家玩，我在一旁看着，他端着一盘水果走过来说："老师，你吃。"看着他那真诚的眼神和手里的水果，那一瞬间，惊讶、开心、感动一起涌上来，我体会到了真正的喜悦。

张蕾老师（教龄11年）：从前，我没有特别地分辨过"喜悦"是什么样的感觉，总觉得和"高兴""快乐"没有本质上的区别。生活中让我特别高兴和快乐的事情并不是很多。孩子们的哭会让我烦躁，而现在的我，能从这些哭泣中找到和他们的共鸣，我仿佛能看到和他们一样脆弱的自己。"喜悦"的"喜"是一种"所得超过所想"带来的惊喜感觉，"悦"是一种心怀的美好期待实现后的心灵感受。当心中对生活和他人充满"喜悦"时，我们就能变得坚强和宽容。

放下二元对立的思想

不要总想着分出好与不好、合适与不合适、对与不对，当一个人内心强大时，他就能放下所有的二元对立，拥有更广阔的胸怀。大家要慢慢地体会把二元对立思想放下后的感觉。

唐彬老师（教龄4个月）：记得我在教育笔记里评价过一个孩子的行为，胡老师在教研会上指出了我的问题，当时我深受启发，感觉自己并没真正理解孩子，更没有站在孩子的角度考虑问题。学习了这个观点，我终于找到了答案。面对孩子，要摒弃时刻评价的思想，拥有一颗宽容、开放的心才是最重要的。

郭佳老师（教龄12年）：成人总是习惯于评判事物的好坏、对错，教师尤是。但是，我们好像从没有想过孩子们是怎样看待这些评判的。当"分别心"始终存在时，我们是不能真正向儿童致敬的。只有放下"分别心"，我们才能离儿童越来越近。

张芬老师（教龄2.5年）：当我们简单粗暴地评价孩子时，往往只剩下两种情绪：高兴或难过。我曾经一度被这样的评价逼到了死胡同，但当时并没有觉察到原因。直到胡老师讲到"二元对立"这个观点，我豁然开朗，找到了自己的"症结"。尝试打破二元对立思想的时候，我发现了穿梭在"二元"之间更多的可能性，而那些可能性让我期待，也让我惊喜。

时常保持空杯心态

如果教师内心澎湃着很多东西，这些东西就会让你无法保持镇定，也无法看到外界的美好与真实。

张芬老师（教龄2.5年）：满则溢，当自我太大的时候，要空下来。空是一种对自我的弱化，一种等待的状态，包含着即将到来的无限可能性。

田悦老师（教龄4个月）：每一个人都如同一条河流，如果心中有太多繁杂的纠缠，内心就会堵塞；如果心无旁骛，内心就会流动起来，更多美好的东西才会照进来。这种空杯心态不但会让自己放松，身边的人也会更舒服!

安心、安然的工作状态才是我们倡导的

赶目标,是走不好路的;显能,也是走不好路的;努力,也未必能走好。世界上有很多事情没做好,恰恰是因为太努力了,因为努力是向外走,用的是力量或谋划。若是用心,那么心恰是在宁静里,在干净里,在恭敬里。

田巍老师(教龄12年):胡老师的这段话,让我想到以前自己走过的弯路,越是向外追求时,感觉越累,越会心生抱怨、贪婪,苦恼繁多。当我试着向内看时,天地瞬间宽广,心里再无缠绕了,人也变得轻盈流畅起来。

张焱老师(教龄11年):就像胡老师说的,这份工作不是靠能力,靠的是心力。能力在外,心力在内,这对我们每一个人来说都是修炼。从与孩子的相处中,我也逐渐找到了那种安静的感觉,隐隐地有种"岁月静好,静待花开"的意味。在孩子们的眼中,没有什么大不了的事,不得不说,孩子都是我们的老师!

追寻自己的直觉

直觉是什么?直觉是来自高维的信息,是综合了多维空间之后产生的一种力量。直觉有两种,一种人的直觉非常敏锐而优雅,如艺术家;而另一种人的直觉非常拙朴,如工匠,这两种都是特别棒的。

田巍老师(教龄12年):这个观点给我最大的启发就是,接纳自己当下的感受与判断,相信直觉。我们从小到大学会了用各种方式"拐弯",越来越忽视自己在情境中的感受,这样就是一种隔绝,它阻断了我们与自己、与世界的流动感,这时的我们成了非真实的人,也就丧失了力量,何谈教育呢?

晁妍老师(教龄1.5年):直觉就是本能。我是一个比较敏感的人,很多时候都会被孩子打动。他们的一个表情、一个动作、眼睛里的一闪亮光、语气里的一丝期盼,我都希望自己能捕捉到……随着我们日积月累的互相陪伴,我越来越依赖这种直觉,就像我和孩子之间的默契,我们在用心灵互动,真诚又纯粹,美好而温暖。

感受联结的力量

我越来越喜欢强调，教师内部情感的流动和内在的童年模式对这份工作的影响。当这种联结主动完成的时候，教师身上就会有一种专注的力量，心无旁骛地了解儿童、认识儿童、呼应儿童，如同呼应着自己的童年。

王海霞老师（教龄9.5年）：我们把自己埋藏得越深，就离自己的意识越远，就会把自己塑造成一个装在套子里的人。当我们试着了解儿童，走进儿童的内心世界，认识他们，呼应他们的时候，要跨过的第一道坎儿就是自己。当我真的对儿童有兴趣、观察他们的时候，内心深处被埋藏的情感就被渐渐唤醒了，我自己似乎回到了童年一般，整个人都慢慢地温暖起来、柔软起来。

田巍老师（教龄12年）：喜欢这个职业很重要的原因，是它帮助我与过去的自己"联结"，不断体察自己内在的"小孩儿"的心声。与孩子相处的时光中，我经常能想到自己儿时的经历，很多成长过程中的点点滴滴都浮现出来，儿时的那种困顿、期待、欣喜之感也瞬间清晰，好想把童年时的所有缺憾都补回来，沉浸在游戏中"疗愈"自己。当你愿意变成一个孩子时，就有了"重走童年、永葆青春"的机会！

英国思想家戴维·伯姆说："对话仿佛是一种流淌于人们之间的意义溪流，它使所有对话者都能够参与和分享这一意义之溪，并因此能够在群体中萌生新的理解和共识。"我们认为，注重教师与教师之间、教师与管理者之间的对话，能够极大地提高教师的专业水平。

幼儿教师的教育教学工作是在特定的教育情境中进行的，这一情境有很多个人对生活经验、生活感觉、价值观的投射。当我和教师们展开对话的时候，也是我们的教育世界、生活世界、精神世界的一次生动而亲密的接触。

2017年　给童年留白

现在回看 2017 年的思考，我感受最深的是，自己和老师们的思想的深度和情感的力度都有了较大的提升。记得那几年，不断地有人慕名来花草园参观，我总会听到有人说："你们这里看起来简简单单、朴朴素素的，但让人不自觉地落泪。"我想，这就是"精神"的力量吧。

2016 年年末，我接受了《中国教育报·学前教育周刊》的采访，特别谈到"理想的幼儿园是要有精神内核的"。因为，从某种程度上说，大学和幼儿园对人起到的作用是一样的。有人说，好的大学培养的是"国之重器"，那么幼儿园的作用是什么呢？好的幼儿园教育一定是能够塑造人的精神与灵魂的。"如何培养自信的中国儿童"，是这次采访中记者提出的一个关键问题。这些年来，幼儿教育无论是课程模式还是评价方式、环境创设，似乎都在效仿西方国家，但今天，我们需要拿出更大的文化自信来面对工业化时代所带来的工具式思维的影响。回答"如何培养自信的中国儿童"这一问题，也意味着我们行走在了追求教育自信的道路上。

自信的中国儿童是什么样的？我希望，生活化课程带给他们的是对中国文化的心理认同感。当时，我们的生活化课程受到了很多同行的关注，很多人问我，生活化课程的核心到底是什么？我开始关注生活化课程背后的哲学意义。我想，儿童立场的生活化课程是避不开对儿童的认识的，但如果我们谈儿童的时候不谈儿童的哲学，就不可能真正了解儿童。生活化课程本质上是一个认知结构和哲学结构叠加的课程，因为儿童生活本身就带有很强的哲学意蕴。如果我们想要观察儿童、理解儿童，那么就要理解他们的哲学观。我们希望，生活化课程表现出的是一个真善美的儿童生活世界，儿童在探索与创造中求真、求美、向善，而哲学就存在于儿童的真实生活之中。

本章手绘插图作者：鲜承桐，5 岁。

这一年，我对一些基本问题有了一些更深入的思考。我们对教育的探讨也从教育形态走向了教育的表征与核心部分。我们知道，幼儿园环境是由人、自然环境和课程共同构成的。人是联结环境和课程最核心的要素，因为人是具有主观能动性的，通过自己的主体活动改变和创造着环境与课程。花草园有很多创造型的教师，他们总能在我精疲力竭的时候推动着课程探索继续向前。所以，我们是相互鼓励的同行者。在和老师们对话、讨论时，我特别爱说这几句话："我们是文化人，要像大学者那样思考世界；我们应该为自己的工作赋予某种特殊的意义；我们可以也必须为儿童创造美好的未来。"这些鼓励，既是对幼儿教师职业的期许，也成为教师们塑造灵魂、构筑花草园精神的核心信念。

作为管理者，我对花草园教师也有一个要求，就是内心与外表都要保持一种庄严感。我想，庄严感的背后是个人对待现实世界的一种态度，即在面对工作时保持的一种超越感、意义感和自控感。

在对生活化课程的思考中，我有了这样一个认识：教育是各种关系的总和，关系是教育本质的核心意蕴。但是，在为幼儿创设自然环境的时候，我却有这样一个发现：对自然环境的创设，应选择"全儿童"线索，因为我们很确信，儿童在和自然互动的过程中带有很多先验的东西，在自然中，儿童就是文化的。所以，花草园的自然环境改造，每一步我们都会和孩子们讨论："你们最想要的是什么？"如果说在生活化课程中，我们选择了文化线索作为主题，而在环境创设中，我们则渴望用"全儿童"的线索打造出一个"自然而然"的环境。

《幼儿园里的〈教师宣言〉》这篇文章的创作思考，来自那一年连续发生的几起幼儿园"虐童事件"。当时，幼儿教师的形象一落千丈，这和我追求的教育理想反差实在太大了。在那种心境下，我们讨论了一份《教师宣言》，想和《儿童宣言》形成一种呼应关系。之后，国内最有影响力的纸媒《三联生活周刊》采访了我们。我跟记者见面的时候说，我心目中有一本杂志是永远不能被取代的，那就是你们。那篇文章的题目叫《重建爱的庇护所——我们需要什么样的幼儿园》。我想，一所好的幼儿教育机构是可以成为儿童"爱的庇护所"的。

总有人问我:"花草园是不是达到了一种你心目中理想教育的状态?"我觉得,在现实的世界里,毫无疑问,它是好的,因为我们能想到的都竭尽全力地实现了;但是在理想的世界里,它还是有瑕疵的。我理想状态的教育是这样的:有更加合理的师生比,教师和儿童之间的关系更松弛一些,教师还应该赢得更多的尊重。当然,我更希望老师们在工作中能够"息脑运心",让心灵释放出更大的空间。那种什么都想到、想透,想得很周全、精细,对各种事情有太强、太清醒判断力的教师,反而会丢掉生活和思想情感中那些感性的、偶然的、独特的、非常生动活泼的、对儿童发展更有价值的东西。

因为有了方向,所以我们以一种"孜孜不倦,不紧不慢"的态度对待教育、生活与创造。但如何能够从生活走向生活化课程,我想,路途还是很遥远的,因为这里面最关键的、最难的是人的改变。

总之,2017年,我对精神、哲学、文化都有很多的思考。我想,写作本身也是我对自己人生的一种真诚观照。因为,我知道,要想达到一种理想的教育状态,思想的深度和情感的力度都是非常重要的。

如何培养自信的中国儿童

2017 年 1 月 6 日

前段时间,我接受了《中国教育报·学前教育周刊》主编纪秀君的采访,今天摘取部分采访内容跟大家分享。

12月,中国"二十四节气"中的"大雪""冬至"相继而来。

北方的寒冬,土地和万物休憩,而土地上耕作的人们也得以享受一段农闲时光,把幸福变成食物呈现在餐桌上,将一年的美好藏在心底。

这一个月,中华女子学院附属实验幼儿园的孩子们迎来了"美食月",他们会邀请家长们来幼儿园一起制作食物,感受成长过程中饮食的变化规律,了解食物对生命的意义。他们会调查自己家餐桌上的食物,了解食物的分类,对中国有地域差异的饮食文化建立起初步认识,知晓一些关于饮食和健康关系的科学理念。他们也会运用"科学"的视角探寻中国人的生活智慧,品味祖先留给我们的宝贵精神财富。

"当初,在构思新课程的线索时,我就在想,课程的文化线索一定要和民族文化基因中的元素契合起来,这样,才能唤起每个人心灵深处的温暖与感动。"园长胡华说。

喧闹的北京亚运村地区,一道大门隔开了幼儿园外的车水马龙,园内有小花坛、葡萄长廊、小池塘、树屋、竹子、梧桐树……错落有致,一步一景,处处透着自然和雅致,构成了孩子们口中的"花花草草幼儿园"。

冬天,万木萧条,但幼儿园依然有绿的存在。"一棵"大树被种在了大楼里,大厅的绿色植物墙有 11 平方米,镶嵌着 2000 多株植物,这里是冬天孩子们开"森林派对"的好地方。

幼儿园教室里也充满了自然元素,这里没有被区域材料或家具分割成的若干个空间,而是所有的材料都被放在墙的两侧,等待着孩子们用自己的方式打开。窗台上摆放着孩子们种植的花草,还有豆子、花生、核桃皮、柿子等自然物品,这也是孩子们观赏自然颜色的绝好素材。班级里用来装物品的筐子和花篮都是自然材料,孩子们搬挪物品时,用的也是竹制的、大小不一的圆盘子。教师工作区摆放着藤条编制的椅子和麻布靠垫，坐在上面的时候，仿佛能呼吸到大自然清新的空气。

与一般幼儿园相比，这里的墙面没有被五颜六色的色彩装饰起来，这里也不大提倡用塑料玩教具，因为胡华认为，自然材料是有生命感的。

这里的孩子们不用每天枯坐在教室里，他们的学习按照自然四季的变化有序地展开着。"春耕夏耘，秋收冬藏"是中国农耕文化的基本脉络。循着传统文化线索，应着大自然的节奏，幼儿园编织了回归与还原儿童本真的生活化课程，十二个月中每个月都有一个大主题。

春天，万物复苏生长的季节，孩子们特别渴望接近大自然。小池塘经过一个冬季的休眠迎来了"开塘仪式"，"太阳日""云朵日""播种日"一个个节日接踵而来。循着中国"耕读"文化，幼儿园三月开启了阅读之旅。四月，莺飞草长，孩子们迎来了生长发育最好的时机，四月的主题是健康成长。五月，天气渐暖，孩子们在父母的陪伴下开始了对大自然的探索。六月入夏，但天气还没那么炎热，适宜户外学习，幼儿园开启了对"神秘园"的深度探索学习。这个月，孩子们除了吃饭睡觉，几乎所有的时间都在户外……

在每月的大主题之下，课程的具体实施采用了预成与生成相结合的方式，形成了一个有层次、有编织感的课程脉络体系。

胡华说，一所理想的幼儿园，精神内涵是非常重要的。所谓"精神内涵"，就是生命的活力会活跃在幼儿园的每个地方，当置身其中时，会感到一种流动的力量不断撞击着心灵。

记者：幼儿园的使命是什么？

胡华：培养自信的中国儿童。

记者：13年前，您带着建一所最好的幼儿园这一梦想而来，您心中最好的幼儿园是什么样的？

胡华：我从小就是一个理想主义者，对生活特别有热情，比如说家里家具怎么摆放、窗帘怎么挂等，我都特别有热情来做这些事情。

大学毕业后，我在北京幼师当老师，当得很成功，但我自己觉得不满意。一方面，我不知道学生们在幼儿园是否能够成为一名不错的幼儿老师；另一方面，我对看到的幼儿园都不甚满意，主要是觉得孩子们没有自由，老师认为孩子们的最佳状态就是听话,这我不能理解。

2003年我被调到这里工作,当时就想,一定要建一个让自己满意的幼儿园。这些年我一直苦苦思索,身体上与精神上都遭遇了很大的变化,但这段变化与成长的经历对思考如何办好一所幼儿园非常重要。因为从某种程度上说,一个园所的根基就是园长的根基。

现在,我心里有一个蓝图,不是说要建一所中国最好的幼儿园,我觉得这不叫目标,我追求的目标是,要让中国的孩子在文化的滋养下变成自信的中国人。我觉得我们是有这个责任的。

记者:怎么构建本土化教育?

胡华:以传统文化为线索编织课程。

记者:中国文化给您的办园思想带来了哪些给养?

胡华:这十多年来,我们一直在思考,中国儿童教育的出发点在哪里?儿童教育从来都和自己的文化有关,儿童学习的过程本质上也是个体文化化的过程。那么,我们文化的出发点在哪里?"中国哲学一直有自己的表达方式与话语体系。按照中国哲学的传统,它的功用不在于增加积极的知识,而在于提高精神的境界,即达到超乎现实的境界,获得高于道德价值的价值。"可见,中国文化的核心并不在于个体知识的丰富,而在于精神内核的塑造。

探索让我们意识到,传统文化不仅是教育思想的源泉,也是教育行动的指南。有生命力的教育实践一定是与儿童的真实状态和需求呼应的。教育工作者不仅需要关注生命,关注生活,更需要关注生命与生活背后的文化。于是,我们试着将思考放到了更宽广的体系里,开始了解站在天地间的人与万物的和谐关系是一种什么样的状态。

现在,中国的学前教育似乎一直在学习西方,我们自己的东西在哪里?我想建立一套适合中国儿童的本土化课程体系,这是一个有中国文化线索的教育。春生、夏长、秋收、冬藏,教育随着四季的变化而有序地展开。

这期间,我完成了很多重要的思考。比如,儿童成长要完成三个联结,第一个是和自然的联结,第二个是和社会的联结,第三个是和自己的联结。儿童发展脱离不了文化,这样的线索一直在交织,最后融为一体。儿童既是文化的传承者,也是文化的创造者。

记者： 儿童怎样在课程中完成这三个联结？他们是如何学习的？

　　胡华： 说到儿童的学习，必须要先从儿童的形象谈起。在我的心中，儿童是有学习能力的，也应该是具有一定"自由意志"的。自由意志意味着儿童在和另一个人相处时，生命的能量不被控制、限制，还意味着儿童能够选择用他的方式学习和游戏。同时，幼儿园应是儿童获得尊重的最佳场所，他们应该随时随地感受到流动的爱意，这份爱意可以来自自然，也可以来自环境和教师。此外，儿童在学习与生活中要能体验到"自我实现"，获得成就感和满足感。

　　回到课程实施上，第一个层面要解决的是教师与儿童的关系，教师要帮助儿童建立安全感。安全感是指在教育活动中，儿童是很松弛的，师幼是平等的，儿童能用自己的思想碰撞别人的思想。比如，中班曾开展"我家的垃圾"主题学习活动，老师先做了预设，认为香蕉皮、西瓜皮是垃圾，但孩子认为不是，说香蕉皮可以做肥料，西瓜皮可以做玩具。老师当时就觉得没办法继续了，只能先停了下来，重新确定课程的思路。对儿童来讲，垃圾在他们眼中都是有用的东西，这就是儿童了不起的地方，他们有更为宽广的思想体系。在这个过程中，儿童是有安全感的，他们敢质疑，愿意和老师互动。儿童这样做的时候，不仅在学习审辨式思维，也知道，在这个世界面前，成人和他们是平等的。

　　课程的第二个层面是教师要在课程进行过程中倾听与记录儿童。在课程中，教师要完整记录儿童的表达，之后，课程将沿着儿童思考的线索深入。很多人很好奇，你们为什么要把孩子们学习过程中的所有表达都记录下来？因为，这恰恰是儿童学习中最宝贵的东西，它不仅是课程的内涵，也是成人了解儿童内心世界的一把"钥匙"。

　　第三个层面是课程的升华。课程之初，先是打开，让孩子们和老师们一起讨论、思辨，但课程到了最后，一定要整合，老师要做思维导图，把认知变成孩子们的能力，将这种认知结构变成他们思维的重要组成部分，形成元认知能力。也许一般幼儿园的课程到这儿就结束了，但我们还有一个很重要的层次，叫作"升华"。所有的课程都是有意义的，而意义的背后就是文化，我们中国人讲的超道德价值其实就是升华。比如，我们学垃圾分类，最终落脚点是，你想成为一个什么样的人，应该如何去做。也就是说，我们课程的所有问题都围绕着儿童。从儿童而来，最终要回到儿童的内心里去，形成一个完整的学习环，完成三个联结。

记者：我注意到，幼儿园每周五是"畅游日"，孩子们可以尽情游玩，您是怎么看待游戏的？

胡华："畅游日"里，孩子们选择的游戏主题大都和他们的生活经验相关。他们借助各种自然材料，在大自然里自由地玩耍。对孩子们来说，玩不是为了玩，而是"乘物以游心"，这是中国古人特别推崇的一个境界。在玩的过程中，他们的心在驰骋，每一次游戏都是一次心灵的翱翔。当教师观察到这一动人的瞬间后，对儿童游戏的态度会发生根本性的转变。

记者：这种回归与还原儿童本真的状态，就是您的"自然主义教育观"的表现吗？

胡华：是的。自然原指事物本来的样子，在传统文化看来，这是一种非常高的境界。遵从事物本来的面目，才能达到"天人合一""道法自然"的境界。

我理解的"自然主义教育观"主要表现在三个方面：重视自然对儿童的积极影响，运用自然、本真的方式引导儿童学习，让幼儿园里的人、事、物都回归到原本就有的自然的样子。由此形成一个和谐的气场，共同影响儿童的发展。

记者：家园如何和谐相处？

胡华：执大象，天下往。

记者：一套教育理念的提出和实施，离不开教师和家长的认同和支持，这种合力是怎么形成的？

胡华：每个人来到这个世界，都在寻找个体存在的意义和生命的价值感。当老师们在工作中慢慢看到儿童的美好，看到工作的美好，看到生命的美好，这种价值感就会不断地固化下来。这种体验让老师们不再停留在被赞赏与被肯定的层面来思考工作的意义，他们内心开始对工作有了一种尊敬、一种责任，对工作意义与价值的追求上升到了信仰层面。而当所有人都在信仰层面工作的时候，一定有一个教育的大气场。

中国古代思想家王阳明特别强调"格物致知"。王阳明对此的解释是,"接触事物(格物)是获得知识(致知)的方法"。当教师以"格物致知"的心态面对工作时,不仅专业能力得以精进,也渐渐"明心见性",看到自己最本真、最自然的样子。我经常用王阳明的思想跟老师们讲:"明心见性,是要回归本心本性,用你的本心本性和儿童、家长的本心本性对接。"有位老师的班上有一个先天智力发育有点迟缓的小孩,老师列出了孩子的10个问题,准备和孩子的爸爸沟通一下。交谈的时候,孩子爸爸的第一句话就是:"老师,我特别想知道,你们还能坚持多久?"这句话一下子把老师打动了,谈到最后,这"十大罪状"一个也没拿出来,大家商议,要一起为孩子的改变而共同努力。这就是人性。

《道德经》里有这样一句话,"执大象,天下往"。就是说,当你掌握了"道"的时候,就应该坚定地走下去,天下的人就会渐渐归顺。当我们坚持正确的办学理念,不媚俗、不盲从时,家长也渐渐成了我们志同道合的伙伴。

孔子曰:"朝闻道,夕死可矣!"但"道"在哪里?"道"在自然里,在生活里,根源还在人的心里。对花草园人来说,回归本心本性,才是对教育与生命最大的尊重。

童年的唤醒与移情——教师观察记录里的童年印记

2017 年 1 月 13 日

所有人都曾经是小孩,可惜只有少数人记得。我们所有的坚强,只是生活的样子,却未必是我们的内在。在成人的面具之下,我们每个人心中都住着一个孩子,因为时间太急、成长太快,他被困在了我们的成人身躯里。正因为他,我们才会感到孤独和忧伤。但也正因为他,我们才不会失去那些最简单的快乐,不会失去最初的自己。所以,请不要用"成年人"三个字封闭自我,也请永远不要和曾经的自己说再见,他或许不完美,但他永远是个小王子或小公主。

——摘自武志红微信公众号

在实践中，我发现，幼儿教师的"童年的唤醒与移情"以及"童年记忆的叙事重整"在他们的专业化成长中具有重要的作用。其中，"观察记录"与"教育笔记"是"对话实践学习"的重要方式。

教师与事物对话的过程是认识与创造世界的过程，与他人对话的过程是了解他人、结交伙伴的过程，与自己对话的过程则是一个重塑自我的过程。

在工作中，教师记录的不仅是工作，也会下意识地流露出自己对世界的态度与看法，反映出童年生活的印记。每周一，阅读教师们的观察记录与思考，是作为园长的我进行教师管理的主要方式之一。对于观察记录与教育笔记的写法，我只有一个要求：写出真情实感，要描述自己在记录事件时的真实感受。

如果教师们的记录不仅能聚焦儿童，还能借此聚焦自己，那么记录会呈现出一种真实动人的力量。

很"不一样"的一周

记录教师：张晓敏（教龄 2 年）

记录时间：2016 年 11 月 25 日

刚刚过去的这一周对我来说很不一样，经历了不一样的心路起伏。

停班事件发生后，我觉得自己有点崩溃了，虽然上周末以及这周一，我都在积极地安抚家长的情绪，和家长说明需要注意的事情，但是在心里，我不接受这件事情的发生。这件事情发生的时候，我很抓狂，心里在想："为什么又是我们班啊？"联想到之前发生的事情，我觉得这学期也太不顺了，让我有种"命途多舛"的感觉，之前的那些放下的、没放下的都再次被捡了起来。现在想想，自己最糟糕的时候就是做幼儿园微信公众号文章推送的那天，我满脑子都是抗拒和不愿面对，情绪随时都在崩溃的边缘。

教研会上，胡老师带领我们学习了"冰山理论"。它实际上是一个隐喻，指一个人的"自我"就像一座冰山一样，我们能看到的只是表面很少的一部分（行为），而更大一部分的内在世界藏在更深层次，不为人所见，如感受、观点、期待、渴望等。当再次面对停班这件事情的时候，我看见了那个充满负能量的自己。我过分执着于自己的情绪，并没有站在事情之外去看待这个事实。跟事实较劲，难受的只有自己。

我是家里的老大，从小到大家人最常对我说的话就是："你是老大，你要给妹妹树立好榜样。"于是懂事、听话的我总是在按照大人的要求去要求自己，内心渴望自己做到完美，让大人满意、放心；也害怕自己做得不好，给大人添麻烦，总是考虑大人的感受，忘记了我自己。

通过这次的学习，我发现家庭的印记太深刻了，而这些印记就像一把"双刃剑"。分析中，我仿佛看见了童年的自己。再次面对这件事情，我心里轻松了、放下了，因为我找到了一直困扰自己的一些问题的原因。

"退行性行为"，可以有

观察教师：张蕾（教龄11年）
观察时间：2016年12月14日
观察地点：小二班教室
观察对象：可儿

最近，我发现了可儿的一些变化。她下午起床时不再像以前那样很快穿好袜子，而是懒懒地坐着不动，或者装作很费劲地穿不上袜子；喝水喝汤的时候，她也总洒在衣服上，这是她以前从来没有过的。

可儿的变化很奇怪，于是今天下午起床时间到了后，我坐在她的身边看着她，同时小声地鼓励她。可儿很高兴，很快就把袜子穿好了。接下来的几天，我都会找可儿说说话，她也总是凑到我的身边来跟我聊天，可儿又恢复了正常。

可儿的表现明显是在求关注。关于这点，我有两个反思：

第一，作为教师，我们经常容易忽略各方面处在"中游"的孩子。"上游"的孩子总能带给我们惊喜和成就感，"下游"的孩子也能引起我们的关注，可偏偏像可儿这样不太爱表现自己却又什么事情都能自己完成的孩子就被忽视了。

第二，记得有一篇文章是这样描述的，退行性行为是由复杂理性为恢复个体自身生理上、心理上的某种暂时平衡所做的努力所致。成人恰当的退行性行为是跟自己的童年进行良好联结的方式。如果一个人无法做出任何退行性行为，那么说明他对自己的童年是不认可的，也就是说这个人的心是不通畅的。

这篇文章给了我很大的触动，我回顾了一下自己的行为，发现自己很少在大家面前表现出焦虑。这次由于班里孩子的问题，我的内心很焦虑，在试着将它表达出来之后，我发现，心里很舒服也很轻松，并没有想象中的难堪和不好意思。思考之后，我的内心非常愉悦，觉得封闭的内心逐渐有了光亮，敢于直面自己的脆弱了。

其实，我也很想像个孩子一样偶尔撒泼打滚、无理取闹一下，把以前从来不好意思、不敢的事情做一遍，让心中的那个我再有机会做回一个小孩，是一件多么幸福的事情啊！

放手，然后回到与儿童的对话中

记录教师：张芬（教龄2年）

记录时间：2016年11月10日

记录地点：大一班教室

教研会上，胡老师指导了十一月的课程。听的时候，我热血沸腾，想要立刻投入其中。但是，当我会后准备再次理清线索的时候，我却发现无从下手。大的方向定下来了，未来的前景很美好，但是要怎样才能到达那个美好的彼岸呢？

接下来的两天，在毫无头绪的状态下，我做了两件事情。

第一件事情是放手。我将孩子们聚在一起，然后把时间交给他们，让他们自由结组，进行小组分享和交流。我穿梭在各个小组中，倾听他们的分享，观察他们学习的方式。

第二件事情是回到最直接的办法上——"与儿童对话"。小组活动结束之后，我和孩子们进行一对一或者一对二、一对三的对话。这样的对话让我在心里找到了一个平衡。我之前一直很纠结，一方面害怕长时间的课堂活动会影响孩子们自由游戏的时间，另一方面害怕如果一个活动开展下来，孩子们的经验像一盘散沙，什么都没有学到，该怎么办？

周五畅游活动结束后，我完成了与所有孩子的对话，孩子们也在看书、小声交谈这样的方式中，变得沉静起来。

旭冉：我觉得我的手变得更加灵巧了，我在剪纸的时候很专注，那个时候我的心是很开放的，我能听到剪刀咔嚓咔嚓响的声音。

墨晗：原来大眼睛老师能够跳那么多好看的舞蹈，太厉害了！

治渔：我觉得那些民间艺术就是让我们的生活变得更美的东西。

好兮：我收获了麻花辫、扎染的作品和一个面团，它们是我眼中的艺术品，因为我花了很多的心思。

点乐：我觉得我和民间艺术离得很近，不需要花很多钱去买，那些艺术就在我们身边。

原来，孩子们有那么丰富的感受，如果不去倾听，不去和他们对话，只是沉浸在自己乱七八糟的思绪中，我可能会一直担心下去吧。在回到与儿童的对话中后，我觉得好像慢慢找到了方向。

我之前奢望每一个孩子都能够在活动中了解其他小朋友的故乡与民间艺术，我害怕孩子们错过。但是现在想一想，孩子们的时间和生命还很长，不用觉得错过一堂课像是错过一辈子一样。摒弃这样的想法，让自己松弛下来，不要把这样的急迫感传递给孩子。

不要害怕自己犯错。当自己不知道如何做的时候，不要想着去控制，而是将自己放空、简化，带着自己的文化密码和孩子进行碰撞，就会有意想不到的惊喜出现！

通过阅读教师的观察记录与教育笔记，我发现，教师的成长是从个人对焦虑的接纳开始的，之后是不断地反思、和童年联结、看到自己的问题，最终实现改变和创造。

教师内部情感的流动和内在的童年模式，对这份工作有着至关重要的影响。当这种联结主动完成的时候，教师身上就会有一种专注的力量。他们开始心无旁骛地了解儿童、认识儿童、呼应儿童，如同呼应着自己的童年。工作中，当这一切发生的时候，就会有一种奇妙的感觉出现，这是一种将个人心力完全投注在某种活动上的感觉。此时，人会有高度的兴奋感及充实感。当教师在工作中能够产生"心流"的时候，他们就很容易对工作产生信仰。

如果园长能够关注、接纳教师的成长，教师就会关注儿童的成长，儿童的变化与成长就会影响家庭关系，而家庭将越来越信赖与欣赏幼儿园的教育。这是一个能量圈，园长应该当仁不让地承担起这个能量圈发端者的责任。

不喧哗，自有声

2017 年 2 月 24 日

今年的寒假比较长，我看了一些自己喜欢的书，去了一些特别想去的地方，做了一些平时想做但没有时间做的事情。最难忘的感受是，某一天在旅行途中，我忽然发现，自己可以全然地忘记心头的牵挂，包括工作，完全沉浸在那个时刻。我想，这应该是一种很深的放松……

本周是又一个新学期的开始。每个学期初，我都会和大家分享自己的一些思考，也希望借此机会确定一些新学期的工作思路。

计划不仅包含一个学期的工作应该做什么、怎么做、朝什么方向努力，还应该包括执行计划的个人在修为上的努力与进步。在花草园，找到个人努力的方向才是关键。

每个单位都有工作计划。十年来，我们的计划制订方式一直很有自己的特色，也成为很多教师开学初期最期盼的事情……这个学期，我想和大家一起制订一个更宽泛、更有思考空间的计划，一个将这里的所有人和自然、事物、他人、工作联系起来的、有多重关联关系的工作计划。

我想，天地广阔，我们不仅需要一个"万物皆备于我"的大情怀，也需要一个精神的港湾，剩下的事情，大家尽可以发挥各自的优势。所以，这个计划不是只着眼于眼前的事物，而是要帮助大家思考，如何从一个更宽阔的视角出发，确定自己的工作、成长之路。

新学期的工作基调与思路

这个学期，我们依旧要静静地做好自己，听从内心的声音，"不喧哗，自有声"。这是一个非常安静的基调，每个人都要学会收住自己的心神，就个人而言，这也是一种很重要的能力。

教师要有精神品相

这些年，我们一直强调幼儿教育工作者要有情怀、风骨。如果没有情怀，就不必选择将儿童教育作为自己的工作与事业。选择它，是因为我们爱这个美好的世界，爱这个世界上的美好生活，所以，我们心甘情愿地选择了与这个世界上最美好的生命——孩子们在一起。

这一定不是一个庸俗的选择。人对世俗生活的追求是永远没有止境的。所以，我们要有风骨，不人云亦云，有自己的思考，不与这个世界的世俗同流合污，才能保持住自己的精神品相。

为学日益，为道日损

去年年底，在我们的读书会上，我们读到过老子的一句话："为学日益，为道日损。损之又损，以至于无为。"（《道德经·第四十八章》）这句话的意思是说，学习知识与技术要逐渐丰满完善，私欲妄见要日益减少，少之又少，直至返璞归真达到无为的境地。古代的先哲告诉我们，生活在这个世界上，一直要坚持走两条路，一条是不断积累的经验之路，还有一条是不断思考的精神之道。当一个人达到一定境界的时候，这两个方面就会和谐统一起来。

"为学日益，为道日损"，也是这个学期我们制订工作计划的基本思路。每个人都应遵循这个思路，制订个人计划。计划的两个方面，一是学习之路、成长之路，为学日益；二是修为之路，为道日损。我希望，这个学期，我们都能行走在这两条路上，不断精进。

四个观点与认识

我们只想把教育做好，等待孩子来体验

现在，我们强调把教育做好，不是指那些外在的努力，而是强调不断深入儿童的精神世界，越来越多地触及教育的精微之处，体会教育的美好意境。

这个过程要靠每个人自己去发现、感悟。我们要把做好教育当成一个信念，体会信、解、行、证的过程。我觉得，这也是我们花草园人的教育信仰。"把教育做好，等待孩子来体验"，这是一种努力，也是一种姿态，让幼儿园真正成为孩子们诗意成长的栖居地。

教育的责任，是对每一个儿童负责

今天，教育已经成为以人为本的社会中最体现生命关怀的一种事业。有些孩子的问题很大程度上是父母的问题。很多时候，当父母做不到正确教育孩子的时候，我们要做到！因为我们是孩子健康成长的最后"堡垒"，有责任也必须学会对每一个孩子的成长负责。这样的思考与实践，能够撑大一个人的心量。当然，如果在这个过程中，你能够将自己的生命体验融入其中，就会体验到这一职业内在的尊严与欢乐。

童年的责任，是能够为自己的每一个成长瞬间负责

这句话是送给孩子们的。现实中，不是每个人都敢对自己负责任。很多孩子在成长中，学会了为父母负责，为老师负责，就是不能为自己负责。负责任不是一件容易的事情，因为负责任意味着要面对自己的内心。承担责任，意味着聚焦自己，审视自己的行为。现在，很多成人都没法静下心来承担这份责任。我们看到，有些孩子吃什么、玩什么，都是由大人决定的，但生命的能量一旦消失，他们就无法为自己的成长负责。所以，这份负起责任背后的意义依然是"成为我自己"！

每个人都要有自己的目标

每一天、每一刻、每件事情都尽可能地做到尽善尽美。每个人都做到尽善，是一层境界；尽美，又是一番天地了。当你有善意的时候，你会发现这份力量是呈辐射状的。不努力尽善，也就没有尽美。所以，要把尽善尽美写到个人的工作目标中。

做任何事情都要专心致志。专心就是不纠缠、内心澄澈。对我们来说，要学会在倾听孩子之中洞见自己。

我们的思想应经常处在一个宏大的场域里

有些固化的思维模式会影响一个人的思考和判断，甚至让思想局限在那

里。怎么突破呢？向高处走。精神与灵魂，要到一个更高的境界里去。

第一个高处是大自然。自然带给了我们一种信念：无论有什么烦恼，大自然都有她的疗愈方式。这说明什么？自然的能量不仅远远超过了人类个体的生命能量，其厚德载物的大善形态也令我们尊敬。我们可以从大自然那里获取巨大的能量。当然，这个学期，幼儿园的自然环境也将继续进行修葺、完善，变得更加丰富、富于变化，更贴近自然本来的形态。这对孩子们的成长和我们的愉快工作都将产生积极影响。

第二个高处是精神的殿堂。当我们每天在世俗的纠缠中活得很累的时候，不妨静下心来，进到另一个境界中。当你能够经常站在一个比较高的境界上，就会发现，我们认识事物的眼光大多数时候都过于狭窄了，容易只看眼前的一点。当境界达到一个高度后，有些痛苦根本就不存在了。

在现实生活中，每个人都渴望被关注，因为那是我们生命的意义和价值所在。在这里，当每个人都拥有正向能量场域的时候，我们一定会觉得这个世界特别美好，在这里的每一天都非常喜悦。

游戏是孩子的语言——可是，你能听懂吗

2017 年 4 月 21 日

很多时候，成人理解的游戏并不是儿童喜欢的游戏。儿童喜欢什么样的游戏？游戏对他们意味着什么？如果没有游戏，他们能够健康快乐地成长吗？这一切一切的问题，也许都能在今天孩子们的讨论中找到答案。

游戏从来就不是学习的点缀，游戏就是儿童的生命状态！游戏对他们来说，就是自我与外部世界、梦想与现实、有生命的与无生命的、过去与现在以及未来的各种复杂关系的桥梁。

什么是儿童的游戏

"游戏是个体自发地对自身潜能的开发活动。儿童通过游戏展现其潜在的精神。这种潜在的精神是进化史上精神活动的积淀。因而，游戏是通过浓缩

的复演人类种种活动形式而实现的自我潜能开发。儿童游戏是自发的、自由的，它是有意识的主体的潜意识活动，是生命的全方位表达。在这种表达中，意识与潜意识混沌不分，精神与肉身混沌不分。在这种生命全方位的表达中，潜意识得到了表现，意识得到了丰富，精神与肉身得以成长。"这是我最欣赏的一段关于儿童游戏的描述，来自刘晓东老师所著的《儿童精神哲学》一书。

对儿童来说，游戏的内涵实在丰富。

游戏是一种快乐的感觉

暖暖：我游戏的时候觉得心里美美的，非常快乐。

沛元：我玩游戏的时候是很快乐很快乐的，比高兴还要快乐。

力鸣：一家人一起玩游戏，大家都扮演一种动物，特别特别开心。

彬宸：我玩游戏的时候特别高兴，就像小鸟一样，马上就要飞起来了。

隽珩：我游戏的时候非常开心，就像一个大地雷埋到了地里，又像一个小兔子一样，心会"咚咚"地跳。

游戏的感觉是甜蜜的

依晨：我玩游戏时候，就像是吃了一颗糖果一样，好甜呀！

哲源：我觉得就像吃到糖果一样，甜甜的。

澍子：我就像在吃棒棒糖。

靖涵：就像是夏天里吃了冰激凌，特别舒服。

游戏的时候可以非常满足

悦潼：我玩游戏的时候，就觉得好像在画一幅画，可美好了。

汤彧：我玩捉迷藏的时候，像飞起来了一样。

子立：我觉得玩太酷了。

安澜：我喜欢玩捉人的游戏，我玩的时候觉得跑起来很累，但是之后就会有一阵满足感，因为没有人能够抓住我。

游戏很有力量、很梦幻

妤兮：我觉得很刺激，因为在玩双人跳绳的时候，我觉得快要飞起来了。

沄驰：玩游戏的时候我感觉自己特别有力量，可以打败很多坏人。

凯润：我玩的时候，像是变成了游戏里的人。

游戏就是儿童的生活。

对儿童来说，只要是真游戏，他们都喜欢

喜欢任何游戏
暖暖：我什么游戏都喜欢玩。

懿琛：我喜欢在院子里疯跑，只要能跑的游戏，我就喜欢。

喜欢捉迷藏
李昀：我喜欢玩捉迷藏，因为捉迷藏总是跑。

梓煊：我也喜欢捉迷藏，藏在那个别人找不到我的地方，很开心。

喜欢娃娃家
益清：我喜欢玩娃娃家的游戏，因为可以给宝宝做饭，给她打针，还可以给妈妈打电话。

轻眉：我玩娃娃家做饭游戏的时候，感觉暖暖的。

星璇：我在娃娃家里可以光脚丫子，我可以变得特别淘气。

安吉：我可以在娃娃家里拿着一个水果假吃，一边玩一边吃。

艺艺：过家家的时候，可以让我体验当妈妈的感觉，给我的孩子用树叶什么的做饭吃。

歆漪：我喜欢玩过家家，我能当妈妈，还能当宝宝。

喜欢打打闹闹的游戏
益清：我喜欢玩枕头大战，感觉枕头砸在头上很舒服。

万泽：我可以拿着枕头去打别人，还不会特别疼，因为枕头特别软。

子衿：我也喜欢玩枕头大战，因为我妈妈平时不会让我玩这样的游戏。

铭浚：我最喜欢的游戏是打仗的游戏，我变得很厉害。

宠理：我喜欢玩兵器的游戏，也可以用拼插玩具拼各种兵器。

喜欢角色扮演
辰宇：我喜欢玩公主、王子的童话游戏，玩的时候很快乐，也很幸福。我长大以后要找一个真正的王子。

力鸣：我喜欢"大灰狼抓小兔子"的游戏，爸爸当大灰狼，我当小兔子，追着跑特别有意思。

明贤：我最喜欢"黑猫警长"的游戏，爸爸当白猫警士，我当黑猫警长，我们去抓坏蛋。

甜希：我喜欢妈妈跟我一起玩钓鱼的游戏，还有切水果的游戏。

喜欢假装的游戏

铎熙：我喜欢玩种花的游戏，假装种花，把手往那一摊，什么东西都没有，但也很好玩。假装到夏天，花就开了。

沠怡：我喜欢玩小风扇的游戏，一只手拉着一个人，一直转，就像风扇飞起来一样，我很高兴、很高兴。

雨晨：我喜欢玩修车的游戏，拿着工具，假装在车旁边，就像真的修车，不让我玩就没有这个感觉了。

游戏就是他们的创造。

如果不让儿童玩游戏，后果很严重

很生气

子墨：我会很生气，都想打碎玻璃。

澍予：我就会生气，就像一个大气球要爆炸了。

禹瑶：我会很生气，有种想要发火的感觉。

昱明：我会拿一个警报器，不让我玩我就报警。

千涵：我会气得头上冒火，不停跺脚。

彬宸：我就会很生气，就会把小手变成小手枪。

很难过

子涵：我会很失望的。

嘉漪：我特别伤心。

皓同：虽然我很不高兴，不过我也可以看书，还可以和其他小朋友玩石头剪刀布。

一锦：我会伤心地哭起来。

如凝：我会觉得很伤心，因为我只能在一边无聊地待着。

隽珩：我会使劲儿地哭。

翊铭：我会伤心，一直都伤心。

雅淇：没有游戏陪着我，我会觉得孤单。

曦文：不让玩游戏，哪儿有乐趣？！

游戏就是他们的梦想。

儿童游戏时，不喜欢……

被打扰

靖涵：我最不喜欢有人打断我的游戏。

子立：当我玩的时候，爸爸妈妈叫我去干别的事情，我很不喜欢。

睿康：我最不喜欢我在搭积木的时候，刚搭好一个建筑，弟弟过来一拳就给弄散架了。

凯润：我最不喜欢的就是，玩的时候有人捣乱。

晨皓：我不喜欢老师打扰我。

文宇：我不喜欢爸爸打扰我玩游戏。

宠理：游戏的时候，不喜欢老师老跟着我。

裳裳：不喜欢别人打扰我，就喜欢自己认真地玩儿。

很扫兴

博博：我正玩得高兴的时候，老师说游戏时间到了。

惜之：我喜欢想玩什么就玩什么，不想听别人说。

衡辰：我不喜欢玩的时间太短，一会儿就结束了。

子奕：我不喜欢在我玩得正开心的时候，别人跟我说游戏时间到了，那样会很没劲。

隽珩：我不喜欢玩着玩着时间马上就到了，希望可以玩的时间更长一些。

没人陪伴

沐航：我玩游戏的时候，妈妈去接电话了。

昊霖：我最不喜欢我和妈妈玩的时候，妈妈一边和爸爸聊天，还一边拿着手机跟我玩。

子游：不喜欢妈妈总是不陪我玩游戏，玩一会儿就去做别的事情了。

没有游戏伙伴

墨晗：我害怕没人跟我玩。

墨涵：我最不喜欢的是，我的好朋友不和我一起玩了。

思涵：我不喜欢一个人玩，我喜欢两个人玩。

希平：我不喜欢别人拉着我，玩我不喜欢的游戏。

有人不遵守规则

治渔：我不喜欢别人告密，不遵守游戏规则。

含漳：我最不喜欢别人不遵守游戏规则，抢我的东西。

铭浚：我不喜欢玩假装打仗的游戏的时候，有人真的打我，那就不是假装了。

益清：我不喜欢玩游戏的时候，别人过来抢我的东西和打我。

莒骞：我最不喜欢有小朋友随便打人，推人。

皓同：我最不喜欢那些输不起、玩不起的人了。

旭冉：我不喜欢和别人发生冲突，这样我会花很多的时间去解决这个冲突。

游戏是他们的生命。

游戏对儿童的意义

儿童在游戏中，以梦想的方式完成对外部世界的认识与探索，实现自我建构。也就是说，如果没有游戏，儿童就无法用他们的方式完成对外部世界的理解，建构起自己对外部世界的准确认识。通过游戏，孩子一边探索世界，一边尝试和验证自己在这个世界中的能力。在这个过程中，他们变得越来越自信与成熟。

成人总认为，孩子的童年应该满是快乐和幸福。真正的童年其实是各种元素的混合，不仅有好奇、兴奋和幻想，还有恐惧、愤怒与悲伤。有时候，他们需要的不仅是接纳与等待，还需要我们主动伸出双臂和他们一同游戏。

游戏之所以重要，不只是因为孩子们喜欢玩游戏，还因为，即使是最平常的游戏也蕴含着层层深意。对孩子们来说，所有的游戏都比我们想象的要更有意义。

游戏会给孩子们带来许多快乐。据说,孩子一天要笑 300 次以上。笑声也可以被当作判断游戏成败的标准。如果老师们也能够每天笑 300 次以上,会怎么样呢?游戏对儿童来说,是一件非常容易的事情,但对大人来说并非如此,因为我们早已失去了游戏的能力。孩子和大人,即使在同一屋檐下,也很像来自两个不同的星球,彼此都觉得对方热衷的事物太无聊、太奇怪。

大人们想,孩子怎么可以为芭比娃娃穿一下午的衣服?孩子们想,大人们怎么能整个晚上都坐在那里一动不动地聊天?孩子的学习是在互动中完成的,教师可以是也必须是孩子们最好的游戏伙伴。

儿童游戏中的成人

成人并不那么容易理解儿童

我们都知道,婴儿最喜欢的游戏是"躲猫猫"。对婴儿来说,这个游戏不仅能够帮助他和家人建立联结,还能戏剧性地玩出亲密的感觉。"现在你能看到我—现在你不能看到我—我回来了","躲猫猫"游戏反映了联结和断裂、存在与缺失之间的微妙平衡。这个游戏对大人来说没什么意思,因为我们都知道,我们只是用毯子把自己蒙起来了,而我们还是在那里的,并没有真的消失。然而对于婴儿,这个事实却需要他自己一点点地寻味并弄清楚。他不但享受这个游戏的乐趣,而且每一次也真的会有不同程度的惊奇。

成人只有和儿童建立联结,才能进入儿童的游戏中

我们在生命的不同阶段要经历不同形式的联结。在婴儿期,孩子和他所依赖的大人之间的联结,表现为彼此深深地凝视和目光流露的情感。无论童年、少年还是成年,我们与父母、朋友都在不停地联结。即使断裂,也期待着重新联结。

游戏可以帮助我们加入孩子的活动,打开通往孩子内心的那扇门。游戏也将我们的心灵调到了孩子的频道,理解与诠释他们行为背后的情绪和需求。在共同游戏的时候,我们会用孩子的语言,让他们知道:我们懂你!

如果我们每天都能用游戏的心态面对孩子,面对工作,那么工作将多有意义啊!游戏,不仅点亮了孩子们的童年,也点亮了大人们的生活,让我们重温童年的快乐!

向外发现自然,向内发现深情

2017 年 5 月 12 日

我们在花草园里修建了一座雨水花园,它坐落在幼儿园操场北侧,环绕着主楼,宛如一条丝带。雨水花园是什么?就是利用屋顶的雨水收集器,在地面上建造一个循环水系,营造出旱地里的小湿地感觉。

总有人问我:"你们的环境不是已经挺好了吗?为什么还要不断丰富、改造?""环境改造的思路是什么?"

这里有一个关键的问题,环境要为谁改造?当然是为孩子们啊,因为孩子们喜欢新奇的体验,越接近自然,他们的内心越喜悦。自然环境的改造能够改变区域环境的生态气候。有责任的教育机构需要展示一种姿态:我们一直在努力。

花草园园林大事记

2004 年 9 月:操场上种下了 9 棵泡桐树

2009 年 8 月:葡萄架建成

2010 年 8 月:小池塘修建落成

2013 年 8 月:沙坑旁增添了一处"石磨景观"

2014 年 9 月:楼顶修建了"空中花园"

2015 年 11 月:大厅里增加了绿植主题墙

2016 年 4 月:建造了大树屋

2017 年 5 月:"雨水花园"落成

这些年,我们坚持不懈地对幼儿园进行改造,目的只有一个,就是让幼儿园更加接近自然,让孩子们获得更多来自自然的力量。

儿童与自然

儿童是自然之子，自然是儿童成长的起点。对儿童来说，自然不仅是构成教育的元素，还是他们未来获得幸福感的源泉。在大自然的怀抱中，孩子们感受着"天地之气"的变化，也因此拥有了灵性的翅膀。幼儿园里的自然环境不仅要充分体现出自然的本来面目，如四季里的大树与花草，还应有人类早期探索活动的轨迹。只有这样，才能满足儿童在精神、灵性以及学习发展方面的需要。

自然与心灵

无论社会如何发展，人类都要学会和自然对话，因为这是我们赖以生存的基础。一个人终究要寻找来自内心的快乐，这个快乐是他人、他物很难给予的，通常只能依靠自然的力量和内心建立联结才能实现。

一个每天对着大自然凝视的人，内心一定是非常深情的。我们的"生活化课程"不单是指儿童的生活，也指共同生活在一起的我们每个人的生活。我想，这个改造不仅对儿童有意义，对教师、家长的意义也是重大的。

我们的课程是一个以情化境的过程，每个人都需要用深情面对生活。当我们这里的所有人都可以用深情与儿童"相遇"时，那些早已满含深情的孩子就会涌向我们和大自然的怀抱……

教育，能赋予孩子多少灵性

2017 年 5 月 26 日

"灵性"（spirituality）从词源上看正是"精神"（spirit）一词的变形，用来表示人所具有的主动性和自由性，充满生气活力的精神状态，即人的精神性的自我展现。灵性也是指生灵进化过程中思维迸发的一种外在体现，是一个人心灵的变量。它是每个现实生命个体心灵内在具有的一种精神潜能，是一种超越了理性和情感的具有整合性作用的精神力量。

灵性，让孩子更像孩子。我们都熟悉理性教育，也知道感性的重要性，但大部分人并不了解灵性对一个人的意义。儿童的世界，是一个充满灵性的世界。他们全神贯注的神情、天真烂漫的笑容和直通人心的话语，无一不展示着动人的灵性。

有灵性的孩子目光灼灼，他们的眼睛像一个宇宙，里面藏着浩瀚的秘密……教师总能与孩子的灵性遇见，因为孩子们的灵性一直都在，随时准备展示给懂他们的人。

我们需要"正知见"，才能与孩子们的灵性相遇。知见心理学是20世纪70年代的美国心理学者恰克·史匹桑诺博士提出来的，它是一种融合心理学和灵性学，具有实践性及疗效性的心理学。知见心理学将人的意识分为四层：第一层是表意识（外显意识）；第二层是潜意识；第三层是无意识；第四层是高层意识，它是灵性的一部分，是充满爱和光的永恒存在。知见心理学的一大特征是将意识的成长过程分为"依赖""独立""交互依靠""灵性依靠"等阶段，并以三角模型表示。

教师的"正知见"之路：
- 任何时候都不要打断孩子们的自由表达，给他们展现自我的机会
- 放下期待、预设与偏见，接纳他们的思想与感受
- 让他们在可能的范围内最大限度地做自己喜欢的事情
- 止语或驻足，就像一片留白，在这片留白中，孩子的灵性就此出现
- 在成人看起来也许"无用"的活动与对话，但灵性就在其中
- 高兴着他们的高兴，悲伤着他们的悲伤，在共情中体验灵光乍现
- 倾听孩子们表达自己的生活和感受，也真实地分享自己的想法和感受
- 保护孩子的灵性的过程，也是接受他们灵性滋养的过程
- 把自己还原成孩子，和他们一起闹、一起笑
- 创造与自然和谐相处的机会
- 读诗、读书给他们听
- 一起沉浸于游戏，追随他们的内心和兴趣

灵性本质上是人对于生活意义和生命价值的一种精神渴求，也是人性在

不断提升过程中的一种精神境界展现。人的灵性只有通过教育才能得到唤醒和提升。灵性教育也是面向人的内在心灵世界，充分关注人的精神生活及其发展需求，持续增强人的精神意识自觉，不断拓展人的精神潜能以及充盈人的精神情感体验，提升人的精神生命质量的教育。

对于成人，每个人的灵性都会经历混沌、察觉、醒觉、超越四个步骤，而对儿童而言，尊重他们的天性，引导他们和自然和谐相处，在生活中重视每一次感官的体验，帮助他们关注事物的意义，和他们进行平等的对话，才是灵性保留的最佳方式。

生活化课程背后的哲学思考

2017 年 7 月 7 日

2017 年 7 月 3 日—5 日，我应邀在第五届中国学前教育年会上做了主题发言。

两本书孕育了一个梦想

《窗边的小豆豆》《儿童精神哲学》是对我影响最大的两本书。

我想问一下在座的幼教同人，有多少人看过《窗边的小豆豆》这本书？前不久，这本书在中国的发行量突破了一千万。有人评论说，这既是一个美好的事实，又是一个有点忧伤的现实。这是因为，我们很怀念那样一个真实的童年，而幼儿园能够给孩子们带来那样美好的童年吗？我们在回忆自己的童年时，会想到乡村生活，想到自己如何四处疯跑玩耍，但却很少有人提到，自己在幼儿园里如何如何快乐。我觉得这是一个特别奇怪的现象。我经常跟专业工作者讲，我们应该是这个世界上最了解儿童的人，我们是儿童在这个成人世界里的"代言人"，因为儿童在成人世界的话语权是有限的。

20 世纪 80 年代，当我读到这本书的时候，它给我的震撼非常强烈。当时我就想，如果我能办一所幼儿园，就办一所那样的幼儿园，能够释放儿童的天性，能够让儿童的心灵自由绽放的幼儿园。

2000 年的时候，我有一次在首都师范大学附近的一家书店翻书，忽然看到了一本叫《儿童精神哲学》的书。这本书一下子就吸引了我，然后我开始反反复复地读，爱不释手地读，并在里面画满了条条杠杠，我感觉它的每一句话都充满了力量。这本书的作者就是刘晓东博士。

书中有几个对我影响极深的观点。

- 任何一个成人的精神世界都源于他的儿童时代，儿童是未来的人的父亲。儿童既是我们的前身，又是我们的未来。
- 生命是主动的，在没有任何外部压力、外部目的和功利的情况下，儿童自发地担负起发掘自身先天资源的工作——这就是游戏。
- 儿童游戏是对进化史上人类种种活动形式的复演。当然，儿童发展往往通过走捷径的方式来经历人类的进化历史而不是简单的重复。
- 所以我们可以认为，真实的材料、大自然、神话和童话以及它们相互之间有机的联合，是儿童梦想的培养基。
- 童年不仅是人的根基，而且是人的核心。如同树木一样，那最初的年月被记录在年轮中最核心处，尽管它已被后来的岁月包围，但那最初的年月仍然发挥着核心作用。童年就是人这棵树最中心的年轮。他是这棵树的树心，仍然在默默地滋养人这棵树木。

其实，我感觉自己真正的专业领路人应该就是刘晓东博士。"在童年期中，游戏使个体内在的精神潜能逐渐现实化，而教育则使外部的文化逐渐内化成个体精神层面的内容，游戏和教育从两个层面促进个体精神的发育合成。人类的精神成长既有一个由内向外表达的过程，又有一个由外向内浸染（内化）的过程，而且这两个过程往往交织在一起。游戏是个体对自身潜在资源进行发掘的活动，那么相对于游戏而言，教育则是文化对儿童内部的那些开放性精神空间的占用。"当时，书中的这个观点给了我特别深的印象。

儿童的发展从来不是一条路，从来不是成人给儿童的熏染、浸染或者教化。此外，还有一条很重要的线索很容易被我们忽略，这就是很宝贵的、有生命力的、有价值的从内到外的表达和宣泄。

生活化课程背后的哲学思考

在课程上，从外到内的教化其实并不难，因为这么多年大家都在做。而从内到外的表达，则包含着我们怎么来理解儿童，儿童是怎么学习的，他们怎么思考问题，他们是怎么和这个世界产生联系的，他们用什么样的方式来建构这个世界，等等。这些年，我们一直在摸索，学习站在儿童的角度以及更为宽广的角度看待儿童。

今天，我也很想阐释几个问题：

◆ 幼儿园里可以有快乐的童年吗？

◆ 幼儿园里可以还原儿童真实的生活吗？

◆ 孩子能够像我们人类早期的生命状态那样，恣意地在大自然里生长吗？

从外向内的浸染，其实也是有不同的水准和高度的。我们觉得，生活化课程并不只是一个形态，而是课程的主题、逻辑思考应该来自生活。因为幼儿园就是孩子的乐园，幼儿园对孩子们来讲就是一个花草园，也应是孩子们的丛林乐园。所以，我们幼儿园郁郁葱葱，有雨水花园、小池塘、石磨景观三个水系。

一条小水渠是我们今年刚在楼前开掘出来的。我想到了小时候，我家门前也有一条河，这是非常美好的回忆。其实，我们人类的早期一直在逐水而居。

6月份，孩子们学习的主题是"探索幼儿园"。每个年龄班都有自己的主题，小班的课程计划是"我家门前有条河"，他们要结伴探索石头、水花、花草，发挥想象力进行学习和创造。之后，孩子们要在河上建座桥。有参观的老师看到我们的河上摆了那么多桥，就问我："你们怎么能用这么多的废旧材料做了那么多的桥，家长真配合你们啊！"我说，这不是孩子们在用废旧材料做桥，而是我们课程的联结。老师问孩子们："你们见过什么样的桥？你们的爸爸妈妈见过什么样的桥？这些桥和你们、和爸爸妈妈之间有什么故事？"我们发现，孩子们知道的桥实在是太多了。他们知道赵州桥，也知道家乡有一座桥，因为他妈妈小时候掉在河里了，差点被淹死，还知道同里连心桥、张家界的桥。他们知道的桥的名字也特别多，完全出乎我们的意料。他们还讲述了桥上发生的很多故事。然后，大家开始建桥，这个活动持续了两周。

大家最后做出来的桥千姿百态，让人赞叹！有人问我："你们是怎么让家长融入你们的学习的？"我说，如果给家长布置一个任务，家长肯定不愿意，但是如果和他的经验相连，他一定是愿意参与的。

很多人问，为什么你们的课程看起来那么饱满？你们不像常规意义上的那种课程。其实，我们的课程总是能抛出去，又收回来，体现出一种深度、广度。我和老师们说："要把你的思想拉宽、拉高。"我要求教师在构建课程的时候，一定要思考五个方面的内容。

我们为什么要建这条河？

第一，历史感。因为人类的早期就是逐水而居的。我们文化的河、民族的河都与其相连，没有关于河流的学习，儿童的学习就是不完整的。

第二，文化感。我们的文化都是靠两条河流孕育出来的。有河流的地方，就能孕育出繁荣的文化来。我们文化的独特性在哪里？这在课程中要考虑到。

第三，联结感。所有的课程，如果没有让儿童和他人、自然、自我建立联结感，那么课程就是没有意义的。

第四，知识目标。很多幼儿园的课程一直在知识层面打转转，强调要教孩子什么知识，但是思想里没有东西，往前看没有方向。结果，教来教去发现，能教的知识很有限，教不会儿童多少东西，因为每一个人本身就是一条文化的河流。

第五，课程的落脚点最终还是要有可操作性的东西。

儿童要呈现出什么？学习的灵性。儿童和成人最大的区别，就是他们的思想中有丰沛的灵性。我们的老师每一天都要记录孩子讲的话。记录得越多，我们就越发现孩子思考的深度和广度。他们思想中的那些先验的东西，比我们更清晰、更完整、更灵动；他们在学习中会呈现出他们独特的灵性、独特的哲学思考，以及精神的力量。其次，才是认知和技能。所以，当我们把课程的立意拉深、拉高，就会形成那种非常丰沛的、有质感的课程。现在，很多人都在创建游戏化课程、生活化课程，其实没那么简单，从生活到生活化的课程有千山万水，从游戏到游戏化的课程更是如此。游戏并不是像我们认为的那样简单，就是玩。它背后的哲学生命是不是被我们挖掘到了？

时代呼唤真诚的教育者

我们都在呼唤真诚的教育者，什么叫真诚的教育者？现在，有些教育者像是在表演。你能让你的心沉浸在教育之中吗？你是真诚的教育者吗？真诚的教育者告诉我们，课程建立的是教育者与真理的关系，并不是你和它的关系；是学习者和真理的关系，我们都在和真理对话，而游戏在中间是一个非常重要的纽带。

我们现在能做到吗？我们在进行课程改革的时候，总是在一些形式上、方法论上打转。学前教育领域的探索，如果太偏重于技能、操作，就会忽略对教师心灵力量的要求，我们也很难创造出一种深远的影响。

法国哲学家福柯认为，教学的本质就是真话实践！有人说："你们的老师没有职业倦怠吗？"没有，因为他们每天遇到的都是不可知的情况，每天跨的"河流"都不一样。

此外，学前教育工作者还要具有哲人的气质，要有更深度的思考。比如，为什么幼儿园的集体教育和幼儿的成长之间存在一种无意识的对抗？

第一，因为幼儿园是集体教育环境，在这样的环境中，孩子的自由较少，而一个人没有自由的时候怎么会有思想呢？之前，有人到我们幼儿园参观，看到孩子们一直在户外游戏，就问："孩子喝水怎么办？上厕所怎么办？"我们把水桶搬到了外面，还在户外修建了两个厕所。幼儿园是干什么的？是为孩子们服务的！所以，集体环境对孩子们来讲其实是不自由的。

第二，在教师主导的教育环境中，孩子是紧张的和没有安全感的。我发现，在有的公开课上，当教师在讲课的时候，有的孩子在焦虑地卷着衣角。他唯恐自己说的和老师说的不一样，遭到教师的批评。而在生活化课程中，孩子们是没有对错的。我们的课程模式叫"3+1+1"，即前三天是小组学习，开放式的；周四这一天是集体学习，要做思维导图、要点导图，把所有的思维结构都表达出来；周五这一天是畅游日。

第三，集体教学太强调学习的目的性和计划性，而忽视儿童的需求。所有的目标都是外化的目标，而未必是儿童真正发展的目标。

建构适合儿童的课程体系

怎么构建适合儿童的课程？

1. 相信儿童有自己的哲学

儿童的哲学观非常通透，具有灵性，而且具有我们讲的"不二法门"。因此，我们特别要向他们学习。大人总以为自己是对的，想要把自己的那一套抛给孩子，结果孩子在山的那边，远远地在向你召唤，你不走近他们，就永远无法体会这个境界，而只有走近他们，你才会知道。所以，我对新教师的要求是：记录儿童间的对话，每天都要听和记录。孩子的眼睛是亮晶晶的，充分彰显了他们的灵性。

2. 儿童哲学的形成需要两个重要条件

一是要有惊讶感，二是要有思想的闲暇。课程太满，哪还有什么闲暇？但是，我们必须给儿童时间，这样他们才会产生自己的哲学与灵性。

自然、科学、艺术、哲学、灵性，这些都是儿童教育中特别要关注的要素。值得欣慰的是，儿童会通过游戏主动地将这些要素有机地融合在一起。

最后，与大家分享丰子恺先生的一句话："孩子们，我憧憬于你们的生活，每天不止一次！"

至微至显，善作善成

2017 年 9 月 1 日

工作给我们带来的是什么？

人格稳定、精神集中、心神归拢，都可以在工作中实现。每个人的生活最后都得依靠自己。依靠自己的什么力量？对大部分人来讲，我们是靠工作来收敛心神的。工作让你进入一种节律感中。无论你什么时候收，什么时候放，你个人工作的频率、生活的频率与整个社会大的脉络和气息都是相吻合的。

其实，每个人的人生终点都是一样的。那生命的意义是什么？人生是为梦想展开的一场表演秀。当你拥有幸福人生的时候，你发现梦想和现实的距离越来越近。你的预期和现实的距离越大，你对人生就越不满意。如果你想对自己的人生满意，那么有两件事可以做，一是调整预期，二是把现实生活往上提，也就是要努力！当你的预期和你的生活高度吻合时，你就会觉得人生特别幸福。

幼儿教师这份工作，就是一个职业锚。在这里，特别幸运的是，我们的工作方向每年都会有调整，有精进，有思考，就是要让大家的心神稳定下来。所以，不要小看工作，没工作，人就容易心猿意马。

工作造就人格。一个成人只有在工作中才能开始建构一种关系，形成一种参照，进而拥有一种你作为成人的人际关系重建。以前所有的关系都是依附于家庭的，当你开始工作时，你就开始作为成人进入一种关系中，然后开始给自己构建一个展示内心梦想的舞台。

当然，在这个重建过程中，有的人会屈从于自己的本能感受。你是哪一种？是屈从于自己的本能不愿做改变，还是愿意让自己重建一种关系？我的答案很明确，每个人在工作过程中都应该有一种重建。

工作就是给你提供一个机会、一个舞台，让你展示自己的梦想，知道自己的不可或缺性，也让你知道自己的进步。总之，让你有了重建人生的机会与可能性。如果你有一个好的工作平台，你就会变成一个你自己都无法预料的、很有力量感的人，看到自己从来看不到的那一面。

所以，你要经常问自己，你在工作中最渴望的是什么？日本著名的管理家稻盛和夫说过一句话："你内心不极度渴望的东西，它不可能轻易靠近你。"你要明确知道自己渴望的是什么。很多人会下意识地把一些美好的东西推开，因为他不熟悉，也不确定这个东西是不是他的。

稻盛和夫说："只有极度认真工作，才能扭转人生。"工作是社会工作，没有人哄着你玩，你想怎么舒服怎么来，那是不可能的。你的心智、人格、品行，都应该在工作中得到锻炼。工作的目的是什么？完善你的内心。你的目标是什么？改变的是什么？你要给自己一个答案。你应该走进去，走到你自己的内心里去。

什么叫极度认真？怎么就叫极度认真？我发现，能做到极度认真的人都是精神特别独立的那种人。极度认真工作的人能够扭转人生，是因为他的心力投放进去了。当一个人专注的时候，就会感觉世界仿佛不存在，只有自己和自己在一起，特别有价值感！如果现在你认为自己还不够好，你就要想，你做到极度认真了吗？如果没有强烈的内在乐趣，人会很焦虑，很在意外在的评价。

今天，你要问自己，你能极度认真地工作吗？在去年或者过去的十年里，你有过一次极度认真工作的经历和体验吗？

为什么幼儿园每次毕业典礼后，很多老师很久都不能平静，因为在那一刹那，我们都极度认真，带有一种超乎寻常的热情，非常虔诚地面对工作和孩子，而这一切都能给我们带来心灵上的极大满足与慰藉。

以下内容是我关于新学期的几个建议。

每个人都应该相信沉静思考的力量

现在，很少有人能够沉静地面对生活。我特别相信沉静思考的力量。例如，我思考完瑜伽和太极的关系之后，突然觉得内心有巨大的喜悦。于是，当感觉很闷的时候，我就练一练瑜伽；当耗散太多的时候，我就练一练太极。我还可以白天练瑜伽，晚上练太极。你等于找到了很多的方式，也试着学会用自己的方式做出选择。

这学期，每个人都要有目标：我打算干什么？我想成为一个什么样的人？

如果你不确定你想成为什么样的人，你就会被别人拽着，成为他们想要你成为的人。当目标特别强大的时候，你会有自己的方向。因为所有的力量都来自精神，来自思考的力量。

尊重自己的创造力

在工作中，每一个人都有创造力，你要学会尊重自己的创造力。我有两个方法供大家借鉴使用。

情境还原法

如果要在工作中进行创造，就需要把它还原到那个情境中。没有情境感，就不能把这件事情还原到真实的情境中，你就不能想象与创造，所做的事情就只能是眼前的事情。

所以，什么叫工作，就是你要尊重自己的创造力，把每一个工作都延展到一个平台上，然后想象它的无限可能性，让它做到周延完整。

冥想

每天晚上先别急着入睡，做一遍冥想。冥想就是做大脑体操，让我们的精神放松。就好像在说，今天的生活都过去了，好也是它，不好也是它，放下，睡觉！明天，新的一天将会开始。

冥想可以让你跟自己的潜意识对话，和自己的心灵对话。我认为，每个人每天都应该做一次冥想，当然，这对自己的精神和身体健康是有好处的。要用冥想代替胡思乱想。冥想也会让你学着接纳自己。

尊重自己创造的方式，是尊重你内在的创造，而不仅仅是指你对工作的创造；冥想，让你有了正念思考。

对自己很"严格"

做任何事情都应该"至微至显，善作善成"。至微至显，是指每一件微小的事情最后都会用它的方式显现出结果来，所以做事情的起心动念很重要，做每一件事情的出发点都应是善意的，善作善成。而且，善不着相的时候才能变成德，德成之德才能变成行，这就是德行！

这学期我想做的就是让大家在工作中都发挥自己的创造力，让自己的内心自由游弋，这种管理叫作"赋能管理"。每一个人都可以赋予自己能量、能力，以及能源。我希望这个组织不再用传统的管理方式，我也不推崇激励的方式，你们做的事情是你们赋予自己能力、能量，进而达成心中的目标。

我希望这个学期，每个人都能获得成功的体验。当然，这个成功不是外在意义上的成功，而是内心的挑战、跨越和成长。

在自己的基础上制定自我成长目标

自己给自己制定一个自我成长的目标。

获得授权

每个人都是幼儿园最宝贵的财富，每个人都具有不可思议的力量。在这里，人人都获得了我和孩子们的授权，可以创造性地开展工作。

体验成就感

每一个人在这里都应该体验到自己独有的那份成就感。擦干净一把椅子、买一件漂亮的餐具、为孩子们用花花草草编制一个花篮，都是成就感。每一个人都在不同的层面体验成就感，按自己的能力行事，小到一件小事，大到自己觉得了不起的大事。

用一种哲学式的思考概括自己的经验

哲学式的思考是什么？它是指我们从一件事里面概括出经验。每一个人都可以用哲学式思考来概括自己的工作经验、生活经验、人生经验。我们要慢慢地练习。

改造与推进

希望你们能够用自己的方式对这里的人和事，进行有创造性的改造与推进。我也是在不断地改造与推进。这个学期，我建议把我三楼的办公室变成一间哺乳室，以后各位年轻的妈妈都可以在那里休息，离这里近一点的教师也可以把孩子带过来。

在这里，工作就是不断地学习。学习的目的是"学以成人"，这是中国人特别推崇的境界。冯友兰先生说过，哲学之外的所有学科都是"使人成为某种人"，而只有哲学是一门"使人作为人能够成为人"的学问。

这个学期，希望大家能够用"高举远慕的心态，慎思明辨的理性，真切的情感，专注的意志，洒脱通达的境界"开始工作。

对幼儿园各种关系的一些认识

2017 年 9 月 22 日

教育的本质是各种关系的总和。幼儿园里有各种关系，简言之，有以下几种表现方式。

孩子与父母的关系，我们称之为"家庭关系"

家庭关系是一个人性格养成的基础源代码，非常重要。家庭用何种方式关爱儿童，父母是挑剔的还是宽容的，对孩子的影响都非常大。

关系是一种看不见的滋养和存在。我发现，幼儿园里有的小朋友很有意思，在家里待一个假期之后很紧张，很焦虑。他要在幼儿园缓上一段时间，才能找到他自己。我觉得，其家庭关系特别值得我们关注。父亲和母亲的言语侵犯是一种看不见甚至是无法觉察的存在。家庭关系对孩子来讲是第一重要的关系。无论幼儿园做多少努力，家庭关系都是一个人人格的基调。所以，无论什么时候，父母的修身、修心都是最重要的。

孩子和老师的关系，我们称之为"师幼关系"

在幼儿园里，我要求老师们用一种信仰的姿态面对儿童。虽然老师也是普通人，但我对他们的要求很高，对儿童不要带有任何的先入之见。虽然有的父母并不支持老师，但我们的老师每天都要用自己的方式面对他们的孩子。我教他们的法门是什么？把那些孩子和父母隔离开，使用更高的解释风格，而且这些孩子需要教师更多的关爱。这句话对老师是很重要的。

曾经有家长说："我知道我冒犯了你们的老师，但我相信，你们的老师是不会对我的孩子怎么样的。"很感谢他能这样说，但我也很生气：你是在考验我们的人性吗？你在拿孩子的成长做赌博！我们幼儿园的老师不会用世俗的眼光对待孩子。他们如果有，就会在教育笔记中流露出蛛丝马迹，我会和他们谈话，告诉他们："做常人不能做之事才是修行。"

在我的心目中，孩子们从来不是你们的孩子，他们只是借由你们的身体来到了这个世界上。

孩子和孩子的关系，我们称之为"同伴关系"

儿童的同伴关系是一种什么样的状态呢？儿童是没有"分别心"的。他们的同伴关系就是一种成长的关系：打打闹闹，你推我搡，开开心心，然后共同成长。他们之间所有关系的形态都是学习。即使一个小孩听命于另一个小孩，一个小孩经常臣服于另一个小孩，可能你看到会不舒服，但对孩子来讲，这些都是他在修复自己当下的一些问题，都是学习。很多家长在孩子的关系问题上一定要求老师干预，其实干预带来的是什么？你的孩子会黯然神伤，觉得自己连交朋友的选择权都没有。

对孩子们来讲，他们是能够活在当下的。他们没有成人的那些知见，并不理解欺负和不欺负、谁强谁弱，那只是你的看法和你的投射。所以，我不希望家长因为孩子的同伴关系而影响家长和家长之间的关系。我们都应该放下这些知见，给孩子更多的机会。孩子之间的伤害会有一些皮肉的擦伤，但都不是恶意的、根本性的。

父母和教师的关系，我更愿意称之为"合作关系"

一种关系形态是合作关系，即老师和家长是一家人，为了孩子的成长，我信任你，你也信任我。即使一方做得不够好，另一方也试着去理解。即使父母有一些情绪化，教师也能站在他们的角度来理解，这是一种最好的关系形态。大家很通情达理地在一起生活，谈论工作，谈论孩子，这是老师们特别喜欢的状态。我觉得这叫"我行，你也行"的判断。老师们也会用这种态度跟家长沟通。"我好，你也好"，所以结论是，孩子们也好。

另一种关系形态是对立关系。有些人的沟通方式是"我好，你不好"，这样一来，矛盾就特别多。比如，有的家长很明确地说："你们幼儿园的事儿太多了。我有需求，你们服务于我；我没有需求，你开什么家长会，哪有那么多时间？！"他的结论是，"我行，我高，我棒，你们不行，所以我不想听你们的"。作为专业机构，我认为我们有足够的自信引导孩子向好的方向发展，也有义务引领家长。父母与教师之间的关系，也是老师们感觉特别有压力的地方，这导致他们的能量在流动的过程中不断地被阻断。

好的关系是一种力量、一种滋养；坏的关系则是一种阻滞、一种对抗。所以，家长们要思考："我和老师之间的关系，我和幼儿园之间的关系，到底是一种相互滋养的力量，还是一种阻滞、一种对抗？"

对抗来自哪里？表面上看是对一些事情不满，实际上来自内心。这样的人对很多东西都是不满意的，因为他对所有关系的出发点都是消极的，他是用防御机制来面对这个社会。而一个好的关系的出发点，其持有者是经常感到很安全、很平和、被信任的。所以，家长们要问问自己，是不是每天都有很多烦恼？因为你在教育中呈现的烦恼，很多时候是你自己对生活烦恼的一种投射。

有些人虽然是小众，但他们的破坏力量非常强大。这些人总是设想一些没有发生的事，他们看不见已经发生的那些美好。我们过去常常讲"感恩的心"，那么感恩的是什么？就是当下发生的一切美好。如果你看到的依然只是你的想象，那是因为你对这个世界的解释风格已经有了自己的一套模式和框架，这样的加工对你来讲是熟悉的，它无时无刻不在发生。

所以，在这个学期里，我们的家长还是要不断地反思、思考：

- 你真的爱你的孩子吗？
- 你能看见孩子的进步和成长吗？
- 你能看得见老师们的努力吗？

教育的本质是各种关系的总和，所有的关系融洽和谐方能培养出"参天大树"。这些关系围绕着基本的核心文化，从而形成良好的格局与境界，最终能够拢天地于胸腹，览世间之沧海。

从"世界排名第一"的芬兰教育中，我们可以学习什么

2017 年 10 月 13 日

经济合作与发展组织（简称"经合组织"）每隔三年发布一次"国际学生评估项目"测试报告。2000 年以来，在对 70 多个国家的 15 岁学生的数学、阅读和科学三项能力的评估中，芬兰每次都名列前茅。

芬兰教育的理念是，发挥每一个孩子的潜能，让他们自主选择决定自己的未来并完善自身，同时适应未来社会的发展，培养健康的社会公民。芬兰的教育体系不依赖标准化课程、高风险学生测验等对学生未来有重大影响的成绩责任制度，而是认为学生的内在动力才是促使教育系统发生巨大转变的必要条件。芬兰教育更关注平等与合作，而不是抉择与竞争。

芬兰教育带给人最大的启示，是它的"简单"。教育观是回归自然，顺应人的生理、心理与成长规律，本质上是让孩子获得幸福感。它让我们思考，中国家长、学校和社会对教育日益焦虑的心态，是不是陷入了一种恶性循环？到底什么才是教育最根本的目的？

当前的中国教育在不断地"变革",强调儿童获得"核心经验",但"核心经验"的本质是什么?我们在解读儿童的经验时,会关注他们对外部世界有了什么认识,建构了什么样的概念,却很少探寻儿童这一经验形成的动因以及这一经验形成过程中他们是如何形成自我概念,以及这种自我概念为他们带来的新创造……

我认为,帮助儿童获得各种"经验"是儿童阶段学习的重要任务,但经验不只是帮助他们认识外部世界,还要让他们通过自己的学习与探索认识"自我"以及自我与世界的联结。

芬兰教育的成功给我们提供了一种教育哲学:当每一个人都是幸福的普通人,都在做最好的自己时,这个国家一样具有"竞争力"。我深以为然。

如果有一天是"犯错日"

2017 年 10 月 20 日

周三的凌晨 5 点,天在下雨,我突然惊醒:院子里的藤椅好像没有收回来,它们会不会被淋湿呢?外面漆黑一片,细雨霏霏,雨不知道已经下了多久。我决定,继续睡觉。

我允许自己犯下这个"错误"。对我来说,这是一个很大的突破。我和很多人一样,从小就被教育不能犯错误。对待这个世界,我们一直是审慎的、焦虑的,时常感觉自己走在一条狭窄的成长道路上。

近年来,北欧的儿童研究者提出要关注"儿童的视角"(children's perspectives)。他们认为,心理学家在研究儿童时,往往采用的是成人的视角,比如,将童年看作一个随着年龄不断增长而不断成熟的过程,成人才是成熟的标志。这忽略了儿童的能动者角色以及童年的文化价值。"儿童的视角"强调的是,要努力发现和理解世界在儿童眼中的意义,理解儿童是如何积极主动地构建自己的生活的。

"儿童的视角"还意味着,我们不仅要"了解"儿童,还要有一种对儿童的移情式理解,以达到与他们共享意义世界的目的。对他们来说,"犯错误"

是一件很酷的事情，里面有刺激、挑战、调整、接纳，这是一种教育，是在成人的帮助下获得精神上自觉的自我发展过程。

这些年，有教育学者提出了"儿童飞地"这一概念。"儿童飞地"是隶属于现实世界，但又不与成人世界紧密相连的某个区域。它相对安全，尽量保留孩子独自探索世界的自由。也许现实生活中并不存在这样的"飞地"，然而，追问和寻找的意义能让我们更清楚地发现儿童的现实处境，觉察到成人的权利，并试着探索如何一点点放松手中的缰绳，给孩子们更多精神上的自由。

你如果想让一个学生变得有创新能力，就必须让他经常去冒一些风险。只要冒风险就会犯错误，而在犯错误并承受失败之后是否能够从原地继续前行，这一点非常重要。"犯错日"的设立就是我们基于这样的思考而做出的选择。

现实生活中，你会允许孩子们犯错误吗？面对孩子的犯错行为，下面是一些成人的回应：

- 你怎么又犯错了！都说过你好多次了！
- 你不可以再犯这样的错误，否则我会惩罚你的！
- 这样做是不对的，你应该这样做！

很多人不仅不允许孩子犯错，更不接受自己犯错。因为，犯错意味着"失控 + 挫败 = 失败"。

犯错误，对儿童来说也是一种内在的游戏体验。在犯错误中，儿童需要学会有勇气去面对错误，试着接受错误，并最终超越错误本身。所以，在错误中会延伸出无限的学习可能。这也是我们愿意让孩子犯错误的原因所在。

如果儿童能从错误中习得重要的品质，那么哪一天是"犯错日"并不重要。每当面对错误的时候，我们都会对自己说："这不是一件坏事情，这只是一件事情而已，我已经从中学到了很多很宝贵的东西。"

我们决定，每个月在幼儿园设立一天"犯错日"，希望孩子们学会：

- 理解自己、善待别人，同时试着学习安慰犯错或失意的自己与他人
- 停止对自己的挑剔和批判，学着接纳自己的瑕疵和错误，而不是一味

地苛责自己或他人
- 释放天性，也试着体会，错误不能给自己和他人造成伤害
- 勇敢地谈论自己的错误，在这个过程中体会与调整自己的行为模式

所谓自由，不是能够做什么，而是能够意识到自己不能做什么！

基于儿童视角与立场的幼儿园环境创设

2017 年 10 月 27 日

建筑背后有文化

十年前，我曾去美国的一所全美学前教育专业排名第四的大学做访问学者，他们有一所很棒的项目幼儿园。之后，我也去英国和日本参观考察过。但是，浙江省宁波市北仑区滨海国际幼儿园给我的感觉还是非常震撼的。

我是一个中国文化的爱好者。这所幼儿园白的墙、灰的砖，既有东方园林的特色，也有徽派建筑的风格。它的设计也很独特，幼儿园由四座并不相连的小楼组成。我想，这位设计师不仅了解西方人怎么看待中国建筑，还很了解中国文化。这四个建筑组群代表了中国文化的一个意境，叫作"和而不同"。四个建筑不一样，但是它们在一个园区里是那么和谐。建筑构成的环境所蕴含的文化，一定会对儿童产生潜移默化的影响。

文化是思考的土壤

我看到，身边有些同行在看西方、学西方，却依然找不到自己的方向。这些年来，我只想静静地扎根在中华文化的沃土里思考：我们应该办一所具有中国特色的、什么样的幼儿园？

今天，我很想分享我们办园十多年来在环境创设方面的一些思考与探索。

幼儿园环境创设的目的与本质

幼儿园环境，是指能够给儿童的学习与发展提供的条件的总和。那么，

幼儿园环境创设的目的是什么？让幼儿园变得更漂亮，让幼儿园看起来跟学校不同，更有鲜明的儿童特点，还是为儿童的学习提供支撑？进一步而言，幼儿园环境创设的本质到底是什么？

当前的中国教育在不断"变革"，儿童教育强调儿童获得"核心经验"。我们在解读儿童的经验时，会关注他们在经验中对外部世界有了什么认识，建构了什么样的概念，如认知经验、数理逻辑经验、物理经验、人际交流经验等，更多的是在讲"我"和这个世界有什么关系，"我"应该具备哪些能力和知识。

我们要回到哲学层面来思考这个问题：一个人来到这个世界上，他的生命的本质意义是什么？我们受教育也好，学习知识也好，本质意义是拥有幸福感。这个观点也是这些年来，我们渐渐意识到的。

北京大学的徐凯文博士提出了"空心人"这一概念，现在的很多大学生变成了空心人。他们对这个世界有很多认识，头脑中也有一大堆所谓正确的认识和观念，但是他们依然不能很好地让自己快乐，更谈不上服务社会。我们培养这样的人有什么用！

如今，整个社会都在焦虑地追求着更多的知识与更强的能力，这真的是教育的本质吗？在全球一体化的今天，越来越多的人感觉到，仅仅靠知识、能力，已经不足以在世界上立足和竞争，也未必能够让自己有好的生活。

2005年，我写了一篇文章《在这里，幸福比其他事情更重要》。因为那时候的我意识到，对儿童来说，他们要想获得未来学习、生存的能量并非要靠掌握很多知识，而是要拥有幸福感。那么，幸福感的核心是什么？是一种来自自我的、内在的强大力量。我们会想：我是谁？我想成为一个什么样的人？我能为这个世界创造什么？

现在，让我们回到环境对儿童的发展与学习经验的建构上。儿童获得学习经验的目的是什么？在经验形成过程中，儿童是如何形成自我概念的？自我概念是如何帮助他们进行自我创造的？这其实也是哲学中的三大问题——我是谁？我从哪里来？我要到哪里去？这三个永恒的哲学追问，在儿童身上同样适用。他们要反复思考确认：我是谁？我要什么样的生活？我怎么认识我自己？我能有什么样的创造？在童年生活里，这是一个模式，这个模式如果被不断演练，就会固化下来，用于应对将来的生活。

环境要给儿童提供经验，但是经验背后的东西是什么？是关于自我，关于创造，关于对行为动因的探寻。

好的环境一定是人和环境相互作用的结果，中国人把这个叫"气"。在滨海国际幼儿园，我感觉到了"气"。我也能够看到，他们不想破坏原有的美好，因此不仅保持着幼儿园原有的风貌，而且和环境有了互动，带来了一种独特的氛围，这就叫"气场"。

园长一定要有自己的"气质"，因为园所一定程度上代表的就是你的"气质"，这也是中国人讲的"天人同构"。

环境创设背后的文化价值取向

就环境创设而言，我们会想，我们到底要给儿童带来什么样的经验和体验？环境创设的出发点在哪里？环境创设背后的文化价值取向是什么？

外部环境改造的灵感应源于儿童。幼儿园环境改造的创意从哪里来？从孩子们那里来！每周，我都会和孩子们聊天。例如，他们说特别想拥有一个大树屋，我们就建造了一个大树屋。我们在不断地倾听孩子们的想法，不断地完善。在听孩子们讲什么时，老师们讲得很少，通常是坐在旁边记录。因为老师们发现，他们无论怎样绞尽脑汁，也无法覆盖儿童思想的光芒，儿童太厉害了，他们有大情怀。

我们的外部环境一直在改造，目的就是越来越多地满足儿童的需要。孩子们往往把幼儿园叫作"我们的幼儿园""我们的花草园""我们的神秘园"。他们会跟我讲，他们想要一个挖土池，于是我们就把一棵树"请"到了别的地方，造了一个挖土池。所有的环境并不都是预先准备好的，而是我们在和孩子们互动的过程中，依靠他们的创造完成的。他们知道自己想要什么，怎么做，当他们和环境有深度的联结时，他们也就有了深度的情感。

成人追随儿童，儿童追随自然。美国心理学者霍尔提出"复演说"，他认为，儿童代表着我们人类的史前阶段，代表我们生命的早期，儿童实际上在复演着我们人类早期生命的痕迹。我们幼儿园的环境已经很好了，有一个小池塘，可是小池塘的水是不能玩的，因为儿童一玩水，里面的鱼就会死。但是，孩子们太渴望有一条河了。我想起自己的童年，我家门前就有条河，这是多么美好的意境啊！我又想起我们生命的早期，都是逐水而居的。于是，我们就在幼儿园楼门口的前面造了一条小河。这样，幼儿园的门前就有了一条小河，孩子们可以在河里嬉戏。

我们在创设环境的时候，一定要体现自然的本来面目——花、草、树、木。这些年来，我最深的体会是，环境还应该包含人类早期探索生活活动的轨迹。因此，在考虑环境设计的时候，不仅要考虑环境本来的面目，还要考虑我们人类生命的早期是如何和自然相处的。

我还有一个遗憾，就是儿童是很喜欢洞穴的，但我们的幼儿园没有那样的条件。如果有机会，我一定会造出一个位于半山上的洞穴。

今年"六一"儿童节的时候，我们都做了些什么？没有游乐场，也没有嘉年华。坦率地讲，前些年我们有。但是近些年，我们和儿童越走越近，知道儿童追求的最本真的快乐是什么。

"六一"活动结束的当天，有的孩子说："我今天太高兴了。"有的孩子说："我高兴得都要落泪了。"还有的孩子说："我高兴得想让这一天永远不要过去，我不舍得睡觉……"这是一种何等的喜悦，这是来自生命深处的一种冲动。

这些轨迹不仅可以满足儿童学习与发展的需要，还满足了儿童精神的需要和灵性腾飞的需要。

自然会赋予儿童灵性的力量。我们幼儿园的孩子们一年四季都和大自然互动、奔跑、探索、收获，我们是按照人类生命早期的发展轨迹来设计他们的课程和外出活动的。秋天，我们一定要设计收获活动；春天，我们一定要设计踏青活动。

冯友兰先生认为，中国的文化属于大陆文化体系，中华文化的根系一直是在农业文化里游走的。我们深知这一点，因此给孩子们的所有活动都扎实地与土地相关。他们的精神、灵性都在这个过程中得到了滋养。我们的每一个孩子面部表情都特别生动，这是精神的力量和灵性的品相。

今天，我们的儿童教育如果不谈精神，不谈灵性，依然只谈认知，那么我觉得我们的教育还是小学化的，并没有摆脱小学化的影响。

环境创设背后的文化。做任何事情都要有一套完整的哲学观和方法论。

在创设环境的时候，我们的教育观和教育思想日渐形成。我特别强调，"中学为体，西学为用"。

在进行环境创设时，一定要有自己的教育主张。当幼儿园里的所有人、事、物都回到本来的自然的样子时，就会形成和谐的气场，影响儿童的发展。

什么叫自然的样子？我们有一句话叫"让儿童更像儿童，让爸爸更像爸爸，让妈妈更像妈妈，让老师也更像老师。"一个人对这个世界的态度会影响方方面面，我们的教师也是这样。当他们每一个人都要做最好的自己时，教师的能力和儿童的状态就会交相辉映。家长们将认为"上这个幼儿园超值"，为什么？不仅仅是儿童受教育，他们在这个过程中也完成了"重生"和"再造"。

创设环境的时候，你即使没有形成自己的教育思想，也必须考虑两个因素：一个是文化因素，另一个是自然因素。我带着老师们读了一年多冯友兰先生的《中国哲学简史》，我们一直在试图理解：中国文化经历了怎样的变迁？它的哲学脉络到底是什么？无论怎样，这一切都给了我们强烈的文化自信。

此外，儿童是自然之子。我们幼儿园每天的户外活动时间一定要超过两小时。到了五六月，儿童的大部分时间都是在户外度过的，他们会在户外安营扎寨；在3月的阅读月，他们会把帐篷放在院子里，在帐篷里阅读；6月的时候，他们会在帐篷里建立一个一个的学习小组，开展项目学习活动。他们会测量大树、小池塘，探索幼儿园的鸟窝、野猫的生活规律、幼儿园蜗牛的大小……这些都在孩子们的研究范围内，也都是他们自己选定的主题。

在幼儿园，野趣是非常重要的东西。野趣的地方虽然看似有点乱糟糟，但对儿童来说很有意义。因为他们敢破坏，也敢创造。

你只有在沉静下来时，才能感觉到自然和你的对话。《瓦尔登湖》《自然之门》，是教师们的必读书。

以课程为依托构建儿童学习的环境。生活化课程把自然和儿童的发展、教师的成长有机地结合到一起，生活中的每一个细小的美好都会被挖掘出来。这样的课程本质上是一种文化的浸润，是所有人的力量的一种结合。我们读中国哲学的时候，会觉得特别有内应。

儿童视角与儿童立场本质上是儿童哲学观的再现

我们提到的儿童视角与儿童立场，本质上就是儿童哲学观的再现。儿童是有自己的哲学的，他们没有那么多分别心，有自己的哲学观。

我们要向儿童学习，儿童每天睡醒一觉后都是新的开始。他们热爱生活，热爱生命，他们会为一株小草、一朵小花而哭泣。而我们成人的生活是多么粗糙啊！

儿童即使是在教室里，也是喜欢有秘密的。我们的每一个班里都有一个百宝盒，里面藏的是孩子的秘密。你们猜，里面有什么？树叶、种子、石头、羽毛、碎纸片、一张生日卡，他们有时候特别神秘地看着我，说："我要送你一个宝石。"其实就是一块石头。他会告诉你，这块石头有什么不同。我们就是用这种方式把儿童的精神世界和教室有机地结合在一起。你别小看这一个百宝盒，它让儿童有归属感。

我们把自然也搬到了室内。我喜欢自然，喜欢有呼吸感的材料。我们幼儿园是不喜欢用塑料制品的，儿童日常使用的收纳游戏材料的盘子都是竹制的、有自然质感的。孩子们用柿子皮熬制染料染布，把刚凋谢的花做成干花，很美、很天然。我们的室内环境也充满着自然的味道。

在环境创设中，我们能做的就是理解儿童的想法的本质。那么，他们的想法的本质是什么？他们渴望和环境、和他人建立深度的联结感，他们想让自己的思想游弋。此外，他们想法的本质还有哪些是我们未挖掘到的？很多学者写儿童，我也很想写，我想了解儿童学习的出发点到底在哪里？在现实生活中，我们成人到底是多么粗糙、多么粗暴地在儿童思想的外围来臆想他们的学习呢？我们幼儿园的孩子是非常放松的，因为他们在学习过程中没有对错的压力，每个人都按自己的方式完成自我建构。

除了随处可见的自然材料，我们的室内环境中还有孩子们自己讨论出的区域规则，以及完整记录孩子们学习过程的主题墙。很多幼儿教师一开学就要做环创，而我们把空间留给孩子们，让孩子们一点一点地填满，包括规则的制定。很多幼儿园在儿童一入园时就有很多规则，都是教师预先制定好的。在我们幼儿园，规则是由孩子们自己讨论、制定的。

所有孩子们的学习过程都将在主题墙上被还原与展示，我们的课程也叫"回归与还原儿童本真生活的课程"。我们老师用耳朵听、手机拍、录音笔记、录像机拍，每天都记录儿童的生活，他们的视线与关注点时刻聚焦于儿童身上。

我们在教研时往往也会谈道："这件事，孩子们怎么看？"因为儿童才是最重要的，我们做的就是理解他们的想法和本质。不过，他们的体系是什么样子的，还有待我们去探索。

幼儿教师如果不能建立这样的信念，就会觉得工作是一种折磨，因为孩子们太小，还不能时时听你的话。但你若不能顺应他们的思想，就不能陪伴他们的成长，你跟他们的关系也就永远不能水乳交融，只能是对立的。

儿童视角与儿童立场的环境创设的具体思路

儿童的视角

什么是儿童的视角？我们研究儿童的时候，大部分都是成人的视角，将儿童看成不断成熟的个体，忽略了儿童的能动者角色以及童年的文化价值！童年有其自身独特的文化价值，儿童是能够为我们人类生活做出巨大贡献的，但他们的文化价值常常被成人忽略。幼儿教师是儿童在这个世界的代言人，如果连我们都不能很好地了解儿童，儿童在这个世界中的话语权在哪里呢？我们要努力地发现世界在儿童眼中的意义，以及他们是怎样积极主动地建构自己的生活的。

空间线索

我们要采用儿童的角度，给儿童提供可理解的、开放的、可互动的、自由表现的象限空间。儿童有平视、俯视、仰视三个角度，有自己的空间感觉。平视的部分可以展示他们的学习过程；俯视的部分可以展示、表达他们的潜意识与自我的联结；仰视的部分是他们学习之后的材料的升华，也是他们的星空，星空是从大地上提取出来的。

针对这三个空间层面，我们都要用儿童的方式把它们填满。当儿童仰视的时候，他们是对自己学习的回顾。对学习过程的再回顾、再思考，通常是儿童对自己学习的再批判、再提取，进而转化成一种能力——"元认知能力"。

我们的教师会采用思维导图，以促进儿童的这种能力。

时间线索

每一个儿童既是现实的，也是历史的。每个人都有自己的过去、现在和未来。儿童的所有学习课程都要与自己的"过去"连接，并展望"未来"。

比如，我们幼儿园大班十月的课程是"生活在北京"，作为"新移民"，我们生活在北京，但每一个人都有故乡，若要回到过去，我们就要抓住一个什么线索呢？名字。因为每个人的名字通常都带有故乡的痕迹，是祖辈对你寄予的厚望。

我们幼儿园整个的环境给人一种文化编织感，但是这种文化的编织感不是一天形成的。了解的人看了我们的环境之后会说："哇！特别好！"不了解的人则会说："哇！你们好乱啊！"其所谓的"不乱"，其实是指每个区域都有成人认定的东西。但是，孩子们特别喜欢自己的环境，他们会在环境里进行多次深入的再学习、再思考。

环境要为儿童的发展提供真实感、支撑感、联结感、价值感、意义感

我们幼儿园的中班有一个课程是"小区大调查"，孩子们要在周边小区进行大调查，如小区的标牌、宠物、人等。这些都是真实的，能够支撑儿童的学习，也有助于儿童与环境、家人建立深度的联结。他们会在这个过程中特别有价值感。

我们的园标也是孩子们自己设计的。我们的任何一个环境、角落都可以变成我们的课程，而儿童在这个课程中学习了很多宝贵的东西。

儿童的视角意味着我们不光要了解他们，更要有移情式的理解

我们身上要有一种独特的使命感，要对儿童有移情式的理解。一个人生活在社会里是要有能量的流动的，可我们成人总自以为是地把儿童发展的可能性给堵住。

世界原本就是多重视角的存在，获得儿童的视角，也就意味着获得他人的视角、万物的视角。环境创设背后的意义是值得我们探寻的。儿童教育工作者要有更宽广的胸怀和视野，这也是当下很多学前教育工作者欠缺的地方。

幼儿园里的《教师宣言》

2017 年 11 月 17 日

上周,我和老师们一直在讨论:在幼儿园面对孩子的时候,什么是适宜的?什么是不适宜的?我们希望,借助这样的讨论制定出一份工作的"刚性规则"。

作为幼儿园的管理者,我一直在思考:如何能够让教师既"仰望星空",又"脚踩大地"?

我们的管理着眼于教师的无限潜能,为每个人提供展示自己优势的平台,老师们在工作中拥有很大的自主权,但这并不意味着他们没有约束。今天,很多人在谈"师德"教育,但过于空泛的要求也许并不能发挥应有的作用。教师的"师德"教育应该有一些更刚硬、直接的东西,它们要让教师知道,这个行业有很多不可逾越的准则与底线。

每个行业都有自己的标准与规则,但准则由谁建立、由谁评判是个值得思考的问题。我想,适用于教师的准则一定是他们和管理者共同讨论、建立的。这样,每个人都有机会表达自己的认识与看法,完成一次"价值澄清"。之后,这些准则会渐渐地成为每个人内心进行自我监督与评判的标尺。这样确立的过程有每个人的积极参与,因此准则有很强的稳定性与坚持性。

当我们把思考还原到工作的真实场景中时,老师们的表达不仅真挚、充满着积极情感,而且非常打动人心。

我们可不可以仿照《儿童宣言》制作一份《教师宣言》呢?于是,我花了一个上午用宣言的形式把它写出来,并交给老师们讨论。最终,形成了下面的版本。

教师宣言

选择了幼儿教师这份职业

对我们来说,弥足珍贵

它让我们和最有生命力的你们在一起

体会生命的美好

我们一起生活
一起游戏
一起探索发现
一起笑
一起欢呼
因为我们是最亲密的伙伴

每天,迎着早晨的太阳
我来到了你们身边

我的衣服很柔软很干净
因为它要接受你们的依偎

我的指甲也被修剪得干干净净
因为我唯恐划破你们稚嫩的脸庞

和你们在一起的时候
我不想大呼小叫,只想轻声讲话

和你们在一起的时候
我喜欢蹲下身子,听你们内心的话语

和你们在一起的时候
我一直用目光注视着你们,脸上露出欣慰的笑容

你们睡觉的时候
我不会大声讲话

这是对你们的尊重

我不会催你们吃饭、上厕所和睡觉
因为我怕你们会担心自己不够好

如果你不小心尿湿了裤子
不用担心,我会立即给你更换

和你们在一起的时候
每个人在我眼里都熠熠发光
好像一块块宝石

今天,也许你有点不开心
于是,我走到了你的身旁
这样,或许你的感觉会好一些

不管什么原因,你哭了
我不想让你哭那么久
我会马上抱住你、回应你

你们在幼儿园发生的任何事情
我都会和你们的爸爸妈妈分享
因为他们也想和我一样感受你们的成长

当你们和小朋友发生冲突时
我不会武断地评判谁对谁错
只想和你们一起心平气和地想办法解决

我不会用一根手指严肃地指着你们

因为那样你们会紧张

我不会威胁你们
说出"你再……,我就……"这样的话
因为你们会害怕

我不会当着其他小朋友的面批评你
因为这触犯了你的自尊

你们沉浸在活动中的样子
让我找到了沉醉的感觉

你们总是用发亮的眼睛
带我们看生活中的美好

你们对这个世界无限的好奇
带动着我们想和你们一起去探索

你们用自己的方式表达情感
也让我们不知不觉卸下了成人的铠甲

你们每个人在我心里,都是天使
只是天使长着不同的模样

每天下班的时候
我都感觉筋疲力尽
但双眼却闪烁着光芒

我保证,说过的每一句话都要实现

因为这样才能不辜负你们的信任

这是我们自己的选择
因为我们知道
只有和你们在一起
才能成为最好的自己

在幼儿园的文化构成中，教师是主要的文化载体与存在，他们承载着教育使命，影响着儿童发展。制度与规范更多的是通过外力约束个人，而文化能够让人主动地寻求更大的进步与发展。具有一定的生活经验但文化基础各不相同的教师个体，怎样才能让他们主动汲取文化养分，成为众所期待的教师呢？关于这个问题的讨论，永远都不会过时！

无边落木萧萧下，不尽长江滚滚来

2017 年 11 月 24 日

又一起发生在幼儿园里的恶性事件，这件事情的影响之大、剧情之"惨烈"，今天仍无定论。对于这是一件什么事，在哪里发生的，事情的前因后果是什么，现在的进展如何，我不想写了，也不忍心写，反正大家都知道了。

大众关心的是，为什么虐童事件越来越多？怎么一夜间会出来这么多把手伸向孩子的"恶魔"？这是我们的错觉，还是媒体常见的"井喷式报道"效应？家长关心的是，孩子的幼儿园到底怎么样，能让人放心吗？专业工作者关心的是，这些"害群之马"让我们努力构建起来的专业形象又一次崩塌。

作为在这个行业摸爬滚打了三十多年的教师，我了解前沿理论，也熟悉行业的运作，同时做过十四年的幼师专业课教师，管理着一所在专业领域享有盛誉又非常受孩子们和家长们喜爱的幼儿园的园长，我也想谈谈自己的一些看法。

资本赋能下的幼儿教育更好吗

先说说这次出事的两家机构都是上市公司，其开办者都是从其他领域进入这个行业掘金的"成功者"（如果按照今天功利主义的标准来评价）。

值得注意的是，作为从中国公认的学前教育领域权威的高等学府——北京师范大学学前教育专业毕业的我和我的同学们却没有如此"殊荣"获取这样一份巨大的成功。是因为我们能力不够吗？不是！我觉得是因为胆量。我们实在没有胆量做这么冒险的事情。

无知者更无畏

我们从一开始就知道这个行业赋予我们的是关乎生命成长的神圣使命，几年的专业学习也让我们了解到这个行业的艰辛与细碎。在我们心中，这是一个入职门槛极高的行业：门槛高并不是指学历或技能，而是指要拥有一种特殊的天赋。

这个职业要求从业者无论是否已经婚育，都应当具备足够的情怀去彰显女性或者说是母性的特质。幼儿教育从业者应当是那些为数不多的"天生喜欢孩子"的人群中的一员。在我们心中，这是一个对人要求很高的职业：这个职业对从业者有异于常人的高要求，他们必须对噪声、啼哭、非理性行为、无序场景有很强的容忍能力及处理能力；也需要有强大的心理机制以适应与未知的复杂系统打交道，并能够在接收大量无效信息的前提下，继续对该系统输入大量有效信息的能力。所以，今天，我要向那些依旧坚守在这个岗位上认真工作，且甘之如饴的同行们致敬！因为你们是最有天赋、最有能力，也是这个社会最具母性特质的人！

资本市场介入这个领域后，幼儿教育变得不全是教育水平与教师水平的竞争。试问，那些在资本浪潮中加入这个行业的弄潮儿、在资本诱惑下被请来看场子的"园长们"，以及仅仅是为了谋生而选择当幼师的"老师们"，他们中有多少人是真正喜欢儿童且具备以上天赋与能力的呢？

逆向淘汰下的师资变化

资本热潮带来了许多新的幼儿教师岗位，但低薪酬又招聘了许多并不适合这个行业的人（收入比保姆都低的职业会是什么人来干呢？）。门槛低，大量不喜欢孩子甚至做不了其他工作的人当上了幼儿教师，又因为收入太低，很多很喜欢孩子的人很难留下来继续工作……这样的逆向淘汰久了，幼儿园自然成了"危险之地"。每次幼儿园出事之后，被网民们拎出来"吊打"的都只能是这些"中专姑娘"或"生活老师"了。对了，最近又加上了"清洁工阿姨"。

资本赋能下的幼儿教育一定会不好吗

很多时候，我们把靶子一股脑儿地射向了民办教育。这其实并不公平，很多出色的、有影响力的幼儿教育品牌也来自民办教育机构。可是，是什么导致民办幼儿教育的两极分化呢？作为游走在两种办学体制之间的办园者，我们的独特思考与做法也是我们成功的"法器"。

"发心恻隐显真诚"——发心很关键

"你为什么要办幼儿园？"关于这个问题，每个办学者都有自己的回答。但这些年我发现了一个规律，"如果办学者的发心是出于商业目的，那么出事只是早晚的事儿"。

你如果看到一个办学者无论是在媒体上还是在和家长的见面会上，都只谈自己的名气，不谈儿童；只谈资本，不谈教育；只谈办学条件，不谈师资力量，那么就可以判定，这个办学者基本不靠谱了。因为每遇到选择的时候，他都会倾向于利益，而非儿童。

"东风无力百花残"——办学规模并非越大越值得信赖

"你想办什么样的幼儿教育机构？"这个问题一提出来，很多办学者立即就摆出一副"语不惊人死不休"的姿态，大谈要办中国最豪华、最大的、世界一流的幼儿园，总之，给你的感觉有力拔千钧之势。

我从不相信"规模越大越有影响力"这样的判断，因为幼儿园不是工厂。中国资本市场和市场经济的发展过快，其导致的所谓的规模效应很多时候只是一个被吹起的"大气球"，经不起考验。所以，社会上有很多人以为有规模就会有口碑，这实在是一个错误的认识。很多在这个行业里做规模的人，以我的观察，都不是专业工作者，他们倾向于规模、复制等概念，完全无视儿童发展的特殊性。

因为这份职业是一份心对心的工作，小而美、小而巧、小而精才应该是我们追求的方向。

"除却巫山不是云"——师资选拔很重要

"你觉得，什么样的教师能够帮你实现教育梦想？"直到今天，很多园长还在考核教师的唱歌、跳舞、讲故事等所谓的教育技能。一个会弹琴、会唱歌、什么技能都会的教师，比不上一个有爱心的教师对孩子更有意义。在选拔教师的时候，我和很多幼教同人一样，不仅鼓励学前教育专业的优秀的高学历人才进入幼儿园工作，也鼓励跨学科的高素质人才进入幼儿园从事幼儿教育工作。

为什么我们不能在面试教师的时候就关注到这些本质的东西？为什么我们不能更多地关注教师的心理健康，了解他们成长中到底经历了什么？为什么我们没有时间倾听他们讲自己的感受和故事？教师的核心能力的形成依靠什么？针对以上问题，我有两个认识：一是高学历是非常有意义的，我一直觉得学历是个分水岭，它能够让那些有能力的教师意识到，自己是有自我约束、自我评价能力的，他们也会有自我觉醒（唤醒）的意识，渴望完成自我调整、自我完善；二是我觉得幼儿教师本质上就应该是"知识分子"。

"菩提本无树，明镜亦非台"——人格健康是核心

"教师最关键的品质是什么？"这个行业是非常依赖在职培训的，但培训是要注重技能的教授，还是关注人格的提升呢？每一个人都要学会与自己的弱小、阴暗相处。我们用了几年的时间帮助教师做心理建设，解决教师在工作中可能遇到的问题，包括自我的不接纳、自我情绪的控制、与他人的相处模式等。实际上，教师和儿童的相处问题，投射的都是自我与他人的关系。

幼儿园的开办者如果深谙儿童发展的规律，就会用各种方式激发教师心灵中的积极力量，帮助他们疏解压力，缓解焦虑。通过评判与监控实施管理，则是这个行业管理的最后一道"屏障"。

"抽刀断水水更流"——建立适宜的评价体系

"教育机构应该怎样管理员工？"管理者如果把员工当作被管理的对象进行管束，就会形成压力源。很多成功的办学者深知，教师是幼儿园最宝贵的财富，他们会用各种方式留住教师、帮助教师，让他们和园所一起成长。如

果管理者能将"左手管理，右手信仰"当成管理的目标，幼儿园的管理水平一定会大幅提升。

"换我心，为你心，始知相忆深"——机构要有自己的担当

我们每天都要问自己："我们办教育的目的是什么？""孩子们开心吗？幸福吗？""家长们满意吗？""办人民满意的教育"从来都不是自说自话，而是让家长们说话。幼儿园的开办者要经常听取家长的意见和建议，敢于和家长面对面地沟通，从意见和建议中辨析出有价值的思考。总之，开办者要有风骨、有担当、有道义，敢于接受质疑和批评。

有付出，总会有回报。这几天，不断有在园和毕业孩子的家长给我和老师们发来微信或在朋友圈表达感谢。这些积极的评价，让我们倍感温暖。在这个世界上，有很多东西都在改变，但也有很多东西难以改变。比如，我们和孩子的相处，这始终是人工智能所无法代替的。与孩子相处时的那份真挚情感、相濡以沫的交流方式、人和人之间能量的贯通、人和事物之间带有颗粒度的精细感觉，都是人工智能所无法实现与代替的。

最后，我想放句狠话，权当奉劝："善恶有报，因果不虚！"

明天会更好

2017 年 12 月 1 日

今天是 12 月的第一天。今年的冬天来得并不比往年更早，孩子们翘首期盼着第一场雪的降临。在过去的一个月里，孩子们经历了很多的美好。这段时间，我也陆续接受了几家媒体的采访。

每次采访前，我都会问记者：

- 你们报道的角度是什么？
- 这个行业并非有那么多的问题，你们愿意听听我们的声音吗？
- 如果能够改变这个行业的现状，你们能帮我们做些什么？
- 这个行业"坏"的真的是老师吗？

《财新传媒》记者在完成对我们的采访后,感叹道:这是一个让人感动也让人无法轻视的职业。以下是记者对我和张芬老师的采访内容。

中华女子学院附属实验幼儿园在北京家长圈内不乏好评,但该园园长胡华在接受《财新传媒》记者采访时亦感叹:虽然幼儿园目前开支最大的部分是教师工资,但幼师们拿的工资仍然"远远不够他们的付出"。

"行业就是这样的行业。"在胡华看来,中国的幼教行业并不缺玩具、场地,硬件条件已有保障,缺的是好的教师。

她开玩笑,如果有条件,就给教师们开二三十万元的年薪,让从业者体面、有尊严。

"这是一份需要大量的耐心和爱心的复杂的工作!"

张芬,从业4年,为中华女子学院附属实验幼儿园大班主班老师。这所幼儿园是一所体制改革园,师资稳定,骨干教师年龄在30岁左右。班级学生人数为20~30人,每班配一名主班老师、一名配班老师和一名生活老师。小班还多配有一名老师助理。

工作中"情绪到边缘"时,张芬会转身要求同事,"麻烦你帮我看一下,我想去冷静(一下)"。

她有三分钟的冷静时间,可以让情绪"稍微出来一下"。

幼儿园的孩子有"天使"的时候,也有"恶魔"的一面。但张芬认为,孩子的"恶魔"并不一定出于故意调皮捣蛋的动机。她的同事曾经遇到一个很喜欢捏别人的孩子,令老师很头疼。可在与家长的沟通中发现,这个孩子在家里经常通过用力捏爸爸妈妈来表达爱意,爸爸妈妈并不觉得疼也没有责怪,于是他便以为这是表达爱意的方式。

当然并不是所有的时候,老师都能准确把握孩子的动机。张芬承认,当孩子无端做了伤害别人的事时,老师的压力非常大。张芬掌握了一种化解压力的办法,就是把这些上大班的五六岁孩子想象成更小的孩子,"他还没有受到任何教化,那么要不要去帮助他?"

她还会想,孩子已经到了大班,很多行为可能已经被父母教育过多次了,老师再批评一次,无形中会给他们再增加一层压力,"那我为什么还要再说呢?"

张芬认为，对于孩子表现出的"不好的行为"，有一个原则性的评价标准——不能给别人添麻烦，不能造成伤害。"其他的事情都可以好好商量。"

一个幼师将对孩子的容忍度扩宽后，就更不容易发生打孩子的情况，"心里会有底线，有的事是一定不能做的，比如说，打孩子"。

来自家长方面的压力自然不可避免，但张芬认为，老师应该通过一些努力，"和家长之间形成一个互惠互利的关系"。

"当大家一起为了孩子们的成长而努力的时候，看到孩子变化时，那会是一个非常享受的过程。"张芬说，他们幼儿园的家长被鼓励参与孩子的教育，包括一些课程设计。

家委会的作用也被重视。如果有家长要表达意见和建议，不方便直接和老师沟通，可以通过家委会传达。

"老师和家长，并不是敌对者。"张芬的工作还包括引导家长，让他们成为孩子更好的陪伴者和倾听者，"我们是和孩子生活在一起的人，有的时候比他们的爸爸妈妈更像家人，更爱他们。保育老师也不觉得是保姆，她们和孩子一起生活，幸福感也很高"。

张芬觉得，幼师对自己的角色定位很重要。上大学时，一位老师对她说，应该让最优秀的人才去做最基础的教育。

"在中国，可能还没有办法在短时间内实现。但是我想，是不是可以从我做起？我想给孩子们最好的教育。"张芬所在的幼儿园，幼师都是大学本科学历。

上大学时，她是被调剂到幼师专业的。拿到通知书时，张芬自述"特别崩溃"，她和母亲说："我学了四年大学本科，出来干保姆的活儿。"

母亲查了这个专业的课程设置，逗她："你们学钢琴，学舞蹈，学声乐，学画画，一出来就成了才女了。"

四年大学学习，接触越深，张芬发现，这个专业并不如想象得那么简单，"我觉得幼儿教师是这个世界上比较难做的职业，很难做好。它很复杂，需要大量的耐心和爱心。"

张芬告诉记者，幼师不能按点下班，已经是行业共性。"我们的工作量导致很少有老师能够在规定的时间内做完。"一般情况下，孩子们下午5点被家长接回家，老师们晚上 7 点左右下班，繁忙时，要更晚才能下班。

张芬所在的幼儿园教师工资在行业内属中上水平，未婚的教师还能获得一定的租房补贴。

虽然劳碌，张芬觉得工作"很有趣"。她有一个外号，叫"趣事收集小能手"，幼儿园里发生的趣事，孩子们说的有意思的话，她回宿舍会分享给舍友们，"他们不敢相信，怎么有这么多好玩的事"。

"这个世上最有趣的一群人一定是孩子们，他们非常纯净，也非常有趣。"张芬说。

早晨，好久未见的好友微信问我，最近可好？我回答，有点累。之后，她发给我一张图片，上面写着一句话：当你发自灵魂地做事，会感到内在流动着一条河流，一条喜悦的河流（鲁米）。她说，你会很快恢复的。

我是一个乐观主义者，总是相信明天会更好。但如果我们不能对所发生的问题进行深入思考，我们期待的那个更好的明天何时才会出现？

在这个行业的链条上，每一级从业人员都应该思考，我们可以做什么？我们能够改变什么？

不知从什么时候开始，幼儿教育与幼儿园教育两个不同的概念变得等同起来。我们为什么不能倡导多种形式的幼儿教育模式？我们的教研方向和教师培训内容可否引导教师更加关注生命本身？当教师了解到自己的工作是和那些特别纯洁的生命一起发生的有趣的、有意义的事情的时候，这份工作就是有温度的。

办学者有没有勇气和家长面对面，倾听他们的声音，了解他们的需求？家长是需要引导的，他们很容易看到自己孩子的需求与问题，却难以看到每一个教育活动背后的构想。

其实，成人与儿童最大的区别就在于，儿童是有灵性的生命存在。我们如果每天都有机会凝视他们的眼睛，就一定能发现他们是快乐的还是不快乐的。

好在还有很多人和我们一样，一直在坚守，一直在努力，一直在创造！

因为我们都相信，明天会更好！

重建爱的庇护所——我们需要什么样的幼儿园

2017 年 12 月 8 日

以下内容来自《三联生活周刊》对我的采访，记者是贾冬婷。

"一个幼儿园好不好，只要看看里面孩子的眼睛是不是亮的，是不是熠熠发光。这反映了在成人世界的价值排序中，儿童居于什么样的位置。"

儿童的庇护所

因为"×××事件"的波及，胡华的幼儿园这段时间正应对着一轮轮的检查：安全、监控、师德……这让她感觉特别疲惫，但一看到孩子们，听他们一个个叫着"园长妈妈"，抢着扑到她怀里，她就又精神了。

胡华觉得，孩子们把她当作了成人世界的一个代言人，因为她能和他们感同身受。"刚刚有一个小男孩特别迫切地跟我说话，说他感冒了。我说，是吗？那你难过吗？他说难过。别的小朋友就说不难过，自己生病时特别勇敢。我就小声跟他说，咱俩一样，我也特别难过，我一生病就哭。他说我也哭。我们俩就成了好朋友。没有人会这样跟孩子讲话，大人们都自以为是，说你生病有什么可哭的，过两天吃点药就好了，不要那么娇气，你应该怎么样怎么样，没有人去保护孩子的脆弱心理。"

"大家都知道我们是那个门口有花的幼儿园，一年四季都有。"胡华告诉我，因为小朋友记不住那么一长串园名，干脆起了个别名，就叫"花花草草幼儿园"，每个老师也都有个花名，胡华是"蒲公英老师"。"其实我最喜欢向日葵，但是孩子们喜欢蒲公英，蒲公英把爱的种子撒向大地。"

这是一所中等规模的幼儿园，264 个孩子，50 多个教师。相对于它的名气，里面的硬件朴素得有些让人惊讶，操场上甚至没铺塑胶地面，就是普通的砖地和土地。"幼儿园是 2003 年建的，那时候幼儿园都装塑胶地面，但我坚决不装，因为想让孩子们在自然的状态下长大，让他们保持轻度的警觉性，其实对成长反而是有益的。"

胡华 2003 年办这个幼儿园的时候，正是民间办园的暴涨期。亚运村周边那么多幼儿园，她们第一年只招来了 14 个孩子。她告诉我，家长们一开始不认可，是因为他们接收到的幼儿园信息都是标签式的——"双语""国际"，是一些外在的东西。家长问她这所幼儿园的特色是什么，她说"专业"，家长们就觉得好像什么也没说。

办一所什么样的幼儿园呢？胡华告诉我，幼儿园既定的功能往往是提升儿童受教育的能力，但她觉得幼儿园首先应该是儿童在这个世界上的庇护所。"儿童与成人最大的区别就是灵性，他们需要知道这个世界上有一个地方是为他们而建的，需要在这里休养生息他们的灵性。儿童是弱小的，但在他们的世界里，每个人都是自己的英雄，都有磅礴的生命力，这种生命力要得以舒展，而正是童年的生命力为他们今后的成长奠定了基础。但是成人往往看不到，总觉得把儿童塑造得像成人一样，就是成功，这是成人太自以为是。"

胡华说，看一所幼儿园好不好，其实特别简单。不是看硬件或者标签，一所幼儿园太豪华，会让你觉得手脚都没地方放，不放松，就像去布置得富丽堂皇的别人家做客一样。更重要的是人的因素，看一看孩子们的眼睛就知道。"一所好的幼儿园，本质上是尊重生命的，将儿童居于中心位置的。好的幼儿园，能够发现孩子才有的灵性，这比外在的那些标签都有意义，里面孩子们的眼睛是亮的，是熠熠发光的。这可不是一日之功。"

在花花草草幼儿园，以孩子为中心的细节随处可见。比如，每个孩子在班级图书区都有一个自己的小格子，放自己五花八门的"宝贝"，小石子、小线头之类的什么都有，他们特别珍惜。小班里还会有几个布娃娃，是小朋友和家人一起做的，用他们小时候的鞋子、袜子、帽子缝的，为了缓解入园焦虑。胡华说，那源于她小时候的一段经历，她有一个娃娃，妈妈给娃娃织了毛衣，当妈妈不在家的时候，她抱着这个娃娃就特别有安全感。

幼儿园都有"一日生活常规"，事无巨细地规定了每天每个时间段要做什么。但胡华给她的幼儿园制定的常规十分具有弹性，因为她觉得，幼儿园要有规范，从小培养孩子好的习惯，但不能把孩子管得像军营里的小战士一样。有时候看上去乱，其实也是一种生命力。她认为，所有外在的管束都是隔靴搔痒，最好的习惯培养是自发的，所以制定了一个《儿童宣言》，从小就让孩子们诵读，"吃多少取多少""细嚼慢咽""自己倒垃圾""打喷嚏要说对不起""对所有人的付出表示感谢"，等等。还会定期讨论，"比如，孩子们会质疑，说打喷嚏和咳嗽为什么要说对不起,我又没有做错什么。老师会解释,有的时候不是只有错了才说对不起,你妨碍了别人,也应该说对不起,这是对别人的礼貌"。

在幼儿园里,从小建立儿童和自我的联结非常重要。园里有一个课程,叫"我就是我",让孩子分享自己的故事,不只说"我有多好",而是说"我还有很多不好的地方"。最后,孩子们得出一个结论——"我有缺点,但我依然爱我自己"。

让胡华欣慰的是,在孩子们个性形成的关键时期,他们有更多的弹性,更能接纳自己,有更强的抗挫折力,甚至有时候孩子比父母还豁达。"有个上了小学的毕业生的妈妈跟我说,孩子有一次被小学老师催促,她听了不太高兴。结果孩子说:'你不要那么敏感,这个老师爱我的方式和幼儿园老师不同,但他们都是爱我的。'他妈妈都快为这句话掉眼泪了。"

怎样才能在幼儿园杜绝虐童事件的发生呢?胡华说:"摄像头、师德检查等都解决不了根本问题,其实是要在和儿童相处的过程中,水乳交融,像一家人一样,发现儿童的可爱、他们的灵性,从心里爱他们,甚至尊敬他们,那么虐童就不会有发生的土壤。"

老师和孩子:唤醒童年

胡华认为,幼师是一个入职门槛极高的行业,这个"门槛"并不是指学历或技能,而是指要拥有一种特殊的天赋,比如,天生喜欢孩子,有极强的容忍能力和处理能力,有强大的心理机制等。

怎么找到有这类特殊天赋的人呢?胡华告诉我,她招聘时从来不考唱歌跳舞,就是和应聘者聊天,问问家里的情况,比如,兄弟姐妹几个,和家人的关系怎么样。"能看到原生家庭对人的影响,看到她背后的天性。"

再有潜力的教师,来幼儿园之前也都是从书本上想象儿童,那是一种"理想儿童",到了幼儿园就会发现,"理想儿童"根本不存在。所以,新教师来了,胡华会给他们一个缓冲期,就是什么也不做,只是到班里,拿笔记录每一个孩子说了什么,直到他们慢慢开始读懂孩子。"一般被训练出来的幼师都有一个套路,就是要让孩子们都听我的,比如,孩子们怎么坐、怎么站、怎么吃饭、怎么睡觉。如果要认识秋天,那就先讲一番现在是什么季节,秋天的叶子是什么样子的，今天我们来做叶子画。但我们不会，我们会问孩子们，你什么时候发现秋天到来了？这是一个开放性问题。每个孩子的回答都会不一样，有的是从天空发现的，有的是从树木花草发现的，有的是从人的穿衣发现的，还有的孩子说发现家里的早餐开始喝热牛奶了……然后老师再来汇总，做一个思维导图。"

胡华认为，幼儿园留不住人，除了工资，还有工作的价值感。她经常和老师们讨论各种教育问题，比如，会问老师："你有不喜欢的孩子吗？"老师并不是每个孩子都得说喜欢，如果有不喜欢的，那为什么不喜欢呢？当时，一位老师就说，她不喜欢班上的××小朋友。为什么呢？因为××小朋友总是竭力去讨好每一个人，甚至有点过度。再追问下去，原来那位老师小时候也是这样的一个小孩，因为没有在家庭里得到足够的爱，于是总是向别人希求很多，当作一种心理补偿。其实，××小朋友就像她的另一个自己，一个被否定的自己。意识到这点，她自然可以理解××小朋友了。

一所幼儿园的老师和孩子的关系怎么样，也是一眼就能看出来的。胡华说，在前一段"××亲子园"事件后，他们就反思了师幼关系，对应《儿童宣言》做了一个《教师宣言》。它没有大的口号，都很细碎，比如，"你哭的时候，我要立即来到你身边"。还有一条特别提到了，老师不能用一根手指头指着孩子说话，那是对孩子的不尊重。

"为什么那么多写孩子的书，只有《窗边的小豆豆》这么多年还这么受欢迎？我觉得，因为它是为数不多地在讲成人和儿童在一起是多么高兴的一本书。大部分的书写的都是成人面对儿童会遇到什么困难，只有它把儿童写得特别美。"胡华说，她理想中幼儿园孩子和老师的关系，就是《窗边的小豆豆》里那样的。

因为教育中人的因素，才是办一所好幼儿园更本质、更核心的活性因素。正如意大利作家亚米契斯在《爱的教育》一书中所言："教育之没有情感，没有爱，如同池塘没有水一样。没有水，就不能称其为池塘，没有爱就没有教育。"

从生活到"生活化课程"的距离到底有多远

2017 年 12 月 22 日

> 我们对生活有种种期许,却从未真正生活过。
>
> ——爱默生

每年年末,一个由国家语言资源监测与研究中心网络媒体语言分中心、商务印书馆、新浪网等机构联合举办的汉字评选活动都将如期发布。主办方会选出两个汉字,分别代表当年的国内、国际现状。

今天,2017 年度汉字正式出炉。中国人眼中,代表国际社会的汉字是"智",代表国内的汉字是"享"。智——2017 年,人工智能继续刷新着人类的传统认知,而这一切都只是开始;享——不仅代表享用、受用,还意味着贡献,而"享用"与"贡献"之间的距离,似乎依旧是当下物质社会所需要寻找的平衡。

在中国人的生活中,春耕夏耘秋收冬藏不仅是生活的节奏,也是文化的基本脉络。12 月,大地和万物开始休憩,颗粒归仓,人们准备迎接新年的到来。在土地上耕作的人们也得以享受一段农闲时光,把幸福变成食物呈现在四季的餐桌上,将一年的美好珍藏在心底。

在花花草草幼儿园,孩子们的学习与生活也跟随着四季的脚步与节奏。这个月,我们将追随祖先的足迹,和孩子们一起探寻中国人的生活智慧,品味文化留给我们的宝贵财富。这个月,孩子们不仅要了解中国人的饮食文化,学习如何制作美食,还要探索发现影响食物制作的诸多因素与其中蕴含的科学原理,更要体会食物背后那份来自家庭的浓浓温情。这个月,食物被赋予特殊的意义,也将成为孩子们联结生活、家人与伙伴的学习材料。

从食物到课程之间的距离有多远

孩子们的感受与经验很重要,课程背后的文化线索同样重要。

12月小班的课程主题"妈妈的味道"

关键词：妈妈、食物、滋养

会做饭的妈妈总是带着温暖的感觉。食物的烹制过程不仅表达着妈妈对生活的热爱与创造，更显现着女性成为母亲后心灵的宁静与能量。美好的食物中带着妈妈的味道，才能触及孩子的灵魂。在童年的记忆里，妈妈的味道就是甜甜的味道、美美的味道、幸福的味道！

第一周主题"妈妈的奶"：从"我"和妈妈的第一次见面开始，回忆自己出生后的一些趣事，感受成长的喜悦。

第二周主题"奇妙的鸡蛋"：从最常见、最熟悉的鸡蛋开始，和老师们、妈妈们一起用各种方式制作鸡蛋类食物，练习剥鸡蛋、打鸡蛋，尝试用蛋壳作画，玩有趣的蛋宝宝游戏，体验一种食物带来的多重乐趣。

第三周主题"甜蜜的食物"：孩子们从最喜欢的味道"甜味"入手，了解各种各样的甜品，品尝甜味的美好。

第四周主题"妈妈私房菜"：邀请妈妈来幼儿园分享属于妈妈的独特味道，体会每位妈妈独特的爱，也感受和妈妈在一起的温暖与美好。

我们将孩子们的感受还原成一个个和妈妈在一起的生活场景，细细品味每一个成长的瞬间。

12月中班的课程主题"餐桌上的食物"

关键词：家庭、餐桌、食谱

对每个人来说，吃从来都不是一件小事。它不仅关系着一个人身心的健康，也隐含着一个民族、一个家庭生生不息的文化传承。

第一周主题"我家的餐桌"：孩子们将走近各自家庭的餐桌，观察、记录并分享每个家庭独有的和饮食相关的故事。

第二周主题"米面的故事"：通过探索米和面的差异，了解南北方饮食文化的差异与特点。

第三周主题"食物金字塔"：孩子们将在教师的带领下，用自己的方式探索"食物金字塔"的奥秘。

第四周主题"我的健康食谱"：引导孩子们为自己制订健康食谱，并尝试将食谱转化成餐桌上的食物。

我们将孩子们的感受还原成和家人一起吃饭的场景,从餐桌上的食物开始,细细研究关于吃的那些事。

12月大班的课程主题"中国人的生活智慧"

关键词:大自然的馈赠、美食、生活智慧

冬季,不仅是土地和万物休憩的时间,还让人们慢下脚步,用心灵思考生活中的美好与智慧。无论是花开花谢,还是草木枯荣,都在提醒我们,要跟随四季的节奏,应季而作,择时而息,这才是中国人的生活智慧。

第一周主题"大自然的馈赠":将从丰收的主题铺陈开来,带领孩子们一起感恩大自然的馈赠,了解食物储藏的条件和方法。

第二周主题"食物的腌制":孩子们将了解食物的脱水处理、腌渍处理等原理,学习腌制、干制等食物的加工方法。

第三周主题"食物的研磨":孩子们将观察、学习、探索研磨、压榨等食物加工方式。

第四周主题"食物的发酵":孩子们将制作馒头、酒酿、豆腐等日常食物,观察发酵在食物制作中的神奇功效。

我们将孩子们的感受还原成一个个穿越的场景,探索我们这个古老的民族是如何发现影响食物制作的诸多因素以及其中蕴含的原理,体会把食物呈现在四季餐桌上的幸福过程。

从课程设计到课程实施的距离有多远

教师的感受与思考很重要,课程中的生成与创造同样重要。

真实的感受来自心灵

李美杰老师:我完成了一次突破

说实话,我虽然不喜欢鸡蛋清黏黏的触感,但看着孩子们高兴地给婷婷在脸上抹鸡蛋清,玩得不亦乐乎的样子,我也禁不住想要尝试。"孩子们,小美老师也想敷个面膜,谁来帮帮我?"听到我说的话,很多小朋友都围了过来，但是千里离我最近，抢到了这个机会。千里的小手在我脸上涂抹着，凉凉的感觉，不知道敷完鸡蛋清面膜后，我脸上的痘痘会不会下去？但是，这个新的尝试让我开心不已！

吴婷婷老师：我找到了一家人在一起生活的感觉

在和孩子们做鸡蛋实验时，泡在醋里的鸡蛋还有一层薄薄的外壳需要用水给冲洗掉，我小心翼翼地在水龙头下冲洗，生怕稍一用力就把鸡蛋薄薄的一层膜给弄破。孩子们经过我时，偶尔驻足看一会儿，偶尔搭两句话说："婷婷老师，鸡蛋宝宝洗澡洗好了吗？""稍等一下，还有一点点壳需要洗下去。"说完，我低头认真地洗着鸡蛋。这样的感觉，就像一家人在一起生活一样！

王彩霞老师：我投入一场鸡蛋游戏的盛宴里

畅游日，我觉得自己真的投入一场鸡蛋游戏的盛宴里了。首先，孩子们自己"下蛋"，她们变成小母鸡，和着音乐一起把玩具鸡蛋扑通扑通地生下来。然后，进入孵蛋的游戏环节。"鸡妈妈们"一看见稻草，立刻抱着鸡蛋，把鸡蛋放到屁股底下孵蛋。之后，我们还尝试了腌鸡蛋，虽然孩子们已经学会了制作方法，但我们还可以在鸡蛋上写上她们的名字，建立一种专属的仪式感。我觉得，这样和孩子们一起忙叨叨地过着小日子，感受生活中的各种美好，真是太赞了！

思想是思考的聚焦与结果

罗希悦老师：生活化课程要延续孩子们的兴趣点，在他们感兴趣的地方多停留一会儿

对小班教师来说，当看到孩子们的兴趣点后，可以引导他们发散思维进一步自由探索。这个过程不是教师高高在上的讲述，而是作为孩子们的伙伴，忘记已有经验，回到孩子们中去，与孩子们一起探索。当发散有了结果后，教师可以帮助孩子们聚焦，引导他们讨论，并基于讨论结果进一步进行发散式探索，如此循环，直到孩子们感兴趣的话题得到了他们认为最满意的答案。

张晓敏老师：教师状态越放松，孩子们的学习和探索越自由和深入

关于生活化课程，我之前总是停留在主题上。对教师来说，放下是一件很难的事情，但当我们有过一次尝试之后就会发现，教师在课程活动中的状态越放松，孩子们的学习和探索就越自由和深入。看着孩子们自由地探索，在记录这些瞬间的同时，我也很感动。

郭佳老师：从菜谱到餐桌上的食物有多远，中间的距离就是孩子们的学习

必须要说，这个感受太强烈了。这周的学习，我们不仅引导孩子们重新理解食物、餐桌等熟悉的事物，还引导他们熟悉与探寻生活中的智慧与文化，其中也寄托着我们对孩子们深深的祝福。

王玉洁老师：孩子们在调查—分析—探索—行动中学习

关于"食物金字塔"的学习，如果拿着一张"食物金字塔"的图片和孩子们讲什么可以多吃、什么需要少吃，那么这种填鸭式的教学只能让孩子们做到当时的"知道"。但是，当孩子们通过调查—分析—探索—行动来学习时，他们的认识就会变得饱满而丰富。

身体与心灵共同参与才是真正意义上的发展与成长

田悦老师：喜欢一餐饭应该从喜欢的食材开始

在摆"食物金字塔"的时候，孩子们都很兴奋。他们拿着一棵大白菜或者一个馒头反复地看着、闻着……我忽然意识到，喜欢一餐饭就应该是从喜欢食材开始的。之后，我们一起制作了食谱。我们班负责素菜的设计，孩子们一致推选了"彩虹菜"（把胡萝卜、玉米、莴笋炒在一起）。等到吃午饭的时候，孩子们的眼睛都是发光的。有些孩子忙着数彩虹菜的颜色，有些孩子在品尝着不一样的味道，因为这里面有他们的参与与创造。

王玉洁老师：所有的说教都可以转变成"意义"与理解

我们平时会引导孩子知道什么东西有营养，什么东西应该多吃，可是说这些话的依据是什么呢？"食物金字塔"是一个标准，那么该怎么认识"食物金字塔"呢？当孩子们拿着从家里搜集来的食物要拼一个金字塔时，每个人都会调动自己的经验，问问自己的食物属于金字塔的哪一层。五花八门的零食难倒了孩子们，让孩子们对零食有了新的认识，这种认识恐怕比爸爸妈妈说很多次"不许吃零食了"要有用得多。

张蕾老师：因为来自生活，所以充满智慧、温情与期待

我们设计了一系列可以操作的游戏，让孩子们拿着各种食物去找"金字塔"上的位置，并设计幼儿园和家里的食谱。孩子们通过设计、投票、推广等活动对这份"来之不易"的食谱充满情感,那天,每个人都将饭菜吃光了,因为他们不仅了解了食物,还爱上了这些食物。我们的课程正是因为来自生活,孩子们的学习才变得越来越充满智慧和温情,我们也越来越轻松和充满期待!

来自生活,又回归生活,才是生活化课程的精髓所在

申洁文老师:当孩子们变成课程的推动者时,课程也就灵动了

当孩子们尝试自己讨论午餐食谱的设计时,他们投票表决出"鱼丸豆腐汤"。今天,他们还问我:"中午吃什么?还能喝鱼丸豆腐汤吗?"现在,他们还能用"维生素""铁"这类词汇劝说他人不要挑食。我能够感觉到,孩子们变成了课程的推动者,课程也就灵动了。

马静老师:在学习的时候能不能"看到自己"很重要

在反思幼儿在课程中的表现时,我注意到,要特别关注幼儿在一个事件中能否看到自己。看到自己,就是说幼儿与课程建立了联结。联结的层次深浅不同,比如,在蒸馒头的活动中,嘉毅回到家后立刻拿出自己制作的馒头,开始品尝起来,边吃边和爸爸妈妈分享:"我做馒头时,需要将发酵粉加到面粉里,发酵后再做出不同的形状。这是我第一次做馒头,和面的时候手上沾满了面,但是我很开心,面软软的,馒头吃到嘴里也软软的。"妈妈在微信朋友圈里说:"馒头虽然品相不太好,但是孩子讲述的热情提升了馒头的口感,真的好吃!"

在课程中,并不是所有的孩子都会在同一时间和课程建立起联结。我们需要反思什么?主题的选定?提问方式?课程开展的形式?幼儿参与的形式?好像都有。

张芳老师:课程的灵感也会从老师们的生活中产生

比如,童年的记忆、生活的经验和旅行的经历。十一月制作花草纸的灵感就来自我们"十一"假期去福州旅游时在三坊七巷看到的花草纸的经历。怎样让做馒头活动变得更加有意思,大家也是在彼此的经验分享中慢慢打开思路的。比如,小静老师分享了她家用面肥发酵的方法;微微老师想到了山东饸面馒头的独特制作手法;甄珍老师想起小时候看到热腾腾的馒头时喜悦的心情;玉英老师提议可以提供一些工具,让孩子们制作花式馒头和花卷;

我和小妍回忆起去年做馒头时的一些有意思的细节，比如，"三光"的标准、酵母的比例、各家做馒头的独特秘方以及枣馒头的美好寓意等。原本有些无趣的做馒头活动，在大家的讨论下变得生动起来。

田巍老师：生活化课程培养的是一颗颗敏锐、热爱生活、感恩生活的心

孩子们会自觉地把生活经验延伸到课程里，也会把课程延展到生活的各个方面。这就像那黄河之水在朝着既定的方向奔流时，人们永远记得那片被它滋润过的土地。

我眼中的生活化课程就是一个平台、一个机会，它吸引着越来越多的人参与，让大家都能有这样的机会与可能性，为孩子们提供真实而多元化的学习样本。课程中最感人和打动人的地方就是它会很自然地让你和过去的自己进行联结，还原小时候的生活场景，把你记忆中最宝贵、最温暖、最向往的那种生活的热情挖掘出来，然后和幼儿一起实现。

观察儿童要有历史观

很多时候，我们会观察儿童，然后说孩子们是这样的、那样的，一定要学习这些、那些……然后，大家便开始寻找最"好"的方法教育孩子，让他们在最短的时间内学会这个、那个……但事实是怎样的呢？

如果我们能够学会从生命是一个整体的观点来看待孩子，而不是在考虑儿童教育时就只考虑儿童期，也许我们对教育就会有更深入的理解。只有我们将人类的生命视为一个相连的整体时，才会了解人生的每一阶段都大不相同。

教师应是儿童学习环境中重要的组成部分

所有的教育究其本质都是自我教育。教师也只是环境中的一部分。教师们必须意识到，要尽可能地使自己成为最好的环境的组成部分，这样的教育系统才是健康的、可持续发展的、有生命力的。

构建课程要有双向维度

今天，很多人在谈儿童的视角，但儿童的视角仅仅是"儿童如何看"这么简单吗？儿童的发展从来都不能脱离文化的影响。

"人类必须从自己深厚的文化积淀中挑选出最优秀的部分，同时也是与个体早期接受能力相一致的部分构成一个文本（在不同的群体、民族中，甚至在不同的儿童与成人中具有可理喻性的一套开放的文化体系），这便是我们的课程。"虞永平教授的这段话，无论何时读，都会带给我很多思考。

因此，适合儿童学习的课程一定有两个维度：一是从儿童来，这个维度构成了儿童学习的主题与线索，也支撑着他们学习的方式；另一个是社会与文化的线索。在课程建设中，这两个维度同样重要。

但今天，无论是了解儿童，还是了解文化，对我们来说都是有意义的课题。

从生活到生活化课程

一位幼儿园园长的教育叙事

（下册）

胡 华／著

中国轻工业出版社

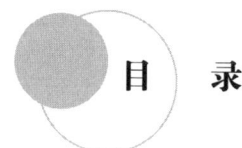

目 录

2018年　这个时代需要更多的奔跑者

建造儿童理想国 / 345

只有"用敬"才能赢得尊重 / 352

新教师成长守则 / 356

3月，恰好你来，恰好生活在 / 360

警惕幼儿园里的"宅童" / 364

"游戏课程化"和"课程游戏化"是一回事吗 / 368

和儿童谈论哲学，其实一点也不枯燥 / 372

"赤子之心"的 23 个动人瞬间 / 377

幼儿教师需要深度思考的能力吗 / 385

保持饥饿，保持愚钝 / 389

在自然里游戏才是入园适应的最好方式 / 394

生活化课程本质上是身、心、灵共舞的课程 / 397

金秋十月，你想来花草园看一看吗 / 398

心中有日月，身上自有光 / 401

生活化课程，一场从对话开始的课程探索 / 406

11月，自愿简单 / 411

回归儿童教育的原点，才能抵达理想教育的彼岸 / 414

做"最后一公里"的守望者 / 420

与"特色"相遇，才是幼儿园发展的必经之路 / 424

对待这份工作，希望你们是"长期主义者" / 431

2019年　从"教育过程"到"教育文化"

在教育中构建美好新世界 / 439

真正的女神，是那些能够"自我实现"的人 / 442

文化是生活化课程的根 / 447

有理想的教育人，有共同的梦想和困境 / 453

你关心的问题都在这里 / 458

科学做好入学准备，我们的思与行 / 466

时间之上，风格永存 / 470

"六一"儿童节，我们将用自己的方式向"巴学园"致敬 / 474

教师教育行为的背后是什么——幼儿教师教育哲学观的形成 / 481

通过和孩子们"对话"，传递彼此精神世界的荣光 / 487

家园合作的本质 / 491

教育的勇气 / 497

唯一不变的就是一切都在变化 / 502

给家长的23条建议 / 508

儿童的学习与生活，创造才是核心 / 513

幼儿教师从事的是为一个民族"护根"的事业 / 517

其实，每位教师都能成为"教育家" / 520

再说教育者的责任 / 527

"深度学习"没你想得那么复杂，也没你想得那么简单 / 535

"深度学习"与幼儿教师的专业成长 / 543

为什么是叶子、鲜花、树枝、果实，而不是戏剧、音乐、绘画——让儿童的深度学习自然发生 / 548

2020年　教育者的社会责任

教育是一段"旅程" / 555

当疫情来临时，幼教工作者可以做些什么 / 558

"更好的生活"与"更好的世界"，我们如何选择 / 561

风来风去，如何保持文化定力 / 565

课程改革，方向比努力更重要 / 570

打破全能自恋的幻象，才能走进儿童的世界 / 576

不要过于迷恋"理论逻辑"，教育智慧就藏在你的"实践逻辑"里 / 581

不能见面的日子，我们是如何"开"全园大会的 / 587

《儿童宣言》——期待孩子们的未来会更好 / 593

今天迫切需要的是有生命深度的教师 / 600

如何让教研活动深度发生 / 604

经历了这么多，我们依然选择"相信未来" / 613

为孩子们创造儿童节的一种新体验 / 617

我们是如何将生活转化成"生活化课程"的 / 620

哪个幼儿园老师不想在夏天愉快地工作呢 / 627

六月里的童年 / 632

对儿童来说，什么是知识 / 636

高考作文题目与生活化课程 / 641

相信未来，才能创造未来——"云毕业典礼"上我的发言 / 647

我们可以将追求"智慧生活"视为一种勇气吗 / 650

是什么影响着幼儿教师工作中的幸福感 / 656

课程改革是一场"静悄悄的革命" / 662

后记　作者与郭国燕博士的对话

2018 年　这个时代需要更多的奔跑者

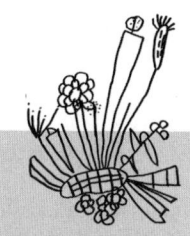

新的一年如期而至。新一期的《中国教育报》刊发了一篇对我的访谈文章——《胡华，建造儿童理想国》，记者常晶想写出我行动背后的一些信念，但是我想表达的是，这个时代需要更多的奔跑者。是什么让我一直奔跑，总停不下来？其实，并没有那么多外在的压力让我一直奔跑。但每当开始"奔跑"的时候，我就好像进入一个全新的精神世界，可以自由地遨游。

这次访谈也让我开始站在自己的角度重新审视这份工作的意义。"用敬"是我们学完冯友兰先生的《中国哲学简史》后，我经常使用的一个词。"用敬"是中国人特别推崇的一种对自然、对他人、对生活的态度。"用敬"的态度里包含着爱、自律、恭敬与创造。我希望，我和老师们都能够用这样一种更宽广的格局和胸怀来看待这份平凡的工作。

2018 年，我又一次提到家长在幼儿园课程资源中的作用。最开始探索"生活化课程"的时候，我们只是希望家长参与进来，认同、理解我们的教育。但后来发现，我们得到的远比我们预期的要多得多。因为家长参与到课程之后，他们成为一种重要的课程资源，弥补了我们课程开展中的一些不足与缺憾。特别是在情感维度上，他们的加入为课程提供了有效的补充和支撑。当然，如何让家长有效地参与课程，我们仍然需要找到一个恰当的角度。

这一年，我对儿童有了更深入的认识与理解。在"儿童的一百种语言"这一专栏，我们讨论了上百个话题，并愈发感觉到，儿童是哲学家，他们有自己的一套认识自然和世界的方法，而且这套方法很有趣。维果茨基曾说："对幼儿来说，思考意味着回忆，但对青少年来说，回忆意味着思考。"这句话很好地解释了什么是儿童哲学。对幼儿来说，思考意味着回忆，这说明经验在幼儿生活中的重要意义，回忆本身就是先验的，回忆不仅仅是大脑的回

本章手绘插图作者：要梓涵，4 岁。

忆，还是对历史的一种回溯。

儿童在谈论哲学问题的时候，会如同先哲般讲出一些"金句"来。在儿童哲学的气质里，一个重要的部分就是儿童"先验"的东西，我称其为儿童原本就有但被我们忽视的精神力量。正因为如此，我才对儿童的深度学习有了自己的思考。我认为，深度学习要深入儿童的精神里去、灵魂里去。因此，教师必须具备深度思考的能力，而要深度思考，身体力行特别重要，因为所有的深度思考都建立在经验的基础上，所以要体察、体验、体悟，要学会尊重自己真实的感觉，只有这样才能从深度剖析走向深度思考，形成见地。一个人一旦有了思考能力，就有了自己的见地，成为一个精神自由的人。

"知我者谓我心忧，不知我者谓我何求。"所谓"位卑未敢忘忧国"，这一年，我努力敞开心扉，建设性地表达着自己对学前教育的忧与思。我期待以自己的生命来思考、感受这个独特的时代。尽管我的思考大多是从教育角度出发的，但其中涉及的美好却是我们那一代知识分子的生命理想与生命样式。

建造儿童理想国

2018 年 3 月 2 日

53 岁的中华女子学院附属实验幼儿园园长胡华,是一位特别的园长。她衣着素雅,白衣、牛仔裤,初见胡华,人们很容易一眼就识别出她身上与众不同的学者气息、理想主义气质。然而,熟悉她的人说,她像孩童一般,对人毫无保留地信任和坦诚。也许,就是这种独特的个性,让她宿命般地选择去给儿童建造一个理想国。

蒙眼的手绢

中华女子学院附属实验幼儿园的开园第一课,依然为胡华所津津乐道。

那一天,新入园的孩子和背着大包小包的爸爸妈妈在老师的带领下走走停停。年轻的老师手里端着刚从葡萄架上摘下来的葡萄,弯着腰给孩子看。"老师,我想吃!"一个孩子喊道。"好,跟我来吧!"孩子们放下紧张的情绪,离开父母的视线,自愿走进教学楼。这一幕,与我们通常所见的家长趴栏偷窥、孩子哭成泪人的入园日场景截然不同,但却是该园的教育常态,也是胡华追求的教育状态。

"我和哥哥都是在出生 56 天后就开始上幼儿园的,虽然我们很想念爸爸妈妈,也很想家,但快乐的生活常常让我们忘记想念。"1964 年,胡华出生在新疆维吾尔自治区乌鲁木齐市,说起自己的幼儿园,她一脸的温暖和煦。

胡华说,那时的老师并没有多高的文化,但对孩子们特别好,"我们有什么想法,他们都会尽力满足"。胡华还记得,她们想把地毯抬到院子里玩——20 纪 60 年代的中国,地毯是非常昂贵的东西——老师非但没有反对,反而和孩子们一起把地毯抬到院子里,然后大家一起躺在上面看云朵飘动、变幻。

在她的印象中,老师不会发脾气,更不会打骂孩子。"如果有孩子不睡午觉吵闹,她们会在我们的脸上蒙上一块小手绢。很快,我们就睡着了。"胡华现在仍然记得幼儿园老师的样子和名字,可以一一道出。

父母不在身边的孩子,总是有点脆弱。那时候的幼儿园给了胡华很多的爱,这些爱给她的童年打上底色,让她对教育产生美好的印象。于是,18 岁填报高考志愿时，她考出遥遥领先的分数，却没有选择金融学、经济学等热门专业，而是选择了学前教育学这一冷门专业。

北京师范大学教授冯晓霞至今还记得学生胡华。有一次，她给学生们布置了撰写儿童个性鉴定报告的作业。"胡华写她观察的孩子'羞怯地转头，快速地跑掉了'。这写出了孩子真实、生动的个性特点，体现了她确实在用眼睛、用心观察孩子。"冯晓霞说。事实上，为了完成这个鉴定报告，胡华足足观察了这个孩子一整年，其间除了在幼儿园观察，她还到孩子的家中完成另一种环境下的观察。

在大学里，胡华开始明白，学前教育光有信心和美好的心愿是不够的，还得有足够的科学理念和对儿童的足够认识。

聪明的"傻瓜"

大学毕业后，胡华走上北京幼儿师范学校（现并入首都师范大学）的讲坛，一站就是14年。

一次，在给园长们做培训时，有位园长质疑她说："你讲得不错，但你讲的这些问题在现实中无法得到解决。"一个不客气的反问，一次下不了台的质疑，引起胡华彻头彻尾的反思。"你在批评别人的时候，或者以专业名义指导他人的时候，你能做到你说的那样吗？"她问自己。

事实上，不但园长不满意她讲的专业理论，她自己也没有看到过让她满意的幼儿园。她觉察到，即便是名园、示范园，其所谓的特色、成就也大都是以成人的视角来判断的，孩子们必须要服从大人的意志，他们很难真实地表达自己。

"内心深处，我一直未对自己的工作和生活完全满意过。我想办一所高品质、专业性强、能够对同行有示范指导作用的幼儿园。"只是，这么多年来，这个想法一直藏在她的内心，藏在她风平浪静的生活之外。

2003年，中华女子学院的领导找到胡华，表达了他们想筹建一所幼儿园的想法。

胡华会怎样选择？

82岁的母亲郝桂兰，曾担任新疆财经大学组织部部长，她对胡华洞若观火："女儿是一个'聪明的傻瓜'——学习聪明，待人接物傻。"然而，最让母亲担忧的是,"人生的路有许多,她偏偏选了最难的那条"。

果然,胡华选择的恰恰是这条艰难的办园之路。她相信自己的初心,相信她主张的以儿童为本的教育理念不是空想。现在正好有个机会让梦想成真,她需要证明自己。

"其实,胡华一直是一个追求浪漫和个性的人。她痛恨任何形式的、哪怕是在以爱为目的下的压抑,她以追求自由、真爱为此生的目的。"北京师范大学校友、联合国儿童基金会驻华办事处儿童早期发展与教育专家陈学锋说,"尽管现实不断地给她点小教训,可她的本性总是适时跳出来,直到悟出自己的人生"。

一个"江湖"

2003年,胡华带着刚毕业的8个大学生开始了苦涩的办园之路。

赵莉莉是其中的一个毕业生。那时候,她每天跟着胡华四处发招生传单,之后守在办公室接电话、布置环境。"说是办公室,其实只有一张白色的大桌子和两部电话。但是每天晚上下班,走在回宿舍的路上时,我的心里都是满满的憧憬。我们在做一件从无到有的事情,这种幸福感与找到现成工作的同学完全不同!"赵莉莉说。

经过热情的招生、精心的准备,幼儿园终于开学,只是,全园只招收到14个孩子。胡华和老师们精心呵护着这14个孩子,"很怕他们跑了";对待家长更是毕恭毕敬。然而,还是有很多猝不及防的要求:"你们收费能不能便宜点儿?""你们能给孩子洗衣服吗?我可以给你们钱啊!"

想法多多的家长、入不敷出的办园成本、集体要求涨工资的教师、被琐碎工作裹挟的教育理想……"总有各种各样的问题出现,但是没有人告诉你办法。"胡华感到心力交瘁。

一次安全事故让胡华彻底清醒。当时,一个孩子在幼儿园不小心把头撞破了,孩子的妈妈大闹班级。当班教师至今还心有余悸:"家长不停地打电话质问我,打到凌晨也不挂电话。"后来,家长去中华女子学院找院领导告状,让他们处罚胡华。

"在我的心中,教育是一件挺圣洁的事儿,怎么就变得跟卖白菜似的呢?!"那个初冬的夜晚,不愿父母担心,胡华一人坐在楼下的马路牙子上哭了很久。"这个事儿必须由我自己处理!"胡华暗下决心。

"如果您对这里不满意,您可以选择别的幼儿园。"从来没有说过狠话的她,低着头故作镇定地说。由于心虚胆怯,她用余光偷偷瞄了一眼家长。错愕、意外布满家长的脸,对方也撂下一句狠话:"我过不好,你也别想好!"

之后的一周,家长四处寻找别的幼儿园。但她发现,没有人同情她的"遭遇",没有人赞同她的做法,大家更不敢接收她的孩子。无路可走,她又回到胡华的幼儿园求助,孩子这才有幼儿园可上。

然而,这个结果并没有让胡华心里感到痛快。"我没有任何痛快可言,只有对人心的莫大失望。这样坚硬、粗暴的面孔是我一直所憎恶和鄙夷的。"胡华说。

那一夜,胡华整夜未眠。也是从那时开始,她开始意识到,自己的书生气是幼儿园发展的瓶颈。"我面对的不再是那些美好的假设,而是一个'江湖'。"

始料未及的办园艰难,孤立无援的中年危机,没有方向和希望的漫漫前路,让胡华经历了人生中最黑暗的一段时期。她病了。

她的"锁麟囊"

"我好像好久没有见到你了,你病了吗?"幼儿园铁栅栏门口,灿灿小朋友见到病中的胡华,小手捧着她的脸问。那一刻,胡华泪流满面。

"他们是我的小救星,多年前我留给自己的'锁麟囊'。"谁都没有想到,能治愈胡华的,恰恰是孩子们天真、可贵的童心。

胡华扎在孩子堆里,跟孩子们玩,观察人之初的美好,研究儿童学习和发展的规律。这一明心见性的过程,让她慢慢意识到问题出在哪里:知识分子很多时候在一个完美的设想中做道场,可是创建幼儿园这事,到处都是不完美。"唯一一个完美的地方便是儿童宝贵的童心。"胡华决定保护好这可贵的童心。

"胡华的悟性高,参透能力强。你常常刚说前半句,她立刻就能够感悟到下半句。"从小到大,哥哥胡涛一直是胡华的精神偶像,"唯有她选择的事业,才能最终解开她的心结。"

每天早晨,胡华都会在园子里、班级里走一圈。看到红砖地面上一朵掉落的黄花,她会随手拾起,别在洁白的毛衣上。她与每一个孩子打招呼,向每一个家长、老师、教职工问好。往往她走到哪里,哪里就会爆发出一阵阵的欢笑声，然后孩子们里三层、外三层地把她围住，争着嚷着仿佛要把所有的见闻都向她诉说。

"园长妈妈，我去大连看大螃蟹了！""园长妈妈，你怎么才看到我啊！""我一放假就不好，就'抽巴'了。"……她弯着腰，眯着眼，注视着孩子们，回应着孩子们，用儿童的语言和儿童的神态。

灿灿坐在滚筒上叫胡华过来，胡华走过去，灿灿就拥抱住胡华。记者问灿灿喜欢胡园长什么，她说："我就喜欢她这个人！"这种喜欢也是充满"孩子气"的。胡华看到灿灿的额头被蚊子咬了，于是顺势吻了一下她额头上的包，孩子立刻变脸嫌弃道："你可真恶心啊！"

大家捧腹大笑。

人群中，大三班的温温性格内向安静。胡华没有忽略她的存在，她走过去与她悄悄说着什么，然后两人开怀大笑。

"胡老师总是能找到孩子们感兴趣的话题，逗乐他们。"在这工作了6年的门卫于师傅说。事实上，温温的经历很不好。有一次，胡华发现温温的人中被抠得流血结痂，这引起她极大的关注。经过耐心引导，孩子告诉胡华："妈妈生气了，就会使劲抠我，然后她的心情才会好。"

孩子的表情和话语，让胡华的眼圈瞬间充满泪水。她找到孩子的妈妈，发现这个妈妈存在很大的心理问题。"几乎每个成人身上都有控制欲，都有自以为是的妄想和偏执，当面对儿童这个弱小的群体时，这些弱点就会不加掩饰、不加控制地表现出来。"

胡华严肃地告诉孩子妈妈："我不允许你这样对待孩子！"她帮助家长正视自己心理存在的问题，解决自己问题的根源。

"在成人面前不敢说、不敢做的事儿，在孩子面前就不要说、不要做。这是底线。"听到胡华的话，这位妈妈哭了。

家长的改变既艰难又漫长，幸好投出的石头有了回响。

1920年，熊希龄在其创办的香山慈幼院的楹联上写道："幼幼及人之幼，生生如己所生。"阐述的也许就是这个道理。

留白教育

"对我们来说，探讨'虐童'实在是太低级的话题，不在我们思考的范畴。我们的频道是信仰。"胡华说，如果人所追求的是功名利禄的实现，那他的人生最多叫成功。如果人的事业是为了成就人，为了众生，那么这样的人生就有信仰。"幼儿教师的职业恰恰是保护和成就儿童，以专业的能力赋予儿童和学习以价值，这就是我们幼儿园教师的职业信仰。"

说得简单，如何去做呢？

2007年前，胡华也很迷茫，为此，她自己联系去美国做访问学者。当把自己置身于另一种文化后，她却发现，"无论我们怎样学习西方，哲学观依旧是中国式的"。

每天走过美国俄勒冈大学校园的草坪时，胡华耳机里听的却是母语歌曲。许多流行歌曲是她以前在国内不会听，也不喜欢的，然而，在异国他乡的土地上，这些歌曲引起了她对中国文化的思考。胡华发现，中国哲学的功用不在于增加知识，而在提高精神境界；中国文化的核心不在于知识的丰富，而在于精神内核的塑造。

胡华开始遍读中国经典文化著作，她说："每个人一生都要面对许多难以解决的问题，在读《道德经》时，我发现所有的问题都可以在这本书里找到答案，我为什么之前没有发现呢？"

如果说，她之前一直是在寻找的道路上，那么这次访学之后，胡华开始带领幼儿园走上一条以中国传统文化为根基、以自然节律为线索、回归与还原儿童本真生活的自主创新之路。"儿童教育从来都是和文化相关的，儿童的学习过程本质上是个体'文化化'的过程。"胡华说。

"胡老师带着我们一起阅读《中国哲学简史》。如果是自己读，真是读不懂，但大家一起来畅谈阅读的体会时，胡老师的一两句话就能点拨我们。"教师周冉说。

"瞻彼阕者，虚室生白，吉祥止止"出自《庄子·人间世》，它的意思是，只有心无杂念，才会悟出道来，生出智慧。

"胡老师问我们'虚室生白'对教育者有什么启发？在她的引导下，我意识到，留白对于现在的孩子是多么重要！看看现在的孩子，他们的思想、想象力被各种艺术班、各种考试挤占得没有缝隙。"教师王海霞说。

原本幼儿园里挂满的教师作品，被全部拿掉，一面面白墙露了出来，由孩子自己主宰、填充；原本教师主导的一堂堂信息量满满的课程，被改造成由教师提供框架、孩子自主探索的课程。

"孩子不是知识储存的容器，他们是一个个鲜活、立体的生命。我们不再追求儿童学习与发展的速度，转而追求儿童内在的自我发展需求、对知识与能力的渴望和获得。"胡华说。

这一改革思想，受到最大影响的是孩子。孩子们不再是集体教学活动中你问我答的配合者，不再坐在教室里等待那可怜巴巴两小时的户外活动时间，他们成为学习的主人、自己的主人，他们的课程在大自然、大社会中开展。

2017年10月，大班的月课程主题是"生活在北京"，孩子们和家人走访北京的大街小巷。之后，老师会和孩子一起把前一周的观察形成记录，制作有关北京文化印记的思维导图，从而形成知识体系；然后，再用图片、海报等相关作品记录下这些足迹，张贴在墙上。在完成对北京的探索后，他们又一起开启了寻根之旅，话题是"我和故乡"，以期让孩子们回归家庭，了解家族的迁徙史，绘制家庭书，倾听父母分享的家乡故事，一起追寻故乡的记忆，感受文化传承的生生不息。

"这样成体系的、大刀阔斧的课程改革，让中华女子学院附属实验幼儿园从里到外都呈现出独特的中国韵味，成为当下中国学前教育非常有代表性的一所幼儿园。"中国教育科学院副研究员高丙成评价。

许多人对他们不吝赞美，诸如"最好的幼儿园"等评价不绝于耳。对此，胡华显得非常冷静："十多年来，我一直有一个非常清晰的目标，就是要办一所最好的幼儿园，这里所说的'最好'不是别人眼中的最好，而是自己心中的最好。对我来讲，这个应该更难一些。"

从儿时的美好出发，办一所心中最好的幼儿园，这条路有一生那么漫长，胡华却觉得"自己的性格、灵性，与这份工作匹配得如此完美，这是人生之路莫大的幸运"。命运之手把胡华放在儿童的世界中，让她洞悉儿童的奥秘，她发现了这里面纯真的美好，便像虔诚的布道者急于与人分享。

（本文节选自《中国教育报》记者常晶对我的采访文章《建造儿童理想国》。）

只有"用敬"才能赢得尊重

2018 年 3 月 9 日

这几天,有一个新闻引起了大家的关注。学前教育领域的著名学者庞丽娟教授和刘焱教授都建议修改《政府工作报告》中的相关内容。

两位教授的发言在朋友圈里刷屏了。

庞丽娟教授说,"报告中前所未有地用大段文字表述对学前教育的重视,明确指出要多渠道拓展学前教育资源,这是得民心暖民心的好事""其中,'运用互联网等信息化手段,加强对儿童托育全过程监管'这一句有待进一步推敲。这一表述有可能影响社会对学校和教师的信任,也不利于吸引优秀人才从教,建议将这句话修改为'提高幼儿教师地位和待遇,加强教师培训,增强幼儿教师的专业性和社会吸引力'"。

刘焱教授说,"要办让家长放心安心的学前教育,治本之道不是去安装摄像头,而是切切实实提高幼儿园教师的地位和待遇,让他们拥有职业的尊严和自豪感,珍惜自己的岗位和工作;增强幼教行业的社会吸引力,能够让更多愿意从事教育工作的优秀学生投身幼教事业"。

身处"小世界",心怀"大天下"

教师们是怎么看待自己从事的这份工作的?

赵莉莉老师:我们虽身处"小世界",却时常心怀"大天下"。

申洁文老师:我们做着"不为人知"的工作,也享受着不为人知的幸福。

张丽老师:我们是现实生活中的理想主义者。

李文老师:我们是孩子们小秘密的守护者。

吴婷婷老师:虽然我还没有结婚,但是体验了一把当妈妈的感受。这是一个被 N 个孩子包围,幸福也是 N 倍的职业。

张芬老师:这是一个可以重新与自己的童年拥抱的职业。

这些年,国家针对幼儿教师的专业培训从来没有间断过,但大都是只谈技术的培训。如果一个人工作的力量与源泉更多地来自外部，而非内部，那么只能说，他对这个工作还谈不上热爱。

我们期待，用一种内部的力量修炼自己，用人格与专业的双重力量赢得社会的尊重。只有在精神层面保持清醒，在人格上保持独立，才能在专业技能的发挥上游刃有余。也只有这样，幼儿教师才会为自己赢得更多的尊敬。

2018年2月24日，新学期开学的第一天，按照惯例，我们召开了全园大会。在这个会上，我没有谈具体的工作内容，只和大家坐在一起谈谈思想与精神。

一次叩拜，一份尊敬

春节是中国特别重大的一个节日。

大年初一的早晨，我给父母叩首，这是我人生中第一次给父母叩首。当把头磕下去的那一刹那，我的眼泪哗哗地流，我抬头发现，父亲也泪流满面。当把额头俯到地面的时候，我在想：只有当我们能够躬下身子，放下偏见和傲慢臣服于父母时，才会跟父母有深层次的灵魂交流。

假期中，换了一个空间和时间，我们重新感受生活和生命中的另一种东西，希望重新找到生活和生命的平衡。一个人不可能一直都在工作中奔跑，所以我们要重新找到一个平衡的关系。

只有谈论精神，才能拥有思想的武器

我们每一次的新学期大会都是"务虚会"，要先统一思想。上学期大家做得怎样已经成为过往，无须再提。从今天开始，每一天都是一个新的开始。

这段时间，中国特色、中国传统文化被越来越多地提及，它到底指什么？上学期，我和一部分老师花了很长时间学习《中国哲学简史》。学过之后，我们有了一个非常笃定的东西，那就是中国人信奉的到底是什么。

我们的文化经过数千年的沉淀，在历史的长河中生生不息。我们的精神甚至课程都与民族特性高度契合。这个学期，我们每个人都应该静下心来回到中国文化与中国哲学的背景里去。

一次追寻，让生命更有意义

"一个人如果没有更高的精神追求，生活就很容易陷入这种不甘和厌倦的循环，导致内心越来越浮躁、越来越空虚。"(《寂静之道》)在现实生活中，很多人过得不好，要么是因为不甘，要么是因为厌倦，这两种情绪反复地交织，消耗着生命。

不甘到最后就开始厌倦了，觉得工作真没劲。当这种情绪弥漫在心中的时候，你就变成一个负向的能量场。其实，工作完全可以变成一个快乐的道场，只要你能找到更高的精神追求和生命的意义。

撑大心量，让焦虑不安也有栖身之地

小房子无法容纳很多各式各样的家具。无论你如何摆放，家里都会显得特别拥挤。那么，我们为什么不能换一个大一点的房子呢？这样，所有的家具就都能摆开了！同理，当你撑大了自己的心量，你的不安、焦虑等情绪就如同那些家具，在"大房子"里有了栖息之地。可是，我们大部分人都容易只关注眼前可操控的、能改变的东西，而不去想用自己的努力换一个更大的房子。

人生而自由，可以选择自由的生活，所以千万不要有不甘和厌倦。当内心没有那么强大的时候，不甘和厌倦就会像传染病一样蔓延。用大一点的房子，撑大自己的心量，也意味着用更大的格局对待工作。

一次反思，一次超越

本学期，我们要有意识地在自己的思想上实现一次超越。中华民族是一个特别善于反思的民族，冯友兰先生说："哲学就是对于人生有系统的反思。"只有对生活进行反思，才有生活的哲学，生活才变得有意义。反思的感觉是什么？是挫败和无力感。因为一反思，人的软弱就容易从心底里冒出来。

我们每个人都应该对人生进行系统的反思。当我们换一个时空的时候，我们就能意识到自己的变化，看到自己的成长。

追求"内圣外王"的境界

就中国人而言,每个人都是哲学的。我们既要有入世的哲学,又要有出世的哲学。入世的哲学,是指一个人要有基本的道德;出世的哲学,是指一个人要有旷达的心胸。时间久了,在入世和出世之间,便有了一种平衡感。当你特别平衡的时候,你就拥有了"内圣外王"的境界。

"内圣外王",是指向内不断地修身养性,像一个圣人;向外,不断地增大自己的功用和对社会的贡献。当有了"内圣外王"的精神时,我们就将变成最有理想、最现实的人。

我们在工作中也应该遵循这样的目标——内圣外王。向内,修炼自己的人格;向外,敬重人、自然和宇宙。

冯友兰先生说,中国人的人生有四重境界。

第一,自然境界,是指人带着本能工作。

第二,功利境界,是指赋予工作一定的功利意义。

第三,道德境界,是指我们所从事的工作具有社会意义。

第四,天地境界,是指将自己置于自然宇宙万物之中,凭借自己的觉解,最终使自己的境界拓展为宇宙的境界。这种大格局才是我们应该追求的,人在高境界的时候能够俯瞰低境界。

"先立乎其大者,则其小者不能夺也。"就是说,当你有更高、更大的志向时,那些小的志向就不在话下,不会干扰你的生活。

"用敬"可以提升工作的境界

如何提升工作的境界,用两个字概括就是"用敬"。对任何东西都用敬,这就是修养。用敬重的态度对待生活和工作,我们才能明心见性,学会生活、学会静定、学会恭敬、学会放下、学会淡泊、学会超然,保持一颗平常心、安宁心、庄重心。

那么,什么叫"用敬"?怎样做才叫"用敬"?我们可以在哪些地方用敬?厨师在对待每一道食物时都可以"用敬",清洁工在擦拭每一张桌子时也都可以"用敬"。

对待每一件事、每一个人、每一个器皿、每一件艺术品,我们都要充满敬意。对待每个孩子、每位家长、每株植物、每一滴水,我们都要"用敬"。我们要用谦恭、真挚的情意对待世间的一切有情之物和无情之物。每个人都应该把自己的心放在敬重的事情上,每个人都应该给自己一个目标,学会用敬的态度对待身边的每一个人、每一件事。

我们应该学会生活,寻找一些仪式感,将平淡的日子过成一首诗;我们应该学会恭敬身边的一事一物、一花一木,修炼一颗平常心;我们应该学会放下执拗和偏见,用一颗安宁的心面对工作;我们应该学会超然,撑大自己的心量与格局,带着一颗庄重的心前行。我们要用这样的心态面对本学期的工作。

"在真正和谐的人生里,融洽的不仅是你与周围人之间的关系,更是你与自然、宇宙的关联。"(《真正的修行:发现纯粹觉知的自由》)这句话给我们提供了一个新的方向:不要只想着你和他人的关系如何,还要想一想你和自然、宇宙的关系。

新学期,我们共同努力,"用敬"赢得尊重!

新教师成长守则

2018 年 3 月 16 日

学前教育是个专业性与实践性都很强的专业,大部分学生会在大学最后一个学期开始实习。实习的好坏将直接影响他们的职业信念、职业态度与专业能力。

花草园每年 3 月都会接待一批实习生,在这里,我们称他们为"新教师"。实习结束后,一部分人会选择留在花草园工作。一年之后,他们不仅胜任了这里的日常工作,还会成为幼儿园宝贵的新鲜力量,让幼儿园的文化生生不息。

每年新教师入职,我们都会组织专门的培训,也会有老教师给新教师提出一些建议和忠告。这些建议和忠告渐渐汇集成花草园的《新教师成长守则》。

新教师成长守则

微笑

从进入幼儿园的那一刻起，就要尽量保持微笑。因为微笑不仅能拉近你与大家的距离，还会让自己看起来更轻松一些。

整洁

衣着整洁，头发干净，这是对孩子们的尊重，也是对自己的尊重。

视角

每天进幼儿园大门前都问问自己，要不要做一个孩子们喜爱的老师？如果答案是肯定的，那么就要学着放下"成人"这个身份，开始做"孩子"。当你用孩子的视角来看待身边的一切事物时，恭喜你，你已经开始"上道"了。

适应

记住，有三样东西有助于缓解生命的疲劳：睡眠、微笑和希望。养成按时起床、按时睡觉的习惯，这是适应工作的基础。别担心，你的身体会很快适应的。

忘掉

不要急于用所学的理论知识对孩子的行为下结论或做出判断。这个行业的最高境界是，你忘记了专业，但一切都自然流畅。

满足

不要太依赖外在的评价。当你完成了一次令自己特别满意的活动时，记住这种感觉，时间一长，感觉就会变成直觉。同样，你学会了一件事情，就要不断地练习它，把它内化，因为自我满足感与成就感是你获得职业幸福感的重要因素。

用数

怀着谦卑心工作。每个机构都有自己的文化与优势，要先学会适应。比如，每天从其他人身上找到一个闪光点，记住它。这个世界的法则从来都是多元的。所以，学会好好说话，对领导、对家长、对同事都是这样。

记录

学会记录孩子们的对话与思考，每天都和孩子们聊天，走进他们的精神世界。随时随地用文字或其他方式记录孩子们与自己的心情，及时抓住那些灵感和感受，日后这些感受将会成为教育的直觉与信仰。

分享

认真撰写观察记录和教育笔记。多与朋友、家人、同事分享自己的故事，获得更多情感上的支持。

尝试

别怕出错，要多尝试，并向其他人请教。其实，经验丰富的老教师都很乐于传授自己的经验。记住，尝试永远比旁观有用。

计划

学会做计划。别把做计划看得那么复杂。刚进班的前两天记住所有孩子的大名与小名就是你的第一个计划。

细节

一开始就脚踏实地地工作，别耍心眼。以始为终，把每一个细节都做好。

兼爱

你有自己喜欢的孩子，这很重要，但这只是第一步。最终，你会发现每个孩子都非常可爱，这才是关键。

道歉

和孩子交流时，如果发现自己错了，一定要向孩子道歉，因为这是赢得他们尊重的重要方式之一。

沉静

不要想着一下子就吸引所有孩子的目光。只有你自己是舒展的，孩子才会慢慢地靠近你。

专注

不要给自己太多的任务，这会消耗注意力，要学会保持专注，一心一用。不要着急，最好的总会在最不经意间出现。

分解

把不切实际的任务分割为合理的小任务，只要每天都完成小任务，你就会越来越接近那个大目标。

理性

有时候，我们会疲惫，但"使人疲惫的不是远方的高山，而是鞋子里的一粒沙"。

读书

多多读书，凡有所学，皆成性格。

坦荡

有机会多出去走走，当我们看到的世界大了，就能更加宽容，更加坦荡。实际上，接受彼此的不同、尊重差异，已经成为"了解世界"的重要方式。

面对

要敢于面对自己的不足，并能接受自己的不足。不要害怕领导的批评。正视自己的焦虑，有时候焦虑反而会成为成长的契机。

游戏

不要着急，要慢慢在工作中寻找舒服的感觉。如果有一天实在不知道该做些什么，那么就试着先和孩子们一起玩吧！

吾师

感觉迷茫的时候，可以问问孩子，每一个孩子都是天生的哲学家，他们一定有答案。

好奇

始终对这个世界保有一分好奇，这样你就会拥有属于你自己的视角。

及时

当天的事情不要推到明天去完成，因为你会发现，明天还有更多的事情。

自律

学会自律。在做事情之前做好准备，用责任感加强自我约束力，不给别人找麻烦。

思考

学会深度思考，任何一个问题都可以让我们无限地探究下去，从而帮我们形成长期的、一贯的思考路径。

调整

每当有不愉快的事情发生时,要及时整理自己的情绪,别将消极情绪传给别人,因为别人没有义务分担你的情绪。

节奏

孜孜不倦,不紧不慢。

未来

时间决定你会在生命中遇见谁,你的心决定你想要谁出现在你的生命里,而你的行为决定你最后能成为什么。

3月,恰好你来,恰好生活在

2018 年 3 月 30 日

今天,是3月的最后一个工作日。

本月,我们和孩子们只专心做了一件事情,就是一起读书,我们把这个月称为"阅读月"。

农耕时代,知识分子一直推崇"半耕半读"的生活方式,耕读结合的方式也渐渐成为中国特有的"耕读文化"。时至今日,很多人仍喜欢把读书称为"耕读"。沿着这条文化脉络,开学之初,我们带领孩子们用"耕读"的方式开启了一个新的学期。

一个月过去了,作为课程参与者的家长们收获了什么?

悦铃妈妈:记得有一次,幼儿园要求爸爸妈妈给孩子推荐自己喜欢的书,那晚我和孩子的爸爸聊自己喜欢的书聊到半夜;记得有一个周末下大雪,但是我们全家依旧按照计划去逛了旧书市场;记得诗词大会前一晚,我们在家用说唱的方式唱古诗,欢声笑语难以忘怀。感谢"阅读月",让孩子更真切地感受到阅读的魅力,让我和孩子爸爸在日常繁杂中静下心来重拾阅读的快乐。这个月的课程对孩子的影响,大家有目共睹;跟着课程的节奏,我们在家一起为课程准备的这个过程,也让我们和孩子很受益。

生活化课程里，必须要有家长的"声音"

以下内容是我们三月课程的主题与设计。

<u>小班主题"我最喜欢的那本图书"</u>：从家庭与幼儿园两个方面入手，引导幼儿和爸爸妈妈享受"一起阅读"的美好时光；找到并分享"我最喜欢的那本图书"，支持幼儿用自己的方式表达对这本书的喜爱，在幼儿与图书之间建立深度联结。

<u>中班主题"我家的书"</u>：从"我家的藏书"出发，引导孩子与爸爸妈妈一起了解家里的藏书，之后，用自己喜欢的方式进行精读，讨论一本书。接下来，再通过"旧书的故事"了解更多有关图书收藏的方法与途径。

<u>大班主题"图书的世界"</u>：从深受孩子们喜爱的一部文学作品《西游记》开始，用绘画、讨论、辩论、演绎等多种方式精读这本书，之后深入了解一本书的构成，学习制作一本书。最后，孩子们在爸爸妈妈的陪伴下走进附近的图书馆，领略知识海洋的独特魅力。

从"我"到"我家"，再到"图书世界"，每一部分的学习都有家长的参与。我们确信，只有这样的学习才能引导儿童的发展。同时也只有这种方式，才是他们认识世界的正确方式。

父母参与生活化课程对儿童的发展意味着什么

父母是儿童成长中的重要他人。家庭对孩子各方面的发展有着决定性的影响。幼儿园作为专业机构，虽然能够以科学的方式引领儿童的学习与发展，但实际上对儿童的影响有限。不过，对他们具有更大影响力的家庭，对他们的影响也未必都是积极的。

因此，作为专业的学前教育工作者，在影响儿童发展的同时，我们还有一项重要的工作，就是主动去影响家庭，帮助父母学习、提高，引导父母用正确的方式影响孩子，以形成教育合力共同促进孩子的发展。

除了遗传因素外，很多时候父母无意识的行为也会给儿童带来深刻的影响。因为儿童的心灵系统是开放的，他们能够觉察到连家长自己都无法觉察到的那些外在表现背后的东西。所以，如果能够引导父母思考家庭中那些看不到的影响因素，就更有意义和价值。

父母如何参与课程

保护与支持孩子的学习愿望，学会与孩子真诚地交流与分享

就儿童而言，好奇、主动、坚持、注意、反思、解释、想象、创造是其学习生活最鲜明的特征，也是他们的学习区别于成人的最主要的特点。

如果家长能将儿童的发现和感受记录下来，那么不仅能让他们体会当下学习的快乐，还能让他们从外部看到自己是怎样学习的，这将有助于激发他们的学习兴趣和学习动机。所以，我们鼓励家长经常带孩子外出，与孩子交流他们的发现与思考。

与成人相比，孩子的内心更加开放、丰盈，他们会积极体验、主动学习。父母要做的就是陪伴、倾听和鼓励。这样的陪伴也会让家长有机会反思自己的教育行为。

在倾听的基础上，更多地感知儿童的精神世界

儿童思想的开放性、对事物积极探究的态度以及精神世界的丰满程度，都是成人望尘莫及的。所以，我们经常鼓励家长和孩子一起学习、探索，从而逐渐走进孩子的精神世界，发现他们学习的秘密，给予他们适宜的支持。

生活化课程帮助家长不断提升深度思考的能力

幼儿园每两个班就有一个图书馆，老师们一直在思考，怎样让图书馆里的图书成为孩子们的最爱。经过讨论，小班建立了班级图书馆的借阅制度。这样，每个孩子都可以选择一本幼儿园的书带回家和爸爸妈妈分享。结果很美好，过程中的学习非常丰富，出乎很多人的意料。

桥松妈妈：孩子带回来的第一本书是《停电以后》，这也是桥松爸爸录制的第二个故事。桥松很喜欢这个故事，每天晚上反复地听。

它讲述了一个夏夜突然停电的故事，原本各自忙碌的家人因为停电不得不放下手头的工作，聚在一起聊天，玩最古朴的游戏，去楼顶看星光，去街头玩耍。街区其他人也因为这次停电走出家门，街头竟然开启了露天舞会。后来，电修好了，大家又恢复了各自的忙碌，但是主人公婷婷主动拉下了电闸。

我们第一次给孩子读这本书时,似乎也在读给自己听。故事所传递出来的小主人公的感受如此熟悉,也许这就是孩子想跟爸爸妈妈说的心里话吧。他希望爸爸录下来,每天放给他听。我们也用这个故事不断地提醒自己:珍惜下班后跟孩子在一起的时光。孩子选书真的太智慧了!

生活化课程更需要父性力量

我们发现,爸爸们虽然人都在班级微信群里,但每次回复班级或者幼儿园的通知的几乎都是妈妈们。那么,爸爸们去哪了?我最近在重读《所以,一切都是童年的错吗?》一书,在"父亲如何影响了我们的一生"这一章里,我读到了一些蛛丝马迹——"在我们的社会和文化中,一直以来都很重视母亲作为照料者的角色,而将父亲的角色简化了"。

对儿童来说,有两件事很重要:建立安全感与建立联结感。处于"俄狄浦斯期"的儿童,他们在心理上渴望和异性父母在一起。这个时候,如果父亲能够读懂孩子的渴望,陪他一起面对生活,那么对孩子成长的意义是巨大的。当然,父亲参与育儿,也有助于消除母亲的焦虑情绪,建立起积极的家庭关系联结。

哲学家马丁·布伯说:"这个世界上存在着两重关系,'我和它'与'我和你'。前者对应着'感受的世界',后者对应着'联系的世界'。""在感受的世界里,世界被感受了,但没有被在意",就像我们每天浏览的评论,我们感受着别人的喜怒哀乐,却从来不曾触碰背后的真实。"在联系的世界里,你是真实存在的生命,世界因我与你的联系而变得更加真实与美好。"

生活化课程的妙处就在于,它无形中将成人和孩子的关系定义为"我和你"的关系。在我们的眼里,孩子是真实生命的存在,世界也因我们与他们的联系而变得更加真实、美好。但对家长来说,这样的联系需要借助一种方式,而生活化课程就是最好的方式。在这个过程中,家长和孩子彼此照见,也彼此理解,成为最好的学习同伴。

警惕幼儿园里的"宅童"

2018年4月8日

在"被塑化"的时代里,城市儿童的生活变得与他们的父辈大不相同,最大的区别就是长期脱离大自然。于是,这些患有"自然缺失症"的儿童有了一个新的称谓——"宅童"。

在城市中,大部分幼儿园的户外场地都是硬化的,孩子们缺乏探索自然的机会和条件,所以被迫长时间地待在室内活动。当他们回到家中时又因为条件的限制而无法在自然中探索,因此成为"宅童"。

连续四年,我都会在清明之后搬到北京市昌平区十三陵附近的一个乡村院落居住,播种、施肥、收获,直到立冬,再搬回城市。

我并不是一个在农村长大的孩子,但不知为何,竟对土地以及土地上发生的一切格外迷恋。我迷恋土地被雨水打湿后散发出的特殊香味,也格外喜欢土地上生长出的植物的特殊颜色。最喜欢的是夜晚,黑夜包裹起白天的燥气,星空像一块巨大的毯子,沉沉地压了下来,让人沉睡过去……

今天一早,有人推给我一张名片,是国内非常著名的建筑设计师袁野先生,他很喜欢我们提出的"给童年留白"的教育理念,想来看看我们的花草园。真正关心教育的人和我们一样,也特别关心幼儿园里的自然环境。他说:"我最欣赏花草园环境设计中的克制感,这里面不仅表现出一种强烈的文化自信,还为儿童的创造提供了更多的可能性。"

我想,一个机构只有将儿童、自然以及它们之间的关系放在更宽广的体系中去思考,才有可能在"自然缺失症"影响的大环境中重建孩子与自然的联结。毕竟,"没有孩子会生来不爱树林、池塘、草地,不爱野花和小鸟。如果他们漠然,那是现代都市生活对童心的扭曲。"(《与孩子共享自然》)

三毛曾说:"城市里长大的孩子,最大的悲哀在我看来,是已经失去了大自然天赋给人的灵性。"清明过后,花草园里花草茂盛,将迎来最美的景象。很多同行也一定想知道,花草园是如何在都市为儿童建造了一个自然的、真实的、"有童话感"的幼儿园的。

今天，我就介绍一下花草园的自然环境及其背后的一些思考。

我们发现，在幼儿园里，只要在自然中，无须借助任何教育手段，孩子们就能自主学习。教师们需要做的只是倾听、接纳、认同与共同体验。当孩子们用自己的方式与节奏自然地学习时，他们内在的生命就是自由绽放的，这无疑是一个人获得幸福感的重要条件。

几十年前，我们的童年没有色彩斑斓的塑料情景玩具，却能爬树、玩沙、捞鱼、摸虾；没有在天文馆坐过模拟太空飞船，却能在夜晚数星星、看月亮；没有电脑可以"冲浪"、游戏，却有蛐蛐、蝴蝶、萤火虫……如今，我们的孩子们呢？好在还有像我们这样的以"自然主义"见长的幼儿园！

走进大门会发现，与门外的车水马龙和喧嚣截然不同，园内安静雅致，如果没有操场西面那座大滑梯，这里更像是一个居家庭院。进门处，黄色、红色的凤仙花和紫红色的三角梅以及一些不知名的小花组成了一个花坛。

每个季节，这个区域都会开出不同颜色的花朵。葡萄长廊正对着大门入口处，秋季，廊架上会结满葡萄。开学不久，孩子们就会迎来葡萄采摘的日子。紧挨着葡萄长廊的是一个小池塘，小池塘里住着小鱼和乌龟。池塘上有个小小的喷泉，喷泉的水声让园子一下子灵动起来。

园子北边的角落，有个倚着大树而建的树屋。站在树屋上，会看到蜿蜒在几棵大树之间的绳索长廊，它连接着三个形态各异的小树屋。穿过池塘，走过一段红砖铺设的游戏场地，有个石磨景观，石磨的孔里流淌出水花。石磨贴着围墙的一侧种着竹子，旁边有一截长着木耳的枯树干。①

我想，幼儿园应该是一个真正让孩子们可以自由成长的"伊甸园"和花草园。它应该具有一种可探究的自然气质，或许，还可以带有一丝神秘色彩，让儿童在这里认识自然、产生惊异、满足好奇心，并主动探寻未知世界的奥秘。

穿过进门处的木栈道，就会看到幼儿园的操场。操场铺着裸露的青砖。下过雨后，青砖的颜色会变深，显得格外稳重。

---

① 胡华. 给童年留白［M］. 南宁：接力出版社，2017：4—5.

操场的一面是七棵茂密的泡桐树,春天里,紫色的泡桐花撒落一地,孩子们总是欣喜地吸吮着花蕊里的花蜜。

操场的另一面是三层的教学楼,墙面爬满了爬山虎。秋天,爬山虎的叶子变红,更显秋意浓烈。

操场东面有一组木栅栏,上面爬满了金银花,每到春天就会散发出奇异的香味。和金银花相连的是一片竹林,四季都保持着青翠。园内操场旁的大树上,鸟儿在筑巢。每到夏天,孩子们会给小鸟制作鸟窝,然后认真地将它们挂到树上去[①]。

我们从不刻意要求孩子们在自然里学到什么,因为我们相信,孩子们身上依然保留着很强的"自然性",他们会自然而然地融入环境,并很快成为其中的一分子。

对孩子们来说,泥土的芳香是诱人的。所以,幼儿园怎么能少了沙、土、石呢?大树屋下面,有个不大不小的挖土池。孩子们在那里挖掘、填埋、修建,潮湿的泥土给孩子们提供了另一种生命的能量。

大滑梯的旁边,有个三池相连的沙坑,分别装着干沙、半干沙与湿沙。沙坑旁的小石屋,存放着孩子们挖沙用的工具。在沙坑游戏的时候,他们会赤足站在沙子里,挥舞着工具,专注地游戏。

院子里一共有26棵大树,每棵大树的下面,都用泥土或石头围拢成的一个直径80厘米或者更大一些的圆圈。这个圈圈有个好听的名字,叫树耳,它好像是树的耳朵,倾听着大树的诉求与呼唤。树耳上的石头被孩子们用不同颜色的材料装点成他们喜欢的样子。[②]

当儿童的生命中有更多的自然元素植入的时候,他们生命的能量就能得到提升。在城市生活中,当身处自然物种丰富的环境中时,儿童会变得更加平和与友善。

---

① 胡华. 给童年留白[M]. 南宁:接力出版社,2017:5—6.

② 胡华. 给童年留白[M]. 南宁:接力出版社,2017:6—7.

主楼西侧的墙下，隐藏着一个被爬山虎掩映的玻璃小房子，那是孩子们的户外盥洗池。秋天的时候，孩子们能透过玻璃看到红色叶子稀疏的影子。教学楼后面有一个木屋游戏台。雨天，孩子们喜欢站在屋檐下，一边用手感受雨水流下的速度，一边倾听着雨敲击在篷布上发出的响声。①

当孩子们沉浸于丰富的感官世界时，他们的心灵就会打开。我们发现，和他们在一起，不仅是在体会自然，还是在共同创造自然。更奇妙的是，这一切就是在我们共同工作、生活、玩耍的地方实现的。

顺着教学楼的楼梯一路向上，屋顶的大花园赫然出现在眼前。冬季，这里的阳光最充足，孩子们可以在上面追逐、游戏。春天播种的时候，每个小朋友都会选择自己喜欢的植物种子播撒在"一米菜园"里。夏天，这里清风徐徐，孩子们扎好稻草人，不间断地给庄稼浇水、施肥，期待着收获。秋天，这里是晾晒苹果、柿子、萝卜干的好地方，孩子们可以吃到自己晾晒的苹果干、柿饼，也能品尝到美味的萝卜干。下雨的时候，屋顶花园的雨水不会白白流走，雨水会顺着管道流入楼下小池塘旁的雨水收集池，用来浇花和养鱼。②

夏天，每个孩子都渴望和水有亲密的接触。"雨水花园"位于幼儿园主楼东边，是利用屋顶的雨水收集器在地面创建的一个循环水系，营造出了旱地里的小湿地感觉。幼儿园的小池塘里虽然有一池子水，但是因为有鱼，所以孩子们不能恣意地玩水。我们就给孩子们建了一条小溪，让孩子们能够尽情地在水里嬉戏。

行走在小溪里，感受石头与脚底触碰的亲密感；溅起水花，在太阳底下能看到彩虹；让花瓣在小溪上飘荡，让小溪也充满花香；跨在小溪上，玩"骑大马"的游戏；研究"雨水花园"的水循环系统，每一个点都是孩子们学习的机会……"雨水花园"，是孩子们拥抱自然、发现灵性的好地方。

---

① 胡华. 给童年留白［M］. 南宁：接力出版社，2017：7—8.

② 胡华. 给童年留白［M］. 南宁：接力出版社，2017：8—9.

当下，有很多在自然中无所适从的孩子，他们面对自然游戏、户外探索、夏夜星空、月光下的山峦，都显得毫无兴趣，但对手机游戏一直念念不忘。有人将这些孩子称为"塑料儿童"。作为学前教育专业工作者，我们应该将更多的"塑料儿童"拉回到自然中，这是我们的责任，也是一件刻不容缓的事情。

"游戏课程化"和"课程游戏化"是一回事吗

2018 年 5 月 4 日

近来，"游戏课程化"与"课程游戏化"一直是大家热烈讨论的话题。今天，我想来谈一谈自己对这个问题的认识与理解，谈一谈"游戏是幼儿园的基本活动"，我们真的做到了吗？

> 我国学前教育界有一个共识，即认为"游戏是幼儿园的基本活动"。这一共识被写进了教育部颁布的《幼儿园教育指导纲要（试行）》和《3—6 岁儿童学习与发展指南》。
>
> 基本活动应该是带有基础性和根本性的主要活动。用"基本活动"来界定游戏在幼儿园中的地位和作用，这就意味着在幼儿园中，游戏不是一个限定在某个时间段中的暂时性活动，也不是一个局限在某个特定区域中的局部性活动，而是一个存在于幼儿园教育中的带有基础性和根本性的主要活动。
>
> 然而，在幼儿园教育实践中，大多数情况下，游戏并没有成为幼儿园的基本活动，尤其是在处理游戏与课程、游戏与教学的关系时，还存在着严重的孤立和隔离的倾向。
>
> ——王振宇《论游戏课程化》

目前，大部分幼儿园实施的是将游戏与学习活动割裂开来的一种教育模式，"排排坐"的学习方式依然是主流。很多同行都知道，在儿童的学习活动中加入游戏是非常必要的。但是，幼儿园的课程改革"仅此而已"吗？

对孩子们来说，游戏是他们的天性，也是他们的权利，还是他们学习的主要途径。目前，学前教育领域正在进行课程改革，大家呼唤更有生命力的课程体系。但是，大部分园所的探究与实践，所做的只是将游戏纳入课程，增加课程的趣味性，不再以单纯的灌输与讲授为主。很多人认为，这就是"游戏化课程"，但这种将游戏嵌入课程的做法只是在传统课程的基础上有了提升，只能是"课程的游戏化"而已。

王振宇教授认为，真正意义上的"游戏课程化"是建立一种"儿童就是目的"，而不是"课程目标才是目的"的新课程模式。这种课程模式的出发点是儿童，目标也只能是儿童。这种全新的以儿童为出发点的课程模式，才是当下课程探索应努力的方向。

那么，我们的课程是"游戏课程化"吗？

近几年，我们的生活化课程引起了很多人的关注，这套课程的背后有着怎样的思考脉络？它和"游戏课程化"之间又存在什么样的内在关联呢？

2013年夏天，我们决定对课程进行改革。之前，我们一直在探寻，什么样的课程不仅能满足儿童学习的需要，还能促进他们心灵与智慧的成长？本质上，这也是对儿童游戏与学习需要的重新关注。经过几番讨论，我们决定将课程改革的方向锁定在"回归与还原儿童本真的生活"上。我们想探索一套既涵盖儿童的学习特点，又能满足他们的发展需要，还能最大限度地促进教师的专业化成长，帮助家长学习提高的课程体系。之后，我们做了三件事情。

第一步：生成课程

我们重新观察与审视儿童的游戏，倾听儿童学习的需要。坦率地说，在课程探索初期，我们并没有进行全面的思考，但是我们花了很长时间观察儿童的游戏，记录儿童的语言，倾听儿童的学习需要，找到儿童的兴趣点，以此来确定课程的主题。

我们用了两三年时间来完成这一探索。因为就教师而言，将课程与生活的意义相连接的自觉意识需要很长的时间才能建立起来。

第二步：畅游日活动课程

我们在记录的基础上和孩子们共同生成了一些活动，这些活动被固化下来，成为每周五的儿童"畅游日"。对儿童来说，更自由、更放松、更能遵从自己的意愿的活动，就是他们最喜欢的游戏活动。

每周五，我们都会有意识地不安排所谓的有价值的学习活动，而是给孩子们更多、更自由的游玩空间与时间。这一天是孩子们可以畅快游戏的日子，所以，这一天被命名为"畅游日"。

"畅游日"活动给了我们很大的信心，让我们知道真正的儿童发展就是在游戏中完成的。这一探索成为生活化课程的雏形，也成为我们课程中一直保留的一个重要部分。

第三步：将儿童生活与游戏的线索形成结构化的课程主题

生活化课程绝不仅是回归生活那么简单，其背后的哲学更值得我们关注。我们只有回到民族文化的哲学体系里，才能将生活、儿童与教育紧密地结合起来，形成生活化、游戏化的课程。

之后，沿着文化的脉络，儿童的学习和生活按照四季变化有序地展开，春生、夏长、秋收、冬藏。将课程依托于传统、文化与自然之后，儿童的学习不再脱离当下的生活，而且有了更深的含义。可以说，看到儿童、看到游戏、看到文化，是我们的课程一直坚持和探索的方向。我们将探索出的这套课程模式命名为"生活化课程"。

"游戏课程化"不是一个纯粹的理念，而是一种立足于儿童生活的实践探索与思考。对儿童来说，他们的生活就是用游戏的方式展开的。本质上说，"生活化课程"是"游戏课程化"的另一种呈现方式。

越来越多的研究表明，即使不借助符号认知，儿童也能够通过自己的方式完成学习，而这个方式就是他们自己的游戏。在儿童的眼中，生活有着无穷无尽的变化与乐趣，激发着他们探索的欲望，他们会主动运用感官，在思维层面进行判断、推理、整合与加工。我们的课程以儿童发展为核心，通过还原儿童的生活帮助他们从不同的层面完成学习，其表现形式也是生活化、游戏化的。

如果说中国哲学文化是"生活化课程"的地基，那么课程和探究主题的选择就是课程的灵魂。我们从个体经验中最朴素的一些好奇开始，力求用文化作为解读生命的钥匙。这样的课程思路基于儿童，又不离开实践，且有文化的滋养，虽然立意大，但正符合儿童对世界的整体性好奇；虽然操作细，但正呼应儿童探究世界的小步伐生活。

（过程模式）将课程看作一个开放的、发展的教育过程，课程需要根据幼儿的现有水平和实际状态进行及时调整和评估。换言之，这种课程需要依靠幼儿经验的不断融合和累加。由于幼儿的经验各不相同，而学习又是个体化的，因此课程具有不确定性。这两种不同的课程模式（目标模式和过程模式），背后蕴含着对"人的地位和价值问题的不同看法"，即儿童观和教育观不同。

王振宇教授的这一观点印证了我们在实践中的探索。我们多年来探索生成的"3+1+1"课程模式满足了不同个体的不同学习需要，也尊重了个体的成长发展需要。它是在课程线索的大框架之下，每周有一个主题，以一个开放性的问题开始，儿童根据自己的已有经验和兴趣特点自行选择研究的问题，开展小组活动。之后是集体的总结分享和"畅游日"活动。其中，"畅游日"活动具有明显的在游戏中整合和反思的特征，其具体项目和活动由教师和幼儿共同逐步生成。这是一种非常自觉的课程意识，是对生活经验意义的探寻与引导。

具体来说，"3"是指一周前三天的小组教学。课程之初，儿童和老师一起讨论、思辨。小组教学主要是创建一种有呼吸感的课程。在这个有呼吸感的课程中，教师倾听每一个儿童的想法，接纳每一个儿童独特的思考，关注每一个儿童学习的特点，呼应每一个儿童的成长，使儿童的思维始终处在一种持续性的分享过程中。教师要为儿童创设一个有安全感的环境，在这个环境中，儿童是很松弛的，师幼是平等的，以此来保证儿童的思想的绽放。

第一个"1"是周四的分享总结。教师利用思维导图将儿童零散的信息结构化，帮助儿童把认知变成能力，以提升儿童的思维能力。

第二个"1"是周五的"畅游日"活动。每周五的"畅游日"是孩子们特别期待的日子。在这一天，孩子们以游戏化的方式呼应与拓展前四天的学习经验。

大班 4 月第一周"家族印记"的学习

日期	简介	学习方式
周一	我的家族印记	小组教学、PBL 海报分享、问题讨论
周二	遗传的奥秘	小组教学、PBL 海报分享、问题讨论
周三	生命的诞生	小组教学、《小威向前冲》图画书及视频、胎心仪等
周四	人类起源	集体教学、梳理本周学习的内容
周五	生命的密码	畅游日、游戏

这样的课程模式让每个儿童的生命力都能够借助课程得以抒发,也让教师重新和真实的自己对话。

儿童的整体生活、游戏和对世界及自己的思考是紧密结合在一起的(哲学上可称之为"混沌之美")。成人似乎只有在进行哲学思考时才能回到本源,用经验重构对世界的整体认知;只有在渐渐老去的时候,生命的整体感才会伴随着豁达再次呈现。而儿童,他们无时无刻不在体现思考与学习的整体性与完整性。

和儿童谈论哲学,其实一点也不枯燥

2018 年 5 月 11 日

常常有人夸我们幼儿园的小朋友长得好看,因为他们的面目特别舒展,容貌也很开阔、豁达,特别是他们的思想和精神的格局非常宽大。你如果期待孩子们长成美好的模样,就需要经常在"哲学层面"和他们进行对话。

儿童有自己的哲学吗

哲学是什么?在希腊文中,它的含义是"爱智慧"。问"为什么"是人的天性,哲学就是回答"为什么"的学问。如此看来,儿童和哲学是关系最亲密的人。

如果我是一朵花,会怎么样?

如果我是一棵树,会是哪里的树?

我从哪里来？

我是什么样的人？

我要到哪里去呢？

儿童对这个世界充满了好奇，会像哲学家那样追问事物背后的原因。这些问题、领悟和感叹都是他们对周围世界或自我的积极探索、思考、认识和解释，这就是儿童的哲学。你如果不理解儿童的哲学，就无法真正理解儿童。

每一个孩子都是天生的哲学家

夏天，我通常会在幼儿园的院子里工作。有一天，一个小孩来找我，她说："我觉得我妈妈很讨厌，我不知道她为什么一定要让我学这么多东西，我一点儿都不喜欢。她是我的妈妈，她不是应该让我过得高兴吗？她这样做让我很不高兴，我跟她讲，为什么她就不听呢？"我听完之后，认真地跟她交流了我的想法。我说，不是每个大人都能够理解小孩的。她说："可是，你知道吗？在这个幼儿园里，人人都爱园长妈妈，是因为你能听懂我们说话。"孩子们是多么期待有人能够听懂他们的话呀！

每周二，"中华女子学院附属实验幼儿园"的微信公众号都会上传孩子们对一些问题的讨论。你会看到，儿童对每一个问题都有自己的思考与答案。我们借鉴了瑞吉欧教育中的"儿童的一百种语言"的提法（但是两者的释义又有些不同），以此记录他们的语言，了解他们的思维方式，尊重他们的思考，表达我们的教育观与哲学观。

在讨论中，每一个孩子都会表达自己的观点，这里面没有对错，每个人的表达都是有意义的。教师的角色就是倾听、记录、整理。我们以"不评判"的方式保证每个孩子的声音都能够被听到。孩子们的回答总是充满了哲思，意味深长。

有人问我："和儿童交谈时，你们有什么原则吗？原则是什么？"我想，原则就是那颗心。"应无所住，而生其心"，这是我特别喜欢的一句话。和儿童打交道，我们需要用一颗特别纯粹而明亮的心去呼应他们，这样才能听到他们的哲思哲意。

孩子们一共讨论了101个问题，我们将它们进行整理、归类后发现，这里边有谈论个人的，有谈论父母和家庭的，有谈论朋友的，也有一些非常纯粹的哲学思考。其中，关于家庭的讨论有13个，他们讨论了爸爸、妈妈、爷爷，还讨论了"爸爸妈妈应该怎么爱我""爸爸妈妈有什么烦恼""我们家的家规"等；关于幼儿园的讨论有16个，比如，"入园焦虑"。看到孩子们的回答，有时我会落泪，感慨成人的视野多么狭窄，也更加深刻地理解了"儿童是成人之师"。

此外，关于"节日"的讨论有8个，关于"艺术"的讨论有3个，关于"自然"的讨论有12个。当然，关于社会、人文，他们也有讨论。孩子们的观点都非常精彩。其中的26个讨论，我把它们称为"形而上的思考"，就是哲学讨论，比如，孩子们讨论"再见的味道""畅想自由""漫话生活""关于幸福"……每一次讨论都是一堂完整的哲学课。

他们也讨论了"自由与规则"以及社会正在热议的"共享单车"，并发起了一个"私有与共享"的话题，这些都非常精彩。

儿童哲学的形成

儿童的哲学探索总是带有强烈的好奇心与创造力，他们的思考就像玩游戏一样自然。儿童哲学起源于儿童对世界的困惑和求知欲，之后逐渐形成他们对世界的看法与观点，这需要一定的土壤和条件。

自由。哲学本质上是一种自由致思。儿童的学习与思考得益于自由时间的供给，儿童学习的自由本性才是他们哲学思想的土壤。

好奇。好奇是儿童的天性，也是哲学思考的内在动力。我们每天的倾听，让他们的表达有了更深入的思考空间。

诗意。哲学固然要遵循类似科学的理性逻辑，但它本身又是充满诗意的，而且是可以通过"诗意之思"通达人生智慧的。诺瓦利斯说："哲学就是怀着一种乡愁的冲动到处去寻找家园。"儿童的灵性世界本来就充盈着诗意。

对话。因为哲学思维是一种反思性思维，所以只能通过心灵的激荡与智慧的碰撞，或者对话，推进自我省思与批判。可以说，哲学教育从本质上是一种精神或思想的对话教育。

现在，你应该能理解，为什么我们幼儿园的孩子的表情总是那样鲜活，充满了童真，饱含着灵性了，因为他们有着丰富的思想！

理解儿童的本质是理解儿童哲学

不理解儿童哲学，就无法理解儿童的思维方式以及精神世界

现在，越来越多的人开始谈论儿童哲学。我也常跟老师们说："如果不理解儿童哲学，你就不能理解儿童。"我在和老师们一起讨论教育的时候，经常问他们："在这个活动里，你的哲学目标是什么？"

天天和孩子们在一起，老师们终于有所发现。

阎玉新老师：儿童的世界和成人的完全不同，倾听他们就是了解他们、了解世界的途径。

张晓敏老师：生活需要智慧，我在和他们一起讨论的过程中常常感到，儿童比我们成人更有智慧。

张芬老师：在这个过程中，我们没有谁好谁坏，只有独立的思想在碰撞，这不就是教育吗？

王玉洁老师：我放下自己，得以看到自己的狭隘。我以为自己获得了某些知识和真理，但是听了孩子们的想法，我发现自己拥有的仅仅是知识，根本谈不上智慧。

张蕾老师：成人不愿意和儿童做过多的交谈，但是他们不知道，儿童的心灵更接近真善美。我感觉，孩子的灵魂始终在高处。

儿童哲学对我们构建生活化课程的影响

儿童哲学的目的，不仅是发展儿童的逻辑能力，还要通过团体中的对话、讨论帮助儿童练习去自我中心，同理他人，思考对话中的精神，进而对自己的思考产生理解，寻找其意义，解决生活中的实际问题，这也是扩及个体价值观和生命方式的重要反省能力。

儿童学习和成人学习的最大不同是：儿童的学习伴随着丰富的情感体验，运用的是自然的方式，带有非常强烈的情感支撑。正是这部分情感，向上将凝练成哲思，向下将幻化成本能。

在构建课程思路的时候，为什么哲学特别有价值

教育要有基本的出发点。中国人思考教育的出发点一定是中国哲学，因此在课程中，我们要求呈现出情感、认知、技能、价值观、灵性五个层次的课程目标。

儿童作为独特生命体的存在，他们的灵性是成人永远无法企及的。我们要保护他们的灵性。有灵性的儿童会主动思考，有意识地进行精神建构。认知和技能是一个下位目标。所以，我们的老师在建构课程思路时，从下位目标开始思考，它的可操作的目标在哪里？它的知识点在哪里？联结在哪里？我们这个民族文化的精髓在哪里？

因为个体都是由文化塑造的，学前课程也作为一种文化，它并不是成人知识的系统输出，而是在一种集体生活下，儿童通过可感知、可体验的、适合儿童的活动来完成文化化的过程。

——虞永平

最后，我想用"三个观点"来结束本文。

关于教育

马克思曾经说过："哲学是文化的活的灵魂。"哲学本质上关心的是灵魂和治理灵魂的事，让灵魂向真善美的方向攀登和绽放。所以，哲学是教化的艺术，是教育的核心。

教育工作者不谈哲学就等于没有教育。不谈核心的东西，只谈怎样让孩子获得成功，怎样让孩子获得知识或技能，那么到最后孩子将无法确定自己的人生目标。不谈哲学，不触碰教育的核心，我们的教育始终都是失败的。

关于教学

福柯说："教学的本质就是真话实践。"我们要建立的是教育者与真理的关系以及学习者与真理的关系，教育者和学习者一起触碰真理。这是一个双重的关系，我们共同的介质是真理。既然真话实践就是教学，那么现在又有多少教学是能够讲真话的呢？只要讲真话就是好的，没什么对错。对教师们来讲，这也是一种修行。

关于教育者

教学是由教育者完成的。教育者要有哲人的气质，要有风范、风骨、哲学的味道。我们的家长说："花草园就是一个'整容院'，平凡的人进来，超凡脱俗地出去。"这个靠的就是心灵的力量。也有很多人说："女孩子怎么会有哲人的气质？"但我觉得，哲学会让女性变得更有气质。它并不是给我们一种智慧，而是给我们一种追问，追问我们构成思想的根据和道理，所以我们每天都在和孩子们一同追问真理。老师们很喜欢，他们虽然很年轻，但走在这条道路上都感到很幸运！

"赤子之心"的 23 个动人瞬间

2018 年 6 月 22 日

每个人都曾有一颗珍贵的"赤子之心"。

"赤子之心"具有向善的自然生长的倾向，具有文化创造的倾向。

"赤子之心"乃人文世界的根系、源泉、原点和故乡。

——刘晓东《向童年致敬》

2000 年，我第一次读刘晓东老师的《儿童精神哲学》。可以说，这本书开启了我对儿童的全新认识。这么多年过去了，这本书一直是我的案头读物。从初读时的艰难晦涩、难以理解到有强烈的内应感，不知不觉间过了 18 年的时光。

这本书对我最直接的影响是，我们一开始就将幼儿园课程探索的目标放在儿童精神世界的丰富性上，而不再仅仅停留在儿童的认知上。我们渴望建立一种"儿童就是目的"而非"课程目标才是目的"的课程模式，努力让课程基于儿童，又不离开他们的生活。我们将课程立意与人文世界的根系、源泉、原点和故乡联系起来，以符合儿童对世界的整体性好奇。总之，我们非常希望这套课程能够与儿童的"赤子之心"相互呼应。

今天，经常有人问我："为什么你们的课程让人感动？""为什么你们的孩子充满灵性?""为什么你们老师的身上有着无穷的创造性?"对这些问题的不断追问,让我获得了一个关键认识:儿童教育工作者是否拥有"赤子之心",是决定他们将这份工作做到何种境界与高度的关键!

刘晓东老师在《向童年致敬》一书中指出:

"童心是人文之源。"儿童既是文化创造的本体,也是文化创造的主体。这种观念就是儿童本位的基本内涵。儿童本位不只是现代教育的基本原则,也是未来理想社会的基本特征。

事实上,成人往往无视童年的价值,无视儿童文化的存在,从而成为童年生活和儿童文化的破坏者。

如果成人能复归自己的自然本性,即复归童心,那么这些成人所成就的文化就是最符合人自然本性的文化。这或许就是老子倡导"复归于婴儿"、孟子主张"大人者不失其赤子之心"的缘由吧!

……

童年拥有丰饶的人性资源和人文资源,童年是"人生的井",是人类文化的根系,是一切人文世界的根系,因而童年、童心、儿童是值得成人珍视和敬畏的。

……

人的内部有一个知识的或理念的"仓库",这个"仓库"里的知识远远大于外部所能给予人的知识。我将人与生俱来所拥有的这个知识或理念的"仓库",称为童年资源或童心资源,说到底,就是童心或赤子之心。

尊重童心,尊重儿童的生活,珍惜童年的价值和儿童的文化,便是尊重人性的价值与尊严。人要想变得强大,就必须了解儿童、尊重儿童、善待儿童、跟随儿童。那么,什么是"赤子之心"?拥有"赤子之心"的孩子在生活中是什么样的?我们发现并记录了孩子们以"赤子之心"与世界互动时所表现出的 23 个动人瞬间。

"赤子之心"是打开感官,保素直觉,保持与内心的联结

申洁文老师:这一周,我们的小组课程是研究树。在收集问题阶段,彬宸盯着柳树的树梢一直认真地观察着,然后大声地说:"我和我的队友发现,柳树的树枝是往下垂的，就像女生的头发；泡桐树的树枝是往上长的，就像男生的头发。"

"赤子之心"是眼里有光，不厌其烦

吴婷婷老师：孩子们在户外找蜗牛，士一高兴地大喊："我找到了一只蜗牛，特别大。"然后，他迫不及待地和其他小朋友分享。但是没一会儿，蜗牛在士一手上拉粑粑了，他一直喊："哎呀，蜗牛在我的手上拉了粑粑！哎呀！蜗牛在我的手上拉了粑粑！"说这话的时候，他眼睛里放着光，嘴角带着笑，那个瞬间，特别动人。

李美杰老师：户外活动时，安安从滑梯上滑下来之后，迅速跑向起点接着玩。中途，他发现了一个小水坑，于是蹲下身凑过去认真地观察水坑，并从地上随手捡起树叶放进去，让树叶在水坑里"游泳"。接着，安安站起来往水坑里跳，一点也不害怕水溅到身上。看到溅起来的水花，安安开心地大笑起来，全身心地享受着和水的亲密接触。

"赤子之心"是充满幻想，相信那些看不见的存在

李琳老师：户外活动的时候，千里和好朋友时不时地跑到园长妈妈办公室的门口，透着门口看着，并不时地说着悄悄话。我问她："千里，你在做什么呢？"千里笑着说："园长妈妈的屋子里到底有什么？"不等我回答，她"嗖"地一下跑远，不一会儿又跑回来，悄悄地跟我说："园长妈妈的房间里有小精灵，它们都住在里面呢！"

"赤子之心"是敬畏与欣赏世间万物

王钰诗老师：周一早上，吃过早饭，启轩对我说："诗诗老师，走吧，我们去看朝霞。""你为什么要带我去？"启轩说："因为我要带自己喜欢的人去看漂亮的东西。""那看完朝霞呢？"启轩说："我们就接着等日落吧！"

罗希悦老师：下午，一场雷阵雨袭来，几声轰隆隆之后，大雨点砸了下来，不一会儿，操场上就全是雨水了。孩子们兴奋地趴在图书馆的沙发上赏雨，像是期盼着能够出去踩雨、玩水。老师一打开门，几个孩子就从沙发上跳了下来。他们站在门口，把手伸了出去，雨滴在胳膊上，孩子们兴奋极了！他们都在享受着和雨滴的亲密接触，每个人的脸上都写着"幸福"两个字。

"赤子之心"是对世界充满好奇，始终在追问"为什么"

张燕芸老师：孩子们对这个世界实在有太多的好奇与惊讶了。很多问题，大人已经习惯忽视。"一米菜园"里，皮皮看见蝴蝶总围着花丛飞来飞去，就问："为什么蝴蝶喜欢花朵呢？"听到绘本故事里的汤姆被咖啡烫到了手，皮皮就想知道："咖啡为什么是烫的呢？"午睡起床之后，皮皮发现自己尿床了，就问："我为什么会尿尿呢？"孩子们认识这个世界的过程，就是不断地追问"为什么"的过程。

"赤子之心"是保持质疑，不畏惧权威

郭佳老师：格格早上梳了个"小耳朵"的辫子，起床后，我努力地还原她上午的造型（保留原造型是上午我们约定好的）。我梳好一个辫子后，她摸了摸，噘着嘴嫌弃地说："佳佳老师，这个耳朵也太小啦！"我委屈地说："宝贝，我尽力啦，不能对我要求太高了！"一旁的鏖闶听到这话，立马接着说："不，老师，我们只有对你要求高一点，你才能进步。"

"赤子之心"是对自己有信心，敢于挑战别人认为不可能的事情

王钰诗老师：我在给"雨水花园"换水的时候，紫诺找到了我，信心满满地说："诗诗老师，我想用网子把小水渠里的脏东西捞出来，帮小水渠洗个澡。干净的小水渠才能好好玩呢！"我有点担心地说："你可以吗？那个网子可是很重的！"紫诺皱起眉头："哎呀，这个必须由我来弄，我这么有力气！我相信我自己！"说着就将自己的肌肉露出来，头微微地抬起来，眼神中写满了坚定！

"赤子之心"是对自己有要求，也有自己的"完美"标准

王彩霞老师：在大班"送给幼儿园的礼物"活动中，绘制"井盖设计图"小组的成员嘉毅明确表示要设计一幅"星空"，他对小组中的其他成员说："我觉得星空特别美，要把最美的留给幼儿园，我们就设计星空！"于是，他开始趴在纸上画星星。那种专注的样子，令人觉得他能留下世界上最美的星空。睿涵和子墨也跃跃欲试，嘉毅担心他们破坏了画面，于是耐心地指导说："你们要认真、仔细地画，要是画得乱七八糟，是会影响我的心意的，我可是有要求的人。"

"赤子之心"是拥有丰富的想象力，任何时候都能找到乐趣，也能发起有趣的游戏

李美杰老师：刚下完雨的户外有很多小蜗牛，芊芊一出去就沉浸在找蜗牛中。她把找到的蜗牛托在手心里，认真地观察着，轻轻地抚摸着，很久很久，专注的样子十分温柔。她指着蜗牛说："最大的是蜗牛爸爸，这个是蜗牛妈妈，最小的是蜗牛宝宝。"接着，她又找来一只更小的蜗牛，自言自语地说："最大的蜗牛是我爸爸，第二大的是我妈妈，这个是我自己，最小的这个是毛毛（芊芊的弟弟）。一家人都到齐啦！"

何力平老师：冬天，孩子们进教室的第一件事就是把外套脱了，然后叠好放在箱子里。每当这个时候，我就发现糊糊特别喜欢拿着自己的衣服甩来甩去，从教室的这边跑到另外一边，感觉要带着衣服起飞。我问她在做什么，糊糊抬起头，眼睛睁得大大的，一脸童趣地看着我说："我只是和我的棉袄做游戏呢！你看，它一直笑得很开心呢！"说完又拿着自己的衣服在教室里飞奔，感觉整个教室都是她的天空。一个有趣的灵魂，无论在什么时候都不会感觉孤单。

"赤子之心"是以真诚、慈悲的心面对世界

张燕芸老师：鼎鼎想过生日，想吃蛋糕，我就开玩笑地说："我把我的生日让给你。"鼎鼎想了想说："那你怎么办呢？""没关系啊，生日只是一个仪式，过不过都会老1岁。"听到这个"老"字，鼎鼎突然哇哇大哭起来，弄得我有点猝不及防。等他渐渐平静下来，我问："你为什么听到老1岁就哭了呢？"鼎鼎说："老师，我不想让你老，我妈妈也开始变老了，我爸爸也开始变老了，奶奶也老了，爷爷也老了，我不想你们变老。"说完这话，他紧咬着小嘴唇，眼泪在眼眶里打转，感觉下一秒又要伤心地哭出来了。

张晓敏老师：在户外的时候，孩子们遇见了一条蚯蚓。它不停地蠕动身体，吸引了很多小朋友的关注。沐泽号召大家给小蚯蚓搭一个"房子"。之后，以蚯蚓为中心，大家蹲在地上围成了一个圈，专注地商量着如何给蚯蚓建造一个家。商量完毕，沐泽、颢瑄、子琦开始找树叶、泥土、草和落花。孩子们围在一起，安静、认真做事情的样子真动人！

"赤子之心"是相比较"爱",更喜欢被理解

胡华:一天中午,我走进大一班教室,看到孩子们正在吃饭。他们吃得很快,我问:"你们愿意吃饱、吃多,还是吃撑?"一个小朋友说:"我愿意吃很多,吃到很撑,这样的话,妈妈爸爸就会很高兴。"我接着问:"你高兴和你的爸爸妈妈高兴,哪个更重要呢?"他想了想说:"我的高兴更重要。"我说:"好吧,我支持你!"对孩子们来说,理解意味着真诚地接纳。

"赤子之心"是始终有积极改变的愿望,并且付诸行动

张蕾老师:小予妈妈早上跟我分享了一个小故事。早上起床之后,因为一些小事,小予和爸爸吵架生气了。过后,小予突然对爸爸说:"爸爸,你这样生气、叫喊是没有用的,我可以教给你一个办法,就是当我犯错的时候你要给我一个'叮咚',这样我就知道了!""叮咚"是我们在幼儿园的"法宝",当孩子"犯错误"的时候,我们会送给他一个"叮咚",一天当中集满三个"叮咚"就要接受一个小惩罚,比如,坐在老师旁边的椅子上休息三分钟,给小朋友表演一个节目,等等。没想到,小予将"叮咚"之法延伸到了家庭,用来调和家庭问题。可见,孩子们会有一些突如其来的灵感,非常自然地将自己的经验延伸到生活的不同方面。

李文老师:小朋友们一起清洗幼儿园"雨水花园"里的石头。立铭拿起一把牙刷,然后好像在找什么似的,过了几秒钟后站起来,转向我说:"老师,你去帮我挤一点牙膏吧。"接着,他又抬起头对我说:"挤上牙膏才能把石头洗得更干净,这样石头上就没有细菌,就像我的小牙齿一样。"儿童对待很多事物都如同对待自己一样,因为他们的内心美好。他们也乐于将这样的美好传递到世界的每个角落。

"赤子之心"是"泛灵"的

张晓敏老师:世间的一切都是有生命的,都是带有灵性的。即使是小池塘的小石头,它们的存在也被孩子赋予了生命的意义。在孩子们的眼中,一朵花、一棵草、一块石头、一滴水、一粒米都是有生命的。午餐时,我将桌子挪开,发现地上有很多饭菜粒。这时,沐卉拿了张纸蹲在地上一边捡一边说:"哎呀,怎么这么多饭粒?真是太浪费了!我们要保护好碗里的食物,不要掉在地上,不然米饭该伤心了,我们都没有好好珍惜它。"

"赤子之心"是诗意地栖居

田悦老师：这一周，中班的小组课程是探索"雨水花园"的水是怎么流成一条小瀑布的。孩子们用自己独特的视角进行了解读，仿佛小瀑布也富含了诗意。比如，孩子们认为，"水是神奇的，它悄悄地爬上了小瀑布""它们的脚底太滑了，冲上了小瀑布""可能是水蒸发之后，往高处流""可能是水中有秘密躲在里面"。不管是哪一种，"雨水花园"都是神奇的乐园。

"赤子之心"是对弱小、疾病以及身处困境的人或物有天生的悲悯之情

田巍老师：拥有"赤子之心"的人，总是会对弱小、身患疾病或身处困境的人或物有着天生的怜悯之情。在班里，看到身边的人咳嗽，孩子们会说："多喝水哟！""你要好好休息。"当他们的小眼睛里透出爱的光芒时，他们仿佛带着天使的翅膀。和成人相比，他们更愿意看到这个世界的美好。

因为手臂骨折，时隔一个月，佳蔓终于在"六一"儿童节当天回到了花草园。乐乐和小宝在旁边不断地和她说话，小海一直在旁边提醒大家："小心，大家不要碰她的手。"许多孩子都在旁边关心着佳蔓："佳蔓，你还疼吗？""如果有人碰了你的手臂，你是不是还会受伤？"……询问佳蔓的情况之后，他们又开始邀请佳蔓和自己一组："那你今天跟我一组吧，人多，你可以站在我后面。""你跟着我吧，我跑得快，你想要什么跟我说一声，我很快就给你拿过来。"……这时，班里又围过来几个孩子，大家都争着让佳蔓跟自己一队。于是，孩子们当天成立了"保护佳蔓小分队"。"六一"儿童节活动当天，小分队一直在行动，忙忙碌碌地穿梭在我们的"佩奇小镇"里，佳蔓也在大家的保护下顺利地度过了完美的一天。

"赤子之心"是有一颗艺术的灵魂，更容易感受生活中的美好

罗希悦老师：每一个孩子都有着天然的独特审美，他们能运用自然中的一切进行艺术创作。一个纸团、一坨泥巴、一杯水，都能让他们敏锐地捕捉到生活的美好。

这一周，小班的孩子们在研究"小池塘"。当小池塘的水被清空后，池底的石头引起了孩子们的注意。在他们心中，每一块石头都有自己的样子，于是他们展开了想象和创造，一个个可爱的"石头怪"就这样诞生了。"石头怪"化身为小池塘的守护神，带着孩子们的祝福守护着美丽的小池塘。

毕加索认为，6岁孩子的绘画真正符合艺术的本性和规律，他们具有丰富的先验的艺术资源，值得一切成人艺术家学习和效仿。

"赤子之心"是怀有"正念"

朱梅画老师：每一个拥有"赤子之心"的人，对生命都保持着积极的信念。

一次区域活动的时候，子豪和点乐认真地下围棋，我在旁边观战，看到子豪一下子吃了点乐三颗棋子，胜利在望，我开玩笑地说："点乐，你不行呀。"我说完，点乐一点反应都没有，但是子豪说："你别那样说，点乐会不开心的。"他们虽然下得很认真，但是并没有介意输赢。

小孩子以最干净、纯真的状态面对生活，不像成人那么在乎对错与输赢。

很多人评价我是一个有"赤子之心"的人。我喜欢这个评价，觉得这是对我莫大的赞许。从小我就很天真，这个天真也保留到了今天。年过五旬的我看到头顶盘旋的直升机，会停下脚步，抬起头，向飞机挥手。我不确定飞行员能否看到我，但我高兴的样子像是在和童年的自己对话，而它轰隆的声响也像是给我的回应。

当场景变换，转向花草园，我发现孩子们和我一样，只要头顶一有飞机飞过，他们就会齐刷刷地抬头、挥手，开心地大叫。我不知道他们是不是和我一样，渴望飞机带着我们去高空、去远方，但我知道，我们的快乐是一样的，都渴望让生命之光去到更远的地方。

成人保留"赤子之心"究竟是可笑还是幸运，全在于自己的认识与选择。反正我喜欢自己的"赤子之心"，虽然也因此遭遇过很多挫折，但我的内心似乎从未想过改变。当然，也许是难以改变吧！

幸运的是，我从事了一份格外需要"赤子之心"的工作，当我的赤子之心与儿童的赤子之心相遇时，一切都是那么和谐与美好！

幼儿教师需要深度思考的能力吗

2018 年 7 月 6 日

社会上的很多人对幼儿教师这个职业缺乏了解。"孩子王""多才多艺""活泼可爱",是大家对这个职业的从业人员的基本描述。但是,我们自己不这么看。我们认为,幼儿教师是具有很高素养的"文化人"。这里所说的"文化人",不仅指有文化的人,还指能够用文化影响他人的人。梁晓声老师说:"文化是根植于内心的修养;无须提醒的自觉;以约束为前提的自由;为人着想的善良。"

有人曾说过这样一句话:"我们在大脑中走得越远,在现实中就走得越稳。"确实,每个人的内心都有一个更高的目标,它会让我们对很多终极问题产生疑惑,持续探寻,进行深度思考。

每个学期,我都会寻找一些契机,带领老师们进行深度思考。每一次的讨论与分享,都是一次集体性的深度思考。老师们也很享受这样的思考过程。期末来临,我们在整理资料的时候发现,很多思考已经内化成老师们工作的信条。而其中的一些内容,更是凝练成花草园的教育思想和教育追求。

那么,就教师而言,深度思考是指什么呢?今天,针对这一问题,我们想分享一些自己的独特思考。我相信,这些思考是个性化的,但一定也是共性的,希望能给更多的同行提供不一样的工作视角。

了解一个问题时,也要了解问题产生的过程及其背后隐藏的解决思路和原则

- 对教师来讲,进步最快的时候是入职后的前三年。这是一个职业的塑造期。所以,每位新教师都要对自己提出更高的要求和目标,对待工作也需要有更深入的思考。
- 教师的成长之路至少要经过三个阶段。第一个阶段是找到儿童,看到他们,听到他们,和他们在一起游戏;第二个阶段是在和儿童相处的过程中,看到关系中的自己。在这个关系中,重要的是做深度内观,将自己、儿童和教育三者进行联结；第三个阶段是逐步将认识内化成教育直觉与教育智慧。这之后，才可能逐渐拥有"专业能力"。

- 总是给孩子讲道理的老师一定不是好老师。总是在观察，然后在孩子们需要的时候站出来的老师才可能是好老师。孩子们需要的时候，你在就好；不需要的时候，他们会有自己的游戏和乐趣，因为儿童本身就是本自具足的。
- 教师只有敢于碰触自己，才能走进孩子们的内心世界。倾听孩子是个好方法。教师要学会梳理自己内心的东西，推翻自己原来的一些见解，重建内心秩序。当专注于当下的思考，内心安静，不再只想着自己的时候，成长也就随之而来了。
- 每个孩子都有自己的命运，孩子到底应该走上一条什么样的路？我们不知道，因为教师不是万能的。有的时候，教师该做的都做过了，也未能改变什么。一个人努力地帮助别人，也有可能是在迎合自己某些潜在的需要。我们如果能意识到这一点，就能以一种更豁达、宽广的心态面对工作中的变化。
- 我们的文化是，每个人都要看到自己的进步和成长，也要看到自己的价值，这样就会慢慢地读懂自己，拥有自己的一套话语体系。真诚，自我解剖，敢于直面自己的进步和成长，同时也能直面自己的不足，这种坦荡和风骨是花草园多年来最宝贵的东西。

比一般人更能发现规律、趋势及其背后的一些东西

- 观察儿童有四层境界。第一层境界是你看到了；第二层境界是你看到了，同时拥有了自己的认识与看法；第三层境界是你看到了，接受了，并做了一些事情，然后对做的事情有了新的认识；第四层境界是你看到了，做了，然后重新评估这件事情，内心生出更大的情怀，有了慈悲心与包容心。如此，你才拥有了更高的境界。
- 儿童的心灵非常敏感，如果成人压抑他们，他们心灵的触角就会缩回去。只有在爱的滋养下，他们才会重新长出触角，主动地吸纳周围的爱和力量。

- 教师和儿童都是流动的河流,每个人的行为之下都涌动着一个看不到的巨大冰川。你有多深,你看到的儿童就有多深,你理解他们就有多深。
- 儿童是会学习的、能学习的。每个人都会看到不一样的儿童,好比禅修,境界高下,全凭自己感悟。
- 学做一个有弹性的人。能接受自己的好,也能接受自己的不好;能接受自己的坚强,也能接受自己的软弱;能接受自己的能,也能接受自己的无能,这就叫弹性。当弹性空间越来越大的时候,你的心就变得开阔起来,不会受一些外在事情的影响。因为那个事情,再大也大不过你的心。"心比天大"就是这个意思。心是非常宽广辽阔的,我们的工作就是在修这颗"心"。

比一般人有更多、更深刻的自我觉知能力

- 在工作中保持空杯的心态。如果教师的内心塞满很多东西,那么这些东西就会让人无法保持镇定,也无法看到外部世界的美好与真实。
- 喜欢的事情就去做,做了就要认真做,做完之后不问结果,这些慢慢地会变成你人格中的一部分。
- 当工作状态特别轻松的时候,你的感觉就会变成一种直觉。直觉的力量是一种心理能量的流动。拥有这种直觉,就说明你已经学会用心灵工作了。直觉是高维的信息,是综合了多维空间之后产生的一种力量。所以,一旦有了评判,你的心就不纯粹了,也就没法再与本来的事物相连了。
- 干净、纯粹、本真、拙朴、轻灵,都是我特别喜欢的方向,每个人都应该确信自己的力量。我们的教师要追寻自己的直觉。直觉有两种:一种人的直觉非常敏锐而优雅,如艺术家;另一种人的直觉非常拙朴,如工匠,但这两种直觉都值得认可,不分上下。

养成思考的习惯，且具有持续性和开放性

- 很多时候，我们在课程中设定的活动目标，不过是成人"刻舟求剑"式的幻想罢了。其实每个孩子在学习的时候都有自己的目标，每个人的目标又各不相同，成人为什么设置一个共同的目标呢？
- 我们找到自己的过程，也是不断地认识自己、了解自己的过程。其实，每个人都有一扇无法用自己的力量关上的门。不要害怕，我们需要相互帮助。
- 在工作中，渐渐放下"二元对立"的思想。不要总想着分出好与不好、合适与不合适、对与不对，内心喜悦的人能容纳所有的"二元对立"，拥有更广阔的胸怀。教师要慢慢体会放下"二元对立"思想的感觉，放弃对错观。所有的孩子都是好的，因为在孩子的逻辑体系里，他的言行有自己的道理。教师要做的就是保留孩子原生态的精神世界。

渴望追寻更高的自我，拥有更加丰盈和蓬勃的人生

- "足够真诚才足以感人，足够深刻才足以改变。"我觉得这句话特别适合我们。
- 事物的本质就是事物最纯粹的东西，而不是你以为的本质。忘掉自己，放下执念，只有把目光聚焦于儿童，思想才会流动起来。然后，你会发现，任何时候自己都能有"思想流"。其实，每个人都可能找到自己的生命力，但是首先要放空自己。
- 这个世界上有让自己过得好的法门吗？一定是有的！法门就是让你的心与天地、孩子保持同频，因为孩子是这个世界上最美好的事物。只有这样，你才会越活越简单，越活越快活，迎来生命的灿烂。你若盛开，清风自来。
- 当一个人与一个事物建立起深度的联结感时，他就会看到这个事物的本质。这种深度的联结感，有时候要靠时间的力量，有时候要靠心灵的力量，总之，会有很多的契机。

- 安心、安然的状态是我们倡导的。赶目标是走不好路的，显能也是走不好路的，即使努力也未必能走好路。世界上，我们有很多事情之所以没有做好，恰恰是因为太努力了。因为努力是向外走，用的是力量或谋划。我们应该用心，心恰是在宁静里，在干净里，在恭敬里。
- 我们换了空间、时间，就会重新感受生活和生命里的另一重世界。生活和生命应该处于一个平衡的状态，而这个平衡的一端是工作，另一端是自己的闲暇时光。一个人不可能一直都在工作中奔跑，所以我们要重新找到生活和生命的平衡关系。

在花草园，提升教师深度思考能力的学习方式有很多。除了读书、外出学习，还有我们内部每周一次的教研会、每月一次的全园会以及每周一我对教师们的观察记录和教育笔记的指导。但是无论哪种形式，我都力求减少评判，将重点放在引导教师对教育问题的深度思考上。

如果幼儿教师没有深度思考能力，那么他们的很多努力就无法找到真正的方向。这种深度思考是不断地逼近教育本质问题的思考。虽然很多时候我们无法做到第一时间就触及本质，但却可以在一次次的自我追问与深度思考后越来越接近本质，直到有一天触及本质，并将它清晰地表达出来。

希望每个人都能进行一些深度思考，希望每个人都能找到自己的方向！

保持饥饿，保持愚钝

2018 年 8 月 31 日

今天是本学期的第一次全园大会。

假期，大家去了不同的地方享受悠闲的时光。这个假期，我去了一趟俄罗斯的贝加尔湖，这趟旅行给了我很多不一样的体验。当我在西伯利亚的森林里居住的时候，我感觉那里的天地之气太强了。我亲吻着大树，情不自禁地流泪了。我们都曾是自然的孩子，但很多人遗忘了这种感觉。

每一次的全园会都很有意义，我们需要把各自的"频道"调整一下，回到一个共同的频道上来。如果没有这个过程，我们就要花很多时间才能调整好这个"频道"。新学期，我依然只谈工作的战略，战术则留给大家自己制定。

在动荡的时代做不动荡的自己

这个假期发生了很多事情，特别是一些社会事件，以至于这一个暑假，话题都很难聚焦。世界总是在不经意间发生很多变化，每个人都深受影响。我也问自己："对未来还有信心吗？"心里会有一些不太确定的东西。昨天，我看到新东方教育科技集团创始人俞敏洪的一次发言，他说：

> 确实我们每个人都感受到了时代的动荡，不光是中国，而且是世界。但是，我们每个人都在追求着让祖国变得更好，我们都发挥着自己的力量，我们不希望跟着时代动荡，而是希望成为中流砥柱，为国家添砖加瓦。

是啊，世界在变的时候，我们的个人命运和祖国的命运、民族的命运紧密相连。所以，我想问大家四个问题：

- 我们能成为中流砥柱吗？
- 我们还能坚守这个职业吗？
- 我们还能保持初心吗？
- 我们还能坚守信念做好这份平凡的工作吗？

幼儿园教师如果甘于平庸，就会成为"看"孩子的人；如果不甘于平庸，就应该在国家的重要时刻挺身而出，承担起自己的一份责任，因为我们培养的是中华民族的下一代。

我经常问自己，我做这个工作的意义在哪里？我们能做什么？我们能不能做得更好？我们有能力发挥自己的力量让这个世界变得更好吗？我们有意愿为民族的文化留住根系吗？如何让我们的课程探索继续下去？今天也同问大家。其实，越是动荡的时候，这些发心和品质就越发显得弥足珍贵。

树立坚定的信念，工作中保持坚韧的品质，坚信目标一定会实现

我们要成就儿童，也要在成就儿童的过程中看到自己。今天，我想把这个意义再放大一点，再拉高一点。所以，第二部分，我想讲一讲新学期我们应该做什么，干哪些事情。

这学期的工作目标是什么？上学期，我提了四个字让很多人印象特别深刻，那就是"本自具足"。当你本自具足的时候就特别有力量，不怕别人的检视。为了让我们的内心有更多的力量，我提出四个方面的建议。

坚守，坚守中有底线

坚守是什么？是一种职业的坚守、事业的坚守。每个人都要有一些坚守的东西，之后在能力范围内做到最好。

坚守中有底线，这个底线是道德底线。对我们来说，要坚守我们的工作规范、工作准则。要坚守做人的信念，坚守自己给自己定下的目标。坚守的人身上有一股力量，从他的眼神中就能看到这股力量。

最近，美国人巴里·施瓦茨写的《选择的悖论：用心理学解读人的经济行为》一书特别火。今天我们的选择越来越多，但是生活不幸福的人也越来越多，因为选择本身就要消耗时间。巴里·施瓦茨在书中提出"满足者"和"最大化者"两个概念。我们在生活中可以做满足者，但是在工作上可以成为最大化者。

坚持，坚持中有创造

我们坚持什么？这学期，我们肯定有一些坚持的东西。我们持有的是什么？"生活化课程"。这是我们的法宝，所以我们必须坚持下去。

坚持中有创造，创造是什么？比如说，我们可不可以打破课程时间的壁垒，打破年龄的壁垒，在课程探索和实施中发现一些更新、更有趣的东西？

坚韧，坚韧中有风骨

在今天这样一个时代，工作越来越难做，需要我们有更多的耐心来坚守这项工作，所以要有韧性，做到"坚韧中有风骨"。

为什么我特别看重教师的修为与精神品相？因为一所学校天花板的高度在哪里，取决于这所学校教师的水平。你们要完成对自己的思想、境界、定位的梳理。你的坚持要在境界里、思想里、灵魂里。当看问题的角度不同时，你就不会沉迷于鸡毛蒜皮的事情里。

坚信，坚信中有目标

坚信做正确的事情、美好的事情是一定能够得到"回报"的，是一定能够实现我们当初预期的目标的。困难都是暂时的，你的信念会影响这个地方的"场"和力量。要有目标，要相信我们对这个职业、幼儿园、课程以及我们自己的所有美好预期都会实现。

工作中，对自己有要求

自律

自律是一件特别重要的事情。无论做什么工作，都要对自己有要求；无论做什么事情，都要有一颗自律的心。每个人都要给自己设立自律的目标，认准了一件事就要坚持下去。自律的人能定住神，神定住了，一个人看起来就会有力量，有一种让人尊敬的精神品相。

有灰度

灰度是指一个人心理上的中间地带。我们要容忍中间地带，特别是在和别人打交道的时候，不要总是觉得非好即坏。举例来说，我们的大多数家长都不是专业的教育工作者，他们在慢慢学习成长为更好的自己，因此不要一开始就把他们划分为"好家长"和"不好的家长"。

同时，思想也要有一定的灰度，这样处理一些问题时就不用那么愤怒，不用非黑即白，伤害自己，也伤害他人。其实，我也有这个特点，灰度太少。所以，本学期，让我们共同修炼。

少抱怨

大家不要总是凑在一起抱怨，因为抱怨会消耗你很多的能量。我有段时间也很爱抱怨，觉得这个不好那个不好，后来我就想到了一个方法：一抱怨就感恩。当你想抱怨一些人和一些事的时候，就试着找出他们身上的优点，先感恩对方，抱怨也就随之消失了，内心也就平衡了。其实，抱怨也是一种自恋。

闭环

闭环就是不要把别人交给你的工作甩给别人，一定要把它做好，整个工作的环是封闭的。这个环是什么呢？就是我之前所说的"戴明环"①，即提出要求，审视要求，然后行动，最后检查。每个人都应该能做到闭环，不能做到闭环的员工不是好员工。闭环是非常重要的工作能力。特别是新教师，应该给自己树立这样的目标，从小事做起，从头到尾把它完成。

保持饥饿，保持愚钝

所有的目标最后都要落到个人的修为上。我们怎样才能更好地修身修心？这段时间，我读了苹果公司联合创始人乔布斯多年前在美国斯坦福大学所做的一次演讲。在那次演讲的最后，他赠送给年轻的学子们一句话——"stay hungry, stay foolish"（保持饥饿，保持愚钝）。今天，我也把这句话送给大家，作为每一个人修持的目标。

关于保持饥饿，我讲一个故事。2010年，我和同事去日本九州女子大学访问。有一天，我们找了一个小小的居酒屋进去吃饭，每人叫了一人食，那么小的盘子里就是圆白菜炒肉和一小碗米饭。吃的时候，我们就一点一点嚼，吃得很慢。我从来没有把一粒米饭嚼那么多下才咽下，但是我吃完后特别惊讶地发现，我竟然吃饱了，而且唇齿留香，一直都感觉特别舒服，因为我的胃没有负担。这种感觉留在了我的身体记忆里，令人回味。

这个经历给了我很深的思考：我们真的需要那么多食物吗？我们爱吃的那些东西是因为好吃还是因为我们需要？我们的需要和我们的欲望根本就不是一回事，可能我们吃的这一口饭是我们的需要，而我们吃的其他几口饭是我们的欲望。我慢慢体会到，当吃得少的时候，精神是特别饱满的，会觉得很有控制感。

"保持饥饿"可以从四个层面帮助我们实现精神上的提升。

第一个层面是回归。保持饥饿，可以使身体和精神回归到特别清澈的状态，你会体验到一种空灵感。

第二个层面是辨析。辨析需要和欲望之间的关系。大多数时候，我们会

---

① 美国质量管理专家休哈特博士首先提出的一种质量管理方式，包括策划、实施、检查和处理四个环节。

混淆需要和欲望，以为是需要，实则只是我们的欲望。我们只有借助"断舍离"的方式，才能划分出需要和欲望的界限，清澈地观照自己的内心真正需要的到底是什么。

第三个层面是超越。你能战胜饥饿感，控制住自己，就能超越过去的自己，成为自己的主人。

第四个层面是对世界充满恭敬与感恩。你如果愿意恭敬一粒米、一滴水，就一定会恭敬世间万物。

日本作家渡边淳一写了一本书叫《钝感力》。钝感力，就是迟钝的力量，它强调的是对困遇的一种耐力，是一种真实的状态。当你不太在乎别人的眼光时，就会显得有点钝，但是至少你是个真实的人。对自己的内心忠实，对他人真诚，这些品质在今天愈发显得弥足珍贵。所以，请保持"愚钝"。

新学期，你愿意拥抱所有的不确定性吗？因为未来，我们还有很多事情是不知道的。每个人都特别渴望自由，但自由不是想做什么就做什么，而是愿意拥抱所有的不确定性。只有这样，身心才能得到真正的自由。

希望今天的全园会能让每个人在各自不同的角度上有所感悟。也希望新的学期，每一个人都能找到新的生长点，然后静心修持，获得更大的进步。

在自然里游戏才是入园适应的最好方式

2018 年 9 月 14 日

儿童教育工作者最重要的品质是什么？思考儿童，研究儿童，并不断挑战与质疑自己的已有经验。

每年 9 月，小萌娃入园，孩子们哭声一片，家长们躲在一隅暗自啜泣，老师们也是声音嘶哑、身心疲惫、妆容凌乱。作为园长的我也不轻松，担心这些弱小的生命能否建立积极的适应模式，因为这毕竟是他们第一次走出家门，适应社会；担心老师们承担的压力过大，影响身心健康；同时，作为母亲的我，也非常理解家长们的心情。

转机出现在去年的 9 月。我发现，孩子们在户外嬉戏的时候情绪就会好很多,老师们说:"孩子们在户外的时候,情绪特别好,哭闹的人数也是最少的,但只要一进屋子,他们就又开始哭。"如果我是一个孩子,来到一个陌生的地方,面对并不熟悉的人,又被关在了一间大大的屋子里,心情会如何呢?一定是焦虑的!因为不知道什么是可以做的,什么是不可以做的。

我开始思考,孩子们为什么在自然中能放松下来?因为他们天生就会和自然互动。在大自然中尽情游戏时,他们会忘掉脑海中的担忧。当心灵和大自然在一起时,他们感觉自己是自由的、放松的。我似乎找到了一个缓解孩子入园焦虑的好办法。于是,今年我和老师们商量,入园适应期间,孩子们的大部分时间要在户外度过。

城市中的钢筋水泥森林让人们越来越远离本能,孩子们成长中的依恋与互动对象不再是大树、溪流、小动物与天空,只能是照料者。而在这里,我们帮助孩子们将依恋的对象调整到一个新的"频道"上,把对人的依恋转化成对大自然中万物的依恋。此时,孩子们感觉到的是惊喜、感动、放松、满足。这样做的直接结果是,小萌娃们很快就爱上了幼儿园,他们对每天的幼儿园生活都充满了期待。因为在这里,他们乐享童年,与万物融为一体。

9月3日,是孩子们入园的第一天。这一天,爸爸妈妈会陪着孩子一起来到幼儿园。他们要一起给小池塘放水,一起在大自然里做游戏。在爸爸妈妈的陪同下,孩子们熟悉着幼儿园的活动和环境。

在正式入园之前,教师会去孩子们的家中进行家访,了解他们的家庭情况。我也会专门用一个上午的时间和新生家长们聊天,将大家的关注点调整到同一"频道"上。我们鼓励家长为孩子准备一张全家福,带上孩子喜欢的依恋物来到幼儿园,这个依恋物可以是孩子喜欢的毛绒玩具,也可以是一颗印着妈妈吻的爱心。

班级的教室里有鲜花,闻起来香香的。小椅子上的"小动物"也在等着孩子们的到来。孩子们会坐上"神奇校车",畅游幼儿园,会和幼儿园的每一个人说"你好";会在户外读书,也会把玩具搬到户外!其实在大自然里,孩子们不用玩具就可以玩得很开心,因为他们有多种和大自然互动的方法。例如,用叶子给小池塘洗澡;玩土,挖宝藏;用牙刷刷遍幼儿园的墙;玩转核桃;清理小兔子的粪便;下一场"叶子雨";煮"绿豆汤";找蜗牛,找蚯蚓；和"石头精灵"一起做游戏；对着树洞说出自己的秘密；在幼儿园里找宝藏，然后把宝藏带回班，藏在自己的宝贝盒里。

这里不只有他们，还有中、大班的大哥哥、大姐姐。中、大班的哥哥姐姐们会陪着他们一起做游戏，照顾他们；孩子们还会一起过生日会，庆祝自己的诞生；在"一米菜园"播下种子，和种子一起慢慢长大……

当他们心情不好的时候，老师会拥抱他们，亲吻他们，轻声安抚他们。除此之外，他们还可以去涂鸦墙随便乱画，去娃娃家给爸爸妈妈"打电话"，去软软的沙发上躺一会儿，和其他哭泣的小朋友来一场"哭声大赛"……就这样，孩子们在大自然的怀抱中，渐渐地爱上了幼儿园。

其实，研究儿童才是幼儿教师的"第一专业"。

"儿童"意味着自由

在拉丁文中，"儿童"一词意味着自由。自由是儿童存在的本质和天性，也是儿童创造的保姆和田野。同时，儿童是天生的探究者。苏霍姆林斯基认定，在心性上，儿童是探究者。探究的天性，让其对周围世界产生了惊异感，因而儿童是哲学家。此外，儿童是天生的游戏者，游戏是儿童的又一天性，是儿童学习、工作、生活的方式，游戏所产生的"心流"现象亦会让儿童进入创新状态。教师只有回归到儿童原来的意义上，才能从本质上认识和发现儿童。

儿童要回到自己完整的生活世界中

儿童的生活是整合的，互相融通、互相支撑。他们至少生活在三个世界中：现实的生活世界、理想世界和虚拟世界。这是儿童完整的生活世界。可是，我们过多地关注现实的生活世界，无形中将儿童完整的生活世界割裂了，导致生活单一，不完整。同时，三个生活世界的价值取向是不一样的，往往会发生冲突，导致儿童常处于价值困惑中。要真正地认识和发现儿童，就应该关注他们的整个世界，并进行价值澄清和引领。离开生活世界，便是离开了儿童；割裂了生活世界，便割裂了儿童发展的整体性；忽略了价值引领，便忽略了儿童价值意义的生长。因此，教师要善于把握儿童完整的生活世界。

到儿童的最伟大之处去

可能性是儿童的最伟大之处。可能性是生命创造的潜力，具有未来性和多样性。要真正认识和发现儿童，就应该帮助儿童认识和发现自己发展的可能性，并选择最适合自己发展的可能性，成为最好的自己。未来性"潜伏"在现实性中。教师的教育目光、研究的重点应该善于从儿童的现实性中发现可能性，引领教育从现实性走向未来性。

回到儿童的学习、工作、生活方式上

游戏在哪里存在，儿童就在哪里成长；游戏在哪里结束，儿童的发展就在哪里止步；尊重游戏方式，就是尊重儿童的生命；保障游戏机会，就是保障儿童的权利；引导游戏活动，就是引导儿童成长；研究游戏的过程，就是研究儿童发展的规律。教师不仅要善于组织、指导儿童游戏，本身还要成为出色的游戏者。

我想，我们的探索其实并不复杂，只是打破常规回归常识，给儿童以自由，让他们回到自己的精神世界和生活世界。教师在与孩子们相处的过程中，也会看到孩子们身上绽放的强大生命力，转而可以用更加放松的姿态面对他们。

我们确信，孩子们的游戏在哪里，孩子们的生活就在哪里，他们的成长也就在哪里！

生活化课程本质上是身、心、灵共舞的课程

2018 年 9 月 21 日

五年前，我们开始了对生活化课程的探索。探索之初，并不顺利，因为我和老师们都不知道生活化课程到底应该如何完成，只能走一步看一步。

就这样，转眼到了 2015 年，我们对生活化课程探索了近两年时间。那两年，我们带领着孩子们天天谈论感受，但是很迷茫，难道生活化课程的指向仅仅是感受吗？恰巧那段时间，我学习了有关具身认知的理论，感觉它和我们中国人讲的"道"有很多异曲同工之处。

有天晚上，我灵光一现，有了一个新的思考，意识到生活化课程追寻的目标至少有三个维度。生活化课程的目标应该包括"感受与情感""知识与认

知""动作与技能"这三个层面。如果儿童的学习仅仅停留在知识和认知上，我认为是非常不够的。正如李季湄老师所言，"这也是对儿童精神资源的巨大浪费"。

儿童的学习不仅仅是大脑的学习，还应该包括身体的学习和心灵的学习。只有身体、大脑和心灵的学习结合起来，才是真正有意义、有价值的学习。

当然，在实践中，我们也发现，很难确定身体的学习、大脑的学习和心灵的学习孰轻孰重，因为它们都是儿童生活的重要组成部分。生活原本就是一个完整的概念，让儿童自己选择从哪一个切入点进行学习，本质上就是对他们的学习方式和学习节奏的认可与尊重。

我总对老师们说："理解孩子比爱孩子更加重要。"因为当我们能理解他们的时候，也就洞悉了他们成长的奥秘。

金秋十月，你想来花草园看一看吗

2018 年 9 月 28 日

我们十年如一日地坚持探索适合中国儿童发展的生活化课程体系，呈现出的教育成果不仅引起了同行的关注，也引来了《三联生活周刊》《中国教育报》等多家主流媒体的报道，但这一切似乎并没有成为我们进行自我宣传的工具。

幼儿园有两个公众号，一个公众号展现儿童的日常生活与我们的课程，另一个公众号则展示这一切背后的思考。两个公众号的内容被很多同业人员视为样板，引得一片"借鉴"，但这只是我们日常教育中的一部分。

很多人关注我们，想来参观、学习，但我们不太热衷这件事情。不热衷的理由很简单，因为这一切和孩子们并没有什么关系。他们只关心花草园的花什么时候开，小兔子爱吃的到底是胡萝卜还是干树叶，周五的自助餐又有什么新菜品，好朋友今天有没有来幼儿园，幼儿园的第一场雪应该怎么玩，中秋节亲手做的核桃仁月饼有多好吃，园长妈妈打算什么时候把秋天的柿子送到幼儿园来……

在这所幼儿园里，孩子们是主人，我们没有权利做他们不喜欢的事。至少，我是这么想的。而且，我觉得儿童教育就应该是这样的！所以，大家若想到花草园来学习，就必须对儿童有兴趣！

来了之后拍拍照，回去之后照搬，这样的参观者是我们最不欢迎的。当然，我们也会迎来一些对教育有热情的参观者，共同探讨教育的本质，从彼此身上汲取能量。

去年春天，浙江省宁波市滨海国际幼儿园的胡海燕园长率领她的工作室成员来花草园学习了两天。我们一起交流、探讨，相见甚欢。去年秋末，我回访了滨海国际幼儿园，这所幼儿园的徽派建筑给我留下了很深刻的印象。参观的过程中，我发现他们不仅学到了生活化课程的精髓，还有创新，有自己的节奏与样态。

这些改变到底是如何发生的？在和滨海国际幼儿园两位园长的交谈中，她们告诉我，到花草园的那次参观学习给她们留下了深刻的印象。毕竟热爱教育、热爱儿童的人，心灵是相通的。以下内容是滨海国际幼儿园曹琼寅副园长参观花草园后的感受。她对花草园的描绘，读起来让人眼眶湿润。

归来兮，教育

在四月的漫天柳絮中，我们来到了中华女子学院附属实验幼儿园。一天半里，我们的脚步轻轻地走过，心头却唤起一个沉重的渴望——归来兮，教育！

乌托邦会有，看你是否去追寻。在花花草草幼儿园，我分明看到这里有一片明澈的空间，阳光下，老师和孩子们简单而又纯粹地生活着、游戏着、学习着。他们如何一步一步到达现在这样一种状态，我们不清楚，但这个过程里一定有信念，有追求，有学识，有勇气，有担当。

我羡慕这个花花草草幼儿园。

我羡慕老师们松弛的工作状态。

他们也为了明天领导的到达而加班，他们也为了让家长了解幼儿园的学习过程而布置照片展览。但是，他们的教学日常是松弛的。

这种松弛表现在：老师们不因教室里多了几双眼睛而格外正腔正调；不

因孩子们私下里窃窃私语而严肃地停下说话的节奏，对之教育及批评；也不会因为要进行一场课程的总结性谈话，就把座位紧紧地靠在一起，而是仿佛一次普普通通的闲聊而已。

我羡慕，老师们不用绷着神经担心哪个孩子没完成洗手的几步曲；不用担心绘本太小，一定要用上多媒体；也不用担心教学环节是否层层递进，每一个孩子是否都入耳入心，而孩子们的状态也是有时候听、有时候不听，但关键时候又能抓住，因为他们的耳朵是候着的。

我觉得这里教室的日常就像真正的生活，不完美，但是真实。我又看到，老师们忠实地实践着、记录着课程，关注儿童对主题的解读、认知，始终将课程的价值贯穿活动的始终。

我羡慕，园长真正做着课程的引领者。

在每次的教研活动中，园长与老师们席地而坐，交流着课程中的发现。园长的回应多是鼓励，虽有点拨，但是轻声细语，专注于课程的生发与过程。

园长自豪地说："我每天都与孩子们在一起，与他们聊天……我是课程的灵魂，他们遇到困难了总会来找我，我们一起读哲学、品哲学。'生命的密码'等课程是我设计的……"是啊，园长热爱中国文化，无论是幼儿园的环境还是理念，中国文化总是闪现其中；同时，园长又热爱孩子，善于倾听孩子们的心声。文化与孩子于是天然地结合在一起，因此课程可以深入浅出、举重若轻。

一个貌不惊人的小池子因为与自然的联结，与生命的融合，可以成为春天来临的信号弹，数学学习的载体，孩子们众目注视的焦点；一座桥可以成为维系已经毕业离开幼儿园的孩子们的情感纽带。孩子们可以通过脚指头指甲盖的不同寻找自己的祖先；用一根头发丝进行拉力比赛；用一组身体动作模仿人类的进化；用一个沾满面粉的粉扑测试自己的害怕；可以选择自己想种植的植物；可以把自己的作品组成园标……

各种奇思妙想，各种有生命力的游戏玩法，各种有灵魂的活动，学习真的不是干巴巴的，而是灵动的、有趣的、与生活联结的、自然的。在严肃的课程思维导图的每一个末梢，是一个个活灵活现、呼之欲出的活动和游戏。一切结合得完美！

我羡慕，孩子们可以在钢筋水泥的城市中享受自然。

这个自然，是真实的自然，也是人文的自然。孩子们可以于合适的季节在幼儿园户外安营扎寨，在树下吃饭、上课、讨论；在楼顶的"一米菜园"播种、照顾、收获；在小池塘洗石块、搬石块；在幼儿园四处寻找下水管的踪迹；在紫藤架下与小兔窃窃私语……

孩子们可以生活在一间没有过度焦虑的老师陪伴下的教室，回归孩子应有的天真、淘气，有时候很自豪，有时候很羞涩。老师们的声音总是柔柔的，动作总是轻轻的，他们总是倾听着孩子们，用自己的智慧支持着孩子们的探索和发现。

其实我还羡慕，家长们对课程的拥护度。

我们看到孩子们在讨论自己的发现时，都带着爸爸妈妈一起制作的海报，有的很有童趣，有的则忠实地将书本上的知识抄写在上面。中、大班如是，小班也一样。孩子们从小就学会了与爸爸妈妈一起寻找答案，证实自己的猜想。育儿育己，陪伴将是孩子们最宝贵的财富，也是父母们真正成为父母的催化剂。

也有不信任的父母，园长会从长者的视角毫不客气地教育父母该如何学习与老师交往、与孩子交往。这与我最近几天的感受形成强烈的对比。假如，我会教育父母们，假如父母们能够被教育，那么教育将不再是无奈的、让无数老师长吁短叹的一个行业。

说了种种羡慕，其实我应该把视线收回来，放到身边的教育环境中。改变自己可以改变的行为和理念，踏踏实实地追寻，相信乌托邦终有一天可以建成。

心中有日月，身上自有光

2018 年 10 月 12 日

用其光，复归其明。

——《道德经》第五十二章

"十一"长假结束,上班后的第一天是个星期一,花草园的教师们照例上传了九月工作总结及十月工作计划。

九月,花草园的八位教师完成了从实习教师、助理教师到正式教师的岗位调整。在这些教师的记录中,我们可以读出她们如何看待这份平凡的工作。

李洋老师(教龄1.5年):一生温暖纯良,不舍爱与自由

九月,我觉得自己更像一个温暖纯良的人。和大班孩子们在一起的第一个月,带着我去见高贵的"白云姐姐"的她,说云朵像棉花糖的他,种下一个瞌睡虫就能安然入睡的他,拉拉我的衣袖告诉我长大后想做医生和护士的他和她……每一天,每一个她和他,都给了我不一样的新鲜感。置身其中,我渐渐放下了很多疲惫。

九月,工作了几年的教师们,依然保持着初心与活力,在工作中有思考、有目标,一直前行。

吴婷婷老师(教龄3.5年):十月,我有自己的小目标要实现

九月,孩子们从小班升入中班,开学初,我有点担心、焦虑,但是发现孩子们的生活已经一点一点地慢慢开启。细细品味之后,我发现原来中班的生活虽然环环紧扣、时间紧凑,但是小朋友们在不经意间就已经适应好了。

在我们讨论"中班好,还是小班好"的时候,小朋友们大部分都选择了中班生活,孩子们喜欢、愿意朝前看,这就是我们的生活呀!当孩子们问我这个问题的时候,我答道:"和你们在一起就好!"孩子们都哈哈大笑了起来。

十月,我有几个小愿望要完成。

- 和小朋友们一起在区域活动中练习使用剪刀,为之后的"艺术活动月"做准备。
- 和孩子们一起捡树叶,玩一场"树叶雨"的游戏。
- 享受这最美十月的秋日时光,坚持写教育随笔。
- 最近生病的小朋友变多了,在天气有些冷的十月也要保证孩子们的户外时间,增强孩子们的身体素质,每一个小朋友都要健健康康的!

晁妍老师（教龄3.5年）：比看见更重要的是用心体察

这个月，和孩子们的相处，让我有一个感觉：小班的孩子比中、大班孩子更需要老师用心去观察。

随着孩子们适应得越来越好，我也渐渐进入一种比较舒适自然的状态。在班里拉臭臭的孩子多了，因为他们感到安全了；中午尿床的孩子多了，因为他们开始真的睡着了；告状的孩子也多了，因为他们开始信任老师了……

当把自己和孩子调整到一个"频道"上时，我发现自己更能理解他们，也更能体察他们了。

我所憧憬的师幼关系就是这个样子的。

工作了十年以上的老教师们，依然保持着敏锐的思考，尝试透过现象看清本质。

田巍老师（教龄12年）：我们的课程带给人的就是桃花源的感觉

从表面上看，小班九月的课程只有适应幼儿园这一件事，实际上背后有若干条线索，如情感线——从陌生到熟悉（环境），从生疏到亲密（老师与同伴），从无关到有关（关注幼儿园里的很多人）；认知线——人、事、物；思考线——什么是幼儿园？我为什么要上幼儿园？

要帮助每个孩子适应幼儿园，是需要足够的耐心和方法的。每个孩子都有自己的节奏，每个家庭都有自己特有的文化密码，所以我们需要付出大量的心力和脑力。从孩子们的眼睛里，我看到了他们对我们的认可；在与家长的交流中，我看到了他们对机构的尊敬。

罗振宇说："一首好诗就是一处桃花源，你在里面可以住上好几年。"我觉得我们的课程也是一处"桃花源"，你（孩子、老师、家长）在里面可以住上好几年，虽"不知有汉，无论魏晋，不足与外人道也"。

我认真读完了每位教师的教育笔记，感觉很美好。这些笔记很细微，也很真诚，因为这些细细碎碎的工作与感受要依靠心灵的细腻才能发掘出来。当然，在这一过程中"见微知著"，是我对他们提出的更高要求。

"以心转物""境随心转"是我们一直努力的方向！如果我们能把生活的

节奏调整到生命的节奏里，工作状态一定会大为改观。

生活节奏和生命节奏本质上是不一样的。

生活节奏是靠外力牵引的，它会拉着你不断地关注生活中的琐碎与纷乱，因此你会有被"绑架"的感觉。当生命状态被生活的节奏拖得太久时，你就会疲惫不堪，因为这不是你的主动愿望。

生命节奏则是来自你的精神与心灵深处的一种力量。当试着把在生活上的努力放松下来，更多地寻找生命节奏时，你就会发现，大自然里的日月星辰看起来特别美，你开始有了期盼心，等待着生活中每一个新的变化，生命因此而美好。虽然生活的重压还会在，但是生命的节奏会让你感觉自己有力量去面对它。

非常幸运的是，我们的生活化课程就是帮助教师把心灵调整到生命状态的一套课程体系。课程的节奏不仅顺应着自然的脉动，还和当下、祖先的节奏保持着高度的一致性。

这个10月，我给教师们录制了一段10分钟的讲话。

你的力量就藏在你的生命里

当我们没有力量的时候，很容易被外在的力量裹挟。来自他人的评价一方面令我们反感，另一方面也成为很多人力量的重要来源。

和一位朋友聊天，他说工作很辛苦，总是被追赶着工作。我说，每个人都很辛苦，可是如果我们的内心有一个力量能够平衡它，就会感觉不一样了。

在现实生活里，最好的生命状态是，你能够建立起一个平衡。这个世界没有一个人能超凡脱俗，也没有多少人能像梭罗那样生活在瓦尔登湖畔。但是，如果我们内心的着力点恰好停靠在了生命的这一端，并以这样的心态面对生活，我们就会觉得生活的压力没有那么重了，自然而然地放弃很多被世俗生活裹挟的追求。

有人会说，自己没有精神追求。其实，精神追求并没有那么高深，它镶嵌在我们每一个人的内心深处，隐藏在我们的基因密码里。人类的祖先一直生活在没有钟表等现代化设施的时代，那时人们的生活节奏是随着自然而动的，对自然的热爱与共振一直就在我们生命的基因密码里。

今天，我们总说要坚守内心。那么，坚守的是什么？是即使什么都忘了，也不要忘了和自然一致的律动。例如，我们和孩子们一起在院子里游戏，秋风吹过来，我们会感觉生活特别美好。这一刻内心的宁静就是你的精神世界。

工作中最好的状态是：你通过和孩子们在一起生活，找到了感觉，打开了自己，拥抱了内在的世界和周围的世界。这会让你的心灵扎根在一个比头脑更深的地方，聚焦于头脑以外的地方，如此，你便会特别笃定，开始从容地感受生活的美好。

成人很容易陷入自己头脑编织的"受害者"的故事里。但如果任由自己充当怨天尤人的受害者，那么就等于放弃了自我成长的责任。一直待在"受害者"的位置上，永远不会好起来，也不会让任何事情变好。

在每个人的生命里，只有自己才能为自己负责！

创造生活，让生命更有意义

寒露过后，天气渐渐冷了起来。我开始期待着去村里打柿子，给孩子们带来新鲜的柿子供他们学习。我想，很多年以后，孩子们可能会忘了这里，可是他们经验中积累的那些宝贵的东西一定会让他们的生命熠熠生辉。

中秋节前，孩子们在幼儿园做了月饼，带给自己的家人吃。一个孩子说了这样一句话："我吃了天底下最好吃的月饼，也遇见了那个最爱我的人。"这份心灵的滋养，恰是来自我们的创造。

怎样帮助孩子和我们自己在日常的烦琐世界中将关注点调回到生命节奏的频道上，是我们一直在思考和探索的问题。只有当我们完成这个调整的时候，生命的意义才得以展现。你的触角会变得敏感，更加注重细节，不再关注宏大和奢华的事物。于是，你懂得了见微知著，回归到简与素中。当生活越来越简单的时候，心灵就会越来越干净。

有多少人多久没有细细地看过一朵花，喜欢过一个习以为常的物品？当你开始拥有和自然相同的气质时，自然的能量就会修复你的心灵。当你拥有这样的特质时，周围的人就会感到轻松和愉快。

人最重要的还是自身的生命状态。当你的生命状态不同时，你就会赋予事物不同的生命，事物就会变得与众不同，我觉得这就是幼儿教师应有的品质。把自己变成纯净的"大自然"，给每一个孩子的心灵注入力量。

因此，要特别珍视自己在平凡生活中每一刻的成长！

向儿童学习，重新找到生命的意义

成人多是后知后觉的，他们看到树叶枯了、叶子落了，才发现秋天到了。但是，孩子们有一颗期盼的心灵，这是赤子之心特别重要的组成部分。现在，我们开始期盼十月的一地落叶。过完了秋天，我们又一起开始等待冬天的第一场雪。之后，再开始等待春天的第一朵花开。

只有慢下来，我们才能感觉到自己的生命节奏。我们不要总是沉溺于生活的节奏里，而是应该寻找生命的节奏，这是我们应该向孩子们学习的地方。要每天记录孩子们和同伴让你感动的那些瞬间，感谢他们给予你的所有美好。

当我们顺遂万物、如其所是时，我们就会处于内在的气场中，处于不执取的内在态度中，也就具备了一个非常有生命力的状态——一种有力的意识状态。在那样的"臣服"时刻，某些重要的东西就会来到你身上，而你也会脱离头脑的焦虑与烦恼，回归到自然的状态里（宁静与平和）。

生活化课程，一场从对话开始的课程探索

2018 年 10 月 19 日

这是我六年前撰写的一篇文章，希望大家能够从我们当初的思考中找到生活化课程的思考轨迹，探寻课程的本质与要义。

对幼儿园课程有效性的思考与实践探索

在教育部颁发的《3—6 岁儿童学习与发展指南》中，我们清晰地看到，为儿童后继学习和终身发展奠定良好的素质基础是幼儿园教育的主要目的。但实现这些目的，看似简单，实则不易。

在幼儿园，促进儿童发展，终究要依托课程的形式来实现。课程作为实施教育的手段，涵盖了教育目标、教育内容、教育评价等方面。

这些年来，随着认识的不断深入，"幼儿园课程不再是一个静态的过程，而是一个不断发展、能够促进幼儿自我建构过程"的认识逐渐成为学前教育工作者的共识。与此同时，越来越多的幼儿教师意识到，幼儿园课程不应是

单纯地传授学科知识和技能的过程，它还应包括在学习中，儿童借助自我经验及教师影响所形成的态度、价值观和相应的行为方式。

在儿童学习的过程中，他们所借助的经验不仅包含在特定情境中呈现出的经验，还包含其成长中的历史经验及个人对未来的期望。

不单单是幼儿的经验，教师的经验也构成了课程的组成部分。在课程实施过程中，教师的个人经历、知识水准、哲学观等，都直接或间接地影响着课程的质量。

因此，我们认为，幼儿园课程是在幼儿园生活的儿童、同伴与教师共同经验的总和。就儿童而言，他们的生活即教育。儿童在幼儿园所有的生活构成了课程的有效内容，幼儿教育的目标也终将通过儿童的生活来实现。

在《指南》中，关于儿童的学习与发展，有几个描述特别值得关注——"理解幼儿的学习方式和特点""重视幼儿的学习品质"。这些描述不仅要求教师要学会从儿童发展的角度选择合适的课程目标，还应注意从儿童的现实生活中寻找课程内容。

在现实中，要将儿童发展的目标放在幼儿园集体教育环境中去实现，同时体现出"尊重儿童发展的个体差异""关注幼儿学习与发展的整体性"并不那么容易做到。这是一个需要广大教师认真思考的问题。

孩子们的生活经验才是幼儿园课程的核心。当然，这些经验的获得应是教师按照社会需求和孩子们的身心发展水平，有计划、有目的地组织和安排的。课程反映的不应是单纯的学科知识和技能的传授，还应当包括儿童在学习过程中形成的态度、价值观以及相应的行为方式。在我看来，这部分应更重要。因为，知识和技能只是这个年龄阶段儿童获得发展的手段。

有效课程是指在师幼互动过程中，教师通过对儿童的经验、需要以及他们感兴趣的事物进行观察判断后不断调整活动目标、内容与形式，从而促进儿童有效学习的过程。

它应是一个师生共同学习、共同建构对世界、对他人、对自己态度和认识的动态过程。在这个过程中，儿童在教师的引导下，运用自己的知识经验而非他人的知识经验，建构起属于自己的、独特的认知态度与方式。期间，儿童能够获得多少知识与技能，不应成为教师关注的重点。

在《指南》中，这些特性被描述为积极的态度与行为倾向。它们无疑是儿童终身学习与发展所必需的宝贵品质。

有效课程应从儿童出发

我们认为，有效课程应从儿童出发。这个出发点是儿童的本然状态，而非成人主观认定的"儿童状态"。在学习过程中，儿童常常要借由学科知识完成自我经验的呈现与建构，儿童本然的感受与经验很容易被遮蔽。

就教师而言，能够照见儿童的本然状态是实现课程有效性的第一步。这并不是一件容易的事情，它往往需要教师拥有正确的儿童观并保持心态的开放性。这样的教师在和儿童相处的过程中，能够始终保持敏锐的警觉性，关注儿童的成长，学习用欣赏的眼光看待儿童、倾听他们的声音，有耐心等待他们寻找到自己的节奏成长。

这不是一个成人对儿童俯视与控制的过程。特别值得注意的是，因为儿童的经验都各不相同，教师倾听、悦纳每个儿童呈现出的经验才显得特别有意义。

生成课程

生成课程是课程有效性的最佳体现之一。在我们幼儿园，孩子们总是能够借由自己的经验生成一些有价值的教育活动。以一场"晴天好，还是雨天好"的讨论为例。

"晴天好，还是雨天好"的讨论，来自孩子们对大自然的观察和对自我情绪的体察。

一天，下雨了，有小朋友望着窗外，感叹道："唉，下雨了，不能出去玩了……"另一个小朋友却兴奋地说："外面下雨了，一会儿可以去抓蜗牛喽！"很多小朋友开始参与到讨论中，但是每个人都有自己的看法。于是，教师适时组织他们进行了"晴天好，还是雨天好"的辩论赛。辩论赛上，教师担任主持人并负责记录大家的观点。

其中，有关"雨天好"的论点包括：能玩打水仗；能打着伞、穿上雨鞋踩水玩；下雨后，可以看到彩虹；下雨时，打雷睡觉能训练胆量；空气湿润，可以不再流鼻血了；凉快，好睡觉；蜗牛可以出来玩；地球太干了，需要喝水；可以欣赏雨景，听雨声；可以给植物洗澡，让世界变干净；能免费洗车，节省资源；卖伞的生意会更好……

有关"晴天好"的论点包括：可以在树荫下乘凉做游戏；可以在秋天晴朗的日子里躺在彩色的叶子上晒太阳；可以带着小狗出去散步、跳舞；可以晒被子，晾衣服；可以划船；可以和朋友在户外玩；太阳让水果变得更甜；可以穿裙子、打着太阳伞出去玩；出门方便，因为雨天出门开车路滑危险；植物可以吸收阳光，吐出氧气；可以利用太阳能发电……

辩论到最后，孩子们一致认为，无论是晴天还是雨天，只要拥有好心情并能做自己喜欢做的事情就是好天气。

从他们的讨论中，我们看到，孩子们不仅能够从自身的角度出发对一个自然现象进行利益评判，还能够站在他人的角度理解事物存在的意义，给他人以关怀。更可贵的是，他们已经能够站在一个对世界、对人类生活更有价值的高度去关注自然现象。

同样地，在幼儿园预成的主题教育活动中，课程的有效性也能够在老师的指导下得以充分体现。以"拜访大树"的主题活动为例。

1. 教师的预设

教师先是预设了一些儿童发展的目标，如希望孩子认识大树的外形、生长规律并能够运用绘画等艺术形式表现对树的认识等。

2. 实际过程中孩子们的愿望

但在实际活动过程中，运用想象力开展学习活动似乎能够给孩子们带来更大的满足，他们乐于分享自己"想成为什么地方的什么树"的愿望。

3. 教师接纳、倾听、记录

教师接纳了孩子们的建议，耐心倾听他们的表达并将其记录下来：有的小朋友说想成为小区花园里的柠檬树，这样就可以每天看到妈妈回家了；有的小朋友说想去南极当一棵树，因为那里没有树；还有的小朋友说想成为长在山顶上的迎客松，因为山顶上既能看太阳又能看美景……

孩子们凭借着自己对树的认识与了解，展开想象的翅膀，积极地表达着各自的心愿，那个时刻，他们脸上绽放着光彩。在表达过程中，教师以及同伴的赞赏也让他们有了更积极的心理体验。我想，他们只有按照自己的方式进行学习，才能真正拥有属于自己的智慧，成为自己！

可以看出，这样的课程不仅能满足儿童当下学习与发展的需要，还能满足他们生命成长的需要。儿童的这种本然状态，能在很大程度上影响到成人。当教师听到儿童充满智慧的表达时，他们内心的积极能量就会被激发出来。这种模式一旦被教师从内心接受，就会成为他们专业化成长的力量源泉。

当我们站在儿童的角度思考课程、设计课程、完成课程时，所谓的课程进度似乎被打乱了，课堂上的学习节奏似乎也慢了下来，但孩子们有了更多自由思考、自由表达的机会，他们开始尝试寻找自己的节奏来学习和生活。对儿童来说，这种顺应了自己节奏的成长方式才算得上真正的成长。

一个站在儿童的立场上，由幼儿和教师共同建构的课程模式，才是幼儿园里的有效课程。当然，教师的职责不再是单纯地教授知识与技能，而是成为儿童经验的倾听者、记录者与引导者。

课程不单反映在课堂上，还应表现在为儿童创设的环境中。环境是孩子们生活与教育的重要场所。环境除了满足孩子们的生理需要外，更要满足他们心理发展的需要。

以"班级规则"的制定为例。孩子们在幼儿园生活的环境和家庭环境是不同的。幼儿园是一个集体生活的地方，那么，建立必要的规则以帮助儿童获得社会性发展是非常关键的。但是，规则由谁建立、由谁评判，则体现了教育观念的差异性。在我们幼儿园的各个年龄班，班级的规则都是由孩子们和老师一起建立的。

再以"学习墙"的使用为例。环境也是儿童和他人分享自我经验与感受的地方。在班级的许多地方，他们可以用自己的方式和他人分享自己的经验、故事、心情、梦想，甚至秘密。环境为孩子们的学习、建构提供了更丰富的表达机会与条件。

在班级内部，主题活动以及其他有意义的活动与生活都被教师们在"学习墙"上用各种形式展现出来，供孩子们不断回忆、沉淀、思考，完成具有历史感的学习过程，以帮助他们学会按照自己的节奏学习。

这个过程中，每个儿童都能按照自己的理解，选择合适的符号，在合适的时间将自己对事物的理解表达与展示出来。

这种方式常常又会生成许多新的学习内容，让我们赞叹不已。孩子们对世界、对学习持续保持浓厚兴趣的状态，也使得他们的精神世界变得越来越丰满。我们欣喜地发现，他们对待生活的积极态度与我们所期待的学习品质依靠他们自己的力量就能得以体现。

我们要求教师，在选择课程内容时，不仅要理解每个儿童已有的经验与当下的一些直觉体验，还要尝试依据他们的其他经验来组织课程。在进行课程评价时，教师要关注每一个儿童的发展，着力于态度及经验等隐性目标的评价，而非知识与技能等显性目标的强化。

无疑，这样的课程对教师提出了更高的要求。在我们看来，教师应该成为儿童成长的见证者。相对于教师专业能力的发展，教师个人心灵的丰富与人格完整才是专业化成长的内部核心因素。

当教师用开放的心态倾听儿童，开始把空洞与宏观的理念转化为教育行为，并保持着教育的警觉性，调整课程内容与方式时，儿童的学习、精神世界的成长与教师的人格、专业化发展就能达到一种完美的融合状态。

近几年，我要求教师将儿童学习中原生态的表达记录下来，与其他教师和家长们一起分享。值得注意的是，家长在儿童本然的状态中看到了生命的力量，找到了自己的影子，从而不断地、主动地对家庭教育的环境、观念、行为进行调整与改善。他们对幼儿园教育也产生了极大的认同感。

儿童是值得尊重的，当我们学会了用欣赏的眼光观察他们，用耐心的态度倾听他们时，一个个鲜活生命思想的流动让我们感动和惊喜；当我们和他们面对面时，感受到的是他们有温度的思想，虽然简单，但却生动而鲜明。我们如此清晰地触摸到了儿童的内心世界，这是我们的幸运，更是我们的责任。

11月，自愿简单

2018年11月2日

内心宁静是幸福工作的核心。要体会和工作融为一体的感觉，就要培养自己内心的宁静感。内心宁静也会让人与周围的环境完全融合在一起。当我们做自己想做的事情时,这种宁静就会出现。

我并不是一个可以始终保持乐观和积极情绪的人,我承认,最近有点累,情绪也有点低落……

无常

十多年前,我和老师们一直订阅期刊报纸,最受欢迎的期刊当属《心理月刊》。每次期刊一到手,大家就争先阅读。后来,我们索性定了三本。我每次打开它,第一时间阅读的就是"李子勋专栏"。当年,我和李子勋老师、杨凤池老师等人是北京电视台金牌育儿栏目《妈妈宝宝》的特邀专家。李老师给我的印象是说话慢条斯理、语调温文尔雅,但却总能洞悉本质、通达心灵。很多年没有在媒体上见到他了,《心理月刊》杂志也早已在新媒体的冲击下停刊。没想到,多年后再听到李老师的消息竟然是斯人已去。

主持人李咏的离世就更令人意外了。当年那个给我们带来无限欢乐的主持人就这样悄悄地离去了,而遗言是,没有遗憾,只有不舍……刚刚离世的金庸老先生,他所缔造的江湖时代里的侠义精神则已经成为全球华人找寻根性、继承传统的最快捷的方式。

回归

特别疲倦的时候,我容易变成一个"社交恐惧症"患者。但我也深知,那些离开的、失去的只是一场生命的轮回,我们需要收拾好心情,重新出场。

白天,我选择和孩子们在一起,为他们送去最新鲜的柿子,什么也不做,什么也不想,只是和他们一起玩耍。傍晚,我选择在每天的七八点赴一场正念之约,在正念中观察自己的一呼一吸,和内在的自己紧密地联结。

回到简单,是应对内心慌乱的法宝,因为简单中往往蕴含着另一重丰富。我们如果能沉下心来和一片叶子、一缕清风、一束阳光、一轮明月建立联系,就会发现,这些简单的事物里有一种让人内心平静的力量。

暂停

回忆童年,那时候的物质生活并不丰富,但很少有人像现在这么焦躁。

我也决定，回归简单就从吃饭开始，每天吃两餐饭，每餐饭只认真地烹制一道菜，缓慢地品尝，细细品味美味在舌尖散开的感觉；收获劳动成果，把春季种下的南瓜从土地里采摘回来，体会农人的喜悦。

就这样，我每天都会给自己的生活按下几次暂停键，停下来、慢下来，体会从容不迫的感觉。

自愿简单

选择自愿简单就是让身体慢下来，跟上心灵的节奏。其实，心灵喜欢的都是简单、朴素的东西。自愿简单也包含着一种对欲望的节制。这种欲望不仅是指物质欲望，还包括精神欲望，贪图赞许、认同、成功，这些精神欲望比物质欲望更容易消耗能量。

智慧

每一个人都会在回归简单中学习拥有生活的智慧。"智"与"慧"常被人连在一起使用。但在现实生活中，它们表现出的却是两种不同的状态。

拥有"智"的人学习能力强，获取知识的速度更快一些；拥有"慧"的人则表现出对事物状态之外的一种预见、把握、变通，甚至是放弃的能力。"智"是大脑的直接产物，而"慧"和心灵相通。"智"是为人生做加法，而"慧"很多时候是为人生做减法。我们每个人都可以成为更智慧的人。

从容

11月，我们的课程也将变得简单、从容起来。孩子们会沉浸在自然物中，对这些简单的事物保持高度而持久的专注与观察，体会"见微知著"的感觉。这对孩子们是非常有意义的，因为这样的学习会超越大脑的表象，通达心灵深处。

本月，孩子们将和爸爸妈妈、老师们用一个月的时间缝制一个布娃娃，然后带着布娃娃去花草园的不同地方"旅行"；收集自然界中的各类种子，用自己的办法将种子保存下来；用一周的时间学习如何用鲜花制作鲜花饼；收集操场上的落叶，尽情地玩上好几天树叶的游戏；把树叶的纹理拓印到麻布上，装饰幼儿园和自己的家；学习用柿子皮做染料，扎染出各种各样的物件；将纸浆和花瓣糅合，制作出一张张精美绝伦、独一无二的花草纸……

总之，这个月一切都是慢的、从容的、美好的、艺术的。之后，期待每个人都拥有一份"自愿简单"的生活态度。

回归儿童教育的原点，才能抵达理想教育的彼岸

2018 年 11 月 16 日

昨天，各大媒体争相转发《中共中央国务院关于学前教育深化改革规范发展的若干意见》（以下简称《意见》），让众多学前人兴奋不已。特别值得关注的是，幼儿教育也将从逐利的资本市场回归到教育的本质上来。

"回归"通常与故乡、故国联系在一起。布鲁纳在其1986年的著作中声称，"如果没有回归性，任何关于思想的理论都是无用的"。儿童教育更是如此，任何先进的教育理论如果不回归到本源，就无法显示其应有的生命力。在倡导儿童教育回归生活的当下，我们也应反思：什么样的教育才是高质量的教育？什么样的课程才是符合儿童发展的课程？

上周，在成都市举办了"中国学前教育研究会幼儿园课程与教学专业委员会2018学术研讨会"，主题为"回归儿童，关注生活，提升幼儿园课程质量"。在大会上，虞永平老师提出这样一个观点："幼儿园教育质量提升的关键在于幼儿园课程改革。教师观念的转变，幼儿园环境的改善，最终都要落实到课程设计和实施过程之中，并促进幼儿的发展。幼儿的学习是以获得直接经验为主的，符号化的书面知识的学习不是幼儿学习的主要任务。因此，幼儿园的课程就是在现实生活中，在幼儿与周围环境的互动中，在解决问题的过程中。我们只有全面了解幼儿的身心发展规律和学习特点，才能真正理解幼儿是如何学习的，为什么这么学习，以及幼儿园课程应该是怎样的。因此，现实的幼儿园课程总是折射出教师的儿童观、教育观。"

下文根据我在"幼儿园课程建设与资源利用"的分会场上的发言内容整理而成。

课程资源里的儿童立场与文化视角

今天，课程已不再是指学科的总和，而是学科、儿童、生活、社会的有机整合。幼儿、教师、家庭、社会生活以及个体身上的知识经验都将成为课程开发的基础和依据。

"回归与还原儿童生活"的生活化课程

最近，大家都在谈回归，那么"回归"到底指的是什么？我们的生活化课程所强调的"回归儿童"，是建立在四个"回归"之上的一种回归。我认为，这是一种教育本质的回归。

1. 回归传统

我们的生活化课程立足于传统文化，是"接地气"的。对儿童来说，文化既是他们内部先验的构成部分，又是他们精神世界中内在的渴求与需要。因此，回归传统意味着回归到我们自己的传统文化里。虞永平老师也特别强调，只有本土文化才是课程发展最适宜的土壤。而我们民族文化的根系是什么？是我们要特别考虑的。

2. 回归自然

我们幼儿园用了十多年打造了适合儿童学习与发展的自然环境。我们强调，课程不仅要考虑在儿童生活的环境中体现出自然的本来面目，还要考虑人类生命的早期是如何和自然相处的。因为对儿童来说，自然是他们赖以生存与发展的重要环境，也是构成教育的关键元素，更是他们未来获得幸福感的重要源泉。所以，我们的幼儿园有小河蜿蜒，有小池塘，有无数棵大树与花花草草……

3. 回归生活

对儿童来说，生活原本就是流畅的、自然的，生活本身就应该是教育的构成。儿童要用生活完成"学习"，而不是用"学习"代替生活。我们的课程主题是生活的，表现方式也是生活的，它追寻的整个价值和目标也是从生活中提炼出来的。

4. 回归儿童

"回归传统""回归自然""回归生活"，其目的最终指向的都是儿童。生活化课程最终的追求是回归儿童的全面发展。

课程资源

回归到儿童立场，课程资源应该是什么样子的？一讲课程资源，你想到的是什么？你仰视，会看到日月星辰；你平视，会看到树木花草；你俯视，能看到什么？儿童看到的是什么？我和儿童打交道这么多年，儿童有几个鲜明的特性，其中一个特性就是，他们的精神世界比我们更宽广，儿童有"万物皆备于我"的大情怀。这个情怀是什么？在他们眼里，任何东西都是自由的、有灵性的。

举例来说，每年夏天，孩子们会在花草园里探索，他们讨论出的研究主题特别多。有一个孩子说："我很想知道花草园的下水道是什么样子的。"我们很吃惊，因为我们成人的眼界很狭窄，只喜欢关注我们看到的东西。之后，我们就带着孩子们去研究下水道，再延展到井盖的学习。孩子们发现，每一个井盖的花纹都不同，每一个井盖都标明着不同的用途。

当时我特别吃惊，我一直觉得自己是很了解儿童的。但我们真的了解儿童吗？儿童是如何了解这个世界的？我想，这确实值得我们思考。我现在甚至不敢说，因为我天天和孩子在一起，就觉得自己很了解儿童。因为儿童精神世界的丰富性是超过我们成人的。但是，我们如果过多地把注意力放在儿童的认知发展上，就不能真正地了解儿童，也不能对儿童产生尊敬和崇拜。

我们总说要仰视儿童，那么去何处仰视？就是要从儿童的精神世界出发，从他们的角度了解他们看到的世界是什么样子的。

在这里，我无法给出清晰的结论，只能提出两个观点。

第一，你要理解儿童的哲学观，儿童的哲学观就是他们对世界的看法。

第二，我们要观察关系中的儿童，他们是如何看待这些课程资源的。对他们来讲，课程资源不是单一的，而是有关系的，我们把这种关系叫作"联结"。如果我们不能理解联结感，仅仅谈儿童的形象依然是孤立的。

所以，真正的、有价值的课程资源应该是什么？这值得大家深思。

现在，不妨再回看"课程资源"这个概念，你是不是感觉眼界比刚才开阔了一些？之前，你想到的课程资源可能只是我们能够想到的家庭资源、社会资源、自然资源……

所以，当你理解了儿童的哲学观，当你能把儿童放在一个关系中进行考量的时候，你就会真正理解儿童所需要的课程资源到底是什么，以及在哪里。这个要比我们当下许多人对课程资源的理解复杂些，但我认为它是有意义和有价值的。

资源是广泛存在的，但如何有效利用它们，才应是教师工作的着力点。

提供课程资源，我们追求的目的是什么？帮助儿童获得各种经验。但这个经验不仅仅是认识外部世界，还要通过自己的学习和探索，认识自我以及与世界的联结。

能够和自然、家庭、自我建立联结的课程资源，才是具有学习意义、学习价值以及文化质感的课程资源。否则，课程资源就是虚浮的。你以为自己运用了很多课程资源，但是你的课程资源不是活资源，也谈不上有价值。反过来，我们也要借助课程资源帮助儿童完成三个联结。这"三个联结"是课程资源有效与否的重要试金石。

当我们对课程资源的界定不仅仅是站在儿童的角度，还能上升到文化高度的时候，我觉得，课程资源就被赋予了新的意义。

课程资源里的文化立场

我们从事的是一个非常有文化质感的工作。我们应该感觉到，我们的工作充满了意义，我们是国家文化的代言人，所以我们在做任何一件事情时都要思考其背后的文化感，我们的思考要能够超越当下。

中国人讲"道、法、术、器、势"，我们应该把认知从术、器的层面提到一个更高的境界。中国古人说："形而上者为之道，形而下者为之器。"你看见的东西只是在"器"的层面上，而你看不到的、思考到的那些东西，才是制胜的法宝。

对此，我们有一些自己的思考与实践。

1. 基于自然视角的课程资源

我们为了让孩子们获得更丰富的课程资源，在幼儿园楼前挖了一条河。这条河的背后就有着丰富的文化质感，因为我们知道人类都是逐水而居的。我们的园子里充满了自然野趣。有了自然，自然就变成了你的课程资源。但是，如何利用自然才是最重要的。

2. 基于家庭视角的课程资源

儿童教育如果不和家庭联结，就始终不能通达孩子的心灵。所以，我们用了相当多的时间让家庭和孩子们完成一个深度联结。我们认为，家庭不仅仅是教育的贡献者，更是课程资源的贡献者，所以家长在我们生活化课程的课程资源里起到了非常重要的作用。

3. 基于自我视角的课程资源

大家知道我们幼儿园的园训吗？就是，"成为我自己，我们在一起，按自己的节奏呼吸与思考"。

没错，我们就是这样设计儿童发展的路径的。孩子们所有外部的特征都是和自然联结、和家庭联结、和社会联结，最后通过与自我的联结构成一个完整的自我。真正的教育要帮助儿童找到那种真正的自我的感受，我想，这也是当前的学前教育中最容易被忽视的部分。

我们总是从儿童的外在下功夫，比如，让儿童像什么、会什么、能做什么，而很少让儿童想自己愿意成为什么。虞永平老师说，课程要慢、要静，其实这就是为儿童在成为自我的道路上提供条件。

我们幼儿园的微信公众号每周二都会推送"儿童的一百种语言"，那里面都是孩子们关于自我的各种各样的讨论，比如，幸福是什么？我的感觉是什么？我的爸爸是什么样的？我们一定要听到他们真实的感受。当我们把所有的课程资源连接到真我的时候，资源才是有价值的。

我给大家带来了一个视频，这个视频会告诉我们：如何将家长以及他们身上的文化资源有效地利用起来，整合成为课程资源。

你会看到，我们的课程资源不只是让家长上一堂课那么简单，我们要探讨家庭关系。孩子要确立自己是什么样的一个人，那么从哪里入手呢？从"爸爸妈妈是如何爱我的，我是如何爱爸爸妈妈的"入手。但是，爸爸妈妈是如何爱我的？这里面有一层重要的关系，就是爸爸妈妈之间有爱情才有了我，那么父母的爱情故事是怎么样的？我们一起来欣赏爸爸妈妈的爱情故事。

这个课程资源太棒了，在观看的时候，有的孩子当场就流泪了。也有的家长开始很恼火，质疑道："我们的爱情和你们的课程有什么关系？"结果，当录像播完，有一位家长说："班里布置拍摄爸妈爱情故事这一任务的时候，我正在和孩子爸爸闹别扭，因为一起拍摄视频，我们似乎找到了当年谈恋爱的感觉，生活琐碎，却不能忘了初心……"很多家长都积极反馈说："太好了，多来几次这样的课程吧！"

教师应成为课程资源的重要构成

就教师而言，生活化课程需要他们将原先较为狭窄的视角，变成开放的、有成长性的宽泛眼界。教师应是儿童学习环境中重要的组成部分，他们必须意识到：要尽可能地使自己成为最好的环境的组成部分，这样的教育系统才是健康的、可持续发展的、有生命力的。

在我看来，儿童的发展不是大脑的发展，而是心灵的发展。如果我们的教育工作者仅仅从工具的角度定义、关注儿童的发展，而不关注儿童的心灵成长，那么儿童的心灵就一定会迷失在这个苍茫的大地上。

所以，我们今天谈教育，谈课程，只谈儿童认知是不够的，也一定要谈儿童的心灵，因为心灵通达的就是真我和自我。因此，我想，其实真正的课程资源一定要有文化性。

文化和教育看似都有不同的外显形态，可以拼搭，但是真正的课程资源选择的魅力是文化性的再现，所以你选择什么样的课程资源，跟你的文化价值取向是相关的。

我们主张教师要多读书。你读的书多，思考得深，对问题的理解就会有所不同，你和儿童之间的共情能力就更强。看到儿童是一回事，再往里走，能和儿童共情是另一回事。

世界就是这样，看得见的东西，并不稀奇，珍贵的都是那些看不见的东西，就像《小王子》里说的："要用心去体会。"

儿童教育就是要在历史文化和儿童文化之间寻找到一把钥匙。我们的生活化课程，其实和当下所有人研究儿童一样，一直在寻找儿童喜欢的事情。唯一不同的是，我们不光找他们喜欢的事情，还找他们喜欢的事情的背后意义，因为这能让我们更清楚地发现儿童的现实处境。

我们要理解孩子们的现实处境，然后觉察成人的权利，也要开始探索如何一点点地放松手中的缰绳，给孩子们更多精神上的自由。

我们给孩子的自由，不仅是行动上的自由，还应有精神上的自由。思想、精神、灵魂应是三个不同的层面，如果能够给予孩子灵魂的自由，那将是更高级的自由。

让我们共同努力，一起迎接学前教育的美好明天！

做"最后一公里"① 的守望者

2018 年 11 月 23 日

2018 年 11 月 15 日，《中共中央国务院关于学前教育深化改革规范发展的若干意见》出台。2018 年 11 月 16 日，我接受了成都日敦社幼师学院的专访。本文根据专访内容整理而成。

从逐利的资本市场，回归教育的本质

日敦社幼师学院： 胡园长，《意见》出台，您认为它的影响是什么？会带来什么变化？我们可以做什么？

胡华： 我首先想到的两个字就是：回归。幼儿教育将从逐利的资本市场回归到育人的本质上来了。

在 20 世纪八九十年代，政府也曾鼓励大力兴办各种类型的幼儿园，有很多人建议把幼儿教育推到市场。记得 2005 年，我和同事们去香港考察幼儿教育，听到了一句当时对我影响很大的经济学术语，即"良币"逐"劣币"。

今天看来，当教育遇到问题的时候，政府还是应该义不容辞地担当教育的重任，把教育拉入本质的状态里。

市场无形的手，将教育推向何方

胡华： 幼儿教育一旦进入资本的逐利市场，就会出现很多不可控的问题。学前教育这些年"跑"得太快，需要停下来整顿整顿了。我觉得，教育不仅仅是社会生活的重要构成部分，还关系到民生。所以，在必要的时刻做正确的选择，也是政府义不容辞的责任。

---

① 原指完成长途跋涉的最后一段里程。现多被引申为完成一件事情的时候，最后且关键的步骤（通常还说明此步骤充满困难）。

我们不能用后代的成长作为代价

胡华：我想我们不能用自己后代的成长作为代价。在《意见》中，我读到的是希望从业人员能够回归到学前教育的本质上来，静下心来做教育。

经常会有一些想办幼儿园的人来找我"取经"。他们都觉得，在这个时代，这是一个稳赚不赔、能够获取巨大利益的市场，是中国商海中的"蓝海"，很多人都想在这片"蓝海"里获利。

很多从业人员也是这样，看到别人能够获取那么多利润的时候，心里会有波动。现在是需要回归的时候了，不要忘了初心，也不要忘记你当初选择的就是这样一个清贫的职业。

我觉得《意见》对教育市场来讲是有警示作用的，很多资本者开始在门前止步。

加强监管，并不是一个新鲜话题

日敦社幼师学院：《意见》提到，将来所有学校的课程教学资源都必须要经过省级以上的专家审核，将各类幼儿园纳入质量评估体系。这样的话，幼儿园的自主权、多元化会不会受影响？

胡华：加强监管，我认为不是一个新鲜的话题，现在政府也要对各种类型的幼儿园加强监管，还要求定期公布检查结果。课程教学资源中核心的问题，还是人的问题。我们关于课程教学资源的利用和改变，都应该在《指南》的框架下思考。

对幼儿教师培养的期待

日敦社幼师学院：这次出台的《意见》中，很大一部分提到了加强幼儿园教师队伍建设，完善教师培养体系。其中，两点幼儿教师培养模式引起了大家的注意：①前移培养起点，大力培养初中毕业起点的五年制专科学历的幼儿园教师；②中等职业学校相关专业重点培养保育员。您对这两点模式怎么看？有什么期待和想法？

胡华：我是一个教育的理想主义者。我觉得幼儿园教师所承担的社会责任与使命，并不比大学教师少。

从某种程度上来讲，文化的质感与读书的多少呈现出一定的相关性。所以，初中起点的五年制专科学历的幼儿教师，关键在于是什么人来报考这些学校？初中是一个分流，如果选择不当，那么我们是不是又将回到将幼儿教师的培养当作职业教育来看待的处境呢？

这里面有一个概念，幼儿教师是一个技术性的工种吗？如果是，那么我们又回到了过去，回到了我们曾经讲的，仅仅能够看好孩子、组织孩子活动的教师培养层面上了。这是不是跟当下我们倡导的教育理念相悖呢？我关心的是初中毕业生里，什么人会选择来做幼儿教师？

我觉得中等职业学校来培养幼师是好的，但是会有人选择这个专业吗？有没有相关的调研可以证明这种培养模式的合理性呢？

儿童中心论还是教师中心论

日敦社幼师学院：《意见》的第十六条提到，将出台幼儿园教师培训课程指导标准。您认为，培训课程指导标准是否能够被界定？

胡华：关于教师培训课程的指导标准，其实政府这些年一直在做，有园长的标准，也有教师培训的指导标准。如何界定，取决于我们如何看待这份职业。我们是选择儿童中心论还是教师中心论？我觉得，这是一个很关键的分水岭。我期待，能够有一个儿童中心论的培训课程指导标准。

让家长成为教育的有效支撑

日敦社幼师学院：《意见》中提到完善过程监管，健全家长志愿者驻园值守制度。您认为，家长进驻幼儿园，以制度来推行，会不会对教师造成教学的干扰？

胡华：健全家长志愿者驻园值守制度，家长进驻幼儿园，以制度来推行幼儿园的管理，我觉得这个初衷没有问题。如果我们和家庭的关系非常密切，联系也非常紧密，那么家长志愿者入园驻守就会变成特别好的方式和制度。但是，如果我们的关系原本就是对立的，那么可能就会带来问题。

我觉得，管理者在其中要承担很重要的责任，要看他能不能调和好这些矛盾，能不能让家长成为教育的有效支撑。

人的保障最重要，幼师"当自强"

日敦社幼师学院：《意见》出台前，幼师薪资和待遇的问题呼声很高；《意见》出台后，我们看到了有依法保障幼儿园教师地位和待遇的意见。比如，"各地要认真落实公办园教师工资待遇保障政策，统筹工资收入政策、经费支出渠道，确保教师工资及时足额发放、同工同酬"。

有人评价，说幼儿园教师同工同酬问题任重道远。教师待遇与编制、职称、教龄、学历、职务、幼儿园性质与等级、幼儿园收费标准等多种因素相关。那么，《意见》出台后，您认为幼师的地位和待遇是否会得到改善？在这方面，你们幼儿园又是怎样保证教师的薪资和地位的？

胡华：关于薪资和待遇问题，如果大家的薪资和待遇很高，可能就不会提同工同酬了。同工同酬实际上是在待遇不高的情况下的另一种诉求表达。

前面我也谈到了，这原本就是一个清贫的职业，但是不能清贫到像一个"幼教民工"。如果是这样，那么这个职业不光吸引不到优秀的人才，还无法赢得社会的尊敬。

当然，这个政策的积极性就在于，政府是花大力气的，也想加大投入，但是中国太大了，差异性也非常大。解决好这些问题，就必须要考虑到全中国的情况。

今天，我想到的依然是：幼师当自强。你的工作，要能够赢得社会的尊敬。没有人总是在替你讲话，你要自己拿出努力的姿态，赢得他人的尊敬。与其自怜自艾，不如奋发图强。从我个人的选择来讲，我热爱这个职业，并不是因为这个职业能够给我带来什么，而是回归到初心，喜欢这份职业带来的乐趣。

前两天，我参加了一个小型调研会，七家幼儿园的园长坐在一起谈论教师们的工资，结果发现大部分幼儿园的工资，比如，在北京，依然是三千、四千、五千这样的标准。当然，我期待不仅是我们幼儿园，全中国的幼教工作者的工资都应不低于当地的社会平均工资标准。一定程度上，这个问题不仅要看政府的投入，还取决于办园者如何看待教育。在幼儿园整个的"大盘子"里，谁是最重要的？在我看来，人是最重要的，人的保障是最重要的。

《意见》出台后，其实是对园长提出了更高的要求。这个职业，即使收入提高了，但是如果没有信念，也会有很多人流失。任何一个职业，无论它多么清苦，都有人甘之若饴。我希望在未来，这样的人能够更多一点。

做最后一公里的守望者

胡华：《意见》核心的执行者还是办学者，所以我说办学者才是这个行业最后一公里的守望者。愿意当那个守望者,这是一种非常坚韧且宝贵的品质。

其实,《意见》对我来讲,没有什么特别大的影响。原来我们是怎么做的,现在还是怎么做。潜心、专注、无问西东,是这个行业要特别追求的一些品质。一个政策真正的改变是什么?我希望是人心。

把个人感受和国家的命运、民族的命运放在一起,把这些政策内化于心。政府的声音永远只是一个导向,真正努力的人,还应是我们这些基层政策的执行者。今天,我想只要是认真做教育的,无论是民办园的老师还是公办园的老师,都应该受到尊敬。

这个行业虽然清苦,但我们既应该在清苦中保持冷静,又要有一种超越感。我体会到了这份职业的喜悦和快乐,而那些困难与这份工作带来的内心喜悦相比,也就不足为奇,更不值一提了。

与"特色"相遇,才是幼儿园发展的必经之路

2018 年 12 月 14 日

上周,朋友圈里都在转发一位幼教同行陈欢博士撰写的文章——《我们不需要那么多"特色"幼儿园》。这个标题非常切中当下幼儿教育领域的一些问题和现状,不断地转发与高阅读量也反映了同行们的心声。的确如此,当"特色"作为外在的标签被要求和强调的时候,"特色"就成了一种负担。

花草园无疑是一个很有特色的幼儿园。但今天你要问我,它的特色是什么?我很难给出一个具体的描述。因为,花草园特色之路的形成,背后也是有故事的。

现在,我来介绍一下花草园的特色之路。

2004 年,花草园开始正式招生。那时最强调特色的是家长,家长来园咨询的时候,总是会问:"你们的特色是什么?"这时候,我总是语塞。我反问道:"如果我们做得很专业,不算特色吗?"

在一开始的招生简章里,我坚持把"专业性"写进其中。我认为,"专业性"就是我们追求的特色。我不觉得我们一定要赋予幼儿园功能性的特色,

以满足家长们功利性的需求。我想，我们的特色就是应该向内涵发展。

花草园度过了三年的成长期，迎来了很多的考评和验收，同行们总在问我们是什么特色，是阅读特色吗？是体育特色吗？是艺术特色吗？我想，"特色"这个词在这个行业里好像是一个被赋予特殊意义的词，似乎没有"特色"就没有内涵。纵使这些"特色"是我们一直坚持在做的事情，但是你要让我从中挑选出某一个作为标签，还是有点困难的。因为我们追求的是为儿童的全面发展奠定基础，这些都应该是基本的内容。

就这样，十多年过去了，花草园却出人意料地有了自己的特色。花草园的特色是什么呢？在我看来，花草园的特色形成的过程就是播撒种子，让这些种子根植于大地，等待它慢慢长成一棵大树的过程。这棵大树上有很多分枝，这些分枝代表了我们的追求与努力，也体现了幼儿教育的核心价值。

有特色不好吗

到底什么是特色？先来听听孩子们怎么说吧！

瑞瑞："特涩"就是吃柿子的时候，感觉特别涩。

梓煜：特色就是跟别人不一样。

澄澄：就是只有我家有，别人家没有。

昕妤：你做得特别好的地方就叫特色。

梓彤：让别人一眼就能认出来、让人能记住的就叫特色。

清逸：特色就是水，水本来没有特色，喷出了喷泉就是特色。

钰轩：我觉得我就是"特色"，因为我和其他小朋友有不一样的地方。每个小朋友也是"特色"。

雅淇：特色就是传统，就是那些能够被传承下来的东西。

梓恒：特色是一种特别的颜色，是我们自己的颜色！

……

你能通过孩子们的回答重新定义"特色"吗？

如果让我根据孩子们的话语重新定义"特色"，我想"有特色"可能是指很特别、做得特别好、别人都没有、能够让别人一眼看出来而且能记住、有自己的气质、能够变成传统传承下来的特性。

其实，成为你自己，就是你的特色！而且，有特色很有必要，因为有了特色，别人才能认识你。

音音：所有的东西都需要有特色，因为那样看起来每个东西都会很特别。

恩硕：每个东西都要有特色，特色可以帮助它活好几年。

力鸣：每个人都必须有特色，因为如果没有特色，我们就没有区别了。比如，如果我们的国家没有特色，我们就不能传承下去。一直这样的话，国家就会灭亡。

天睿：其实也不用很担心"特色"，因为每个东西都有自己很特别的地方。

瑞瑞：有的东西有特色，可能你真正去看的时候又没有特色，所以你怎么看很重要。

梓祎：如果每一个东西都是有特色的，大家就会很想要，反而会不开心了。

和孩子们一样，我们应该忘记"特色"这件事。当我们不再追求外显的、标签式的特色时，那些事物的本质就会凸显出来，成为特色。

花草园的特色是什么

在家长们的心中，花草园的特色是什么呢？

特色一：自然特色

茗泽妈妈：有花有草有河流……水花花，泥巴巴，噼里啪啦，小脚丫……

子衿妈妈：花草园在我心中像一个美丽的伊甸园。春天给小鱼搬家，在房顶种下自己最爱吃的青菜；夏天在小溪边蹚水，打一场痛快的水仗；秋天在葡萄架下采摘甜美的葡萄；冬天看雪花飘落和自己最爱的老师堆一个可爱的雪人……

芊宇爸爸：我觉得花草园最大的特色就是胡华园长倡导的"自然主义教育观"。树木就是树木，土地就是土地，连厕所都是老式的蹲坑；孩子们自然地游戏，自如地交流，甚至尿裤子也是理所应当的事，不谈宽容，更不谈责备，因为这就是自然状态下的孩子，给人感觉踏实、自信、从容。

彦熙妈妈：花草园是最朴实的，也是最自然的、最宁静的、最唯美的。同时，花草园又是最笃实的，它坚定地在回归自然、回归儿童的路上实践着。而这一路，伴随了孩子们无穷的、欢乐的笑声。

特色二：以儿童为中心

紫瑄妈妈：花草园是一个以儿童为中心，处处体现出对儿童需要的尊重，对儿童情感的满足，对儿童智慧的保护，对儿童创造的崇拜与敬仰的幼儿园！

迦南妈妈：花草园的特色就是"回归"，回归每一个孩子天生的灵性，回归童年的本质，回归自然的美，回归教育者人生的价值或者教育的初心。

维远爸爸：纯粹。尊重客观规律，尊重孩子的内心，为了教育事业和孩子的成长而努力，勇敢地拒绝功利，给孩子一个纯粹、快乐、健康的童年。

承桐妈妈：花草园最大的特色就是自然生长、畅通联结。孩子们在这里和自然、和他人、和自己联结。这里培养孩子三点重要的能力：感知力、好奇心和幸福感。这三点会成为决定孩子今后人生的更为持久、重要的能力！

特色三：生活化课程

梓祎妈妈：最大的特色就是总带给我们惊喜的生活化课程。幼儿园课程具有浓厚的生活化特征——课程的内容来自幼儿的生活，课程的实施贯穿于幼儿的每日生活。以幼儿自然成长为基本，除了带孩子们认识世界、启迪心智的学习内容外，还引领孩子们在认真生活、热爱生活的路上前行。

澍予妈妈：在陪伴孩子完成生活化课程学习的三年中，作为家长，我深刻地感受到每一个课程设计的背后都渗透着幼儿园对儿童成长规律和能力的精准把握，对中国传统文化的信仰，对自然万物生命轮回的尊重，以及对生活的感悟。这样的课程设计是有生命力的，一切源于生活，一切又归于生活。

特色四：温暖有爱的"女幼人"

沐泽妈妈：我眼中的幼儿园特色是温暖。每次去幼儿园，我见到的每一位老师、门卫于师傅、食堂师傅、保洁阿姨等，认识的不认识的，脸上都挂着暖暖的微笑，让人的心情不由自主地飞扬起来。孩子在这样温暖的环境中成长，生长出来的每一个触角感受到的都是温暖善意，内心的底色必定充满了爱。

子衿妈妈：这里的老师就是最大的特色！这里的小朋友很幸福，老师们像这里的守护者，守护着每一个孩子，用他们的专业素养，用他们的爱心，用他们的执着，给孩子们创建了一个小的天堂。老师们就是万能的"魔术师"，他们无所不能，可以把热闹的庙会带过去，可以把可爱的圣诞老人带过来，可以把孩子最想干的事全都实现！

特色五：独特的管理

音音妈妈：看一个机构的运作，就看它的管理体系。这里不是靠严格的制度，靠的是各位老师的自觉，而这一切都是文化教育理念的传承，遗憾的是，我还没有学会它的精髓！

萱宜妈妈：我眼中的花草园，是一个小型的民主王国。这里的孩子和每一位工作人员都是平等的关系，孩子们的想法、需求和建议都会被认真倾听、接受和认同。我眼中的花草园，是一部永动机。每一位老师和工作人员永远在忙碌，好像从不休息，力求为孩子们提供最佳的学习和生活环境。

木欣妈妈：花草园在我心中，是一所追求"真善美的幼儿园"。

花草园的"真"，是老师对孩子们的真心喜爱和真情付出，他们将孩子们当成自己的宝贝一样去爱！这个"真"，也是《儿童宣言》里所说的"成为我自己"，充分释放孩子们的天性，尊重每一个孩子的个性，鼓励他们做最真实的自己。

花草园的"善"，是中国传统文化中"上善若水"的"善"，一点一滴、不声不响，却自然贯穿于"生活化课程"的始终，润物细无声，塑造着每一个孩子的精神和灵魂。

花草园的"美"，是洋溢着大自然花草清香的美，也是孩子们与自然和谐共生的诗意的美。

特色六：花草园有灵魂

一辰爸爸：在我心中，花草园最大的特点就是它是一个有血有肉、有骨有灵魂的整体。幼儿园的灵魂吸收中国的传统文化与哲学思想，遵循"道法自然"与"儿童的天性"；幼儿园的骨架是以文化沉淀和人文凝聚为基础的组织管理，汇集并培养了一批符合幼儿园定位与文化的幼儿教育工作者；幼儿园的血肉就是在灵魂指引、骨架支撑下的一系列以儿童、家长、老师、社会为主体的课程实践。通过生活化课程、闭环的学习、文化的交融、情感的联结，实现儿童、家长、教师的共同成长，甚至达到优化人文社会环境的效果。这一切都远超了我刚开始对幼儿园的期许！

之昕爸爸：花草园给我最大的印象应该是"爱和信仰的传递"。花草园里有三种角色：管理者、老师、孩子们。管理者犹如大家长、导师，关爱着老师们的成长，包容他们的性格、能力的差异化，指引他们如何在情感和思想上走得更远；老师们也把这些"爱和信仰"满满地传递给了孩子们，对孩子们的天性进行保护，让孩子们"自然"地生长！

澍予妈妈：在我看来，花花草草幼儿园最大的特色就是，她是一个有思想、有灵魂、有审美、有定力的幼儿园。在这里，你可以感受到能量的流动和生命的张力。这个特色在幼儿园的环境设计和课程设计中，体现得淋漓尽致。

琳杉妈妈：花草园的特色是尊重孩子，崇尚自然，让家长懂得蹲下身子平视孩子！

在老师们的心中，花草园的特色是什么呢？

田巍：我觉得花草园的特色是专业。这个专业是通达儿童心灵的专业，而不是如何操纵儿童的专业。

张芬：我觉得花草园最大的特色是崇拜儿童。所以，你才会看到这里的每一处都有孩子们的踪迹，每一个决定都有孩子们的声音。

王钰诗：森林幼儿园，有很多的花花草草，有让孩子们探秘的魔法树屋，还有每天陪伴在孩子们身边的小动物，如小兔子、乌龟、小鱼。

张丽：我们是有温度的幼儿园。虽然花草园也要经历四季变换，但是花草园人在四季变换中仍然保持着内心特有的温度。

张焱：花草园的一切都很真实。花草园的课程很真实，花草园的人也很真实。那些认真的、朴素的，甚至是用笨办法完成的生活都是我们最真实的样子。

张燕芸：勇敢。勇敢的背后是基于儿童本位的思考与践行，勇敢的背后是老师们热烈的讨论准备，以及多个安全预案的准备。勇敢，就是看到孩子们肆意地玩耍、开心地大笑时，你觉得值，你觉得这就是最好的幼儿园。

……

在孩子们的心中，花草园的特色是什么呢？

清逸：花草园的特色就是这里有特别好的老师，他们都很温柔，从来不生气。

楚潼：每个人都有宝贝盒是我们的特色。

星璇：我们有我们自己的《儿童宣言》，还有好听的《大大的梦想》。

钰萱：我觉得花草园有很多的书就是特色。

昕妤：我们幼儿园的"一米菜园"是我们的特色，春天我们会播种，秋天会收获自己种的菜，冬天我们还会给土壤施肥。

梓彤：我们在"六一"儿童节的时候会有特别的户外自助餐，所有的小朋友和所有的老师都在户外一起吃饭，可热闹啦。

鹏博：花草园的特色就是每天都有变化。

力鸣：花草园的特色，就是所有的事情都是由小朋友自己来决定的。

音音：园长妈妈最特别，因为"园长妈妈"这个名字就很特别，很好听，她有一双闪亮的眼睛。

沿希：我觉得我们幼儿园花花草草的标志很有特色，那是小朋友自己设计的。

雅淇：每个小朋友的笑容就是幼儿园的特色。

雨诺："花草园"这个名字就是特色。它很特别，世界上只有一个花花草草幼儿园。

子衿："花草园"的所有都是特色，因为这里有的，别的地方都没有。

"花草园"是一所有特色的幼儿园吗？这个问题好像没有答案，但是又好像有千万种答案。我们没有人为地赋予它标签，但是就在这十几年的积淀过程中，我们逐渐形成了自己的"花草园特色"。

幼儿园需要有自己的特色吗

幼儿园需要有自己的特色吗？我想，还是需要的。因为每一所幼儿园的办学者不同，所处的区域不同，所以在办学中都要将形成"特色"视为自己的办学追求。

但特色不是强加上去的，而是在和孩子们共同生活的过程中慢慢形成的。不过，无论这些特色怎么变化都应该有一些本质的、朴素的东西。自然的、温暖的、回归儿童的……我想，只有把特色建立在这样的坐标轴之上，才是有意义的"特色"。

在《我们不需要那么多"特色"幼儿园》这篇文章中，陈欢博士在谈到英国教育的特色时，也特别提道："即便他们最后似乎是形成了外显的'特色'，但这并非他们'追求特色'的结果，而是实践其教育信念、追随其教育哲学、将儿童置于中心的结果。"

"特色"无所谓好坏，本质上"特色"是一个中性的词汇。你对"特色"的看法反映了你对教育的认识与追求，因为很多时候"特色"也是你的内涵所在。老子说，"绝圣弃智，绝巧弃利"，才能回归大道。找寻到自己的发展之路，与"特色"相遇，才是幼儿园发展的必经之路！

期待未来，每一个机构都能够形成自己的特色，走上特色发展的道路。也希望幼儿教育的百花园里能够盛开一朵朵的"奇葩"。

对待这份工作，希望你们是"长期主义者"

2018 年 12 月 21 日

"长期主义"是近期频繁出现的一个词语，这原是一个商业术语，其含义尚未有清楚的界定。

有人认为，信奉"长期主义"的机构有三个基本原则。

- 具备使命感：使命感决定了机构能走多远。
- 坚持价值观：价值观决定了机构必须恪守的底线与原则。

- 构筑精神高地：机构的精神与文化决定了它的精神品相。

2018年，很多人都感觉这一年过得不容易。在一个不确定的时代，机会、诱惑、冲击都很大，但是能让你有定力坚持下来的，其实是你的"长期主义"的判断。你要问自己：
- 愿不愿意为机构的长期发展而努力？
- 愿不愿意回到工作的意义里？
- 愿不愿意看到儿童教育的独特价值？
- 愿不愿意释放自己不可替代的力量？

如果你有"长期主义"的思想，那么美好就会降临到你的世界里。

近日，我在微信群里和老师们分享了自己对于花草园未来的一些思考，想用这样的方式告别难忘的2018年。

十几年过去了，花草园发展到今天已经有了一定的品牌影响力。我们内部也要完成一些调整。

前些年，大家只需要跟随我的一些思考和探索，但是现在我把机会留给大家来探索。在这个过程中，我看到了教师的差异化。差异化主要表现为，有的教师越干越有乐趣，越来越游刃有余；有的教师，在这个过程中出现了滑落。站在我的角度来看，当工作的基本面能够保持的时候，我是允许有差异的。但是如果工作的基本面都不能保持，我是坚决不能接受的。

今天，我想从两个方面讲一些我的思考。

教师应是"觉悟者"

1. "觉"是觉察、觉知

觉悟有两层含义，一层是"觉"，另一层是"悟"。觉是觉察、觉知，能"觉"才能"悟"。

先拿"觉"来讲。我首先跟大家分享一下田巍老师前一周的教育笔记。

这一周的班务会，班级的几位教师坐在一起分享了"我们眼中的保育老师——王莉老师"。轮到实习教师小花朵老师分享时，她分享了这样一个故事："在花草园实习的这段时间里，我跟着保育老师王老师学习了不少实际操作的技能,不得不说,保育老师的工作琐碎而繁重,总是让我手忙脚乱,而王老师可以把所有的任务都合理安排好,然后有条不紊地依次完成,这是让我非常敬佩的一点。除此之外,王老师带给我更多的是精神层面的触动和思考。她勤劳善良、心思细密,在照顾好每个孩子之余,还将他们的生活习惯和偏好牢记于心。班里的小神奇总是希望在吃饭的时候能够得到一个大勺子,王老师每次都会特地分给他一个大勺子,尽可能满足他小小的愿望。有一次午餐时,小神奇哼哼唧唧地不愿意吃饭,王老师便鼓励他说:'小神奇,你拿着我们班最大最大的大勺子,还不加油吃吗?'听了王老师的话,小神奇有些自豪地瞧了瞧自己的大勺子,立刻拿起勺子大口大口地吃了起来,很快便把剩下的饭吃光了。

如果说,之前给小神奇留一把大勺子是在孩子心中播下爱的种子,那么这次王老师鼓励小神奇吃饭的时候,我仿佛听到了幼苗破土而出的声音。作为负责照顾孩子生活的保育老师,一言一行、一举一动都深深影响着孩子们。"

我们惊讶于小花朵老师的细腻,对王老师的工作多了一分钦佩。我随之把小花朵老师的观察分享到我们小一班的工作群里,大家都说了自己发现的保育老师的亮点。这几天,老师们的笑声更多了,孩子们的笑声也多了……班里的氛围一下子变得紧密又温暖。

启示

首先,特别感谢小花朵老师的观察与分享,她的到来让我们感受到了满满的正能量,我们是不是可以试着让这样的正能量流动起来呢?

其次,我看到了自己工作中的盲区。为什么平时我看不到这样的一幕,而实习老师可以呢?我能感受到班里老师们的需求吗?自己每天沉浸在对儿童的关注中,对班里的老师们又给了哪些支持呢?我真正地感受到了自己对他人的关注不够,对保育工作的恭敬心不够!

行动

(1)在这周的班务会上,我试着增加一个环节,即分享自己发现的他人(包括保育老师)的工作亮点,这既可以促进新教师有目的地观察与学习,又有助于增进班级成员之间的关系,教师们之间相互支持的氛围也有益于孩子们的成长。

(2)在第一周的共读活动中,我发现自己以前对保育的理解太有限了,很多滞后的观点需要及时更新。接下来的日子里，我要坚持阅读，努力提高保育方面的知识与技能。

（3）找到一个目标：在12月，我要试着慢下来去工作。细细品味，慢慢生成，不断延伸，多种尝试，充分感受。

田巍老师写的教育笔记，我当时看了很感动，这里面包含着教师"觉悟"的层次。在听到实习教师的分享后，她心生感谢之情，也看到了自己工作的盲区，然后进行了内观，对自己有了觉察，悟出了一些智慧，最后落实到行动中，完成了工作的推进。这里面呈现出的工作层次非常饱满和丰富，我特别建议大家读一读。

"觉"是什么？"觉"是借由一些事情，你能察觉到自己心绪、思想的变化，以及这个变化产生的内在原因，最后将这一切变成行动，推动下一个计划的进行。

2."悟"依靠的是善意和通达

"悟"是智慧的根。我们过去老讲"慧根"，"慧根"依靠的是什么呢？我想，依靠的是你的善意和通达。当你悟得很深的时候，你的生命空间将得以拓展。当你看到的都是别人的问题的时候，你将永远无法觉悟。

未来，"觉悟"会是花草园教师成长的一个方向。如何觉？如何悟？如何体会？如何感受？这些都是需要大家认真思考的问题。

当然，觉悟的层次也会不一样，有的人觉悟到了自我，完成了调整和推动；有的人觉悟到了课程层面，也很好。上一周，张晓敏老师在教育笔记中对当周课程"米面的故事"进行了深入的思考，感悟到"寻味就是寻根"。这就是张晓敏老师在课程层面看到的、觉察到的，最后悟到的。

所以，觉悟有不同的层次，全看个人的修为。

觉悟的层次决定了你的教育水平

一个不觉不悟的人是不能在花草园工作的，因为花草园的课程是不一样的，我们不主张教知识，更多的是希望能够完成通达心灵的教育。

如果你没有觉悟，心灵不开放，你就无法和儿童同呼吸共命运，无法和他们同频共振，所以觉悟是非常重要的。你的觉悟在哪个层次，你和儿童的关系就在哪个层次，你的教育水平也就在哪个层次。

我希望，留在这里的老师一定是特别享受这个课程的美好，并且愿意为这个课程贡献自己美好的人。

成为本自具足、不断觉悟的教师

就我自己而言，也有双重身份。作为一个人来讲，我是慈爱的、包容的。但是，我总提醒自己还有一个身份，始终不要忘记自己身为一个管理者的责任。一个管理者肩负的责任和使命，就是要保证机构向前发展。

这两天，我也在问自己，未来花草园要继续走下去，我们需要什么样的教师？我想，本自具足、不断觉悟的教师才是这个幼儿园特别需要的教师。

在这里工作了很久的一些老教师，你会感觉她们的精神世界和幼儿园的世界已经合二为一了。

青年教师总的来说，呈现出了蓬勃的生命状态，但是也有分化和差异。其中，很多教师已经成为幼儿园发展过程中特别关键的新生力量。对于这一部分教师，我们在用尽全力创造机会，给她们展示和成长的舞台。

新来的教师们现在处在幼儿园"最舒服"的位置，因为这个位置不需要承担特别多的责任，每天可以和孩子们一起玩，有大量的时间思考、觉悟。她们要做的就是每周将每位教师的教育笔记通读一遍。每天都要思考：今天我做了什么？我为幼儿园做了什么？我有哪些收获？新来的教师应该努力工作，表现出一种积极的态势，有更高的觉悟。

记住：今天，你们做的每一件事情，都会变成你们积累的财富。

有联结才会有共生与创造

对幼儿园里的每一个人，我们都应该表现出应有的尊重，特别是每天和你"并肩作战"的同事。因为你如果不能跟大家合作，就没有办法创新。

在这里，我们没有竞争对手，只有合作的伙伴。因为合作里有联结，有联结才会有共生与创造。

形成能量的"鼓舞圈"

未来，幼儿园内部一定要有非常强烈的内生力。

有的班长，跟她一起工作的每一个人都会表现出一种蓬勃的状态。因为她不仅自己努力，无形中还总是激励大家，逐渐形成了一个"鼓舞圈"。大家相互鼓励，砥砺前行。你们的能量的流动要完成一个战略性的调整，形成小范围的自给自足。

每个人都有"暗物质"，我期待的是你能够把内心的"暗物质"拿出来，深入地剖析自己，直面"惨淡"的人生。直至最终，在面对问题的时候，你不再是面对一堵墙，而是能轻松地翻墙而过，超越自己和事情本身！

管理工作需坚持"石块原则"和"目标原则"

对管理层，我提两个原则。

第一个是"石块原则"。你们每天手头的工作特别多，但是工作的石块有大有小。把碎石漏下去，把中等大小的石头拿出来面对，至于顽石则要通过开会来讨论对策，然后再请示领导，不要什么事情都捂在那里，出了问题，这些石头就变成了滚石。这个原则怎么判定？每项工作都应该有一套标准，也应该清晰地看到哪些是你能完成的，哪些是你不能完成的。

第二个是"目标原则"。每个人每一个月都要有计划，每一周都要制定下周需要完成的一个主要工作和需要实现的一个目标。一个问题一个问题地解决，防微杜渐，随着时间的推移，这些问题就会被慢慢地解决。从下一周开始，每个人都应该写出下一周的计划，这个计划对幼儿园的工作是推进性的、改变性的、变革性的。

在不确定的环境里，你能确定的是你自己

"在不确定的环境里，你能确定的是你自己。"如果你还沉溺于外部的不确定性，认为不确定性是最重要的部分，那么你在未来的日子里将面临很多困境。不确定性是一定存在的，但你要在其中确定你能确定的是什么。如果你很珍惜这项工作，你就必须给自己机会，完成各种各样的调整，把心放在工作上。我想，这件事情是你们可以确定的。

新的一年到来之际，也是一个了解和调整自己的分水岭。那些秉持"长期主义"的人，我们将一起一直走下去。

2019年 从"教育过程"到"教育文化"

2019年,我的思考特别蓬勃。总体来讲,我是一个非常有忧患意识的人,即使在别人看来我们已经走在了幼教行业的前端,但我总感觉我们还可以有更好的方向,所以我的思考一直没有停止。这一年,每一篇文章的篇幅都很长,这也说明,我对很多问题有了更为全面的思考。

在这一年的文章中,出现频率最多的词是"文化"。教育就其内容而言,无非是文化与生命之间的积极互动,任何教育都是立足于个体生命而展开的文化引领。文化本身是一条宽阔的河流,我想为这条河流中注入新的东西。

这一年,我对教育的核心问题,包括教师、儿童、课程、环境等进行了一轮新的思考。回溯过往,我的思考大致可分为这样几个阶段:第一阶段是在幼儿园的开创阶段,思考基本上是感性的和粗浅的;第二阶段是生活化课程的创建阶段,伴随着实践探索,我的思考开始细腻深入;第三阶段,生活化课程实施后为园所带来了蓬勃的生命力,这就需要我从现象出发对教育的核心问题再次进行思考与总结。这样的思考,也是从感性到理性,再从理性回归感性的一种实践探索。思想的形成也要经历这样几个阶段,即整体模糊、感性局部、理性局部以及理性与感性的整合。

"文化"是人类学领域最基本的概念。这一年,我们借鉴了布鲁纳对文化的认识,不断将对文化的理解具体化到生活化课程的各个元素之中。环境、课程、教师与儿童都有其文化的具体表征形式。我开始意识到,生活化课程的探索也是一个从教育过程走向教育文化的过程。教育文化,一方面赋予教育实践以一种历史的延续性,另一方面也赋予教育实践以一种文化上的创造性。因此,教育文化虽发生于教育的原点,但却是与教育活动共始终的。所有的文化都是由人创造的,只有回归到人性最美好的本质中去,文化才有可

本章手绘插图作者:张跃鹏博,5岁。

能淬炼出美好的品相。

我对自己喜欢和相信的东西有很深的迷恋。我总是想，人类应该用美好消除丑陋，人类应该完成人性的进步，这也是我对教育寄予的美好希望。教育不是谋生，不是改造，而是改变。教育具有改变世界的力量。

这一年，也是幼儿园开办的第 15 个年头年。我们举办了一个简朴的十五年园庆活动，没有邀请领导和媒体，只是邀请已经毕业了的孩子们重新回到他们熟悉的"神秘园"。让我们感动的是，15 年间，幼儿园的 1093 个毕业生家庭中的 324 个家庭在"返园日"回到了幼儿园。

那一天，我和孩子们拥抱，眼含热泪。当天，很多家长也落泪了，特别是当园歌《大大的梦想》响起的时候，有一位家长竟然泣不成声……幼儿园为孩子们的心灵倾注的那份力量，随着时间的推移越发明显。

这一年，集结了我们理论思考与实践探索的《幼儿园生活化课程——回归传统、自然与本真》出版。出版不到一年，已经加印了 5 次，成为这个行业的畅销书。很多人向我们表达了对这套书的喜爱，这令我倍感欣慰。

总之，这一年，我从文化和人性的角度对教育问题进行了新的思考。如何回到人自身，保持内在的开放性，激励人的主体意识鲜活地成长，已是当代教育的根本性话题。花草园 15 年的教育探索，也经历了从认知主义到文化主义的转向，并最终将教育的核心落在了个体的文化和心灵之上。

在教育中构建美好新世界

2019 年 3 月 1 日

每学期开学初，我都会准备一次讲话，讲一些变化和思考，给新学期一个方向，也希望借此机会能够将所有人的思想都调整到一个频道上来。

志合者，不以山海为远；道乖者，不以咫尺为近。

——晋·葛洪《抱朴子·博喻》

首先，分享一下我的假期生活。

这个假期，我和家人一起驱车数小时到达洛阳，观赏了气势恢宏的龙门石窟，领略了魏晋时期及之后的佛教文化。

之后，我们到达了心心念念了许久的地方——武当山。武当山是中国道教文化的发源地，我特别喜欢一部纪录片《太极武当》，里面详细介绍了武当文化。因此，对武当山的美好，我一直特别向往。

到达张家界的时候，细雨霏霏，张家界很美，大导演詹姆斯·卡梅隆选择在那里拍摄他的经典电影《阿凡达》。

再下一站是凤凰古城。早晨安静的时候，我们能看见古镇特有的风貌。沈从文曾经在这里写下《边城》，我很喜欢的老顽童画家黄永玉也是凤凰人。凤凰是个出名人的地方。

从凤凰出发，我们一路向西，到达了素有"鸡鸣三省"之称的云南省威信县。这是一个三省交界的地方。我感觉这里特别美好，美好在哪里呢？恰是因为交通的不便利，才使这里原生态的生活方式得以保留。我们在城市中过的是一种"塑料花"式的生活，这种生活看起来很漂亮，实际上一点也不扎实。我们吃的食物不香，睡眠也不沉，每天都被钟表驱赶着，心中总是会有很多的焦虑。

我第一次自驾去那么遥远的地方。虽然我没有在那里生活过，但是我的心灵和那个地方、那里的人似乎特别接近。我一下子想起来那句话——"志合者，不以山海为远；道乖者，不以咫尺为近"。如果我们志同道合，哪怕我们相隔很远，也会惺惺相惜；如果道不同，即使近在咫尺，也会让我们感觉到彼此的疏离和遥远。

今年，幼儿园已成立整整十五周年了。我们需要回顾过去，更需要展望未来。

初心，就是回归童心

这十五年，我们经历了很多，无论取得了什么样的成就与关注，之后，我们都要回归初心。初心是什么？初心，就是我们对童心那份美好的向往。

这些年，我们特别关注儿童，也借此回到了童年，回到了单纯，回到了自然，回到了纯净，回到了美好。

正是因为我们一直追随童年的美好，我们的心灵才能在世俗的世界里得以调整，得以休憩。

预测未来不是为了实现预言

在过去的十五年里，我们已经到达了一定的发展阶段，之后需要对未来做一个设定。这两天，我听到这样一句话——"我们预测未来不是为了实现预言，而是为了阻止不好的事发生"。所以，我想讲讲我们当下面临的困难与挑战。

很多人都在说，2019年会很难。

总体而言，科学技术看似给我们带来了前所未有的成功，人们也确实花了很大力气才走到科学这条路上，但"在所有的人类的进步文明中，在科学的所有成就里，人的心灵似乎不在其中"（陈嘉映）。在未来，心灵丰富应该是一个奢侈品，而我们花草园教育的珍贵之处就在于，我们一直注重孩子的心灵成长。

未来，心灵的教育与成长应该是所有教育形态的追求与指向。这几年，学前教育的形势与政策发生了很大的变化。我们园被确定为公办园，这和当初的办园性质有很大的不同。

按照刚刚颁布不久的《北京市幼儿园办园质量督导评估办法（试行）》的规定，幼儿园小班的幼儿数为25人，中班的幼儿数为30人，大班的幼儿数为35人，这都高于我们当下班级儿童的数额。以前，我们走的是小班额的精耕细作路线，但是现在我们必须做出一些调整。

在教育部颁布的《幼儿园工作规程》中，对幼儿园教职员工的数量也有严格的规定。今后，我们将严格按照政府的标准确定人员数量，每班两名教师，一名保育员，这和我们现在的教师配置有点出入。为此，幼儿园也将开展定员定编工作。

无论怎样，当下，每个人都应珍惜自己的工作。当然，以我的标准来判断，教师们现在的工资水平与社会其他行业人员的工资水平相比并不可观，教师们应该拥有更好的收入。

政策的改变虽然给我们这样的园所发展带来了一定的困难与挑战，但从宏观层面来看，这些调整与改变对整个幼教事业的发展是非常有意义的。

生于忧患，死于安乐

孟子说："生于忧患，死于安乐。"忧患使人警醒，安逸使人走向灭亡。人太安逸了，就没有了斗志。先哲的智慧告诉我们，困难并没有什么可怕的，也不是什么糟糕的事，关键取决于我们怎么看待它，对不对？

忧患意识会让我们回归到真正平凡的生活里，感知生活中细微的颗粒。恰是这些细微的颗粒，有可能是构成幸福生活的源泉。也许，过于安逸会使我们的感受变得粗糙起来。

无论时代怎样变化，人类追求的核心价值观（普世价值观），基本上是不变的。这些价值观并不高大，就在我们平凡生活的一箪一食、一呼一吸之间。没有这些平凡与细腻，生活就没有了乐趣，人与人之间也就没有了可以传递的情感。而人类就是在平凡的生活中得以体会这些最丰富的情感。

追求平凡，也是对过往经历过的繁华的一种超越。平凡，才是生命的最高境界。很多人惧怕平凡，但是在平凡中才有机会完成自我创造。所以，我们在追求平凡的过程中，要学会减少自己的欲望与期待，守住自己的初心。我喜欢的歌手朴树演唱的《平凡之路》，也道出了"平凡才是唯一的答案"的真谛。

在教育中构建美好新世界

今天做教育似乎越来越难，难在哪里？今天的人们都处在高度的焦虑中，教育似乎成了一种对抗焦虑的武器。人们惧怕社会分层，都想通过教育获得进入更高阶层的"入场券"。

假期里，我看了《流浪地球》，之后开始关注它的创作者刘慈欣。刘慈欣说过这样一句话："科幻的本质是用想象延展人生！"我也想套用一下这句话，教育的本质是用美好的创造延展人生！延展的是谁的人生呢？你自己的人生和受教育者的人生，都可以在美好的教育中得以延展。那么，我们可不可以在教育中完成一个个美好的创造，构建可以延展的人生，进而共同构筑一个美丽新世界呢？

千百年来，教育工作者一直受人尊敬，是因为教育工作者一直在努力构建一个基于现实、又超越现实的美好世界。这个美好的世界，从存在中来，又超越了存在；从生活中来，又超越了生活，给我们以及他人甚至人类世界带来了更多的美好与想象。

有人说："教育不仅要为美好人生做准备，它本身还应该是美好生活的一部分。"无论怎样，我都希望我们是一群有教育理想的人，在创造着一个美好的、富有想象力的、令人向往的世界。

新学期，希望我们一起从平凡的生活中萃取出更多美好的东西，并能用最美好的、更贴近心灵的方式，通过生活化课程影响儿童，给自己希望，给他人希望，也给世界希望！

真正的女神，是那些能够"自我实现"的人

2019 年 3 月 8 日

教育不仅要培育"种子"，也要努力改良"土壤"。哪怕只能影响身边的一个人，影响他对待工作、生活的态度，教育的未来也会变得越来越美好，越来越有希望。

今天是"女神节",我想先问各位女神一个问题:你最想活成什么样子?

张晓敏老师:我想活成一个能随时发现生活中的"小确幸",给身边的人带来温暖,和孩子一样对这个世界充满期待的人。

张焱老师:我想活成一个善良、可爱、简单的人。

李文老师:我想,活得健康、简单、充实就好。每天投入自己喜欢做的事情中,达到一种放松的专注就是一种莫大的享受。

张蕾老师:我想活出从容自信的样子。

张芬老师:我想活成一个孩子。像孩子一样纯真,像孩子一样好奇,像孩子一样随时随地可以让自己的生活充满乐趣。

生活中最完美的状态是,保持工作与生活的平衡,使工作与生活能够水乳交融,成为生活与工作的创造者。而创造者和非创造者的区别就在于,能不能从平凡的生活里萃取出核心的、美好的、有价值的东西。以下观点来自我在新学期全园会后半部分的讲话,主要谈的是我对教师们新学期的期待。

希望你们心灵丰富,内心潮湿

我一直希望老师们心灵丰富、内心潮湿,因为这能够让自己的内心长出更有生命力的东西。只有看到美好,我们才能创造美好。只有当内心潮湿的时候,你的内心才会有一颗种子生长。

潮湿的感觉是什么样的?看到美好时,会落泪;看到别人难过时,也会落泪;看到别人受苦时,会帮助他,施以援手;看到别人有需要时,会说,我可以给你一点依靠……内心潮湿的人才能看出他人内心潮湿的样子。

内心丰富、湿润起来,这样你的心里就会播撒下更多的种子,就会有更多的希望。当一个人的感觉越来越细腻时,他就会变得越来越柔和,越来越美好,成为自我实现的人。

阎玉新老师:在平凡的日子里,我会捕捉到这些熠熠闪光的小瞬间,让自己在踏踏实实地生活、工作的同时,保持内心的潮湿。

田巍老师:不断地向内看,才能找到潮湿的感觉。

希望你们尝试一种放松的专注

要学习一种放松，也要学习一种专注，慢慢体会身心合一的感觉，学会一种"放松的专注"。"放松的专注"是什么呢？是你对待这件事情没有企图心，也没有任何的评价，只是想做这件事情，很放松，很享受……

花草园的老师们都很享受自己的工作。因为每个人对自己都有要求，他们体会到的就是一种放松的专注。独立对它负责任，每个人就都可以做到自己所能做到的最好程度。

王彩霞老师：开学前，我一遍一遍地挪动着班里的玩具架，只为让每个区域都找到合理的摆放位置。那一刻，我只专注于当下的活动，寻找、调整，丝毫没感到疲累，反而是一种享受。在那几个瞬间，我体会到了放松的专注。

郭佳老师：我想，"放松的专注"是无须用力，只求用心的境界。

希望你们尊重自己的直觉，无论对自己还是对儿童都做到不评价，只观察

尊重自己的直觉并不是一件容易的事情，因为我们会对自己的直觉有评价，觉得不好的时候，我们就想把它隐藏起来，不让别人发现。

其实一个人一旦接受了自己的不好就平衡了，事情就会向着好的方向发展。对自己不评判，接纳自己的直觉，给自己松绑，并不是一件容易的事情。你可以将自己的直觉视为一颗种子，因为我们对种子的态度要比对待长出的幼苗宽容很多。

作为儿童教育工作者，我们的乐趣在哪里呢？每个孩子带着各自的烙印而来，在花草园，他们变得越来越像孩子，这就是最大的乐趣。如果他们一来的时候我们就评判他们，说孩子哭闹是不对的，尿床是不对的，挑食是不对的，打人是不对的，不和别人玩是不对的，穿衣服不合适是不对的……那么我们就享受不了这份工作带给我们的乐趣。

罗希悦老师：评价本身是带有偏见的，我们需要向孩子们学习的是一种纯粹的直觉。

田悦老师：花草园是一个"柔中带刚"的地方。在这里，我们可以按自己的成长节奏自由探索，可以在状态不好的时候有一段缓冲期。虽然这里没有评价，但是我们每个人都有追求、有方向。

希望你们拥有抱持生命的勇气

不要总是渴望别人抱持自己，应该学会自己抱持自己，拥有抱持生命的勇气。你爱自己，也爱别人，能站在他人的角度思考，就是爱人如己。用心理学的理论分析，对别人的攻击其实是对自己的攻击。因为当你对自己不满意的时候，无力感、无助感、无能感就出来了，就会攻击别人，毕竟攻击别人总比攻击自己要容易一些。

当你觉得不够好的时候，不要怨天尤人，可以对自己说："我不够好，但我可以先爱我自己！"所以，每个人都要有抱持生命的勇气，看到自己的价值，找到生活的意义，看到生活的美好，也要看到生活的黑暗。

不要总是期待着别人的评价，你的成长不来自外部的力量，要自己产生美好的力量。

吴婷婷老师：抱持生命需要很大的勇气。无论是美好还是黑暗，我们都要去面对，只有这样，才能更好地帮助自己、成全别人。

希望你们童心永驻

美国著名的学前教育专家薇薇安·嘉辛·佩利说："无论城市还是乡下，生活是一个需要假装才能进入的有趣的故事。在这个有趣的故事中，孩子们对此坚信不疑。"

同样问大家，你会对这个故事的有趣性和真实性坚信不疑吗？其实，这是一个生命的信念，你需要对这个世界、人、事都保有一种生命的乐观。我们需要在现实世界中创造美好。否则，我们所有人都要最终走向死亡，还有什么生命意义让我们一直追寻呢？所以，要珍惜那颗宝贵的童心，拥有创造生命、追求生命的态度，你生命的格局全在其中。

朱梅画老师：童心对成人来说，应该是精神足够强大，能够正视和承受人生的苦难，同时心灵依然单纯，对世界依然怀着儿童般的兴致。真正成熟的人的心里一定是有童心的。

李洋老师： 我相信，我们这个大家庭里的每一个人，都将推着大家向那个美好世界前进一步。我能做的就是为每一个人提供力所能及的支持，大家一同前行！

就这样，在这个节日里，我们没有放假，也没有分发特殊的礼物。但是，对花草园里的诸位女神们来说，爱是她们青春永驻的秘诀。她们在创造中获得了源源不断的能量。自然天真、性情通达的她们，将手里一把普普通通的牌打出了"王炸"。

像她们这样，将一份平凡的工作做得风生水起的人，才是最值得尊敬的女神！

所谓男神或者女神，就是那些能够自我实现的人。根据美国人本主义心理学家亚伯拉罕·马斯洛的观点，通向自我实现的途径有八条。

1. 自我实现意味着充分地、活跃地、无我地体验生活，全神贯注，忘怀一切。也就是说，通往自我实现的过程，往往是逐渐地减少自我意识、自我关注的成分，完完全全地献身到一项事业中，从"小我"走向"大我"的境界与过程。

2. 做出有助于自我成长的选择。让我们把生活设想为一系列选择的过程，我们的人生也不过是一系列自由选择行为的总和。这些选择如果可以帮助我们成长、前进，我们就将不断地趋近自我实现。

3. 倾听自己内心声音的呼唤。每一个生命都不是一团任人随意揉捏的陶土，我们拥有一些本能的东西——一个有些不甚清晰的自我。我们要善于倾听自我的声音，让自我得到完整展现。

4. 诚实，不要隐瞒。当有所怀疑的时候，诚实地面对自己的内心，勇敢地、毫不欺瞒地去行动。这意味着，在生活中不装模作样，用真诚的心时时反躬自问，理解责任的含义，承担责任。每一次承担责任都是在向自我实现迈出一大步。

5. 从小事做起，倾听自己的兴趣和爱好的呼唤，有勇气面对和选择。要学会带有自我意识地全神贯注、勇敢地成长、倾听自我的声音、诚实和承担责任，从而在每一个步骤上都做出正确的选择。

6. 自我实现不是一种终极状态，而是在任何时刻、任何程度上实现个人潜能的过程。也就是说，自我实现并不存在终点，需要我们不断地经历辛勤付出的准备阶段。不断追求卓越，不懈地勤奋与努力，才是通向自我实现的正确途径。毕竟，"自我实现在一生中是自始至终进行着的"。

7. 高峰体验是自我实现的短暂时刻。虽然高峰体验大多是一种突如其来的被动体验，但我们同样可以通过设置一些有利的条件来促使高峰体验更频繁地出现。高峰体验是一种瞬间展示我们人性真实图像的时刻，这样的体验越多，就越有助于我们用人性更高的境界度过生活的每个时刻，更加清晰地认识自己、实现自我。

8. 识别防御心理，并有勇气放弃这种防御机制。我们必须认清自己的使命（即自己将成为一个什么样的人），接受自己的命运，履行应尽的职责，最大限度地发挥自身的潜能。将一切美好高尚的事物歪曲化和庸俗化，则毫无诗意可言。我们可以给人或事物赋予神圣的、永恒的诗意和美感，这是帮助人们趋向自我实现的最重要的途径。

今天不仅是"女神"们的节日，也是每一个在自我实现的道路上越走越坚定的"男神"们的节日。祝大家节日愉快！

文化是生活化课程的根

2019 年 3 月 15 日

如果我们不谈文化只谈课程，那么一定会感觉这个课程是没有根基的。

"惊蛰日"里的惊喜

3月6日是一个非常重要的节气——惊蛰。惊蛰的时候，所有的小虫子都会活跃起来，我们每一个人也会精神起来。不管我们愿意不愿意，这些文化的河流都会在我们心中流淌。到了惊蛰这一天，你会感觉到万物开始复苏，身上会有一种力量。就像生活在海外的中国人一样，一到春节的时候，心就会湿润起来，开始想念家人和故乡……这个感觉不是我们臆想出来的，而是几千年来，生活已将这些文化的基因沉淀在了我们的心灵深处。

惊蛰日这一天，我在花草园的大厅看到了这样一张海报，上面有三句话："今日宜吃香梨；找小虫子；发现悄悄钻出土的郁金香。"我特别吃惊，就问张芬老师："这是谁做的？"她告诉我是三位新老师做的。这三位老师中，一位工作不到两年，两位工作不到一年。

"要在教育中构建一个美好世界"的教育理想，让每个人都在思考，自己能为幼儿园做些什么？花草园特别强调回归传统，于是她们自愿组成了一个"节气海报小组"，负责为不同的节气制作海报。于是，这张海报就在惊蛰日当天出现在了幼儿园的大厅里。有位家长说："今天，我被惊艳到了！"

也许这就是文化，虽然没有提出要求，但每一个人都有文化的自觉。每一个人都在想，我能为幼儿园做些什么，我可以有自己的创新。这就是花草园文化的一种表现形式。

文化并不是什么高大上的事情，文化就是我们一天一天的生活，每天的一言一行就构成了文化。

当不刻意追求教育目标时，反而有了更好的结果

前几天，有位幼教同行问了我两个问题：第一，花草园是如何培养教师的？第二，你们是如何实现预期的教育目标的？我想了半天，回答道："我们从来不刻意追求什么教育目标，但反而有了更好的结果！"

教育这件事没有那么简单，我们不能仅就教育谈教育。如果只谈教育，只谈教育目标，最后你将会发现，追求目标的过程无异于"刻舟求剑"。教师实施的教育如果不符合目标，你要批评他们；孩子没有达到发展目标，你会批评教师……我们幼儿园从来没有刻意追求过儿童发展的目标。但是，当一个活动结束后，我们发现，《指南》里的所有目标都已达成。因为我们取其上，所以得到的更多。取其上的是什么？就是文化。

文化是比教育更宽泛、更大的一个概念。我们如果有文化，就能做好教育。如果我们每一个人身上都有文化质感，那么不管追不追求教育目标，那些教育目标都会实现。我们是什么样的人，比我们如何运用教育手段更重要！

我们不追求目标，反而有了更好的结果。这也是中国文化特别强调的"禅意"。给童年留白，我们并不想给童年添上多少浓墨重彩，只想留白。留白中，反而释放出更大的成长空间。

教育工作者谈教育的时候，一定要有更上位的思考。

人文化成

我特别喜欢中国人对文化的论述。《易经》中说，文化是"人文化成"。

谁是文化的主体？谁是文化的缔造者？谁是文化的承载者？谁是文化的创造者？这句话给出了最好的解释，那就是人。人如何看待天？如何看待文明？如何关乎天文？如何关乎天下？如何来化成天下？之后，天人同构，这才是文化。

一个人看起来很有文化，一方面源于他的认识，另一方面是他能把文化很好地转变成自己的行为。

所以，今天我们谈文化，不仅要谈认识，还要谈行为。所有的文化都是内外同构的，一个人内心的精神和修养其实更重要！

文化是"形而上之道"，也是"形而下之器"

从外延来讲，文化可以是"形而上之道"，只可意会不可言传。文化"无形无相，通天达地"，又是"形而下之器"，"有形有相"。同时，它也是一种渗透于世俗生活的文化、哲学、艺术、价值观，是一种美的生活方式。我特别喜欢中国文化的这些描述性词汇，听起来很有气势、有力量。

如果文化能够被清晰地表述，那么它就不再是纯粹的文化了……"给童年留白"是我对幼儿园文化的一个总结。我们在大厅里创设了一面"理念墙"，上面写着"给童年留白"，强调了课程的四个"回归"的特性。

其实，我并不想创设这样的一面墙。我希望你进到幼儿园里慢慢地看，慢慢地感受这几句话的内涵。虽然你看到的是朴素的样貌，但正因为朴素的反衬，可以让你更清楚地看到儿童之美！

文化,就这样渗透在我们的日常生活当中。我们所做的每一件事情都是我们文化的展示,都体现出文化的价值。

花草园文化

花草园的课程里到底蕴含着什么样的文化?童心的点和文化的点,游戏的端和课程的端叠加在一起,这就是花草园的课程。

幼儿园的空间是由不同文化符号表征的社会关系空间,这个空间里的主角便是儿童。花草园的文化,特别注重儿童的力量,儿童永远是优先的。

我们怎么想不重要,儿童怎么想才重要!

我们天天在听孩子们讲话,天天在记录;对于他们做的事,我们不评判做得好还是不好。孩子的生活非常有禅意,花草园的文化一定是——处处有童心。

花草园的课程为什么让人百看不厌?因为我们有基于文化的架构和思考。杜威在他的《民主主义与教育》一书中讲道:"儿童的、社会的两端因为生活而汇合。"我们的课程和我们的文化最终都因为生活而展现出来,我们的生活及生活化课程是展示文化的最好平台。

真正的课程还是要有所准备的,游戏只是表现形态,而文化的内里需要我们来把握。我也一直在表达这样一个观点:生活化课程是文化的线索和脉络与儿童的游戏紧密结合在一起的课程体系。

花草园跟其他幼儿园一样,有很多的活动区域,我们会在活动区域里写一些指导语。以前的指导语是老师应该怎么做,但是今年我们想,孩子们会怎么看待他们所在的这个区域呢?

在图书馆里,小班的孩子说:"在这里,我可以挑选一本自己喜欢的书,慢慢地读下去。"没错,"我"很重要,"挑选"是"我"的主动性,"自己喜欢的"里面有自己的情感和态度,然后"慢慢地读下去"是阅读的方式。《指南》的所有要求都浓缩在这一句话里。培养他们对阅读的兴趣,就是在这样的日积月累中完成的。

在角色游戏区,小班的孩子说:"我们游戏的样子就是我们生活的样子!"我特别喜欢这句话。可不是吗?对孩子们来讲,只要有了三个字——

"假装是"，一切游戏就可以开始。而且，他们生活的样子也是他们游戏的样子！

我们理解《指南》，因此将区域指导语从关键词的描述过渡到儿童语言的描述。经历了十多年的探索，我们越来越贴近儿童，越来越贴近生活，我觉得，也越来越贴近真理！

文化也是在一起生活的我们每个人每天的样子

在花草园里，有两个问题是所有人都要思考的：

- 你想成为什么样的人？
- 你能成为什么样的人？

我们幼儿园的园训——"成为我自己，我们在一起，按自己的节奏呼吸与思考"，其实谈的也是这两个问题。所以，在我们幼儿园的文化中，我们也经常要求孩子思考这两个问题。其中，"你能成为什么样的人"这个问题，实际上是在告诉大家，你只要今天做好每一件事情，你就能成为你想要成为的人。

花草园的文化不是一蹴而就的，它是慢慢地从内部萌生出来的，是从每个人的生命体验中一点一点建构起来的。花草园文化的核心是什么？很难回答。每个人的理解都不一样，因为每个人的感觉都不一样。但不管怎样，花草园推崇的文化一直是在人类推崇的核心价值观里游走的。

对花草园的教师来讲，文化表现在四个方面。

第一，有梦想

花草园的教师刚入职的时候，我会和他们谈话。我不看他们长得如何，他们会不会弹琴唱歌，我就想听他们有没有梦想。梦想是什么？梦想就是有超越自己当下的一些冲动。

第二，有信念

每个人都要有信念，信念无论大小，都是种子。我的信念是什么？是希望每一个人都能快乐地工作，希望这里的每一个孩子都"如其所是"，找到自己成长的节奏，变成更好的自己。

第三，行为自律

要实现信念，就必须有一颗自律的心。自律是指无论有没有人要求你，你都要对自己有要求。作为教师，你对自己的要求要比常人更高一些。

第四，有创造

我们幼儿园的老师在每一个空间都可以创造美好的东西，我很为他们骄傲，我们之间形成了一个鼓舞圈、信任圈、创造圈，这就是文化。

当我们每个人都能做自己的时候，就愿意自律、有创造，因为创造意味着成就感。你会发现，这里的每个人都很美。因为我们很少思考我们的文化是什么样子的，但是我们每天都在想，我们应该成为什么样的人，每天都在践行着自己的目标。如此，我们就都成为"文化人"。

我们想用美好的东西影响孩子们，这个信念其实也是花草园的文化特质。在花草园，教师们能一直坚守在这里，是因为他们在这样的文化空间中形成了一种比较稳定的"生存情态"。教师的"生存情态"是教师的生存方式、生活智慧、生活风格、行为准则及其策略的总根源，它一旦形成，就具有相对的稳定性。种种稳定性叠加在一起，就构成了教师专业性的稳定。

种子与土壤

今天，很多人说做教育越来越难。其实也不难，就是要解决"种子"和"土壤"的关系问题。教育的梦想、教育的行为、教育的信念，就是种子，要把种子种到每个人的心里。

我们很多人都有种子的意识，但是教育的土壤，也是我们要努力改良的。所以，我们的文化就是在改善教育的土壤。我们的文化哪怕只影响到身边的一个人对待成长、美好、真诚、善良的看法，教育的未来也会变得特别美好，特别有希望！

有理想的教育人，有共同的梦想和困境

2019 年 4 月 12 日

本周三，我们接待了从深圳远道而来的"姚艺名园长工作室"的园长们和老师们。姚艺担任园长的深圳市梅林一村幼儿园是由深圳市教育局于1991年创办的一所公办幼儿园。幼儿园地处深圳梅林一村的社区内，园所环境浸润着生态、优雅、自然的气质。幼儿园以"办全国一流幼儿园"为目标，全面实施"全环境支持系统教育模式"。这是一所办园历史悠久、师资力量雄厚的省一级示范幼儿园。

志趣相投是平等交流的基础

我和姚艺园长都毕业于北京师范大学教育系学前教育专业，我比她高一级，我1982年入学，她1983年入学，我是她的师姐，但我认为她比我更勇敢，因为她大学一毕业就去了幼儿园工作。那个时候，北京师范大学的毕业生去幼儿园工作还是很需要勇气的。之后，姚艺园长一直坚持工作在第一线，把梅林一村幼儿园变成了闻名全国的幼教机构。很多同行去深圳，都要走访梅林一村幼儿园。

我和姚艺园长私下一直有交流，当听到他们想来我们幼儿园参观学习的时候，我很惊讶，一是因为他们已经非常优秀了，还需要向我们学习吗？二是，我知道他们幼儿园从内到外都非常美且精致，加之深圳温润的气候，使他们幼儿园处处体现出优雅的气质，他们的很多探索也在业内引领着众多的同行者。

对他们的到来，我们虽有期待，但也不免有些忐忑。我们花草园没有高大上的设施，也没有令人惊羡的环境，但我想，我们如邻家小妹般的朴素自然就是优势吧。

平等交流需要基础，我们两个团队有很多相像的地方：一是团队成员都很有追求，一直行走在探究教育本质的道路上；二是我们两个幼儿园的家长群体也很相像，多为知识分子家庭；三是我们两位园长似乎都不太安于现状，

总在寻求自我超越。这为我们的平等交流提供了基础。

有差异才有碰撞的可能

虽然我们有很多的相同点，但我想，差异才会使我们的思想碰撞出火花。学习，不是为了印证自己的正确，而是要透过差异看到本质。

在参观学习开始前，我讲了下面这样一段话。

花草园不是什么都做得很好，但有两件事一直令我很骄傲：一是我们潜心研究儿童，二是这里的每个人都在守护自己的那颗心。

这两件事情都跟工作水平和幸福感相关。因为一名儿童教育工作者，如果不潜心了解儿童，就无法读出这个工作的曼妙之处；如果不守护好自己的那颗心，就总是飘忽不定，不能走进这个有趣的工作，读出它的奥秘。

在这里，你可以看到：

为儿童而建的环境

花草园在一开始创设环境的时候，是按照一套标准来进行的。但是，那个标准总显得不那么鲜活、生动。所以，我们想要把那些东西推倒重来，因为我们想知道儿童是如何构建适合他们生长的环境的。

我们最先改造的是儿童图书区。当时，我们和孩子们一同讨论有关改造的问题，如图书的摆放方式、给图书区起个什么样的名字、图书区应该有什么样的规则……孩子们对于每一个问题都有自己的想法。之后，我们按照孩子们的建议将图书区进行了改造，后来我们又把每两个班的阳台改造成图书馆。这样，花草园就成了有六个图书馆的幼儿园。

有的人来花草园，觉得花草园的很多地方都不符合"规定"。但是我想问，规定在哪里？规定应该在儿童的心里。当我们选择了这样的做法时，不仅把儿童放在一个重要的位置上，而且让教育变"活"了！在成人和儿童的关系中，教师如果选择了抱持和"退让"，儿童的生命力就会变得特别蓬勃。

我们的环境，无论是室内环境还是室外环境，每一个地方都和儿童的需求相关。当然，我们看到的不仅是儿童当下的需求，还有儿童未来发展的需求，同时，我们也希望看到儿童和我们人类祖先相重合的生命轨迹。因为我们幼儿园的教育不光强调教育性、生活性、生态性，更强调生命性，我觉得这才是教育至高无上的追求。

所以，你们今天看到的幼儿园的每一个地方都不是一蹴而就的，而是在不断地倾听儿童的心声后一点点地丰富起来的，每一个区域都经历了重建。

生机盎然的儿童

这里的儿童特别有儿童的样子，因为他们的生命从来没有被捆绑过、束缚过。

在幼儿教育领域，大家一直在谈"尊重儿童"，我不太喜欢这个提法。因为当我们谈"尊重"的时候，往往意味着那个群体是一个弱势群体。我们则把儿童摆在了一个很高的位置上，崇拜他们，臣服于他们。

花草园的孩子们就是这样被我们滋养着。我们不轻易评价他们，因为在我们的心里，他们做什么都是对的，即使他们犯了错误，背后的动机也是对的。我总在引导教师们寻求与思考孩子们错误背后的那些正确感。

所以，花草园的孩子不光停留在可爱、活泼、发展得好这些层面上，还展示出特别旺盛的生命力。他们的所思所想充满了灵性，他们的身体、精神、灵魂都充满着迷人的魅力，这就是我们倡导的"让孩子更像孩子"！

有归属感与价值感的教师

如果你让我介绍一位花草园里特别优秀的教师，我很难说出来，因为花草园很少对教师进行评估。我觉得，当教师的生命被打开时，每一位教师都是优秀教师。你会发现，在我们这里，分不出来哪位是老教师，哪位是新教师，可能只有刚来半年的教师，你能看出来她还有点生涩，因为她对这个环境还不太确定。

我们每一个人在自己的家里都可以做自己的主人，把自己的家安排妥当，在这里也是这样。所以，教师们的归属感特别强。他们工作时心神合一，展现出超强的创造性！这来自什么？我想，有很大一部分是因为我们的管理方式。

我们的管理层很少对教师进行过程性评价。这样的管理方式给了教师很大自由发挥、不断试错的空间，每位教师都可以有决策权。我们对孩子要"如其所是"，对教师也是如此。

人的能动性是非常强的。在这样的管理下，经过一段时间之后，教师们会找到正确的路径，他们的生命也开始向着求真、求善、求美的方向迈进。

这里的环境是真善美的，孩子们原本就是真善美的化身，这里的教师们也一直行走在真善美的路上。这三者交汇成一条河流。所以，在这里，你会感受到一种温暖的教育气场，这是三条优美的"河流"汇集形成的教育大气场。

承载量很大的生活化课程

我们经常看到，有的幼儿园教育看起来红红火火，但却是"死教育"。为什么说是"死教育"呢？园长和教师们的设计能力非常强，但没有孩子的东西。"活教育"是什么？即使不够完美，但看起来是真实的、鲜活的。

所以，当你来到花草园，看到的就是这样一个不那么完美，但很真实的教育范本，这也是我们这些年一直努力在做的工作。当然，我们也很幸运，将所有的追求都表达在了生活化课程这个体系当中，而这个体系也越来越体现出它的完整性、科学性与前瞻性。

借由生活化课程，花草园的所有人都找到了一股力量，一直在向前走。

亲历体验：把目光投向教育的现场

在这一天，来参观的教师们将目光投向教育的现场，去感受、去发现、去思考、去探寻。她们参观环境，思考儿童是如何构建环境的；观摩生活化课程的具体实施，思考儿童是如何学习的，探究什么样的课程是适宜儿童的课程；在小组学习中，观察孩子们是如何分享感受，交流发现与思考，提出新的问题的……

思想碰撞：教育人有共同的梦想，也有共同的困境

聚焦问题一：教师培养

丁艳梅老师（深圳市梅林一村幼儿园）：我们在来之前，更多的是从您的微信公众号、从书上了解花草园。我最想问的是教师的培养。您提道，对于教师的管理是"无为而治"，给教师自主成长的空间。我个人觉得这是最难的，因为要挖掘教师自主生长的能力，您是怎么做到的？

胡华：我觉得，一个人光靠大脑生活是不够的，一定要有心灵的力量。

在花草园，我们经常谈价值观、谈目标、谈意义，这是常态。我们每做一件事，背后都有价值观在支撑着我们。

文化自觉的原因主要有两个方面：一是因为教师们总体的学历层次比较高；二是因为我们一直在谈理想，谈"诗和远方"，这些东西能够帮助教师们超越现实的层面来生活。信仰的力量是巨大的。

此外，我们鼓励教师在这里成为真实的人。只有突破防御层，回到真我层，用真我呼应孩子的赤子之心，好的教育才会出现。我们允许波动，允许节奏不同，允许差异，最终也鼓励卓越。在接纳的环境中，我们之间形成了信任圈、鼓舞圈。

一个人最终的成熟，是敢于面对真实的生命，也敢于面对真实的自己。然后，你生命的能量和他人的能量才能够相互得以滋养。

我之前做过一个关于幼儿教师专业化成长的研究，发现教师的专业化成长和人格成长之间呈高度的正相关。但我觉得"教师专业化成长""如何观察儿童"都是学术命题，并不是一个实践中的真命题。你懂得观察儿童的方法，但你从不想使用也等于几乎没用。说得再直白一些，把人做好了，即使这个人没什么专业知识，照样能当一个好教师。人对了，怎么都对。

当教师能够忘掉技术，回归到本真的时候，就能成为好教师。我们现在容易用技术取代心灵。所以，我们这里的新教师不谈如何观察儿童，当教师爱孩子了，就会开始观察孩子。新教师要学会放空，跟孩子们玩，跟孩子们说话，把自己最感兴趣的点找到，因为自己最感兴趣的点，就是专业成长点。

聚焦问题二：幼儿园的文化建设

冯一老师（深圳市第五幼儿园）：幼儿园文化建设的开端是什么？胡园长能不能给我们提供一些比较好的开始的思路。

胡华：我觉得幼儿园文化的建设，园长应该是源头。当初，我们也非常艰难。因为每一位教师进入幼儿园的时候都带着自己的特性，我和她们每一个人都有过一次碰撞。作为领导，园长要有更大的胸怀去宽容别人，要能"厚德载物"。

我看起来是一个还挺"轻盈"的人，但这背后的沉重，我不想表达。人要一直向前看。我是一个一直在奔跑的人，过往如风过耳。你如果有这份忍耐和坚定，就能成就一份属于自己的事业。

聚焦问题三：自我与理想

丁艳梅老师（深圳市梅林一村幼儿园）：您怎么评价自己？您的理想是什么？

胡华：我觉得自己是一个很真实、很真诚的人，还有一些小"偏执"。我有自己的一套信念和想法，我坚持的事情一定要做到！比如，不随手乱扔垃圾，无论什么时候，也无论处于什么环境，我都不会扔。这样的行为会让人觉得你很值得信任，交给你的事情都会很放心。

花草园就是我的梦想。我理想中的教育，其实可以更好一些，更松弛一点，更生活化一点，更慵懒一点，更自然一点……

一次面对面的交流激发了我们思想上的碰撞。我们之间的交流并没有过多地涉及教育技术，只是一直在谈教育的理想。教师们提出的问题，不仅是教育中非常难解决的问题，也是有理想的教育工作者必须要突破的困境。这些困境，我曾经经历过，姚艺园长也经历过。我们都用自己的方式实现了超越，希望这些经验能够给更多的同行以启示。

你关心的问题都在这里

2019 年 4 月 19 日

这周，由杭州师范大学的张三花博士、杭州西湖区学前教育指导中心的傅蓉萍主任以及浙江省特级教师沈颖洁老师率领的西湖区 11 所幼儿园的园长来到花草园访学。

三天的学习，我们进行了许多关于教育的深度对话。

为什么花草园的教育特别有生命力

为什么很多用心开展的教育活动会让孩子心生厌倦？因为孩子的生命力特别旺盛，但有时候我们的教育犹如"刻舟求剑"，用一个固定的模式在生活的河流里找好一个坐标,再寻找那把"剑",这是找不到的。

当和孩子们一起踏入生活的河流时,我们会有很多喜悦的感受。上周五,我陪孩子们一起吃晚餐。《学校食品安全与营养健康管理规定》要求,中小学、幼儿园应当建立集中用餐陪餐制度,每餐均应当有学校相关负责人与学生共同用餐。坦率地讲,当觉得陪餐是一项任务的时候,每个人的感觉都不太好。但是,当我静下心来,回忆起三十多年前第一次去幼儿园实习时,感受最深的就是幼儿园的饭菜真香啊!每天中午看孩子们吃饭的时候,饥肠辘辘的我们都特别想坐在那里吃上一口。当时就在想,为什么老师不能和孩子们一起吃饭呢?

陪餐的规定出来后,我们对孩子们做了一个调查,结果发现,孩子们对于成人陪餐充满了期待。他们会设想请谁来陪他们,坐在什么位置上,要怎么教陪餐的老师吃饭……这很出乎我们的意料。这也让我反思,成人总是容易忘记初心,头脑中有很多的对错观、刻板印象。孩子们却总能顺势而为,随着生活的这条河流找到自己的节奏。他们可以跟随生活的河流奔走,然后用积极喜悦的心情体验自己和生活的交汇。

当用心陪着孩子们一起进餐的时候,我们和他们之间建立起一种新的陪伴关系。我们和孩子们一起游戏、一起学习、一起吃饭,还有什么事情是我们可以一起做的呢?当我们的教育中有越来越多的"在一起"时,教育就一定会越来越美好吧!

就这样,我们只是把成人的"知见"放下,倾听孩子们的想法,然后跟随教育的河流,和儿童一起行走在河流里,之后就有了碰撞,产生了新的美好。我们也得以修正自己的想法,拥有更多的正见。

为什么花草园教师书写的观察记录与教育笔记很有"味道"

每周一是花草园的教师们上交观察记录与教育笔记的日子,他们会在微信群里分享自己书写的观察记录和教育笔记,我会一一阅读。这周,我特别点评的是李洋老师写的观察记录和教育笔记。

要坚持,哪怕只有你自己

——李洋老师的观察记录

不经意间,手机里零星地记录了很多关于她的故事,我却依旧不知道该以一种怎样的笔触去写她,因为我既钦佩她,又心疼她。

她很善良,但有时被边缘化

小美性格很好,和班里的任何一个小朋友都能很快乐地玩在一起,也从来不会拒绝任何一个小朋友向她发来的邀请。但也因此,当孩子们因为种种原因(同一个小区、同一个课外班、爸爸妈妈同一个单位等)结成"小团体"的时候,她被孩子们有意或者无意地边缘化了。

上学期的时候,她和小花、果果经常在一起玩。这个学期,果果去了别的幼儿园,小花开始经常和叶子在一起玩,小美就显得有点"多余"了。每当她跑到我们面前,告诉我们"老师,小花说她再也不想和我做朋友了"的时候,或者每次看到她看着小花和叶子坐在一起,想去又担心被拒绝的样子,我都很心疼!

她很自律,但偶尔会迟疑不前

每天中午,孩子们散步的时候都会抢着带队。后来,我告诉他们:"当我们在楼道上散步,大家都走起来的时候,我们就是一个圆——每个人都是头,每个人也都是尾巴。"小美记住了我的话,她从来不会争着当所谓的"头"。

有一天,等小美吃完饭出来散步的时候,其他孩子们已经活动了一小会儿了。我看见她一个人站在其他孩子的旁边,踟蹰不前,就问:"小美,你怎么不去散步?""洋洋老师,我担心我插了别人的队!"

她坚持自己的想法,但心中会有疑问

自从听说园长妈妈可能会来班里陪孩子们一起进餐的时候,小美就高兴坏了。这不,周五上午,她在美工区捣鼓了半天,说是要制作邀请函邀请园长妈妈来班里。下午,小美在院子里遇到了园长妈妈。回到教室,她把这件事告诉了其他孩子。吃晚饭前,小美走到我面前说:"洋洋老师,她们都怪我没有邀请园长妈妈来班里陪我们用餐,可是我想用邀请函正式邀请她,不想这么随便。我这样不对吗?"

我的思考

1. 钦佩和心疼。如果要我用一些词语来形容小美,我会用"赤子之心""自律""坚定""重情义"……她不忍心伤害任何一个人,对事情有自己的看法却不偏执,热爱着她周围的一切。我钦佩她与生俱来的这颗赤子之心,但又意识到,孩子们身处社会之中,当一片赤诚遇上"社会"的小复杂时,他们难免有一些小困惑。

2. "要坚持,哪怕只有你自己。"这句话源于我和孩子们一起分享的一本书——《烟囱之城》。我想把这句话送给小美,希望她在困惑的时候,一直记得这句话!我也希望,在未来的漫长岁月里,这些看起来不那么确定的事物(关系、想法等),都敌不过她内心对自己的确定!

一次别样的学习,一种别样的体会

——李洋老师的教育笔记

周三,我有幸带领了一次工作坊的学习,和远道而来的老师们一起切身体会生活化课程。这是一次分享,也是一种学习。这次学习后,我进行了自我反思。

首先,准备不充分。我虽然在张芬老师和张蕾老师的帮助下进行了备课,但是对工作坊这样一种全新的学习模式以及来参观的老师们的需求缺乏了解,因此在活动中,我出现了一些衔接不上的情况,比如,不能接住对方抛给我的"球",不太能整体把握节奏。其次,对生活化课程知之甚少,不能从更加宏观的角度把握生活化课程。这让我不由想到一句话——"不识庐山真面目,只缘身在此山中"。

对于生活化课程,我日日身在其中,仿佛已经习惯于享受它带给我的一切,但忽略了我能为它做些什么。这里所说的做些什么,是指跳出生活化课程本身,谈一谈自己能够单纯地为这套课程所做的,而不是我们经常谈到的那些在实践过程中的一次次经验、教训总结,在我看来,后者是生活化课程和我们相辅相成的一种现象。

我想为它做的是,让更多的人真正了解它的内涵而非形式,只有这样,生活化课程才能得到广泛的普及,更多的孩子才能回归真正的传统教育中。

我想为它做的是，让更多有深度思考的人看到门道而非热闹，只有这样，我们的课程才真正具有价值。

我想为它做的是，让它在更多的地方因地适宜地扎根生长，只有这样，我们才会离我们所追求的美好世界更近一步！

李洋老师撰写的观察记录和教育笔记讲了两件事情：一件事情是她看到了一个非常有赤子之心但有时候会被孤立、边缘化的小女孩，她的心疼和对这一切的接纳，以及不知道如何去做的尴尬；第二件事写的是在接待同行参观的时候，她因为无法给参观的老师提供更多他们想要的答案而心存愧疚。她觉得，"我从这个课程中受益，我的心灵游弋在课程里，但是和这个课程的亲密感还不够"。她还想为这个课程多做一些事情。

她的文字特别打动我，我感觉到了她的慈悲心。慈是愿人得乐。世人多只知自求快乐，但有慈心的人不同，他们不但乞求自己的亲人得到快乐，还希望大家都能得到快乐，同时他们也会脚踏实地帮助他人得到快乐。悲是一种悲怜他人受苦的同情心。平常人只知自求解除痛苦，不顾别人的痛苦，但悲心相反，救拔别人的痛苦，可以忘记自己的痛苦。

通过老师们的观察记录与教育笔记，我能感觉到他们工作与思考的不同境界。

第一重境界是"看山是山"。在记录的过程中，看到了孩子是什么样的，就忠实地记录下来。

第二重境界是"看山不是山"。在记录的过程中，能够看到一个孩子和一些教育现象，并开始反思这些教育现象的背后是什么。

第三重境界是"看山还是山"。此时，你会感觉到教师的笔触里充满了关心和慈爱。他所描述的每一件事情，和孩子都是有交集的。他们和孩子像两条河流，相互交融。虽然还是那些教育过程，但是此"山"和第一重境界时看到的"山"已经有了很大的不同。

第四重境界是智慧，能够看清楚孩子，能够接纳他，同时还能够很好地顺势而为。比如，本周张丽老师在观察记录中写道，"三四月做的事，在八九月自会有答案"。她看到了孩子的问题，但没有刻意纠正、改变，而是创造很多机会，然后等待他的成长。这就是有教育智慧的表现。

三四月做的事，在八九月自会有答案

——张丽老师的观察记录

小班的第二学期已经过去一个多月了，我们的"小可爱们"怎么样了呢？通过一周的观察，我记录了童童的变化和她依旧保持的一些"小执念"。

一些改变

周二下午的户外活动时间，微微老师请小朋友们帮忙把小兔子推到有阳光的地方晒太阳，童童一反"矜持"的常态，第一个举起了手。于是，微微老师请童童和另外一个小朋友一起推小兔子。其他孩子看到小兔子，自动围成了一个圆圈。

"我们给小兔子喂一些胡萝卜吧！"牛牛小朋友惦记着早上妈妈帮他带到幼儿园的胡萝卜，激动地说。

"好啊，好啊！"其他小朋友已经有点儿迫不及待了。

"我们还是去问问于大大吧。小兔子不能吃太多的食物。"童童提议说。

后来，我们一起去问了于大大，于大大说已经喂过小兔子了，建议可以明天喂它。

"童童，你怎么想到小兔子可能已经喂过了呢？"微微老师问。

"因为这只小兔子在我们家的时候，爸爸妈妈就跟我说，不能喂小兔子吃太多，不然小兔子就会像我们一样，因为积食而生病。"

"那养小兔子还有其他需要注意的事情吗？"

"不能用水给小兔子洗澡。如果小兔子的牙齿长得太长，那么我们可以带小兔子去看牙医。"

虽然当天小朋友们没有喂成小兔子，但是经过童童的讲述，小朋友们知道了很多之前不知道的喂养小兔子需要注意的事项。

童童小朋友也因为临时客串"讲解员"，收获了以心心、洋洋为首的一大批"粉丝"。

那个曾经只用"点头""摇头"来表达自己意见的童童似乎寻到了适合自己的"法门"，更多地向我们敞开了内心。

一些"小执念"

"小张老师,我的衣服不小心被打湿了。"刚擦完手的童童拉着衣服走向我。

我弯下腰,仔细端详。为什么说是仔细端详呢?因为童童对"衣服湿了"的界定跟其他小朋友有些不一样。

一番"端详"过后,我看到了衣服上有一处小拇指大小湿的地方。

"童童,我看到了,湿了一点点,外面的太阳很厉害,一会儿就把它晒干了,我们喝完水早点儿出去玩好不好?"

"好的,那我去喝水了。"

这也算是"小执念"中的一个"大改变"了吧?毕竟,之前童童会"坐等"老师帮她换一身衣服后才会进行下一个活动。

当然,这些记录只是童童的"变化"和"小执念"中的一部分。

有时候,我在想,童童是什么时候开始变得更能"放开"自己了?或许是在小兔子"入驻"童童家之后,或许是在小朋友们说"童童是我的好朋友"之后,或许是在我们和童童之间的"秘密约定"实施的过程中。

总之,"你做三四月的事,在八九月自会有答案"。

最近大家都在热议"996"[①]工作制,其实幼儿教师是一个非常辛苦的职业,老师们上班的时间何止是"996",有的时候甚至是"796"。我很心疼老师们,但换一个角度思考,既然选择了这份工作,就把它看成一次生命的修行,这样就会觉得这份工作非常美好。所以,我今天看到李洋老师的教育笔记很激动,她的自我反思已经超出了教师这一职业的要求。真正能把事情做好的人,往往是那些用比职业要求更高的标准来看待自己的人。能在工作上取得成就的人,也都是极其热爱工作或者工作对象的人,如德鲁克、稻盛和夫等。

我想对大家说,以上四重境界,如果你能达到第一重,是很好的,至少你看到了;能达到第二重,是很棒的,因为你感受到了,分析到了;能达到第三重,你是很厉害的,因为你像一个好教师了,有了教育的行为,和孩子

---

① 工作日早9点上班,晚9点下班,中午和傍晚休息1小时(或更短),并且一周工作6天。

们水乳交融。但是只有第四重境界，才能超越现象，形成一种更高的智慧。要想了解儿童，就必须像丰子恺先生那样。仅仅把儿童作为一个研究对象，是不够的。

为什么我们幼儿园教师的观察记录与教育笔记写得那么真实、美好，是因为我们从不批评和评价，同时还会给出方向。这就好比登山，大家不用"快一点，快一点"，可以闲庭信步，可以结伴而行，也可以快马加鞭。最后，大家都成功登顶，"一览众山小"。

我们的教师就是这样成长起来的。每一个人都很安宁地守护着自己的那颗心，因为无论他们在什么境界，我都可以接纳。

生活化课程如何让儿童获得各领域间经验的平衡

教育目标是由布鲁姆提出来的，他关于"教育目标"的观点引领了全球几十年。我国新一轮基础教育课程改革提出的"知识与技能、过程与方法、情感态度与价值观"三维目标，也是布鲁姆影响下的一个"变种"。

布鲁姆的教育目标分类模型，它的初始目的是指导教育评价，后来被引入课程建设和课程实施领域。但是，它"嫁接"得真的成功吗？作为指导课程设计与教育目标实施的理论，它是可以的；但是，如何通过具体的机制从根本上把握学习和人之间的本质关系，它是有缺失的。

我们将儿童的发展分为五大领域，但是我们很少研究儿童使用何种方式完成这五大领域的整合。我们想当然地认为儿童自己能够完成整合，甚至认为领域内容与目标的叠加就是儿童的发展，其实这是一个很大的误区。

当前，学术领域对布鲁姆的教育目标提出了质疑，认为这和"全人教育"的主张相悖。"他仅是以认知领域为主要切入角度，背后的问题是被严重忽视的，'分析'可见，'综合'无踪。"[①]

花草园教育的特色之一，是一直在帮助儿童完成整合，让他们回到人的本质上。没有完整的人，所谓五大领域的目标都是不存在的。我们将教育回

---

① 冯友梅，李艺. 布鲁姆教育目标分类学批判[J]. 华东师范大学学报（教育科学版），2019，37（02）.

归情境，尝试先忘掉目标，只将"人"的目标突出出来。结果发现，所有的目标都会达成。

科学做好入学准备，我们的思与行

2019 年 5 月 10 日

又是一年学前教育宣传月。每年花草园都会参与教育部学前教育宣传月的策划与宣传片的拍摄工作，今年学前教育宣传月的主题是"科学做好入学准备"。

我们的思考

教育的长远目标应是在充满挑战的世界里培育积极、健康、向上的孩子。教育不是为了让我们遵从一个既定的社会标准，而是为了让我们追索未来的无限可能。所谓科学的入学准备是指，我们不仅要关注当下，还应该为孩子的未来发展做好准备。我们如果把人生看作一场短跑，就会尽一切可能冲向终点，不筹划未来。倘若把孩子成长的目标看得更长远一些，把人生看作一场马拉松，那么对于成功的理解与定义就会宽泛很多。

孩子们在幼儿园三年的学习，每天面对的都是生活中的真问题，解决问题的能力也在一次次的自我探索中完成。这样的学习对学习能力和社会适应能力的提升都是非常有价值的。在学习中，儿童倾听自己内心的声音，追随自己学习的节奏，建立心理上内在的秩序感。有意义的学习让他们的自我意识一直处于觉醒状态，他们会主动学习、探索。这一切既是他们进入小学学习与生活所应具备的关键品质，又会大大增强个体在未来社会中的核心竞争力。

用更具未来的眼光，用符合儿童发展规律的方式，回到儿童的立场来审视入学准备，才能做好入学准备工作。

我们的行动

幼儿园为孩子们进入小学学习所做的完整而充分的准备

孩子们在花草园生活与学习的这三年,一直浸润在生活化课程中。而这套回归与还原儿童立场与生活的课程,本质上就是在为孩子们的入学以及未来人生做好完整的准备。

在三年的学习中,孩子们会形成如下学习品质:

- 拥有对事物的好奇心与想象力
- 超强的游戏力
- 愿意表达自己的想法
- 善于倾听自己内心的声音
- 拥有批判性思考和解决问题的能力
- 学会在团队中与他人合作
- 学习制订计划,管理自己的时间
- 运用思维导图将知识结构化
- 学会思考学习本身的意义

这些学习品质不仅关系到孩子们入学后的适应性,还是未来社会所需要的品质。应该说,我们的生活化课程为孩子们做好了全方位的准备。

认知

甜希:我们在幼儿园每天都会播报新闻,我会注意身边发生的事情,也知道了越来越多的新鲜事,这就是在为小学做准备。

力鸣:在幼儿园,我看了很多很多的书,从书上知道了很多很多的知识,这些知识比上小学要了解的知识还要多。

习惯

鑫然:在幼儿园,我养成了早睡早起的好习惯,我相信进了小学我肯定也会按时起床,按时上学。

益清:在幼儿园学习叠衣服、收玩具、摆放桌椅,这些都是为我们上小学做准备。

能力

子昂：我们在幼儿园收集大自然的东西，并且进行了分类，然后使用它们进行各种各样的艺术创造活动，这些都是很宝贵的学习方法。

星璇：我在幼儿园学会使用各种工具查阅资料，然后把它们做成思维导图。这对我的学习很有帮助！

彬宸：幼儿园户外运动的时候，我们一起练习跳绳、拍球、跳远，为进入小学做好了身体的准备。

态度

恩郡：在幼儿园，我们每天都和很多小动物、小花、小草玩游戏，这让我更加热爱生命。

力鸣：重要的是我喜欢学习，我觉得这是我在幼儿园为上小学做的最好的准备。

孩子们也需要运用适合的方式，了解真实的小学生活是什么样子的。我们会通过以下方式帮助孩子们：

- 学习整理小书包
- 探索从家到小学的路
- 参观小学
- 开展项目学习
- 全方位了解小学生活
- 体验课间十分钟
- 制订"课间计划"
- 邀请已经毕业的哥哥姐姐回到花草园分享小学生活
- 组织一场"彩虹小学"的面试
- 和爸爸妈妈一起参加"寻找彩虹小学"的主题畅游日活动

真正需要做好入学准备的也许不是孩子，而是他们的爸爸妈妈

科学做好入学准备也是对成人提出的要求与挑战，因为父母对待入学这件事情的态度和看法会直接影响孩子们入学的心理准备。

澍予妈妈：对于孩子进入小学，我隐隐有一点担心，但我想根源还在于我们对自己的一些担心与不确定。

芊予妈妈：孩子还没有进入小学，那些担心都不是实际发生在孩子身上的问题。怎么知道一定会出现问题呢？！即使出现问题，解决它就好，过多的担忧会影响孩子的情绪。和孩子一起积极乐观地看待一些事情比较好。我们经常会告诉孩子，无论遇到什么问题都应该积极地去面对，解决不了的问题，爸爸妈妈会陪着她一起面对！

很多家庭会选择用提前学习知识的方式帮助孩子做入学准备。对于这件事，孩子们怎么看？今天，我们对来园的49名大班幼儿进行了"是否愿意提前学知识"的调查，结果，大部分孩子选择了"不愿意"，原因如下。

映萱：我不高兴，因为如果提前学，我就得花很多时间去学习，没有时间做自己喜欢的事情了。

苣骞：提前学习这些我会很难过，因为我不想现在有那么大的压力。

星璇：不高兴，我觉得太难了，因为我爸爸每次都教我数字很大的数学题。我有的时候想，是不是我太笨了。

力鸣：我不愿意。因为提前学习小学知识就打乱了我们的学习规律。小学的知识可以等我们上了小学，适应了小学生活以后去学习。

花草园的孩子们为爸爸妈妈们准备了一份"入学准备指南"，也许所有"科学做好入学准备"的答案都在这里！

星璇：带我去小学参观吧！让我了解小学是什么样子的。

霁城：和我分享你们的小学生活，这样我就不会那么紧张了。

甜希：爸爸妈妈也要准备好小学知识，和我一起学习。

悦铃：给我多些耐心，多些时间，因为适应需要时间。

哲源：学习不好的时候，不要冲我发脾气，和我一起慢慢进步。

映萱：给我更明确的规则和要求，我会慢慢做到。

力鸣：请在我需要帮助的时候帮助我。

昕妤：给我学习的时间，也给我游戏的时间。

>   彦熙：不要总是催促我，我有自己长大的节奏。
>   雅淇：请给我很多信任，相信我可以在小学做得很好。

今年学前教育宣传月的目的，是帮助教师和家长树立科学做好入学准备的理念，尊重幼儿的发展规律和学习特点，关注幼儿身心的全面发展，将入学准备教育贯穿幼儿园教育的全过程，为幼儿今后的学校生活做好准备，为其终身发展奠定良好的素质基础。

科学做好入学准备，不仅是孩子和家长需要做的，还应该成为全社会共同关注的话题。希望能够有更多的人做出改变，注重生活、游戏对学习发展的独特价值，帮助儿童从学习兴趣、学习态度、学习习惯等方面做好入学准备。

科学做好入学准备也需要我们转变观念，相信孩子有主动学习的能力，能够对新环境、新挑战进行自我调节与适应。

愿我们的孩子都能够带着在幼儿园积攒的力量，满怀信心地进入新一阶段的学习与生活！

时间之上，风格永存

2019 年 5 月 17 日

昨日，建筑大师贝聿铭去世，享年 102 岁。有人说，"贝聿铭这个名字，似乎是一个超越了时代的存在。与之相联系的那些建筑物——美国国家美术馆东馆、卢浮宫'金字塔'、苏州博物馆，都被时间证明了永恒性。"

贝聿铭大师曾说："最美的建筑，应该是建筑在时间之上的，时间会给出一切答案。"

最美的教育凝聚科学、艺术、哲学的精华，也应在时间之上，因为时间会给出答案。

这个世界，很多东西都会随着时间的流逝而渐渐褪色，唯风格永存。风格原本是一个艺术概念，指艺术作品在整体上呈现的有代表性的面貌。它具有相对稳定、反映思想、审美等内在特性。风格的本质在于体现创造者对审美独特的表现，具有无限的丰富性。

花草园风格之一：有很多的花花草草

锦宜：如果没有花花草草，我们就要变成"光秃秃幼儿园"了，这可是件难过的事情。

恩硕：因为我们是花草园，花草园就是一个有很多花、很多树、很多草的地方。如果没有很多的花花草草，花草园就变成一个普通的幼儿园了。

阳光雨露，一样都不能少

音音：于师傅每天都会给花花草草浇水，花草园里还有充足的阳光。

明远：种子在还没有"出生"的时候，我们会一起给花花草草浇水，后来它们就长大了。

媛媛妈妈：春天来了，温暖的阳光照耀着花草园的每个角落，微风徐徐，带来清新的空气。小朋友们提着水壶到"一米菜园"去松土、播种、浇水，孩子们的付出和期待换来了花草园的花香草绿。

万物同源，用心照拂

智研：我每天都会给花花草草唱《摇篮曲》，它们就会安心地睡觉，好好睡觉才能长高高。

安吉：我们会经常对着小花小草说一些祝福和悄悄话，每天户外的时候我们都会过去看看它们。

霁城：我们每个人都很喜欢、很关心这里的花花草草，就像关心我们自己的朋友一样。

瑀垚：这里的小朋友每天都开心地笑，这样花花草草也会和我们小朋友一样长得特别好。

希悦老师：万物皆有灵，花草园的花草每天接收借由孩子们的笑声传递出的"我们喜欢你"的信号。孩子们笑靥如花，花草也同孩子们一样焕发生机。

在这里，孩子们通过照顾好自然来照顾好自己，之后去照顾世界。

花草园风格之二：在自然里学习

诗芘：我喜欢捡各种花瓣和树叶，下花瓣雨、树叶雨；用花瓣和落叶做美味的饭……

慕骋：花草园就像一个大自然，每天来幼儿园就像是去春游一样，我的心情会很好。我喜欢在这里学习。

秉诺：在操场上玩的时候，经常会有一些泡桐花掉落下来，有时候会很轻地从我的裙子上滑下去，有的时候会很重地砸到我的头。我抬头看看它们，感觉它们在树上正向我打招呼呢。

笑笑妈妈：每天晚上我接笑笑回家时，笑笑都会从她的"宝贝盒"里取出一些"奇奇怪怪"的宝贝，有小花瓣、小花朵、小树叶，然后兴奋地给我们讲述，她的这些花草、树叶是从哪里捡来的，和谁一起捡的，这些宝贝叫什么名字，她和好朋友用这些花草、树叶一起玩了什么游戏……

因为这些花花草草，我们聊天的话题也变得"清新、自然"起来。我想，一个小小的"宝贝盒"藏着笑笑大大的精神世界吧。

梅画老师：每一次户外活动的时候，我都会看到三三两两的孩子长时间蹲在角落里，认真地观察着，嘴巴里还会嘟嘟囔囔。他们嘟囔的对象不是人，而是可爱的小昆虫们。

孩子们看见了活的蜗牛就一直盯着观察，在蜗牛旁边放了很多桑葚和树叶，想知道蜗牛喜欢吃什么东西；当蜗牛探出脑袋时，他们会变得更加小心翼翼，害怕吵到小蜗牛，担心它藏起自己的脑袋；当他们发现蜗牛的触角上有小点点时，他们会惊喜地告诉别人，"这是蜗牛的眼睛"；他们看见蜜蜂也不害怕，会一直蹲在花丛旁边，看着蜜蜂和花粉"亲密交流"……

对他们来说，每一次在小角落里都能发现一个大大的、全新的世界，并且始终沉浸于这个世界。每一次，他们蹲在角落里的身影都格外地动人。

用自然启迪孩子们的智慧，因为我们深知"智慧高于知识"。

花草园风格之三：这里是每个人的精神家园

安吉：在这里，花花草草都是我的好朋友。他们会听见我跟他们说甜甜的话，也会听见我说那些不高兴的事情。我和他们一起长大。

承桐：园长妈妈就像花婆婆一样，让花草园和这个世界变得很美丽。我喜欢这里。

花花草草，万物自有韵律

琬舒：在这里，我可以慢慢地、不着急地长大。

李洋老师："一花一世界，一叶一菩提"，自然界中的万物均有自然赋予的内在生命尺度。我们尊重每一株花草的存在，也尊重每一株花草内在生命节律的发展。

万物绽放，升华成花草精神

桥松妈妈：在这里，从园长、老师到家长都像孩子一样努力保持赤子之心，用真挚、纯真、仁爱、慈悲之心对待自己、他人、花草。一走进花草园，就觉得安宁、幸福。

千涵爸爸：春蕾、夏花、秋实、冬枝，四季的花花草草始终和谐地装扮着花草园，陪伴着孩子们在充分感知、接触大自然中自由成长！

花草园里"花草共紫映，树石相陵临"的景象并非一蹴而就，而是一群充满匠心的老师们用敬的态度和坚守的价值观赋予了花草们生命的灵动。

大自然气息无所不在，充斥着所有空间，并被空间消融和包容，这些花草精灵们与纯洁的孩子们共生共融、相得益彰。

园中绿植墙上醒目的三行字已然道出原委——"成为我自己，我们在一起，按自己的节奏呼吸与思考"。孩子是，老师是，你我是，自然万物亦是。

万物绽放，唯花草精神

我们的教育关注生命的过程，重视生命的创造，尊重生命的差异，强调生命的关系。这些年，我们做的就是这样一些事。这里的每个人都渴望着美好的教育，渴望能够在时间之上将这些教育变成风格化的存在。

人们常把建筑比喻为"凝固的艺术"，也常将环境作为人类生活的必需品。但建筑与环境只有和人互动产生了韵律感，才能拥有自己的风格。

"花草园的风格是什么样子的？"这个问题与其说是在问花草园现有的风格，不如说是在问花草园到底在追求什么样的风格。我想，我们一直追求的风格是自然的、朴素的、哲学的、科学的、艺术的……这些特质通过所有人的相互观照，形成了一个独特的氛围和气场，之后又通过孩子们的游戏和生活进行整合，形成了花草园独特的风格。

我们也希望，这种风格能渗透在这里的一草一木中，因为"花草人"深知，"唯风格永存"。

"六一"儿童节，我们将用自己的方式向"巴学园"致敬

2019 年 5 月 24 日

从开园起，我们就很明确，儿童节是孩子们的节日，他们不需要用表演等方式来取悦成人，我们只希望他们用自己的方式度过最欢乐的一天。

我们只是在那一天为他们创造极致快乐的一群成人。毕竟，"儿童立场"永远是儿童节活动设计的原点。

儿童立场的儿童节活动设计

这一天，一定是一个"游戏日"

孩子们有游戏的权利，这意味着他们能够自主选择游戏的主题与游戏的方式。每年，我们都会倾听孩子们的想法，和他们共同畅想"六一"儿童节的活动。和孩子们的讨论，总能让我们寻找到一些不曾发现的游戏线索，共同创造出全新的体验。

我们希望在这里的每一个成人也能借由这样的活动，让自己的童心回归，走进孩子们的内心世界，拥有一个"巅峰体验"。

这一天，一定是一个"自由日"

在这一天，孩子们可以自由地穿梭、行走来选择自己喜欢吃的食物，欢乐地大笑……教师们变成"隐形的人"，只在孩子们需要的时候才会出现。

这一天，所有的活动都是开放的，所有的孩子都能在其中找到自己最喜欢的游戏。

这一天，一定是一个"梦想日"

儿童的梦想是在游戏中实现的，但需要"情境"来唤醒。

当一个典型情境和孩子们头脑中的梦想相呼应时，他们精神世界的开关就会马上打开，将他们带到另一个地方。在那里，他们是自由的、快乐的、恣意的、沉醉其中的，那是他们最向往的地方。

在带有幻想色彩的主题游戏中，孩子们所有的感官都被打开，梦想的翅膀也会张开，他们将获得全身心的发展。

这一天，一定是能够连接过去、沉浸当下、眺望未来的日子

我们如果真的了解儿童，就会相信，儿童自由的心灵让他们一直生活在比现实更宽广、宏大的世界里。他们希望在当下的游戏中，心灵能够穿越到过去，也能够向未来无限地延展。这是我们设计"六一"儿童节活动时一贯坚持的价值判断。

每年的"六一"儿童节，都是花草园人的"集体欢乐日"。即使从这里毕业的孩子，多年以后，也会记得在这里度过的每一个"六一"儿童节的欢乐时光。这也是我们送给每一个孩子的礼物。

"六一"儿童节的核心精神不变，但是主题一直在变化，因为"人之为人就在于人是一个不断生成的存在。人的生活、生命是一个生生不息的过程，是一个不断推陈出新的涌流，是一个不断超越的升华命相。在人的生活、生命世界中，没有什么亘古不变、始终如一的东西，一切都处于无限的生成过程之中。"[①]

孩子们的愿望与我们的梦想

孩子们的愿望

今年的"六一"儿童节，孩子们想用什么方式度过？先来听听孩子们的

---

① 刘济良. 走向人文化的教育——新世纪我国教育的价值取向[J]. 教育理论与实践, 2003, 23（7）: 5-10.

讨论吧！

<u>力鸣</u>：我想度过漫长的一天。这一天的每一秒、每一分钟、每一小时都延长很多，我可以一直在幼儿园里不停地玩，这样我就可以把花草园里好玩的事情保存起来了。

<u>益清</u>：这一天，我想和我的好朋友们一起在大自然里野餐。因为和好朋友一起吃东西特别香。

<u>澍予</u>：我想一个人在美丽的花草园里散步，把花草园的美好都珍藏起来。

<u>乐熙</u>：我希望能在花草园待整整一天，离开爸爸妈妈在花草园住一晚。

我们的教育应站在儿童立场，但也应不忘记儿童教育者的使命与责任。

我们期待着在那一天能够用尽全力引领儿童，为他们的思想、情感提供一个更宽广的舞台，在科学、哲学、艺术等领域自由穿梭、游弋。

每个儿童教育工作者心中都有一个"巴学园"

《窗边的小豆豆》展示了世界上有一所学校可以让你尽情地做小孩，在小孩的时候活得像小孩的样子。这是一件听起来并不难，做起来却不那么容易的一件事。书中那些经典的故事给我们提供了可直接模仿的范本。我想，无论是"巴学园"还是花草园，我们都有着一颗尊重儿童、想时刻守护童年美好的那颗心。

<u>李洋老师</u>：大班的孩子们马上就要毕业了，我想请孩子们画出心目中理想的小学。我发现，孩子们心中理想学校的样子和巴学园特别相似，他们希望能够在很酷的电车里上课，选择自己想学习的内容，有愿意倾听他们说话的老师和可爱的同学们……我们也想用这样的方式让孩子们回忆起在幼儿园的生活，拥有更大的力量开启小学的生活。

<u>罗希悦老师</u>：在巴学园里，孩子们上课没有时间限制，教师会把当天孩子们感兴趣的活动全部写在黑板上，孩子们可以自行选择想要上的课程。通过这样的方法，教师可以观察到每一个孩子的兴趣点是什么，即使有孩子没有立刻选择或者没有完成课程，也不用着急，他们有一天的时间可以慢慢去完成。对每一个孩子，教师都能做到因材施教。

孩子们就是巴学园的主人，所有的活动都围绕孩子的需求呈现。巴学园

对每一个孩子都给予了极大的尊重，不仅尊重孩子们的兴趣爱好，还尊重孩子们的灵性。

我们虽然不叫"巴学园"，但在我的心中，我们就是一所真实存在的"巴学园"。

<u>张芬老师</u>：去年的这个时候，我是一名大班的教师。每天午睡前，我都会和孩子们分享"巴学园"里发生的故事。"第一次去车站""海的味道，山的味道""电车教室"……这些很有意思的事情都深深地留在了孩子们的心里。孩子们在听故事的时候，除了频频发出"哇"的感叹外，最经常说的一句话就是："这不就是我们的幼儿园吗？！"比如，听完"破学校"的故事后，孩子们和小豆豆一样，当听到其他学校的小朋友唱"巴学园，破学校，走近一看，还是破学校"时会很生气，小声说："小豆豆的学校明明那么好，他们看不见吗？"当听到小豆豆唱"巴学园，好学校，走近一看，还是好学校"时，他们就会很高兴，然后自己仿照着一遍遍唱："花草园，好学校，走近一看，还是好学校。"听着孩子们跑调的歌声，我特别感动，孩子们是多么喜欢花草园才能从心里唱出这几句歌来啊。

当花草园的儿童节遇上"巴学园"

当孩子们的愿望与教师们的梦想相遇，于是以"今天，我们是'巴学园'"为主题的"六一"儿童节活动诞生了。

"六一"儿童节活动方案：今天，我们是"巴学园"

清晨

"六一"儿童节当天，孩子们像"巴学园"的小朋友那样穿上"最差的衣服"来幼儿园。这样无论弄得多么脏，甚至弄破了都没有关系。孩子们用美丽的鲜花装扮我们自己的幸福花草墙，许下"今日的心愿"。

时间：7:30—8:10

地点：花草园和大厅

参与者：全园小朋友、家长和老师们

魔法时间

我们在一起举行庆祝仪式,想象每一个人都拥有"魔法",可以"瞬间"将花草园变成"巴学园"。在这里,一切皆是惊喜,任何事情都有可能发生。当我们一起把内心所有的想象、憧憬、期待变成现实,成功的喜悦就会在我们每一个人的心中激荡。

时间:8:20—9:00

地点:花草园

参与者:全园小朋友和老师们

"巴学园"开学啦

1. "礼堂帐篷"

活动由来:《窗边的小豆豆》一书中,在礼堂搭帐篷这件事成为孩子们难忘而又宝贵的经历。如果花草园的孩子们也能用这样具有仪式感的方式和自己的节日相遇,相信一定会给孩子们留下一段美好的回忆。

活动当天,孩子们也可以选择睡在帐篷里一起看"星星",或者看一场"夜空"下的电影……

2. "茶话会"

活动由来:《窗边的小豆豆》一书中,"茶话会"是孩子们各奔东西之前,在巴学园拥有的最后的心心相通、其乐融融的节目。在这个儿童节中,我们赋予了"茶话会"更丰富的内容。

活动当天,孩子们可以放松地说说心里话,制作自己心爱的"小玩意儿",感受惬意的花草园夏日生活。

3. "非常奇怪"

活动由来:小豆豆是个好奇的小姑娘,一直对这个世界充满兴趣。花草园的孩子们也一样,他们对这个神奇的世界一直保有强烈的好奇心。所以,我们想用有趣的实验,帮助孩子们探究世界的奥妙!

活动当天,孩子们会看见和彩虹有关的各种实验,比如,牛奶能变彩虹,糖果也能变彩虹。还有什么呢?快快展开你的想象力吧!因为这个地方真的非常奇怪!

4."不能跳"

活动由来：小豆豆很喜欢跳各种各样的小坑，不论是泥坑还是沙坑。虽然小豆豆说自己下次会注意，但到下一次还是忍不住想要尝试。其实，作为大自然的孩子，儿童和大自然有着天然的联结，勇敢的尝试会带给他们不一样的体验。

活动当天，孩子们可以充分地和泥巴进行亲密接触。泥巴雕塑坊、陶泥小作坊、欢乐泥坑……给孩子们创造尽情拥抱各种神奇体验和"尽情跳"的条件！

5."游泳池"

活动由来：巴学园里的游泳池让小豆豆意识到，"无论什么样的身体，都是美丽的"。

活动当天，孩子们可以尽情地和水一起游戏。不仅有真正的泳池，还会有创意满满的"空气泳池"、水球大战、水滑梯等。

6."排练场"

活动由来：在小豆豆眼中，罗彻斯托克先生在排练场指挥的过程就像拆装的过程，有摧毁、重组，也有一件作品完成之后爱的鼓励。我们虽然无法为孩子们提供这样的体验，但是能够带给他们最直接的"摧毁、重组"的快乐。拆毁对孩子们来说就是一场游戏。

活动当天，孩子们可以尽情地把旧电脑、旧电话、旧收音机等拆开，一探"不可见"的世界的秘密！

7."电车教室"

活动由来：教室是真正的电车。在巴学园里，孩子们可以根据当天的心情和方便，自由选择喜欢的座位。孩子们可以从最喜欢的项目开始学习。在这里上课、学习的孩子们，也是同乘一辆电车"旅行"的伙伴。

活动当天，真的会有一辆电车来到花草园吗？即使没有真的电车，花草园的老师也会造出一辆"电车"来！

午餐时间：海的味道，山的味道

我们将变成一家人在大树下、在葡萄架下、在金银花前愉快地进餐。今年的自助餐，食堂的师傅们将为我们准备"海的味道，山的味道"，一起期待吧。

时间：11:00—12:00

地点：花草园

参与者：全园小朋友、老师和园长妈妈

祝你好梦

带着一个上午欢乐的记忆，孩子们沉沉地睡去，祝孩子们好梦！

时间：12:00—14:00

地点：花草园

参与者：全园小朋友和老师

再来一次

下午的全部时间也将留给孩子们，再次重温上午的欢乐时光。

时间：14:00—16:50

地点：花草园

参与者：全园小朋友、老师和园长妈妈

难忘"巴学园"

和爸爸妈妈一起留下一张在"巴学园"的全家福，纪念这快乐的一天，对这一天说"再见，再见"。

时间：16:50—17:30

地点：花草园

参与者：全园小朋友和爸爸妈妈

我们希望：

◆ 所有人都充满期待；

◆ 所有人都能运用幻想把不可能变成可能；

◆ 所有人都穿最"差"的衣服来；

◆ 所有的亲人一起分享、感受节日；

◆ 所有人都能记住今年的"六一"儿童节。

我们一直关注教育中的生命体验，"六一"儿童节的活动设计也不例外！

教师教育行为的背后是什么——幼儿教师教育哲学观的形成

2019 年 6 月 14 日

哲学是个"空筐"结构。每个人对教育都可以有自己的理解，但若想形成自己的教育哲学观，它就要一定真实且属于你自己。

教师教育哲学观的呈现

观察记录与教育笔记是花草园教师对自己一周教育过程的忠实记录，具有还原性、场景性和真实性等特点，从中我们也得以窥见教师教育哲学观的形成过程。

每周一，花草园的教师都会在微信群共享他们一周来关于教育的观察记录与思考。在这里，每一个人的思考都会被分享，我会通过点评来帮助大家确立一些正确的东西。这些东西不仅可以帮助教师形成思维习惯和行为模式，也可以帮助他们形成个人的哲学观，并且成为园所文化的重要部分。

下面，我就从分享几位教师的教育笔记开始。

一次挫败与一次突破

记录者：阎玉新老师

"挫败"和"突破"是我这一周的两个关键词，它们看似一对反义词，然而就这样戏剧性地发生在一周之内。

挫败

挫败发生在周一推送幼儿园微信公众号的文章那天。那天推送的主题是记录花草园的开渠仪式，我提前构想了推送的基调和线索，周一上午完成了素材的收集与整理，下午6点完成了文字部分的编辑，准备制作一个2~3分钟的视频。没想到，视频的制作难度比我预想的大很多，制作时间过长。更令人沮丧的是，视频到晚上11点50分的时候都没有通过审核，所以最后的推送文章中只好缺少了视频。

我觉得又抱歉又自责。抱歉于审核的老师被拖累，很晚才能回家；自责于为什么自己总是会发生这样的事情，有些怀疑自己的能力是不是真的不够。沮丧之后，我回顾整个事件，也吸取了一些教训。

教训一：以后要慎重考虑文字编辑和视频制作的先后顺序，因为视频制作好后还需要后期的审核。

教训二：视频剪辑是自己的一个短板，以后再面临类似情况的时候，可以考虑寻求他人的帮助。

突破

如果说推送微信公众号文章的事情让我感到挫败，那么周末的父母学堂活动则让我有种拨云见日的成就感。

父母学堂是花草园为家长们提供的一种学习方式，家长们会和我们一起用沙龙的方式完成对教育问题的探讨，花草园的每位教师都会参加。作为一位年轻教师，这是我第一次和家长进行面对面的沟通。我能接住家长们的问题吗？家长们能认同我的"侃侃而谈"吗？

担忧归担忧，还是要认真地准备。我想寻找一个花草园教师的样本，最后选定了微微老师。然后，我对家长们预先提出的问题进行了分类，结合带过的小班孩子的特点，试图给家长们提供一些小妙招。理清思路后，我开始了"无实物表演"，从对着空气说"大家好……"开始，一遍遍地演练整个过程。第二天活动开始前，我还紧张得手心冒汗，但是当"大家好……"说出来以后，我感觉一下子就流畅和放松了下来……整个活动进行下来，我感觉自己的状态比预想的好太多了。所以，这算是自己的一次突破。

之后，我总结了一些经验：

1. 适当的紧张感是有意义的，紧张感可以帮助我更好地做好准备。
2. 和家长一同在情境中思考，这样才能深入浅出地剖析问题。
3. 真诚面对家长。不用装作自己很厉害的样子，真诚地表达和分享会得到家长真诚的回复。

在课程中，建立自己的思考体系

记录者：王海霞老师

2007年，大学毕业后，我没有丝毫犹豫就来到这里工作，到现在已经

12 年了。大学时期，我的专业课成绩很好，所以我对自己胜任幼儿教师这份工作很有自信。

在刚入职一年的时候，学期末，胡老师来听我的课，那是我上的第一节公开课。对于这次公开课，我做了很充分的准备。我觉得，以自己的能力肯定能把这堂课上得很完美。但是，当我自信地进入教学现场的时候，大脑突然一片空白，我完全忘了课前预设的教学环节，也没有足够的教育机智去应对这些突发状况，乱七八糟就上完了课。课后，胡老师没有点评就走了，这对我的打击太大了。这是我入职后遇到的第一个挫折，我开始怀疑自己的能力，甚至开始反思自己是不是真的适合这个职业，我开始变得不那么自信。

2013 年，幼儿园开始进行新课程改革，也就是我们现在所说的"生活化课程"。这样的尝试对当时的我来说是很难的，因为对于以前那套教材的使用，我已经得心应手，但是"新课程"要我走出"舒适区"，重新建构对"新课程"的认识。当我要花很多心力再去思考活动的开展时，我的内心是抗拒的。

在十月的课程中，我看似在和老师们一起做课程，但是从内心来讲，我并没有觉得这个课程有多好。胡老师也感觉到了我的抗拒，11 月的时候，她找我和几位老师进行了深度的谈话，我开始反思我的这种抗拒来自哪里。

我以为是技术上的抗拒，但是深入思考后发现，我的抗拒不是因为课程的技术革新，而是来自十月课程的主题——"爸爸妈妈是这样爱我的"，它触碰了我内心角落里不愿意触碰的和家人的关系。在胡老师和我谈过之后，我的心结慢慢打开，觉得如释重负，感觉再也没有可惧怕的东西了。这次深刻的自我反思后，我开始用心去做"新课程"。

从刚入职没有经验，到经历过挫折和反思后经验的积累，再到对关键事件的深刻反思……我对教育的思考体系正在逐渐形成。

为未知而教，为未来而学

记录者：张蕾老师

我这周在樊登读书会上听了一本书《为未知而教，为未来而学》，里面的很多观点让我很受启发，也让我看到了很多生活化课程的影子。

"有生命力的问题，是指能够为对话提供焦点和重要意义的一些探究性主题。"这一点让我产生了强烈的共鸣。在我们的"3+1+1"课程模式中，胡老师一直强调课程中的开篇问题一定要有开放性、有生命力，而不是"一竿子扎到底"。孩子们的学习需要成人的引导而不是主导，他们只有在开放性的话题中才能展开自由的想象。我们的课程中有很多这样"有生命力"的话题，将儿童的学习带到一个又一个的高度上。同时，生活化课程也像一个个神奇的盒子，每个盒子里都藏着未知的"密码"，课程之间有很强的铺垫感。我们发现，当儿童对学习产生浓厚的兴趣时，他们每一天都怀揣着对未知的好奇和对未来的期许。

"真正的学习在于，让值得学习的知识在生活中融会贯通。"书中提到了层级知识结构和网状知识结构。过去的教育更倾向于层级知识的灌输，把认识看作一个递进关系，割裂了儿童在学习过程中自我的感受；而网状知识结构更能帮助学习者融会贯通地获得知识，强调儿童与知识之间的联结感。这让我想到了课程中胡老师提到的"三块基石"。我们最开始对"三块基石"的理解就是"层级和递进"关系，认为知识是学习的第一步，技能与情感要排在后面，或者特别强调和突出这三方面的其中之一，而忽略了它们之间的整体性和共融性。现在我们知道，要将"三块基石"看作一个整体，三者相辅相成，同时加上灵性目标的注入，骨肉相连。

"全局性理解应该敦促我们变得更有道德观，更有人性，更有同情心，更愿意规范自己的行为。对某项知识的全局性理解在真实生活的很多方面会找到应用的机会，并且可以迁移到其他知识领域。"全局性思维让我认识到，教育就是让儿童逐渐成为一个完整的"人"，而不是学习的机器。只有当儿童能够用心动情地认识一个事物时，他才会站在一个更全面的角度进行思考，才能迁移自己的经验和情感，从而更加深刻地认识事物本身。我们的课程很多方面都体现了全局性思考，特别强调要把孩子的成长目标放得更长远一些。

读书的快乐就在于不仅能找到内应，还能够不断地完善和丰富自己的感受，借由工作将它铺陈开来付诸实践，这种感觉很充实，也很快乐！

阎玉新老师所写的是她实践中遇到的挫折和突破，身处其中的感受和思考；王海霞老师回顾了自己职业生涯中的"关键事件"，在对"关键事件"的深刻反思中逐步形成了自己的教育哲学观；张蕾老师作为工作了很多年的老教师，已经形成了自己的哲学观，会在日常行为中不断捍卫自己的教育哲学观，她的思考超越了当下的工作，但是又没有和当下的生活脱离。老师们思考的不仅仅是方法，还有对这些问题本身的再思考、再提炼。

为什么花草园的教师成长得特别快，因为花草园的教师都有非常强烈的主动学习和探寻的意识，教师的教育哲学观一直处于一个自觉的行径当中，这很难得。

基于实践的理论对话

花草园一直没有停止探索的步伐，但是，我们需要一位更高水平的研究者加入我们的团队。于是，2018年9月，毕业于中央民族大学的郭国燕博士来到了花草园，她擅长的是行动研究与叙事研究。她的到来不仅让我们的思考又向前迈进了一步，还使得我们的实践探索在理论上有了更宽广的支持。

每周，我都会和郭博士探讨一些我们在教育中面临的问题，她的思考总是能给我带来很大的启发。她每周撰写的教育笔记也常常让我的专业思考站在一个更高的理论平台上。

最近，我们在撰写中国学前教育研究会"十三五"课题《幼儿教师教育哲学观形成过程的叙事研究——以中华女子学院附属实验幼儿园幼儿教师为例》的结题报告，我们经常会展开一些讨论，以下内容根据我们的讨论整理而成。

问题1：幼儿教师需要有教育哲学观吗

教师的教育哲学观是教师在实际的教育教学工作中，自身对教育教学行为的反思及深度分析，是教师对教育教学以及儿童观等基本问题的根本看法。教师的教育哲学观一旦形成就会稳定下来，进而调节自己的教育行为。

具有哲学思考的教师在教学过程中能进行很好的反思，而反思是教师课程决策的基础。在生活化课程的探索中，我们发现，教师的专业化成长与他们的教育哲学观的形成有着密切的关系。随着我们对生活化课程探索的逐步深入，这些年来，我们也将教师专业化成长逐渐聚焦到对教师教育哲学观的关注上。

在实践中，我们发现，如果只关注教师对知识的掌握和对教学能力的提升，那么教师就很难有更大的成长空间。叶澜教授认为："教师专业发展就是指促进教师专业成长或教师内在结构不断更新、演进和丰富的过程。""教师作为一名专业人员，其专业结构除专业理念、专业知能和专业服务精神外，还应包括自我专业发展意识维度。"

所以我们坚信，教师的成长不应停留在对教学技巧的关注上，而是应该走向对教育问题的哲学追问，实现更高层次的超越。在哲学追问的过程中，教师的教育信念逐步形成。而有信念的教师能从更宽广的视野审视自己的教学行为，这样的教师会散发生命的活力，拥有很强的职业幸福感。

问题 2：幼儿教师的教育哲学观是如何形成的

工作中的"两难困境"为教师教育哲学观的形成提供了土壤。通过前面三位教师的教育笔记，我们可以看到，当面临困境的时候，教师需要不断地做出调整与决策，而决策过程也是教师教育智慧形成与完善的过程，是教师把困境变为解决了的情境的过程。教师教育哲学观的形成直接外化成为教师的教育智慧。我们如果能够解释"教师如何应对'两难困境'"，就能够发现教师教育哲学观转化成教育智慧的过程。

"两难困境"是让教师的心灵参与思考的过程，而不是大脑做出判断。当教师处于"两难困境"的时候，他才能看到真实的自己和自己真实的需要，才能做出判断。教师如果总是意识不到自己遇到的问题，不被卡住，就很难有机会完成自我的超越。教师的教育哲学观就是在一次次地判断"两难困境"中逐渐清晰起来的。

教师教育哲学观的形成遵循了"溯源—描摹—抽象—扩展"的路径。人在遇到问题的时候，总是会下意识地追根溯源，对自己的生活以及所处的社会和幼儿园的文化进行分析（溯源）。

之后，他们会描述在教育中遇到的困难，思考当时自己是如何思考和行动的（描摹）。

然后，教师会对自己思考的问题进行提炼，寻找理论上的支撑，与理论进行对话。在这个过程中，教师有可能从"两难困境"进入"两难空间"，拥有更广阔的思维宽度、深度和广度。这个过程帮助教师逐渐形成自己教育哲学观的表征与类型（抽象）。

最后，教师会对自己的教育哲学观进行进一步的"扩展"，尝试从动态的角度回答"我的实践性知识如何生成？它是如何在实践中得以运用，成为普适的观念的？"

教师教育哲学观的形成依赖外部更大的"共生"空间。教师关于教育的真实思考如果不能表达，就无法形成自己的教育哲学观。他们需要与周围环境和人进行无数次的对话和互动，才可能将教育哲学转化为教育智慧。这些互动的过程往往是在有意识和无意识中交替完成的。教育笔记的阅读与指导，将这种无意识转化成了有意识的状态。只有在有意识和无意识的交织中，教师才能形成更深刻、更持久、更稳定的教育哲学观。

幼儿教师是有能动性的，当他的创造被他人承认的时候，这些信息和资源将得到共享，并逐渐成为所有人的共识，这种共识会对新教师产生"再生产性"的影响。这个过程是继承性的，更是动态的、充满活力的。

教师教育哲学观的归宿在实践。幼儿教师在知识与经验之间游弋的同时，形成了自己独特的教育价值观。但最重要的是，要将其投入实践中，形成教育智慧。这就需要幼儿教师在实践中有对自己的知识进行管理的能力，即教师个人对知识进行整理和归纳，并将这些隐性的、模糊的认识归纳成显性的知识系统，实现自身知识的增值。

花草园教师的教育哲学观就是内隐在教师的日常教育教学工作中逐步形成的，它需要教师在关键的教学事件中觉察和顿悟。因此，实践性是教师教育哲学观最核心的特点。同时，教师的教育哲学观在形成的过程中具有创造性、发展性、习得性等特点。

就是这样，我们从未停止过自己的探索。

就在这一周，老师们又完成了很多精彩的课程探索，让人叹为观止。

通过和孩子们"对话"，传递彼此精神世界的荣光

2019 年 6 月 29 日

儿童的生活可分为三个层次：物质生活、精神生活与灵魂生活。

儿童与万物共生长，当允许并鼓励他们以自己的眼光看待世界、向世界发问时，我们会发现，他们通过对周围环境的认识，开始学习使自己的行动更有目标和意义；在认识环境的过程中，他们也学习认识自己。

认识自己，主要是确定自己在环境中的位置，而一个人能否在未来尽到社会的责任，就是以认识自己为条件的。

2019年7月1日将是花草园2019届毕业生们的毕业典礼。这将是一场温暖的告别，也将是一段生命的节点。这将是一场盛大的庆典，也将是一场生命力量的璀璨绽放。

每年的毕业典礼都会有一个寓意深刻的主题，这些主题就像预言，镌刻在孩子们的心头。

每年的毕业典礼都有一个非常重要的环节——"我有问题问园长"。孩子们会问我各种各样的问题，我们共同完成一次对话。对话的英文单词是"dialogue"，它源于希腊文"dialogos"，这个词由两个词根组成："dia"（穿越、流过）+"logos"（词的意义）。在我与孩子们的对话中，意义在我们之间流淌，有我们彼此精神世界的传递和共荣。

今年，孩子们问了哪些问题呢？

雅淇：园长妈妈，你还记得我们第一次见面是什么时候吗？

我：记得呀！我们第一次见面时，我看见了一个古灵精怪的小女孩，不知道为什么，我就是特别特别特别喜欢你。我知道你的小名叫格格，大名叫雅淇。格格，我们会是永远的好朋友吗？

蒙蒙：园长妈妈，我们的这场毕业典礼和哥哥姐姐的毕业典礼有什么不一样吗？

我：每年的毕业典礼都不一样，因为每年的孩子们都不一样。我们只想为你们量身打造一场适合你们的毕业典礼，这也是我们特别用心做事情的一个表现哟！将来等你们长大了，希望你们也能够这样用心地对待你们遇到的每一个人、每一件事。

悦铃：园长妈妈，为什么我们每个月学习的主题都不一样呢？

我：因为我们生活在这个世界上，四季变化不同，每天都会面对不同的人和事。如果每天的生活都一样，每次学习的主题都一样，那么我们在幼儿园的生活多没有意思呀！偶尔的改变会让我们能量充盈、信心满满，迎接新的生活。所以，我们设计了不同的主题，想让你们的生活变得更加丰富，也想让你们能够更加有准备地面对未来。你们在这三年32个主题的学习过程中，获得了足够的经验准备，可以帮助你们应对未来可能面对的那些困难。也许，等你长大了就会明白花草园老师的良苦用心。

营赛：*园长妈妈，为什么我们要组织这么多的春游、秋游和冬游呢？*

我：其实，组织这样的活动对老师来说是非常辛苦的，外出活动过程中也可能会有很多我们没法预料的事情发生，但是我们还是一直坚持了下来，因为园长妈妈确信一点：这样的生活对你们的成长是有意义和有价值的。

园长妈妈和老师们也想表达一种信念：我们愿意为你们做任何对你们的成长有趣、有意义的事情。你们感觉到了吗？

京远：*为什么花草园要种那么多的树和花呢？*

我：如果没有树和花，我们还能叫"花花草草幼儿园"吗？而且，人们都特别喜欢亲近自然，尤其是小朋友。如果一个小朋友一直哭闹，你把他带到大自然中，他一下子就会安静下来，因为大自然有神奇的疗愈作用。希望你们将来能够去真实的大自然里看到、发现更多的美好。

喜乐：*园长妈妈，为什么我们幼儿园明明没有大熊猫，还要有竹子呢？*

我：喜乐，你太可爱了！没有大熊猫，我们就不能有竹子吗？那到底应该是先有竹子还是先有大熊猫的呢？好像竹子的历史比大熊猫还要长吧！园长妈妈也想问你一个问题，为什么我们幼儿园有那么多的鸡蛋，可是为什么它们从来没有孵出小鸡呢？

这个世界就是这样奇妙，一个东西不是为另一个东西准备的，而是为很多东西准备的。就像我们来到这个世界上，不是只做一件事情，而是要做很多很多有意义的事情。

翊铭：*为什么园长妈妈要把这么好的老师分配到这个幼儿园呢？*

我：看来，你对幼儿园的老师都非常满意哟！不过，不是我把他们分配来的，是他们来到幼儿园之后天天和你们在一起，都变得越来越好。所以，我也要告诉你们的爸爸妈妈，一个大人要想变得越来越好，就要天天和孩子在一起。

力鸣：园长妈妈，为什么花草园的老师有一些没教过我，但却认识我呢？

我：花草园有一个很有趣的地方，就是"所有的老师要认识所有的小朋友，所有的小朋友也要认识所有的老师"。因为咱们幼儿园每一次的活动都是开放的，大家经常在一起，所以三年的时间足够我们互相认识了。如果三年过去了，他们还不认识你们，那么园长妈妈可是要批评他们的。

秉诺：园长妈妈，为什么有的幼儿园有校服，我们幼儿园没有呢？

我：其实，我以前也想过给你们设计校服。但是，我想了想，如果小朋友们都穿一样的衣服，园长妈妈来了就很难看清楚你们，你们也没有机会大胆地表达自己，因为你们的衣服也是你们的标志和一种自我的表达呀！所以，园长妈妈就想，我们不用穿一样的衣服，只要我们的心是一样的就好啦！

花草园的孩子都有花草园的特质。虽然我们不穿同样的衣服，但是我们有同样的笑容，有同样闪闪发亮的眼睛，走到哪里，我都认得出你们。

安吉：园长妈妈，为什么您每次都给我们带那么多好吃的呢？

我：什么人会给你们准备好吃的东西？是爱你们的人。爱你们的人会想把他身边发现的所有美好的东西都带给你们，就好像园长妈妈爱你们一样。所以，我会给你们带樱桃、桃子、南瓜、玉米和很多很多东西。我去到任何地方发现特别好的东西，都会想把它带给你们，因为我爱你们。

益清：园长妈妈，我想问问您，等我们毕业了您还会想起我们吗？

我：你好，益清！好有缘呀，我今天在马路上碰见了你的妈妈，我问她的问题和你问我的问题是一样的。我问妈妈，你在美国的时候会记得我们吗？妈妈说，一直记得。我和你一样，也会一直记得你。

我们总算没有错过最后的告别，我会一直一直一直一直记得你们。因为我们心里都曾经爱过对方，所以我不会忘记你们的。

彬宸：园长妈妈，我们的"星空电车"能在幼儿园待多长时间啊？

我：生活不是一个发现的过程，而是创造的过程。原先，它只是一辆白白的车，但是你们赋予了它生命。你们把它命名为"花草园号"，然后还给它画满了星空。我想，它应该一直待在花草园，直到永远、永远。即使你们长大了都忘了这件事情，它也还会在花草园里，记录那些你们曾经在花草园的创造。

子衿：园长妈妈，什么对我们来说是最重要的？是陪伴了我们三年的花草还是我们的梦想？

我：子衿的问题让我感动得都落泪了。真的，这是一个多好的问题呀！到底是陪伴我们的花花草草重要，还是我们的梦想更重要呢？

我想了想，我的回答是都非常重要，因为梦想在你的心中，而花花草草在你的眼睛里、耳朵里、鼻子里，也在你的嘴巴里……长大以后，那些东西会变成特别丰富的、美好的记忆，一直留在你的心里。所以，不要忘了这里的花花草草，更不要忘了你的梦想。

亲爱的孩子们，一转眼三年就过去啦。

看到你们提出问题时的样子，看到你们的笑脸，听到你们问我的问题，我特别感动。因为你们终于长成了我们期待的样子和你们想成为的样子，这是我和老师们感觉特别幸福的地方！

希望你们离开幼儿园之后，能够好好地生活，记住花草园里的一切。今年毕业典礼的主题是"装满星星的口袋"，意味着我们要送给你们一个口袋，这个口袋里有无数的"星星"，有智慧，有善意，有坚持，有梦想，还有那么多的花花草草，最重要的是里面有那么多的爱。

幼儿园是一段旅程，你们马上就要启程去往下一站，祝你们旅途愉快！

家园合作的本质

2019 年 7 月 5 日

幼儿教育机构的重要作用之一，是在孩子与父母之间搭建一座通往彼此心灵的桥梁。只有这样，才能彰显其专业的力量。家园合作的本质是，帮助家长完成"觉知—反思—调整—自我完善"的过程。

从一个故事说起

最近，我当上了外祖母，开始重新审视母亲的形象。女儿生完孩子之后，和这个新生命有非常强烈的"一体感",甚至强烈到如果月嫂把这个孩子抱出她的房间,她就会感到焦虑和失落,所以她感觉自己很累。

她跟我聊起这件事的时候,我说这就是母性。母亲和孩子原本是一体的,孩子出生后就变成了两个人,母亲需要花时间来适应这样的情况,这个适应过程会让很多母亲产后抑郁。而父亲和孩子的关系没有这么复杂,他们没有这样天然的联结感。父亲如果不参与抚养,就很难与孩子建立起深度的联结感。

对孩子来说,3岁之前,他心中的"神"只有一个,那就是妈妈。妈妈会全方位地影响他的生活,也会乐此不疲地影响这个生命,因为她会从中产生很强烈的生命的快感。她给予新生命的关怀与滋养,也能够极大限度地滋养到自己。当孩子的性别意识开始发展时,爸爸会成为他心中的另一个"神"。

对孩子们来说,父母就是他们心中的"神"。

用生命的能量滋养孩子

为什么要分享这个故事?今天,如果我们在家庭教育领域只谈家园合作的方式,就显得过于肤浅,因为教育最终是一个生命影响另一个生命的过程,只有意识到这一点,才能把教育做到极致。

我们要特别关注父母是如何通过生命的能量影响儿童的,而不仅仅是外在的行为。

家庭教育中,真正影响孩子的通常是那些我们看不到的东西(隐形的东西),这些隐形的东西所占据的生命能量是非常大的。如果这些隐形的东西在教育中被忽略了,家庭教育的效果就无法得以呈现。

花草园家园合作的成功之处就在于,我们一直关注"冰山"底下的那些生命能量,试图引导父母用更大的能量滋养孩子。

在我看来,做教育没有必要过于强调技术,所有的技术都是人创造的,而创造最高水平的教育通常是由我们心灵的能量来完成的。如果不能走到这一层,教师就很难成为好教师。

今天分享一些我们的思考,希望能够帮助大家站在一个新的角度,构建出一个更宽广的家园合作的新思路。

深度联结才是生命力量的源泉

从 2013 年起,我们开始探索"生活化课程"。生活化课程的一个核心思想就是强调"三个联结",即与自我联结、与自然联结、与家庭联结。

对专业的幼儿教育工作者来讲,我们如果在影响儿童发展的同时,不能主动地影响家庭,那么就无法形成教育的合力,也就无法帮助儿童获得真正意义上的发展。

具体如何做呢?这是一个非常关键的问题。答案就在我开篇时提到的那个故事中——深度联结才是生命力量的源泉。

家园合作也要完成一个闭环:觉知—反思—调整—自我完善

我们在"生活化课程"里为家长工作设计了一个闭环的结构。第一步叫觉知,我们会通过各种方式让家长觉知自己——"原来我在孩子的生命中是如此重要的存在"。比如,我们曾经和孩子们讨论过一个话题——"爸爸妈妈是这样爱我的",因为很多孩子觉得爸爸妈妈不够爱他们,当爸爸妈妈通过他们的方式表达自己的爱意的时候,很多孩子都落泪了。在那一刹那,父母和孩子的心灵联结在一起。

父母也借由这个活动开始觉知自己作为父母的责任,反思自己,调整自己。其实,他们调整的不仅是自己的教育行为,更是一种生命状态。他们在自我的生命状态里,完成人格上的自我完善。在这个过程中,他们会成为越来越好的自己。家长必须要成为他自己,否则,他就不能成为好父(母)亲。

家园合作最核心的东西是什么?我想,应该是我们的教育能够引发家长对自我的深度觉知,然后认真反思,积极调整,最后形成自我完善的人格。

十几年过去了,很多家长依然特别怀念花草园,因为我们带给他们的是生命的决心和力量。

应把种子深深埋在泥土里

如果一个人生命的早期总是被允许、被鼓励和世界发生多种关联,尤其是和父母进行联结,那么他和世界的交织就会非常密切,就像一粒种子植根于泥土，生命的意愿无比强烈。

幼儿教育工作者就是要把种子深埋在泥土里。

前几天，即将毕业的力鸣小朋友问了我一个问题："为什么花草园的有一些老师没教过我，但却认识我呢？"这就是我们的文化，所有的老师要认识所有的孩子，所有的孩子要认识所有的老师。背后是什么呢？是深度的联结。我们鼓励这种密密麻麻地交织在一起的感觉，它就像一条生命大河波澜壮阔，交织得越多，生命之河就越宽广。

现在，大家看到花草园的课程，会感觉丰富、多样、美好以及儿童诗意地栖居……但是，也许20年之后，花草园教育的魅力才能真正得以显现。我对花草园孩子们的未来充满自信，因为我们给孩子种下的是一颗生命的种子，我们鼓励他们和全世界的各个地方都发生联结。这个联结感会让孩子们的生命是一个多面体而不是一个唯一体，也会让孩子们在未来感受到生命的旺盛。

父母不仅是孩子的养育者，还是课程资源创生中最宝贵的财富

我们的课程特别重视家长们的被认同感、被满足感，以及成就感。很多家长参加完半日开放活动或家长进班活动后会"上瘾"，因为他们在其中获得了滋养，生命也有了焕然一新的感觉。

英文中有一个词组叫"family tree"（家庭树）。"家庭树"无论是根须还是树冠，都有着非常丰富的课程资源，但这些资源常常容易被儿童教育工作者忽略。

在我们的课程中，我们不仅强调父母当下对儿童的影响，还特别强调家庭树带给孩子生命的滋养。所以，我们的课程里有丰富的"根系"，比如，你的故乡在哪里、你的祖先都有谁、你的名字里的故事……这些都和家庭树的根系有关。当然，也有一些内容和树冠有关，比如，你的爸爸妈妈是如何产生爱情的，他们是如何爱着你的……

"生活化课程"主题的开放性与"空筐结构"，决定了任何人在其中都能够获得发展。父母不仅是孩子的养育者，还是课程资源创生的最宝贵的财富。每个家庭都带着自己丰富的文化印记。在教师的帮助下，他们能够主动地利用自身的文化优势参与到课程中，影响课程的质量。

在孩子们人生的第一场毕业典礼上，爸爸妈妈们也将带着自身的文化密码，在孩子们的毕业典礼上完成一次创造。

我们共同的目标是，看到儿童是有灵性的生命存在

在这个世界上，特别美好的一件事就是我们和其他人的生命能够有联结，当我们遇到困难的时候，总是有陌生人或者家人会帮扶我们。

家长和孩子之间能够建立真正意义上的联结，这对彼此的生命成长都是很有价值的。联结一旦建立，父母就不再用"认知"这个单一的目标来评价孩子，而是可以真实感觉到孩子是有灵性的生命存在。当孩子的灵性绽放的时候，光芒四射。我们会羡慕、会感慨、会臣服、会追随，正如丰子恺先生所说，"羡慕你们（孩子们）的生活，每天不止一次"。

孩子们总是能够"乘物以游心"。他们手拿一根木棍，就感觉自己拥有了战马、宝剑。大人是没有办法做到的，只有孩子才具有这种生命的光彩和可爱。所以，如果儿童教育工作者不能看到儿童生命的光彩和可贵，就无法体会到这份工作的美妙。

我们借由课程给儿童传递这些信息和生命的力量，儿童再把这些信息和力量传递给家长和教师。所以，我们的教师不仅工作状态好，生命的状态也很好，因为他们感觉到自己的生命被滋养、被充盈，然后再反过来完成教育的创新，回馈给课程。在这个循环体系中，老师们乐此不疲。

有人问我，这样做，真正的获益者是谁？我的回答是都获益。这个世界上所有的好事情都不仅是"双赢"，而是"多赢"，相互成全。在这个家园合作体系中，儿童、家长、教师都获得了滋养，实现了能量和利益的最大化。

家长参与课程的路径

家长参与"生活化课程"的路径有三个：
- 可以带着知识经验来参与，比如，介绍自己的职业；
- 可以带着技能技巧来参与，比如，和孩子一起搭建桥梁；
- 更重要的是，要带着情绪体验和内在的生命感受来参与，和孩子一同分享。

这样做的价值是什么？是能够让父母回归到童年，让父母内观思考，然后和孩子共同成长。真正的家庭教育质量的改善是引导家长找到生命的状态，投入进去，找到节奏，进而获得巨大的喜悦感，不断地参与。

每个月的"生活化课程"的主题里都有这样的一个楔子，揳到家长的心里。三年过去，家长将收获多少，可想而知……当然，如果没有家庭的参与，我们的课程也无法彰显出这么强大的能量和魅力。

在孩子与父母之间搭建一座通往彼此心灵的桥梁

以小班5月的课程"一起来建桥"为例。在这个课程中，孩子们要和他们的爸爸妈妈一起在"雨水花园"上面建起一座座小桥。

我很喜欢"桥"这个主题。在心理咨询的箱庭技术中，每一个东西都有象征意义，桥就意味着沟通。当你特别想和别人沟通，特别想走近别人的内心世界时，你就会搭很多桥。"桥"这个主题也是我们特意选定的，因为我们想在孩子和父母之间架起一座桥梁。

恩硕妈妈说："当我们一起建桥的时候，我们也在彼此心中架起了一座桥。走过这座桥，走进彼此的心里，放下怨恨和争吵，获得亲密、幸福和满足。"当面临艰难困苦的时候，我们都需要越过那座桥，然后走进彼此的内心，重新达成和解、获得新生，这不就是我们生命的功课吗？

我们帮助家长们用这种隐喻的方式完成了生命中的一次次超越。在一起建桥的过程中，孩子与爸爸妈妈之间也联结了彼此的内心。

教育机构要充分意识到自己的局限性

本质上说，教育机构对孩子的影响是很有限的。专业工作者如果不转变这个观念，总认为自己的作用才是最重要的，那么就很难建立良好的家园合作关系，也很难建构有效的家园合作模式。

家长要把自己的生命能量调整到孩子的"频道"

父母怎样才能成为更好地影响儿童的重要他人？我觉得是"关系"。我们希望父母能够借由我们的教育不断地调整、改善他们的家庭关系，因为孩子的成长需要"沃土",而这个"沃土"就是父母。

父母可以借由课程和孩子进行生活上、学习上、思想上零距离的沟通。在有些家庭中,父母和孩子之间沟通很少,但是因为幼儿园课程要求他们要共读一本书、一起做美食、一起建造一座桥……每个月要一起做的事情太多了,所以他们必须沟通。通过沟通,家长得以把自己的生命能量调整到孩子的"频道"。

父母是影响儿童发展的最重要的他人。机构的影响无论有多大,都需要通过父母的影响来传递给儿童。所以,幼儿园教育与其说是对儿童的教育,不如说是通过对父母的影响来影响儿童的教育。

机构的作用就是在孩子与父母之间搭建一座通往彼此心灵的桥梁。这才是幼儿园家长工作的真谛所在。也只有这样,幼儿园教育无论是课程还是教育形态,才能彰显出其专业的力量!

教育的勇气

2019 年 7 月 12 日

教育的勇气来自心灵的观照。只有当我们的教育和管理能够观照到教师心灵的时候,教师才会拥有教育的"勇气"。

"教育的勇气"这个提法,受到《教学勇气——漫步教师心灵》这本书的影响。

这些年,学前教育领域一直在进行课程改革。当我们的课程改革到达一定阶段的时候,就特别需要身处改革中的教师自身拥有勇气来面对教育中的困境。这是课程改革中绕不开的一个话题。

帕克·帕尔默在《教学勇气——漫步教师心灵》这本书里说道:"真正好的教学不能降低到技术层面,真正好的教学来自教师的自身认同与自身完整。"教师的勇气并不是别人赋予的,而是来自自身内在的力量。只有当教师清楚自己是谁、要做什么以及为什么要这样去做的时候,行动才会变得有方向,进而于行动之上来审视自己的行动。

我们也一直在思考：
- 怎样增强教师"教与学"的能力？
- 怎样让教师保持对教学的乐趣与热爱？
- 作为"人"的教师，应怎样成长？
- 怎样满足教师对加强彼此间联系的渴望？
- 怎样支持"共同体"发展？

……

在花草园中，教师们一直在实践中追求着教育的勇气和激情。

什么是教育的勇气

教师们如下定义。

<u>李文老师（教龄12年）</u>："教育的勇气"是一种心态，和孩子交流的时候，我可以是积极的、自信的、勇敢的。

<u>罗希悦老师（教龄6年）</u>："教育的勇气"是在教育中不断地突破自己，打破自己的已有认知，积极面对自己的教育困境，并主动寻找方法走出困境。

<u>王晨琳老师（教龄1年）</u>："教育的勇气"是有勇气敞开自己的心灵，勇于和孩子做深度的情感联结。

<u>郭佳老师（教龄15年）</u>："教育的勇气"是"内观的勇气"，我们能够看见真实的自己。只有这样，我们才能以真实的自我走进教室、走近孩子，才会有真实的教育发生。

<u>吴钰杉老师（教龄1年）</u>："教育的勇气"就是相信，相信自己，相信孩子。

<u>李琳老师（教龄1年）</u>："教育的勇气"是对孩子们的爱以及对职业坚持的信心和勇气。不管面对多大的挫败和多么沮丧的事情，都用最好的状态面对孩子。

<u>唐彬老师（教龄4年）</u>："教育的勇气"不仅是课堂上教学方法的一种呈现方式，还是教师自身教学经验长期积累下来的一股潜在力量。它能够在课堂里即时生成，也能在与孩子的互动过程中、在教师的自我鼓励中不断壮大。

李洋老师（教龄2年）："教育的勇气"是一种精神力量。它指引着我们直面教学中的自己和幼儿，进行教学反思，重构教学活动，进而帮助我们不断建构我们的教学观、教育观，甚至人生观、价值观。

花草园教师怎样在实践中获得教育的勇气

从对自身的认同与接纳中得到教育的勇气

吴婷婷老师（教龄4年）：在开始花草园的生活之前，我一度觉得自己的内心没有力量、很不自信，总想把自己的心给藏起来。但是在和孩子们相处的过程中，每天都会有无数个瞬间让我愿意打开自己的内心。慢慢地，我有了直面自己内心的力量。

张晓敏老师（教龄5年）：有时，我的教育勇气来源于对自我的接纳。我刚入职时，面对情绪表达方面有困难的孩子，总是会有强烈的无力感。内观自己，发现了无力感背后的原因，我照见了童年的自己。

允许自己有不良情绪，也就能允许孩子有不良情绪。当我拥抱自己内心的小孩时，我的童年得到修复，我也更加理解孩子情绪背后的原因，知道他更需要我做的是什么，也能生发出更多的教育智慧去拥抱、接纳孩子。

正如《教学勇气——漫步教师心灵》所说，"优秀的教师需要自我的知识，这是隐蔽在朴实见解中的奥秘"。

从直面恐惧中得到教育的勇气

李琳老师（教龄1年）：当我面对课程上的问题徘徊不定的时候，特别是当我带着一些预设去实施课程但没有得到预期回应的时候，内心的挫败感和恐惧感是很强烈的。但是，当我尝试直面这些挫败和恐惧，放下预设，享受和孩子在一起的学习、游戏、生活的时候，我感受到了孩子传递的爱和勇气。

曹云香老师（教龄0.5年）：前段时间，我完成了来花草园后的第一次公开课。得知要组织公开课的时候，很紧张，不知道要选择什么主题，不知道怎样的活动既能满足孩子们的兴趣和需求，又能把握好"生活化课程"的精髓……在"大眼睛老师"和任任老师的支持下，我选择了"神奇的桥"这一主题。在活动中,我设置了有趣的情境,孩子们在情境中用身体表现出各种各样的桥。看到孩子们在活动中兴致盎然,活动结束后意犹未尽的样子,我感到很满足。

在这次公开课中,我获得了教育的勇气。但我想,教育勇气有获得的时候,也一定会有流失的时候,我能做的就是面对它、接纳它,再通过不断地尝试,去重新获得它。

朱梅画老师(教龄2年):我的教育勇气是在一次又一次的试错中,在一次又一次并非完美的教育行为中获得的。

世界上没有完美的小孩,也没有人生来就适合当幼儿老师,身为"孩子们的老师"的我们也需要和孩子们一起同频成长,共同进步,这样才能够获得教育的勇气。

教育的勇气也需要建立在时间的基础上。我们和孩子相处得越久,相互之间发生的事情越多,教育的勇气越会自然而然地形成。时间也是一种宝藏,无形中自有力量。

正如《教学勇气——漫步教师心灵》所说,"我们只有认清了自己的恐惧,才能够洞察孩子的恐惧""在教学中经历的痛苦、顺利和与孩子共舞时感到的喜悦一样,都是自我活跃和完满的一种迹象"。

从共同体中得到教育的勇气

申洁文老师(教龄3年):我的教育勇气与克服自身的性格缺陷有关。它来自孩子们第一次向我招手,孩子们第一声呼唤我,孩子们第一次给我掌声、拥抱、亲吻……

从害羞、内向、隐于里到活泼、可爱、显于外,是我"花光"了和每一个孩子产生联结时所收获到的灵光、爱、自由、温暖而产生的。我不知道什么时候有了"教育的勇气",但是我知道,在孩子们的陪伴与见证下,我打开了自己,成为更好的自己。

吴婷婷老师(教龄4年):我的教育勇气来自真正地和孩子们生活在一起,心与心的联结让我们"互相成全"。

唐彬老师(教龄4年):教育的勇气,有时来自与班级某个孩子建立起来的深度联结，有时来自某一次用心准备且获得成功的公开课，有时来自一次简短温和的谈话、一个期盼的眼神、一个温暖的微笑。在花草园的场域里，在不经意间，这些小事就会影响着我们彼此，给我们教育的勇气。

田巍老师（教龄15年）：在花草园这个共同体中，我的教育勇气有时来自孩子们，有时来自身边的老师们。同时，身处这个共同体中的家长们也给了我很多教育的勇气。

家长们放心地把孩子交到我们手中；愿意把自己变成课程资源的一部分，参与幼儿园的课程；积极地和我们保持正向的沟通……这份来自家长的相信、支持、理解，给了我们更多的勇气在教育的世界里不断探索。

李洋老师（教龄2年）：2018年9月，我刚参加工作一年，没有太多的教学经验，当我得知要去带大班的时候，有些担心，但是胡老师的一句话给了我足够的勇气："洋洋，你没有问题的。"

来到花草园的这两年，我总能在感到困顿的时候听到胡老师的声音。相比太阳，我更想用月光来形容胡老师在我心中的模样：光亮且柔美，遥远却又很近。在她的支持下，我们一点一点构建出教育中的"理想国"。

正如《教学勇气——漫步教师心灵》所说，"只有亲身处于共同体之中，我们才能理解现实""在真正的共同体中，犹如真实的生活，不存在纯粹的知识客体，也没有绝对的权威"。

本学期，花草园的教师们一直朝着"在教育中构建美好新世界"这个目标而努力。他们在实践中不断地审视、重塑着自己的儿童观、教育哲学观，在各个领域完成着一次又一次极致的创造。在这个过程中，他们逐渐拥有了从内心深处生长出来的教育的勇气，向她们致敬。

如何拥有教育的勇气，这里还有几点小建议。

第一，要对教育和教育中的主体倾注爱。如果不倾注爱，这一美好的愿望是不能实现的。爱是充满勇气的行为，爱意味着对别人负责任。

第二，用谦虚的态度进行积极的对话。人是通过命名世界来不断创造世界的，这种行为不能是一种傲慢自大的行为。教育作为那些投身于学习与行动这一共同任务的人之间的接触，如果缺乏谦虚的态度，对话关系就会破裂。

第三，对自己坚持的教育实践深信不疑。

第四，拥有希望，这是美好的教育得以实现的场域。"希望"扎根于人的不完善之中，人通过不断探索来摆脱不完善。

教育从来都不是中立的力量，同样也不是孤立的。在课程改革成为趋势的今天，忽视教师心灵能量的教育改革或课程改革是很难成功的。我们需要创造条件让教师在联系性教学活动中彰显自身生命的本质。教师也应该勇于面对新的挑战，在教育中开放自己的心灵，拥有"在教育中构建美好新世界"的勇气！

唯一不变的就是一切都在变化

2019 年 8 月 30 日

今年是花草园成立的第 15 年。特别高兴的是，很多人依然留在这里工作。

15 年的发展，也让我们处在一个变革与转折的节点上。世界上没有什么能够一直都在行走的路上。当攀上一个又一个的高峰后，任何事物都会进入一个平稳发展的时期。我想，我们亦是如此！

从一路奔跑到气定神闲

过去的十五年，我们一直在奔跑，一路向前，追求更美好的教育……但是现在，就像阿来的一部小说的名字《尘埃落定》一样，该有的似乎都有了，比如社会影响力、教材的研发与出版……所以，在未来，我们能做的就是，在平稳期保持内心平静，气定神闲，不断追求更多的细节，让一切关于教育的美好想象都变成现实。我想，这应该是我们这学期工作的基调。

希望这里的每个人都是"长期主义者"

去年 11 月，我在公众号里推出了一篇文章《对待这份工作，希望你们是"长期主义者"》，这是我当时的一个期望。一个学期过后，有些人选择了放弃，但是陆续又有新人加入；没有离开的人，有人坚定，也有人迷茫……但，这都是正常的。

其实，拥有坚定的信念是一件很难的事情。你如果不能更多地从内在给自己力量，就很容易摇摆不定。之前，我给大家讲过"情绪 ABC 理论"。"A"是诱发性事件，"B"是你对待这件事情的态度与认识，"C"是情绪及行为。其中"B"是非常重要的，因为导致你情绪和行为变化的恰恰是来自内心深处的认识与信念。

有个奇怪的现象，痛苦的感觉总比喜悦的感觉持续的时间长。为什么？因为痛苦会让人的存在感特别强烈，它会让你感到"你在"和"你活着"。

痛苦常常是以愤怒开始的，之后你会疑惑"为什么"会造成这一切。但是，世界上最没用的问题就是问"为什么"，因为发生的已经发生，要在"历史"的灰烬中探寻原因无疑是自寻烦恼。之后，大部分人开始自责、忧伤，情绪反刍。在反刍阶段，人会不断地咀嚼痛苦，负面情绪将如同滚雪球一般越来越大。因此，一旦进入这个阶段，我们就要问自己三个问题：

- 我为什么要坚持？（完成价值澄清）
- 我要坚持什么？（确立工作与生活的目标）
- 坚持会给我带来什么？（将认识转化为信念）

有人说："我喜欢花草园，因为在这里很舒服，大家关系很好，很放松。"这说明花草园有一个安全的穹顶，可以成为某些人心灵的居所。也有人说："在这里，我会看到自己的价值。"还有人说："在花草园，我能看到一个更好的自己。"……当然，花草园在每个人心中都有不同的位置。

我最期待的是，大家能够借由这份工作看到最好的自己。因为任何工作，究其本质都是一场人生的修炼。每个工作都有光鲜的地方，也有别人看不见的烦恼，不要只看着别人的好。位置不同，承担不同，看到的世界也不相同。

你应该给自己更多的机会，站到更高的位置看更广阔的世界。你脚下的一级一级的台阶，都是你的经验、你的积累。这个世界上能给你力量的，只有你自己。你现在要做的是安住于当下，臣服于现实。

有一个词叫"随波逐流"，这个"波"是生活的"波"。跟着生活的波浪走,把你自己放空,把自己全然地交给生活。

焦虑也可以成为一种享受

人总是要有精神的,而人的精神之旅就如同一叶小舟进入了汪洋大海,需要自己来寻找方向。

寻找中,我们会有焦虑与痛苦。但你如果总是焦虑不安,感觉工作与生活都没有意义,那么就会缺乏工作上的深度投入,因为你的心已被焦虑占满了。无法深度投入工作的结果是什么?工作效率低下,低下的效率会加深你的焦虑,但是你又不想承担这个焦虑,于是开始抱怨,越抱怨,就越削弱自己的成长,然后更加焦虑……那么,什么才是缓解焦虑的良药?我想,只能是创造。

在生活里,你一旦停止抱怨,就必定会开始创造。创造是什么?插一瓶花、画一幅画、来一段长跑、和孩子们交谈、每天观察植物、每晚冥想……这些都是生活的创造。创造才是缓解焦虑的良药,不要让生活停下来,不断向前、向前、向前,不断地创造、创造、创造,要动起来。

当然,也别急于追求结果,因为没有人一下子就能改变。有人问股神巴菲特:"你教给大家那么多理财之道,为什么这些人都没有变得富有起来?"巴菲特说:"因为没有人愿意慢慢变得有钱。"同理,人总想一下子变好,但这是不可能的。

"我们每一个人都是慢慢地长大变好的!"我特别想把这句话送给刚入职的年轻老师们。

直面恐惧

在成长的过程中,我们经常会面临恐惧。恐惧是一种怎样的情绪?它会让你有压力,让你焦灼。焦虑的根源就是恐惧,人深层的焦虑与死亡相连。

怎样应对恐惧?当你恐惧的时候,要对自己说:"我承认我很恐惧,我承认,我承认……"你要向恐惧低头,接纳自己的恐惧。

和大家分享一个我在假期读到的小故事。

有一个修道者在夜里点燃了蜡烛,在房间里闭关打坐。半夜,他突然看到了一条蛇,而这个时候蜡烛即将熄灭,他恐惧极了,于是哭泣起来。就在那一刹那,他理解了人间所有人与动物的恐惧,也接纳了自己的无助。于是,他决定端坐不动,任由它去。结果,他竟然睡着了,睡了他人生中最甜美的一觉。清晨醒来,太阳照了进来,蛇消失了。他无法确定他真的看到了蛇还是心中的幻象,但就是在那一刹那间,他了悟了修行的真谛。

其实,真正令我们消除恐惧的永远不是大脑,而是心灵。当我们迎接恐惧时,勇气就能够从心底里长出来,恐惧就会慢慢消失。

直面恐惧的时候,才能生出非凡的勇气;焦躁不安的时候,才能生出完全的温柔。你要允许自己既聪明又愚蠢,既富有又贫困,然后对这个境界满心感激。这个时候,你就开始有了平静的力量,你的心灵才开始真正面对那些事物,否则你过去以为的"面对"可能都是假的,因为你从来没有真正地走入自己的内心。

未来五年,我们要追求一种平和、安宁的工作状态

我们如果一直用大脑工作,很快就会厌倦。当大脑用到极致而我们又无法从内心唤起能量的时候,就会迷失方向。

今天,我们要到达一种平和、安宁的状态,要用吐纳万物的气势把生活纳进来。这种平静是未来五年我想和大家共同拥有的状态。我们要在平静中实现创造,用最温柔的心态面对工作,照顾好自己,进而照顾好身边的人和整个世界。

学会感恩工作

这份工作并不轻松,但是我们还是要感恩它,因为它给我们带来了无穷成长的机会。

得益于这个工作,我们中的很多人比十年前或者五年前的自己更好。我们的内心拥有了更多的力量。真正的力量一定是平静似水的,能够化解所有的东西,就如同《道德经》所言,"上善若水,水利万物而不争"。

所以,我们为什么要坚持?因为坚持能让我们的内心充满力量,变得更加温柔、更有信心,让我们的信念更加纯粹……最终,坚持能让每一个人成为更好的自己。

用能量工作,而不是用能力工作

生活就是这样,唯一不变的就是一直在变化。有时候,突然会有一面坚硬的墙出现在我们面前。这面墙是从哪里来的?我们不得而知。我们试图打碎这面墙,可是徒劳无功,怎么办?

面对一堵墙,有的人能轻松地翻越过去,有的人会觉得这是一个障碍,无法"自洽"。其实,困难也是机会,因为它能触及你的心灵,进而让你真正发生改变。

所以,不要用能力工作,要用能量工作。能力和能量一字之差,但是一个用脑,一个用心。能力是大脑里构建出来的经验,能量是气吞山河、虚位以待、以不变应万变的状态。能力有高低,但每个人都可以发挥自己最大的能量,而爱是最大的能量来源。

你可以问问自己:

- 我能完成从大脑到心灵的蜕变吗?
- 我敢和恐惧待在一起,继而生出勇气吗?
- 我愿意不断地完成自洽吗?
- 我敢于挑战那个熟悉的自己吗?

……

"小我"与"高我"

大脑是有对错观的,是有"小我"的。

一次,我和一位咨询师聊天。

我:我今天特别难受。

咨询师:谁难受?

我:我。

咨询师:"你"在哪儿?你不难受,是你的"小我"在难受。当你把自己放在宇宙中,这些都是尘埃,根本不值一提。

与"小我"相应对的词是"高我"。"高我"会认为所有的经历都是机会，蕴含着成长的可能性。感恩是一个非常快的遇见"高我"的方式。感恩过往，感谢这些经历，你会变得更加温柔，继而变得更有能量，开始有了"海纳百川"的宽容、勇气和力量。

眼睛向前看，遇到那个更好的自己，直面恐惧与焦虑，完成"自洽"。相信所有的事情都是促进你改变，令你的心灵变得更丰盈的力量。

珍视你的女性能量

男人和女人既有相同之处，又拥有各自的能量优势。男性的力量是努力、进取、获得，女性的力量是包容、温柔、慈爱、善良、多情。《道德经》中说，"男人天行健，自强不息；女人地势坤，厚德载物"。

很多人在谈及幼儿教师的专业成长时，常常忽略幼儿教师首先是一个人的事实。我们如果能够回归到人的本质，着眼于人性，而不总是着眼于职业要求，帮助教师将生命的体悟转化成工作的能量，就一定会取得意想不到的成效。

新学期，希望我们幼儿园的老师能够多用女性能量来面对工作。对工作更温柔一点，对他人更温柔一点；舒展你的眉头，打开你的笑容，用喜悦、温柔的心情工作。

当你的能量打开的时候，你会和万物融为一体。当你的心量打开的时候，你就会吸收万物给你的能量，比如，他人给你的能量、植物给你的能量、天地给你的能量、太阳与月亮给你的能量，等等。

生活不是一个发生的过程，而是一个创造的过程

花草园的管理，经历了一个从制度管理到文化管理，再到信仰管理的过程。现在，我们需要做的是头脑中没有桎梏。人的头脑中一旦有了禁锢，就会控制自己的心灵。

减少对他人的评判，用能量去影响他，这会让你的心变得非常平静。所以，让心灵保持轻盈，让脑子空下来，依赖觉察而不是思想。当我们之间的心灵触角相遇的时候，就会有新的能量涌入。

新的学期,希望每个人都能享受花草园的美好,并静静地沉浸其中,如大地般沉稳,如花朵般绽放!

给家长的23条建议

2019年9月6日

每个人心中都有特别宝贵的东西。

对家长们来说,宝贵的东西从来不是金钱,而是自己的孩子,因为孩子代表着生命的凝结,也代表着每个家庭未来的希望。

所以,幼儿园要特别感谢家长们,愿意把孩子交给我们,一起共度三年的时光。

你要深入地了解幼儿园以及它所做的事情

当你选择一所幼儿园时,不仅要了解幼儿园的当下,还要了解幼儿园的发展史

只有了解幼儿园的过去,你才能从中看到它所秉持的教育理念;只有看到它当下正在做的事情,你才能知道它未来要去向哪里。

对幼儿园及幼儿园教师,保持一颗敬畏之心

幼儿园除了保育儿童,更重要的是教育使命。把教育做好就是最好的保育、最好的服务。

幼儿园教师不是保姆。你选择了一所幼儿园,不是选择了一个可以托管孩子的地方,而是为孩子选择了一个新的人生开端。即使做不到敬畏,也请保持尊重。

当你选择了一所幼儿园,可以试着用信任的目光面对即将发生的一切

你在踏入幼儿园的那一刻起,请放下脑海中的知见,相信自己的心灵和感受,对这一切有自己的判断。相信幼儿园能够用专业的力量,做好它应该做的工作。

幼儿教师是一个值得极大尊重的职业

幼儿教师的工作内容看似简单，但却是一个入职门槛极高的行业。门槛高并不是指学历或技能，而是指要拥有一种特殊的天赋。

这个职业要求无论从业者是否已经婚育，都应当具备足够的情怀去彰显关爱的特质。他们必须对噪声、啼哭、非理性行为、无序场景有很强的容忍力和处理能力；也需要有强大的心理机制，以适应与未知的复杂系统打交道，并能够在接收大量无效信息的前提下，继续对该系统输入大量有效的信息。其中的奥妙和所需的教育智慧，不仅值得家长们尊重，更值得全社会尊重。

在幼儿园里，每个孩子都是幼儿园的主人

在花草园，我们鼓励每一位教师倾听、信任、抱持儿童的言行，希望教师们能够从杂乱的"声音"中"听到"儿童的生命轨迹，调整他们生长的频道，在童年阶段为儿童奠定人格基础，为其一生做准备。这是一个专业机构的责任。

成为他自己，才是孩子的使命所在。

家长看到的，我们要做好；家长看不到的，我们要做得更好

这不仅是我们的责任，也是我们的追求与信仰。

我告诫教师，不要将教育停留在表面功夫上。儿童的心灵通透，他们能感觉到你所做的一切是否用心，是否能够和他们共情……孩子们对幼儿园的喜爱就源自教师的一言一行。

儿童的学习与生活

幼儿园是儿童完成社会化进程的第一步

幼儿园有责任帮助孩子积极地适应社会环境，帮助他们了解社会与家庭的异同，从而更多地理解社会规则，遵循社会规则。因为这种差异，幼儿园对孩子的要求不可能和家庭完全相同。

对儿童来说，拥有持久的学习兴趣远比获得知识更有价值

对儿童来说，学会学习就是培养学习兴趣的过程。学会学习也是让孩子爱上学习的过程。有的家长一提学习就想到掌握知识。在儿童阶段，知识只是载体，学知识的目的是促进学习兴趣的发展，养成良好的学习习惯。

学习的意义并不在于知识本身，而在于知识背后的价值。对孩子来说，对学习感兴趣最重要。孩子一旦在学习中感到痛苦，就会产生不愉快的情绪体验，从而影响他一生对待学习的态度。

在儿童的探索中，让他们始终对事物保有兴趣，获得积极的体验

孩子们如果在每次的游戏和学习中都感到愉快，就会觉得生活是一件很有趣的事情。我们从不主张学习难度越深越好，而主张适度，让孩子在学习中有成功的喜悦与自我的满足。

如果孩子一直保持着学习兴趣，建立起一个积极的动机系统，他就会有内部的动力不断地探求知识。如果动机系统被破坏了，就会产生终身难以学习的后果。

孩子成长的过程也是不断尝试错误的过程

孩子是在错误中不断修正自己的行为，让自己长大的。我们应该让孩子从小学会独立做事。过于溺爱与期待值过高，都难以让孩子形成独立思考、独立判断的能力。有冲突、有矛盾，才会有发展、有进步。

人在这个世界上，没有不受挫折的。教会孩子如何面对挫折，是你给孩子最好的教育。你能够把孩子的"伤疤"变成成长过程中的"勋章"吗？

为孩子创设真实的交往环境，帮助他们学会与他人相处

在儿童与他人交往的过程中，家长们往往很怕自己的孩子吃亏。但是，真实的、不被成人刻意控制的交往环境，能帮助儿童渐渐学会自主选择交往的伙伴与交往方式。家长们要创设环境，让孩子真实地与他人交往，反复练习交往技巧，在交往中一点点地积累交往技能。

孩子们若没有真实的交往经历，没有成功的体验，也没有挫败的失望，就不可能真正地长大。

我们应当共同帮助孩子建立起更宽泛的、有弹性的交往模式

别怕孩子吃亏，吃亏的孩子会学习，然后慢慢长大；也别老想着让孩子当"头儿"，孩子要逐步寻找到最适合自己的交往方式。当孩子有弹性的时候，他在这个社会中的生存也就变得相对容易了。

帮助孩子建立起应对未来生活的态度体系

未来社会的发展会越来越呈现出多元化的态势，每个孩子在未来都将面临艰难的冲突和选择。怎样才能够使他们内心保持快乐和宁静，也是教育要解决的问题。家长在这个问题上，需要做出价值判断。

正确而有效的价值判断能够帮助孩子建立起应对未来生活的态度体系，学会以不变应万变！

你能成为一个什么样的家长

因为懂得，所以慈悲

当你了解了幼儿教师的辛苦，学会用一颗感恩的心面对他们时，你就拥有了最大的慈悲，这是对孩子最好的教育。

因为同频，所以共振

作为家长，你不仅要有独立思考与判断的能力，还需要对个人行为有很强的内省与反思能力。

因为学习，所以成长

你必须成为孩子终身的朋友。孩子成长的过程也是父母不断学习、不断思考与提高的过程，只有这样，父母才有可能成为孩子终身的朋友。

因为问题，所以反思

孩子身上出现的所有问题，反映的都是家庭的问题。美国著名心理学家荣格说过："孩子的心理、行为与父母之间存在着必然的因果关系。"每个孩子的行为表现，不管是好的还是不好的，都和家长有着必然的因果关联。

当孩子出现问题的时候，你要多反躬自问：

- 为什么是我的孩子？
- 它给了我什么样的功课？
- 我需要超越什么？

因为意外，所以更加理性

当孩子在幼儿园发生意外时，请不要陷在自己的情绪里，要冷静地思考问题。如有必要，也请在法律的框架下提出自己的诉求。

成长路，不平坦，豁达最有益

父母的价值观是影响儿童发展的核心因素。价值观影响家长的生活态度，生活态度导致不同的养育行为，进而对儿童产生不同的影响。

如果我们的价值观包括不要太苛求他人、学会宽容一点、豁达一点，那么我们在态度上就会积极地对待他人，行为上也会宽以待人。

四个"学会"，未来可期

学会学习，学会做事，学会与人相处，学会生存，这四点可以是家庭教育的支柱与目标。

因为重要，所以无法代替

在一个人的生命中，父母和家庭教育的作用是任何人、任何机构都无法代替的。虽然孩子在幼儿园接受教育，但影响他的个性与认知水平的依然是家庭。

机构的作用与其说是在影响儿童，不如说是在影响家庭。所以，我们一直通过各种方式影响家庭，让家庭和幼儿园形成教育的合力，共同促进儿童的发展。

全然投入，选择相信

相信孩子。每个生命都是主动的，他们有能力找到适合自己发展的路径。孩子们是用心灵学习和生活的，大人们则过度地依靠大脑。很多时候，大人要向儿童学习。

相信我们。相信你选择了我们是深思熟虑后做出的决定，这份信任会让我们的内心充满力量。

相信自己。很多时候，不相信他人，本质上是不够相信自己。你如果能借由孩子成长的契机，更多地洞悉自己生命中的阻滞，就一定会有所收获。

希望从今天开始，每一天都是你们成为优秀父母的开始

最后，把诗人纪伯伦的一首诗分享给大家。

你的孩子其实不是你的孩子

你的孩子，其实不是你的孩子，
他们是生命对于自身渴望而诞生的孩子。
他们通过你来到这世界，却并非因你而来，
他们在你身边，却并不属于你。

你可以给予他们的是你的爱，却不是你的想法，

因为他们自己有自己的思想。

你可以庇护的是他们的身体，却不是他们的灵魂，

因为他们的灵魂属于明天，

属于你做梦也无法到达的明天。

你可以拼尽全力，变得像他们一样，

却不要让他们变得和你一样，

因为生命不会后退，也不在过去停留。

你是弓，儿女是从你那里射出的箭。

弓箭手望着未来之路上的箭靶，

他用尽力气将你拉开，使他的箭射得又快又远。

怀着快乐的心情，在弓箭手的手里弯曲吧，

因为他爱一路飞翔的箭，也爱无比稳定的弓。

慢慢地拉开你手中的弓，将箭射向远方。让你们的儿女能够长大，去到更远的地方。

儿童的学习与生活，创造才是核心

2019 年 9 月 20 日

儿童的世界游离在意识与无意识之间。孩子们喜欢的生活是按照无意识的状态自由游戏。无意识的本质是流动、自由、不受拘束、充满想象……当我们越来越有可能了解儿童的无意识状态时，我们也就离真实的儿童越来越近。那么，我们的教育能不能在儿童的无意识状态和功能性之间寻找到一种平衡呢？

上周，我参加了一个有关"幼儿文学的边界与特征——中国原创幼儿文学理论研讨会"，以下内容来自我在研讨会上的发言。

阅读是幼儿精神生活的延展与创造

儿童文学为谁而作

今天，我们一直在探讨什么是儿童文学，有两个关键点需要注意：第一，儿童文学到底是为谁创作的？当然一定是为儿童创作的，如果没有儿童，我们谈儿童文学的边界和特征就没有意义；第二，儿童到底是怎样的存在？我们要找到二者的对接点。

孩子们总是用最简单、最朴实的语言表达他们内心的世界，我要向孩子们学习，今天也想用最简单的语言讲一些思考。

儿童文学创作应关注儿童的精神世界

儿童教育工作者和儿童文学创作者有一个共同的服务对象——儿童。

儿童是谁，我们真的了解他们吗？儿童是"自然之子""精神之子""成人之父"，也是"成人的老师"……但儿童的心灵世界是靠什么支撑的？我们为什么要为他们创作？

我们为儿童进行文学创作，不是为了把成人的价值观直接嫁接给他们，或者用我们成人所谓正确的价值观去影响他们的意识。

儿童喜欢什么样的文学？他们喜欢有灵性的语言与文字，缓缓流入心灵。这样的语言和文字通常表现出以下几个特征：天真的、有质感的、朴素的、自然的、有灵性的……

当然，孩子说出的每一句话在我看来都有文学的质感。刚刚有专家提到，儿童的表达并没有被纳入文学创作，这是一个特别大的遗憾。我很认同这样的观点，因为文学界也好、思想界也好，我们很少给儿童表达的机会。儿童没有机会表达，我们也就无从了解他们的精神世界里到底有什么。

倾听儿童的表达，记录儿童的表达，我们一直在做。每周二，花草园的微信公众号都会推出一个固定的栏目，叫"儿童的一百种语言"，里面记录了儿童的思考和语言，充满了哲理以及令人惊叹的思考智慧。在我看来，这就是儿童自己的创作，只是借由成人的文字记录将它们展示了出来。

我们也渴望儿童有越来越多表达的机会，进而能够影响成人看待世界的角度和思考问题的方式。至少，在与孩子们每日的交谈中，我们的儿童观与教育观一直被"刷新"着。

儿童是谁

再回到"儿童是谁"这个问题上来。

每一个人心中都有对"儿童"的注解。如果我们只谈文学能够带给儿童什么，而不去了解儿童的精神世界渴望什么，那么从一定意义上说，这样的文学创作是不适宜儿童的。

有人说，儿童创造的是一种极其特殊的境界，是一种与现实生活对立的无意识的梦想世界。我觉得这句话精辟极了。

儿童自己可以随时创造一个与现实生活对立的无意识的梦想世界：你看到的是黑白，他看到的可能是彩色；你看到的是对与错，他看到的是美好……而那个梦想的世界，恰恰是儿童文学的韵味和趣味所在。

一个好的儿童文学作家，他的成功也许就在于能够立足于儿童深层的无意识的思想与精神之中，探究其精神的世界。

每次读绘本《活了100万次的猫》，我都会感叹，因为它探究到了生命中最本质、最核心的东西——我们到底应该为谁而活。那是我们深层精神世界的无意识的表征。

在幼儿园里，我发现有一个很胆怯的小男孩，他特别爱看一本绘本，叫《小黑鱼》。这本书讲的是在大海里生活的一群小鱼，他们特别害怕海洋里凶猛的大鱼，为了和凶猛的大鱼对抗，他们游在了一起，变成了"海里最大的鱼"，把大鱼吓跑了。在看这本书的时候，那个孩子在内心给了自己力量，而那个无意识的世界才是儿童文学应该关注的。这个世界特别宝贵，也足以打动人心。

如果我们不能很好地了解儿童的精神世界、灵性世界、无意识状态，以及他们跟成人在生活上对立的不同，我们就无法成为真正意义上的儿童工作者。

世人总认为儿童是弱小的，但作为一名幼儿教育工作者，我认为我有义务在任何一个地方为儿童发声。任何时候，我们都应成为儿童立场的坚定代言人。

文学会给儿童带来什么

文学、科学、艺术、哲学都会给儿童带来积极的影响。但是对儿童来讲，这些东西本质上都是一样的，影响的都是他们的生活与游戏。

在游戏中，在想象的外衣下，所展开的那些秘密的心灵活动就是儿童的真实生活。对儿童来说，它可以是哲学，也可以是思想、精神，但最终都会回到儿童的精神世界的框架里，只是符号不同而已。

我收藏了很多儿童作家的书，书中文字不多，但句句入心。那个"入心"恰恰是从生活中来，用和儿童在一起的生命体验完成的创作。

儿童文学在一定程度上就是儿童游戏的另一种表征方式，它会给儿童带来特别美好的生活状态。游戏就是儿童的生命，同理，文学就是儿童的生命，或者说文学能够赋予儿童生命。

如此说来，我想，所有能够用一颗赤子之心和儿童打交道的人，都有可能成为优秀的儿童文学创作者。儿童文学的本质应当是从儿童身上来，再回到儿童身上去，完成一个高度的融合，然后用文字和语言进行概括与表达，最终成为滋养儿童心灵的力量。

这段发言被研讨会主持人著名儿童文学评论家朱自强教授形容为"为研讨会掀起了一波思想高潮"。借由准备这次发言的机会，我的思想也迎来了一波又一波的高潮。这段时间，我一直在思考儿童的真实世界到底是什么样子的。

专业的幼儿教育工作者的任务就是了解儿童，但它似乎是一个无极限的状态。当我感觉离他们很近的时候，总有一些认识将我拉回来，让我依然要保持一颗谦恭的心走近他们、对待他们。

当我的心离儿童越来越近的时候，我就越来越不喜欢成人世界的惺惺作态、矫揉造作，这让我多少显得有些不合群——我不喜欢那些不走心的讲话，也尽力避免那些不走心的交流。

请原谅我的"自以为是"和"特立独行"，因为我的内心一直住着一个小孩！

幼儿教师从事的是为一个民族"护根"的事业

2019 年 9 月 27 日

10月1号,我们将迎来祖国70华诞。

我们都深深地爱着这个伟大的国家,我们的课程中也经常流淌着孩子们对自己民族最真切的爱。

幼儿教师从事的就是为一个民族"护根"的事业,要有使命意识,不仅要看到当下,还应看到未来。

即将过去的九月,是幼儿园最忙碌的一个月。但是,我和老师们并未停止过对教育的思考,也力求将这些思考转化为教育实践。

对儿童的再认识

我们对儿童的认识,总是随着实践的不断深入而深入。

观点一:从哲学的意义上来讲,儿童的整体生活、游戏和他们对世界及自己的思考是紧密结合在一起的,哲学上称之为"混沌之美"。

成人只有在进行哲学思考时才能回到本源,用经验重构对世界的认知。当我们渐渐老去的时候,生命的整体感才会伴随着豁达再次呈现。儿童则无时无刻不体现着思考与学习的整体性和完整性。

观点二:对孩子们来说,创造是喜悦的,唯有创造不需要努力。那些需要努力的,与创造无关。

观点三:儿童的发展应包含"身、心、灵"三个层面。身的发展,它不仅指身体的发展,还包含着认知的发展,因为大脑也是身体的重要器官;心的发展,它指超越了当下的认知更直接地感受问题,同时伴有哲学思考的过程;灵的发展,儿童心灵的丰富程度远超成人。所以在教育中,我们会特别注重谈心灵的感受性、丰富性,总在问孩子:"你的感受是怎样的?"但是,灵的发展通常被我们忽略。儿童的灵魂的表现方式比成人的更为丰富。他们总能感受到一些成人无法意识到的东西,直击事物的本质,然后用清晰的语言表达出来。教育工作者对这一部分的认识,一定程度上决定了课程的高度和深度。

观点四：学前教育工作者如果不能意识到儿童的心灵和成人有所不同，就不能创造性地开展工作，也就不可能真正地了解儿童，这也是对儿童教育资源的极大浪费。

我们的教育改革能否找到那个最关键的部分？如果我们总是在儿童的认知层面打转，是很难有所突破的。因为在认知层面上，儿童无论如何也比不过成人，毕竟成人有那么多的学科训练，有发达的大脑。但在心灵层面上，儿童的心灵可以"乘物以游心"，想象给他们的生活带来了无穷的魅力。所以，他们的语言、思想、灵性总是能够打动成人。

观点五：儿童学习的有序性恰恰是以"无序"的状态开启的。例如，有关树叶的学习。一开始，孩子们并不热衷于了解树叶的构造、原理以及知识，他们更喜欢富有创造性的游戏，比如扔树叶、撕树叶、趴在树叶堆上……这样的"无序"本身带有情境性，儿童从中获得宝贵的经验，也是有序学习的开始。

在教育过程中，教育者如果能够合理地融入自己的创造性和个性，就能使自己及受教育者在完成教育过程的同时，享受教育的美好。

9月开学，花草园的课程也迎来了新一轮的变化。小班的孩子们完全沉浸在自然之中，在"嗨，你好"的课程中，熟悉幼儿园、爱上幼儿园；中班的孩子们骄傲地说出"我升中班了"，他们交流本领，拥有了人生的第一份职业体验——值日生；大班的孩子们合班后组成了40人的大集体，他们认识新朋友，一起讨论"班级公约"，着手制订计划……而教师们也在其中完成了属于自己的创造，享受着教育的美好。

思考一：杜威认为，"从无知到知识的转化过程就是从起初困惑、含糊可疑、矛盾失调的情况转到清晰、有条理、安定以及和谐的情况"。教师们的反思、总结、整理何尝不是对工作、对自我的清晰、条理、安定及达到内在和谐的一种积极状态呢？

思考二：布鲁纳认为，"人类的心理、精神活动并非是一场拒斥文化内容与社会实践的心灵独角戏；文化通过主体经验形塑心智，为人类的认知活动与智力发展提供丰富的工具包"。花草园的课程不断深入，让教师们的境界离教育家勾勒的理想状态越来越近。

思考三：一些同行参观了花草园之后总会说："你们做的我们做不了，因为班级里的孩子数量太多，我们只能采用集体教学的方式。"可是，今年花草园的两个大班，每个班都有40多个孩子，但这并不影响我们用倾听、记录、归纳、结构化的方式和孩子们共同学习。

我想，重要的依然是观念，即你是否真的信任儿童。

对教育与文化的关系的理解

教育，重要的不是你的身体在做什么，而是你的心灵在做什么。

理解一：对学前教育工作者来说，教育探索无非就是两件事情。我们必须要了解儿童，因为这是你的专业。但是这还不够，儿童背后的文化与哲学才是我们更需要了解的。

我们如果不了解儿童是如何和这个世界互动，他们是怎么保持自己独特的节奏的，就不能说我们在进行有益的探索。

理解二：让教育回归儿童是当下儿童教育工作者一直在探讨的内容。真诚地面对这个世界，真实地面对生活，这是我的哲学，是我从儿童身上学到的哲学。

理解三：真实才是教育中最有价值的力量。当我们把儿童教育中的虚假去掉，我们的教育就成功了一大半。至真、至善、至美，才是教育的最高境界。

管理感悟

这个世界上，什么是尺度？人，才是万物的尺度。你如果用事的尺度去丈量人，就会离人心越来越远。

感悟一：接受一切不同，在不同中看到相同，你就会感受到爱无处不在。

感悟二：当教师们打开心灵诚实地面对自己和儿童，在和儿童共同的学习和成长中实现自我管理时，他们就在认同自身的同时形成了专业认同。

当每一位教师都是自我管理者的时候，他们不仅达到了"明心见性，知行合一"的状态，还达到了一种新的境界。

今天，我一直倡导将儿童教育研究的范畴由原先的认知范畴扩充至心灵栖息的社会文化，用文化心理的研究模式协助儿童构建关于"自我"与"世界"的理解，用意义生成的形式帮助学习者实现原有经验的重组与改造。这也是花草园教育成功的关键所在吧！

最后，用美国教育哲学家乔治·F·奈勒的一句话结束本文——"那些不应用哲学去思考问题的教育工作者必然是肤浅的。一个肤浅的教育工作者，可能是好的教育工作者，也可能是坏的教育工作者。但是，好也好得有限，而坏则每况愈下"。

其实，每位教师都能成为"教育家"

2019 年 10 月 11 日

将幼儿园建设成为互助型的学习共同体，既是一种教育的乌托邦理想，又是人们和谐相处的文化之道。

昨天，我被一位教师制作的课程帖打动了。这是一个工作仅半年的教师制作的课程帖，在编辑的过程中，有很多人和她一起"打磨"这个帖子。更让我骄傲的是，教师对课程的理解达到了一个新的高度。

这引发了我的思考，这些在一线实践的教师难道不能被称为"教育家"吗？

杰罗姆·布鲁纳在《有意义的行为》一书中提道："任何一位教师的教学行为都被一套有关'儿童心灵是什么以及如何教他们'的庶民观念驱使，虽然教师们可能无法言说出那套教育原则。"但是，"每个人都是'庶民教育家'"。

我想，真正的教育家只能产生在真实的实践场域之中。一个不和教育对象互动的人，是不可能成为真正的教育家的。

每周，我都会阅读老师们的教育笔记。去年 9 月新加入我们的郭国燕博士以行动研究与叙事研究见长，她来到花草园后，一直以"第三者视角"对花草园的教育、管理进行严肃而冷静的观察与研究。本周，她对老师们的教育笔记进行了分析。于是,我和她之间进行了一次关于"教师教育笔记"的对话,我在其中表达了对教育、教师以及教师管理的一些新的思考。

教师的教育行为对儿童的影响来自两个方面,一方面是教师显性的教育行为,另一方面是教师人格的力量

郭国燕:您为什么让老师们一直坚持撰写教育笔记?这对他们有什么影响?

胡华:每周撰写观察记录与教育笔记一直是幼儿园工作的基本要求。坦率地说,以前我并没有特别重视。

转变发生在"生活化课程"探索开始后的几年。"生活化课程"是一个有生命质感的课程,在"生活化课程"这面镜子里,教师能够通过儿童照见自己,也能够给自己的生命以积极的关照。

所以,那时候,我觉得需要有一个通道来了解老师们的所思所想:他们对待儿童的态度,他们对待课程的想法……于是,我开始认真阅读老师们每周撰写的观察记录和教育笔记。我希望通过这样的方式了解老师们当下所做的探索(教师的教育行为),清晰地知道他们在"生活化课程"中的感觉和深度思考(沉淀形成人格),然后尝试帮助他们调整到"教育家"的轨道上来。这样做的效果很快就显现出来了,所以就一直坚持了下来。

另一个重要的原因是,幼儿园的管理不可能依靠每天的检查,教师也需要有自我管理的能力。在撰写观察记录和教育笔记的过程中,教师们会对自己的教育行为进行"回溯—反思—调整—明确方向"。这些是教师从内部产生的动力,不是被别人改变,而是自己寻求改变。

一个学期结束时,老师们会整理自己撰写的记录。每个人在整理的过程中,都能够看到自己成长的轨迹,也能够体验到成长的喜悦感与生命的满足感,看到的是扎扎实实的进步。

在这样经年累月的撰写中,教师们依托着这份平凡的职业,不仅完成了专业的提升,还实现了人格上的"重生"与"再造"。

郭国燕:是的,胡老师,我每周也会学习老师们的教育笔记,发现老师们在撰写的过程中,"自我"在不断地成长与变化。

我读过一本书,叫《打破沉默之声》,因此认为撰写教育笔记也可以叫

"打破沉默之声"。我想，一线教师不仅是教育实践者，还应该是一名研究者，可以用自己的方式发出声音。撰写教育笔记就是他们发出声音的最佳方式。对教师来说，研究方式与方向大约可指向叙事研究的范畴。

叙事：每个人都可以讲自己的故事

郭国燕：我发现花草园教师有关教育笔记的写法很独特，颇具叙事的风格。您当初是怎么想到让老师们用"故事"的方式写观察记录与教育笔记的呢？

胡华：我鼓励老师们用"故事"的形式写儿童的变化，也写自己内心的变化，因为每个人对自己经历过的事情最有写作的欲望。

我要求教师撰写的故事里一定要有自我，要表达自己的认识、情感与价值观……教师的精神世界如同一条河流，总是能够和当下形成交汇的力量。

我想，每个人都有自己的人生脚本，也有自己的故事。

对老师们来说，写这样的故事不是一种任务，而是一种享受、一种积极的表达。当时，这样做一下子就扭转了教师将撰写观察记录和教育笔记当任务的状况，每个人以非常认真的态度对待，渴望通过这样的方式和自己沟通。

这也让我想到了前两天我提到的那个观点：儿童是用潜意识生活的。如果教师的潜意识从未被自己挖掘和看到，也从未有机会进行表达，那么他就永远不可能真正地了解儿童。教师每一次的写作其实都是对自己的精神世界的深度探寻！

我看到，老师们不仅享受写作，还会把通过表达获得的积极体验再一次投入生活，去创造生活。我想，生命的本质就在于创造。

我们也通过每周一次的教育笔记分享，共建了一个可视化的文化平台，丰富了花草园文化，也成为一种精神的航标。

郭国燕：我特别赞同您说的。布鲁纳在《故事的形成：法律、文学、生活》一书中写道："叙事是一种复杂的大众艺术，在共同的信仰中进行着相互交流，这些共同的信仰是关于人们是怎样的、他们的世界是怎样的。故事专门用于对付在危机中会是怎样的，或是在危机中假定会是怎样的。"

胡华：这段文字特别好。为什么我们要将"故事"作为一种形式，讲述有关生活以及生活中、工作中发生了什么？另一个原因就是，叙事给我们提供了一个现成和便捷的途径，处理计划中和期待的不确定因素。这就是叙事研究会给他人灵感和启示的原因：虽然我们所处的文化、境遇不同，但是我们依然可以从别人的故事中看到自己。

当我们在同一个语境下、同一个生活的情境中沟通的时候，我会感到自己不孤独。我们能够表达自己的困境，然后被别人理解，很多危机、信仰、现实的问题都能够在表达中得以呈现。

对管理者来说，通过阅读这些发生在教师身上的故事，能够了解教师的身上已经发生了什么，预判可能会发生什么，然后将这些问题引到一个积极的方向上去。

真实，困境，平衡

郭国燕：花草园的老师们其实就是叙事研究者，这也是他们为什么有自己的文化品性的原因吧。

您认为，老师们的教育笔记有哪些特点？

胡华：第一，一定要真实。诚实地面对自己的内心，面对自己面临的困境，面对自己的纠结，甚至窘境、不解、疑惑……这是我提出的一个最重要的写作要求。

真实的东西最有力量。老师们教育笔记中的真实性，不仅会打动自己，还会打动我和其他阅读者。这样，即使每天我不和他们一起工作，也仍然能够透过他们的文字看到一颗颗鲜活的心灵。我和他们的心的距离是非常近的，老师们也会有相同的感觉。

第二，找到平衡点。作为一名幼儿教育工作者，如果你不写儿童，只写自己，那么你的观察就很有可能不准确；如果只写儿童，而不谈自己的感受和思考，也是不够深入和全面的。

通过教育笔记，我会看到教师的不同层次。有的教师写的是一些事情，但从不和自己的内心联结。而那些成长得特别快的教师，总是能够敏锐地发现问题，然后进行思考。还有的教师不仅能够分析问题，还能够超越，勇于挑战新的自我。

第三，一个好故事的关键在于故事中的"困境"或"麻烦"。什么是故事？它需要一群角色，他们是有自己思想的自由行动者。这些角色对世界，也就是故事世界的常规状态有着可认知的期待。

再进一步思考,故事讲述的是人们如何努力处理对期待状态的破坏,以及有怎样的结果。最终出现的结果,就成为某种类型的解决方案。当然,故事还要有"尾声",这是一个对其所有可能意味的回顾性评价。

好的叙事能激发人们寻找问题,它与困境和过程相关,而不是与这个过程通向的目的地相关。

郭国燕:总的来说,一个好故事的结构必须包括:行事者、行动、场景与手段、目的、问题。这是我们讲述故事的基本结构,概括来说包括以下三个重要因素:

◆ 开头(常规事件)

◆ 突变(对常规的偏离,一定是出现了困境才有故事,这是重点)

◆ 结尾(通向可能的世界)

叙事是表达,文化是穹顶

郭国燕:正如您所说,故事必须要真实,这种真实其实是一种"逼真"。这让我想到了电影《无问西东》里最经典的台词:"这个世界缺的不是完美的人,而是从心底给出的真心、正义、无畏与同情。"您说的教育笔记的这几个要素都直面真心、无畏和同情。那么,您是怎样理解故事中的真心、无畏和同情的?

胡华:我觉得真心和无畏二者是有联系的。教师必须信任你,信赖这个环境,才能够表达出真实的想法,甚至敢表达自己的脆弱。教师要知道有一个很大的容器可以接纳和包容他,这就是管理者的作用。不要总是做一个挑剔的或者追求完美的管理者,你既要能够给教师更大的舞台,也要能够接受他们所谓的"问题"。

这个逻辑关系的背后是深深的共情,而不仅仅是同情。没有一个人是一下子就能变好的,也没有一个人完美到没有任何的缺陷。教育工作本身就是一个不断精进的工作。

我自己也是从一线教师走过来的(虽然不是幼儿园的一线教师),在我的一路成长中,有很多的前辈给了我指导和理解。所以,我特别知道,和教师们深深地共情意味着什么。

教师信赖你，也知道你在和他们共情的同时，还能为他们找到一条新的道路。所以，他们愿意把自己的一颗赤诚的心或者真实的自己摆放在你的面前，让你去看、去理解，然后让你给他一个方向。这份真心真情对我来说，弥足珍贵。

每次阅读老师们的教育笔记，对我来说都是一次极大的享受。因为我能从中读到老师们的信任，也能够看到我和他们的心灵之间如何通过这样的方式搭建了一座桥梁。

坦率地说，我的很多深度思考也来源于教师们的表达。因为我自己没有那些微观的教育行为，那些微观的教育行为都是从教师们身上感受到的。所以，无论是前些年课程的建构，还是现在课程的调整，我们不仅能够从教育笔记的撰写中获得滋养，还能将课程的探索推到更深的层次。

因为我会认真阅读他们的教育笔记并做点评，所以他们在撰写的时候是有对象感的。他们真诚地诉说，是因为有一个真诚的倾听者。

郭国燕：是这样的。有了真心、无畏和共情，就算他们提前了解了即将面对的教育之路，也会鼓足勇气来面对。

胡华：对，这就是教育的勇气。所以，他们在这条路上越走越远，因为我们都保持着开放的心态，相互影响、共同进步，这样的感觉是非常美好的。

我想，"叙事"和"文化"是教师站立在教育大地上，能够给予自己力量的两个法宝。叙事是表达，文化是穹顶；一个是大地，一个是天空。教师脚踩大地，仰望星空，在这个状态里才能够感受到教育的魅力和意义吧。

郭国燕：幸运的是，这两个法宝，花草园的教师已经具备了。教育必须要有一线教育家的不断创新和实践，不然我们永远都是在"谈"教育。

胡华：我喜欢你的表述。很多时候，我们进行教育改革，就是在"谈"教育，很难深入教育的现场，成为教育的守护者或者变革者。而这些变革的力量，永远是在一线教师身上。

所以，今天，无论是这个行业的管理者还是做教育研究的学者，都要有服务意识，我们是服务一线教师的人。只有这样，我们的教育才会有一个良好的生态系统。

郭国燕：大多数情况下，一线教师被阻隔在教育研究的外围。学院派认为，一线教师的研究或者叙事研究不属于正规的学术研究。究其原因，一线教师只是讲述他们在课堂上以及教学与实践中出现的问题，以及他们对自己作为教师的假设、期待与演绎的自传性反思。

教师做叙事研究和行动研究其实有更高的意义与价值。我们的教师就可以作为"叙事研究者"，为中国的教育研究贡献更多本土的力量。

每个人都可以成为"庶民教育家"

郭国燕：花草园教师如何从教育的行动者变成了教育的"叙事者"与"研究者"，真正做到"教师不只是知识的消费者，更是知识的创造者"的？

胡华：我觉得，过去我们有关"研究者"的定义过于学术了，觉得研究必须要使用数据和理论，要用他人的观点证明自己的观点的正确性。教师自己所产生的那些真实的思想就不能成为有价值的研究吗？

我总跟老师们说，必须摒弃曾经学过的那些知识，从现在开始，相信自己的力量和直觉。从那个时候开始，他们就变成了教育的创造者。

所以，我不太提倡教师在教育笔记中引用大师们曾经说过的话。你说的话就是最重要的话，你自己就可以成为自己的大师。

当他们能够做到这一点的时候，他们就变成了真正意义上的研究者。他们研究的都是身边真实出现的问题；他们在研究这些真实的问题的时候，就变成了知识的创造者，同时也是在创造一种生活。

作为大学老师，我也一直在反思：大学教育应该教给学生们什么？

我从来不觉得教知识是最重要的，我认为更重要的是教给他们一种思考问题的方式、一种情怀、一种格局、一种境界。我觉得，这是需要大学教育转型的地方。在幼儿教师培养的过程中，我特别真切地感受到了这一点。我希望所有专业的知识都来自他们自己内心的创造。

特别有趣的是，当老师们这样做的时候，他们每个人都是"教育家"。他们能够写出一些研究者根本写不出的打动人心的教育笔记，设计一些别人无法设计出的教育活动，进行了不起的创造。

花草园的每位教师都是他自己知识的创造者，每个人的知识都有自己独特的一套系统，我们不强调所有人只有一套共同的系统。

花草园是一个共同体，是有文化基底的，但是教师的成长路径完全是他们自己的，千人千面。

郭国燕： 他们就是布鲁纳笔下的"庶民教育家"。每个人对教学、课程和儿童都有自己的观点和看法。

胡华： 对，他们每个人对课程、儿童、教育、教学都有自己的看法，有一套自己的理论。而且，他们的"黑匣子"是我们无法真正触摸到的，只能找到一些共性的东西来表达。但是，就内部而言，他们是流动的，所以你会发现老师们的智慧如同源泉，不断地喷薄而出。

以前，有人问我："教师们写到最后没有东西可以写怎么办？"我说："生活在这个世界上，你会觉得有一天没什么新鲜感了吗？"

作为一个不断创造的人，生活每天都是新鲜的，因为环境总在变，交往的人也总在变。

郭国燕： 花草园的教师都是特别珍贵的。特别想把下面这句话送给他们，也送给我自己——"愿你在被打击时，记起你的珍贵，抵抗恶意；愿你在迷茫时，坚信你的珍贵；爱你所爱，行你所行，听从你心，无问西东"。

胡华： 谢谢你的加入。你的加入让我的思考有了更多新的方向。在我们的交谈中，我也知道了大师们都是如何思考教育的，知道有很多前人都做过和我们一样的探索，并且他们用如此精准的语言将其表述了出来，这也让我对未来的教育探索之路更有信心。

谈到这里，我突然有一种感觉，我们离大师勾画的那种教育的完美状态越来越近。

再说教育者的责任

2019 年 11 月 1 日

这周三，我们接待了从深圳远道而来的"甘露名师工作室"的园长和老师们。两天的学习期间，针对教育，我们进行了多次对话。在这篇文章中，我选取了双方共同关注的 10 个问题。

幼儿园一日生活的各个环节需不需要那么精准，各个区域的功能需不需要那么准确

甘露园长：每所幼儿园都有幼儿一日作息时间表，教师要在规定的时间做规定的事情，在孩子完成一个任务之后，我们会想怎么去评价他们。但是，我在花草园听到了老师们时常挂在嘴边的一些词汇，如留白、弹性、跟随、捕捉……这时候我就在反思，幼儿园一日生活的各个环节需不需要那么精准？

今天，在充满阳光的班级图书馆，我看到了很多书。原来，我们要求幼儿园的阅读区一定要有四个功能——听、说、读、写，所以要在图书区投放相应的材料。但是，我发现花草园的图书馆很简单，它就是一个读书的地方，孩子们在这里很自在，沉浸在翻书、交谈中。这也让我思考，我们为什么要在图书区投放那么多的材料，我们为什么要把阅读这件事情弄得那么复杂？

胡华：如果我们把教育看成一个过程，而不是一个目标，就会用一种更平静、从容的心态面对教育。

在花草园创办之初，我和你一样非常强调一日作息时间的精准，总是对老师们说每个环节都要有条不紊，环节与环节之间的过渡要流畅。实际上，这还是一个教师主导思想下的一日生活安排，体现的依然是教师对儿童的"管控"，认为儿童必须追随成人的设计和安排来生活。

真正的转变发生在课程探索初期的"生成课程"阶段。当时，我们安排的教育活动时间，小班是10~15分钟，中班是20~25分钟，大班是25~30分钟。但是，这些时间远远不能满足孩子们生成的学习需要，于是我们开始试着模糊每一段活动的时间界限。孩子们的学习时间可以是一个上午，也可以是一天；学习的地点可以在室内，也可以在户外；他们可以一直围绕着自己感兴趣的问题进行学习。

所有教室的功能也是为儿童的探索、学习服务的。当时我们也解决了一个问题，就是不再纠结于某个区域需要达成怎样的目标，而是追随儿童发展的脚步，用更广阔的课程视角重新建构学习区域，只为儿童当下的学习服务。

从那时起，我们开始采用大块儿的一日活动的时间安排，不再细分每一部分应该干什么。生活环节，我们给了儿童更大的自由，他们可以随时去喝水,随时去上厕所。区域活动和教育活动之间的时间界限也并不那么分明,因为区域活动常常会成为一个新的项目活动的开始。

就功能而言,幼儿园的阅读区一定要有听、说、读、写这四个功能,听起来似乎没错,但我们如果刻意地追求这些目标,就会使儿童无所适从。而且,对儿童来讲,只要他们感兴趣,所有的听、说、读、写都可以发生在一本书里。所以,最重要的是给儿童提供他们感兴趣的图书。

也有人提醒过我们,觉得我们的图书区似乎没有按照儿童的年龄特点来投放图书。我的回答是,其实我们并不知道儿童真正喜欢哪本书,所以我们会给他们提供更多的选择。我们如果刻意地从目标出发选择一些书,就有可能切断儿童和图书之间的情感联结,我们所追求的教育的功能性目标也就无法得到保证。

教师和孩子之间是否有一个所谓的"边界"存在

甘露园长:原来我会觉得我们是我们,孩子是孩子,我们和孩子之间是有边界的。我们虽然一直在向孩子学习,但其实很多的东西是我们自己的脑子里先有,然后再去想孩子在我们的预设中会是怎样的。我们中间一直有一条边界,但是这两天在花草园里,我并没有看到这样的边界。

胡华:我觉得这个问题和上一个问题一样,其实背后是一种教育价值观的转向。我们需要从教师主导转向儿童主导。

当我们拘泥于边界时,其实是在告诉儿童,我是成人,你是孩子;我是强的,你是弱的;我是主导者,你是顺从者……如果我们把所有的关系都还原到人和人之间的关系,一旦心灵相通,那些边界就没有特别大的意义了。

比起"和孩子共同学习",我更喜欢"和孩子共同生活"这种提法,因为我们在一起生活的时候,就像一家人。甚至当教师遇到困难的时候,孩子们也会用他们的方式给予安慰和帮助,这些安慰和帮助会给教师很大的力量。

很多教师在撰写教育笔记的时候,都会写到自己曾经被某一个孩子点亮过。在花草园,拥有教育智慧的教师都是和儿童有过深度沟通,曾经被儿童的一句话或者某个行为点亮过的教师。

在和儿童相处时,成人要学会忘记那些自以为知道的事。很多时候,成人的头脑中会有很多观念和判断,而这些一旦固定,就等于画地为牢,困住自己。如果你能忘掉这一切，你就能够获得更大的学习的可能性。

电影《奇异博士》提道："要忘掉你头脑中的所有，真实感受到的那个东西才叫心灵的感受。"

"爱"和"规则"的关系是怎样的

甘露园长：我们原来觉得，爱和规则之间是有边界的。当我们用规则去要求孩子的时候，就好像我们不再爱孩子了。但是，这两天，我在看小组学习中教师和孩子的谈话过程，发现老师们很巧妙地就把规则和学习内容结合在一起，很顺地就讲完了。

小班的课程中，教师会和孩子们一起讨论："如果我这样来爱你（指某些不恰当的方式），你会喜欢吗？"引导孩子们学会用别人喜欢的方式来爱。中班的课程围绕社区展开，当教师问孩子今天学到了什么的时候，会对孩子说："你们今天很认真，平淡的生活有时候是需要认真对待的。"听到这些的时候，我就在想，这些老师真的好伟大！

胡华：爱和规则原本就是和谐统一的。这其中，传达的是教师的价值观。我认为，教师是什么样的人，比他教会了孩子什么更有意义。教师和孩子们在一起的时候，应该用"本我"来工作，如果总是用"超我"来工作，就会很累。而教师"本我"的自然流露，会对孩子产生很大的影响。

你的"本我"中是不是构建了一个积极健康的价值观，你如何辨析自己遇到的那些困境……对这些问题，你要自己完成一个整合，然后把这种价值观有效地输出。

这份职业让你每天和儿童打交道，它会唤醒你的潜意识。因为你曾经真切地理解过自己，所以你也能真切地理解儿童，用更慈悲的方式把所谓的规则传达给他们。这种规则本身就蕴含着更深的爱，也是更导向未来发展的一种大爱。

当教师称赞孩子们今天的学习很认真时，他想传达的价值观就是生活是需要认真来对待的。这里边表达的是一种规则，但这种规则是以爱的方式输出的。

我为什么说花草园的教师可以被称为"庶民教育家"，因为他们传达的是一个非常完整的价值观，而这个价值观里包含着对人性的理解与接纳。

当教师的生命完成了这样的整合时，从内心流淌出来的东西就会深深地影响孩子们，也会打动到这里来参观学习的每一个人。你会觉得一切都很舒服、很自然、很流畅，但我更喜欢用"很慈悲"这个词。

教师的工作时间表和个人的成长节奏如何保持同频

甘露园长：我以前会跟老师们讲，要做"精英控"、有工作时间表、有效率，每做完一项工作就打钩。但是在这里，我们发现教师也好，孩子也好，他们的成长是在环境中顺着藤蔓往上爬的。它没有一个精准的时间表，也没有告诉孩子们哪一天经历了一个里程碑式的事件后，你们就成为谁。

胡华：这个问题让我思考良多，这也是东方文化和西方文化的差异所在。美国人特别喜欢做时间表，他们甚至去超市都要先列好单子，然后一项一项打钩。这实际上是在工业化带给人的焦虑中，人们想出来的让自己不再焦虑的一种方法。

我觉得东方的古老智慧是可以解决这个问题的。如果我们能够把心空下来，和当下的生活节奏同频共振，就一定能够找到一个更好的节律。所以，我经常讲要"乘物以游心"，要空、要静、要松，不要给自己设定那么多的目标，只要每一时每一刻都用心生活，然后在某一天就会经历一个里程碑式的事件。这些东西是求不来的，也不是设计出来的，而是你的心灵到达一定的阶段后，自然而然出现的。

理性代表意识，它是我们通过对这个世界的认知而做出的选择和判断。但是，在和孩子相处的时候，直觉更重要一些。我们越经常与自己内心的小孩沟通，我们的直觉就越敏锐，我们的教育就越智慧、越完整。

花草园的教师通过"格物致知"而"明心见性"，所以他们内在的觉知一直被保留、被尊重。当他们的心很放松，大脑不再执着于某些目标的时候，他们就能够将个人的生活与工作的节律完美地统一起来。

工作目标和自我追求怎样保持统一

甘露园长：今天，我问花草园的教师："你们如何在课程中实现五大领域的目标？"教师回答我："我们不太刻意追求一件事情、一个活动需要达成怎样的目标，但是当我们用更高远的目标来设计活动，和孩子们全心全意活在当下的时候，五大领域的目标都会达成。"

胡华：当我们把教育目标放在生命成长这个上位目标的时候，五大领域的目标通常都会达成。

教育中的专业成长和个人的生命成长一开始是两条河流，但它们总会不期而遇。相遇的时候就会有生命的喜悦，之后它们将汇集成一条宽阔的河流，你中有我、我中有你，教师们也由此在工作中找到了生命的成就感、满足感，达到了一种较为圆满的状态。

"生活化课程"的开端是什么

胡华："生活化课程"的探索是从倾听儿童的表达、观察儿童的游戏开始的。

> 2011年4月，班里有一些纸箱子，孩子们在纸箱里钻出钻进，玩得不亦乐乎。看到孩子们对纸箱如此感兴趣，我们就想何不利用纸箱来开展畅游日活动呢？于是，我们开始和孩子们讨论：可以利用纸箱玩哪些游戏？在游戏中需要注意什么？没想到，这一下子激发了孩子们的游戏力，他们的纸箱玩法花样百出、层出不穷：捉迷藏、垒城堡、纸箱大战……我们担心的安全问题并没有出现，孩子们对游戏中需要注意什么早已记在心中。
>
> 经历过这样一次跟随孩子们兴趣的畅游日活动，我们理解了畅游日的真正意义。我们也意识到畅游日对孩子们而言，是一种释放，更是一种有意义的学习方式。在纸箱游戏后，幼儿园的畅游日的风格越来越明显。从某种意义上说，纸箱游戏开启了真正的"畅游日时代"。

这是王海霞老师当时写的一篇教育笔记中的一段。我们从2011年开始有了"畅游日"，这一天孩子们想怎么玩就怎么玩。在这个畅游日活动中，我印象最深的是一个小女孩躺在"浴池"里，给自己的身上盖上了纱巾，假装自己在日光浴，特别享受……这个场景一直刻在我的脑海里。

那周的教研会上，我请海霞老师做了分享。在这个游戏中，我们找到了"在中间"的感觉，这其中既有儿童，又有文化。当然，我理解的文化不仅有认知层面的东西，还有生命层面的东西。这个纸箱游戏开启了我们真正的"畅游日与生成课程时代"。

在当下的课程改革中，很多人选择从关注儿童开始。大部分人会选择倾听儿童的心声，了解儿童如何思考问题，如何学习与发展。但是，这些远远不够。

倾听儿童、理解儿童、尊重儿童只是第一步，还需要思考课程如何源于当下，又如何用文化的张力扩展课程结构与内涵，之后再回归儿童……在儿童文化与社会文化之间找到平衡。只有这样，才能说是创生了一套课程，而不是创编了一套课程。

促进教师成长最关键的要素是什么

胡华：最近，我们也在做这方面的研究。模仿以及思考都是非常有价值的。但我觉得，教师如果不能触碰到自己的内心，就无法获得真正意义上的成长。当然，我们把这个研究做得更深入一点，开始探讨内心的什么东西才是教师成长的关键。

"两难困境"应该是我们目前在研究中发现的一个特别之处。结合我自己的体会来讲，"两难困境"能唤起我内在的"羞愧感"。这里的羞愧不是指别人让你羞愧，而是你对自我产生了不满，又将它变成了一种前进的动力。

只有当你羞愧的时候，你才是虚怀若谷的，外面的力量才能涌进来。如果你总是骄傲自满，外界的能量就无法进来。所以虚心、"惭愧"是很宝贵的，那份"羞愧感"就是每个人成长的动力。

我们害怕羞愧和羞愧带来的不好感觉，所以总是告诉自己："我要骄傲起来。"其实，每个人都会在"两难空间"里摇摆动荡，然后做出抉择，成为更好的自己。成长本来是很漫长的一件事，要允许自己试错，允许自己有"羞愧感"，最后尝试在羞愧中完成超越。

花草园的管理似乎完成了从文化管理向信仰管理的过渡，不知是否达到了您理想中的状态

胡华：管理和一个人的成长一样，永无止境。每当我觉得已经很好的时候，就会发现还有成长的空间。现在的管理让我感觉特别幸福的是，这里的人总是能够同频共振，所以没有什么事是做不成的。

就拿园庆这件事来说，我的助手向我提出想做花草园十五年园庆活动的时候，一开始我有一些不同意，主要还是从自我的感受出发，觉得自己老了，害怕内心的平静被打破，但是当我看到她闪闪发亮的眼睛时，我突然有了一份羞愧感。

虽然我老了，但是他们还年轻，这个幼儿园有他们的青春，有他们的梦想，这里也是他们的伊甸园。后来，他们几个人分工，和老师们在一个星期之内完成了所有的环境设计、活动的策划与组织，包括周日那场盛大的返校日，非常令人感动。

整个过程中，我的工作是什么？我只负责"点睛"，比如，纪念章怎么做、活动中的亮点是什么、怎样的推送选题更打动人、制作视频可以用什么样的线索……这不就是一个管理者应该有的样子吗？！如果你都把龙画了，他们干什么呢？要让每一个人都觉得自己特别重要。

在这个过程中，每个人都是骄傲的，这就是我们的信仰。所以我说，那一天也是每一个花草园人的荣耀日。

参加返校日的2015届毕业生稼州的爸爸在朋友圈写道："成功的教育很美，是那种由内而外的看得见、摸得着、感受得到的美。期望儿子永远不要忘记，你是从爱和美好中出发的……"

15年过去了，我们很骄傲，每一个变化都被别人看在眼里、记在心里，然后影响了一代人。我想，管理的最高境界就是相互成全。没有单方向的管理，而是相互管理、相互成全。

园长应该读什么样的书

胡华：特别惭愧，其实我现在不怎么看书，但是我小的时候看了很多的书。我在大学校园里长大，当时的图书馆馆长会根据我们每个人的喜好推荐很多书。童年时期、青少年时期读书是纯粹的读书，而现在的读书或多或少都带有一些功利主义的色彩。当因为需要而读书的时候，那些文字就很难进入你的心灵深处。

现在，我比较喜欢看哲学类的书，它们给我的心灵带来了很大的启发。当我们能够站在一个更高阶的维度去思考问题、解构问题、表达观点的时候，我们的实践就会进入一个更加宽广的领域。

在阅读过很多书之后，你就会发现，思考比读书更加重要。思考可以帮助你建立属于自己的一套认知系统。一个人如果没有一个稳定的认知系统，即使看了再多的书也如同在大浪中挣扎一般，没有方向，无法扎根。当你建立起属于自己的稳定的认知系统时，所有的学科知识都会成为你思想系统里的要素，为你所用。你拥有了思想，就能够成为你自己。

关于未来的一些思考

胡华：在办这所幼儿园之前，我的梦想就是办一所我心目中最好的幼儿园，现在这个梦想已经基本实现。现在，我希望能够成为"护根者"，为这个民族护根，为中国的幼儿教育事业贡献我们能贡献的所有力量。作为一个中国人，我的内心一直属于这个伟大的国家，也希望能够为这个国家做更多的事情。

美国兰德公司在某一年曾写过一份报告，把未来的中国人描述成没有信仰、功利主义，即使在物质上很富足，在精神上也是匍匐在地的人。这样的描述让我既羞愧又难过。在这里，我再一次提到了羞愧，而这个羞愧转化成了动力。

我在带领老师们读《中国哲学简史》的时候，特别赞叹中华民族在人类发展的历史长河中，曾为人类贡献了那么多伟大的精神财富，我们要做的就是把这些东西留存下来、传承下去。

我们的"生活化课程"就是在做这样的事情。课程中满含着中国智慧，有对农耕文化的尊敬、对历史传统的追忆、对古风古韵的向往。中华文化中最微小的颗粒与最美好的表达，我们都渴望将它们再现出来。

今天，希望我们都能够做有社会责任感的幼教人，共同努力，为这个民族护根。

"深度学习"没你想得那么复杂，也没你想得那么简单

2019 年 11 月 8 日

最近，你在思考"深度学习"吗？在"深度学习"被热烈讨论的今天，我们也在思考：

- "深度学习"是什么？
- 儿童为什么需要"深度学习"？

- 如何帮助儿童实现"深度学习"？
- "深度学习"会给儿童带来什么？

"生活化课程"从外在的追随儿童，慢慢地走向了内里的文化。课程源于当下，又试图借助文化的张力扩展课程的结构与内涵，之后再度回归儿童……在这样的路径中，孩子们的学习也越来越深入。

对"深度学习"的理解

"深度学习"的提出与认知相关，并深受建构主义理论、情境认知理论、分布式认知理论和元认知理论的影响，是一个与"浅层学习"相对应的概念。

目前，较为公认的是，教育领域中的"深度学习"概念是由瑞典歌特堡大学的马顿和萨乔最早提出来的。他们在 1976 年研究大学生在进行大量散文阅读任务时，所表现出的不同的学习过程、所使用的不同的学习策略以及理解和记忆的差异化学习结果时发现，学生在学习过程中处理信息存在不同的水平，呈现浅层和深层的差异。当学生使用浅层学习策略时，他们只能获得对问题的浅表回答，学习过程表现为机械的死记硬背；当学生使用深层学习策略时，他们能关注到文章主题和主要观点。两位学者由此提出了"深度学习"概念，指出深度学习是知识的迁移过程，有助于学习者提高解决问题并做出决策的能力。

20 世纪五六十年代，以皮亚杰为主要代表的认知结构理论盛行。学者们最早对"深度学习"的理解，更多的是以信息加工的理论来揭示"认知"方面的心理过程机制，而价值、情感、态度以及精神领域的学习似乎被有意无意地忽略了。

正如布鲁纳所言："认知主义忽视了文化、心灵和意义在人的发展中的关键作用。没有文化的弥补装置，人的发展就会陷于困境。"因此，在 20 世纪 80 年代，布鲁纳的心理学研究从认知主义转向了文化主义。

布鲁纳认为，教育者应当在深刻理解"教育"之文化属性的基础上，帮助学习者建构各种不同的具有自我行事与意义生成功能的情境脉络。

当下，我们对课程及儿童深度学习的理解也深受布鲁纳思想的启迪。在实践中，我们有了如下的思考。

- 儿童的深度学习不仅指向认知层面，还更多地指向心灵层面。也就是说，儿童深度学习的概念也应从认知领域向文化领域拓展。
- 儿童在深度学习中所能学到的，不仅是知识和解决问题的能力，还应是全面的发展。情感、德行、精神、灵性、自由、超越性等能够赋予儿童的整体生活以意义，是对儿童终身幸福至关重要的品质与价值，也是深度学习应追寻的目标。
- 对儿童来说，深度学习是一个自我唤醒、自我生成、自我创造、自我超越的过程。
- 教育如果过于追求心理过程的信息加工，就无法帮助儿童实现深度学习。

教育理论不是一成不变的，需要更多的人理解它、丰富它、创造它。对于深度学习，你也可以有自己的思考。那么，我们是如何借助生活化课程帮助儿童实现深度学习的？

生活化课程中的深度学习

我们认为，生活化课程本质上就是深度学习的一种方式。它通常从"问题"开始，之后无论是课程目标的设定还是课程形式的选择，都用纵横坐标标明了深度学习的体系。

学习的开端

课程有时候从一个问题开始，有时候从一个美好的愿望开始，有时候从孩子们当下遇到的困境开始。这些"开始"有一个共同的特征，就是与孩子们的生活息息相关。

"3+1+1"课程模式

深度学习不仅是一种沉浸其中的状态（心流），还是一种学习的新思路。在生活化课程的学习过程中，我们通常运用"开—收—再开—再收"的课程设计思路和"3+1+1"的课程操作模式。

"3"指一周前三天的小组教学：通常以一个开放性问题开始，教师和幼儿一起讨论与思辨，进行倾听与记录。小组学习的方式营造了一种有呼吸感的课程氛围。幼儿可进行持续性分享。

第一个"1"指周四的分享总结：教师用思维导图的方式将前三天小组学习的信息结构化，帮助幼儿尽可能地将认知转化成能力、态度、情感与精神。

第二个"1"指周五的"畅游日"活动：以游戏化的方式呼应与拓展前四天的学习经验，具有在游戏中整合和反思的明显特征，也是师生共同对生活经验意义的再度追寻。

深度学习追寻的目标

我们认为，价值、情感、态度、精神等不可见的领域才是深度学习应该指向的目标。生活化课程的目标设计就体现出深度学习的特征。

第一层：感受与情感。这是深度学习的基础。一旦儿童开始表达自我感受，学习的广度、深度就会扩展，对自己和世界就会有更深入的觉知。这也是孩子们学习的动机系统形成的基石。

第二层：知识与认知。知识的学习是为了帮助儿童觉知到自我的存在与成长，进而实现主动发展的过程。

第三层：动作与技能。身体与动作不仅是学习的工具，还是学习要达成的目标。运用感官和动作学习，不仅符合儿童学习的特点，同时伴随着情感形成的"技能"，还会永久被保留下来，成为生命深处的记忆。

第四层：对社会的责任。由情感到责任，形成更加稳固的心理模式。

第五层：自我实现与创造。在学习过程中，帮助儿童用自己的方式进行创造并培养创造性品质，这也是教育追寻的终极目标。

"深度学习"会给儿童带来什么

- 在学习的过程中，他们将学会整合身边的资源，形成一定的问题解决策略。
- 每个儿童都会建立独属于自己的知识系统，而不是我们统一规划与要求的知识系统。
- 深度学习不仅指向当下，还指向未来发展。学习活动看似已经结束，但在学习中形成的学习兴趣、学习品质、学习方法、思维方式，建构的世界观、人生观、价值观，会成为未来学习的坚实基础。

"深度学习"离不开教师的深度思考

我们一直有一个共识：教育应当是"人的灵魂的教育，而非理智知识和认识的堆积"，是"人与人的精神相契合"，是使受教育者"顿悟的艺术"，是促进受教育者自觉"生成"的一种方式。"教育即生成"，就是要让每个受教育者都能够主动地、最大限度地发挥自己的潜力，使其"内部灵性与可能性"得到充分的发展。

让"深度学习"持续深入，教师可以这样做。

活动结束后，对活动进行反思。反思的过程会让你发现一些更有价值的信息，便于调整自己的教育行为。

对教育行为有一定的敏感性。例如，用专业词汇命名活动中自己的感受比较准确的部分，尝试赋予活动更高远的意义，将活动中积累的经验和感受投入下一个活动中。

保持学习的状态，时刻更新知识。对任何问题都要有自己的思考。当你提出的问题和孩子们提出的问题产生碰撞的时候，你实际上是在和孩子们交换储备的信息，形成一个学习的能量场。

下面的课程案例将有助于你更好地理解生活化课程中的深度学习。

课程还原与记录

以大班 10 月前两周的课程"生活在北京"为例。金秋 10 月，大班的孩子们一起研究共同生活的地方——北京。孩子们借由项目学习的形式，对北京进行了为期两周的研究。

第一步：唤起已有经验——记忆中的北京

一说到北京，你会想到什么？孩子们的记忆五花八门，但都与他们的生活紧密相连。

悦珣：圆明园。

一羲：天安门。

沐泽：鸟巢。

梓萱：长城。

梓祎：北海公园的白塔。

一辰：奥林匹克森林公园。

新昂：我想到了家园，还有我们的花花草草幼儿园。

明远：北京烤鸭。

第二步：帮助儿童建构对北京的认识——感知北京

接下来，孩子们从声音、味道、颜色、形状四个可见可感的方面进一步感知北京。

你觉得，北京是什么声音的？

颢瑄：我想，一定是好听的声音，就像小蜜蜂在唱歌那样的声音。

士一：我想，一定是充满了笑声，因为北京是一座很让人开心的城市。

以薪：很多人在早晨唱歌、跳广场舞、做操。

明远：不过有的时候，北京也有一些很吵闹的声音，到处都是汽车和人。

你觉得，北京是什么颜色的？

之昕：我觉得最能代表北京的颜色是红色。因为红色是五星红旗的颜色，而北京是中国的首都。

楚今：北京也是黄色的，一到了秋天，北京就遍地金黄。

皎若：其实北京是一座五颜六色，像彩虹一样的城市。这里有河、树木、花花草草，不同时间的北京是不一样的颜色。

祺翔：除了声音和颜色，北京还是一座有味道的城市。它是一座很美味的城市，因为北京有很多好吃的特色美食，如酸甜的糖葫芦和咸咸的炸酱面。

茗泽：北京是香香的，每当到了夏天，到处开满了花朵，都是香的味道。

沐泽：北京是一座很有历史的城市，如果你仔细看就会发现，到处都充满了文化的味道。

你觉得，北京是什么形状的？

慎徽：它像鸟巢一样是圆形的。

静泊：它或许是一座长方形的城市，北京有很多古老的建筑。它们是长方形的。

澍予：我有点说不出来它具体是什么形状的，可能就像京剧脸谱一样吧。

沐卉：可能是花形的，北京春天会开很多月季花。

若溪：我想用爱心的形状来代表北京，因为我很爱我生活的这座城市。

第三步：调查与研究——开展关于北京的项目学习

借助"十一"国庆节，孩子们和爸爸妈妈一起完成了对北京的"项目学习"。他们借助海报，分享他们对于北京的调查与研究。

第四步：在分享中发现问题，生成持续性研究——对项目学习海报的再学习

孩子们在分享海报的过程中不断生发出新的问题，不断有新的研究补充进来，给予彼此更多的灵感和研究方向。

分享人：大一班家颐

分享内容：我研究的是北京的中轴线。我沿着中轴线从钟鼓楼、什刹海、南锣鼓巷走到了地安门，接着又往南走，到了北海公园、景山公园、故宫和天安门。天安门周围有人民大会堂、天安门广场和国家博物馆。再往南走就是大栅栏和珠市口，最后就是天坛和永定门。我在每一个地方都拍了一些照片，记录我的足迹。

提出新问题：

<u>静泊</u>：为什么北京会有中轴线？中轴线意味着什么？

<u>澍予</u>：人民大会堂是一座什么样的建筑？它是用来干什么的呢？

<u>悦珣</u>：其他城市会有中轴线吗？

进一步研究：

<u>新昂</u>：中轴线有很多。广东就有，西安也有，一些外国城市也有中轴线。

北京的中轴线有南北和东西两条，这两条合起来就是一个"十"字。现在很少有人说东西中轴线，南北更著名一些。从城南到城北的中轴线上以前住着很多的皇帝，这样可以提高他们的地位，让他们流传下来。

中轴线的"中"其实跟汉字"中"有关系。"中"字中间那条线就像中轴线，旁边的框就是北京城，以前老北京人都住在中轴线附近。

<u>李洋老师</u>：北京的中轴线开始以"中轴线"命名是在1951年，提出这个词的人是中国著名建筑家梁思成。古代人很聪明，他们虽然没有现代的仪器来测量，但是他们会观察天上的星星。他们发现了天上的北斗七星，然后根据北斗七星的分布，在地面上对应着设计了一座座建筑。中轴线的"中"字也代表了我们中国人特别注重的一个品质——"中正"，所以这样的品质也被

用于建筑设计中。

第五步：寻找共同研究的兴趣点——绘制思维导图

在课程进行过程中，教师发现孩子们的兴趣紧紧围绕着中轴线。下一次学习，教师将会和孩子们共同完成对中轴线的一次人文研究与意义建构。

其中，李洋老师的思考与记录如下。

本周，我们从有关北京的零散知识聚焦到中轴线。前两天，孩子们陆续进行了有关中轴线的项目学习的持续性分享。

从孩子们的分享中，我们发现，孩子们的研究范围不仅更加宽广，还更加细致、有针对性。

沐泽、之昕、楚兮、昊洋着重研究了中轴线上的建筑分布：沐泽的研究侧重于中轴线上的重点建筑；之昕则研究了中轴线的中心区域——故宫和天安门；昊洋从历史（时间、年代、古今用途）等方面介绍了故宫及其周围的建筑。慕雪为我们分享了中轴线的长度、名字的由来以及中轴线中蕴含的对称哲学和美学；逾辉分享了对称的含义和生活中蕴含的对称美学，如纸、手机、钟表、人体等，借由他的分享，我们一起在户外寻找了花草园里的中轴线。

在孩子们的持续性分享中，我们一起解答疑惑，在答案中生成新的问题，由中轴线联结到日常生活……与此同时，还有很多问题等待着我们去探索（中轴线的过去、现在和未来）。

第六步：游戏化整合——畅游日

畅游日，孩子们组成探秘北京小分队，用游戏化的方式对前四天的学习进行整合与反思。

在生活化课程实践的这几年中，话语的转向也是我们变革的重点。生活化课程从传统的那种封闭的、教师占据主控权的课堂表达方式转换到交流式的、有讨论与对话的情境学习之中。

教师和幼儿对话方式的改变，是深度学习的开端与关键，这一转向不仅是师幼关于学习的心智习惯慢慢形成的过程，还是师幼共同建立信任关系，重塑学习观和知识观的过程。

开启深度学习的"六大原则"

- 每一个话题都可以展开讨论,并听到所有人的观点。
- 教师倾听每个人的表达,并鼓励幼儿说出其表达背后的理由。
- 所有人在倾听中保持警觉性,做好随时改变自己想法的准备。
- 教师帮助幼儿形成一些共识,并引导他们用自己的方式(如符号、图画等)记录与梳理。
- 让更多的人参与学习(爸爸妈妈是必不可少的学习伙伴)。
- 最重要的一点是,要学会赋予生活中平凡的事物以意义。

"深度学习"与幼儿教师的专业成长

2019 年 12 月 13 日

11月中旬,为了帮助教师更好地理解"深度学习",我们专门召开了一次有关"深度学习"的教研会。教研会后,一部分教师把自己对"深度学习"的再认识写成了教育笔记。

花草园的教师从不满足于今天所拥有的一切,他们在生活化课程之外寻找各种方式,从当下有价值的观点中选取线索,寻找一个学习的"梯子",进而在专业化的路上继续向上攀登。

幼儿教师的专业发展不是一个结果,而是一个过程

教师对"深度学习"的思考有利于促进其专业发展。与儿童、家长共同学习、生活的每一时刻,教师都应当对自己的教育观念、知识技能以及情感智能进行深度思考。

在实践中,我们发现,教师深度思考能力的发展经历了以下四个阶段。

- 模糊整体:教师对教育没有形成自己的认识与判断。
- 感性局部:教师开始探寻教育中的诗意,发现生活中美好的东西。
- 理性局部:教师能够对某一问题进行深度探寻与反思。

- 理性和感性的综合：教师逐渐形成自己的价值判断，并能指导自己的教育行为。

教师的深度学习是以他们开始意识到教育是诗性的、浪漫的、美好的、有意义为起点的。

教师们对深度学习的再思考，如下所示。

深度学习如同一条河流，身处其中的每一个人都能静水深流

曹云香老师（教龄0.5年）：最初接触"深度学习"这个概念的时候，我觉得它如同一口井，需要向下探索，但是总会到达底层。现在，我觉得它是一条河，越流越宽广，在其中的每一个人都能静水深流。

和孩子们一起探索"深度学习"的方法让教师保持开放的心态以及对世界的好奇

申洁文老师（教龄4.5年）：儿童对世界万物都有兴趣，没兴趣的反而是成人。所以，准备一个开放的自我，让自己有更多的兴趣，是和孩子们"深度学习"这条河流汇集的方法之一。

儿童的"深度学习"伴随着教师的深度思考

阎玉新老师（教龄4.5年）："深度学习"发生在真实的问题情境中，是孩子们基于已有经验和好奇对一个事物进行纵深式的研究，从而形成对事物全方位的认识和思考的路径。教师在跟随孩子们深度学习的同时，整合知识、编织线索、探知事物背后的价值与意义，这也是一个深度学习的过程。

儿童的"深度学习"是一种动静结合的状态

唐彬老师（教龄4年）：动是指持续性、生成性和生长性，静是指当下的某一心动时刻，同时也会呈现出一种关系。在状态下看见一种关系，在关系中呈现出一种状态。这样的循环，最终都指向了源源不断的美好。

"深度学习"往深里走，往心里走

张蕾老师（教龄14年）：借助深度学习，我们也在改变，对待一个问题，我们从最开始的浮于表面，到渐渐往深里走、往心里走。我们如果一直停留在浅层的教授和思考，就很容易疲倦。只有全情投入，和某个事物建立起深度的联结，我们才能够从中获得滋养。

深度学习也许可以成为对抗当下教育焦虑的一个"法宝"

罗希悦老师（教龄6年）：我越来越感觉到，深度学习就是一种用匠人的精神在做一件事情。它很慢，但是这种慢不是指课程节奏，而是指沉浸在当下这件事情中的状态。

和儿童一起进行"深度学习"是一个不断打碎自己的过程

田巍老师（教龄15年）：从浅层学习到和儿童共同的"深度学习"，我经历了几个阶段。最开始，是靠自己的已有经验在支撑。随着学习的逐步深入，以及和孩子们对话的次数越来越多、越来越深入，我发现孩子们的思想是那么的蓬勃，而自己面临的未知也越来越多，这个时候我会很惭愧，也会对自己产生一些怀疑。最后，我用了一个办法来突破它——放弃所谓的教师身份，把自己变成孩子，和他们一起学习。

"深度学习"追求真实、善意与美好

王晨琳老师（教龄2年）：虽然每个人对深度学习都有自己的理解，但都有同一种精神——教育应当追求的真实、善意和美好。我们也需要打破已有经验，回归儿童，重新学习。教师的深度学习与思考，也是从不确定性中追寻确定性。本质上，这也是教师专业成长的过程。

"深度学习"不仅是一种理念，还是一种实践

教师们的思考如下。

"深度学习"的开端如同泉水

"深度学习"的开端也许是孩子们感兴趣的问题，也许是他们遇到的困境，也许是大自然和时间馈赠给我们的"礼物"，这些信息是永远新鲜且不重样的。

"深度学习"的发生需要特定的氛围

"深度学习"需要的也许是坚忍不拔的精神，也许是随时被打开的思想开关，而我认为更重要的是"朴实"。这种朴实是指最朴素的文化观、价值观和儿童观。在课程和学习中，无论是孩子还是教师，一定是彼此成全、彼此成就的。

"深度学习"需要留白

在陪伴孩子学习和成长的过程中，课程要留白、环境要留白、策略要留白、材料要留白。只有这样，孩子才会有一种强烈的好奇心和参与活动的欲望。

"深度学习"需要弹性的时间

教师可以和孩子一起慢下来，沉浸在游戏、探索中。弹性的作息时间给了教师们自主选择时间的权利，不仅能慢下来，有时间、有精力陪伴孩子，还能观察孩子在生活、游戏和学习中偶发的好奇心、问题意识，促进深度学习的发生。

"深度学习"，路径可见

"深度学习"并不是我们刻意追求的目标，而是儿童和教师一起在课程探索中所呈现出来的一种本真的学习状态。"深度学习"是指每一个参与其中的学习者在学习过程中带着饱满的情感，在对信息的收集和理解的基础上，形成自己的思考，并能够批判性地理解、内化知识，将其迁移、应用到新的学习情境中，促进新问题解决的过程。前一次学习的结果可以成为下一次学习的开端，让学习呈现出螺旋式上升的状态。其路径可简单归纳为"关联—拓展—迁移—应用"。

"深度学习"帮助每一个孩子形成自己的认知系统

孩子们在不断的探索过程中逐步建立起属于自己的知识体系和认知体系，这一定是从孩子们的心里"长出来"的。每一个人的感受都是独一无二的。当下的每一个选择、每一段经历、每一种心情、每一个感想、每一份态度，都反映了他的独特性。有时候，深度学习就像一个圆，对从哪儿开始、到哪儿结束、速度如何都没有特定的要求，但最后一定是向圆心走。这个圆心离孩子很近，离"最好的自己"更近。

"深度学习"，有空间线索也有时间线索

在纵向上，"深度学习"帮助每一个人向上完成自我唤醒、自我生成、自我创造以及自我超越；向下获得持续深入的生命体验，把体验变成思考，把思考内化为路径。在横向上，以生活为依托，以文化为支撑，同时又给未来提供无限的方法，让我们对未来抱有无限的期待。

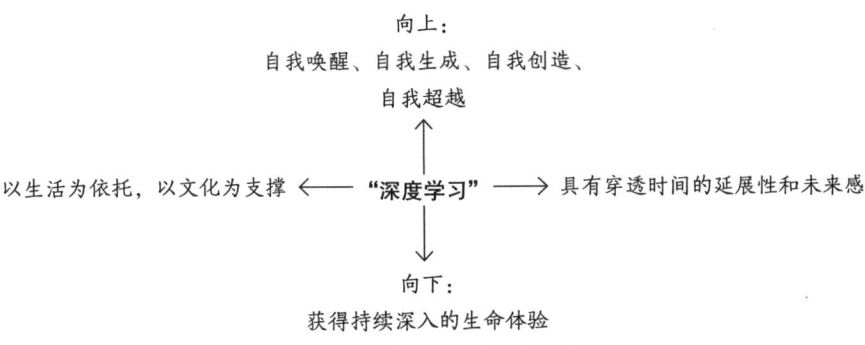

"深度学习"的目标——追求真、善、美

从技术层面到更广阔的心灵空间，追求真善美才能达到深度学习的境界。教师要借由"深度学习"找到帮助幼儿获得终身学习品质的方法，让每一个参与课程的人在深度学习的状态中找到内心的坚定和谦卑。

你们一定很好奇花草园老师们的以上这些思想是如何被发现的，以下几点很关键：

- 活动前，与教师一起进行对话和讨论
- 活动中，给教师赋权
- 活动中，鼓励教师自主生成
- 活动后，反思与教研
- 教师书写教育笔记，进行再一次的思考

幼儿教师的专业化成长不是靠外力的驱动而实现的，更多的是基于教师的自我认识、自我领导与自我管理。园长的作用就在于帮助教师实现这三个层次的完善与超越。

每周一是我特别期待的日子，因为这一天是老师们在微信群上交教育笔记的日子。我会在群里阅读老师们对于教育的独特思考。在实践中，他们总是能够借助一个问题，将自己的思考抛向远方，又能选择一个合适的地方，像"锚"一样牢牢地扎根在思想的大地上。

教师生长的文化土壤就在幼儿园，这片文化的土壤能够为教师提供怎样的养分，值得我们思考！

为什么是叶子、鲜花、树枝、果实，而不是戏剧、音乐、绘画
——让儿童的深度学习自然发生

2019 年 12 月 20 日

"深度学习"这个词好像特别高大上，我们要到达一个让人难以理解、难以企及的高度才能叫深度学习吗？其实不是。

深度学习的"深"是学科知识的"深"，还是生活体验的"深"

在花草园，11 月是艺术创造月。一讲到艺术创造，很多人就想到选择戏剧、音乐、绘画。以前我们也是这么做的，我们甚至还选了电影、民间艺术、京剧、皮影戏，孩子们玩得也不错，但是我们很快发现了一个问题：学习这些内容，有一些儿童特别有天赋，而大部分孩子展现的是平庸的状态。教师们会不自觉地将目光聚焦在那些有天赋的孩子身上，所以其他孩子自然就沦为了戏剧表演中的路人甲、乙、丙、丁。

当时，我们就在讨论，一定要用这样的方式吗？还有没有更好的方式，可以让每一个儿童都能更好地与自己"对话"，不受他人评价地进行学习，像艺术家那样生活，之后都能心满意足？我想是有的。

有一年秋天，我在农村生活，看到农民开始修整树枝、树木，他们把烂根、枯死的树木挖掉，露出树枝剖面的纹理，非常美丽。我把枯树根带到了幼儿园，孩子们非常喜欢，他们在树根上涂上黑色的颜料，开始拓印。后来，我们想，为什么不可以回到那种最本真的状态呢？与其排练戏剧做那些所谓"高大上"的艺术，为什么不回归自然呢？所以，我们选择了叶子、鲜花、树枝和果实这四种材料作为十一月艺术活动的学习材料。

这些在成人看来没用的东西，孩子们会怎么使用它们呢？这些材料能帮助孩子们进行深度学习吗？孩子们在和这些自然材料互动的时候，是非常专注的。我觉得也不能完全用"专注"来评价，应该用"心流"状态更准确。

这么多年来，幼儿教师习惯于工作有抓手，也喜欢评判。但这个活动几乎把教师抛在了时间和空间里，教师看似没有事情可做，可是那些材料是谁

提供的？教师。儿童的那些完整的学习过程是谁支持的？也是教师。他们一直追随着孩子，看着每个孩子的脸上都绽放出真实的笑容，那些叶子、枯枝、鲜花在他们的眼里也焕发出了光彩。

深度学习的"深"是问题的"深"，还是心灵活动的"深"

今天，"深度学习"不再是一个学科领域的话题，而是一个全球性的话题，它意味着个人素质的重构，而这个重构是要让我们的孩子具备一种素质，能够很好地面向未来。"深度学习本质上改变的就是个人的素质。"那么，未来有什么样的变化和挑战呢？

随着工业化时代的到来，自然和社会以及人与人之间的关系发生了本质的扭曲和改变，物质生产和精神生产的产品会变成异己的力量，反过来统治人，而我们要做的就是保持心灵的完整和深刻。

未来，很多职业可能会被取代，但是教师的职业是不能被取代的，因为教师和儿童之间丰富的情感互动，是人工智能所实现不了的。

一次，在幼儿园活动中，孩子们用柿子皮和橘子皮进行扎染，教师们看着他们扎染的成果并未猜到他们的原料，因为这是孩子们突发奇想的创造。深度学习对教师的意义就在于，教师也不知道答案在哪里，他们和孩子通过共同生活与学习来知晓答案。为什么花草园的教师展现出强烈的创造力？因为他们每天都在探索，这才是工作的乐趣。

今天的学习，不管我们是否愿意，都必须回到心灵里去，只有心灵是无法被替代的，只有心灵才能让我们在人不断被异化的今天，活得更像人，拥有未来生活的幸福感。教育中，受教育者成长的愿望、敏锐的感受力、丰富的体验、思想的情感色彩，以及为人类社会勇于担当的责任感和历史感，是不能被代替的。

今天的教育不能再满足于教孩子多少知识，而是要追寻生命的原动力、生命的质感、生命的情感，以及未来作为一个人在社会中的担当。这才是今天教育应该追寻的方向。

深度学习用什么方式"深"

走向深度学习需要三个基本条件：第一，是真实的学；第二，是充分地利用材料与工具的学；第三，是整体的学。

儿童的学习是一个整体，他们通过使用材料完成活动，最基本的条件就是真实。为什么现在很多幼儿园的课程改革走入困境，是因为孩子不能真实地学。成人总想把自己知道的符号告诉孩子，这样就不能产生真实的学习，更无法产生深度学习。

深度学习的"深"，到底是学科知识的"深"，还是生活体验的"深"？现在，答案应该一目了然。为什么我们不选择学科知识的"深"，因为无论我们多努力，大部分人都很难达到科学家的境界。那些知识的"深"是需要在未来进行探索的，而儿童阶段的任务就是丰富地学、充满感情地学以及和材料互动地学。我们如果不能坚持这个信念，就触摸不到深度学习的触角。

很多教师一定有过跟孩子一样的生活体验吧。我们小的时候会捡麦穗，把麦穗放在炉火中烤干，还会用土块烧土豆，这些东西给我们的心灵带来了丰富的支撑。为什么学前教育发展到了今天，我们反而把过去的那种用心灵学习的方式给忘了，强调用大脑来学习知识了呢？这也是我们学前教育者要不断考问自己的问题。

有一些教师谈深度学习的时候也会谈到如何能够让学科知识更深，但能够达到深度知识学习的永远只是一部分人。我想，我们不能剥夺任何一个孩子发展和成长的权利，我们的教育应该让每一个儿童都参与到深度学习中。

深度学习需要找到一种状态

一谈深度学习，很有可能就带来两种认识上的偏差，一种是坚持高难度的学习，要学得特别难；另外一种就是放任儿童。这两种认识或因为重视内容而忽略了主动活动，或者因为强调了主动，而忽略了内容的选择，都没有办法使儿童获得有价值的学习和提升，真正的深度学习应该是在中间的。

浙江师范大学杭州幼儿师范学院的步社民老师认为，我们的教育目标应该有三个层次。第一个层次是生命成长目标。第二个层次是领域目标，就是

《指南》的五大领域目标。现在，很多人就是根据领域目标来设计活动，这完全是错误的。第三个层次是活动目标。

对儿童来说，"我是什么样的人和我要成为什么样的人"，非常重要。如果不具备生命的主动力，那么儿童的生命就没有光彩。

我们的活动目标应该服从领域目标，但所有的目标都应该服从于今天我们要讲的深度学习的生命成长目标，这个是最核心的目标。

生活化课程为什么展示出了强大的魅力，因为我们一开始在设定课程目标的时候，就体现出了深度学习的价值诉求。这个价值诉求有五个层次，首先是感受，感受是心灵的语言，然后才是知识、动作和技能，自我实现和创造，以及对社会的责任。

深度学习的实现，需要以下几个方面的条件：

- 有充足的学习时间
- 有真实的生活情境
- 有挑战性的问题
- 有必要的人际支持
- 有心与脑的参与
- 有学习成果与产品

开启深度学习的钥匙在哪里

开启深度学习的钥匙在哪里？在教师手里，教师是文化的承载者。今天我们与其说是在讨论深度学习，不如说是在讨论如何让我们的生命更有文化的质感。教师如何更有文化质感？通过吸收、生成、顿悟。当他们徜徉在生活化课程的河流里时，所有的文化对他们都是开放的，每位教师都能够获得成长。

无论是教师还是儿童，深度学习都意味着向上自我唤醒、自我生成、自我创造、自我超越；向下获得持续深入的生命体验，把体验变成思考，把思考内化为路径，形成元认知；以生活为依托，以文化为支撑，同时具有穿透时间的延伸感和未来感。

回归朴素，大道至简

现在回到这个问题上，为什么是叶子、鲜花、树枝、果实，而不是戏剧、音乐、绘画呢？我们已经有答案了，因为最朴素的往往也是最深刻的，今天该回归到朴素了。深度学习需要学习者成为学习的主体，但前提是，学习者有能独自操作的客体。对儿童来说，这些客体通常具有非常朴素的特性。

儿童既是文化的携带者，又是文化的创造者。为什么看到孩子们创造的时候，有的教师会落泪，是因为他们的创造跟我们人类生命早期的创造完全一致，能触及你生命深处的那种温暖。

教育若不能打动人心，儿童的思想、意识、情感就不能活跃，也不可能有深度学习的发生。学习若不触及心灵，那至多只是抽象个体的心理活动，而不是一个活生生的、有思想、有灵魂的人的活动。所以深度学习之深，在于它超越了生理学、心理学达到了社会历史实践的深度，与人的理性、情感、价值观密切相连，要培养的是社会历史进程中的人。

我觉得，我们的职业很伟大，我们就是要培养未来的那些人，就是要培养社会历史进程中的人。

当一棵树不再炫耀它的枝繁叶茂，而是深深地扎根于泥土中的时候，它才真的有了深度。

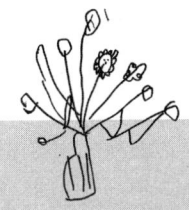

2020年　教育者的社会责任

2020年的春节和往年一样如期而至，但突发的武汉疫情却在人们的心里平添了太多的波澜。上半年的新型冠状病毒肺炎疫情给整个社会带来了冲击。这段时间，我和老师们也经历了从慌乱到安定，到形成平稳节奏，找到温暖力量的过程。我也愈发深切地感受到：教育工作者只有依靠专业的力量，才能让教育展现出应有的力量。

疫情也引发了新一轮思考。面对灾难，我们固然需要理性、适应及坚定的姿态，但灾难的性质以及对我们心理的影响是不容回避的。整个过程中，每个人都经历了悲情与希望交织、情感与意志并举的时刻，教育在灾难面前也可以闪耀出特殊的光芒。

因为居家生活，距离感反而让我对教育有了一种新的审视态度，开始更加冷静地思考教育问题。疫情期间，正值寒假，我决定立即开启工作室的公众号，坚持表达自己的一些专业思考；在网络上，我们和孩子、家长、同行们一起反思、学习和行动，创造出一个新的学习与生活的"共生空间"。这也促使我思考：在灾难面前，教育机构追求的核心价值是什么？肩负的社会责任又是什么？

所以，在2020年上半年的文章中，我对诸如教育、道义、责任、担当、生命等话题进行了再一次的叩问。我想为自己的行为和情感寻找一个诚恳的理由。在《教育是一段"旅程"》中，我表达了对教育的诗意向往；在《当疫情来临时，幼教工作者可以做些什么》和《"更好的生活"和"更好的世界"，我们如何选择》两篇文章中，我谈到了教育者的理性思考和责任担当。这一年，我对课程的思考有了新的视角，我想跳出一些具体问题，在风浪中思考幼儿园课程改革的方向究竟在哪里。在谈到教师的专业成长时，我引入

本章手绘插图作者：赵荣瑄，4.5岁。

了"教育智慧"这个概念，努力让花草园教师的教育智慧实现"理论逻辑"和"实践逻辑"的融合。在对儿童的认识中，我开始关注"整全"儿童的培养目标，提出了对儿童知识的新认识。这一年，我又一次谈到将"智慧生活"视为一种勇气，而这种勇气里似乎已包含更多的力量。在《是什么影响着幼儿教师工作中的幸福感》一文中，我表达了对教育、对教师深深的挚爱之情，也力求在当今工具理性的桎梏下，帮助他们寻得一条新的出路。在《课程改革是一场"静悄悄的革命"》一文中，我对教育的原点再次进行思考，对当下的教育现象进行了反思，提出"教育应该是缓慢的，教室应该是润泽的，教师应该是温柔的"的观点。

生活和教育还在继续，我的思考也从未停止。希望，当我们回望过去时，今日所经历的一切都会凝结为心灵的故事和生活的哲理，它们升华着苦难和坚韧，也承载着人类的反思与进步。

教育是一段"旅程"

2020 年 1 月 3 日

很多人都选择在旅行中度过假期,换一个时间和空间,让自己的身心与当地的景色、文化融合在一起,放空自己,和美好相遇。

教育也可以是一段非常曼妙的旅程,一趟身、心、灵合一的"快乐自由行"。

生活是教育的起点,也是终点

1. 人在世界上生活,生活是教育的起点,亦是教育的归宿。教育应以人的生活为立足点,以人与世界关系的改善为指向,建构、整合向生活世界回归的教育体系。

2. 今天,人们的活动空间看似不断拓展,但精神生活的空间并没有同步拓展,自然作为人的精神生活的构成,其陪伴的意义在不断被削弱。回归自然才是回归的重要开始。

3. "让课程回归儿童"意味着,我们将生活中美好的东西一点一滴地渗透给儿童,通过他们的眼、手、嘴、心,帮助他们建构对自然、对生活的全新认识。

4. 儿童不需要重复我们知道的知识,我们应当运用恰当的方式保留原本属于儿童的丰富思想与情感、创造性的大脑以及开放和建设性的心态,让教育的目标自然而然地达成。

5. 好的课程是预设和生成相互作用的结果。如果只靠"生成",当教师没有能力驾驭的时候,就会破坏教师的安全感,使教师难以在教学中获得满足感。在课程中,"预设"可以用文化的框架来承载,而"生成"多是从儿童的视角出发来构建。

6. 这么多年来,我们有些舍本逐末,把儿童的生活放在一边,把儿童的游戏放在一边,去追求教育的目标。我们根据目标设计活动的时候,如同刻舟求剑,总是感觉力不从心。

在"旅程"中与自然、自己、他人联结

7. 当打开心灵的时候,实践就有了方向。

8. 人们总认为努力就好,却忽略了心的能量。只有心在,能量才能自然地流动。做一个心在的人,好过做一个努力而心不在的人。

9. 教师与幼儿在共同生活中形成的亲密关系是教育中最核心的"活性物质"。它会一直留在每个人的内心深处,变成特别美好的东西并持续发酵,成为生命中最核心的动力。

10. 自我实现不是一个结局的状态,而是在任何时刻、任何程度上实现个人潜能的过程。

11. 做好自己的工作,无条件地信任别人,集体就能产生心流。

"生活化课程"是一段曼妙的旅程

12. "生活化课程"如同一段旅程,它是真实的、朴素的、美好的、温暖的、创造的。

13. "生活化课程"可以将生活、人生、教育紧密连接,帮助孩子走入其中,领略鲜活而真实的意义世界。

14. 花草园的环境是为儿童而建的。它展示的不仅是儿童的需要,还有历史和文化。生活也不再是生活的样子,而是用更高阶的"生活化"的方式编织而成的。

15. "生活化课程"既来源于儿童当下的生活,又借助文化的张力使课程的结构与内涵得到无限的延展,之后再回归儿童……帮助儿童在自己与社会文化之间寻找到一个平衡。

16. 在平凡的生活中,每个人都可以借助"生活化课程"寻找与创造出生命中的"诗和远方",在教育旅程中遇见更好的自己。

17. "生活化课程"不仅带来了儿童学习的改变,还带来了教师的改变。教师的改变不是生硬的,而是伴随着课程自然而然发生的。

18. 帮助儿童借助文化完成学习,同时让自己的思考达到新的高度,这是

教师在"生活化课程"中必须要做的事情。

19. 幼儿教师是"文化人",需要有深度思考的能力,能够将自己承载的文化传递给幼儿,然后运用文化将教育推向更高的境界。
20. 教师的职责是什么?一方面感受幸福,一方面创造幸福。
21. "生活化课程"如同一条文化的河流,在其中徜徉的每个人出来之后都会焕然一新,自带光芒。

"旅程"通往未来

22. 好的教育是可以通向自由的,一方面是精神的自由和创造的自由,另一方面是心灵的自由。
23. 我们在追求真善美的时候,自己也可以是美好的存在。当美好的人和美好的事相遇时,一定会产生美好的教育。
24. "生活化课程"之灵魂三考问:是活着?是生活?还是艺术地生活?"教育即生活,生活即教育。"这里面的"生活"不是指活着,也不是指生活,而是艺术地生活。"艺术地生活"来源于生活,却又高于生活。
25. 能够抵达远方的从来不是你的能力,而是你的使命感。花草园的教师们知道,他们不仅为花草园工作,还在为自己工作,甚至是为这个伟大的民族工作。他们身上的使命感,让他们洋溢着蓬勃的创造力和精神力量。
26. 生命回归单纯,不仅是一种生活的艺术,更是一种精神的修炼。
27. 教育的样子应该是:儿童是儿童的样子,教师是教师的样子,家长是家长的样子,环境是环境的样子,生活是生活的样子。
28. 生活是由每一个当下组成的,你不妨从当下开始,借助美好的教育"踏进生活之河,毫无惧色"。
29. 在这里的每一天都可以平平淡淡但又真真实实,所有人的内心都可以很宁静。

我们很难说在做教育,但是我们确定是在过生活!就是在不经意间,在生活中,所有的教育目标都已达成!

当疫情来临时，幼教工作者可以做些什么

2020 年 1 月 28 日

> 下一次，当再有某种病毒从野生动物身上转移到人类身体内时，很可能还会引发大规模疫情，而我们可能对致病的病毒一无所知。
>
> ——《病毒星球》

美国耶鲁大学学者卡尔·齐默在《病毒星球》一书中写下这句话的时候，是 2015 年。没想到，仅仅过了五年，"下一次"已经来到了我们面前，它的名字是"新型冠状病毒"。

最近，几乎每一个人都被"新型冠状病毒"的信息包围着。身处这个信息大爆炸的时代，我们"无处可藏"。

这段时间，花草园的教师、孩子、家长一直关注着疫情[①]的发展。

孩子们是这样看待这场疫情的

骏骏：我的老家在北京，北京现在确诊 80 例，治愈 2 例。

晨菲：我奶奶家在辽宁，我们全家本来计划去那里过年，因为疫情，我们取消了回去的行程安排。

博焱："新型冠状病毒"有很多刀、很多枪，能把人打伤，是一种很可怕的病毒。

宇泗：病毒像一个大圆圈一样，非常多，紧紧包围着我们。我们要用网子才能抓住它们。

沐卉：当我听到"新型冠状病毒"的时候，感觉很难受。看见生病的人，我想到以前我生病的时候，肯定很不舒服。

天睿：每个国家都会有病毒，这是一个很自然的事情，因为病毒也是自然的一部分。

---

① "新型冠状病毒肺炎疫情"在本文中简称"疫情"。

子禾：人类对大自然的侵扰太过分了，大自然总会用它的方式告诉人类，它发怒了。

成轩：我们在家要做好防护！我们也不要吃野生动物，要保护自然。

当疫情来临的时候，幼教工作者可以做些什么

我们迅速整理出一份给幼儿园小朋友及其家庭的疫情应对指南，希望能够帮助同在这场疫情中的孩子们及其家人。

第一步：面对它

面对疫情的最好方式是了解疫情。有人说，人们对未知事物的恐惧来源于未知，而非恐惧本身。面对疫情，相较于简单、粗暴地告诉孩子"外面有很多病毒，出去就会生病"，不妨尝试做以下几件事情。

和孩子一起讨论。了解什么是"新型冠状病毒"，这个病毒长什么样子，它是从哪里来的，为什么它会让人生病……说不定，一颗对"微生物世界"好奇的种子就会无意间种在孩子们的心中。

请孩子把他想象中的病毒的样子画下来。在这一过程中，孩子既可以发挥自己的想象力，也能让心中的压力得以释放。

开启一场"项目学习"。运用"项目学习"的方式和孩子一起研究：人类历史上有多少次重大疫情？这些疫情是怎么发生的？这些疫情是由什么病毒引起的？这个世界上有多少种病毒？这些病毒的产生有哪些规律？这些病毒都是不好的吗？……和孩子一起开启一段"知识海洋"的遨游之旅。

第二步：接受它

此刻，我们需要做的是调整心态。

悦翔：当我听到新型冠状病毒的时候，我感到了一种非常非常非常强大的火焰力量，我很害怕。它可能会毁灭一些东西。

孩子是最会"读气氛"的人，大人在疫情中感受到的担忧、恐惧、不安都会通过一言一行传递给孩子。这个时候，不妨和孩子聊一聊：

- 当听到"新型冠状病毒"时，你想到了什么？
- 当听到有很多人因为这个病毒生了很严重的病的时候，你感觉怎么样?
- 当你有这样的感觉的时候,你希望爸爸妈妈怎么做?
- 我们怎样才能更好地保护好自己,保护好他人?

这个时候,父母照顾好自己也很重要。

第三步:处理它

安住于当下,重新感受生活的力量。

<u>王彩霞老师</u>:因为不能外出,我们在家里的活动就变得丰富了起来。我们一起看之前没有时间看的绘本,一起做"美食月"错过的美食,一起照顾家里的小花,打扫卫生……真正的安心,是稳住我们自己的精气神。我们现在能做的就是,每个人都努力做到自己所能做到的最好,勤洗手、戴口罩、减少外出。

居家趣玩清单

1. 全家人一起做饭

让孩子成为你的小帮手,打鸡蛋、和面、洗菜……第一次做可能还不熟练,给他时间,熟能生巧,孩子会越做越好的。

2. 每天 1 小时 "悦读时光"

亲子阅读或者一家人各自读自己喜欢的书都是可以的。

3. 定期打扫房间

当我们生活在整洁的环境里时,就会拥有一份不一样的心境。

4. 用手机记录生活

不妨用手机或者相机记录这段"宅"在家里的时光;也可以让孩子试一试,他们总会有不一样的视角。

5. 去大自然里

如果这个假期你正好幸运地生活在大自然里,那么就不要犹豫,和孩子一起去大自然"探险"吧!

第四步：超越它

灾难带来的不仅是恐惧，还蕴含着一次成长的机会。有人说，敬畏自然、敬畏生命，才是一个人成为人的途径。灾难并不可怕，我们如何面对灾难、如何从灾难中获取宝贵的经验与智慧，才弥足珍贵。

家长可以和孩子一起反思：

- 现在正发生着什么？
- 这一切为何会发生？
- 如何才能让这一切不再发生？

我们生活在这个星球上，我们也永远要依赖这个星球继续活下去。我们和其他的生命，必将在未来"共享"更底盘的东西。

但是，要"共享"什么，我们其实可以选择。我们可以选择不去沉迷在"山珍海味"的炫耀性消费幻梦里。我们可以选择更加尊重和敬畏大自然，以及其中的任何一种生物。

这事关每一个人，每一个的"下一次"。因为下一次早晚会来，而我们人类远比想象中脆弱。

——远读重洋《病毒简史：人类对大自然的不知敬畏才是一切灾难的源头》

"更好的生活"与"更好的世界"，我们如何选择

2020年2月28日

灾难面前，"视而不见"和"勇于面对"是人与人之间最大的差别。

教育者的勇于面对，首先应该是反思。

疫情正在慢慢消退，我们的内心也渐渐平静了下来。之后，大家就要开始为新学期的开学工作做准备了。

这场与每一个人都息息相关的疫情，给我们上了一堂关于健康、生命、选择、爱、勇敢、正直、责任的"大课"。每个人的内心都在思考、追问：这一切是如何发生的？

对"为什么"的思辨和追寻，既是对过去的反思，又是对未来的准备，让我们知道如何才能做得更好。人类能够在这个地球上生存这么多年，就是因为在灾难面前能够进行反思。有人说，如果这次我们不能认真反思，就一定会有更悲壮的下一次！

但愿这一次，我们都能从中吸取教训。

鹏博：为什么会发生这样的事情？

诗苑：为什么会有人吃野生动物？

思源：我们怎么做，才能打败病毒？

启轩：人类打败病毒的时间是越来越短了还是越来越长了？是什么影响了这个时间？

知楷：医生为什么被叫作"白衣天使"？

悦章：这个时候，大家应该怎样相互帮助？

乐为：花草园什么时候开学？

我们即使不主动反思，当面对孩子们的问题时，也不得不开始反思。一个多月来，我的心情跌宕起伏。今天，我只想平静地叙述几个思考。

这个长假期，一开始我也是焦虑的，只能通过读书让自己安静下来。在潦潦草草读了几本书后，一本简简单单的绘本故事《多多老板和森林婆婆》让我的心安静了下来。

这个故事讲述了人们为了金钱而大肆砍伐森林，最后导致了洪水、干旱等自然灾难。故事的结尾处有一段发人深省的反问："为了将一个美丽、充满生机的地球当作礼物送给未来的人们，你能做些什么呢？"

这个故事很有象征意义，森林代表美好家园，追求金钱则代表人们内心深处的欲望。在"金钱"和"森林"之间，我们如何选择？金钱可以让我们当下的生活看起来很好、很舒适，但是失去了森林，我们就失去了赖以生存的家园。

"雪崩的时候，没有一片雪花是无辜的。"大灾来临，没有一个人能够幸运逃脱。我们不仅需要重新审视人和自然的关系，还要了解自己内心深处那些潜在的欲望与贪念。我们要问自己："为了更好的世界，我们可以放弃多少欲望？"

这次的疫情让我们深刻地认识到，人类认识、改造和利用自然的能力终究是有限的，要始终记得，我们只有视自己为自然的一部分而不是地球的主宰，才能拥有美好的未来。

"更好的生活"与"更好的世界"是一种态度，更是一种选择

也许此时，我们需要内观，在灾难面前，自己是如何选择应对方式的。

这次疫情让我们每个人都面临了一次"死亡焦虑"，心理学将"死亡焦虑"称为终极焦虑。我们感觉到，危险随时会发生在我们身上，这会触发我们内心深处强烈的不安、焦虑和愤怒。当然，这也是一次特别好的重新审视自我的机会。在这样的不安情绪中，我们不仅能够看到自己内心的恐惧，还能看清自己内心特别坚持的东西。借助这次疫情，我们可以给自己的心灵洗个澡，完成一次个人世界观的价值澄清。

危机也是契机，生活原本就是最好的老师。我们是什么样的人，用什么样的方式看待世界，我们的孩子就有可能成为什么样的人。

因此，开学后，我们要和孩子们讨论：

- 人类是地球的主人吗？
- 我们应该怎样生活，才能保护好我们的家园？
- 如果我们个人的生活方式妨碍了他人和世界，还应该继续吗？
- 当我们发现自己的行为有问题的时候，能及时停下来吗？
- 如果遇到危险，我们可不可以成为勇敢的人？

我们很确定，对这些问题的思考与讨论不仅能够在认知层面帮助孩子重新认识自然以及人类和自然的关系，还能帮助他们更深入地了解自己与他人、与世界的关系，重塑人生观、价值观和生活观。

《人类简史》的作者尤瓦尔·赫拉利说："2050年，我们都不知道世界会变成什么样。但有一点我们知道，从现在到2050年，我们最大的一个任务是要持续地重塑自己、再造自己。"

希望大灾之后，每个人都能够重新审视自己，审视自己的人生观、价值观与生活目标。最近，我和老师们也在讨论，孩子们的《儿童宣言》里是否可以增加一些新的思考，孩子们熟悉的"生活化课程"里也要加入更多与自然、生命、职业、健康、生活常识相关的教育内容。

我们需要重新理解什么是教育，什么是"精英"教育

这次疫情也让我们看到，许多人在危难中逆流而上，这些"逆行者"除了责任感和勇气让我们尊敬外，他们的身上还有一种职业伦理和契约精神的支撑，这些品质恰是未来社会所需要的。

未来的社会需要有思考能力、社会责任、共情能力的新一代人。这样的人，才有可能被称为"精英"。我们希望，孩子们长大后也能够成为这样的人。

正因为很多人没有做好平凡人，这次疫情才会发生，英雄也因此层出不穷。灾难面前，"视而不见"和"勇于面对"，成为人与人之间最大的差别。

花草园的家长群体中，有55.5%的人拥有研究生及以上学历。他们中的大多数人可以被称为这个社会的"精英"。这个阶层处于社会的中间位置，向上可以伸展，向下可以绵延，是一个具有一定社会影响力的群体。

花草园孩子的家庭同大部分中国家庭一样，渴望自己的孩子接受良好的教育，但如果整个社会都被裹挟在一个急功近利的洪流里，那么大部分人就无法摆脱诱惑。

很多时候，我们认为的"精英"实际上是"精致的利己主义者"。这次疫情让我们看到了一些"自私自利"的人，也让我们看到了很多"大公无私"的人。在这个世界上，总有一些"好人"在创造，也总有一些"坏人"在毁坏。

我曾经听过一个真实的故事，想分享给大家。

有一对中国夫妇，他们的孩子在美国长大，但他们和大部分中国家长一样，希望孩子从事"体面的工作"。孩子从名校毕业后，放弃了从事体面工作的机会，选择去非洲做无国界医生。妈妈不理解，但儿子说，如果要在"更好的生活"和"更好的世界"中选，他更愿意选择"更好的世界"。妈妈感叹道，是自己成长得太慢了，没有跟上孩子成长的步伐。

我思考的是，花草园的家长们今天不仅要谈论如何过上"更好的生活"，还要思考如何在"更好的生活"和"更好的世界"之间找到一种平衡，更要尝试超越某种形式，用自己的力量传播、表达一些积极的思考，为国家、为民族、为这个世界做一些更有意义的事情。在开学后的第一次家长会上，我们将一起讨论这个问题。

疫情期间，我特别强烈地感受到，我们和家长是教育的共同体。今天，我想重新定义"花草园人"这个概念，它不仅指在花草园工作的教职员工，还指和花草园的孩子们紧密连接的家长们。

我渴望花草园的家长能和花草园的教师一样，追求教育的光明和梦想，像一盏灯，照亮身边的人和这个世界。

在这个世界上总有一些勇敢的人，每当灾难来临的时候，他们会冲在前面，以诚实之心坦然接纳现实，以勇气之心做该做的事，以智慧之心在危机中完成超越。我希望，这也是"花草园人"共同的追求与担当。

教育可以帮助一个生命从自然人变成社会人。生活与教育原本就是一体的，教育可以通过拓展生命的宽度与高度，帮助我们成为更好的自己。

这次疫情带给我们的思考很多，开学后，我们会和孩子们慢慢聊那些他们应该懂、也必须懂的事情。

风来风去，如何保持文化定力

2020 年 3 月 6 日

幼教行业总是"风来风去"，一阵热闹过后，会有短暂的寂静。之后，又是新一轮的"追风"运动……

一场疫情，使网络成了喧嚣之地。可是，这原本可以是一次沉静下来、进行深度思考的机会。

风来风去，是因为内心不够坚定

这段时间，我们依然在工作。教师们依旧是教师，没能新晋为"网红"，但他们的天真、自然与真实在这个时期反而为花草园教育贡献了很多创造。

创造本质上必须依赖个体身上的文化力量。这个时代,"文化"越来越成为一种决定性的力量。

德国哲学家约瑟夫·皮珀说:"闲暇是文化的基础。"这个突如其来的"闲暇"时光,给了我们更多的可能性。花草园人选择了向内观,不被裹挟,不喊高亢的口号,也不刻意制造焦虑,只是静下心来,让个人变得更有文化。之后,才能成为一个有文化的团队。

"闲暇"时,倾听、观看、沉思、默想,都让我们对世界的了解更加深入。没有思想活动,文化就无从产生!这一次,这个超长的"闲暇"时光赋予了文化丰富的可能性。

文化是一种决定性的力量

同其他事物一样,一所幼儿园的好坏、办园水平的高低表面上看是由课程等要素决定的,但实际上是背后的文化在起作用。

在幼儿园的文化构成中,教师是主要的文化载体,他们承载着教育使命,也用自己的文化影响着儿童的发展。多年来,我们一直关注教师的文化成长。因为制度与规范更多的是通过外力来约束一个人,而文化能够让自己主动寻求更大的进步与发展。

如何让教师保持文化的鲜活性、丰富性与创造性

文化会随着时间的变化、事件的发展而不断丰富与改变。文化也不是靠口号与华丽的辞藻堆砌起来的,而是一种可以探触到个人心灵深处的共鸣。

对花草园人来说,对抗危机的力量也来自文化,具体表现为:
- 坚定的初心
- 自我管理能力
- 组织赋能的"文化驱动"管理

幼儿园如何形成自己的文化,并最终积淀为一种文化定力

文化,"内化于心,外化于行"。从创办这所幼儿园开始,我的心里就有一个要求——教师是"文化人"。因为内在的匮乏会导致外在的缺失,所以,在招聘教师的时候,我会特别留意教师的言谈举止,看他们的态度和知识储备。

当时，并没有"文化管理"这样的思考，我只是想选择一些有精神追求、对自我有约束的教师。那时候，我经常告诉老师："做工作的时候，家长看到的，我们要做好；家长看不到的，我们要做得更好。"现在回头再看这句话，我发现这里面是有文化的约束性的。

小时候，母亲就跟我说："别人无论是否看着你，你应该都是一样的。"一开始，我就对教师提出了一个很简单的要求："来我们幼儿园的人，不管是孩子、家长还是领导、陌生人，我们不要有任何区别对待，要微笑着说'你好'。"这是一种基本的行为规范，体现的是对他人的态度。

对待孩子，我会跟老师们说，要有包容和仁慈心，即使孩子有破坏性行为，也要试着去包容，寻根溯源，找到这个行为的源头；对家长，也要多一分理解，理解家长为什么要这么做，思考家长行为背后的原因。

后来我很少再提这些规范，因为教师们早已将其"内化于心，外化于行"了。

我很少在公开场合批评教师。即使有什么问题需要跟他们谈，也多是在私底下进行。如果我在公开场合批评了某个人，很可能是因为这位教师的行为会影响团队。但批评完后，我会私下和这位教师进行一次深入的沟通。

文化的核心是"关系"。教育本质上是人和人之间的关系。花草园发展到现在，人与人之间的关系是真诚和开放的，这一点非常关键。

花草园有开放、接纳的文化氛围，所以在其中的花草园人都特别真诚，从来不怕承认自己的缺点，可以直面自己在教育以及人性中的不足。"真实自有雷霆万钧之力。"真实的东西是特别有力量的。面对自己的弱点，本能地闪躲不如真实地面对，反而能够找到更好的办法。

我们在谈"真诚和开放"的时候，谈论的核心是人与人之间的关系。在花草园，大家不用喊口号、说大话，只需要学会真诚地面对自己。当每个人都爱自己的时候，就会有更多真实的力量去爱他人。

因为有了这样的共识，所以花草园人都竭尽全力维护文化。每个人都能"成为最好的自己"，"我们在一起，按自己的节奏呼吸与思考"，这是文化的核心内涵，也是一种回归人性的文化表述方式。

一切美好的东西都可以成为文化的内涵，如善良、正直、团结、克制、内敛、精益求精……它们都能被纳入我们的文化。所有的文化都是由人创造的，只有回归到人性最美好的本质中，文化才有可能淬炼出美好的品相。

每个人都是文化的创造者。当我们把文化推向内里的时候，一定要看到人心。花草园的文化不是由个人创造的，而是由大家共同创造的。

就"小我"而言，每个人都是自恋的，我很注意这一点。在文化的构建和丰富过程中，通常是由我和老师们、孩子们共同完成，所以他们对幼儿园文化有着很深的情感认同。

儿童是幼儿园文化创造的源泉。最初，我经常听孩子们讲话，把思考写成文章，分享给老师们。所以，儿童是很珍贵的，他们是我们思想和灵感的源泉，是幼儿园文化创造的源泉。

教师打开心灵，成为文化的主动建构者。这个世界上，没有一个人不渴望看到更美好的自己。教师们只有渴望创造美好，才有可能离儿童教育追求的真善美境界更近一步。

在这个过程中，我要求老师们倾听儿童，记录儿童，和儿童生活在一起。当我们能够像儿童一般美好的时候，生活就会变得很简单。教师们发现，自己的防御层在孩子们面前是非常脆弱的，他们的内在开始有了渴望，慢慢地有了变化。所以，真正让教师发生改变的是孩子。

当教师体会到"心灵打开"的美好，开始主动参与、积极思考的时候，他们就成为文化的主动建构者。

突破防御层，才能走进文化的内里。花草园的文化里流淌的是真诚的血液。当教师和这个文化相斥的时候，他们会感到不那么轻松愉快。这个时候，有的人会改变，有的人则会中途退场。幸运的是，在我们幼儿园改变的是大多数人。中途退场的教师，我觉得也无可厚非。有的人只想活在文化的边缘，以局外人的身份观望，不想走进文化的内里。

要想活在文化的内里，就要突破最痛苦的"防御层"。一旦突破防御层，就开始进入"真我"的状态，那是非常美好的一种状态，是真诚的、流动的状态。我自己也是如此，在突破了一个又一个防御层后，内在变得越来越有力量。

每周的教师教研会，第一部分就是"说你、说我"，每个人都把过去一周自己在工作中遇到的美好、喜悦、难过，那些"巅峰时刻"和"跌落"都表达出来。我们突破"防御层"，坦诚相见，相互依偎，彼此温暖。

在课程中为教师开掘一条文化的河流。"生活化课程"就是依据文化构建的课程。最开始，我们做"畅游日"探索的时候，就是让孩子们玩，但是玩到最后，我们会觉得有点枯竭。于是，开始思考，我们的课程难道仅仅是让儿童快乐吗？它是不是也需要传达一种文化价值观？所以，我们开始试着将"文化"这条线索编织到"生活化课程"中，这要求实施课程的教师也应该是一个有文化质感的人。

2016年，我带着十几位教师花了整整一年的时间读完了冯友兰先生的《中国哲学简史》。这是我们在文化上进一步走向纵深的事件，具有里程碑式的意义。

到今天为止，幼儿园的文化管理仍然依托着"生活化课程"进行。老师们在文化的河流中徜徉，他们的精神不断得以沐浴！

生活的河流原本就是非常开阔的。在课程中，教师对文化的理解并不能由他人传递，而是需要在实践中，通过行动不断地将自身敞开去感知、体悟，成为课程的一部分，又通过行动获得对课程文化的认识，在生活文化的河流里同频共振。

"我是一个什么样的人"是文化领导力的关键。对我来说，园长文化领导力的关键是，"我是一个什么样的人"。这比运用任何技术手段都更有意义。

"我是一个什么样的人"决定了我在专业上的判断，决定了我对待每个人的态度，决定了我赋予课程的情感、思想和灵性，也决定了我如何处理和自己的关系。

幼儿园教师的专业成长和幼儿园的发展能走多远，很大程度上取决于园长的眼界和胸怀。园长的文化领导力就是幼儿园发展的天花板。

"日拱一卒无有尽，功不唐捐终入海。"这次疫情，让我们的行动"停"了下来，但思考从未停止，它成为花草园人共同提升文化定力的契机。这个时期，我们一共讨论了三个问题：

- 教育是什么？

- 当下，我们的教育可以做出什么改变？
- 我如何为让这个世界变得更好而贡献出自己的力量？

这三个问题，也在帮助每一个人思考：我是一个什么样的人？我的社会责任是什么？毕竟这些问题才能直击我们的心灵。

课程改革，方向比努力更重要

2020 年 3 月 13 日

恰是一个个有生命力的个体，才使得教育在生活的河流里不断奔涌向前！

教师管理也好，课程改革也罢，都不是一个寻求方法的过程，而是一个寻求方向的过程。

昨天，一篇采访步社民老师的文章引起了业内很多同行的共鸣。在阅读中，我对其中的一些观点与认识很有共鸣。我想，步老师的思考更多的是想提醒同行，不要被一些新鲜的名词和做法裹挟，要始终坚持儿童立场，回归儿童的生活。

刻意程式、刻意目标、刻意寻找和聚焦什么"核心经验"，刻意在儿童面前展现教师自己的所谓"指导策略"和"游戏创意"……哪还有什么儿童立场？

步老师的这段话言辞尖锐，却也反映出当下幼儿园教育，特别是课程建设的一些现状。

幼儿教师的工作困境

最近，我读了一份调查报告——《我不仅困惑，并不断自我怀疑》，文中有几个观点值得关注。作者发现，目前困扰教师的最大问题是"课程与教学设计"。这说明，这些年来，我们越来越重视课程建设，这本是一件好事，但却给很多教师特别是年轻的教师带来了困扰。

十多年前，我曾经主持过一项科研项目——"工作困难视角下的幼儿教师专业实践研究"。我一方面想了解教师工作中的困难分布情况，另一方面也想了解困难产生的原因、困难之间的关系，以及教师如何突破瓶颈获得更大发展。

当时的调查结果显示，教师认为最困难的工作，排在前三位的依次为：
- 接待一位"问题"家长
- 能够坦然面对管理者的批评
- 处理有"问题行为"的儿童

十多年过去了，随着幼儿园课程建设的呼声越来越高，教师们面临的工作困境似乎也发生了一些变化。

课程改革不是一个寻求方法的过程，而是一个寻求方向的过程

有人说，"花草园一直被模仿，却从未被超越"。但这并不是我们所追求的目标，我们渴望更多符合儿童发展的学前教育新样态出现。有人对我说，"花草园难以复制，是因为对教师来说，没有一个固定的'跑道'或者方法可以模仿"。这句话引起了我的深思，那么"生活化课程"到底是一个课程模式，还是一种课程思想？

"生活化课程"是一套具有哲学背景的课程，有包罗万象的哲学式的"空筐"结构。我们希望它呈现出的是一种从生活中来的多样化的教育氛围和情境。所以，它的确很难有一个固定的"跑道"。

如果没有固定的"跑道"，花草园的教师们是如何开展工作的呢？

统一路径还是确信"殊途同归"

在自由、自主的工作中，每位教师都能探索出属于自己的最佳工作路径。

问题一：一个好的做法，必须成为全园统一使用的方法吗

疫情暴发之后，2月11日，我们召开了第一次全体教师网络教研会。教研会上，我提出："作为幼儿园教师，在这段特殊的日子里，帮助孩子们拥有丰富、有质量的居家生活是我们的责任。""我们要思考：这个阶段，教师应承担什么样的角色？用什么样的方式才能更好地支持家庭？"

在这之前，我已经要求教师密切关注家庭，了解孩子们的情况。教研会上，每位教师都积极地分享了自己的思考和做法。

张晓敏老师的发言非常有特点，她说：

对家庭成员的了解，是我们设计活动时的重要依据。从近期一直坚持统计的体温情况、回京情况来看，下周陆续去上班的家长人数可能会增多。

从群里分享的情况来看，孩子们都具有自主学习的能力，会给自己制订计划、丰富自己的生活。美食、家务、游戏是目前孩子们和家长们选择得比较多的活动。孩子们很喜欢在群里和同伴、教师互动，乐于展示自己的新技能。

家长们也一直关注着幼儿园的微信公众号。有家长说，在这个特殊的时期，他们更爱花草园了，因为这让他们更加感觉到我们是一个共同体。

近期，家长们的事情多了，我想我能做的就是每天和孩子们聊聊天，肯定家长和孩子们当下的活动，也多和大家一起思考一些更为深刻的话题，释放家长们的情绪，从而让孩子们的家庭氛围变得更轻松一些。

可以看出，她在按照自己的思考有序地开展工作。当时，我感觉，她的思考是理性的，有自己清晰、完整的工作思路，我们完全可以将她的做法推广至全园。

思考1：方向比努力更重要，没有唯一正确的方式

当我把所有人的分享都听完后，我发现，其实每位教师都有自己的认识与目标，也有自己独到的方法。也许，我们并不需要设计一个所谓"正确的""唯一的"方式来开展疫情期间的工作。

之后，我们明确了疫情期间的整体工作目标：特殊时期，要给孩子以及家庭必要的专业支持。

思考2：在统一的目标下可以有多种工作方式

如果我们将晓敏老师的方法复刻成一个固定模式，虽然便于管理，但每一个人都被安排走别人熟悉的路，就会感觉自己的工作热情与创造力也一并被限制了。我们将无法看到每位教师将自己内心的能量转化成创造力。

教师劳动应该具有自由自主的特性。如果教师的劳动是自由自主的，就意味着教师本人对于教师劳动的性质与价值有着内在的理解；教师在劳动过程中就会表现出自由自主的精神。

这意味着教师是教育教学活动的主体而非客体，拥有专业自主权，在教育教学目标设定、内容和方法选择、学生学业评价以及教育教学过程管理等活动中具有话语权，能够通过各种方式发挥主体作用。

——石中英《教师职业倦怠的一种哲学解释》

教研会之后，老师们运用自己的创造性开展了多种多样的活动。有的教师采用了较为理性的工作方法，如调查、研究；有的教师采用感性的工作方法，如茶话会、分享有疗愈作用的音乐、录制视频一起分享生活、空中生日会等，与家庭联结，进行有效指导。

疫情期间，我们提供了家庭教育指导的多个有效范本：
- 用家乡话，大声说出我们的思念
- 花草园的孩子在家这样生活与游戏……
- 有一种抚慰，是用音乐按摩心灵
- "闭关"在家，你"修炼"了哪些新本领？

思考3：成为自由的主体，是教师进行创造的基础

没有一位教师会遵循一个统一的所谓专业化成长路径。我希望，教师不要成为匠人，而是成为布鲁纳口中的"庶民教育家"。

这次疫情中，我强烈地感觉到，教师们的创造力和专业能力都迈上了一个新台阶。

问题二：你是喜欢按照园所规定的路径，还是在目标之下选择适合自己的方式来工作？

本周二，又是教研会的日子。我们讨论了上述问题，教师们的分享如下。

田巍老师：自己的力量与集体的智慧并存，让彼此的能量交融与增长

我更喜欢在既定的方向下，按照自己的方式来工作。每次集体讨论时，我都能听到很多不同的认识和方法，很有启发。我也会根据自己的认识再思

考、再创造。在这个过程中，他人的能量和自己的能量交融与增长。

孔令萌老师：作为新手教师，我需要更多的创造空间

作为一个新教师，虽然明确的路径能够提供安全感，看起来是一条捷径，但是走别人走过的路，自己发挥创造性的空间就会受到局限。自己在探索、实践的过程中，会有更大的创新空间，会找到更多适合自己的方法，这对我来说很重要。

张晓敏老师：有了锚，我们就不会迷失方向

当我们把目标、信念内化后，有了锚，就能够用适合自己的路径去实现我们共同的愿景。

闫玉新老师：我们知道方向在哪里，更愿意用创造的方式前行

对每个教师来说，花草园都存在一条隐形的路径。我们都知道方向在哪里，标准在哪里，但是如何到达那里，每个人都有不一样的方式……在这个过程中，我们可以加入自己的创意。

张蕾老师：我们的工作不是无迹可寻，而是有自己的节奏与文化的节奏

在花草园，我们已经养成了创造性工作的习惯。或许刚入职的时候有过一段时间的迷茫，但是很快就会发现，我们的工作不是无迹可寻，而是有鲜明的文化质感，每个人都能在文化的河流中找到自己的节奏，同时还会分享和借鉴他人好的经验和工作方式。创造不等于固守己见，在学习中创造才能真正地成长和进步！

幼儿教育真的存在一条捷径吗

不要相信有什么捷径，适合自己的路只能也必须是由自己找到的，或自己创造的。

很多人总想找到一种方式来解决自己当下面临的很多问题。比如，如何观察儿童才是对的？课程的设计有没有固定路线？仿佛找到了一种方式，就等于找到了一条捷径，在这条捷径上能够走得更安全一些，也能够获得领导的赞许。

但是，坦率地说，在幼儿教育领域，并没有所谓的固定通道。

儿童的发展并不是以认知发展为最终目标的，其核心是生命的成长。我们在众多方法里很难找到一条通道可以直达儿童心灵，只有心灵的通道才能通向心灵。而心灵必须自由，才能找到方向。

儿童的学习方式和中小学生有很大的不同，它不依托学科知识，而是依托生活。而生活本身就如同流水一般，是多变的、多样的。如果教师身上没有"上善若水"的气质，他就很难应对生活中的变化。

没有一个儿童是一样的，也没有一个单一的跑道适合所有的儿童。这么多年来，很多人试图寻找一个适用于"大部分儿童"的方式。但是，我们对"大部分儿童"的理解，依然是用认知心理学的观点来衡量的，而对于其他方面，我们知之甚少。不要落入一个窠臼中，用所谓"大部分儿童"的认知来设定所谓的"教育跑道"。

这次疫情让我们有更多的机会跳出原来的跑道去尝试。当我们和儿童之间保持距离的时候，我们反而能够更好地了解他们。因为时间和空间的距离，能够让我们更冷静地观察，也更冷静地思考。

这个假期，我在朋友圈里发现很多同行都在读专业书。有一位园长分享了她正在读的《和儿童一起学习——促进反思性教学的课程框架》，书中有这样一段论述：

"对当前思维和取向的质疑"，这个问题很复杂，但没有简单的解决办法。一系列因素影响目前幼教课程的取向。下面是目前美国早期教育存在问题的地方。

- 对"质量"的界定不够完善。
- 工厂被当作幼教机构的榜样。
- 教师缺乏哲学基础。
- 将儿童看作需要做好准备和有待改进的人。
- 未把游戏看作课程切实可行的资源。
- 将儿童主导和教师主导看作对立和相互排斥的。
- 缺乏支持教师反思的基础性设施。
- 要求幼儿教师和幼教机构采用量化的"基于研究"的课程。

看来，美国早期教育遇到的问题和我们遇到的问题是一样的。

今天，我们需要有更大的文化自信，静下心来寻找属于自己的那条道路。

春天到了，爱美的女士们的内心又开始蠢蠢欲动……你知道今年的流行色是什么吗？石灰蓝。虽然这个颜色看起来很美，但我们也要问自己：它真的适合我吗？我是想成为一个"时髦"的人，还是想成为一个有风格的人？如同课程选择一样，最终你能成为什么，完全在于你自己的选择！

打破全能自恋的幻象，才能走进儿童的世界

2020 年 3 月 20 日

在这个超长的假期中，每个人都有自己的收获。

法国哲学家帕斯卡尔说，"人是会思考的芦苇""思想形成人的伟大"。如此说来，如果我们的生活仅止步于追求生活本身还是有缺陷的。对幼儿教师来说，专业性如何体现，我想，首先应该是思想的丰沛。

幼儿教师的工作有很大的特殊性，和其他阶段的教师相比，幼儿教师的可自由支配时间相对较少，每天工作的时间很长，下班后的时间与周末休息的时间也常常被工作占据。

自由时间少、工作压力大、"规定动作"多，是这个行业的现状。但这么多年的工作让我确信一点，这个行业是最需要思想者与创造力的行业，因为我们面对的是精神世界无限丰富的儿童。

思想的形成不仅需要头脑，还需要时间。这次疫情终于让我们停下了疾驰的脚步，慢慢思考、梳理生活与工作中的一些问题与困惑。

从三月开始，我们开启了线上教研活动，每周确定一个主题，大家畅所欲言，并期待将认识、思考、讨论变成观点与思想。

这周，我们选择继续回到"教育现场"，讨论围绕着"目标和儿童之间的关系"展开。我们依然采用了论证事物时的思维框架（即三个关键问题："是什么？""为什么？""怎么样？"）展开讨论。

- 为什么要确定目标？
- 目标如何确定？

- 没有目标，儿童能不能获得发展？
- 设定了目标，儿童就会按照目标的路径来发展吗？

教师们根据自己工作中的经验，在这些问题的基础上又提出了几个新的问题。

田巍老师：目标到底是为谁服务的？儿童的发展路径和教师制定的目标之间是什么关系？

罗希悦老师：每个儿童是否都可以遵循自己独有的发展目标？孩子们如何看待成人制定的目标？

张晓敏老师：目标存在的意义是什么？成人和儿童谁更需要目标？

李洋老师：目标是终点还是起点？

"目标"的概念究竟从何而来——"知识论智慧观"影响下的产物

结构主义和实用主义理论对20世纪的教育产生了巨大影响，它们将"智慧"理解为人类生存与发展的必然结果。"知识论"将智慧探求视为知识的一种存在方式，认为可以通过知识的习得获得智慧。皮亚杰从生物进化的角度将智慧的本质理解为人类生命体的"适应"。正是这种将知识理解为智慧进化阶段的思想，导致了近现代教育重视知识的发现与传授。

当学前教育越来越被重视的时候，这种确立目标的方式，特别是对认知目标的重视就会成为一种共识。从根源上，可以归根于这种"知识论"认识下的智慧观。

今天，我们无意于探讨这些问题，只是想提出问题，引发一些新的思考。

"目标"在教育现场中的困境

困惑一：没有目标，儿童能不能获得发展？

这个问题的另一种问法是：儿童发展是完全依赖成人对目标的设计而达成的吗？

当下，我们熟悉的模式是，幼儿园里任何活动都需要目标，区角活动、教学活动需要目标，连生活活动也要有目标。教师必须提前设计好目标，之后依据目标制订计划，再依据目标实施指导方案。这里面隐含的认识是，如果没有目标，儿童的发展就很难实现。

事实果真如此吗？

吴钰杉老师：在花草园，孩子们好像并不在意我们有没有设立目标，感觉他们也不喜欢我们用这些目标去干预他们。

纪洋洋老师：和孩子们刚开始相处时，我总怀疑自己，孩子们为什么不听我的呢？怎样才能让孩子们更有序呢？

在我小的时候，我一直认为老师有绝对的权威性，老师总是对的。现在想想，其实是有一种害怕的情绪在里面。这样的状态真的有利于儿童发展吗？

王彩霞老师：我们总认为自己接受过四年的专业学习，看到的、听到的、学习到的都比儿童多。当这样的想法产生时，我们就会对儿童采用控制的方式，认为他们应该听我们的。

当有一天，孩子忽然偏离了我们之前预想的轨道，而且表现得比我们预想的更精彩时，我们才敢承认，儿童比成人更具灵性。

我们渴望再次看到这种灵性的绽放，而这种渴望不仅赋予了彼此能量，解开了教育中混沌的局面，也成为教师的热情、创造力取之不尽、用之不竭的源泉。

困惑二：适合儿童发展的目标到底是什么？

唐彬老师：每个孩子都是独立的个体。我认为，适宜儿童发展的最基本的目标，应该是顺应他们的天性、激发他们的兴趣，能够带动他们的身体、感官进行自由探索，并能满足他们内心的渴求。

田巍老师：适合儿童发展的目标一定是基于儿童的需要而产生的，符合儿童的最近发展区，是可以完成的合理期待。

罗希悦老师：适合儿童发展的目标，一定要看到真实的儿童的需要，是有感情的、有温度的。

张晓敏老师：我觉得，适合儿童发展的目标是让"儿童"更像"儿童"。这些目标能让我们忘了它们的存在，潜移默化地帮助另一个生命实现超越。

阎玉新老师：适合儿童发展的目标是基于对儿童发展美好的愿景而制定

的，同时也能够尊重每个儿童自己的发展路径与生长空间。

甄珍老师：儿童的发展是被激发出内在生命力的过程。

"目标"是一个成人视角或者由成人定义的词。儿童的发展很多方面都不能用目标来描述和衡量，比如，儿童的灵性。如果说有那么一条适合儿童发展的路径，就应该是不断地发现每一个孩子，看见孩子，适时地点亮孩子的过程。

最终，儿童的发展到达哪里，成人并不能帮他预定，只能是一路陪伴。而且，对儿童来说，这个地方也不是一成不变的。

困惑三：我们设定了"正确"的目标，儿童就一定会按照这个目标路径获得发展吗？

张芬老师：每个学前教育专业的毕业生入职后经历的第一个冲击就是，"书本中的儿童"和"现实中的儿童"有巨大反差。

唐彬老师：我回想起四年前的一个场景。两个孩子搭积木，结果其中一个孩子直接将搭到一半的积木给推倒了，但是另外一个孩子并没有哭闹。当时我的做法是，充当"法官"去给这件事判定对错，并要求那个孩子对自己的行为负责，向同伴道歉。可另一个小朋友非常坚定地表示，他可以理解、宽容这个小朋友的行为，因为他们都是男孩子，是好朋友。

田悦老师：相比"有序"，我们更害怕混乱或者不可控。那种可控性的有序可以给予我们一定的安全感，但究其根本，这种"有序"还是从"我"的角度出发的。这时候，我想我们的眼里是没有儿童的，就更谈不上关照他们的发展了。

李文老师：一开始工作的时候，我很难对孩子的心情感同身受，当然也就无法走进孩子的内心。

之后，我发现自己会变成那个"呆板无趣的成年人"。这样的"我"即使心中有再多的目标，也是无法走进儿童生活的。

困惑四：如果目标与儿童学习、发展之间出现冲突，做出调整与改变的应该是谁？

现实中，我们一次次地学习目标、讨论目标，用目标设计活动，甚至用目标"训练"儿童，以期他们能够达成我们预设的目标，但我们很少思考，当孩子们无法达成我们预设的目标时，为什么改变的不是我们？因为大部分成年人身上都残留着婴儿期的"全能自恋"。

教师的"全能自恋"通常表现为：

- 我是对的，儿童应该听我的
- 我来设计儿童的生活，这样他们才会获得发展
- 主导儿童的生活，不光让我很有满足感，还很有成就感

"自恋"并不是一个贬义词，自恋是生命的三大动力之一，生命本身就是从自恋开始的。弗洛伊德说，"自恋是我们生命中宝贵的内在能量"。它是你恐惧与脆弱的地方，也是特别渴望超越的地方，它可以驱动我们学习、改变与行动。

但是，对教育工作者来说，要想拥有儿童立场，必须克服自己的"全能自恋"。只有这样，我们才有可能走向"专业自信"的道路。

"领域目标"也许只是通向儿童全面发展的一种工具

我们制定的目标是为儿童发展服务的，但现在似乎一提到"目标"，大家就会想到那些具体的要求。但是，那些具体的要求更多的是指实施过程中所采用的手段与方式，并不指向儿童全面与整体的发展。

现在，我们对于"目标"的认识太局限于《指南》中有关五大领域中目标的描述，忽略了《指南》原本的精神所在。《指南》指出，"要关注幼儿学习与发展的整体性"。当我们将儿童发展的目标确定为儿童生命与生活的整体性发展目标时，对教育过程认知目标的采用就会选择更加审慎的态度。

对学前教育工作者来说，现在我们所理解与认同的"领域目标"也许只是通向儿童全面发展的一种工具，最终的"目标"还应是"全人"的发展目标。

"专业自信"本质上指向一种"容纳"功能

专业自信对幼儿教师来说，重要的是一种"容纳"功能，即用成人较为成熟的心智抱持和消化孩子难以承受的情绪体验，用他们能理解的方式帮助他们完成对世界的认知。这种关系体验对孩子的发展是最有价值的。

最后，我想将讨论会上年轻的阎玉新老师的发言放在结尾处。

我觉得破除"自恋"是面对孩子们的需要，成人不断减少控制能量的过程。

刚刚进入花草园的时候，我很渴求孩子们的喜欢，想被他们关注。孩子们一有什么事情，我就会箭步上前，自以为很公平、正义地评判对错，把握了很多"不可控"的局面。其实这时候，我的控制能量释放了很多，孩子们的回应却很少……

慢慢地，在面对孩子们的需要时，我不再依赖所谓的专业和经验，一定要让孩子接受所谓的对错，而是更多地倾听他们的声音，把更多的可能性告诉他们，记录他们的思考，也愿意抱持和理解他们的情绪和行为背后的原因。在孩子们的眼里，我不再是那个是非分明的"法官"，而是有了更多的温度。

你会发现，当教师学会慢慢"收拢"的时候，孩子们反而会渐渐向你靠近！

不要过于迷恋"理论逻辑"，教育智慧就藏在你的"实践逻辑"里

2020 年 3 月 27 日

在生活中，你更容易相信自己，还是更容易相信他人？答案对大多数人来说是很明确的。我们会说："我当然相信自己了，因为我是最了解自己的人啊！"

但是，如果把这个问题切换到一个场景中：在教育过程中，你更容易相信自己，还是更容易相信权威？呵呵，这个问题不好回答了吧？！

这就是实践工作者的困境。很多时候，一方面我们有自己相信的东西，但似乎又不那么确定；另一方面，我们很容易迷信权威、迷信理论、迷信专家。即使我们对自己的感觉很确定，有时也会被专家的一番评说弄得"灰头土脸"。

为什么我们容易崇尚理论

理论一定意义上是理性的产物。我们崇尚理性，是因为信奉技术和理性

能够带来统一的标准,这本质上是工业化时代的产物。

我们渴望秩序和标准,也希望通过理性获得相对的明晰与稳定。当我们在实践中遇到困难时,大部分人难以向内寻求智慧,而是习惯性地依赖现成的技术与理性。

教育过程并不是依照理论而设计的教育场景,它有自己的"实践逻辑"

《教育过程的实践逻辑》一文指出,"实践逻辑是在情境中发生的逻辑。它随情境自然生长,并以情境本身为发展线索。实践逻辑是实践自然的生长。它是教育存在的演绎,人很容易在此存在中领悟活动的意义。"

"教育实践是一项复杂的活动,没有人能够保证自己走的每一步路都是笔直的、正确的。生活中,即使我们没有时刻考虑下一步怎么走,我们也没有让自己的行走变得漫无目的。"游戏更是如此。回想童年,我们在游戏前并没有设想自己应该如何获得发展,但每个人都沉浸其中、乐此不疲,没有变成毫无规则的胡闹。

幼儿教师应该更多地遵从"理论逻辑"还是"实践逻辑"

无论是哪一种逻辑,都不应受到轻视和怠慢。但就幼儿教育这个行业而言,我觉得"实践逻辑"更容易成为教育智慧的源泉。

王卫华在《论教育发生的非对象性》一文中指出,"教师和学生在实践中多数时刻是忘记教育目标的,这是实践的本然。教育实践不可能以教育目标为行动的直接依据:每一步教学行动都可以事先确定或每一步教学行动都想要达到目标,这在自然的教育实践中是不可能发生的。"

"理论逻辑不能代替实践逻辑,否则,我们就会犯'理论谬误'。所以,教育发生不可能完全按照对教育解释、设计的理论逻辑(如教育目标)去做。"如果我们完全按照理论的标准和要求工作,甚至无时无刻不考虑目标,那么就如同"邯郸学步",变得不会走路。

本周二的"空中教研会",我和老师们一起围绕教育过程中的"理论逻辑"与"实践逻辑"进行了一次深度讨论。

"理论逻辑"和"实践逻辑"有什么不同

工具与操作

吴钰杉老师:"理论逻辑"和"实践逻辑"就像工具和操作的关系。我在大学时学的理论现在基本上都记不太清楚了,但开始工作后,我在某些瞬间会突然想起这不就是大学时学到的××理论嘛!理论要靠实践来具体和丰富,实践也需要依靠理论来指导。

固定与变化

王海霞老师:"实践逻辑"是不断变化的、发展的,而"理论逻辑"相对比较固定。

"想"与"做"

田悦老师:"理论逻辑"重在"想","实践逻辑"重在做。

自上而下与自下而上

张芬老师:"理论逻辑"和"实践逻辑"的来源路径有所不同。"理论逻辑"是自上而下的,认识、观点先行,在实践中不断修正;"实践逻辑"则是自下而上的,实践中积累经验,然后形成认识、观点。

理性与感性

唐彬老师:"理论逻辑"更理性,"实践逻辑"更感性,更偏向于一种关系、一种状态、一种情感,这样的感觉更容易在和孩子的相处中生发出来。

为"学"日益与为"道"日损

张蕾老师:我觉得,"实践逻辑"和"理论逻辑"最大的区别是运用的方式不同。"理论逻辑"通常需要我们不断地叠加,就像穿衣服,需要一件一件地穿上它,越穿越厚,感觉自己拥有了铠甲,但是如果脱离了实践就会变得混沌而茫然;而"实践逻辑"就像脱衣服,一层一层地剥离,在抽丝剥茧中逐渐接近真相。

验证与创造

田巍老师:"理论逻辑"和"实践逻辑"的不同在于,首先,意义感和自我效能感不同。"理论逻辑"更多的是验证他人发现的过程,"实践逻辑"是创造与验证自己的发现的过程,这给了我们巨大的惊喜感和联结感,也让我们获得了更大的力量感和使命感。

其次,"理论逻辑"容易让人沉浸在按图索骥的过程中而渐渐迷失自己,而"实践逻辑"更像是在看似无迹可寻的发现中不断地寻找小确幸,一点点地积累,慢慢地拼凑成自己的智慧版图。

幻想与真实

王彩霞老师:"理论逻辑"被用在了我们幻想中的孩子身上,我们假定每个孩子都是按照这样的规律发展的。但是,随着跟真正的孩子接触,我们在和他们每一天细腻的生活、学习中寻找到"实践逻辑"。

一开始,这些逻辑可能与"理论逻辑"有所差异,但"实践逻辑"一定会让教师更具温度、更愿意思考,更愿意放下自己的执念和孩子们一起成长。

反过来,当"实践逻辑"有一定的积累后,自己也有想要再次追寻"理论逻辑"的想法和冲动。

工作前,我们学到的"理论逻辑"在实践中有用吗?它帮助你思考、解决了哪些问题

罗希悦老师:我经历了"了解理论—验证理论—走进实践—推翻理论—重新实践—形成教育智慧"的过程。

它是一把钥匙,但未必是一把能打开儿童心灵的钥匙

甄珍老师:刚开始工作时,我想把"理论逻辑"当作钥匙,觉得它可以解决实际工作中的所有问题。比如,两个孩子争抢玩具时,我会用大学学到的理论去解决,有的时候的确奏效了,但我也发现当我用理论来解决问题的时候,并没有真正走进孩子的内心。

"没有一个方法适合所有的孩子",这个道理也是我在实践中逐渐意识到的。

它让幼儿教师对这个职业有了敬畏感,也有了更多的实践冲动

赵莉莉老师:大学学到的理论知识是当时作为学生的我为将来工作做的准备,它让我对这个职业有了敬畏感。虽然有些知识已经模糊,但在实践的过程中,遇到实际问题的时候,我也会激发起对某些"理论"的内应,让我对它有继续探索的欲望。

它给予了新手教师很多信心与能量

唐彬老师：“理论逻辑"是我在大学时期储备的一种力量，它是有意义的，因为它赋予了刚入职的新手教师很多能量，帮助他们在面对困惑时更有信心。但到了具体实践中，我感觉理论知识似乎和孩子、和自己有些遥远，并不会时时想起它，只有在遇到困难时，我才会试着在理论中寻找一些答案。

它帮助教师确立了正确的儿童观和教育观

阎玉新老师：大学期间，经过专业理论的学习，我们树立起一个相对正确、科学的儿童观和教育观。

在工作中，你是否找到了属于自己的"实践逻辑"

无论是"理论逻辑"还是"实践逻辑"，最终都是为了形成"教育智慧"

张芬老师：回望自己的经历，我在寻找"理论逻辑"与"实践逻辑"平衡的过程中，经历了几个阶段：第一阶段是刚工作的时候，我试着用大学书本上的理论知识来看待儿童、看待教育。第二阶段是工作了一段时间后，我深刻地感受到书中所描述的儿童、教育和现实中的儿童、教育有着很大的不同，在继续相信理论和拥抱面前鲜活的儿童之间来回挣扎。之后，我选择了后者，放弃了书中的理论，更加珍视实践中的直觉。第三阶段是在实践场域中，我遇到的问题越来越多，多到仅仅依靠自己的思考无法解决的时候，再次回到理论中，试着找到那些教育探索的"先行者"们是如何思考的。第四阶段是用理论为那些直觉"命名"，在实践场域中不断实践，循环往复。最后一个阶段是形成独属于自己的教育智慧。

无论是模仿还是探索，都是积累实践经验的过程

张晓敏老师：在工作中，每个人都会慢慢找到自己的"实践逻辑"。不论是刚开始模仿有经验的老师，还是慢慢地借由自己的实践得到收获，都是积累实践经验的过程。

李洋老师：平坦的路固然看起来好走一些，但自己的探索才能在泥泞中留下脚印。我想，那些教育家的思想，也是他们在探索的路上，在实践的过程中，逐步摸索形成的一套观点与方法。

构建"实践逻辑"的关键在哪里

拥有内在驱动力

郭佳老师:"内观己心,外察世界。"构建自己的"实践逻辑"需从自身的兴趣、需求、特长出发,这样才会有内在驱动力,驱动自己在实践中持续深入地探索。

保持反思的习惯

张蕾老师:我觉得,构建自己的实践经验的关键是"反思"。理论来自书本,唾手可得,但是不能直接转化为行动力;而实践来自生活,如果不加以思考,就会停留在过去,面对理论知识也如同看天书。

我们每周撰写的教育笔记,就是通过思考将实践转化为实践逻辑的方式。事实证明,思考让我们越来越专业,越来越有自信。

反思关键事件

王海霞老师:"实践逻辑"是在经历的一次次关键事件中产生的。关键事件多会在教师发展的某些关键节点出现,所以因反思关键事件而形成的实践逻辑更加稳定。在实践性知识不断积累的过程中,教师的创造力也会随之增强。

和孩子心灵相通

甄珍老师:我觉得构建自己的"实践逻辑",最关键的是和孩子们的心灵相通。孩子们那种生命状态的天真,需要我们把自己的生命也打开和照亮。

让生命回归单纯

田巍老师:构建自己的"实践逻辑",我认为最关键的是让生命回归单纯。相信儿童,试着和儿童共同创造真实的生活,对我们来说才是最有意义的生活和学习。

这段时间,我们一直将讨论停留在教育的哲学层面上,在教育现象之上进行深度思考,以期在深度思考中获得更大的力量。

我喜欢每位教师的表达,因为每个人都有自己的见地,也表现出了一定的差异性,而"差异性"恰恰是教师创造力的智慧与源泉。

"教育发生中,理论逻辑下,人是被控制的;实践逻辑下,人是自由的"。

"理论逻辑"更多地借助于大脑,而"实践逻辑"需要用心灵去探索。

"实践逻辑"如同中国人讲的只可意会不可言传的"道",只有在实践中才能得以体验。如果不用心灵探索,"实践逻辑"就会变成一种经验的堆砌,教师便无法超越这些经验,形成教育智慧。

"理论逻辑如果被强制执行,很容易变成一种模仿式的操练或舞台式的表演,参与其中的人很难生发出实践本身所固有的意义"。

拥有"实践逻辑"的教师,很多时候是意识不到教育理论的存在的。但教育理论确实在另外的地方,用自己的方式默默地影响着教育的发生……

我一直在思考:教师的专业力量究竟从哪里来?

教师的专业力量应该来源于教师通过对教育行为不断地进行哲学式反思而形成的价值观。当它沉淀为信念时,会帮助教师在教育这条路上走得更加坚定!

不能见面的日子,我们是如何"开"全园大会的

2020 年 4 月 3 日

这一周,鄢超云老师的一篇文章在微信朋友圈内被热转,文章的题目是《我反对打着儿童视角的旗号,做很不儿童的开学活动》。

我反对那些打着儿童视角的旗号,但"很不儿童"的开学活动。开学活动,一定要有儿童,要很儿童,把儿童视角落到实处。

在开学前这段特殊的时间里,孩子们已经听得很多了,听家里人讲、听电视讲、听手机讲,听父母用手机帮着讲病毒、讲洗手、讲戴口罩、讲咳嗽、讲打喷嚏……我想,在开学的时候,能不能转换一下视角,颠倒一下,从"成人讲、儿童听"转为"儿童讲、成人听"?

让幼儿园成为幼儿园,而不是火神山、雷神山;

让教师成为教师,而不是医生、钟南山;

让绘画成为绘画,而不总是画病毒;

让故事成为故事，而不总是讲病毒的故事；

游戏就是游戏、生活复归生活；

吃饭就是吃饭、喝水就是喝水、洗手就是洗手，

而不是吃饭、喝水、洗手，一切都是战胜病毒、抗击疫情。

这周，我也很想借鉴鄢超云老师"带感"的表达方式，直抒胸臆，比如，"我反对幼儿园里'排排坐'的开会方式"。但是我想了想，自己还是没有鄢超云老师的这份洒脱。

一提到开会，你首先想到的是什么？

我们都开过或者参加过无数次会议，通常是开会领导台上坐，台上要有主席台，主席台上有名签，茶杯话筒不能少，台下观众排排坐。令人不解的是，这样的开会方式，不知何时也蔓延到了幼儿园。

有些幼儿园还将这种方式迁移到了儿童的重大节日活动之中，比如，"六一"儿童节时，孩子们排排坐在下面，等待着领导的到来和讲话。

幼儿园原本是一片清静之地，孩子就应该是孩子的样子，生活就应该是生活的样子，老师就应该是老师的样子，而园长也只是老师中的一员而已。

这种开会形式背后的价值观，只会使我们离真实的儿童生活越来越远。

疫情让我们的生活发生了变化，开会的形式也随之发生了变化。

疫情期间，花草园人依然保持着每月开一次全园会的节奏。花草园四月的全园会，大家谈了些什么呢？

平静中有焦虑

李文老师：这个月，我的心情是从期待到失落，再到目前的平静中夹杂着些许焦虑。和家人近距离在一起的时间长了，会有厌倦感，很想回归到有节奏的工作状态中！

安然中的悸动

徐彦哲（保健助理）：近一个月心情不焦躁，反而很安然，我想因为我是"花草园人"。很幸运，跟着当前的工作节奏，思想上先动了起来。

感恩中的愧疚

陈玉勤（保育教师）：很幸运，我能成为花草园的一员，只上了半个月

的班就因为春节放假了，然后遇到疫情假期延长。不上班的日子，心情很复杂，觉得亏欠花草园很多很多……希望疫情早日过去，大家恢复正常的生活与工作。

见与不见的牵挂

周冉（园长助理）：3月，我虽然没有如期回到花草园，但是感觉大家的心都在一起。感受最深的是，胡老师指导了后勤工作之后，和大家一起开启了后勤小组的"云交流"，一起在线演唱花草园版的《奉献》。不管是隔空相见还是小组会面，大家心中都牵挂着彼此，牵挂着花草园。

会上，我们提了一个什么问题引发了大家这样多元的思考和表达？是"最近这一个月，你的心情、感受如何？"

与焦虑相处，享受独处的时间

阎玉新老师：这个月整体感觉很平静，就像《儿童宣言》中说的，开始慢慢习惯和享受独处的时间，在家里开始做一些有趣的事情。借助这些事情，让生活和工作都变得有趣味。

这之前很长一段时间，我晚上睡觉之前会很焦虑，特别是当梳理自己的一天时发现，没有做什么事情的时候，这种感觉更明显。

这也是这段时光教会我的吧！学会规划自己的生活，让生活变得充实，自己给自己更多的安全感。

读书这件投资最小、收获最大的事情，我们都可以拥有

贾凤仙（卫生管理员）：这个月最开心的事情是我可以看电子书了，上面的书好便宜啊！我买了一个包月的会员，每月12元钱，可以看好多的书。看书能让我学到很多知识。

在日常生活中找到喜悦点

赵莉莉（园长助理）：三月，我最高兴的是每天做晚饭的时间，我想知道在原料一样的情况下饭菜能有什么变化，对每种食材的运用都要经过仔细思考。家人吃到后的那种满足感，让我觉得很幸福。

一餐一食，品味生活的滋味

吴钰杉老师：这一个月，我的心情是很放松的，时间一多就可以让自己

慢下来去细细品味生活的滋味。

每天最开心的时刻，就是妈妈做好一桌饭菜，一家人坐在一起边聊天边吃。在这段时间里，亲情带来的温暖和快乐是什么都代替不了的。

每天做一点力所能及的事情，突破自我

魏艳华（保育教师）：疫情对我来说是一个成长的契机。从最开始的不接受，到对家人的担忧，再到现在每天做点力所能及的事，突破自我。生活不只眼前的苟且，还有诗和远方！

发现生活的巧思，体悟生活的明朗

李洋老师：三月，我找到了很多有意思的事情，比如，把买衣服和化妆品的钱省下来买了一些之前不舍得买的书，记录自己生活里重要的小事，看了一些纪录片和访谈节目。生活中，回北京的一整个月都有美食相伴，比之前胖了点，感觉要多去户外舒展舒展了。

合适的才是最好的

曹云香老师：这个月，我最高兴的事是把我最爱的小棕树从云南带来了北京。

但是，我感觉小棕树可能更喜欢家里那边的气候，她在这边叶子上长了小斑点，样子也没有在家那么清秀了。把她带来，让她离开大山或许不是一件好事。

享受当下，学会取舍

罗希悦老师：这个月最开心的事情是跟孩子们一起在线上互动。这个春天对每个人来说可能都会有一点点小遗憾，比如，不能跟好友见面，但也教会了我们享受当下，学会取舍。另一件开心的事就是给家人做各种美食，最不开心的就是体重飘忽不定。

我们可以有工作的时间、陪伴孩子的时间，也可以有自己的时间

王彩霞老师：这个月感觉过得很充实，找到了让自己生活有趣的方法。照顾家里的绿植、鲜花，让家里变得更有生机；增添一些置物架，收纳家里各种零碎的东西，让环境更加整洁。美好的环境总是能带给自己舒适的心情。

有工作时，专心对待工作，将工作认真完成；工作结束时，和孩子安心画画、游戏，找到了和孩子更加和谐亲密的相处方式，更了解她的心思。当把孩子和自己画的画整理成册时，我看到了这个月生活的痕迹。

当然，我也会留给自己一些时间，把做饭、洗衣服这些琐事当成生活中的调剂品，晾晒干花、做小手工，让生活更有味道。

在一起的力量弥足珍贵

张芬老师：这个时期，我更加确信我们在一起的力量弥足珍贵。幼儿园的微信公众号文章推送，每个人都积极参与、全力以赴。花草园人一起录制的花草园版《奉献》，让我们用另一种方式聚在一起。每个月末和班长们一起对本月工作做总结，大家都在微信群里积极地分享着班级工作的经验，毫无保留；也坦诚地分享着工作中遇到的困难，一起讨论解决方法。我们彼此信任、彼此支持，这份真实、真诚的力量，时常让手机这一头的我眼眶发热。这就是"花草园人"！

虽然不像往常那样有固定的上下班时间，大家可以面对面交流、讨论，但是这份"距离感"和"不确定感"却让我对生活、工作的时间规划有了新的把握，也慢慢拥有一份"空杯"的心态来面对当下和未知的未来。

安·生

甄珍老师：这个月用两个字来形容，就是"安"和"生"。

安，即安心、安住。安住在当下的每一天，把每天能做的事情做好，在做很多细微的事中感觉很安心。这段时间思考没有间断，在花草园这个大家庭里，我们有着精神上深度的联结。我们一起进行课程活动、目标的讨论，一起参加读书会，在班级群和孩子们分享、讨论……这些都让我很安心。这些力量又作用于我的生活，慢慢引导我摸索如何陪孩子、如何让家的氛围轻松活泼，很感恩！

生，即生发和生起。生发出很多身体力行的体验。我缝了几个抱枕、做了几次好吃的，参加了几个线上的课程和读书会，慢慢从多中进行取舍。我也生起很多愿景，生出很多关于"人"应该怎样活的思考。以前有的梦想被埋起来了，这一个月梦想似乎又回来了。

将养生和劳作整合起来

郭国燕（科研教师）：我试着将养生和劳作整合到自己的生活中。把一件在常人看来是劳役的事情当作一种养生的项目，可以收到养生和收成的双重效果。这样，在劳作的过程中想到自己正在养生，心里立刻就没有了苦累的感觉；而在"养生"的时候想到还能有收获，心里又没有了浪费时间的感觉。我猜想，这应该是一切劳作者最佳的劳作状态。

生活的世界在某种意义上也是体验的世界，就这样，我们用自己的方式相互倾听、接纳、拥抱、注视。我们相信，体验发生之时也是教育开始之时。

在安静中，每个人得以看见自己的"底层逻辑"

越是安静的时刻，越容易逼近一个人的"底层逻辑"。

底层逻辑就是我们在思考问题时候的首个核心切入点，从这个点开始思考所做出的决定。当围绕着底层逻辑思考时，所做出的决定才能和初心一致，最贴合内心，也是真实的人性反馈。

所谓的内省从来不是遮掩，也不是隐藏，而是找到自己的"底层逻辑"。所谓工作中的"修行"，就是一次次触碰底层逻辑的过程。能不能实现，要看一个人的愿力与慧根，但是最重要的是被看见、被接纳。

园长不是传声筒，也不是指挥棒，而是"过滤器"和"容器"

疫情期间，我渴望用成熟的心智过滤掉无用的信息，传递给教师们积极的信念，同时也能够抱持和消化教师们各种各样的情绪体验，引导他们思考自己与自己、与世界的关系。

好的教育是由"自由人"创造的

"金字塔的建造者，绝不会是奴隶，而只能是一批快乐的自由人。"这是1560年瑞士钟表匠布克在游览金字塔时做出的推断。

金字塔，必须由自由人建造；创造，也必须在自由中产生。

如果我们设想所有的员工都是需要被管理的，从不肯给他们自由的空间，总有标准、程式化的东西要求他们，那么他们就会产生担忧和恐惧，我们也无法看到他们的创造力，更无法看到他们生命力的绽放。

唯有自由的人，才有感悟的闲暇时光和创造的快乐。即使在疫情期间，我们每天也仍在进行创造，并为自己的创造而感动。

这样的会议形式带给我们什么

- 在会议中，每个人都耐心倾听，都有表达的机会和可能性。
- 会议结束，大家心情舒畅，变得更加清朗通透。
- 一次会议，变成了一个移动的"加油站"。每个人都积攒了能量，而这个能量会展现在当下和未来。
- 集体荣誉感在真诚、坦诚的分享交流中，悄然凝聚。
- 每个人都能将自己的情绪，如内疚、不安、焦虑、喜悦、平衡等，转化成庄严感。

庄严感是一种特别宝贵的东西，它让你对事物进行理性的判断，保持一种更加客观、豁达的态度，它也会显现在一个人的精神气质之中。

开会无非是发现问题、解决问题、塑造核心价值观的过程，没有说教与强迫，我们就这样轻松地达成了目标。这样的开会方式，你们想不想试一试呢？

《儿童宣言》——期待孩子们的未来会更好

2020 年 4 月 10 日

每周一清晨，花草园的孩子们都会迎来新一周的生活，他们会齐聚操场，和老师们共同朗诵《儿童宣言》。

疫情期间，我们做了很多事。其中，最重要的一件事就是将《儿童宣言》做了补充与修改。

1.0 版本的《儿童宣言》分为 9 章，从孩子们进入幼儿园开始，按照儿童生活的逻辑顺序依次选择了"生活习惯""与朋友相处""与大人相处""在幼儿园里""外出时""理想与信念"6 个方面的行为准则。

2.0 版本的《儿童宣言》最大的改变是增加了"与自然相处"部分，添加了"独处时应做什么"以及"如何感恩生活"；在"生活习惯"层面，增加了更多细节，如"分餐进食更卫生""感冒时，记得戴口罩""勤洗手"等要求；在"与自我的关系"层面，增加了"每天留出一些时间，做一件自己喜欢的事"等内容；在"与他人的关系"层面，丰富了"与父母相处时"的内容；在"与社会的关系"层面，增加了"感恩"等相关内容。

儿童宣言

上了幼儿园，我知道，我长大了。

长大是一件美好的事情，

长大意味着有能力去做很多事情，

长大意味着开始知道有很多事情是不能做的，

真正的长大，是学会了对自己和他人负责任！

我开始知道

在哪里，和谁一起，吃饭都是一件美好的事情。

我们要做到：

吃多少，取多少，细嚼慢咽，

分餐进食更卫生。

感冒时，记得戴口罩。

即使没有感冒，

打喷嚏与咳嗽时也要捂住口和鼻，

跟别人说"对不起"。

自己的垃圾自己处理，

尽量减少制造垃圾。

了解垃圾分类方法，

因为垃圾也是放错地方的资源。

我应该知道

上厕所是件私事。

如厕时关好门，

不便溺于外，

如厕后要冲水。
时刻记得，不给别人找麻烦，
这能让我们生活得更安心。
早睡早起，身体才能更健康。
外出回家记得先洗手，
饭前便后也不要忘了洗手。
"七步洗手法"一定要牢记。
如果能够把自己照顾好，
也是一件了不起的事。

要试着体会

朋友是一生的财富，与他们相处时：
倾听与尊重他们的想法，
有好的表现不炫耀，
别人有好的表现时要替他们高兴。
一起游戏时，即使输给了别人也没必要生气。
收到别人的礼物时，应该感谢，不应嫌弃。
每天留出一些时间，
做一件自己喜欢的事，
安心享受这件事情带来的快乐。
独自一个人时，
也可以很享受。
读书是独处时的最好选择。

与大人相处，应做到

有礼貌、有分寸，
与他们交流时，要看着他们的眼睛，
如果他们问问题，要马上回答。
收到礼物时，应双手接过，表示感谢。

感谢爸爸妈妈给了我生命,
并一直精心照顾我。
享受和家人在一起的每一个时刻,
如果能制造一些惊喜,
他们一定更开心。

在幼儿园里
见到每个老师都要问好。
发言时要起立,
有问题尽量自己解决。
有小便或者喝水时,请从别人后面悄悄绕过去,
走在前边的小朋友要为后边的人提供便利。
老师和小朋友谈话时不要打断,学会安静地倾听。

外出时
在公共场所应保持安静,
如需排队,请在队伍中耐心等待。
随身准备一个垃圾袋,
做到垃圾不乱扔。
乘坐车辆时不打扰司机;
要学会对为我们服务的人表示感谢。
走楼梯、搭乘电梯或乘坐公共交通工具时,
要先下后上,
尽量站在右边,请赶时间的人走左边。

与自然相处,要牢记
人类离不开大自然。
我们需要大自然,
但很多时候大自然并不需要我们。

如果森林消失，世界就会灭亡。

自然中的一花一草，一虫一鸟，
和我们一样，都是宝贵的生命，
试着和他们做朋友，
好好照顾他们，而不是伤害他们。

自然很美，但我们也不能过度打扰大自然。
自然有一条无法避开的"隐形线"，
一旦踩线，
会产生一些可怕的后果。

地球上的自然资源是有限的。
洗完手，及时关好水龙头；
能用一张纸完成的事，不去浪费第二张纸；
随手关灯，节约用电，
不浪费粮食和蔬菜
从身边的小事做起，
也能让世界变得更美好。

虽然我们很小
但对这个世界，
也有自己的观点和看法。
每天都应思考，
今天我过得怎么样？
要做的事情完成了没有？
哪些是让自己满意的，
改正错误要及时。
做任何事情，

都应守时，

安心、条理很重要。

入睡之前，

闭上眼睛，

默默感恩今天发生的一切美好。

自己的理想

一定要坚持，

无论如何，都要诚实。

坚持信念更重要。

长大后，我们也应谨记这些要求，

只有这样，才能成为更好的"我自己"！

孩子们眼中的《儿童宣言》是什么样子的呢？

<u>颢瑄（6岁）</u>：《儿童宣言》是我们在花草园里学习的最重要的一首诗。

<u>剑铠（4岁）</u>：我特别喜欢《儿童宣言》，它教会了我很多东西。

<u>楚潼（5.5岁）</u>：《儿童宣言》对我有很多帮助。它可以让我懂礼貌，还告诉我怎么跟别人相处，怎么和大自然相处。读《儿童宣言》让我很快乐，能让我恢复心中的平静和安宁。

<u>佳玗（5岁）</u>：当我做错一些事情的时候，妈妈就让我想想《儿童宣言》是怎么说的，我立刻就能意识到错误并能改正了。

<u>然然（5岁）</u>：我喜欢《儿童宣言》，它让我变得更好，有谁不喜欢变得更好呢？！

<u>恩硕（6岁）</u>：我喜欢"每天留出一些时间，做一件自己喜欢的事"，因为我就是这样的，这让我很快乐。

<u>诺依（5.5岁）</u>："很多时候大自然并不需要我们"这句话，我有点不太理解。我觉得我们可以给花、草、树浇水，我们可以照顾没有家的小动物，

喂它们吃的,所以,自然也离不开人类。我希望,我们可以和自然成为好朋友。

《儿童宣言》想要表达什么呢?听听家长们是怎么说的。

江陵爸爸:我认为,它是一部微型百科全书

花草园的《儿童宣言》涉及儿童成长中的很多层次,又是朴实真切的。它让孩子们在点点滴滴的浸润中茁壮成长,在"人伦日用"中明确边界,寻找"真善美"。

虽然《儿童宣言》朴实无华,却不易做到、做好。试问哪个家长敢拍着胸脯说,自己完全达到了《儿童宣言》的标准?真是庆幸,为孩子们,也为我们自己。

诺依妈妈:它为孩子们的成长注入了庄重的力量

第一次读《儿童宣言》时,它让我想起了自己入党时宣誓的《共产党宣言》,那种庄严、神圣而自豪的感觉终生难忘。

孩子终将成长为一个完整和完善的人,在她最美好的童年时光里有一个《儿童宣言》告诉她:我是谁?我有什么?我可以做什么?这是一件幸福而快乐的事情。

茜蓓妈妈:己身不正,焉能正人

《儿童宣言》里面的价值观不仅需要孩子学习和体会,更值得我们家长去认真思考。

在每天忙碌的生活中,抽出时间让自己静下来,让生活的节奏慢下来,能够让我们看清生活的真正的意义是什么。戒骄戒躁,和孩子一起成长。

宗道爸爸:它蕴含着"真善美"

《儿童宣言》不只针对儿童,还体现了人们最初对"真善美"的追求与对世界的友好看法。能够以儿童的视角看世界,对一些事物的理解也更直接,同时也时刻提醒我们,不要忘了自己童年时也曾有过的对世界与未来美好的向往之情。

诺依妈妈:孩子们不可能全都记住,但是一旦听过,就不会忘记

我们大人希望《儿童宣言》里的价值观都能够被孩子消化和吸收,并给予孩子成长的力量。

我想,在孩子的理解和认知里,他可能还无法完全吸收和消化,但是,他会选择自己喜欢和认同的部分并坚持践行。随着他的成长以及时间的推移,他会慢慢理解《儿童宣言》所寄托的那份期待和美好。

之昕爸爸:期望这些孩子可以让未来的中国更自信、更有爱

无论从事什么样的职业、处于什么样的境地,我们都要能不卑不亢,不轻视别人,也不轻视自己。

更多的平凡人能在危难时刻站出来,为国为民流血流汗,让这样的人不再流泪和被遗忘,而是被所有人尊重和仰望。

人得有自己的信仰和追求,愿中华之崛起是在各个方面,更重要的是文化和精神。

我们期待,孩子们的未来会更好,因为他们的未来就是中国的未来!

今天迫切需要的是有生命深度的教师

2020 年 4 月 24 日

对教师来说,读书本质上是在塑造生命的深度。

昨天是"世界读书日",很多人在朋友圈晒书单,推荐图书。

"本书便足以拓宽我们内心的幅员,也可以让我们找到灵魂共鸣之人。我们通过阅读理解世界,也通过阅读构建内心。我们捧起一本书的同时也在面对着无垠的时间。相比有限的'我'来说,书既连接着过去,也将去往比自然生命更遥远的未来,而当下,我们却发生了联系,瞬间击中,进而引发更为深刻的影响。"

在我的童年印象里,读书似乎是一件很私人的事情。那些爱读书的人总是愿意放弃一切嬉笑、玩闹的时间,在一个安静的空间里与另一个世界亲密接触。

我其实并不算是一个爱读书的人。那些真正爱读书的人,书就是他们生命中的一部分。当然，在我眼里，那种读书只是为了卖弄、炫耀知识，显得自己与众不同的人，显然不在"爱读书人"之列。

你读过的每一本书里都藏着生命的隐喻

"告诉我你读过的书，我就能告诉你'你是谁'。从某种程度上说，一个人也可以是他读过书的总和。今天，阅读越来越成为人们向内探寻自我、追寻自我的一种方式。有人说，读书是人们疲惫生活里的英雄梦，只要生活里现实与理想的矛盾一直存在，只要生活中依旧有琐碎与庸碌，这份对梦想的憧憬就不会消散。"

童年时代，我生长在大学校园里，读书是那个时候主要的消遣方式。一到寒暑假，大家就会开启全天候阅读模式。我读的最多的是中外名著，很多书即使看不懂，也囫囵吞枣地阅读过。

青年时代，我开始阅读专业书。对于完全没有工作经验的我而言，这些书读起来并不那么有意思。如果是一部引人入胜的长篇小说，我可以熬一通宵读完它，因为主人公的命运会牵动着我的心。而对于专业书籍，通常是打开它们之后，读了前几页，之后就再也没有翻开过。

这些年，我发现读过的那些书籍，细节都记不太清了，留下的只是一种情感或某些认识。关于维克多·雨果的《悲惨世界》，印象深刻的依然是这一段：

> 主人公冉·阿让从监狱里出来，感到灰心气馁，这时候，他遇到了米利埃主教。米利埃主教是个善良、正直、极富同情心的人。他好心收留冉·阿让，让他在自己家里过夜。但冉·阿让却偷走了主教的银器，准备潜逃。途中，他被警察抓住，但米利埃主教却对警察说："是你们搞错了，这套银器是我送给冉·阿让的。"然后，他当着警察的面，连银烛台也一同赠给了冉·阿让……而这一行为，彻底改变了冉·阿让的命运。

童年与青少年时期的阅读很像是追随着一种信仰，一种朝着真善美的方向努力的心理倾向。虽然读过的书的内容大都忘记，但从中获得的对世界的认识却一直都在。这些认识变成了我个人价值观中特别重要的部分。

关怀世界与他人

关怀，是一个人对另一个人的关心，也是在意另一个人的感受和对他未来命运的担忧。

同情弱者

同情，既是与他人在内在情感、观念上产生共鸣，或对他人的行为有所理解，也是一种内心的悲悯。

对世界要有自己的看法

明白很多事情并不是情感事件，而是要放在更大的时空中去判断。

情感与思想独立

人是自由的，特别是心灵是自由的，只有实现了人格的独立，才能实现自由意志。

学会成全他人

保留美好的天性，心存仁爱，才能成人之美。而这些特质，恰恰是成为一个具有关怀、同情、启蒙、解放和成全心理倾向的教师的渴望啊……如此看来，三十多年前，我选择了去北京师范大学读书，立志成为一名教师，其实也是内心最强烈的渴求。

我们读过的每一本书，都会刻进心灵里，写在面容上，成为属于自己的一张"文化名片"。

我们这个时代迫切需要的，不是一些聪明能干的人，而是有生命深度的人

"对于有着持续阅读体验且沉迷其中的人来说，或许都曾在书的世界发现一个不断涌出智识、艺术、美……的泉眼。人们如饥似渴地饮用着这些原始的甜美，滋润着朴素的内心。世间知音难觅，这些私人的阅读体验往往很难传达给他人。"

读书恰好是给自己以空间与时间，并从中获得能量。因为读书时的静默可以让自己安静下来，止息焦躁。安静，就像一碗水。安静下来后，有沉淀，有清澈，这个时候心神才能得到宁静，身体也才能得到能量的修复。

拓宽生命的深度，解决教育中面临的问题，这些都可以在书中找到答案。

今天的教育，过于强调教师的"技术化"，专注于专业知识、专业技术的发展，而忽略了教师作为人的基本人文素养的熏陶，这会导致幼儿教师精神世界的匮乏，生命的深度也就无法得到加深。

儿童是一本了不起的大书

这些年，我的阅读量减少了很多，其中一个重要的原因就是，我和孩子们在一起时间越久就越发现，人世间所有的道理不外这三个：求真、向善、尚美。和孩子在一起的我们，可以轻而易举地从他们身上获得关于世界、关于自我的这些宝贵认识。

花草园的教师们曾无数次被孩子们的表达深深打动，并从中获得了智慧和能量。

郭佳老师：当我和孩子们讨论"我们的心里有什么"这个问题时，力鸣小朋友说："我们的心里会有一些挂念，还有一些空白。"我问："为什么会有空白的地方？"力鸣小朋友回答道："有的时候我们需要安静一下，所以心就要有空白的地方。"

李美杰老师："老师，你挡住我看外面的世界了！"这是我去年带中班时安安小朋友的一句话。安安的这句话，我一直记在心中。

田悦老师：当溪溪小朋友说"闭上眼，这个世界只有我自己"的时候，我很震撼于孩子语言中的哲理性。心外无物，他们是与"真我"靠得更近的人。

李洋老师：裳裳小朋友说："你怎么对待世界，世界就会怎么对待你。"这句话在当下尤为珍贵！

吴嬉嬉老师：我在和孩子们谈论生死话题时，辰辰小朋友说："人死亡后会去天堂，去了天堂就永远都回不了家了，天堂一定是个很漂亮的地方，不然他们为什么会不肯回家。"听完他的这句话，我偷偷地落泪了。

有些老师不喜欢读书，但我觉得这并不是缺点，因为他们可能是受时间限制，没有养成阅读的习惯。不过，他们有可能从儿童身上获得真知灼见。所以，我们可以转换一个思考的方向：只要用心和儿童生活，那些智慧与能量就会源源不断地进入你的心灵。

爱读书的教师,有可能成为一名好教师,但不爱读书的教师,也不是完全不能成为一名好教师。

年幼的儿童,心智尚没有隔绝与天地的连接。随着年纪的增长和社会阅历的增多,人会形成一种稳定的心智,用来认知这个世界,也用来保护自己。这种心智是双面的,一方面保护了自己,另一方面也隔绝了自己和天地的连接,从而失去灵气。

如果我们洞悉其中的道理,如庄子所言"弃智绝学",不再依赖心智来保护自我,而是放下自我顺应天地的变化,和儿童同行,和大道同行,那么思想就留出了一个空间,"道"才能顺畅流动,从中获得能量的流动,总是有源源不断的活水。只有留出空间的人,才能保持自身的流畅性,保持新鲜活力。

我们提倡教师学习,但也不主张将读书视为专业化成长的唯一方式。和儿童一起用心生活,也有可能成为拥有生命深度的教师。

如何让教研活动深度发生

2020 年 5 月 9 日

夏天已至,但大部分幼儿园尚未开学,很多同行都在利用这段时间进行线上教研。

2020 年 4 月 29 号,我受邀做了一场关于"教研活动如何开展"的线上分享。

一切美好的事物都是深度关系的产物

花草园人是善于创造的,别人可能刚模仿了我们的一个做法,花草园人又创造了一个新的样态。这种生生不息的文化创造力究竟从何而来?

花草园的教育是由人创造的,但并不是由我一个人创造的,而是由一群人共同来创造的。

在创造的过程中，花草园的每一个人都展现了无限的活力和自信。我想，这不是一个大脑的产物，而是基于人与人之间的深度联结，从心而来的产物，因为幼儿园原本就是"关系的集合场"。

当然，任何认识变成智慧，都要经历一个"发酵"的过程，深度关系的构建也需要依靠时间的积累。

深度关系的构建是时间的产物

好的教育必须依靠时间的积累。你可以很快模仿出花草园的样子，但精髓的部分是很难模仿的，因为它需要靠时间来积淀。我们花了十五年的时间，才有了花草园今天的风貌。

这十五年，我们始终如一地做着一件事情：从"人"出发来构建教育中关系的维度，让每一个人都成为一个真实的人，让每一个人都可以拥有一个真实的自我。

当我问你"你是谁"的时候，很多人会说："我当然知道我是谁呀！我的喜好是……我的兴趣是……我不喜欢的事情是……"

- 你真的了解自己吗？
- 你了解的自己是一个"虚体自我"，还是一个"真实自我"？

拥有"真实自我"的人会有这样的感觉："我可以真实地展现自己的意志，并深信我的意志是基本可以实现的。"

"虚体自我"，是没有形成抽象意义上的自我。因为"我"没有形成，所以在每一个细节上发出的动力和意志都是"我"。一个细节上的具体意义上的"我"，自然就执着地想要"赢"。

前段时间，张文宏医生在接受采访时说："孩子们上学，早晨最好不要喝粥，要多喝牛奶、吃鸡蛋，一定要加强营养。"没想到这句话在网络上引起了轩然大波，甚至上升到了文化认同的高度。虽然早上我不喝牛奶，但是我对这句话并不反感，因为我觉得这个理是对的。

一个接近"真我"的人，是能够从这些"理"中寻找到适合自己的"道"的。你自己形成的"道"才是"道"，别人讲的不是"道"，只是"理"。但是很多人会将两者混为一谈，只要不符合他心意的就是坏的、不好的，就会有愤怒。

"虚体自我"本质上是一层防御，背后往往隐藏着难以名状的恐惧与焦虑。从"虚体自我"走向"真实自我"是一条非常漫长的路，心理学家斯科特·派克将它称为"少有人走的路"。

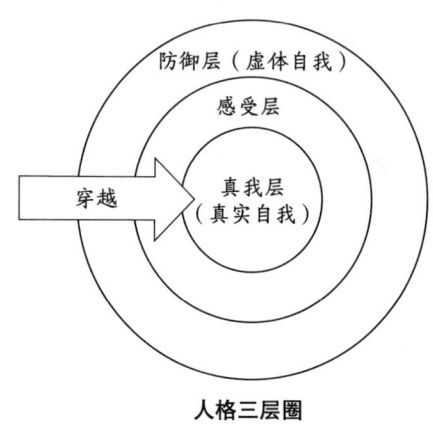

人格三层圈

在我们构建生活化课程的过程中，有一件事情给我的印象很深。

在课程探索前期，我们推翻分科教学的方式进行主题课程探索，当时设计的一个活动的主题是"妈妈是这样爱我的"，有一位老师很抗拒，找了很多理由，说自己完成不了。

有一天，我问她："你真实的想法是什么？能跟我说一说吗？"于是，她开始哭着对我说："胡老师，我不想触碰我内心深处最脆弱的地方，那个地方就是我和妈妈的关系……"

我们之间进行了一次深度谈话，她对我说："我终于轻松了，再也不怕别人发现我的秘密了。"

现实中，很多人活在"虚体自我"里，因为真实是非常困难的。比如，老师们要说一些不想说的话，因为有人只喜欢听这一类的话；老师们也必须说和别人一样的话，因为趋同意味着安全……当你认同了自己构建的那个"虚体自我"的时候，就要花大量的气力去维护这个虚假，每时每刻都在害怕别人看穿你的虚假。你为自己穿上了一件"心灵的铠甲"，这让真实的自我无法出现。

但是，每个人感受到的喜悦与创造生命的力量恰恰藏在那个"真实的自我"里。

花草园十几年如一日，慢慢地帮助每个人卸掉"心灵的铠甲"，让"虚体自我"渐渐消融，让"真实自我"渐渐显露。

你们可以设想，当我们每个人都以"真实自我"的状态相聚在一起时，每个人的双眼都闪闪发亮，每一个人的思想都是蓬勃的，每个人都能真实地表达自己，每个人表达的都不一样，每个人都是"教育家"。

其实，这个行业是很容易产生"虚体自我"的一个行业。我们面对的是年幼的儿童，在现实生活中，儿童会屈从于成人，因为他们在生理层面依靠成人的照料，这也很容易让成人产生错觉，觉得自己特别了不起。

大多时候，"虚体自我"是华丽的、高调的，大有"舍我其谁"的味道，而"真实自我"是谦逊的、理智的、克制的，因为一个人一旦走进真实的自我，就能看到一个更大的宇宙。

坦白地说，幼儿园的教育是可深可浅的。弄一点花样，贴一点标签，很多人也可以沾沾自喜一辈子；但幼儿园的教育也可以很深，深到每个人思想和心灵的深处。

我总是对老师们说，选择这份行业是一份幸运。因为这个世界上，没有哪个行业能够让一个人与童年的自己相遇，有很多的机会找回真实的自我。教育只有回归人性，才能见证"真我"，教师才有可能拥有幸福感。

从"自恋之壳"到"无限世界"，"真实自我"所经历的四个阶段

"真实自我"是在怎样的环境中诞生的？它是如何诞生的？

在这里，我想借用心理学家武志红的一些说法。

第一阶段：自恋之壳

"自恋之壳"是指婴儿在半岁前，几乎不能和人互动，只能沉浸在自己的世界里，这个阶段妈妈要做的就是和他在一起，满足他的需要，让他感觉他是非常全能的"神"，全世界都在围着他转。婴儿阶段是一个人形成"自恋之壳"的重要时期。

这种感觉如果没有在生命早期被满足过，那么个体在成长中就会不断地显现出"自恋"的痕迹。当然，"自恋"的痕迹在我们每个人身上都有残留，我自己也不例外。

第二阶段：母爱怀抱

这一阶段通常是指6个月到1岁的时候。在这个阶段，婴儿需要妈妈一直在，全身心地抚慰他。"母爱怀抱"对孩子的成长很有意义，它能够帮助婴儿破除"自恋之壳"，进入一个关系的世界。

第三阶段：家庭港湾

在孩子1—3岁的时候，父亲的作用显现出来，和妈妈一起构成了"家庭港湾"。在"家庭港湾"中，孩子会感到很安全，也会感觉到力量的存在。

第四阶段：社会熔炉

3岁之后，孩子进入幼儿园，开始用自己的力量和社会相处。如果在"社会熔炉"这个阶段，孩子和"社会"相处得很好，他会进到一个无限宽广的世界。

总体而言，一个人自我的形成就是破壳而出，从雏鹰到雄鹰，最后展翅飞翔的过程。但是，现在的很多人，他们童年该完成的任务没有完成，心理仍停留在"巨婴"阶段，或停留在"母爱怀抱"阶段。

我们每一个人童年时和父母的关系，影响着未来我们和世界的关系！

很多人说，花草园的教师整体水平高，是因为老师们都是高学历，是百里挑一挑选出来的。事实并非如此。但是，来到这里的每一个人都在我们的"社会熔炉"里变得越来越好，这是为什么呢？因为他们童年生活中没有被满足的那部分，在花草园中渐渐被满足了。

我感觉自己时而是母亲，用母亲般的温暖去关怀他们；时而是父亲，用父亲般的威严去要求、规范他们。幼儿园的"家文化"成为教师们心灵的港湾。教师和家长的相处像是进入了"社会熔炉"，他们渐渐走进去，在"社会熔炉"中历练自己……当这四部分都被满足时，他们会逐步迈入一个无限的广阔世界。

实际上，每个人都有婴儿时期残留的那部分自恋，它也是能够给我们带来生命活力的部分。当新教师来到花草园时，我们做的第一件事就是唤醒他们的自恋，让他们觉得自己很棒，特别有干劲。这是很宝贵的东西，不要去打破它。很快，他们就会进入"社会熔炉"去锤炼，在实践中自己去破除"自恋之壳"。

作为园长，你是否能够：

- 如"容器"一般，给教师很大的抱持？
- 给教师母爱般的怀抱、父亲般的规则，构建家庭的港湾？
- 放手让他们去"社会熔炉"中历练，当出现问题时，助他们一臂之力？
- 最终鼓励他们进入无限的世界？

这其中的关键是，园长是否已经破除"自恋之壳"，走入到无限的世界里？你只有进入了无限的世界，才能帮助教师进入到无限的世界里。

无限的世界是一个什么样的世界？是一个非常美好的世界，是一个"万物皆备于我"的世界。在无限世界中有主人感的人，他们是自己内心的主人。这种感觉一旦拥有就会固化下来，教师就会变成很有能量的人，主动地去创造生活、影响世界。

这些认识与看法深深影响着花草园教研路径的设计。

"心田式教研"：只有蓬松的土壤，才能长出幸福的种子

每周二，是花草园的教研日。中午，我们会针对一些问题进行深度探讨，每次谈完，大家都特别开心。和每周五孩子们的"畅游日"呼应，老师们把每周二的教研会叫作"心灵畅游日"。

花草园的教研怎么"研"，在"研"什么呢？

每一次的教研会上，我们都如同农人一般，将自己的心田耕犁一遍，然后再播撒上种子。每个人撒的是不一样的种子，有的是土豆，有的是西红柿，有的是黄瓜……别希望他们都一样，因为就是这种多样性，花草园才变得如此丰富。

我们把这种教研方式叫"心田式教研"。"心田式教研"分为三个步骤。

第一步:"说你、说我",进入"母爱怀抱"和"家庭港湾"

对照前面的理论,这个环节很像是"母爱怀抱"和"家庭港湾",每个人都真诚地表达自己,借助彼此的力量破除自己的"自恋之壳"。

这一部分,教师们想说什么就说什么。他们可以说他们的高兴、幸福,也可以说他们的难过、悲伤;他们可以说他们的"巅峰时刻",也可以分享他们的"跌落体验"。有的老师会说:"我觉得这个星期我的状态特别糟糕,我什么都没有做。"我会说:"没关系,每个人都有低潮啊"。下一个老师可能会说:"我觉得这一周我的感觉太好了,我发现了……"我会说:"哇!太好了,这个问题,我还没有怎么想过呢。"在这个过程中,每个人都可以充分地表达自我,表达完都感觉心情舒畅。

这一步,可以让一个人从"孤独世界"进入"关系世界",或者说从封闭的"想象世界",进入开放的"真实世界"。

第二步:共同面对困难,体验"社会熔炉"

这一部分,我们会讨论教师们在工作中以及课程中遇到的困难,共同面对,在讨论解决办法的过程中形成"共同体",构建更坚固的"家庭港湾"。

每个人的问题都不一样,但都是真实的、开放的。教研会上,什么问题都可以被谈论,我们甚至谈论过:"班里有一个我不喜欢的孩子,我该怎么办?""当我出现职业倦怠的时候,是走还是留?"我不觉得这些问题会对别人有很大的影响,因为每个拥有"真实自我"的人都有自己的判断。

第三步:确定目标与方向,逐步进入"无限世界"

最后一部分,我们会谈论自己下一步工作的目标与方向,不是看别人的目标,而是要给自己找目标。

一个羞怯的新教师的目标可能是:今天不敢抬眼看家长,到后来开始和一两位合作度高的家长讲话,再到后来可以跟所有的家长讲话。不要一来就对他们说:"你们受了那么多专业训练,连这些工作都做不了?"这样会导致教师的"真我"又缩了回去。

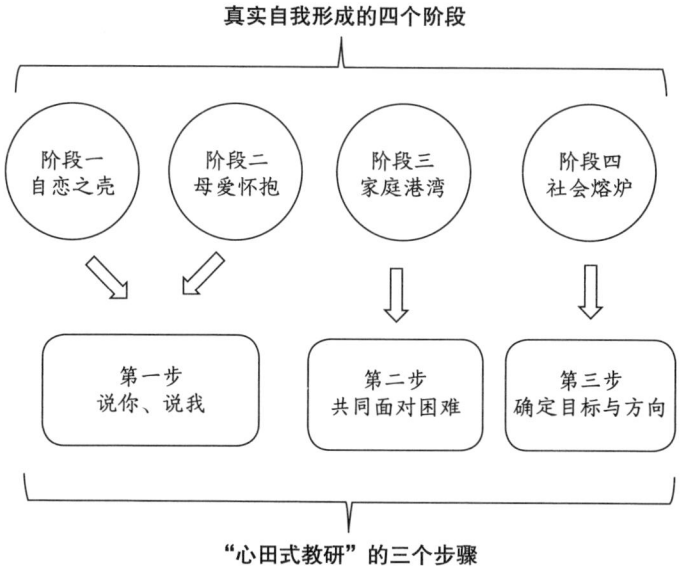

所以，在教研中，我们虽然讨论的是教育的问题，但看到的却是人心和人性的问题。每一个人都可以获得内心的观照和自我的成长。当教师能够在关系中获得滋养时，他和儿童的关系就有了更多延展的空间。这是非常重要的。

尊重自己的感觉，用心灵工作

花草园对教师的管理是非常关注他们的心灵成长的。现在很多人一说用心灵工作就是使劲用脑，其实使劲用脑不叫用心灵工作。

用心灵工作是一种什么样的感觉呢？就如同今天我并没有花很大的气力来做准备，甚至没有准备演示文稿，我只想敞开心扉真诚地和大家交流，将感觉放在当下，这就是用心灵工作。用脑会很快感到疲倦，当我们的心灵相遇的时候，会感受到一种能量的注入，感觉自己非常有活力。

自体心理学家科胡特提出，心理健康的标准，是自信和热情。活力滋养自身，就是自信；活力能流向客体，就是热情。

他说的活力，我认为可以理解为人性化的动力。可以说，那些工作中满怀热情的人，是能将他们的动力灌注在工作上的人。很多人虽然也在积极工作，但常常是在用套路工作。他们只是在用头脑工作，不是用真实的动力。

真实可以变成一种活力，滋养自己和他人

气场是什么？就是你的心特别干净，你讲的话、做的事都非常的真、善。

每次看到那些虐待动物的视频，我都会止不住地流泪。生而为人，我很羞愧，因为我们不能善待比我们更弱小的动物。恶，以各种形式存在，在我们自己身上残留的那些人性之恶，让我们的心灵变得不那么通透。所以我想，就是这些脆弱让我看起来更像一个真实的人。

即使在老师们面前，当我难受的时候，我也会流泪。因为我作为一个人，心灵不可能总是那么强大。我从不羞于在别人面前袒露我的"残缺"。这样做对我是有价值的，我尊重自己的感觉，也能分清楚感觉中哪些是真实的，哪些是虚假的，我力求保持真实。当我一次一次地面对恐惧、焦虑时，就会一次一次重塑自己的内在逻辑，我知道自己离真实、美好又近了一些。

很多人总希望能够学到一套所谓"教研的技术"。我想，我们每一个人说了什么话、做了什么事情，那种潜意识里的、直觉的、真实的流露，比技术更有意义。这种流露本身就是对自己的生命与他人生命最好的滋养。

今天，与其说我分享的是"如何开展教研活动"，不如说是如何让教师们解放自我，离"真实自我"更近。只有人真实了、美好了，幼儿园才能够展现出巨大的活力。

教研要回归人性

当下，大部分幼儿园的教研活动过多地强调专业学习，大多是理性导向下的被动灌输，人的真实存在是被忽视的。

今天，我们越来越清晰地认识到，情感导向才是教研活动变革的方向。拥有共情的能力对幼儿教师理解他人，特别是理解儿童至关重要。

幼儿园的教研活动也需要回归人性，回归到人的情感里，回归真实。

我认为，这一改变至关重要。因为它影响了幼儿教师，促使他们将对自我的认知开始从大脑走向了心灵，也意味着从"虚体自我"走向了"真实自我"。

当一个人能真实地活着，并忠于自己的内心时，就可以通向星辰大海，与万物相连。这就是花草园人创造力生生不息的源泉所在。

经历了这么多，我们依然选择"相信未来"

2020 年 5 月 15 日

越是面对大苦难，就越是要用大尺度来衡量。所谓大尺度，第一个是哲学的尺度，第二个是历史的尺度。

——周国平

在历史的尺度中，未来是尚未发生的，却是由当下每一个瞬间积累而成的。

选择"相信未来"，意味着我们对过往深刻的认识，也意味着我们想用更大的勇气超越当下，创造未来！

相 信 未 来

当蜘蛛网无情地查封了我的炉台
当灰烬的余烟叹息着贫困的悲哀
我依然固执地铺平失望的灰烬
用美丽的雪花写下：相信未来

当我的紫葡萄化为深秋的露水
当我的鲜花依偎在别人的情怀
我依然固执地用凝霜的枯藤
在凄凉的大地上写下：相信未来

我要用手指那涌向天边的排浪
我要用手掌那托住太阳的大海
摇曳着曙光那支温暖漂亮的笔杆

用孩子的笔体写下：相信未来

我之所以坚定地相信未来
是我相信未来人们的眼睛
她有拨开历史风尘的睫毛
她有看透岁月篇章的瞳孔
……
朋友，坚定地相信未来吧
相信不屈不挠的努力
相信战胜死亡的年轻
相信未来、热爱生命

第一次听到诗人食指的这首《相信未来》，是去年的六月底。在广袤的呼伦贝尔大草原上，同行的李教授一次次激情满怀地朗诵着这首诗。当时的我心情有些低落，面临着人生中一些艰难的选择，而这首《相信未来》在那个时刻带给我一种豁然开朗的心境。

对待不可知的未来，是选择相信，还是选择悲观失望，这似乎是自己可以决定的事情。未来并没有发生，你选择何种态度，代表了你对未来生活的一种期许。这句"相信未来"充满着积极的力量，也像是一种神奇的隐喻……和恐惧、担忧相比，我宁愿选择相信未来。

开学在即，"相信未来"也意味着我们不仅要关注人类的命运，还应该关注我们自己的命运。

要有一个远见，超越你未见

这个行业原本就是一个教师稀缺的行业，保护好这些"当下的存在"是整个行业都要关注的问题。但疫情期间，我们看到了一些让人揪心的事。

今天，我们必须要对幼儿教师这个行业有一个整体性的思考。

这段时间，花草园没有人员流失，老师们也享受了全额工资。他们即使没有来到幼儿园，无法见到孩子，也依然保持着积极的工作状态。老师们的教研会、读书会保持每周一次的节奏，"生活化课程"成为这个时期凝聚所有人的重要"媒介"，花草园的几本新书也在推进中。

当然，对教师而言，个人的发展与机构的发展、管理者的决策息息相关，这不仅会影响他们当下的命运，还会影响着他们未来的发展。所以，今天我们不要空洞地谈论"相信未来"，而是要深思：作为管理者，我们今天所做的每一个决策，都有可能影响着教师们的未来。

作为幼儿园管理者，你对教师价值认识的不同，对未来的预期不同，就会导致不同的行为。管理者的短视、狭隘以及资本的逐利特征，会造成很大一部分教师的流失。

办学者应该清醒地认识到："财富"不是指金钱，为你创造"财富"的人才，才是最宝贵的"财富"！教师的流失，损害的不仅是教师自身的利益，更是这个行业的整体利益。

开学在即，每一个办学者都应该问问自己：

- 这次疫情对我们的价值判断有着怎样的影响？
- 做教育，我们追求的到底是什么？
- 你更关心的是名与利，还是这个行业儿童的福祉？

每个幼教人，都有追求美好未来的权利

在这个特殊的时期，因为我们远离了教育现场，有了距离感，反而能够更加冷静地思考。这种静下心来保持适度距离的审视，让我们的专业厚度得以增加。

我们通过不断地反思、学习与行动，使"在场"的学习与"不在场"的理论之间完成了一种更加深刻的融合与贯通。

当然，对花草园的教师们来说，最大的收获莫过于我们在专业上有了更加明确的方向。

总会有人疑问："你们的工作总是在心灵层面游弋，现实层面的那些要求是如何实现的？"坦率地说，现实层面的很多工作都是"填空式"或"拼图式"的，完成它们需要时间和大脑。但当我们的心灵有追求、有方向的时候，对这些要求反而没有那么多的抗拒，每个人都会借助心灵的力量找到高效、高质量地完成这些工作的方法。

这个行业的大部分教师对"成为更好的自己"都有着深深的渴望，希望自己能够带给孩子们更好的教育。

这也让我们坚信，这个行业的未来会更好。

生活化课程的"对话文本"特性，表达着对"相信未来"的深度思考

花草园将对教育的热爱和对"真善美"的追求，都倾注在生活化课程之中，我们称其为一种"对话文本"。

生活化课程作为"对话文本课程"，其丰富性在于为身在其中的每一个人都提供了对话与表达的自由空间，课程不再仅仅是物化的材料，而是包括教师、幼儿对文本的理解以及师幼之间的交往，这是一个不断创生意义的过程，也是幼儿教师教育哲学观逐渐形成的过程。

教师们是如何在生活化课程中得到养分的？生活化课程是从"理想课程"到"我自己的课程"的转身，是鲜活的、过程性的、发展着的活动形态；在生活化课程中，当对话开始的时候，教师们不仅是在与自己的当下碰撞，还是在与自己的过去与未来相遇。

当人是自由的时候，身体就会自内而发地创造出舞蹈，在空中翩翩起舞。但是，后来舞蹈编导介入，诗人也来了，他们设计动作、解释姿势、写出诗句，规定了节奏，也限定了空间。此时，思想不再自由，创造的多样性不复存在，规定的秩序进入舞台，舞者似乎成了木偶。而"生活化课程"却能将教师从僵化的"规定动作"中解放出来。

对未来，我们充满了信心，因为我们确信，"相信未来"就是在创造未来！

为孩子们创造儿童节的一种新体验

2020 年 5 月 29 日

爱是对所爱对象的生命和生长的积极关心。如果缺乏这种积极的关心,就没有爱。

——埃里希·弗罗姆

2020 年 5 月 20 日,全国第九个学前教育宣传月正式启动。今年学前教育宣传月的主题是"特殊的时光,不一样的陪伴"。

当学前教育宣传月与"六一"儿童节相遇,会产生怎样新奇的"火花"?

即使在这个特殊的时期,我们仍用心准备,花了很多时间进行讨论,想设计出一个非常适合当下、适合儿童、适合家庭的"儿童节"活动。

"六一"儿童节活动的方案设计,是从倾听开始的。

倾听自己"内在小孩"的声音

在本周二的"云教研"中,老师们将自己还原成孩子,许下了一个个"六一"儿童节心愿。

"3 岁"的赵莉莉老师:我很想念我的幼儿园,我能回去看望园长妈妈、老师、于师傅吗?小兔兔还在吗?

"4 岁"的郭佳老师:我想和自己的好朋友一起去公园搭帐篷,野餐。

"5 岁"的张晓敏老师:我最期待的是"云赏花草园",如果能收到礼物就更开心啦!

"3.5 岁"的罗希悦老师:我想和好朋友一起期待这一天的到来,我们晚上数星星睡觉,睡一觉起来就是"六一"儿童节啦!

"4.5 岁"的周冉老师:我想跟家人一起吃好吃的食物。

"5.5 岁"的张蕾老师:我想过一个自由自在的"六一"儿童节,在这一天做一件以前从未做过的事。

老师们"内在小孩"的心愿和孩子们的心愿一样吗?

倾听孩子们的声音

在无法相见的日子里,我们依然保持着"对话"的空间。

在这周的"空中茶话会"上,老师和孩子们一起讨论共度"六一"儿童节的 N+1 种方式。

梓宵:我想收到一个幼儿园送的礼物,可以是漂亮的照片,照片上有大滑梯和小兔子。

思涵:我想给幼儿园的大树屋、小树屋写封信,告诉它们我想幼儿园了,我想老师和小朋友们了,我想幼儿园的小鱼们了。

智研:我想摘幼儿园的桑葚,想吃幼儿园的自助餐,还想收到一张幼儿园现在样子的照片。

梦阳:儿童节那天,我想让妈妈陪我去幼儿园,可以在门口摘桑葚,看小兔子和小猫咪。

又鸣:"六一"儿童节的时候,我想给幼儿园画一幅画,幼儿园怎么能看到我画的画呢?

思齐:我想那一天,从早到晚都有惊喜,可以不停地收礼物。

每年的"六一"儿童节,我们的工作不仅是倾听孩子们的想法,帮助孩子们实现梦想,还期待着在这一天有一场心与心的相见。

就这样,疫情期间的"六一"活动新方案"出台"了……

不一样的"六一"儿童节,一样的想"见"你

活动一:我想给"你"写封信

活动由来:这个假期,长得超出了我们的想象。孩子们有很多话想对花草园说。"六一"儿童节这一天,就来实现他们的心愿吧!

花草园的大邮筒上线啦!不如现在就给花草园写一封信吧,将你对花草园的大树、花花草草、小兔子,老师、师傅们、园长妈妈……最想说的想念、祝福、盼望和"悄悄话"写下来,装进信封内。等到节日这一天,在爸爸妈

妈的陪伴下把它"寄"给花草园！

信件投递时间：6月1日

邮筒放置地点：花草园大门外

参与者：小朋友和爸爸妈妈

活动二："叮咚——这里有一份祝福请查收"

活动由来：在征集的孩子们"六一"儿童节心愿清单中，"想收到来自花草园的礼物"和"想见到花草园的小花和小草"高居榜首。于是，一张张印有花草园最美风景的"六一"儿童节特制明信片诞生啦！

这两天，我们会将明信片寄出，明信片上不仅有孩子们最想念的花花草草的照片，还有老师们想对孩子们说的话哦！

接收时间：不定期哦！期待邮递员叔叔按响门铃的那一刻！

接收地点：就在家里耐心等待吧！

活动三：这里有熟悉的节日味道

活动由来：每年的"六一"儿童节，花草园都会为孩子们准备一顿丰盛的自助大餐。许久没有尝到花草园的味道，孩子们都馋了吧？我们将孩子们最爱吃的自助餐做成了精美定食，里面不仅有孩子们最爱的菜品，还有来自花草园的桑葚哦！一定要提前预定！

这一天，孩子们在家里就能尝到熟悉的味道……爸爸妈妈们，也终于可以品尝花草园的美味啦！

菜单：面线虾、糖醋排骨、松仁玉米、草菇西兰花、米饭、桑葚

最佳赏味时间：6月1日12点—13点

活动四：云赏花草园

活动由来：许久未见，花草园现在是什么样子呢？桑葚成熟了吗？葡萄长大了吗？小兔子还好吗？老师们和园长妈妈都在做什么呢？孩子们最想念的花草园，也将以自己的方式与大家见面。

"六一"儿童节这一天，一定要打开花草园微信公众号里的视频哦！

时间：6月1日晚

地点：花草园微信公众号

参与者：全体花草园人

"六一"儿童节是孩子们的节日,它提醒着所有的大人不要忘了自己也曾是孩子,也不要忘了用心陪伴孩子是我们的责任。

我们建议,爸爸妈妈们可以用这样的方式庆祝孩子们的节日:

- 穿上最漂亮的衣服,在家里举办一场时装秀
- 全家人一起准备一份节日"大餐"
- 在户外尽情奔跑,享受呼吸新鲜空气的自由
- 在家庭电影院里,依偎在一起,看一场喜欢的电影
- 夜幕降临时,对着窗外数星星(希望这天会是大晴天)
- 这一天,试着不睡在床上,在家里搭一个帐篷吧
- 玩"互换身份"的游戏,在对方的"角色"里体验不一样的儿童节

我们是如何将生活转化成"生活化课程"的

2020 年 6 月 5 日

"生活化课程"一方面是指课程具有生活的特征;另一方面,表明它也不同于生活,来源于生活,却又高于生活。

作为教育者的我们,用人类美好的文化形塑了儿童的生活,最终又回到儿童的生活之中,帮助他们实现生活经验的重塑与再造。

当然,这个经验的重塑与再造过程不仅是儿童的,也是教师的。

工作的本质是给人带来满足感、成就感和幸福感

幼儿教师是一个"高付出"的职业,但这一点并不是造成幼儿教师不愉快的主要原因,主要原因是"低创造"。如果一个人在生活中没有了创造性,成就感和获得感就会非常低下。

造成教师创造性消失的原因有很多,就现象而言,主要是教师的个性被消解了。教师的个性一旦被消解,就会过一种缺乏自我的生活。教师的真实与真诚一旦消失,教育生活就会出现外在化、形式化、平面化和异己化的倾向。

疫情期间，带给我特别大的一个启示：其实所有的工作，其本质都是一样的，就是给人带来满足感、成就感和幸福感。也可以反过来说，一个能够带给你满足感、成就感和幸福感的工作，就是适合你的工作。

回到个人的角度。人是有主观能动性的，如果你的满足感、成就感与创造感总依赖别人给予，就非常有限。我们应该时常问问自己："我能带给自己满足感、成就感和创造感吗？"如果答案是肯定的，说明你已经完成了一次个人成长的飞跃。

幼儿教师需要一次专业解放

幼儿教师在专业评价上需要解放的地方有很多，无论是那些考评的表格，还是环境创设的导向、教师的教研、幼儿园的课程等，都需要一些革命性的变革。纵观当下幼儿园的变革，我们似乎很容易从一个窠臼跳到另一个窠臼里，但其本质并未发生根本性变化，教师在其中似乎也难以得到"专业解放"。

为什么要提"教师解放"？一是因为，教师的专业"解放"关系到每个教师的权益，以及对幸福的教育生活的追求；二是，从某种程度上说，解放教师就是在解放儿童。

这么多年，我们一直在儿童领域提改革的方向，如儿童立场、核心素养、理解儿童与观察儿童……但忽视了影响教育效果的另一个关键要素——教师。我想，如果教师自身都从没有体验过个性的自由，没有尝试过真正的创造，他们就很难把这些体验、感受与认识迁移到儿童身上。

如何将教师从当下的困境中解放出来呢？

我们的经验是：当课程能够从"对话"开始的时候，"理想课程"就不再遥不可及。我们的"生活化课程"本质上就是一个对话的课程，讲的就是我们如何和孩子完成有效对话的课程。

从生活到"生活化课程"

很多人听到"生活化课程"的第一反应是："生活化课程不就是生活的那些事儿吗？没什么新鲜的啊！"

实际上，"化"表示某种性质或状态的转变，但转变不表示等价。一方面，"生活化"是指课程具有生活的特征；另一方面表明，它又不同于生活，来源于生活，却又高于生活。从生活到"生活化课程"，有三个非常关键的步骤。

步骤一：每个人的初始经验都需要被看到、被唤醒、被认同

在上半年的生活化课程里，我们花草园人最喜欢的是12月——美食月的课程。这个月里，我们会回到生活的源头，一起制作很多美食。其中，大班有一个活动是"做馒头"。有人可能会说："这有什么可学的？北方人都会做馒头啊！"现在，就来看看我们是如何从"做馒头"这件事建构"生活化课程"的形态的。

看别人做馒头和自己会做馒头是两回事。就拿和面这个环节来说，别人可以告诉你一些规律性的东西，比如，水和面的比例、酵母放多少……但是，你只有通过自己的揉搓才能找到面一点一点变筋道的感觉。

在"生活化课程"中，孩子们的学习不仅仅是"做馒头"这一件事，他们还要学习发酵的原理，要对做馒头这件事提出很多问题，还要学会等待……

在课程中，我们设计了一个非常完整的学习路径，从发酵开始，到揉搓、造型；从操作入手，转入科学认识，最后上升到文化与哲学的高度。所以，孩子们对"做馒头"这件事，理解和认识是非常完整、丰富的。活动结束后，他们会分享自己的感受，每个人的表达都不一样。

琳奕：我觉得蒸馒头是一件非常神奇的事情，一个小面团加了酵母就慢慢地变大啦！

子昂：和面是个力气活，要边揉边用小拳头捶一锤，这样才能把面都压在一起。

力鸣：做馒头不是一下子就能做好的，面团也不是一下子就变光滑的，要有耐心才能做一个很好吃的馒头。

彬宸：今天我学会了蒸馒头，回家我要教爸爸妈妈一起做。

我非常喜欢中国文化中关于"道"的描述。听了1000次如何做馒头的课，都不如亲自去做100个馒头有效。在你亲自做了100个馒头后，那些程序谙熟于心,你就拥有了真正属于自己的认识,也就是"道"。

"生活化课程"就是这样,它把课程中的每一个人都带回到一个具有文化适切性的学习场域,从儿童当下的经验切入,在共同学习的过程中,"我的经验""你的经验"重合成为"我们的经验",课程也因此有了内蕴。

"我的经验"和"你的经验"都是相对有限的,我们共同的经验才会形成强烈的文化内生力。我们常常讲学习中的碰撞,就是你和我对一个事物有了共同的认识,也有了共同的表达愿望与话题感。

这也传达出一个重要的信息,就是你的经验未必比其他人的经验更好。比如,虽然老师们在组织教学活动方面受过专业的训练,但是他们可能并没有亲自做过馒头,所以他们也带着空杯的心态来面对这个课程,和儿童共同学习、共同分享,然后用共同的经验来结构课程。

在这个过程中,教师并不是所谓的"先知",他们和孩子一样,对接下来发生的未知充满期待。他们此时是作为一个生命主体的存在,既不压迫也不紧张、焦虑,也没有那种对儿童的"居高临下"感,就是回到当下的生活经验中。

儿童在当下,教师也在当下,在"当下"这个时空中,他们会有很多很多的碰撞。

步骤二:只有在"对话"中,才能实现真正意义上的课程建构

没有了对话,就没有了交流;没有了交流,也就没有真正的教育。

——保罗·弗莱雷

在幼儿园里,每个人每天都要说很多话,教师与儿童有无数次对话的可能,可以说教师的大部分教育行为都是通过言语来传输的。所以,教师和儿童用什么样的方式展开对话,是教育中一个非常关键的问题。

在生活化课程中,所有的对话都是在生活之中自然进行的,儿童的学习也是在与教师、与自然、与同伴、与自己的对话中完成的。

我们总结了教师在"生活化课程"中作为主体存在的三种对话方式。

主体性对话:即师幼对话。师幼关系是一种"相遇",这种"相遇"是指具有完整人格的人的精神相遇,也就是说,师幼"相遇"的目的不仅在于知识，更在于情感、思想、智慧的碰撞和精神世界的交互成长。

阐释性对话：即师幼与课程的对话。当我们把课程当作"文本"时，教师与课程才能共同临场。课程的中心是师幼对课程文本的解释以及意义的创生，它是一个不断创生意义的过程，也是其中的一个个"人"的生成过程。

反思性对话：即教师与自我的对话。反思使教师成为智慧型教师。实践中的反思是教师获得实践性知识，生成实践智慧的重要途径和手段。如果离开了实践和对实践的反思，教师的实践智慧是很难形成的。

在对话中，有以下两点特别需要注意。

一是对话者在其中的真实感。"教育的本质就是真话实践"。我们得活在真实里，不要把幼儿教育弄得像表演似的，活在一个华丽的套子里。那种虚假是对教师生命状态的戕害，更是对儿童的戕害。

二是对话者之间的平等关系。卢梭在《社会契约论》中指出，"幸福的基础是自由，自由的基础就是平等"。引申开来，对话中，最重要的也是对话者之间的平等关系。

在对话中，教师的作用是非常重要的。因为儿童的经验是零散的，所以需要教师抛出一个很有价值的问题，这是展开对话的基础。

那么，在对话中，如何提出一个有价值的问题呢？

教师需思考：

- 我想和孩子交流什么样的问题？
- 这些问题能否引发新的讨论？
- 这些问题能否帮助孩子厘清想法与观念？
- 这些问题能否帮助孩子获得积极的情感体验？
- 这些问题能不能让孩子超越当下的存在，获得更高阶的意义？

之后，教师要引导课程沿着对话中儿童思考的线索继续深入。

以四月的一个课程"我的家族印记"为例，我们一起来看一看，教师是如何运用提问引导对话层层深入，帮助幼儿完成与自我的深度联结的。

讨论的问题如下：

- 什么是家族印记？

- 你有怎样的家族印记?
- 你对自己身上的印记满意吗?
- 如果可以选择,你想遗传家族的什么?
- 如果没有家族印记,会怎样?

对话从"什么是家族印记"开始,当被问起"你有怎样的家族印记"时,孩子们的回答特别可爱。有的孩子说,自己一单一双的眼皮是家族印记;有的孩子说,自己长的痦子和妈妈的一模一样;有的孩子说,自己的卷头发、卷舌和爸爸的一样……分享的现场特别有趣、热烈。接着,老师又提问:"你对自己身上的印记满意吗?"这个问题询问的是孩子们对待事物的态度,这一点非常重要。最后,教师提问:"如果可以选择,你想遗传家族的什么特征?""如果没有家族印记,会怎样?"

这些问题本质上是哲学问题。"是什么?为什么?在哪里?怎么样?从哪里来到哪里去",我们设计了一个闭环的提问线索。这些问题高度凝练了文化以及对教育的深度思考。实际上,这些问题是我们这些年进行课程探索时特别重要的一个着力点。

现在很多幼儿园都在做课程审议。课程审议不只是找到儿童的经验,之后确定主题,还应该和儿童在一个对话的平台上展开学习。

我们中的很多人在谈论儿童的时候都满心欢喜,因为当我们把儿童当成蓬勃的生命来对待时,就不再将他们视为传授知识的对象。我希望,大家能够尝试用文化来塑造课程,让儿童拥有对世界的态度和追求,获得一种更为完整的对待生活的哲学态度。

为什么教师能够在"生活化课程"中获得养分?是因为"生活化课程"是一个从"理想课程"到"我自己的课程"的文本,在这个课程文本中,教师、儿童与课程共同临场。在其中,每个人都有自己的创造,所以在同一个文化的视域下,每个人都可展现出不同的学习风貌。这是对教师的解放,也是对儿童的解放。

步骤三:"编织"课程文本

下一步,我们需要将这些经验、对话、体验进行梳理和结构,编织出一套"课程文本"。

当下，幼儿园课程的探索有两种路径，一种是自下而上的探索，非常艰难；一种是模仿已经成型的课程，在模仿中渐渐获得丰富的体验，完成新的创生，形成自己的园本课程。

我认为，花草园的"生活化课程"对这个行业最积极的影响就在于，它不仅创造了很多教育的新形态，还创生了一套全新的课程模式，以及将这一套课程模式变成一套可操作的"课程文本"。

对很多同行而言，你们当下探索的问题，我们已经探索过了；你们要走的那条路，我们已经走过了；我们已经替你们"披荆斩棘"，展现出了一个较为完整的课程风貌，你们现在要做的就是完成更多的创造，把这套课程变成自己的课程。这也是花草园人共同的心愿。

好好吃饭，好好说话，好好生活

康永久老师在《作为知识与意向状态的童年》一文中指出，"要让儿童真正觉察到童年生活的快乐，就需要一套日常生活中接触不到的知识与观念，进入一种乐在其中的状态"。我觉得，我们的"生活化课程"就是这样一套"乐在其中"的课程。

对儿童来说，"生活化课程"是一个告诉他们可以"好好吃饭，好好说话，好好生活"的课程。对教师来说，也是如此，但其意义又远不止于此。

"好好吃饭"意味着在充满烟火气的生活中，我们可以有无数个发现、无数个创造，它不再满足于经验，而是寻求更加智慧的生活方式。"好好吃饭"也是一个隐喻，表明在儿童阶段，我们不仅需要食物的滋养，还需要精神的滋养。而这一切又将我们带回那个最淳朴、本真、自然的生活状态中。

"生活化课程"作为一个文本，为其中的每一个人提供了丰富而自由的对话空间。课程不再仅仅是物化的材料，而是包括教师、幼儿对文本的理解以及师幼之间的交往关系。

在这样的对话语境下，对教师来说，这是一个不断创生意义的过程，也是一个获得幸福感与满足感的过程。现在我们对幸福感和满足感的理解有些偏差，大部分人会把它们理解为"获得感"，比如金钱上的获得、荣誉上的获得；但真正的幸福感是你在当下的那些体验，在体验的那些瞬间，你有非常宝贵的满足感，然后把满足感升华成为幸福感。

对儿童来说，他们获得的不再只是知识和生活经验的再造，而是获得了一种对世界的态度和追求——"我是有主动性的""我是有主动能力来创造的"。

很多幼儿老师每天都很累、很疲惫。我一直有一个愿望，就是希望"生活化课程"能将幼儿教师从某些僵化的"规定动作"中解放出来。这是非常美好的愿景，也是一个必须坚持的专业方向。因为我很确定，这是人性的回归，是专业的回归，也是教育的回归。

我母亲曾对我说："以前总觉得你有点超前了，但是现在有越来越多的人能够理解你，和你走在一起，我很欣慰。"其实我也是这么想的。花草园和花草园人都是很真诚的，我们希望能够用我们的努力推动这个行业的发展。我们希望能够有越来越多的人和我们一起，在"生活化课程"中进行更加深入的探索和思考！

哪个幼儿园老师不想在夏天愉快地工作呢

2020年6月19日

六月是花草园的孩子们最爱的一个月份。园子里到处都是绿色，"一米菜园"的蔬菜迎来又一次的收获，孩子们会在花草园的各个角落开启"丛林学习"。

但是，因为北京的二次疫情，各年级恢复线上教学……花草园人心中涌动的对开学的热切期盼又一次落空了。

这次疫情让很多人不得不直面内心的不安与焦虑，也摧毁了内心的一些东西。此时，如果没有一个稳定的价值观，这些不确定感就会给我们的精神带来冲击。

周二中午，我们例行在网上进行"云教研"。这一周，我们讨论的问题是：

● 哲学能够带给我们什么？

- 幼儿教师需不需要有自己的教育哲学观？
- 教育智慧与教育哲学之间的关系是怎样的？

原本担心这可能是一个比较枯燥的讨论，但老师们说，他们在共读的过程中感受到了一种坚定的力量。

这也让我们重新思考：这样的特殊时期，幼儿教师可以通过什么方式获得内在的力量？

阎玉新老师：和大家一起讨论的时候，我感觉自己内心很有力量，也很自信。

我曾经听过一个故事，苏格拉底的父亲在雕刻石狮子，小苏格拉底观察了好久，问父亲："怎样才能成为一个好的雕刻师呢？"父亲回答说："看！我并不是在雕刻这只石狮子，我是在唤醒它！"

我觉得，我们共同讨论"幼儿教师教育哲学观"的过程也是将我们的主体意识唤醒的过程。

张蕾老师：在教育中，我们总是很容易将教育技巧当成教育智慧，反而是新教师，很容易捕捉到精神世界中那些特别诗意的东西。

以前，我总觉得教育技巧是工作的武器，但是现在越来越觉得，它们很有可能成为一种累赘。和大家一起探寻教育哲学的过程，是一个脱掉身上的"铠甲"，让人脱胎换骨的过程。

曹云香老师：得"道"不是把外界的烦恼全都对抗在外，而是将外界的烦恼内化，从中获得一种力量。当下我们谈哲学，这是一个帮助我们内化外界烦恼的法宝。它会让我们拥有一些教育信念，变得更加坚定。

纪洋洋老师：借由哲学，我们在慢慢地重拾理性。"我们如果认为智慧是值得追求的，就必须视追求智慧为一种荣誉。"当我看到这句话的时候，似乎找到了更加明确的成长方向，也体悟到存在着另外一种教师专业成长的路径，感觉自己的成长有了更多的可能性，走在了成为更好的老师、更好的自己的路上。

李洋老师：哲学观的建立就像平地起高楼，生活中、工作中的每一个细微之处的态度、见解、做法都会凝练成一个人的哲学观。当我们能够较为清醒地站在外面凝视自己的时候，就会带来一个很大的自我突破。

一个人最难超越的是自己，这也意味着，教育最重要的还是作为成年人的我们的自我教育。

哲学的意义远不止于此

今天，我们的生活有了很大的改变，比如，信息传播的速度越来越快，让每个人都有一种"离信息中央很近"的错觉；想要的任何东西，很快就可以得到；快乐也演变成为感官的享受。

但是，我们的内心却越来越感到不安，时常泛出"空虚感"。不知道从什么时候开始，工作很忙却只是在不断地重复，找不到意义；休息的时候打游戏、看视频，却体会不到以前的那种快乐；认识的人越来越多，孤独感反而越来越深；莫名烦躁，"迷茫""无聊""没意思"成为口头禅……大家好像被一种无形的旋涡给吸进去了，在旋涡里做着毫无意义的尝试和努力。

这些状态，也许是人被"异化"了的表现。

"异化"是我个人词典中的高频词。我第一次开始真切地感受这个词，是大学期间在孙喜亭教授的课上。他在论述马克思关于人的全面发展理论的时候，特别谈到了"人的异化"。

马克思认为，"由于人对物质利益的追求、享受和占有欲望的急剧膨胀，使人逐渐异化"。

"异化"是指人被物欲奴役，变得不那么像人的过程，是人的行为脱离人的需要的过程，也是使人和人之间的关系变得失去人性的过程。

"异化"让我们对生活失去了兴趣，无法感知内心的真实需要，即便感知到了，也没有勇气去面对，我们变成与自身关系极为遥远的人。

"异化"给我们的生活带来了什么

"在异化的社会，每个人就像零件一样，按照既定的轨迹，重复进行着自己的工作。在这种没有创造性的过程中，我们心照不宣地守着自己的职责，发挥着自己的'功能'，虽避免了矛盾和冲突，使社会机器得以高效运转，但是背后的代价是失去了人性。"

"被异化了的人不再能够感知到自身的存在，时常感觉自己是被设置好的程序，停不下来，却也不知道自己继续做下去还有什么意义。"

在"异化"的侵蚀之下，人们将自己逐渐隔离在狭小的空间中，逐渐远离了"真实的生活"。

这个时代，可以给人带来放松的娱乐方式也被异化了。我们的娱乐变成了被安排好的活动，越来越多的人按照同样的方式进行娱乐，如打游戏、刷视频、看综艺节目，这些"娱乐"非但没有给我们带来精神上的享受，反而让我们陷入一堆无聊的八卦新闻之中。

智慧能量

最近，我在推荐老师们看《寻找手艺》这部纪录片。这部纪录片里没有华丽的画面，没有奇妙的悬念，只安安静静地讲述着一系列属于中国的温暖故事，里面充满着智慧能量。

站在现代人的角度看，这部片子里的人物似乎都没有很多的知识，但是他们充满了智慧。特别是当他们的智慧到达一种境界之后，会出现一种圆融的状态，充满了智慧能量。这给观看者带来一种从内到外的放松。

这个时代，"智慧"似乎也被异化了。人们将智慧视为知识的一种存在方式，只渴望通过攫取知识来拥有智慧。但是，静下心来想一想，拥有很多知识的人，真的就会成为一个"智慧"的人吗？

获取知识的过程，是一个做加法的过程；但拥有智慧，却是一个需要做减法的过程。

"手艺人"往往意味着固执、缓慢、少量劳作、只关心作品，但是这些背后所隐含的是专注技艺和对完美的追求。

花草园人也愿意成为这个行业的"手艺人"。

我们该如何对抗"异化"

创造性地开展工作

一个人在生活中没有了创造，成就感和获得感就会非常低下。我们可以尝试主动地、有创造性地工作，体验创造带来的"巅峰体验"，那种美妙的感觉会为我们对抗异化带来力量。

分清"想要"和"需要"

分清"想要"和"需要"并不容易，但一旦分清，就能帮你更理性地做出选择。因此，我们需要经常倾听自己内心的声音，确定真实需求。

尝试缓慢的、专注的、沉浸的放松方式

做手工、拼拼图、搭乐高、做饭都是不错的选择。在动手的过程中，你会感知自己作为主体性的存在。

进入关系之中，和世界建立深度联结

当你身处关系之中，和世界发生多种关联时，你就会和世界交织得非常密切，就好像一颗种子深深根植于泥土中，生命的意愿无比强烈。学会活在此时此地，与身边的人产生联结，体验真实的情感。

用一些有意义但很微小的事情，对抗千篇一律的标准

有一些事情是我们无法抗拒的，但是我们可以用一些"微小"的创造来对抗宏大世界的异化。

追求"短平快"、高服从性的生活是人被"异化"的直接表现，生活化课程的温暖感、舒缓性和平静感会带领身处其中的成人回到儿童式的体验方式。

儿童是被异化最少的人群，因为他们尚未完全形成时间的概念，也不过多地追求生活中的目的性。他们的世界是一个"开放的、充满了可能性的新世界。在他们眼中，万物都是惊喜，美好随时会发生。每天的日子都是焕然一新的，生命也因此闪闪发亮"。

如果我们能够像孩子那样生活，是不是也是对抗"异化"的一个重要方式呢？

《人，诗意地栖居》，是德国 19 世纪浪漫派诗人荷尔德林的一首诗，后经海德格尔的哲学阐释变成"诗意地栖居在大地上"。荷尔德林以一个诗人的直觉与敏锐，意识到随着科学的发展，工业文明将使人日渐异化，而为了避免被异化，他呼唤人们寻找回家之路。

每个人的精神都应该有一个园子。在这个园子里，你可以按照自己的方式自由、松弛地生活，体验欢畅的呼吸感。

我们试着通过生活化课程让智慧的空间不断扩大。当我们和孩子一起在生活化课程中学习的时候,我们不仅会忘掉各种要求,还能忘掉自己,只沉浸在当下,让自己的精神和儿童的精神交相辉映,形成一个更大的、诗意的共存空间。

你想不想试一试呢?

六月里的童年

2020 年 6 月 25 日

今天是农历五月初五,端午节。它是仲夏的开端,盛夏的起始。

"端午节"也是夏季里最富有文化气息的中国传统节日,我们会在这一天包粽子、编彩绳、挂艾草、做香包、赛龙舟……一起感受节日的氛围,用这样的方式避开五毒、驱邪禳灾。

和其他节日里的互道"节日快乐"不同,这一天,我们需要互道一声"端午安康"。

六月也是花草园的儿童月。在这个特别的日子里,让我们的生活和生命停留在童年这一刻。

儿童的六月,文化的六月

属于"40后"的童年记忆

童年的快乐,来自探索大自然。

<u>梓宵姥爷(生活在内蒙古呼和浩特)</u>:掏鸟蛋是我小时候最爱的游戏。从草丛或者麦地里寻找鸟蛋,在鸟蛋上抹泥,然后烤熟了就变成了一餐美味。

<u>智研姥姥(生活在湖北宜都)</u>:小时候六月玩的游戏有很多,比如,跳房子、搬起石头找螃蟹、抓泥鳅、用鸡毛或野草做毽子、采蘑菇、摘野果,它们伴随了我一整个童年的记忆。

<u>智研姥爷(生活在武汉长江边)</u>:小时候我最喜欢玩弹珠子、打撇撇(把纸折成厚一点的三角形,然后一个人把自己的三角形放在地面,另一个人用

自己的三角形使劲往地上摔，谁能把对方的三角拍翻过来谁就赢了），我经常能赢，是个打撇撇的高手。

属于"50后"的童年记忆

童年，我们对外界的感知触角极其灵敏；对快乐的渴望、对世界的判断，不掺杂丝毫杂质。

梦阳姥姥（生活在山东）：小时候，我喜欢在河滩上睡觉。河滩上干干净净，沙子被晒得热热的。口渴了就在河滩上找个地方，刨一个坑，里面就会有水流出来，等到水全部变清澈了就把头伸到里面喝水，甜甜的。那时候的河水很干净，但是现在的河水就喝不了了。

木欣奶奶（生活在内蒙古）：我童年时代是20世纪50年代。进入六月，最开心的是可以脱下单衣穿裙子，可以吃到3分钱一根的小豆冰棍。承载我童年的那条路在城南，是一条石子路，马车会咿咿呀呀地从这条路穿过。我最喜欢站在马路边，甜甜地喊一声："老爷爷，让我们坐坐马车吧！"爷爷点头同意，我们就开心地追上马车，坐上去，跟随马车坐一段，然后欢乐凯旋。

颛尹爷爷（生活在山西太原）：我们的家乡有一条小小的河流叫虎峪河，河水非常清凉。每到夏天，我最喜欢和小伙伴们挖沙子筑坝截流。等到快要满溢时就打开一个口，站在开口下边，等水打在身上，凉快极了。汛期偶尔会发一两次洪水，我们就躲在家里，等汛期过去又乐此不疲地筑坝！

属于"60后"的童年记忆

童年是丰富而有意义的。微小的事物，创造了最纯真的幸福。

艳玲老师（生活在北京）：小时候的夏天，我很喜欢用肥皂水做泡泡液，尝试吹泡泡，有时候会成功，有时泡泡不太大。最好玩的是，那会儿泡泡糖很少，所以我还会自己试着做泡泡糖。现在每次去超市，我看到泡泡糖都会想起来小时候夏天的时光。当然了，最爱的还是下雨天，我们可以踩水玩。小时候玩具很少，但我们能创造很多乐趣。

胡华（生活在新疆乌鲁木齐）：我的童年记忆就是夏天的记忆。六月到来，到处郁郁葱葱，院子里的小河终于有了水，因为雪山开始融化，孩子们的情绪高涨了起来，开始下河游泳。凉爽的夏夜，繁星低垂，到处是孩子们的欢笑声。六月是以"六一"儿童节开始的，那一天，爸爸妈妈会带我们去市里的人民公园野餐、游玩，这个仪式一直到我的中学时代才结束。

童年已经远去，但那些热烈、喧嚣、火热一直留存在我的心里。

属于"70后、80后"的童年记忆

童年是深刻的，无论在哪，都历久弥新。

依萌爸爸（生活在北京）：我小时候会看电影《少林寺》，模仿电影情节，拿一张小桌子，跟幼儿园的小桌子差不多大，跟着电影里的人物练习武术。

诗芃妈妈（生活在河北衡水）：1989年，我那时差不多6岁。当时，我的父亲从天津购买了一辆自行车辗转带回河北老家，十里八乡只此一辆，羡煞旁人。

至今，这辆车还放在老家，虽然已经锈迹斑斑，但依然舍不得扔掉。

属于"90后"的童年记忆

童年，我们与世界发生着千丝万缕的关联，感知生命的意愿无比强烈。

晓敏老师（生活在陕西宝鸡）：小时候，夏天发生过很多有趣的事情，最难忘的是有一年和外婆去她的老家探亲，人生中第一次见到了萤火虫。夜色很黑，外婆和我从一个湖边走过时，我看到了萤火虫笼罩在湖面上。我忍不住停下脚步，和外婆一起看着湖面，那一刻有种时光停滞的感觉。那是我第一次觉得大自然的美无与伦比。后来，再也没有见到过类似的场景。

希悦老师（生活在陕西西安）：每年夏天必做的事情就是游泳！还不会游泳的我一定要带上自己最爱的雪青色游泳圈！

童年里记忆中最难忘的还有麦田。六月初，麦子开始由青变黄，我们就去麦田里捉蚂蚱。

属于"10后"的童年记忆

童年，拥有最鲜亮的色彩。我们开放地吸纳着整个世界。

芊宇：夏天，在姥姥家的大树下可以捡到很多风刮下来的小柿子子弹，我可喜欢把它们发射出去了！

景澄：我在奶奶家的时候遇到过一次停电，停电以后外面黑黑的。我就和家人一起玩手影游戏，把手放在手电筒前，影子就跳到墙上了，变出了蝴蝶、小狗、小兔子……那次以后，我就希望能够经常停电。

剑铠：夏天我最喜欢去池塘边抓小蝌蚪，妈妈会帮我准备好网兜。抓蝌蚪的时候，要轻轻地把网兜伸到小蝌蚪的旁边，快速地把它们舀起来。我把捉到的蝌蚪养在了鱼缸里。后来，蝌蚪都变成癞蛤蟆了，把我吓坏了。

知楷：六月里，我们每天都可以吃到西瓜，但我想看看西瓜是怎么长出来的。我和妈妈就在小区里挖了个洞，把一些西瓜籽儿放进去，每天都给它们浇水，没过几天就发芽长出来了！我希望我的西瓜快快开花、结果，到时候我就可以和小伙伴一起吃自己种的西瓜了！

浚驰：有一次在葡萄架那里玩的时候，我发现了一个绿色的东西，它就是葡萄！虽然它还没长熟，但我已经开始在想，什么时候可以尝到它的味道了。

天睿：我好想念去年夏天玩的和水有关的游戏。喷水枪、扔颜色气球在布上作画、来来回回地穿水帘洞，衣服都湿透了。

木欣：六月的夏天，我最喜欢去大海边玩，每次总会有一些新发现，比如，海里的小鱼、贝壳、寄居蟹，偶尔还能发现小珍珠。今年因为有疫情，我把六月画在了纸上。我还画了"六一"儿童节我和好朋友在葡萄架下吃自助餐，吃完自助餐在操场上散步的场景。

诗意地理解生活，理解我们周围的一切，是我们从童年时代得到的最可贵的礼物。

——帕乌斯托夫斯基

童年的秘密和教育的秘密，最终都是一体的

童年的珍贵之处在于，身处其中并不觉得它珍贵；长大回望时，却会被那时的美好打动。这样的回忆，让我们学会了像儿童一样，再次以惊奇的眼光打量这个世界，维持人生中的幻想、喜悦与天真。

今天我们借"端午节"这个节日，在同一个时空里横跨70多年，讲述几代"花草园人"的童年故事，借由对"童年"的回忆，试图通过集体潜意识里的童年原型来影响成人和儿童自己，以便彼此建立更紧密的关系。

今天的我们，是不是过于匆忙和追赶了？"童年从来就不是一种有着明确的能力边界的自然现象，也不是有着明确的道德或文化边界的社会现象"。它无须复杂的东西来填充，简简单单，即为饱满。在当下，我们不妨试着借助"童年"，靠近自己、靠近儿童、靠近真实的生活。

"大自然希望儿童在成人以前就要像儿童的样子。"如何让儿童保持童心、不被"异化"，也是我们今天正在探索的课题！

对儿童来说，什么是知识

2020 年 7 月 3 日

一个人若想真正进入知识领域，就必须保持好奇、纯真，向世界敞开自己，刨根问底，乐在其中，专注以及不忘初心。

6 月 19 日，我收到了山东省淄博市市直机关第三幼儿园韩冰川园长发来的一封信。

认识并了解韩园长纯属偶然。之前，我们从未见过面。去年春天，她邀请我去她们幼儿园看看。我对陌生的地方与陌生的人总是有一分好奇，但能否"连上线"则完全凭感觉了。我们在微信里相谈甚欢，于是我决定利用一个周末去这个历史名城走一圈。

山东也被称为齐鲁大地，齐指的是齐国，鲁就是先秦时期的鲁国。齐国作为春秋五霸、战国七雄之一，国都就在今天的淄博。这里也是擅写鬼狐聊斋故事的清代文学家蒲松龄的故乡。

第一次走进淄博市市直机关第三幼儿园，我莫名有种熟悉的感觉。这里的人、环境、自然都呈现出一种和谐的景象。当然，印象最深的是这里的人，专注、稳重、好学……回到北京后，韩园长陆续发来了老师们的感悟，让我感觉到了老师们的"走心"。

现在走脑、走腿、走嘴的人太多了，而"走心"的人能让我们一眼就辨识出来。这次的造访，让我们一见如故，之后我也一直关注他们，发现他们在教育上一直有自己的判断，每次的活动都力求向下扎根。

疫情期间，我们也进行了多次交流。韩园长说，她和老师们一同在阅读我们的课程用书，她们有自己的感受和思考，也有一些不解与困惑。

韩园长在信中说：

花草园的课程，让我重新思考"对幼儿园的孩子们来说，什么样的生活才是好的生活"这个问题。在我们原有思考的基础上，我认识到，能够与自我、与自然、与社会、与文化有联结的生活就是好的生活；能够按照自己的节奏去呼吸、去成长的生活就是好的生活；能够让孩子成为他自己的生活就是好的生活；拥有真正生活化的课程的幼儿园生活就是好的生活。就像陶行知先生所讲的，"好的生活就是好的教育"。在"为孩子创造好生活，与孩子过好的生活"的道路上，我们需要学习的东西还很多。

在阅读的过程中，我和老师们也有一些问题和困惑特别想向您请教，比如：

- 花草园的一日作息是如何安排的？每天的课程是如何与生活相融的？
- 花草园的老师是如何一步一步对课程有了如此高水平的生成与设计能力的？在教师的培养方面有哪些关键点？
- 有人会因花草园课程中看不到所谓的具体的"教学目标"而提出质疑，您是否担心所谓的"关键经验"的缺失？
- 我们的老师们都很喜欢花草园的课程，但也担心自己的能力不够，实施起来可能不一定有花草园的效果，如何把花草园的课程理念与我们自己的课程结合，您有什么建议吗？

之后，韩园长又将老师们的感悟发给了我，我细细地读完后，除了有同频感，还有一种深深的折服。在一个大家都在寻找"标签化"的时代，没想到还有这么多同行在儿童教育领域认真地耕耘着。

当然，这封信也能够让我们从他人的视角，更好地审视我们的生活化课程，也可以更准确地了解同行们在生活化课程探索中遇到的一些困难。

韩冰川园长最后提出的几个问题看似不同，实质却是相同的，那就是我们应该如何看待儿童的学习。

在回答这几个问题之前，我们不妨尝试着问自己几个问题。对儿童来说，

- 什么才是知识？

- 他们应该怎样获得知识？
- 他们为什么要获得知识？

对这些问题的看法，直接影响着我们思考生活化课程的核心问题——生活化课程秉承的知识观是什么样的？

这些年来，我们一直在讨论"儿童观""教育观"等问题，是时候讨论一下什么才是正确的"知识观"了。对这个问题的认识不改变，对儿童与教育的看法问题就不能得到根本性的解决。

我们必须看到，传统知识观下的教育面临着重大的"意义危机"

知识观，是指我们对知识的认识。知识观一直是哲学认识论探究的核心。所谓知识，就是人类关于外部世界的认识。知识问题，也是认识问题。

知识是人类长期积淀的智慧，也是人类认识世界和改造世界的武器，是教育传播的重要内容。一直以来，知识都被作为儿童学习的起点、基础与终点。

"我们常常把儿童的'知道'当作教育目的，解构知识成了上位目标，认为知识在量上的增加可以推动儿童个人的发展。"知识充斥着我们生活的各个方面，几乎所有人都在为知识的累积而努力，但这个知识观真的是对的吗？

现实生活中，中小学教育有一种强烈的"为知识而知识"的倾向，最终造就的只是一种"常规科学中的成长"。

这种满足于既定知识的精耕细作，用掌握知识代替探索与对话的教学，只是致力于将人引向那些确定的结局，帮助学生"落实"那样一些"科学"结论的学习，个人的意义建构与表达实践完全被放弃了。

这些年，学前教育领域一直在谈论"核心经验"，但我们对儿童知识经验的理解是不是还是落在了一个传统"知识观"的窠臼里？如果不摈弃这样的知识观，我们就无法真正地理解儿童，理解儿童的生活与游戏，也无法从教育改革中寻找到一条出路。

英国著名教育社会学家伯恩斯坦希望，学生能掌握"学科的最终秘密"，打破知识边界，摈弃知识崇拜，确立在知识面前的主体地位，最终获得一种

"创造新现实的潜力"。

生活化课程的知识观则以"生成"作为基础,超越了单一的知识形态,走向丰富的儿童知识的生成,体现了人在生活及生命活动中的重要价值与意义。

生活化课程中的知识观是怎样的

布鲁纳关于知识的论述,打破了对知识单向度的传统理解,为我们描述了一个文化与心灵视域下的知识建构路径。这一认识深深地影响着生活化课程对知识的理解与表述。

布鲁纳认为:

- 知识一部分是客观世界的反映。这些知识是既定的,不会改变的,是人们对客观世界真实的反映,但它不是唯一的。大部分人对知识的认识都停留在这个领域。
- 知识也是可以改写的认识。在认识知识的过程中,我们的心灵也可以对客观世界有自己的认识,之后产生某种态度与观点,这也是一种知识。
- 知识还可以是一种对信念与真理的追寻过程。

我们认为,那种只将知识中的符号与经验视为核心,并以此构建所谓的知识体系,无视个体生命与心灵在知识产生过程中的体验的"知识观"是偏狭的,也是不适合儿童的。

在生活化课程中,我们赋予知识以生命的状态,这里的知识是动态生成的,它不仅是客观的存在,还是某种对知识的信念。

生活化课程的独到之处也在于此。它提供了一个有意义的、宽泛的知识观,帮助孩子们从生活出发,在动态的生成过程中建构关于知识的信念。

在这样的学习中,花草园的孩子们获得了对知识、对自我、对心灵完全不同的知识体系。这一体系打破了传统的知识观,为儿童建构了一套更为完整的知识体系,将对知识的认识也拓展至自我与心灵的层面。

人类社会发展到今天,知识的更迭不断加速,如果我们没有建立起一套全新的知识体系,在未来,无论我们怎样努力,都无法追赶知识爆炸性增长的速度。

在花草园,我们从未见过不爱学习的孩子

有人说,"快乐学习完全是一个幻想"。学习真的会让人不快乐吗?灌输式的知识学习,让人失去主体性,确实无法感知到知识获取的乐趣,而"生活化课程"的知识观能让孩子们在学习中,时刻感受到学习带来的欢愉。

在花草园的孩子们的心中,学习是这样的。

晓玥:学习真的很有趣,有时候我们一天都在做一件事情,比如,有一天我们就一直在户外拓印树皮的纹理。

沿希:我们可以自己选择喜欢的研究对象,可以去观察大树、捉蚂蚁,还可以去研究"雨水花园"。

真心:我们学习的时候需要和爸爸妈妈合作,一起做思维导图,我喜欢和爸爸妈妈一起学习。

奕霖:学习就是我在和大树、蚂蚁、蜗牛做游戏之后,会爱护它们了,不会再伤害它们。

晗萌:学习是一件很轻松的事情,我们可以在玩的时候发现很多以前不知道的小秘密。

雅淇:学习一件充满情感的事情,我们可以在学习中帮助弟弟妹妹,然后我们一起成长。

峻熙:我觉得,学习是一件会让我们每一个人都变得很幸运的事情。因为在学习的时候,我们不光能收获知识,还能收获很多,比如,友情、团结。

裳裳:我觉得学习的样子就是我们每一个人自己的样子。因为在学习中,每个人的方式和状态都是不一样的。

快乐的童年里,一定要有快乐的学习。如果认为童年只有快乐的玩耍与严肃的学习,那么就将游戏和学习的概念对立了起来。从某种意义上说,我们的生活化课程就是在用游戏化学习的方式对抗传统的知识观。

退一万步说,即使成人世界的知识观已经被固化,我们也可以在儿童的世界里为他们创造出一种全新的知识观，让他们拥有一个清澈健康的美好童年。

这样的知识观也给教师带来了改变

对花草园的教师来说，这样的知识观除了让他们以一种全新的方式和儿童共同学习、互动外，也让他们始终保持着对世界与知识的好奇心。

这种好奇心对教师而言，弥足珍贵。如果没有认识上的好奇心，教师就不能把生活阅历转化为知识，也就无法产生工作上的愉悦感与创造感。

恰恰是通过我们和儿童之间永不满足的、耐心的、不断的、充满希望的探究生活，真正的知识才得以出现。

小时候，我一直觉得自己是一个不爱学习的人。从小我就对书本上的知识没有太大的兴趣，枯燥、乏味是我的心灵对它们的认识。但大家说，我是一个非常爱学习的人。每次看到自己喜欢的东西，我都能够做到过目不忘。因为这样的学习，有"自我"与"心灵"的参与，它们让我在学习的同时，也获得了对这个复杂的世界更为完整的认识。

说到底，学习中自我与心灵的呈现或关系的建立，优于系统讲述或学习任何一套现成的东西。

在布鲁纳看来，如果你的知识结构中没有自我，就不能说你拥有了知识，只能说你记住了一些东西。

再次感谢韩冰川园长和老师们的来信，因为你们的来信让我们重新思考一些教育中的核心问题，这也是我们与你们以及与课程之间深度对话的过程。

高考作文题目与生活化课程

2020 年 7 月 10 日

从6月9日开始，我和老师们"相约星期二"，每周都讨论一个哲学问题，本周讨论的主题是"对话"。

话题围绕着"对话——幼儿教师教育哲学观形成的基础"展开。讨论总是能够激发我们对一个熟悉话题的重新认识。就是这样一个"将熟悉的事物陌生化"的过程，使教师们逐步拥有了将"此时此刻"和无数个"他时他刻"联系起来的能力。

田悦老师：对话应建立在平等的基础上。它是一种交流的姿态，也是一种不卑不亢的状态。就像是两股水流，如果它们是平等的，就能主动汇集到一起；如果是一高一低，就会产生"灌输"。

吴钰杉老师：今天的话题让我联想到我自己。孩子和家长之间之所以不能很好地对话，很大的原因是二者之间的不平等，无法共情。我的青春时代很叛逆，不喜欢和父母沟通。在花草园，我的心逐渐打开，变得真实，学着去共情，也试着理解父母的想法。现在的我会主动和父母沟通。当关系阻滞的时候，不要等着对方去改变，每个人都可以用自己的生命力发起对话来影响一段关系。

李琳老师：今天，高考作文题目陆续在网上传开，高考全国Ⅲ卷的作文题目是"如何为自己画好像"，我一看，这不就是我们花草园的课程吗？如果请花草园的孩子们来回答，一定会很精彩！以万物为参照，与他人对话、与自然对话、与自我对话是孩子们的日常，孩子们在花草园三年的学习，就是在主客观交织中形成了对自我完整的认识。

今年的高考作文题游走在"历史、个人以及二者之间的关系"中

每年的高考，大家都特别关注，尤为关注语文科目的作文题，每年的作文题都能够成为公众话题。我们也能够透过作文题目，判断出当下教育对社会问题的关注点。

今年的高考作文题如下：

- 全国Ⅰ卷：对齐桓公、管仲、鲍叔牙三人的感触
- 全国Ⅱ卷：演讲稿：携手同一世界，青年共创未来
- 全国Ⅲ卷：如何为自己画好像
- 全国新高考Ⅰ卷：疫情中的距离与联系
- 全国新高考Ⅱ卷：带你走近____
- 北京卷二选一：每一颗（星）都有自己的功用

- 北京卷二选一：一条信息
- 上海卷：人对事物发展是否无能为力
- 浙江卷：每个人都有自己的人生坐标
- 江苏卷：同声相应，同气相求

不难发现，这些作文题目不仅包含了对学子们"家事国事天下事，事事关心"的某种寄予，也渴望学子们能够达到"世事洞明皆学问，人情练达即文章"的某种境界。

概括而言，"历史、个人，以及二者之间的关系"构成了今年作文命题的基调。

注重审辩式思维

即使是历史上流传已久的经典故事，或者众人已有定论的一些经典结论，也希望能够引发学生站在自己的角度以个人的立场来叙述，表达个性化的见解。

用哲学命题替代狭窄话题

上海的高考作文题目，被誉为今年最有哲学调性的考题。面对意想不到的世间许多重要的转折，人对事物的发展是否无能为力？你选择无能为力还是主动作为？这更像是一个哲学问题，引人关注、耐人寻味。今天，哲学开始回归生活世界。在科学和技术高速发展的时代，哲学提供的是一种均衡性的力量。

强调建立在个人真实体验之上的人文格局

无论是全国Ⅰ卷对齐桓公、管仲、鲍叔牙为人的讨论，还是全国新高考Ⅰ卷的"疫情中的距离与联系"，全国Ⅲ卷的"如何为自己画好像"，抑或浙江卷的"每个人都有自己的人生坐标"，它们都体现出对一个人来说一种极为重要的能力，即在历史视角下以及社会大背景中，个人如何思考自己的命运。

强调人类命运共同体的概念

这是疫情之后更为关注与强调的，希望学生不再孤立地、狭隘地理解问题，而是能够站在更广阔的视野与格局中思考人类的未来。

在这样的命题导向下，一个"无细节、无生活、无自我"的考生是很难完成大格局的书写的。

高考所关注的核心素养与能力，早已在花草园的生活化课程中播下种子。

有细节、有生活、有自我的生活化课程

高考作文的题目与答案就"藏"在花草园的生活化课程里。

张蕾老师：今年的高考作文题目一出来，我就感觉"似曾相识"，它们让我联想到生活化课程所倡导的与社会、与自然、与自己的三个联结。

作文题目中的关键词："自画像""感受""未来"……都是花草园孩子的日常！原来在不经意间，生活化课程为孩子们撒下了这么多种子，在他们一生中的不同时刻生根发芽。

曹云香老师：在多变的世界上，如何追求不变的永恒？看完今年高考的作文题目，我的内心出现了几个关键词："智慧""联结""自我认知""个体的社会责任""命运共同体""用发现的眼睛、审视的眼睛看世界"……

今天的社会是一个多变的世界，知识会过时，技法可能会被遗忘，只有那些人类最美好的、对生命的追求才是孩子们终生的财富。这也是我们的坚持！

在生活化课程中，孩子会读经典，但是更强调要有自己的看法！在生活化课程中，孩子会认识自己和自己生活的地方，成为他自己！

如果花草园的孩子参加今年的高考，他们会写出怎样的作文

我们来听听花草园的孩子们是怎样写"你如何为自己画好像"这个高考命题作文的。

一栋（6.5岁）：我觉得，我是一个对社会有用的人，因为每个人都是有意义的。

我想过自给自足的生活，自己试着去做一些让生活变得丰富的事情。

我能通过努力学习过上幸福的生活，做好自己想做的事，一步一个脚印地走下去。

思齐（6.5岁）：我是一个很调皮的小女孩，喜欢做好玩的事情。

我想过开心的生活。如果我们每天都开开心心地不跟别人吵架，别人就能安安静静地生活。我可以从现在做起，先让爸爸妈妈开心，只有爸爸妈妈开心了，我才能开心。但没有一个家庭一直都是开心的，也不是所有时间都是开心的，但我希望大部分时间是开心的。

我觉得好好学习是生活里最有意义的事情。你一旦选择做一件事情就要坚持下去，这也是生活里特别有意义的事情。

家颐（6.5岁）：我觉得我是一个很普通的人，跟其他小朋友一样。如果要说一些不同，我可能有点爱美，有点活泼，喜欢美食，不爱学习……不过，我有很多好朋友。

如果可以"飞起来"想，我心中的生活是天天玩儿，晚上睡一大觉，第二天起床就能自动学会80个字，学会数学和很多知识。我想有一支神笔，画出来的东西可以变成真正的东西。如果我饿了，就画一个汉堡，再画一只可爱的小狗、一个小宝宝、一只蚂蚁和一只蜗牛，我们一起玩儿。

幸福不是从天上掉下来的，幸福要靠双手来争取。回到真实的世界，现在我能做的事情很少，我还是想好好学习，学会很多知识，不然长大就是一个什么都不会的傻瓜。如果我遇到一个可怜的人或者老人，就没有办法帮助他，这样我会很伤心的。当我学会了很多本领和知识时，就可以有更多的力量去帮助更多需要的人，比如，去超市买很多好吃的送给他们。

如果我每天都能帮助一个人，就是有意义的生活。

语含（6.5岁）：我叫语含，小名叫糊糊。我是一个怎样的人？如果你知道我平时在做什么，就会知道我是一个什么样的人。比如，我每天都会幻想自己是厉害的神仙，像小鸟一样在天上飞。当然，我知道自己不是神仙，如果我想在天上飞，我可以试着坐飞机或者吊威亚，只要肯思考，愿望就可以实现。

我想每天都过得开开心心的，没有可怕的事情。上学的时候，我希望老师能让我们多玩一会儿，能在玩中学习当然最好啦！我希望有不太多，也不太少的朋友……我还希望未来继续画小人儿书，我现在已经画了好几本啦！

未来具体做什么，我现在还没决定。不是你知道的事情就可以做到。而且，有太多的选择了，所以我打算未来再决定。

那就说说我现在能做到什么吧！我可以好好吃饭，好好长高；可以玩"爬沙发"的游戏，可以跳绳，跳手摇球；可以写小人书。我对很多事都很好奇，比如，"手工香肠的肠衣和火腿肠的肠衣都是拿什么做的？""我捡的这块漂亮石头究竟是哪种石头？"……这个假期，我和爸爸研究了好多我好奇的问题。满足自己的好奇心本身就很有意义。

这个假期，我写了一本小人书，名字叫"通向未来的门"，门的那一边有无限可能……

"和光同尘，与时舒卷；戢鳞潜翼，思属风云。"本周，我的头脑中一直萦绕着这句话。这句话用诗意、内敛的语言表达出"任何时候，都可以顺势而为"的格局，这也是我对今年高考作文题目的认识。

今年的高考作文题目提醒我们，在教育问题上，最重要的也最容易被我们忽视的往往是常识，以及我们从常识中获得的一些更为深刻与冷静的思考。而这些思考，恰恰要从细节中来、从生活中来、从自我中来。

我很想再选用几个关键词来形容我们很熟悉的生活化课程。

- 它是一个有"哲学视野"的课程
- 它是一个"认识自我"的课程
- 它是一个"学会做人"的课程
- 它是一个可以"躬身入局"的课程
- 它也是一个让人拥有生命格局的课程

明天，是大班孩子的毕业典礼，今年的毕业典礼我们将在"云端"进行。

我想，孩子们经过三年的生活化课程的学习，未来所需要的好奇心、想象力、批判性思维乃至哲学思辨能力，他们都已获得。

所以，我们选择的毕业典礼的主题是"相信未来，才能创造未来"。

长大的过程也是一个不断失去的过程。有时，流逝的不仅有时光，还有宝贵的"儿童视角"与"赤子之心"。

未来的他们，还能如现在这般明亮、真挚吗？

相信未来，才能创造未来——"云毕业典礼"上我的发言

2020 年 7 月 17 日

亲爱的孩子们：

你们好！

好久不见了。刚才在屏幕上又看到了你们天真可爱的样子。在视频里看你们在幼儿园三年生活的片段，看你们认真提出有趣问题的样子，我在默默流泪，看见屏幕那端的你们也在流泪……看来我们的心是一样的，能够在一个频率上共振，说明这三年我们真的很有感情，真不舍得你们离开花草园啊！

同声相应，同气相求

疫情期间，你们不在幼儿园，花草园变得很安静，却没有了"生气"。我们中国人是很喜欢讲"气"的，有一句话叫"同声相应，同气相求"，是说气场特别合的人在一起会很舒服。花草园是你们的幼儿园，花草园离不开你们，你们也离不开花草园，我们之间就是这样一种"同气相求"的关系。

所以，没有了你们，花草园这段时间过得不太好，也有点不开心。缺少了你们这些有趣的灵魂，花草园看起来"委顿"了不少。

今天，我们用这样一种方式告别，这真的是一个很大的遗憾……但是，我又想，多年之后我们再回忆今天，一定也会觉得这是一段有趣的经历，因为这是我们第一次用不见面的方式在网上进行告别，很特别，也很新鲜。

今天的告别，就让我们一边流泪一边欢笑，然后说"再见"吧……告别之际，我特别想给你们讲几件事情，也讲给你们的爸爸妈妈听。

花草园用三年时间让孩子们拥有了创造未来的勇气与力量

人们常说，"十年树木，百年树人"。教育对孩子们来讲，最难的也是最重要的事是灵魂的塑造。塑造一个民族的灵魂，是一件需要千百年的事情，而我们就选择了这样一件很有挑战的事情。做这样一件事情不仅需要毅力，

还需要判断力与创造力。所以，我们经常感觉，自己的工作很了不起，也很有意义。

刚才家家爸爸说，他在花草园看到了中国幼儿教育的未来……要感谢你们的爸爸妈妈对我们的支持与肯定，也要特别感谢他们把你们送到了花草园，放心地交给我们。你们在幼儿园的这几年，我们一直用思想、思考与行动影响着你们的生活，也希望能够用我们的教育形态影响这个行业。我想，未来的中国幼儿教育应该有一个方向，就是让每一个孩子的内心变得更加丰富，让中国人更有灵魂。

今天我们毕业典礼的主题叫"相信未来"，但其实我更想讲的是如何"创造未来"。相信未来是创造未来的前提，但如果仅仅相信未来，而没有能力与勇气去创造未来，我想也是教育的失误。

我想分享三个思考。

第一个思考：在人生重要的三年里，我们能"教"给孩子们什么

孩子们来到人世间，要熟悉"人间游戏"的规则，只有这样才能更好地生活。这么多年的教育工作经验给了我一个很深刻的启示，心灵才是孩子们未来生活的"罗盘"。

这三年，我们并没有把教育定位于知识体系上，而是希望孩子们能够从心灵出发，找到一套属于自己的生活与生命的坐标。如何找到一套属于自己的人生坐标呢？每个人都需要先回答两个问题：

- 我为什么要活在这个世界上？
- 今天我怎样生活，才能让自己在未来生活得更好？

这两个问题都是心灵才能回答的问题，而不是依靠知识就能获得答案的。

花草园课程的深意也在于此。生活中的大部分人热衷于学习知识，但这仅仅是帮助人们在生存层面"活着"，而我们将它拓展到生活层面，之后，再借由生活层面的探索与思考将它升华到了生命的层面。在这一过程中获得的知识与信念，必将成为孩子们未来生活的"罗盘"。

第二个思考：未来的创造需要我们在面对生活时关注细节，对自我有更准确的认知

简言之，有细节、有生活、有自我是三个非常关键的要素。

这三年来，我们和孩子们一起走进自然、了解社会、认识自我，用"三个联结"来实现学习过程中"见微知著"，用"回归自然、回归传统、回归儿童、回归生活"的方式建立了一套学习体系。我认为，我们的这些努力足以帮助孩子们获得一种能量，也让他们拥有一种创造生活的能力。

孩子们，未来你们如何开始自己的生活？不知道你们怎么看，反正我和老师们都非常有信心，看好你们的未来！

第三个思考：孩子们该如何创造未来

孩子们在未来能不能完成创造者的使命，他们如何做才能完成生活的创造？

答案就在孩子们的心中。

前几天，我们征集了即将毕业的孩子们对未来的一些看法。一棣小朋友说："做自己想做的事情，一步一个脚印地走下去。"没错，孩子们，在未来你们要一步一个脚印地向前走，不要贪多，因为一步一个脚印意味着有细节、有生活、有情感地活着。

家颐小朋友说："每天都能帮助一个人，就是有意义的生活。"我很欣慰，因为孩子们的格局已不再局限于生活，而是有了一种生命的格局。希望每个小朋友在未来，都要有因为你们的存在而让世界变得更加美好的信念。

语含小朋友说："满足自己的好奇心本身就很有意义。"这句话实在太动人了。人活在这个世界上会遇到很多不开心、不如意的事，但是你可以选择让自己快乐起来，做法很简单，就是满足自己的好奇心，因为好奇是创造的基础。

思齐小朋友说："没有一个家庭一直都是开心的，也不是所有的时间都是开心的，但我希望，大部分时间是开心的。"孩子们对生活的认识如此富有哲理，让人惊叹，也让我们相信，通向未来的钥匙就在他们手中。

未来,你们的创造是中国的创造,也是世界的创造

孩子们,你们马上就要毕业了。原本三年的美好时光因为疫情的原因变成了两年半。但我要说,我们在一起的这两年半时间里,每天都很快乐,要把一份最特别的感谢送给你们!希望你们在未来,依然能够记得我们生活化课程的精髓,要"好好吃饭,好好说话,好好生活"。我们也会一直在这里祝福你们!

未来,你们的创造就是中国的创造,也是世界的创造。很多人在问,未来的世界到底是什么样子的?描绘未来世界的画笔就在你们的手中,你们一定要加油啊!

三年的时光就这样一晃而过了,今天,你们将告别花草园。请你们永远不要忘记,你们曾经在美丽而丰饶的花草园生活过,我会和老师们一直在这里祝福你们!

我们可以将追求"智慧生活"视为一种勇气吗

2020 年 9 月 4 日

最近,我明显地感觉随着年龄的增长,自己越来越容易感到疲劳。人必须尊重客观事实,臣服于自己的身体,也臣服于当下。衰老也让我的思考有了一些蓬勃之后的冷静和蜕变。

今天我想分享对三个问题的思考。

疫情之后,世界变得越来越好了吗

疫情最开始爆发的时候,我们是有期待的,期待着一场疫情能给人类带来更深刻的反思,让这个世界变得越来越好。但是,现在疫情已经持续了这么长的时间,我们期待的美好世界出现了吗?似乎并没有出现,未来可能还会变得越来越糟糕。

疫情给世界带来了什么?带来了很多的敌意与争执。疫情大面积爆发之初，有识之士就在呼吁，我们应该反思人类该何去何从，全世界应该联起手来建立一个命运共同体，共同对抗疫情带来的地球危机。但是，现在看来那似乎只是一种美好的设想。

人类作为一种生物的局限性，在疫情面前一览无余。灾难面前，大部分人变得更加恐惧、缠绕；我们处在一个"集体性的应激状态"，失去了判断，开始相互怀疑和攻击。当我们对这个世界的人都不能心怀信任时，这个世界还会好吗？

混乱的时候，个人和机构的边界都会被各种方式介入，让我们很难按照自己的节奏来做事情，所以也会越来越感到机构和个人在发展中的一些困境。疫情期间，我看到很多幼儿园都在进行招聘，但同时又发现有很多人都感觉就业困难。

每个机构都觉得自己招聘不到合适的人，每个人又都感觉自己找不到合适的工作。这似乎是一个悖论，也是一个特别值得我们思考的现象。

作为普通人的我们能做的是什么？勇敢地站在那，先不要急于做出判断与选择。越是这个时候，我们越需要一种定力，等待着心再次安静下来。如果向外寻求会给我们带来很多焦虑和不安，那么就需要调转方向，向内走，来寻得一丝宁静。

将追求"智慧生活"视为一种勇气

这个世界越来越缺乏勇敢的人、冷静的人、正直的人。如果我们想向内观，就必须视追求智慧生活为一种勇气，并将这种勇气视为一种荣誉，而荣誉是需要捍卫的。

智慧的生活是什么样子的？它如何引领一个人从当下的局限性中实现超越，到达一种"自由"的境地？我自己也一直在追寻这种智慧生活的路上。

追求智慧的生活，需要重新梳理与确定自己和世界的关系。如何做？我提两个想法。

学会"有觉知的生活"

如何带有觉知的生活？"不带有觉知的生活"和"带有觉知的生活"差别在哪里？我们来看下面这张图。

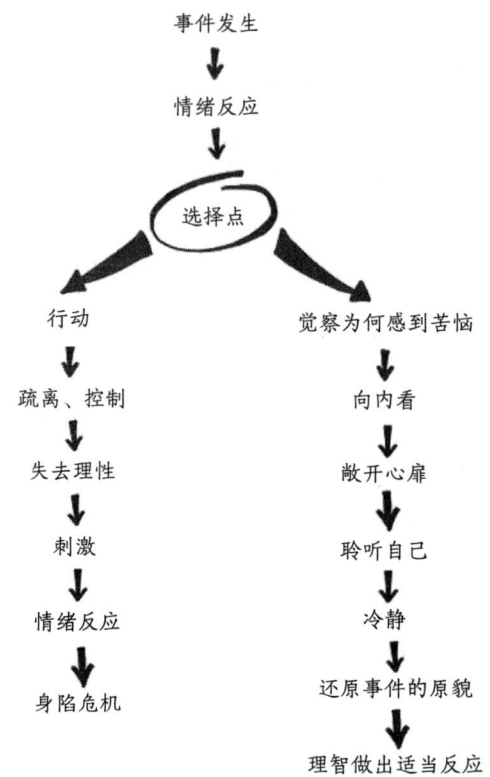

每个人在生活中每天都会遇到很多事,这些事就像一个个"刺激源",会刺激到你。这个时候,每个人的起心动念是不一样的。一部分人会选择向左走,启动心理的防御机制。他会想"你是错的,我是对的",然后开始争执,慢慢失去理智,在危机中不断行走。一个能够觉知自我的人则会选择向右走,思考"我为什么又走到了这里。"

时常审视自己的起心动念,尝试做到在一个问题面前,既不是麻木不仁、随波逐流,也不是像一个"斗士"一样时常愤怒,而是始终能够保持一种内心的平静与中正。长此以往,这种思维方式就会变成一种习惯。它会让你展现出一种温柔、坚定的力量。

重新审视什么样的知识才是最值得拥有的

知识从来不是单一的,我们需要建立一个更宽泛的对知识的看法。人类社会有三种知识。

第一种知识是思维和大脑的知识。现在,我们太多地依赖思维和大脑的知识，总是觉得脑子里储存的知识才是对的，总是用大脑来设定未来的生活。这种知识经常会让我们陷入一种自我矛盾与否定中，因为这类知识的丰富与更新速度实在太快了，这些知识在今天是对的，在明天就有可能变成错的。

第二种知识是心灵的知识。这是我们的生活化课程特别强调的，也是我特别主张大家能够拥有的一类知识。我们的心灵就像一片海洋，它永远不会枯竭。

心灵的知识从哪里来？要想获得心灵的知识，你必须拥有两个能力。一是共情的能力，当你能跟万物共情的时候，你的心灵就开始变得柔软蓬松、湿润起来，能够感知到多维的信息；二是感知当下的能力。无法感知当下，就只能活在过去和未来。大部分人对过往的回顾是什么？不满和遗憾。对未来的展望是什么？焦虑和恐惧。感知当下就是活在现在，也有人把它叫作"正念思维"。感知当下的时候，人一定是特别松弛的状态，会感到心满意足，身、心、灵是合一的。

如何获得心灵的知识，是一个只可意会不可言传的事情。即使你找到了通往它的路，能否获得也全靠自己的感悟。

第三种知识是实践性知识。它是整合了大脑知识和心灵知识，而对当下的实践做出的判断和认识。

一个人的大脑里即使储存了很多知识，也仍然有可能过不好自己的人生，因为他未将知识与当下的生活情境结合起来。因此，实践性知识是影响我们生活质量的最重要的一类知识。

教师的个人成长也是如此。我认为，教师成长不是一个标准化的过程，而是一个个性化的过程。你的专业化成长就是要向前走，找到属于自己的心灵之路，它最终呈现出来的就是实践性知识。

今天，知识更新的速度越来越快，我们将会面对很多未知的困难，书本上的知识无法影响当下的生活。如何在实践中获得领悟，在没有外部指导的情况下，依然能够采取一些有用的措施，这个就要依赖实践性知识。

新的学期,我们用什么方式完成工作

缓慢

在一个非常快的时代,如果不想被裹挟,我们就需要用内心的坚定来对抗压力与焦虑,而缓慢无疑是一个最有效的方式。

学会聆听自然。自然的变化是非常缓慢且有节奏的。我们常说,"静水深流"。假期里的一天,我坐在村里的小河边听小河淌水的声音,竟然坐了一个多小时,感觉内心充满了能量。

如果我们能够静下心来,听风的声音、听落叶的声音、听河流的声音,甚至土地发出的声音,我们就能够听到它们自带的韵律,和自然同频共振。

每天、每周、每月,我们都应当给自己留出时间和自然对话。和自然对话的过程,也是和自己对话的过程。

在工作中体会慢工出细活的乐趣。管理层要把节奏交还给老师,不要总检查老师们的工作、催促他们,让老师们在缓慢中找到自己的节奏,高水平地完成工作。当然,老师们自己要有时间的刻度和限制。

专注

学会专注的最有效的方法就是用双手来体验和创造生活,而不是用大脑。当我们用双手做事的时候,脑子可以是空的。手是连接心灵的,所谓专注就是运用双手创造的时候,有心流流过。创造也是在专注中完成的,没有专注就没有创造。所以,多用手,别怕劳动。劳动创造了人本身,劳动是人的根本需要。

专注也需要内心充盈着一种热情,可以尝试做一些自己喜欢做的事情。这些事可以来自工作,也可以来自你个人的生活。做自己喜欢的事情时,你会很慢、很专注,时间也会过得很慢。这种美好的体验能让你时常回望初心,找到心灵回家的路。

温柔

当我们能够缓慢而专注的时候,神情看起来一定是非常温柔的。我希望这学期看到在这里工作的每一个人温柔的样子:温柔地工作,温柔地看待世界,温柔地对待身边的人、身边的事物……我们的微信公众号文章推送也可以显示出温柔的基调。

当然，你自己首先得是一个温柔的人，才能够感受到他人的温柔，才能够体会到温柔和温柔相对的力量。

缓慢、专注后呈现出的温柔的样子，就是花草园每一个人的样子，就是花草园的样子！

最后，我想把上学期结束，我们一起在网上开总结会时说的那三句话再次送给大家。

关于"自己"。"自己"这个东西是看不见的，跟很强的东西、可怕的东西、水准很高的东西碰撞，反弹回来后，才会了解"自己"，知道"自己"是什么。所以，不要害怕困难，去碰撞，找到"自己"。

关于"成长"。"成长"就是主观世界与客观世界的那条沟。你掉进去了，叫挫折。你跳出来了，就叫成长。

关于"珍惜"。大部分人只会记住自己翻山越岭去找的人，不会记住翻山越岭去找自己的人。要学习珍惜当下，感恩我们的相遇。珍惜这难得的相互寻找与相遇。

这一年，我们要稳定地、安静地、缓慢地、专注地、温柔地完成自己的工作。在处理和世界的关系时，不要求胜，不要求强，也不要求那么好；在处理与自己的关系时，让自己在一件事情上精进，不要总在一件事情上跌倒。每个人找到一件最适合自己的事情，让自己实现成长。

古人常说，"兵马未动，粮草先行"。花草园的粮草是什么？就是由花花草草构建出的环境和你们！我们用院子里的鲜花和室内设计调试出环境的基调，表达了我们对孩子的爱与尊敬，也想用今天这个会议来调试好我们的频率。

我们只是想向孩子们传达一种信念：无论世界怎么变化，焦虑始终是成年人的，而未来是你们的。在面对困境时，我们要做出我们的选择，而你们只需做好准备，迎接你们的未来。新的学期，希望花草园的每一个人都是缓慢的、专注的、温柔的。我们像和风细雨，润润地在这里生活、工作、学习、成长！

是什么影响着幼儿教师工作中的幸福感

2020 年 9 月 11 日

昨天是全国第 36 个教师节,不知身为教师的您是怎样度过这一天的?

我出生在教师世家。爸爸妈妈都是教师,在他们工作和生活的年代,教师工作是非常受人尊敬的。他们也因为对待工作的一片赤诚之心而赢得了学生们的尊敬与爱戴。即使今天,爸爸妈妈教过的学生大都已步入老年,也依然会感念他们,怀念过去他们曾经为学生做过的点滴小事或影响他们人生的一些大事。爸爸妈妈后来都走上了高校行政领导干部的岗位,但这段从教经历是他们最引以为傲的。

从北京师范大学毕业后,我去了北京幼儿师范学校教书,这一教就是 14 年。确切地说,在这里,我才开始爱上"做老师"这件事。我很享受在课堂上让思想与语言都神采飞扬的那段时光,也享受学生信赖你、尊敬你的那种感觉。当然,也享受着不坐班带来的闲暇与自由。

后来,我调入了中华女子学院,做教师,也做园长。因为园长的工作实在太忙了,所以做教师的时间越来越少。

为什么大学教师相较于幼儿教师,幸福感会强很多呢?在教师队伍中,中小学教师虽然感觉工作有压力,但幸福感似乎比幼儿教师要高一些,离职率也没有那么高。

是什么妨碍了幼儿教师拥有真正的职业幸福感

前些日子,《中华人民共和国学前教育法草案(征求意见稿)》公布,面向社会征求意见。幼儿教育的发展、幼儿教师的生存状态,越来越被重视。在众多的讨论中,呼声最高的依然是"提高幼儿教师的工资待遇"。

就幼儿教师这一职业而言,提高工资待遇固然非常重要,但除此之外,是否还有更多值得关注的东西?

工资诉求背后,是否有对其"自然属性"之上的"社会属性"的隐性追求?比如,对自我权利的追求、对个体被尊重的需要、对自由的渴望、对自我实现的期盼以及对自己所从事职业的一种社会普遍性认同?

为什么大部分幼儿教师难以感受到工作中的幸福感

哲学家认为,追求幸福感,是人所从事一切活动的终极指向,幼儿教师也是如此。对任何人来说,生活和生命的终极价值都在于对幸福的向往与追求。

我们认为,幼儿教育是幼儿教师在特定的时空环境中,为了自己与儿童的发展与完善,共同提升生命质量、实现生命价值所进行的一种生命活动。这一定义和现行的教科书里对"幼儿教育"的定义不大相同。但这些年的经验与体会告诉我,真正的幼儿教育就应该如此。

虽然每个人对"幸福"都有自己的理解,但幼儿教师的整体幸福感不高,却是一个普遍现象。

幼儿教师的工作时间过长

任何学段的教师都不会像幼儿教师这样,每天直接面对工作的时间超过了8个小时。大学教师的工作时长是最短的,且不用坐班;中小学教师在课堂之外也有喘息的时间;只有幼儿教师需要一进入工作状态就是紧张的且长时间的。"朝九晚五"的理想上班时间,在幼儿教师身上似乎并不存在。

以我所在的花草园为例,虽然我们很重视教师的休息时间,但大部分教师过的依然是"776"的生活,即每天早上7点上班,晚上7点下班(比较理想的状态),一周至少要有6天在线,另一天教师们还需要轮流来园组织父母学堂活动。每天晚上7点之后,他们还要面对家长的各类询问。原本设定的中午休息时间,也会被会议、学习、讨论以及一些临时填写材料的要求填满而无法保证。

我很心疼老师们,但在一些刚性要求面前却也无能为力。好在我们的生活化课程是舒缓的、沉静的、留白的、有呼吸感的,老师们工作起来,至少心灵是放松而愉快的。

幼儿教师面对的工作要求过多

昨天,我给大学生上完课,走在路上还在想:我需要把这次课的体会写下来吗?我备课之前有人检查了吗?有人规定我这一节课该先说什么,后说什么吗？会有人评价我，这节课没有体现出核心经验吗？似乎都不需要，大学教师只需要在开课前提供一份教学大纲就可以了。至于在课堂上你是先快后慢，还是先慢后快，是你自己可以把握的事。你也可以在课堂里上随时决定在什么地方幽默一下，或深刻一下。幼儿教师被赋予这样的权利了吗？他们的工作内容涉及幼儿一日生活的各个方面。每一个方面都需要他们提前做出计划，写成文字，还要保证天天、周周不重样。我不禁在想，难道幼儿教师就不如大学教师更值得信任吗？

幼儿教师在我心中是一个入职门槛极高的行业。即使做了这么久的园长，我也必须面对一个事实：我是做不了幼儿教师的。这一认识也让我对他们以及他们的工作都充满了尊敬。

在大部分人看来，一个幼儿教师是当不了大学老师的，可一个大学老师也不一定能当幼儿教师啊！幼儿教师是一个实践性很强的职业，在每天的练习中，他们已经将工作场景内化于心，并用心灵完成了整合，生出了属于自己的实践智慧。这种实践智慧往往是难以用文字来表达的，一旦强求，就必然产生内源性压力。

现在的教育理论越来越丰富，但教师的工作处境越来越尴尬。标准化的工作流程使得幼儿教师的工作越来越缺乏活力。

幼儿教师工作中的创造性被挤压

当下，在很多幼儿园，教师的教育教学活动往往处于一种"被控制"的状态，需要按照统一的标准来进行，教师的个性被压抑，创造性也就无从谈起了。在机械的统一要求下，他们被深深地控制在预设和固有的教学程序中，教育教学活动日益变得规范化和程序化。

技术理性的盛行使幼儿教师的工作越发烦琐，甚至走向了一种倒退。20世纪七八十年代的幼儿教师似乎也没有现在这么辛苦。这种过度追求教学技术化与标准化，会使教师的情感、价值与个性在这一过程中被消解。

现实中，很多教师的教育生活被一日生活的要求、制度、规则裹挟，远离了自主、自由与创造，受到种种制约、重重限定，不是教师主宰教育教学，而是所谓的教育教学支配了教师；不是我在"做"工作，而是工作在"做"我。在工作面前，教师常常有一种无力感。单调、重复、封闭、标准化，这些使得教师无法施展自己生命中的激情与创造性。

除此之外，幼儿教师的社会地位及待遇等现实问题；部分家长对幼儿教师持有的一种固有观念，认为教师就是孩子的"保姆"，同时又对教师有过高的期待；在幼儿园内部，管理体制、师幼关系的质量；当然，也不排除教师自我的工作投入度、择业动机以及由此带来的工作中的获得感，这些都会影响教师的职业幸福感。

幼儿教师的幸福感究竟源自何处

最早关于职业幸福感的理论和实证探索来自 20 世纪的美国。之后，国内外学者相继开启了关于教师幸福感的研究。

教师节前夕，我们对花草园的 26 位教师做了一项田野调查。很想知道，他们工作中的幸福感究竟来自何处。

是什么让你感觉这个职业充满了幸福感

在回收的 26 份问卷中，8 位教师提到"心灵成长"。

李琳老师：因为这份工作，我可以充满善意地、真诚地生活，这让我觉得自己是个很不错的人。

李洋老师：给我带来幸福感的是心与心的流动，是生命与生命的对话。有什么比陪伴着一个生命自然成长更幸福的事情呢？

唐彬老师：这份职业带给我精神世界的纯净和心灵的宁静，因为有花草园，因为是花草园人，所以在这里我更能寻找和拥有那独特的味道。

王彩霞老师：不断地创造，不断地看到，我寻找到不一样的自己。

有 4 位教师提到"人与人之间的联结"。

吴婷婷老师：和孩子们在一起生活，工作就像生活，这是其他职业不能比拟的。

郭佳老师：这份职业让我体会到人与人之间的真诚与爱。花草园给了我一份"家"的温暖，这里有我爱的孩子们，有一起为实现同一个目标不断创新的姐妹们，有一直引领着我们前行的胡老师。我喜欢把教室布置得像家一样温馨，和孩子们一起在这里生活。

赵莉莉老师： 16年前，我"翻山越岭"找到花草园，它让我的人生有了新的意义。在这里，我看到了自己生命质量的变化，也看到更多的人、事、物，心变得越来越柔软。

现在我是这里的一个管理者，但我将自己定位为一个服务者。当我服务于这里的每个人时，他们信任的目光让我觉得很踏实。

阎玉新老师： 当大家一起为守护孩子们的童年而努力的时候，我能很清晰地感受到这份职业赋予我的使命感，这让我走得很坚定。

在回收的26份问卷中，被提及与幸福感指数相关度最高的是儿童。

范立老师： 当看到孩子们早晨洋溢着笑容来到幼儿园问"老师早上好"的时候，当家长反馈孩子们在家里总提起老师的时候，当看到孩子们一点一点成长和进步的时候，我很有成就感和幸福感。

王晨琳老师： 和孩子们在一起的时光，充满了活力、想象力和未知性。孩子们身上带有的生命力和生长力，让我感受到这个职业的快乐、成就感和幸福感。

李美杰老师： 发现孩子们的"发现"，听到孩子们表达出的那些"金句"，从孩子身上学习思考问题的方式，和孩子们一起创造……都让我对孩子们和这个世界的认识焕然一新。

张蕾老师： 在和孩子们相处的过程中，我发现不是我教会了孩子们什么，而是他们用自己的力量慢慢治愈了我的童年。

满足你对这个职业的热爱和向往，哪些条件是必备的

在回收的26份问卷中，被提及得最多的5个条件依次为：
- 真实的文化氛围
- 志同道合的同行者
- 拥有自我价值实现与生命成长的空间
- 足够的创造空间
- 满足生活所需的物质条件

选择在这里工作的理由并给出自己的排序

在回收的 26 份问卷中，被提及得最多的 5 个理由依次为：
- 对儿童的热爱
- 喜欢花草园的文化氛围
- 有志同道合的同伴
- 园长在专业和人格上的引领
- 职业带来的生命成长

从教师们的回答中，可以看到，对儿童的热爱无疑是他们做这份工作最强有力的吸引源和支撑。

教师们除了渴望能够得到满足生活所需的基本物质条件之外，更渴望人际的、精神的、心灵的满足与成长，这也是由人的本质属性决定的。当一个人能够在工作中不断地与自己和他人建立真诚的联结、实现自我超越的时候，他不仅能看到自己的价值，还会获得幸福的体验。

很多一线教师在呼吁提高工资待遇的时候，其实是在说："我们不希望被工作奴役，我们更需要有尊严地工作、真实地工作，我们渴望有'呼吸'的自由和创造的空间……"

今年的教师节，花草园没有特别的庆祝仪式，但我们做了这样一件有意义的事情。这份田野调查是我们送给老师们的一份教师节礼物。因为讨论这样的问题本身，对教师来说，就代表着能够表达、被倾听、被理解，这也是一件幸福的事。

管理者应把"教师追求工作中的幸福感"视为一种权利与福祉，不要总用奴役的思想与眼光面对教师。

最后，我想以这次调查中老师们对这个职业的美好期待来结束本文。

刘晋璐老师：我期待能在这个职业中实现自我的价值，希望可以学到很多东西，让我的人生更加丰富。

吴婷婷老师：希望更多的人能理解幼儿园老师的工作，不是只关注孩子的吃喝拉撒，而是能够看见孩子们精神世界的成长。

王彩霞老师：希望更多的教师能够理解和感受到，儿童精神世界和心灵的丰富远胜于其他。

李洋老师： 希望有越来越多的同行者，我们一起守护好儿童的心灵世界这片净土，因为他们是我们人类的未来！

课程改革是一场"静悄悄的革命"

2020 年 10 月 9 日

今天是十月的第一个工作日。

虽说北京的幼儿园 9 月 8 日才正式开学，但我们感到了前所未有的忙碌与疲惫。今天，忙碌与疲惫似乎已经成为很多行业从业者共同面临的问题。

20 世纪 60 年代，美国人类社会学家利福德·盖尔茨在印度尼西亚爪哇岛考察时，发现当地人的生活日复一日、年复一年，日出而作、日落而息，没有改变，也没有创造。他将这种长期简单重复、没有进步的生命状态，称为"内卷化效应"。

后来，这个词汇被广泛地应用于各个领域，一般有如下几个层面的含义。

- 一是指个人长期从事一项相同的工作，工作内容长此以往不断重复，导致了一种自我懈怠与自我消耗。
- 二是指在同一个环境中，大家相互竞争，但随着时间的推移，人们掌握的技能趋同。这种由竞争引发的效应会越来越内卷化，导致同质化竞争越来越严重。
- 三是指一个组织或行业的管理程序日渐繁复，越来越多的人加入，但是效率却越来越低，导致一个组织既无突变式发展，也无渐进式增长，只能在一个简单的层次上盘桓，甚至走向倒退。

今天，"内卷化效应"已经严重影响了人们的工作与生活，使人感觉焦虑加剧，疲倦加重。

幼儿教师的"内卷化效应"主要表现在哪些地方呢？以我的判断，主要来自以下几个方面：

- 和儿童无关的无效劳动在不断增加，真正和儿童相处的时间却在不断减少
- 文字工作占用的时间过长，导致教师没有那么多心力面对儿童
- 频繁的重复检查
- 无处不在的评价

……

今天，我们应当如何面对"内卷化效应"？这需要我们将心灵从这些繁复中抽离出来，将习惯的事物陌生化，慢下来，回到源头重新审视工作的意义。

自由的户外

我最开心的时刻是看孩子们的户外游戏。花草园的户外活动早已打破了孩子们被组织、被安排的方式，孩子们要做的就是选择自己喜欢的地方，用自己喜欢的方式尽情玩耍。

"创造性地玩耍"应该是儿童生活的核心，它能帮助儿童将自己的经历与想法用想象编织在一起，创造出属于自己的一种生活，同时它也是儿童旺盛的创造力的一种重要表达通道。如果儿童的生活中缺失了这种自由自在的游戏，成长就会受到严重影响。

发现创造性玩耍在儿童健康发展过程中的重要作用，是近几十年来专业研究的最新成果。它本质上与我们原有的朴素认识一脉相承。有学者特别强调，游戏原本就是指创造性的、开放性的玩耍过程。

不知从何时起，幼儿园的户外游戏演变成一种目标导向下的教师主导活动。孩子们在教师设计与规定的游戏里玩耍，如同木偶，谈不上有什么愉快的体验，就更谈不上游戏中的创造性了。

在孩子们的户外游戏里，我总是能够看到他们身上充满着强大的学习动力、意愿与创造性。如果成人给予少许的帮助，允许孩子按照自己的步伐学习、游戏，他们就会以自己的方式成长。

遗憾的是，我们总以为孩子的学习只能靠成人来引导，不尊重孩子内在

的学习动力，剥夺了他们自主学习的愿望，经常把他们弄得烦躁不堪。

今天是国庆长假后小朋友来园的第一天，一定有一些孩子不愿意再来幼儿园。我们一定要问一问他们为什么不爱来幼儿园，是不是感觉幼儿园不够自由；也要问一问自己，是否给孩子提供了充足的自由活动时间和自主游戏的可能性。

润泽的教室

幼儿园的教室是孩子们生活的地方，室内活动相较于室外安静了许多。只要时间允许，我每天都会走进孩子们的教室，看看他们是如何在这里学习与生活的。

最近，我每次走进三楼的大二班教室都会发现一个有趣的景象：靠近窗户的地方摆放着一张长长的桌子，桌子四周坐满了孩子，他们安静地在那里做着自己想做的事情，或专心地创作着，或低声地交谈着……完全沉浸其中的样子。看到这个场景，我特别心动，因为我能感觉到空气中的润泽感。

这个地方如此吸引人，以至于每次转班的时候我都会特意在此多停留一会儿。我很好奇：

- 这个区域是如何形成的？
- 孩子们在这里是如何游戏的？
- 教师们如何看待这一切？
- 教师们如何支持孩子们的学习？

问题1：这个区域是如何形成的

<u>王彩霞老师（大二班主班教师）</u>：我们把这个区域称为小作坊，它是近期孩子们最喜欢的区域，这个区域的活动是由孩子们主动发起的。在这个区域里，我们扮演着材料的提供者、协助者和欣赏者的角色，偶尔也会是灵感的提供者。

比如，关于用麻绳缠瓶子的活动，一开始女孩们将美工区的麻绳剪短来装饰自己的作品，但是发现麻绳很难被粘牢，经常掉，而用麻绳来编东西对现在的她们来说又有一些难。当她们发现教室里放着的几个之前用麻绳缠的

瓶子时，她们特别喜欢，想试一试。于是，第二天，很多孩子把家里的小瓶子带到幼儿园，一有时间就坐在窗台前缠瓶子。

孩子们在这样的活动中很自由、很恣意、很享受。在这个活动中，教师很少介入，即使介入也只是一起游戏的玩伴。

我们很难给这个区域起一个具体的名字，因为在这里很多类型的活动并存。

问题2：孩子们在这里是如何游戏的

田悦老师（大二班配班教师）：我也很喜欢孩子们沉浸在"小作坊"里的样子。孩子们铺好桌布、摆好材料，"小作坊"的活动就自然而然地开始了。孩子们有时候会摆弄几样自然材料，不断地组合、连接，寻找不同的惊喜；有时候是先有一个灵感，然后去寻找材料，不断地补充、尝试。

在尝试中，孩子们的探索也在不断变化。在这个开放的环境中，孩子们的奇思妙想不断涌现。比如，一次区域活动时，元宝激动地拿着他用黏土捏好的作品让我们欣赏。只见这个泥塑的头顶上是两个圆圆的小发髻，身上穿着一件红色的上衣，脖子上套着一个金色的圆圈，手上拿着两根红色的飘带，脚底下还踩着两个轮子，原来是一个栩栩如生的小哪吒。

元宝的身边围满了同伴，元宝一边拿着作品一边给同伴们讲着："混天绫，乾坤圈……"过了几天，这个区域陆续又出现了用黏土捏的孙悟空、猪八戒、二郎神……

孩子们的探索随时随地都在发生，一切都是顺畅的、自然的。

问题3：教师们如何看待这一切

王彩霞老师（大二班主班教师）：其实，一开始我有一些疑惑——孩子们长时间选择一个固定的区域是不是不太合适？可是，我渐渐发现，孩子们即使只在一个区域里游戏，他们之间也会进行各种交流、模仿，相互学习；遇到冲突时，会进行商量、协调，寻找适合的方法解决。

我在花草园当教师的时间越长，对儿童全面发展的理解就越深刻。如果我们认为通过区域活动的"平均选择"就能让孩子们得到"全面发展"，那么是对"全面发展"的狭隘理解。

所有的自由活动或者区域活动都只是给孩子们提供了一个介质，最终目的是让孩子们在探索中发现自我。无论是在哪一个区域活动，孩子们都在独立思考、身体力行，积累成功的经验和获得有关自我的经验。最近，有一个研究表明，"成功是成功之母"，这也佐证了我的一些思考。

区域活动真正的价值在于设法帮助孩子们找到自己喜爱的事物，并进一步发掘他们的内部动机，而非逼着孩子们做那些他们不想做的事情，让其成为负担。

如果孩子们能通过每天做一小时自己最喜欢的事情来完成一次自我设计、自主学习、自我管理和自我成长，那么他们的内心一定是充盈的。

问题4：教师们如何支持孩子们的学习

王彩霞老师（大二班主班教师）：首先，倾听孩子们的心声。每次早饭结束后，都会有一些孩子问同样一个问题——今天是所有的区域都开放吗？所有的材料都可以用吗？听到我回答说"是的"，孩子们发出一阵欢呼声。

其次，主动观察和询问。区域活动时，也会有个别孩子坐在远离同伴和老师的地方。每当这个时候，我就会悄悄地走过去和他聊聊天："你今天没有什么想玩的吗？你最想在区域里玩什么？需要我帮你准备什么材料吗？"

再次，一同体验孩子们的喜悦。区域材料越丰富，后续的整理工作越繁杂。但是，如果材料有限或者活动的形式受限，那么孩子们的创意也会受到限制。每当看到孩子们拿着作品欣喜、骄傲地向我展示时，我就更加坚定了要给孩子们提供更多的可能性的信念。

最后，回顾与分享。每次活动结束后，我们都会和孩子们聊聊他们在活动中的收获和遇到的困难。我们也会很坦诚地和孩子们分享我们的感受和困难。比如，能不能在游戏结束之后，大家一起将游戏材料整理好，这样就可以有更多的时间投入下一个活动中。

田悦老师（大二班配班教师）：首先，提供大量丰富的材料。丰富的材料给了孩子们更多创造的可能性。这些材料可以是半成品的人工材料，但是我们更喜欢投放多样的自然物；可以是教师定期更新的材料，也可以是孩子们自己收集来的瓶子、松果、树叶，等等。

其次，规则与自由并存。活动中会有规则，比如，不能用剪刀指着别人，节约用纸等，这些规则都是我们和孩子共同讨论出来的。规则不能成为限制孩子创造的因素，很多时候我们都在努力给孩子们创设一个开放、自由的环境。只要孩子需要，环境乱一些也没关系。

再次，随时展开讨论。一次在制作完"小甜点"以后，几个女孩围着展示架开始讨论谁的作品最美。有的孩子说哈哈捏得漂亮，因为像彩虹一样；有的说自己捏得最漂亮，因为是按照自己曾经吃过的最美味的蛋糕的样子捏的；有的说"美丽"是没有"最"的，我们每一次都比上一次捏得好；有的说"美丽"是每个人的想法，会变来变去……

孩子们对于"美丽"的定义千差万别，但每一次，他们都在朝着自己心目中的那个方向走去。

最后，创造再次欣赏的机会。我们会帮助孩子们把自己的作品放在展示架上展示。一有时间，他们就会跑过去欣赏自己的作品，和好朋友相互交流，看着、聊着就笑了。

我和郭国燕博士一起聊起这个美好的场景，她说幼儿园里的这个场景也带给她同样的感受。她引用了佐藤学博士在《静悄悄的革命》一书中提出的"润泽的教室"来形容她的感觉。

润泽表示湿润程度，也可以说它表示了那种安心的、无拘无束的、轻柔润泽肌肤的感觉。"润泽的教室"给人的感觉是，教室里每个人的呼吸和节奏都是那么柔和。

在"润泽的教室"里，并不存在"大家"，存在的是有自己名字和容貌的一个个儿童，是与每个个体的关系。教师和儿童都不受"主体性神话"的束缚，大家安心地、轻松自如地构建着人与人之间的信赖关系。

课程改革是一场"静悄悄的革命"

花草园在进行课程改革的过程中，我开始关注佐藤学博士的研究。佐藤学博士的《静悄悄的革命》一书，也在课程改革的后期静悄悄地走进了我的视野。

书中，佐藤学博士提出，要构建教师与学生之间互教互学的合作型关系，未来学校的形象是一个"学习共同体"；也特别提出，"学校只有从内部开始转变，才能实现真正的变革"。

这些思想闪耀着智慧的光芒，无论是对中小学的教育改革还是幼儿园的教育改革都有着重要的借鉴意义。

可以说，我们的课程也是一场"静悄悄的革命"。在探索初期，我们并没有宏大的宣言，期间，也没有发生什么扣人心弦的大事件，但就这样一步一步走到了今天，静悄悄地走进了生活化课程里。

教育实践本质上是一种文化探索，而文化的变革越是缓慢，越能得到确切的成果。真正的教育变革应是植根于每一个儿童、每一个教师而进行的。

对教师来说，这也是一个不断学习的过程，他们必须亲身经历改革过程中的各种混乱状况，摸索新的教育方式。

16年课程探索的经验告诉我们，教育的变革并没有什么捷径可走，因为真实的变革必须穿越身处其中的每一个人的心灵。

在"内卷化效应"越来越普遍的今天，如何对抗这一现象带来的"人的异化"，缓慢、专注也许是唯一的途径了。因为只有缓慢下来，才能和孩子们的心灵呼应、心心相印，"润泽的教育"也就随之而来！

后记　作者与郭国燕[①]博士的对话

本书终于付梓,成书过程颇为曲折。从有出版的想法到整理书目,再到完成导读部分的书写,前前后后大约花费了三年。开始面临的最大问题是书的文字量太大,我没有找到合适的表达方式,也不知如何筛选、编辑才能便于读者阅读。

2018年夏天,郭国燕博士来到幼儿园。之后,我们俩每周都有固定的时间进行交流。郭博士的研究方向是教育叙事研究,她在读完这些文字后,给了我很好的建议:这是一本教育者的教育叙事故事书,依托年代的方式呈现,可以让读者回到记忆里去。于是,我们开始重新整理这些书稿,并在每一年的文字前加入了我对当时叙事心境的一些回忆与思考。国燕是个非常好的研究者,她善于倾听,也擅长提问。在叙述的过程中,她提出的问题总能戳中我的心,令我数度落泪。所以,这本书虽是我的文字,但如果没有她的倾听与提问,这些文字就很有可能一直躺在我的电脑里。

整理完这本书后,我和国燕又进行了一次对话。我感觉,这次对话完全可以代表我的一种心境,于是决定用这次对话作为本书的后记。

郭国燕:我与叙事研究结缘,是做硕士毕业论文的时候,当时有幸聆听了刘良华教授关于叙事教育学的讲座。由此,我便开启了对叙事研究的不断学习。博士期间,我受教于导师常永才教授,并选择将叙事研究作为自己的专业方向。

2018年,我来到中华女子学院,大部分时间在花草园工作,除了与老师们一起参与日常教育实践活动,更多的是与胡华园长一起探讨对教育的认识。

[①] 郭国燕(1988年生),女,教育学博士,毕业于中央民族大学,现为中华女子学院儿童发展与教育学院讲师,中华女子学院附属实验幼儿园专职科研人员。主要研究方向:教育叙事研究、园长领导力研究、幼儿教师专业发展等。

花草园也是我"跋山涉水找到的归宿"。在这里,我常常会眼眶湿润。短短两年间,我就爱上了这所神奇的幼儿园。之所以说它神奇,是因为只要介入,心就会踏实下来。看到老师们认真地做教育,我在理论探索中的很多疑虑都烟消云散了。我想,这才是我理想中一直追求的一种教育样态,有情感、有温度、有创造,重要的是有心灵的参与。

胡华园长思考教育十余年,并坚持用文字记录自己的思考,这种教育叙事研究本质上也是对教育中的各种因素叙述自己的理解与看法,其中蕴含很多有价值的思考。就像马克斯·范梅南所言:"一个研究者或者理论家,他能描绘这个世界的本来面貌,叙述这个世界的迷人故事,因为他是一个传说中的返乡者,漂流到了陌生的异域,又回到了普通大众中。"

胡华园长的这本叙事研究著作,记录了她十几年来的教育思考与探索。从花草园的建立到生活化课程的建构,乃至教育文化的塑造,都离不开她这位亲历者的研究与思考。

这本书中,每一部分都涉及我和胡华园长之间的对话,其中既有她对过往记录的反思,也有我以一个研究者的身份对花草园教育的审视与省思。对读者来说,这样的形式也更加便于阅读。

叙事研究的意义

——在疏通文学与专业之间互动的叙事中,无限探索并抵达真实

郭国燕: 胡老师,叙事研究作为一种研究方法,它的价值在于使研究者的"个人知识"在其"个人生活史"的叙说中不知不觉地显现出来,从而缓解"认识你自己"这一疑难问题。在这本书中,您通过叙事研究的方法呈现了自己和幼儿园发展的过程,我能看到您的反思与唤醒,聪明的读者也将会发现,在按照时间线索叙述的过程中,越到后面,内容越发精彩。那么,您是从什么时候开始关注"叙事研究"的?

胡华: 以前,在我心里,"叙事"是一个词,"研究"是一个词,"叙事"加"研究"总是弥散着一种非常独特的意味。"叙事"就是讲故事,其实人人都会讲故事。我很喜欢听故事、讲故事,因为在我成长的那个时代,不是依靠视觉影像来解释生活的,而是依靠文字。我从小到大,一直是一个文学

爱好者。小时候看名著，也一直订阅《十月》《收获》等期刊杂志，到目前为止，我还在订阅《小说月报》。

我是从什么时候开始关注叙事研究的？我觉得，这得从我的自我身份认同说起。我是一位大学教师，却在幼儿园工作，这会让我经常产生一种较为模糊的状态。如果说我是学者，我觉得自己不太像，学者应该是理性的研究者和思考者；如果说我是实践工作者，可是我自己在实践的场域中却充满着对研究的渴望。

所以，我也很困惑。当"叙事研究"的概念第一次出现的时候，我眼前一亮，突然觉得，我做的研究可能就是"叙事研究"。这种研究有一些特质，既可以从个人角度出发审视宏大视角，又可以从现象出发进行系统研究，而不仅仅是从理性到理性的理论推演。我非常喜欢也十分擅长这种研究方式。

之前，我也一直在做一些研究，但研究方式不太确定。真正开始对叙事研究感兴趣，有了清晰的认识，应该说是在你来了之后。

我开始思考，在学术界，如果一个学者从未讲过自己的"故事"，我们就不清楚他的生命底色，无法觉察其学术的底色。我们无法了解他和知识之间的关系，对他的研究成果也会有疏离感。无论是学者还是实践工作者，生命的底色和对这个世界的认识，都与其看待这个世界的出发点相关。如果学者总是在讲别人做过的事情，别人研究过的事情，从不讲自己是如何理解这件事情的，我对他的研究就会产生疑问。

我认为，叙事研究对学前教育领域的意义是巨大的。儿童是一个个鲜活的生命，教师虽不是专业的研究者，但幼儿园是最容易开展叙事研究的地方。儿童喜欢听故事，也特别喜欢讲自己的故事。教师作为拥有实践智慧的人，可能讲不出那么多理论，但都能讲出很多自己的故事。这些年来，我们做的研究都是基于儿童立场或教师立场的，即基于人的立场，从人的角度出发，进行研究。目前来看，这样的研究是行之有效的。

我们的"生活化课程"就建立在这样的叙事基础上。儿童讲自己的故事，教师讲自己的故事，我也在这个过程中讲自己的故事，我们共同创建了一套有意义感的课程体系。因为课程某种程度上就是一种以故事为载体的系统。

在叙事的时候，倾听是非常重要的。不要总是提观察儿童，因为任何观察都带有个人色彩和主观意向，而只有在倾听的时候，你才可以打开另一个人的心门，真正了解他的内心世界。

郭国燕：我特别能理解您，因为我和您一样兼具理论工作者和实践工作者两种身份，这两种身份都有助于我们更好地将教育理论与教育实践结合。叙事研究在学前教育领域的重要性是不可小觑的。叙事研究方法可以帮助研究者和被研究者进行人文关怀的交往、理解与对话，走进个人生活，从微观之处了解被研究者的教育生活经历、个性品质和情绪情感对幼儿教育实践所产生的影响。

胡华：我也感觉，今天的学前教育领域要拓宽研究的视野。我看到，在全球领域，叙事研究已经成为一个风潮，因为大家越来越感受到，学术范式在发生很大的变化。最近我看了一本书，叫《叙事的胜利：在大众文化时代讲故事》，里面有一句话很有趣，"今天无论在哪里出现'叙事'这个词，都会引起争议。"

郭国燕：是的，叙事研究越来越重要，但却被人忽视，可能大家觉得"讲故事"的方式不太专业和学术，这也是大家避而不谈"叙事"的原因。在教育研究中，能被大家广泛接受的当属量化研究，但是量化研究高度重视"计算"而忽视了文化和心灵，所以叙事研究才在教育研究中兴起。叙事是人类基本的表达方式，诠释人的体验和情感，真实建构叙事者的思想、信念、意图和世界观。

胡华：其实这也是异化时代里对知识的一种错误看法吧……很多学者走向了另外一种状态，即查阅的资料越多，看到的资料越新，就越能在学术领域独占鳌头。但叙事研究不是这样的。

郭国燕：叙事，其实就是讲好每个人的故事，并从故事中建构扎根理论。我想，人天生就有故事，故事在我们与别人交流的过程中扮演着核心角色，给个人经历提供了一致性和连续性，并展现了叙事者的内心世界和某种智慧，讲故事其实也是在叙述这种智慧。

胡华：讲好每一个人的故事，意味着我们可以讲好整个社会与时代的故事，讲好生活的故事。在任何一个领域，讲好故事，讲自己的故事，都是特别宝贵的事情。但是在学术领域，很多人觉得这不像研究。我曾开玩笑地说，如果研究是那个样子，我情愿不成为研究者；但如果研究可以叙事，那我愿意成为很棒的研究者。

郭国燕：是的，知识被客体化了。教育者是需要知识的，人类经过几千年的努力已经构建了一个内涵丰富的教育知识体系，这些教育知识只有被教育者拥有，才会成为他们的教育品格。但是，在现实的教师专业化运动中，教师只是占有了知识，并没有真正地拥有知识，所以知识是外在于教师的性格的，这就需要新的知识观出场。

胡华：我特别喜欢你这句话——知识被客体化了。被客体化之后，这些知识好像只是我们说来说去、传来传去、符号化和标签化的东西，它们对我们个人有什么帮助？不知道。但真正的叙事，有一种伟大的力量，能够让我们的生活发生改变，因为故事本身就是动人的。生活化课程的成功也是一个叙事的胜利。因为我们的故事饱含着情感，所以课程是充满了情感的，是温暖的。

郭国燕：对的，有情感、有温度才是好的故事。中国历史悠久，有自己的故事，所以中国人有条件做讲故事的人。中国的故事太多，一个人讲不完，也讲不了，所以需要有分工。政治的、经济的、文化的、学术的、教育的、军事的，等等，都应该由相应的人来讲，才能讲清楚。现在说"讲好中国故事"，听起来好像只是一个方法问题，实际上绝不限于方法的范围，讲故事的人还需要有情感、有温度。

胡华：叙事虽然很普遍，但是没有人认真地思考它的本源和含义。在《叙事的胜利：在大众文化时代讲故事》这本书中，作者这样说："其实，在我们和所有人的交流方式中，故事已经确立了一种自身最舒适，最多功能的，或许也是最特别的一个地位，就是故事可以打动所有人，跨越了文化和代际，伴随着人类走过了无数个世纪。"如果能在专业领域用叙事的方式带着情感和温度以及浓烈的个人色彩开展研究，这或许是一个有益的探索。

郭国燕：希望这个探索能走得更远，也希望充满活力的教育研究在实践上呼唤教育叙事的出场。

胡华：从另一个角度讲，现行的研究讲的是一种道理或结论，但它传递给实践工作者的情绪是焦虑的。这种焦虑体现为教师所说的，"我为什么离那些标准越来越远？我怎么感觉，越发过不好自己的生活？"

在进行文字表达时，我们会不自觉地以冷静和客观的态度在笔端表情达意，从个人的体验中抽离对事物的认识，这和时代背景相关，有个人在某个时代里对生活的深度挖掘。因为叙事可以让人无限探索并抵达真实，它疏通着文学和专业之间的一种互动。

我小的时候就喜欢文学，读大学的时候，父亲很想让我报中文系。对我来说，写作并不困难，基本上能将自己想到的事情很好地表达出来。即使有些没想到的事情，在表达中也会突然灵感爆发，让它一下子丰满起来。但是如何把这种能力和专业紧密结合，是一个很有意义的探索。

写作是非常有意思的事情，人们往往会越写越深。夜深人静的时候，通过文字，自己可以和自己交流。在探索的过程中，文字有助于人们抵达自己内心深处的真实，它没法骗人。如果用理性的东西解释感性是很有限的，那种理性就不是从感性里生出的理性。

郭国燕：思辨研究倾向于解释，而叙事研究重在诠释。解释的是因果关系，而诠释中有文化和心灵的显现。

胡华：的确如此。现在，整个世界都面临着一种回归思潮，人们已经厌倦了工业化的精细，包括学科的精细，想回到一种模糊和混沌之中，感受原始的、粗犷的魅力。如今，虽然看短小视频的人特别多，但是真正有文化或者有觉知的人，他们还在回忆文字时代。

文字的表达是有快意的，它像一把刀，能够直抵心灵的任何一个地方。所以，有时候我觉得看电影没有读小说有意思。

叙事研究的进路
——从研究儿童到研究教师，从教育过程到教育文化

郭国燕：在这本书中，您的"叙事研究"的进路是怎样的？

胡华：这本书收录的是我这十五年间写下的文字。当然，也只是选取了其中的一部分。我在写这些文字之前，并没有形成一个完整的所谓研究思路，只是把感受特别深的东西写下来。但是写到最后，越写越多，也越写越聚焦。现在，这本书基本上是按照时间线完成的。但其中有几个对关键问题的思考

是按照叙事研究的思路记录的，也可称其为研究进路。

首先，研究儿童，即如何认识儿童、理解儿童，如何看待儿童及其成长。

我现在一听别人说观察儿童，心里就不太舒服。因为观察容易把儿童当成一个现象，而我更愿意把他们当成有情感的生命。而且，我认为他们能够影响世界的未来生命形态，是人类的希望。所以，我对儿童的理解，是理解儿童的过去、现在和未来。我在书中的不同地方反复强调民族的儿童、世界的儿童；儿童的游戏、学习、认识、哲思、知识……这是研究进路的第一步，也是非常关键的一步。

<u>郭国燕</u>：这本书基本涵盖了您对儿童的认识，从中可以看到，儿童是一幅逼真而完整的"人性画卷"，更是一本通俗而丰富的"人性绘本"。

<u>胡华</u>：其次，研究教师。我很幸运，我的成长经历中遇到了很多很好的老师，包括从事教育的我的父母，他们也是很好的老师。即便个别教师有些行为失当，但我认为他们的本意是好的。教师如何影响学生，这确实很重要。

最近，我看到一位在中国做学前教育实证研究的美国学者，他说："长期以来，几乎没有中国学者关注师幼互动的质量对儿童社会性技能和情感发展的影响。""师幼之间的互动关系在两方面看上去最为关键——在情绪上给予儿童温暖的支持，促进儿童认知能力和社会情感能力的发展。多项研究结果表明，当教师展现积极的情绪、给予儿童鼓励并且奖励那些有助于解决人际冲突的技能时，包括蹒跚学步的孩童在内的幼儿都将展现出更为充沛的活力，获得更为显著的进步。与此同时，教师向孩子们提问，安排趣味盎然的活动，鼓励他们使用丰富的（并且适宜儿童发展）的话语，能够对幼儿的认知发展带来更大的益处。"[①] 他说的这个问题一下戳中了我的心。其实这也一直是我多年来特别关心的一个问题，教师与儿童之间有什么样的关系样态？这么多年来，关于教师的成长、人格特质、社会责任、使命、规范、教育行为……我也谈了很多。

我很爱这些年轻的教师。随着年龄的增长，我明显感觉到精力的衰退，

---

① 布鲁斯·富勒，程静. 中国学前教育：公共政策与实证研究［J］北京大学教育评论，2020，180（3）：2-31.

但他们用自己蓬勃的生命力引导着我。我也发现，他们和我之间是相互引导、相互成全的。我生病期间，其中有一年几乎不能工作，但他们一直用自己的方式努力工作，用他们的话说他们一定要做到最好，不让我费心。他们用自己的方式成全我的梦想。在我心里，他们都是很了不起的人。我不太喜欢"优秀教师"这个提法。我觉得他们是优秀的人，因为优秀的人基本上会顺理成章地成为比较优秀的教师。

郭国燕：特别喜欢您的"相互成全"。这对教师是一种解放，这种解放也是对其精神的救赎。这种相互成全既成全了心灵的现实性，也成全了身体的精神性。

胡华：对教师的研究，我的进路和别人有些不同，我非常关注他们作为人存在的意义与价值感，以及在这些成长路上的困顿。为此，我甚至找来专业的心理咨询师来帮助他们，这也是这个行业里很少见的。

郭国燕：对的，教师首先要成为"人"，成为整全的"人"。整全的教师，其知识必须达到与人的思维、想象和创造以及与人类的利益和发展联系起来的水平。

胡华：这个行业是非常提倡专业化的，而我更喜欢提教师的个性化。教师必须成为整全的人，没有个性，何谈专业化。我们不能用专业化抹杀个性化。所以，我们幼儿园的教师的个性是非常丰富的。

在这个过程中，我有一个很大的发现，教师一旦拥有教育智慧，就可以成为能够"四两拨千斤"的人。现在，我仍然记得12月腌咸鸡蛋这个学习活动与一位教师的个人经验相关，跟她的叙事紧密相连。这里的每一个人对课程都是有贡献的。当然，这也是他们很难离开的原因，他们和课程是生长在一起的。

郭国燕：在"主体间性"中，没有主体和客体的分别，每个人都以彼此为存在的前提。教育运行在教师与儿童之间，具有主体间性，双方在情感上可以相互依恋，认知上相互理解。教学中精神投入，交往中相互关怀，我感觉花草园的教师就是这样的。

胡华：第三阶段是"课程"。当时，我在想，如何把这些东西在一个文化的框架里呈现？通过课程探索，我们发现，教师和儿童的经验开始有了编织感。所以那个阶段的关键词是编织，包括文化的编织、经验的编织，设计好框架，然后将人类美好的文化在这个过程中展现。

那时候，因为叙事，一切都变得特别美好。我们每个人都具有叙事能力，所以老师们的教育笔记写得特别好，因为我们都很会讲故事，我们都在完成个人的叙事。

之后，我们开始研究文化，第一步是读哲学，读中国传统的哲学书。

郭国燕：教师们有了自己的故事，教育才会保持温度，才会有能量。

胡华：对，因为故事总是和真实的自我相连。我们对这个行业的贡献是，我们做了一个真实的教育，用叙事的方式让这个行业充满了希望，也充满了温暖和力量，这也成为一种方向。所以，如果说我的研究进入了第三个阶段，就应该是指课程中的编织感，课程被赋予了文化，课程中的每一个人都得以重生和再造。

郭国燕：伟大的教育家布鲁纳也是叙事大师，他的理论都是依托叙事来完成的。

胡华：其实我们中国人是非常喜欢讲故事的，但是西方的学术范式进来之后，我们想学那一套。在我读大学的那个年代，我能清楚地感觉到这种变化。过去我们使用的是苏联体系，它基本上是一个经验体系；等欧美体系进来之后，我们就学人家的学术范式，大家都很遵从用数据说话的道理。

研究进入最后一个阶段，我们又回到了生活。但此"生活"已经不是彼"生活"了，它是一种哲学意义上的生活，它回归了儿童，回归了传统，甚至回归到了叙事，本质上就是回归到了人性。

此时的生活也不是一种简单意义上的生活，而是一条"意义河流"，我们每一个人都可以在其中徜徉，所以乐此不疲。我们当下的生活，是非常有方向的。

关于研究进路，我遵从的是直觉。我很信任我的直觉。其实在讲故事的时候，我们一直在追寻着一个心路历程，让心灵来指引方向，而不是靠大脑来指引方向，这个方向一定更准确。

大脑难以到达的地方，其实心灵是可以带领我们到达的。我努力地学习一种方式，让自己在工作和生活中越来越松弛，越来越自由。这意味着，越来越相信自己的直觉，越来越相信自己的判断。大家工作得很愉快、很轻松，因为总能够找到正确的方向。我自己也是这样，对教育有自己的见解、主张和自信。我也有自己独立的话语体系和视角，用来解释生活和教育世界中的一些现象。

郭国燕：我们很幸运遇到您，让每一个人都有自由工作与思考的时间与空间。

胡华：这是我们彼此的幸运，叙事研究的美妙也在于此。叙事研究不像其他研究那样设计好一个研究进路，然后按照那个来实施，而是让心灵指引你。这些思考与文字，从理性的角度来分析也是合乎逻辑的。谁说感性的东西和理性的东西就是对立的呢？其实，它们是高度统一的，感性的极致一定是理性。

这本书的研究进路就是在这样漫长的探索中，一步一步显现出来的。但是，我们回过头来看，它也遵循了从教育过程到教育文化的变迁之路。

教育叙事研究
——用一颗真诚的心，书写一段探索的历史

郭国燕：叙事研究并非独立的研究方法。它更接近于实证研究而不是思辨研究，甚至可以被视为一种实证研究的写作方式。您的这本书中是如何体现"叙事"的？具体包括哪些"教育事件"？

胡华：我特别喜欢这句话，"叙事研究并非独立的研究方法。它更接近于实证研究"。我的理解是，有些研究总要分出所谓的对和错、好和坏，而叙事研究不是一种思辨的研究，所以我们很少说，这样做特别好，那样做不对，我们不太批评别人，只是讲我们是这样做的。在这本书里，叙事的立场是平静的。很多人如果不批评别人，没有愤怒，就好像没有自我。但我喜欢静静地叙述我们做的事情。无论你喜欢还是不喜欢我们，我们都一直在那里。如果我们的研究刚好能够对你们有影响，那是我们的荣幸。

郭国燕："我们都一直在那里"，本着文化的立场，对教育之思做深入的分析。

胡华：叙事者本身有自己的立场，有自己的笔触，也有自己看待世界的

方式。有的人经常说"我要影响一个行业",我没有这样的野心,所以我写的事情都很小、很具体,对自己获得的荣誉以及被媒体采访之后的惊喜和感谢都写得不多。

所以,很多人说我特别有性格。我无数次为儿童热泪盈眶,为老师们感动,每一年毕业典礼的时候,我们都会相拥而泣。我的叙事态度、叙事笔触,包括叙事的原则,都有自己的偏好。

郭国燕:您应该特别感谢自己。"认识你自己"是自苏格拉底以来的古老教诲,也是一个遥遥无期的未完成状态。叙事的功能就在于,暂时放弃逻辑推理,将自己带入"个人生活史"的思考和搜索,让自己在个人生活史中领悟自己的"个人知识"。

胡华:是啊,这些年,我确实不太容易,内心也一直有很多痛苦和挣扎。别人看到的都是我好的地方,但是我自己能够感受到心灵的苦难无处安放。虽说生命不能承受之轻,但是过重了,就变成了痛苦。这也是我的问题,但我没有抱怨过别人。

郭国燕:感觉您写的每一个教育事件都有对教育的深刻思考。您将自己对教育的理解放在自己生活的历史关系中进行考察,从中挖掘幼儿教育的"真相"。

胡华:是因为我特别敏感吗?从宏观到微观的俯瞰,从微观到宏观的升华,我的思想在任何地方的停留,我都会把它记录下来。我对自己和他人有着很强的感受能力。做课程的时候,我感觉自己所有的触角都是打开的。我会把一个现象想清楚、想透彻,然后再把它表达出来,这是我的优势。在本书近50万的文字里,我写了至少有上百篇文章,几乎每一篇都是一个独立事件,所以我写东西特别喜欢交代思考的场景是什么,以及我为什么要这么思考。我一定要找到一个连接感与对象感,只有这样才能写出一篇好的文章。

叙事研究不是思辨研究,所以我不跟自己较劲。我不批评别人的理论,不去评价,因为我可能还没有完全领会别人的理论,理解得也不够好,我只能讲自己。我尊重自己的心灵、自己的手、自己的心、自己的脑和自己的笔。总之,就是尊重当下的感受。

郭国燕:您能介绍一下这种研究带给您个人的影响吗?

胡华：我做研究的初心是非常纯粹的。在这本书里，我是一个真诚的叙述者和研究者。这本书一方面阐述了我的教育生活思考，另一方面也讲了一个路径，生活化课程如何得以在漫长的时间里慢慢地建构起来。我们回到了教育的原点，然后用一颗真诚的心书写一段课程的历史。

郭国燕：我确实从中读到了您的赤子之心。我认为，真正的学者都有自由的心灵，他们是自然之子、人类之子，在宏大的自然、社会与人生面前，怀揣着赤子之心。

胡华：这不是我个人的力量，而是文化的力量。我从小所生活的家庭不需要我有太多的隐藏，只要真诚地做自己就可以了，所以造就了我现在这样的性格，愿意真诚地表达自己。当初撰写这些文章的时候，我只是想写给自己，没想到有一天会出版。能出版也是一个机缘，它被出版了，应该是一个莫大的荣幸。也要特别感谢你，这本书的每一部分都涉及我们俩的对谈，因为有这样的对谈，我才又写了每一部分之前的那些导语。

郭国燕：叙事研究太重要了，但是在正统的研究范式中，叙事研究一直处于"屈尊"的地位。我认为，故事是各种知识的母体，它承载着人类的历史记忆和生活空间。也因此，擅长讲故事的人往往是年长者或者远行者。年长者丈量了时间，远行者丈量了空间。他们都是时间与空间的见证人，也就是故事的持有者。

胡华：所以，叙事研究应该在这个行业里产生更大的影响，更多的实践工作者需要觉醒，不要太迷信理论，也不要太迷信专家，而是更相信自己。

特别希望这本书能够给这个行业带来一股力量，而不是一阵风。每所幼儿园都可以坚定地做自己认为对的事情和想做的事情以及能做的事情，而且是基于一定的研究背景，其结果是值得尊重的。

郭国燕：这是我们共同的希望！

胡华：作为真诚的写作者，我用十几年时间用心写了一本书。如果要说有一个目的，就是希望给更多的人，给这个行业带来一些积极的影响。

其实，儿童教育本质上是影响儿童。我希望有更多的人可以走在这条改变的路上，而不是评价的路上，可是现在"干活"的人似乎越来越少，"指手画脚"的人越来越多了。

叙事的隐喻
——生活与故事相互塑造，生命与教育相互成全

郭国燕： 叙事研究在当下走向了"批判的行动研究"，从这个意义上说，您的这个研究应该属于实践的行动研究，您觉得这一研究可以为学前教育领域提供哪些新的知识贡献？

胡华： 的确，这个研究应该属于实践的行动研究。从我个人来讲，一直用一个研究者的眼光来打量这个行业，所以实践中必然带有一种研究的意味。另外，我有一种觉醒的意识，经常审视自己的教育行为。其实当初写作的目的也在于此。我可能比其他园长要更辛苦一些吧。

郭国燕： 您给出了一个特别好的实践路径，我很少见到像您这样有研究意识的园长。批判的行动研究者如若能够在行动之后对过往的行动进行反思，在理想的状态下，就可以获得具身性的认知。

胡华： 越是这样，我越要对自己的行为保持一种审慎的态度。我很少用文字写下自己的愤怒，因为我的理性不允许我这样做。作为教育者，我不能任由自己的情绪四处膨胀，必须要保持一种中立的态度，或者叫冷静的学术立场。

我们这一探索的过程，也为这个领域贡献了很多宝贵的东西。我想告诉学前教育工作者，研究也是可以这样做的。同时，也想表达一种态度，课程研究的路要一步一个脚印地走。当你能够倾听儿童的叙事、倾听教师的叙事时，就已经走在了一个研究者的路上。每一个人都可以成为研究者。这本书里还有很多知识的贡献，因为我们对很多这个行业里大家习以为常的一些问题进行了新的诠释。我们一直源源不断地向这个行业提供新的见地和认识，希望给广大的实践工作者更多的信心。

郭国燕： 一个好的故事，就是一个好的教育隐喻，您觉得读者从这本书的故事中能够领悟到哪些教育隐喻？

胡华： 这本书的每一篇文章几乎都是一个故事，每一个故事都包含着一个隐喻，所以这本书好读，有意义，也有趣。总体而言，我不是一个喜欢把话说得绝对的人，观点代表的仅是我个人的认识，但不管怎样，期待不同的读者读完之后有不同的感受，也领悟到那些隐喻背后的深意。

从我个人的生命体验来讲，教育的追寻之路其实也是一场生命的修行之路。有的人可能喜欢我前期的文章，因为都是小情小调，很好读；有的人可能喜欢我在中期写的文章，因为充满了思考和困惑，以及应对的方式；还有的人可能喜欢后期的文章，因为记录了我们成功的探索经验和对于这些经验的一些深度思考。

不管走到哪里，我们在路上都会跟一些人不期而遇。其实教育的路跟人生成长一样，没有一条共同的路，都要靠自己走出来。要把别人的道理，变成自己的道理。

从一定程度上来讲，这本书能够引发读者的思考。他们也许能够成为更成熟的教育者，或者清醒的生活者，这都是一种有价值的选择，我希望对他们有所帮助。

其实，我在写每一篇文章时都会交代背景，就是我为什么要思考这个问题，我是如何思考的。我讲当下的感受，因为感受是灵魂的语言；我描述眼中所见的事实，因为事实仅仅是我个人所见；我还要说明在我理解的范畴事情发展的方向。我喜欢这样三个层面，即感受、事实、方向。

<u>郭国燕：</u>感受、事实、方向，这或许就是教育隐喻的力量。出色的叙事教育学不过是一系列教育隐喻。

<u>胡华：</u>这是我作为一个人的喜悦，也是让我感觉生命有意义和有价值的地方。我提供的内容，在别人看来可能是答案，但又不是答案，我希望提供一种思考方式。希望这本书可以成为很多同行者的"朋友"，当他们遇到问题的时候，打开这本书就如同与一位亲切的对话者交谈，因为我是用敞开的心扉来书写这些文字的。

教育只是人类社会的一个现象，教育的本质是让我们生活得更好。其实，这是一条双向通道，教育让生活变得更好，生活如果也能让教育变得更好，这样就圆满了。

其实"圆融"这个词可能会更恰当吧。这些年，我和老师们一起在工作中渐渐学会了几件事情：活得更通透一些，遇到同样的问题时成为更有办法的那个人；改变得更自然一些，看清问题背后的需求，促成真实的改变；变得更有亲和力，努力提升关系影响力，让同伴关系与工作关系更加轻松；找到生活的动力，确立生活与工作目标，寻找属于自己的那份意义感。这就是所谓的幸福人生吧。人活在这个世界上挺不容易的，生命把你抛向了何处，你也不知道，因此要找到一个锚，然后全力以赴……我钦佩那些一辈子就写一本书，但可以写很多年的人。

郭国燕：您写这本书的初衷是什么？您觉得它对您的关照是什么？您对读者的期待是什么？

胡华：小时候，我们都有写日记的习惯，这次写作也有点像写日记，写下一段经历，一个难忘的事情，一些思考，最开始的时候就是这么简单，到后来越写越有意思。可以说，我对教育的真正热爱就是在写下这些文字的时候慢慢产生的。我对自己的成长以及对教育的理解也越来越感兴趣，从而形成教育者的手记。

我是一个很喜欢意义感的人，在我看来，没有记录，就等于没有发生。当然，也许是一种执念吧。我这些年也在反思，其实没有记录，不是该发生的事情不是也发生了吗？但是，我总觉得应该写下点什么，用文字记录。对我的关照就是这样，每一次的文字记录都是对当时情绪的一种疏解。回过头再看的时候，我很感慨自己竟然写了这么多的字。

我想，这也是叙事研究的魅力，人总是要跳出自我来思考一些东西，而这些东西更接近本质，然后你会觉得，自己当下的生活和工作有意义感和价值感。所以，文字是这些年来一直支持我努力工作的很大动力，毕竟文字本身就是有力量的。

郭国燕：文字是有记忆的。教育的实质就是一种影响、引导、支持和激励并由此使受教育者朝着某种方向发展、成长。而文字记载了这种展开、成长的具体发生史，同时也因提供了这种发生史而使阅读者见贤思齐或心有灵犀。

胡华：我希望，它能够呈现实践工作者的研究心路。如果你有事业心，想做一些事情，有些路就是你必须要走的，有些事情就是你必须要面对的。希望读者慢慢地读，静静地读，读出心心相印的感觉。虽然，那时候我已经不在文字里，但是我能够感知到，这也是特别幸福的一件事情。

当然，我也希望自己的表达能够展示出一个时代的经验，一个时代在变革中的记录。其实生活和故事是可以相互塑造的。

未　来
——教育将走向"非主体的自然生命状态"

郭国燕：生活和故事的相互塑造其实也是相互建构。教育现代性之所以危机四伏，恰恰是因为这种主体教育导致了人类由早期的对他者的欣赏、敬畏，转向对他者的开发和征服。拯救现代教育的唯一道路是，以"主体的觉醒"和"智慧的痛苦"为标志的现代教育走向"非主体的自然生命状态"。您的这本书正是对您的自然生命状态的揭示，那么教育该如何走向"非主体的自然生命状态"呢？

胡华：你这样问我，我隐隐约约能感觉到真的是这样，我们对他者的欣赏、敬畏转向了开发和征服，所以有人说，人变得越来越自私，越来越自我。

主体的觉醒是什么？主体的觉醒是能够看到别人的价值，有更多的反思，其实这本书里有很多的反思，我遇到的困难非常多，但没办法怨天尤人，只有向内求，就是现实将我逼向了只能将生命状态向内开掘，走向深处去寻找力量。

这个过程也充满痛苦，因为要面对遇到的困难。所以我也有很深的恐惧，经常问自己，对于这份工作，我为什么一定要坚持下去？毕竟就目前而言，它对我物质生活质量的影响并不大。

在这本书里，我非常坦诚地揭示了我的自然生命状态。几次抑郁，多番挣扎，都很自然地呈现在读者面前，我是一个有血有肉，有悲有喜的教育工作者。

从一个大的时代背景来看，教育如何走向非主体的自然生命状态，我们还要等待更好的时机。花草园成功的一个重要秘诀也是由一种特殊的体制造就的，开办初期，它被命名为体制改革园，没有编制，也没有政府拨款，一切都要靠自己。所以我很珍惜在这里工作的老师们，他们留在这里也是需要勇气的。但有时我又在想，一个真正在体制里的园所也许是没有机会思考这些问题的，因为可供探索的机会总是有限的。

郭国燕：您是有教育坚守和教育勇气的！未来的教育可能既不是经验论

的思路，也不是唯理论的路径，而是重新返回"生活世界"和个体的"自我觉醒"。

胡华：是啊，教育者怎么回归到自然生命的状态？要靠自我觉醒，毕竟依靠外部的力量现在已经很难了。我也希望，读者是对自然生命状态有向往的人。这种人越多，人类才会有希望，教育才会有希望。

教育探索
——个人对人生意义的另一种追问与回答

郭国燕：当胡华园长把她十多年的教育生活和教育探索以叙事的逻辑整理成书时，我是第一阅读者也是研究的对话者。

梁启超说，人生最苦的事，莫过于身上背着一种未了的责任，而人生最乐莫过于从苦中得来的快乐。他说，这种苦乐循环，便是人间的趣味，"尽得大的责任，就得大快乐；尽得小的责任，就得小快乐"。我想，胡华园长完全忘我的那一个个"刹那"，应该就在这本书中。这本书对喜爱者而言，既具有强大的吸引力，也有很大的治愈作用。

"教育是一种文化"，这是胡华园长一直表达的理论高地。她对教育终极意义和教育主体应如何生活的解释贯穿本书。这种解释还原了当时的文化背景。我认为，所有外在的训诫以及如同智者般的宏论表达都不能代替个人的经历和感受，不能代替个人对人生意义的追问与回答。

胡华园长这十多年的教育故事以及对生活化课程的探索描述，也试图邀请读者参与当时的情境中，亲身体验和理解这个世界。书中的故事也许会唤起读者的感同身受，反思自我的意识和热情，让读者从这些故事里找到某些可以参考与借鉴的东西。

很希望各位读者能抱着"落其实者思其树，饮其流者怀其源"的胸怀读完本书。感谢胡华园长，让我有幸参与这本书的阅读和对话，我从中收获了教育的勇气，也学习着把辛苦的日子过成美丽的诗歌。